KB088127

#실력향상
#고득점

내신전략
고등 생활과 윤리

Chunjae
Makes
Chunjae

[내신전략] 고등 생활과 윤리

개발총괄	김우진
편집개발	이윤미, 조태강
디자인총괄	김희정
표지디자인	윤순미, 권오현
내지디자인	박희춘, 한유정
조판	어시스트하모니
제작	황성진, 조규영

발행일	2022년 10월 1일 초판 2022년 10월 1일 1쇄
발행인	(주)천재교육
주소	서울시 금천구 가산로9길 54
신고번호	제2001-000018호
고객센터	1577-0902
교재 내용문의	(02)6333-1879

내신전략

고등 생활과 윤리

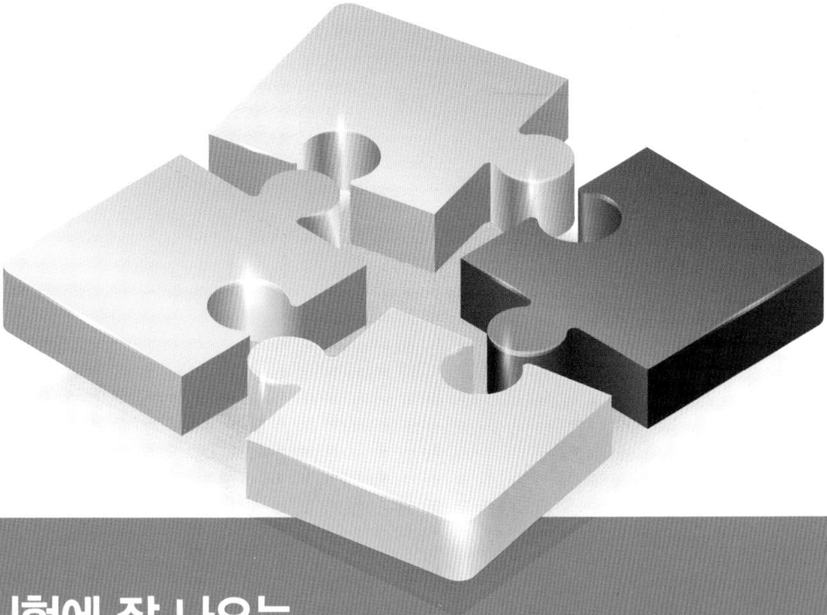

시험에 잘 나오는

개념BOOK 1

천재교육

시험에 잘 나오는

개념 BOOK 1

내신전략

고등 생활과 윤리

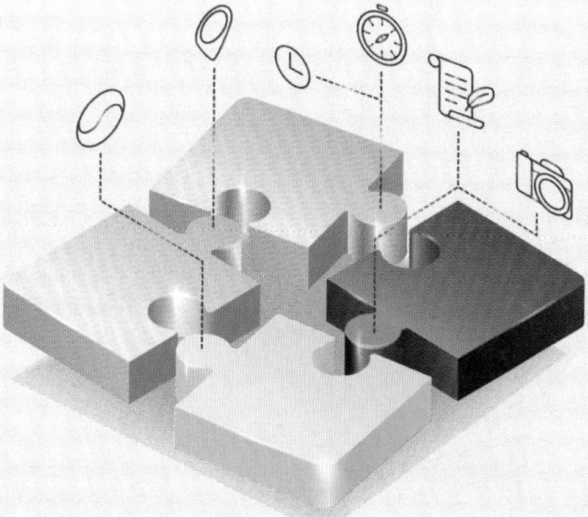

개념 BOOK 하나면

생활과 윤리 공부 끝!

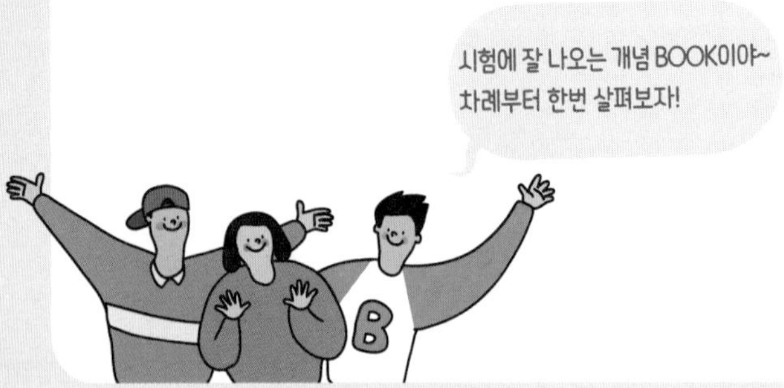

시험에 잘 나오는 개념 BOOK이야~
차례부터 한번 살펴보자!

차례

01 윤리학의 분류와 특징

빈출도 ● ● ●

출제 포인트

- 자료는 윤리학의 종류를 구분한 도표이다.
- 각 윤리학의 기본 입장을 파악하고 이를 대표하는 표현을 기억해 두어야 한다. 제시문이나 선택지에서 윤리학의 종류를 묻는 문제가 자주 출제되고 있으므로 꼼꼼히 살펴두어야 한다.

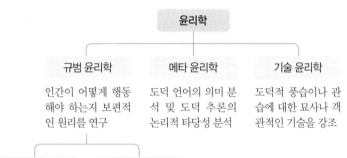

필수 자료

윤리학

- **규범 윤리학**: 인간이 어떻게 행동해야 하는지 보편적인 원리를 연구
  - **이론 윤리학**: 인간의 성품, 행위, 제도 등에 관한 윤리적 판단의 이론적 근거 제공
  - **실천 윤리학**: 다양한 윤리 이론을 적용하여 현실에서 발생하는 윤리 문제의 해결책 제시
  - → **상호 유기적 관계**: 이론 윤리학과 실천 윤리학의 공통점은 인간 행위 중 도덕적 행위에 대해, 즉 행위의 옳고 그름이나 좋고 나쁨에 대해 묻는다는 점에서 규범 윤리학의 성격을 띤다는 것이다. 또한 궁극적으로 도덕적 행위와 실천 능력의 향상을 지향한다.
- **메타 윤리학**: 도덕 언어의 의미 분석 및 도덕 추론의 논리적 타당성 분석
- **기술 윤리학**: 도덕적 풍습이나 관습에 대한 묘사나 객관적인 기술을 강조

자료 해석

다음은 윤리학을 구분한 것이다. 빈칸에 들어갈 내용을 쓰시오.

실천 윤리학	현실에서 발생하는 구체적인 도덕 문제들에 대한 도덕적 고민
메타 윤리학	도덕 ❶ ______ 의 명료함 및 도덕 추론의 논리적 정당화에 관한 고민
기술 윤리학	도덕 현상과 풍습에 대한 묘사나 객관적 ❷ ______ 을/를 강조함

답 | ❶ 언어 ❷ 기술

1등급 바탕 예제

1 다음에서 설명하고 있는 윤리학이 무엇인지 쓰시오.

(1) 도덕 추론에 대한 논리적 구조 분석의 필요성을 강조하는 윤리학

(2) 특정 사회의 도덕 규범을 객관적으로 기술할 것을 강조하는 윤리학

(3) 도덕 원리를 적용해 구체적인 삶의 문제를 해결해야 함을 강조하는 윤리학

2 밑줄 친 '이 윤리학'의 특징을 〈보기〉에서 있는 대로 고르시오.

> 과학 기술 발달로 급격한 사회 변화가 일어나면서 과거에는 예상하지 못했던 새로운 문제들이 발생하였다. 이 윤리학은 이러한 문제들을 해결하기 위한 목적으로 등장하였다.

• 보기 •

ㄱ. 도덕적 정당화의 이론적 근거를 제시한다.

ㄴ. 다른 인접 학문과의 교류와 연계를 강조한다.

ㄷ. 윤리적 언어의 의미와 개념을 명확하게 밝히고자 한다.

ㄹ. 삶에서 구체적으로 발생하는 윤리 문제에 대한 해결책을 제시하고자 한다.

서술형

3 (가)와 같은 학문이 (나)의 해결에 어떠한 역할을 하는지 서술하시오.

> (가) 윤리적 판단을 할 때 우리는 그 판단에 영향을 받는 모든 사람의 이익을 고려해야 한다. 이것은 이익을 계산할 때 이익 자체만을 고려해야 하며, 누구의 이익인지 고려해서는 안 된다는 의미이다. 이러한 관점은 이익 평등 고려의 원칙을 의미한다.
>
> (나) 남한으로 온 북한 이탈 주민이 크게 증가하였다. 그러나 취업이나 교육 정책 등이 남한 위주로 수립되기 때문에 북한의 이탈 주민들이 불이익을 받기도 한다.

02 윤리적 성찰과 토론

빈출도 ● ● ●

출제 포인트

- 자료는 동서양의 윤리적 성찰 방법과 토론을 통한 성찰 방법을 정리한 것이다.
- 동양의 유교와 서양의 사상가들이 제시하는 윤리적 성찰 방법을 잘 정리해 두어야 한다. 또한 토론을 통한 성찰이 필요한 이유와 그 과정에 대해서도 알아 둘 필요가 있다.

필수 자료

(1) 동서양의 윤리적 성찰 방법

동양의 유교	• 증자의 일일삼성(一日三省): 하루에 세 가지를 반성함 • 거경(居敬): 마음을 한곳으로 모아 흐트러짐이 없게 하는 것 • 신독(愼獨): 홀로 있을 때에도 도리에 어긋나지 않게 몸과 마음을 바르게 하고 언행을 신중히 함
서양	• 아리스토텔레스의 중용: 마땅한 때에, 마땅한 일에 대하여, 마땅한 사람에게, 마땅한 동기로 느끼거나 행함 • 소크라테스의 산파술: 산파가 아이 낳는 것을 돕듯이 끊임없는 질문을 통해 자신의 무지를 자각할 수 있도록 돕는 방법

(2) 토론을 통한 성찰

토론의 필요성	• 인간의 인식과 판단에서 오류 가능성을 줄일 수 있음 • 원만한 갈등 해결을 가능케 함 • 주관적 의견에서 보편적 앎의 형태로 나아가게 해 줌
토론의 순서	주장하기 → 반론하기 → 재반론하기 → 정리하기

자료 해석

다음은 동서양의 윤리적 성찰 방법을 정리한 것이다. 빈칸에 들어갈 내용을 쓰시오.

신독	홀로 있을 때도 몸과 마음을 바르게 하고 ❶ ( ) 을/를 신중히 함
산파술	끊임없는 질문을 통해 자신의 ❷ ( ) 을/를 자각할 수 있도록 도움

답 | ❶ 언행 ❷ 무지

1등급 바탕 예제

1 **다음에서 설명하고 있는 동서양의 윤리적 성찰 방법이 무엇인지 쓰시오.**

(1) 마음을 한곳으로 모아 흐트러짐이 없게 하는 것

(2) 홀로 있을 때도 도리에 어긋나지 않게 몸과 마음을 바르게 하고 언행을 신중히 함

(3) 아리스토텔레스가 제시한 개념으로 지나치거나 모자라지 아니하고 한쪽으로 치우치지도 아니한, 떳떳하며 변함이 없는 상태나 정도를 의미함

2 **다음 사상에서 강조하는 윤리적 성찰의 태도로 옳은 것만을 〈보기〉에서 있는 대로 고르시오.**

> 나는 매일 세 가지로 나 자신을 반성한다. '남을 위해서 일을 하는데 정성을 다하였는가?', '벗들과 함께 서로 사귀는 데 신의를 다하였는가?', '스승에게 배운 것을 잘 익혔는가?'

• 보기 •

ㄱ. 수양을 통해 선한 본성을 보존하고 확충한다.

ㄴ. 마음을 한곳으로 모아 흐트러짐이 없게 한다.

ㄷ. 자신의 인격을 먼저 수양하고 타인을 편안하게 한다.

ㄹ. 모든 일의 원인과 문제점을 자신이 아닌 타인에게서 찾는다.

서술형

3 **다음 주장을 한 사상가가 강조한 윤리적 성찰 방법을 서술하시오.**

> 저는 평소와 같이 이렇게 말할 것입니다. '그대는 지혜와 힘에 있어서 가장 뛰어나고 가장 명성이 높은 나라인 아테네의 국민이면서 어떻게 하면 더 많은 돈을 자기의 것으로 만들까 하는 데에만 머리를 쓰고 있으니 부끄럽지 않소? 명성이나 지위에 관해서는 신경을 쓰면서 사려나 진리는 마음에도 두지 않고, 정신을 될 수 있는 대로 훌륭하게 만드는 데는 신경도 쓰지 않을뿐더러 걱정도 하지 않으니 부끄럽지 않소?'

03 유교 윤리적 접근

빈출도 ● ● ●

출제 포인트

- 자료는 유교 윤리의 특징을 정리한 것이다.
- 유교에서 제시하는 도덕적 세계관, 이상 사회, 수양 방법, 이상적 인간상 등에 대해 잘 알아 두어야 한다. 또한 불교, 도교와의 공통점 및 차이점을 잘 정리해 두어야 한다.

필수 자료

(1) 유교 윤리

도덕적 세계관	• 천지 만물에 인의예지(仁義禮智)라는 도덕적 가치가 내재해 있음 ➡ 인간이 이러한 속성을 이어받음 • 인간은 자연의 일부이면서 천지와 더불어 만물이 조화롭게 자라나게 하는 데 참여할 수 있음
이상 사회	• 대동 사회: 개인들이 자신의 능력이 발휘하고, 누구에게나 기본적인 삶이 보장되며, 범죄가 발생하지 않는 이상 사회를 의미함 • 덕치(德治): 도덕과 예의로써 백성을 교화하는 정치

(2) 수양 방법 및 이상적 인간상

인(仁)	타고난 내면적 도덕성이자 일상의 인간관계에서 실현해야 할 최상의 가치
수양 방법	• 수양을 쌓아 선한 본성을 보존하고 확충하며 예(禮)를 회복하고자 함〔克己復禮〕 • 경(敬): 홀로 있을 때도 도리에 어긋나지 않도록 마음과 몸가짐을 바르게 함[愼獨] • 성(誠): 진실한 자세로 부단히 노력하는 것을 의미함
이상적 인간상	• 성인(聖人), 군자 • 수기안인(修己安人)을 실천하는 사람

자료 해석

다음은 유교에서 말하는 수양 방법과 이상 사회를 정리한 것이다. 빈칸에 들어갈 내용을 쓰시오.

극기복례	수양을 쌓아 선한 본성을 보존하고 확충하며 ❶ ______ 을/를 회복하고자 함
대동 사회	모두가 가족처럼 더불어 잘 살고 믿고 신뢰하며, 사회적 ❷ ______ 이/가 보살핌을 받는 사회

답 | ❶ 예(禮) ❷ 약자

1등급 바탕 예제

1 다음에서 설명하고 있는 개념이 무엇인지 쓰시오.

(1) 자신을 수양하고 나서 다른 사람을 편안하게 하는 것을 의미함

(2) 유교의 수양 방법 중 하나로 진실한 자세로 부단히 노력하는 것을 의미함

(3) 타고난 내면적 도덕성이자 일상의 인간관계에서 실현해야 할 최상의 가치

2 다음 사상의 입장으로 옳은 것만을 〈보기〉에서 있는 대로 고르시오.

자기를 극복하고 예로 돌아가는 것이 인(仁)이다. 하루라도 자기를 극복하고 예(禮)로 돌아가면 천하의 모든 것이 인으로 귀결될 것이다. 인을 행하는 것은 자기에게 달려 있는 것이지 어찌 남에게 달려있는 것이겠는가?

• 보기 •

ㄱ. 지나친 욕구를 극복하고 예(禮)를 회복해야 한다.

ㄴ. 사연의 순리에 따라 무위(無爲)의 삶을 살아야 한다.

ㄷ. 도덕과 예의로 백성을 교화(敎化)하고 다스려야 한다.

ㄹ. 인간의 타고난 악한 본성을 변화시켜 인위(人爲)를 일으켜야 한다.

서술형

3 다음에 제시된 이상 사회의 명칭과 특징을 서술하시오.

큰 도가 행해진 세상에는 천하가 모든 사람의 것이다. 어질고 능력 있는 자가 등용되고 사람들은 자기 부모만을 부모로 섬기지 않는다. 노인들이 여생을 잘 마칠 수 있고 장년들에게는 일자리가 있으며 어린아이는 잘 양육되고 외롭고 홀로된 자들, 병든 자들 모두 보살핌을 받는다. 재화가 헛되이 쓰이지 않고 훔치거나 서로를 해치는 일이 일어나지 않으며 집집마다 문을 잠그지 않는다.

04 불교 윤리적 접근

빈출도 ●●●

출제 포인트

- 자료는 불교 윤리의 특징을 정리한 것이다.
- 불교의 연기론, 자비, 공 사상, 이상적 인간상 등에 대한 내용을 꼼꼼하게 체크하고 공부해 두어야 한다. 불교 사상에서 자주 등장하는 오답 선지들도 잘 정리해 두어야 한다.

필수 자료

(1) 불교 윤리

연기론	모든 존재와 현상에는 원인[因]과 조건[緣]이 있음
자비(慈悲)	• 모든 것이 상호 관계 속에서 존재함 ➡ 자기가 소중하듯이 남도 소중하다는 자타불이(自他不二)의 마음이 곧 자비로 이어짐 • 살아있는 모든 존재는 불성(佛性)을 지니므로 깨달음을 얻으면 누구나 부처가 될 수 있음 ➡ 모든 존재를 차별하지 않는 사랑의 실천 강조
공(空) 사상	모든 존재는 인연에 의해 생멸(生滅)함 ➡ 스스로 존재하는 고정된 실체가 없음

(2) 수양 방법과 이상적 인간상

수양 방법	• 내면의 성찰: 집착과 번뇌에서 벗어나 불성을 깨닫기 위한 수행 방법 • 바라밀: 현실에서 해탈하기 위한 보살의 수행 방법으로, 대표적으로 보시, 지계, 인욕, 정진, 선정, 지혜의 육바라밀이 있음
이상적 인간상	• 부처: 진리를 깨달은 사람 • 보살: 위로는 깨달음을 구하고 아래로는 중생을 구제하는 사람
이상적 경지	해탈과 열반: 진리를 깨달아 고통에서 벗어난 상태

자료 해석

다음은 불교 사상의 핵심 내용을 정리한 것이다. 빈칸에 들어갈 내용을 쓰시오.

연기론	세상의 모든 것은 ❶ ______ 와/과 조건으로 인해 생성하고 소멸됨
자비	자기가 소중하듯이 남도 소중하다는 ❷ ______ 의 마음에서 비롯됨
보살	위로는 깨달음을 구하고 아래로는 ❸ ______ 을/를 구제하는 사람

답 | ❶ 원인 ❷ 자타불이 ❸ 중생

1등급 바탕 예제

1 다음에서 설명하고 있는 불교 사상의 핵심 내용이 무엇인지 쓰시오.

(1) 모든 존재가 원인과 조건으로 연결되어 서로 영향을 주고받는다는 주장
(2) 불교의 이상적 인간상으로, 진리를 깨달은 사람을 뜻함
(3) 모든 존재는 인연에 의해 생멸(生滅)하여 고정불변하는 실체가 없다는 것을 뜻함
(4) 현실에서 해탈하기 위한 보살의 수행 방법을 의미함

2 다음 사상의 입장으로 옳은 것만을 〈보기〉에서 있는 대로 고르시오.

이것이 있기 때문에 저것이 있고, 이것이 생기기 때문에 저것이 생긴다. 이것이 없기 때문에 저것이 없고, 이것이 사라지기 때문에 저것이 사라진다. 비유하면 세 개의 갈대가 아무것도 없는 땅 위에 서려고 할 때 서로 의지해야 설 수 있는 것과 같다.

보기

ㄱ. 모든 존재는 불성(佛性)을 지니고 있다.
ㄴ. 모든 존재와 현상은 끊임없이 변화하고 생성하고 소멸한다.
ㄷ. 만물은 독립적으로 존재할 수 없고 서로 연결되어 있으며 상호 의존한다.
ㄹ. 인간의 삶 전체가 본질적으로 고통이며 고통에서 벗어날 수 있는 수행 방법은 없다.

서술형

3 다음 사상에서 제시하는 대표적인 이상적 경지에 대하여 서술하시오.

인드라망은 끝없이 큰 그물로서 이음새마다 보석처럼 투명하게 빛나는 구슬이 자리 잡고 있다. 구슬들은 혼자 빛날 수 없으며 반드시 다른 구슬의 빛을 받아야만 세상을 밝힐 수 있다.

05 도교 윤리적 접근

빈출도 ●●●

출제 포인트

- 자료는 도가 사상의 특징을 정리한 것인다.
- 도가 사상의 상대적·평등적 세계관, 수양 방법, 이상적 인간상 등의 내용을 잘 숙지해 두어야 한다. 또한 도가 사상의 제시문 및 자주 활용되는 오답을 잘 익혀 둘 필요가 있다.

필수 자료

(1) 도교 윤리

도(道)	'스스로 그러함〔自然〕'을 의미하며, 우주 또는 사물 자체의 궁극적 속성에 따라 운동하고 변화하는 상태를 가리킴
제물(濟物)	만물을 평등하게 바라봄
무위자연(無爲自然)	인위가 아니라 자연 그대로의 질서를 따를 것을 강조함
소국 과민(小國 寡民)	영토가 작고 인구가 적은 나라로, 무위의 다스림이 이루어지는 이상 사회
상선약수(上善若水)	'으뜸이 되는 선은 물과 같다.'라는 뜻으로 물이 낮은 곳에 처하고 다투지 않음을 뜻함

(2) 수양 방법 및 이상적 인간상

수양 방법	• 심재(心齋): 마음을 가지런히 함 • 좌망(坐忘): 조용히 앉아 시비의 분별을 잊음
이상적 인간상	• 지인(至人), 진인(眞人), 신인(神人) 등 • 만물을 평등하게 바라보는 제물(齊物)을 실천함
소요유(逍遙遊)	도덕적 가치와 사회 제도에 얽매이지 않고 바라는 것 없이 노닐 듯이 자유롭게 살아가는 것을 의미함

자료 해석

다음은 도가 사상의 주요 개념을 정리한 것이다. 빈칸에 들어갈 내용을 쓰시오.

무위자연	인간의 힘이 더해지지 않은 ❶ ______ 그대로의 상태를 의미함
제물	만물을 ❷ ______하게 바라봄

답 | ❶ 자연 ❷ 평등

1등급 바탕 예제

1 다음에서 설명하고 있는 도가 사상의 핵심 내용이 무엇인지 쓰시오.

(1) 도교의 수양 방법 중 하나로 조용히 앉아 시비의 분별을 잊는다는 것을 뜻함

(2) '으뜸이 되는 선은 물과 같다.'라는 뜻으로 물이 낮은 곳에 처하고 다투지 않음을 뜻함

(3) 우주 또는 사물 자체의 궁극적 속성에 따라 운동하고 변화하는 상태를 가리킴

2 다음 사상에 대한 설명으로 옳은 것만을 〈보기〉에서 있는 대로 고르시오.

- 도(道)는 천지(天地)의 시초이며 만물의 어머니이다.
- 사람은 땅을 본받고, 땅은 하늘을 본받고, 하늘은 도를 본받고, 도는 자연을 본받는다.
- 최상의 선(善)은 물과 같다. 물은 만물을 이롭게 하면서도 다투지 않고 모든 사람이 싫어하는 곳에 머문다. 그러므로 도에 가깝다.

보기

ㄱ. 천지 만물의 근본 원리인 도(道)에 따라 살아야 한다.
ㄴ. 만물에 대한 지식을 축적하고 만물의 위계질서를 파악해야 한다.
ㄷ. 인위적인 규범을 없애고 도와 덕뿐만 아니라 인의예지를 실천해야 한다.
ㄹ. 물이 지닌 겸허(謙虛)와 부쟁(不爭)의 덕을 실천하며 자연스럽게 살아야 한다.

서술형

3 다음 내용을 주장한 사상가가 제시한 이상 사회의 명칭과 그 특징을 서술하시오.

사람은 땅을 본받고, 땅은 하늘을 본받고, 하늘은 도를 본받고, 도는 자연을 본받는다. 성인(聖人)은 자연을 본받고 따른다

06 의무론적 접근 · 공리주의적 접근

빈출도 ● ● ●

출제 포인트

- 자료는 의무론적 접근 방식과 공리주의적 접근 방식을 정리한 것이다.
- 의무론적 접근 방식과 공리주의적 접근 방식의 특징을 비교 분석하여 잘 공부해 두어야 한다.

필수 자료

(1) 의무론적 접근

자연법 윤리	• 자연법: 인간 본성에 의거한 법으로, 모든 인간에게 자연적으로 주어져 있는 보편적인 법을 의미함 • 스토아 학파: 인간은 누구나 자연법을 파악할 수 있는 이성적 존재임 • 아퀴나스: 자연법의 가장 기본적인 원리를 제시함
칸트	• 오직 의무 의식과 선의지에 나온 행위만이 도덕적 행위임 • 이성적이고 자율적인 인간은 정언 명령의 형식으로 표현되는 보편적 도덕 법칙을 인식할 수 있음

(2) 공리주의적 접근

고전적 공리주의	벤담	• '최대 다수의 최대 행복'을 도덕과 입법의 원리로 제시함 • 쾌락의 양적 측면을 강조하며, 고통과 쾌락의 계산법을 제시함(모든 쾌락은 질적으로 동일하다고 주장)
	밀	• 쾌락의 양뿐만 아니라 질적인 차이까지도 고려해야 한다고 주장함 • 정상적인 인간이라면 누구나 질적으로 높고 고상한 쾌락을 추구한다고 주장함
행위 공리주의		개별 행위에 유용성의 원리를 적용함
규칙 공리주의		"어떤 규칙이 최대의 유용성을 가져오는가?"를 중시함

자료 해석

다음은 의무론적 접근, 공리주의적 접근과 관련된 핵심 개념들을 정리한 것이다. 빈칸에 들어갈 내용을 쓰시오.

보편적 도덕 법칙	정언 명령의 형식으로 표현되며, ❶ ______ 적이고 자율적인 인간이 의식할 수 있는 법칙
행위 공리주의	개별 ❷ ______ 에 유용성의 원리를 적용함

답 | ❶ 이성 ❷ 행위

1등급 바탕 예제

1 **다음에서 설명하고 있는 내용이 무엇인지 쓰시오.**

(1) 인간 본성에 의거하는 법이자 모든 인간에게 자연적으로 주어져 있는 보편적인 법

(2) 조건부적 명령이 아니라 '너는 무조건 ~을 해야 한다.'는 형식의 명령

(3) 칸트가 제시한 것으로, 도덕 법칙을 따르려는 의지이자 무제한적으로 선한 의지를 의미함

2 **다음을 주장한 사상가의 입장으로 옳은 것만을 〈보기〉에서 있는 대로 고르시오.**

> 도덕 법칙은 가장 완전한 존재의 의지에 대해서는 신성(神性)의 법칙이지만, 모든 유한한 이성적 존재에 대해서는 의무의 법칙이며, 이 법에 대한 존경심에 의해서 그리고 자신의 의무에 대한 외경에서 행위를 규정한 도덕적 강제의 법칙이다.

• 보기 •

ㄱ. 쾌락을 증진시키는 행위를 옳은 행위로 본다.
ㄴ. 행위의 결과보다는 행위 자체의 도덕성에 주목한다.
ㄷ. 인간이 준수해야 할 무조건적인 도덕적 의무가 있다고 본다.
ㄹ. 도덕 법칙을 가진 존엄한 존재인 인간은 본능적 욕구의 영향을 받지 않는다.

서술형

3 **을 사상가가 갑 사상가와 달리 강조한 내용을 쾌락, 양과 질의 개념을 포함하여 서술하시오.**

> 갑: 자연은 인류를 고통과 쾌락이라는 두 군주의 지배하에 두었다. 우리가 무엇을 하게 될 것인지를 결정하는 것은 물론, 우리가 무엇을 해야 할까를 지시하는 것도 오로지 이 두 군주이다.
> 을: 어떤 종류의 쾌락이 다른 종류의 쾌락보다 더 바람직하고 더 가치가 있다는 사실을 인정하는 것은 공리의 원리와 양립할 수 있다.

07 덕 윤리적 접근 · 배려 윤리적 접근

빈출도 ● ● ●

출제 포인트

- 자료는 덕 윤리와 배려 윤리의 내용을 정리한 것이다.
- 덕 윤리와 배려 윤리의 특징을 이해하고, 다양한 형태로 출제되는 제시문들의 핵심 내용이나 주장을 파악하는 훈련을 해 두어야 한다.

필수 자료

(1) 덕 윤리적 접근

근대 윤리 비판	• 의무론, 공리주의 윤리가 행위자 내면의 도덕적 성품과 인성의 중요성을 간과하였다고 비판함 • 의무론, 공리주의 윤리가 개인의 자유와 권리를 지나치게 강조하여 공동체가 중시하는 용기, 진실성 등의 덕목을 경시하였다고 비판함
덕 윤리의 특징	• 행위 자체보다 행위자에게 초점을 맞춤 • 행위자의 성품을 먼저 평가하고 이를 근거로 행위의 옳고 그름을 판단함 • 유덕한 성품을 갖추려면 옳고 선한 행위를 습관화, 내면화해야 함
대표적인 사상가	매킨타이어: 개인의 자유와 선택보다 공동체의 역사와 전통 중시

(2) 배려 윤리적 접근

배려 윤리의 특징	남성 중심적 정의 윤리를 비판하며 모성적 배려와 공동체적 관계에 주목 ➡ 수용성, 관계성, 응답성에 근거한 사랑과 모성적 배려 강조
대표적인 사상가	• 길리건: 여성과 남성의 도덕적인 지향점은 동일하지 않으며 이상적인 인간은 배려할 줄 아는 인간이라고 주장함 • 나딩스: 배려, 보살핌, 타인에 대한 유대감, 타인과의 관계 등을 중시함

자료 해석

다음은 덕 윤리와 배려 윤리의 대표적인 사상가들의 입장을 정리한 것이다. 빈칸에 들어갈 내용을 쓰시오.

매킨타이어	덕성 함양이 역사와 전통이라는 구체적 맥락을 지닌 ❶ ( ) 안에서 가능하다는 점을 강조
길리건	이상적인 인간은 ❷ ( ) 할 줄 아는 인간이라고 주장

답 | ❶ 공동체 ❷ 배려

1 다음 설명 중 옳은 것은 ○표를, 틀린 것은 ×표를 하시오.

(1) 배려 윤리는 다른 사람을 보살피고 배려하는 공동체적 관계에 주목한다. (○ , ×)

(2) 매킨타이어는 공동체의 역사적 맥락과 전통보다 개인의 자유와 권리가 중요하다고 보았다. (○ , ×)

(3) 덕 윤리는 유덕한 성품을 갖추려면 옳고 선한 행위를 습관화하여 내면화해야 한다고 본다. (○ , ×)

2 다음 사상에 대한 설명으로 옳은 것만을 〈보기〉에서 있는 대로 고르시오.

배려의 감정은 우리가 타인을 배려해 주고 타인으로부터 배려받았던 기억들에 의해 촉진된다. 배려에 바탕을 둔 윤리는 상호 연관적 자아를 추구한다.

• 보기 •

ㄱ. 대표적인 사상가로는 벤담, 밀이 있다.

ㄴ. 보편타당한 도덕 원리의 절대성을 강조한다.

ㄷ. 구체적 상황 속에서 공감과 인간관계를 중요시한다.

ㄹ. 맥락적 사고를 바탕으로 서로 간의 관계성을 강조한다.

서술형

3 (나)의 사상가가 (가)의 사상가에게 제기할 수 있는 적절한 비판의 내용을 서술하시오.

(가) 이성적이고 자율적인 인간은 보편적인 도덕 법칙을 의식할 수 있다. 도덕 법칙에 대한 존경심에서 비롯된 행위만이 도덕적인 행위이다.

(나) 우리가 어떤 종류의 사람이 되어야 하는지가 도덕적 삶의 핵심이다. 도덕적 개인은 무조건 규칙에 따르는 자가 아니라 훌륭한 개인, 훌륭한 시민으로서의 특성을 지니고 있는 사람이다.

08 동서양의 죽음관

빈출도 ● ● ●

출제 포인트

- 자료는 동서양 사상가들의 죽음에 대한 입장을 정리한 것이다.
- 동서양 사상가들의 죽음에 관한 입장을 잘 이해하고 숙지해야 하며 여러 사상가들이 제시한 죽음관의 공통점과 차이점을 잘 정리해 두어야 한다.

필수 자료

(1) 동양의 죽음관

유교	공자: 죽음보다는 현실의 도덕적 삶에 더 관심을 가져야 함
불교	석가모니: “전생에 뿌려진 씨앗은 이번 생에 받는 것이고, 다음 생에 거둘 열매는 이번 생에 행하는 바로 그것이다.” ➡ 죽음은 윤회의 과정이며, 현세의 업보가 죽음 이후의 삶을 결정한다고 봄
도교	장자: “본래 아무것도 없었는데 변화하여 기가 생기고 기가 변화하여 형체가 생기고 형체가 변화하여 생명이 생기고 생명이 변화하여 죽음이 된다.” ➡ 삶과 죽음을 서로 연결된 기의 순환 과정으로 봄

(2) 서양의 죽음관

플라톤	죽음을 통해 영혼이 육체로부터 해방되어 이데아의 세계에 들어갈 수 있음
에피쿠로스	“우리가 존재하는 한 죽음은 우리와 함께 있지 않으며, 죽음이 오면 우리는 이미 존재하지 않는다.” ➡ 죽음은 인간이 경험할 수 없는 것이므로 죽음에 대해 두려워할 필요가 없다고 봄
하이데거	“인간은 항상 죽음이 자신의 것이라는 사실을 인지하면서 살아야 한다.” ➡ 죽음 앞으로 미리 달려가 봄으로써 삶을 더욱 의미있게 살 수 있다고 봄

자료 해석

다음은 동서양 사상가들의 죽음에 대한 입장을 정리한 것이다. 빈칸에 들어갈 내용을 쓰시오.

장자	삶은 ❶ ______ 이/가 모인 것이며 죽음은 ❶ ______ 이/가 흩어지는 자연스러운 과정임
에피쿠로스	죽음은 인간을 구성하던 ❷ ______ 이/가 흩어져 개별 ❷ ______ (으)로 돌아가는 것을 의미함
하이데거	현존재는 죽음을 ❸ ______ 할 때 진정한 삶을 살 수 있음

답 | ❶ 기 ❷ 원자 ❸ 직시

1등급 바탕 예제

1 **다음 설명 중 옳은 것은 ○표를, 틀린 것은 ×표를 하시오.**

(1) 공자는 죽음보다는 현실에서의 도덕적 삶이 더 중요하다고 보았다. (○ , ×)

(2) 플라톤은 죽음을 통해 인간의 영혼이 육체의 감옥으로부터 해방된다고 보았다. (○ , ×)

(3) 장자는 죽음에 대한 애도(哀悼)의 예(禮)를 표현해야 한다고 보았다. (○ , ×)

2 **다음을 주장한 사상가의 입장으로 옳은 것만을 〈보기〉에서 있는 대로 고르시오.**

> 옛날의 참된 사람[眞人]은 삶에 집착하지 않고 죽음을 기피하지 않는다. 세상에 태어났음을 기뻐하지 않고 세상을 떠난다고 슬퍼하지 않는다. 무심히 왔다가 무심히 갈 뿐이다. 진인은 자신을 자연의 일부로 보고 죽음에 개의치 않아, 주어진 삶을 즐기다 죽을 때가 되면 일체를 망각하고 자연에 되돌아간다.

• 보기 •

ㄱ. 죽음에 대한 미련이나 집착은 버리고 생사를 도(道)의 흐름에 맡긴다.
ㄴ. 죽음에 대한 애도를 표현하는 것이 바람직하며 인간이 해야 할 의무이다.
ㄷ. 죽음을 도의 관점에서 바라보면 죽음에 대해 초연한 태도를 지닐 수 있다.
ㄹ. 죽음을 단순한 기의 변화 과정으로 보지 말아야 하며, 죽음에 이르지 않도록 노력해야 한다.

서술형

3 **다음과 같은 주장을 한 사상가가 강조하는 죽음에 대한 태도를 서술하시오.**

> 현자(賢者)는 삶을 도피하려 하지도 않으며, 삶의 중단을 두려워하지도 않는다. 왜냐하면 죽으면 감각을 잃게 되기 때문에 삶이 그에게 해를 주는 것도 아니고, 삶의 부재가 어떤 악으로 생각되지도 않기 때문이다. 음식의 경우와 마찬가지로, 현자는 단순히 긴 삶이 아니라, 가장 즐거운 삶을 원한다.

09 임신 중절과 자살의 윤리적 쟁점

빈출도 ●●●

출제 포인트

- 자료는 임신 중절 찬반 입장 및 자살에 대한 다양한 입장들을 정리한 것이다.
- 임신 중절에 대해 찬성하는 입장과 반대하는 입장의 논거들을 비교하면서 정리해 두어야 한다. 또한 자살에 대한 다양한 사상가들의 주장을 잘 알아 두어야 한다.

필수 자료

(1) 임신 중절 찬반 입장

찬성 입장 (여성의 선택권 중시)	반대 입장 (태아의 생명권 중시)
• 소유권 근거 • 자율권 근거 • 정당방위 근거	• 존엄성 근거 • 무고한 인간의 신성불가침 근거 • 잠재성 근거

(2) 자살에 대한 다양한 입장

유교	부모로부터 받은 신체를 훼손하지 않는 불감훼상(不敢毁傷)은 효의 시작임
불교	불살생(不殺生)의 계율에 따라 모든 생명을 소중히 여기고 존중해야 함
아퀴나스	자살은 자연법 측면에서 자연적 성향인 '자기 보존'을 거스르고, 공동체를 훼손하며, 신을 거스르는 행위이므로 금지해야 함
칸트	자살은 고통에서 벗어나기 위해 자기 인격을 수단으로 이용한 것에 불과함
쇼펜하우어	자살은 문제를 해결하는 것이 아니라 회피하는 것에 불과함

자료 해석

다음은 동서양의 자살에 대한 입장을 정리한 것이다. 빈칸에 들어갈 내용을 쓰시오.

불교	모든 생명은 소중한 존재이며 불성을 지닌 존재이기 때문에 함부로 죽이지 않아야 한다는 ❶ ______ 의 계율을 따라야 함
칸트	인격을 목적으로 대우하라는 정언 명령의 관점에서 볼 때, 자살은 자기 인격을 ❷ ______ (으)로 이용하는 것에 불과함
유교	신체의 모든 것은 부모로부터 받은 것이기 때문에 함부로 훼손하지 않는 것이 ❸ ______ 의 시작임

답 | ❶ 불살생(不殺生) ❷ 수단 ❸ 효

1등급 바탕 예제

1 **다음 설명 중 옳은 것은 ○표를, 틀린 것은 ×표를 하시오.**

(1) 임신 중절을 찬성하는 입장은 태아의 생명권을 강조한다. (○ , ×)

(2) 정당방위와 소유권 논거는 임신 중절 반대 입장의 대표적 논거이다. (○ , ×)

(3) 아퀴나스는 자살이 자연법 측면에서 자연적 성향인 '자기 보존'을 거스르고, 공동체를 훼손하며, 신을 거스르는 행위이므로 금지해야 된다고 보았다. (○ , ×)

2 **다음을 주장한 사상가의 입장으로 옳은 것만을 〈보기〉에서 있는 대로 고르시오.**

> 그 자신의 인격에서 윤리성의 주체를 파기한 것은, 윤리성이 목적 그 자체인데도 불구하고, 윤리성 자체를 그 실존의 면에서 말살하는 것과 같다. 그러니까 그 자신을 그의 임의의 목적을 위한 한낱 수단으로 처리하는 것은, 인격에서 인간의 존엄을 실추시키는 것이다.

보기

ㄱ. 자살은 불살생의 계율에 어긋나는 행위이다.
ㄴ. 자살은 불감훼상(不敢毁傷)을 어기는 행위이므로 옳지 않은 행위이다.
ㄷ. 자살은 인간의 존엄성을 존중하라는 정언 명령에 어긋나는 행위이다.
ㄹ. 자살은 고통에서 벗어나기 위해 자기 인격을 수단으로 이용하는 행위이다.

서술형

3 **임신 중절을 찬성하는 입장의 논거로 ㉠의 내용을 구체적으로 서술하시오.**

> 임신 중절 즉, 낙태는 태아를 인공적으로 모체에서 분리하여 임신을 종결하는 행위이다. 낙태를 찬성하는 입장의 근거로는 ㉠ 소유권 근거, 자율권 근거, 정당방위 근거 등이 있으며, 낙태를 반대하는 입장의 근거로는 존엄성 근거, 무고한 인간의 신성불가침 근거, 잠재성 근거 등이 있다.

10 안락사와 뇌사의 윤리적 쟁점

빈출도 ● ● ●

출제 포인트

- 자료는 안락사 및 뇌사의 찬반 입장을 정리한 것이다.
- 안락사와 뇌사의 찬반 입장을 구체적으로 잘 알아 두어야 한다.

필수 자료

(1) 안락사 찬반 입장

찬성 입장	반대 입장
• 인간은 어떻게 죽을 것인지 스스로 선택할 수 있는 자율적 주체임 • 인간은 인간답게 죽을 권리를 지님 • 불치병 환자에게 무의미한 연명 치료를 하는 것은 환자 가족에게 심리적 · 경제적 부담을 줌	• 모든 인간의 생명은 소중함 • 인간은 자신의 죽음을 인위적으로 선택할 권리를 지니지 않음 • 삶이 고통스럽다는 이유로 죽음을 인위적으로 앞당기는 행위는 자연의 질서에 부합하지 않음

(2) 뇌사 찬반 입장

찬성 입장	반대 입장
• 뇌 기능의 정지는 이미 죽음의 단계에 들어선 것으로 볼 수 있음 • 인공호흡기 등 의료 자원을 효율적으로 이용할 수 있음 • 뇌사자의 장기를 장기 이식에 활용하여 다른 사람의 생명을 구할 수 있음	• 뇌사 판정이 되어도 연명 의료 기기를 이용하면 호흡과 심장 박동이 유지됨 • 의료 자원의 효율적 이용과 장기의 이식을 위해 뇌사 문제를 다루는 것은 생명의 존엄성을 경시하는 태도임 • 뇌사 판정의 오류 가능성이 존재함

자료 해석

다음은 안락사 찬반 입장의 주장을 정리한 것이다. 빈칸에 들어갈 내용을 쓰시오.

찬성 입장	• 인간은 자신이 죽을 방법을 선택할 수 있는 ❶ ______ 주체임 • 인간은 인간답게 죽을 권리가 있음
반대 입장	• 죽음을 인위적으로 앞당기는 행위는 자연의 질서에 부합하지 않음 • 안락사는 생명을 살려야 한다는 의료인의 기본 ❷ ______에 위배됨

답 | ❶ 자율적 ❷ 의무

1 다음 설명 중 옳은 것은 ○표를, 틀린 것은 ×표를 하시오.

(1) 안락사를 반대하는 입장에서는 인간이 인간답게 죽을 권리가 있음을 강조한다. (○ , ×)

(2) 뇌사를 반대하는 입장에서는 뇌사 판정의 오류 가능성을 염두에 두어야 한다고 본다. (○ , ×)

(3) 뇌사를 찬성하는 입장에서는 의료 자원의 효율적인 이용을 위해 뇌사가 인정되어야 한다고 본다. (○ , ×)

2 다음과 같은 주장을 하는 사람들이 지지할 수 있는 내용을 〈보기〉에서 있는 대로 고르시오.

안락사는 환자 본인과 환자 가족을 위해 허용될 수 있어야 한다. 그 이유는 환자에게는 스스로 자신의 삶과 죽음을 결정할 권리를, 환자 가족에게는 심리적·경제적 고통에서 벗어날 기회를 제공할 수 있기 때문이다.

보기

ㄱ. 모든 안락사는 신의 뜻과 자연의 섭리를 거스르는 비도덕적 행위이다.
ㄴ. 모든 인간의 생명은 소중하기 때문에 인위적으로 개입해서는 안 된다.
ㄷ. 연명 치료는 제한된 의료 자원을 효율적으로 사용하지 못하게 만든다.
ㄹ. 모든 사람은 자율적 주체로서 자신이 어떻게 죽을지를 선택할 수 있어야 한다.

서술형

3 ㉠을 지지하는 근거를 구체적으로 서술하시오.

뇌사란 임상적으로 뇌 활동이 회복할 수 없게 뇌의 기능이 정지된 상태를 의미한다. 우리나라에서는 □□년에 처음으로 장기 이식을 위한 뇌사 판정이 이루어졌으며, 이때부터 공식적으로 뇌사를 죽음으로 인정하기 시작하였다. 그러나 여전히 ㉠ 뇌사를 죽음의 판단 기준으로 보아야 한다는 입장과 심폐 기능의 정지를 죽음의 판단 기준으로 보아야 한다는 입장이 대립하고 있다.

11 유전 형질 개량, 생명 복제의 윤리적 쟁점 빈출도 ●●●

출제 포인트

- 자료는 적극적 우생학, 인간 배아 복제, 인간 개체 복제의 찬반 입장을 정리한 것이다.
- 적극적 우생학, 인간 배아 복제, 인간 개체 복제의 찬반 입장을 잘 정리해 두어야 한다.

필수 자료

(1) 적극적 우생학에 대한 논쟁

찬성 입장	반대 입장
• 개인의 자율성에 근거함 • 개인의 선호와 자율적 선택에 의한 유전적 개량은 존중해야 함 • 인간의 생식적 선택의 범위를 넓혀 줌	• 현세대에 의해 유전 형질 개량이 결정됨 • 미래 세대의 자율적인 삶을 제약할 수 있음 • 경제적 차이에 따른 유전적 격차와 차별이 발생 가능함

(2) 인간 배아 복제 찬반 입장

찬성 입장	반대 입장
• 배아는 아직 완전한 인간이 아님 • 생식 초기에 관한 연구, 인체 조직과 장기의 복구, 질병의 치료 등에 활용할 수 있음	• 배아는 인간의 지위를 지닌 생명체임 • 배아 연구를 위해 복제 배아를 파괴하는 것은 인간을 수단화하는 것이고 살인과 같음

(3) 인간 개체 복제 찬반 입장

찬성 입장	반대 입장
• 불임 부부가 유전적 연관이 있는 자녀를 가질 수 있음 • 복제 인간도 서로 다른 선택과 경험, 환경에서 독자적 삶이 가능함	• 인간 존엄성을 훼손할 수 있고 자연스러운 출산 과정에 위배됨 • 복제 인간은 유전적 형질 면에서 고유성을 갖기 어려움

자료 해석

다음은 인간 개체 복제 찬반 입장의 논거를 정리한 것이다. 빈칸에 들어갈 내용을 쓰시오.

인간 개체 복제 찬성 입장	불임 부부에게 유전적 연관이 있는 ❶ ( ) 을/를 가질 수 있게 함
인간 개체 복제 반대 입장	복제 인간은 유전적 형질 면에서 자신의 ❷ ( ) 을/를 갖기 어려움

답 | ❶ 자녀 ❷ 고유성

1 다음 설명 중 옳은 것은 ○표를, 틀린 것은 ×표를 하시오.

(1) 적극적 우생학을 반대하는 입장에서는 개인의 선호와 자율적 선택에 의한 유전적 개량을 존중해야 한다고 본다. (○ , ×)

(2) 인간 배아 복제를 찬성하는 입장에서는 배아 복제가 인간의 자연스러운 출산 과정에 위배된다는 점을 강조한다. (○ , ×)

(3) 인간 개체 복제를 찬성하는 입장에서는 복제 인간이 자율적 선택과 독자적 경험을 할 수 있다는 점을 강조한다. (○ , ×)

2 다음 입장에서 지지할 내용만을 〈보기〉에서 있는 대로 고르시오.

> 인간 개체 복제를 허용해서는 안 된다. 인간 개체 복제는 의도적으로 인간의 특징이나 유전적 형질을 규정하여 인간 고유의 특성을 훼손할 수 있기 때문이다.

• 보기 •

ㄱ. 복제 인간도 독자적인 삶을 살아갈 수 있다.
ㄴ. 복제 기술이 불완전하기 때문에 부작용이 나타날 수 있다
ㄷ. 인간의 생명이 수단화되어 인간의 존엄성을 훼손할 수 있다.
ㄹ. 인간 개체 복제는 불임 부부의 고통을 줄여주고 사회 재생산 기능을 강화한다.

서술형

3 다음 주장에 대한 반론을 서술하시오.

> 인간 배아 복제를 찬성하는 입장에서는 다음과 같은 논거를 제시한다. 첫째, 배아는 아직 완전한 인간이 아니므로 배아를 연구 대상으로 활용할 수 있다. 둘째, 배아 복제 연구는 생식 초기에 관한 연구, 인체 조직과 장기의 복구, 질병 치료 등에 활용할 수 있다.

12 동물 실험과 동물 권리 문제

빈출도 ● ● ●

출제 포인트

- 자료는 동물 실험의 찬반 입장과 동물의 도덕적 권리에 대한 사상가들의 입장을 정리한 것이다.
- 동물 실험의 찬반 입장의 논거들을 비교하여 이해해야 한다. 또한 동물의 도덕적 권리에 대한 사상가들의 입장을 세심하게 학습하고 숙지해야 한다.

필수 자료

(1) 동물 실험 찬반 입장

찬성 입장	반대 입장
• 인간과 동물의 지위에는 차이가 있음 • 동물 실험 결과를 인간에게 적용 가능함 • 인간의 생명과 건강의 보호에 대한 이익을 얻을 수 있음	• 인간과 동물의 지위에는 별 차이가 없음 • 동물 실험의 결과를 인간에게 바로 적용하기 어려움 • 동물 실험 외 다른 대안이 존재함

(2) 동물의 도덕적 권리에 대한 사상가들의 입장

데카르트	동물은 '자동인형', '움직이는 기계'임, 동물은 도덕적으로 고려받을 권리를 지니지 않음
칸트	동물은 자의식이 없으며 어떤 목적을 위한 수단임, 동물을 잔인하게 다루는 것은 인간의 자기 자신에 대한 의무에 어긋남
벤담	동물도 고통을 느끼므로 도덕적으로 고려해야 함
싱어	동물은 쾌고 감수 능력을 지닌 존재로, 동물의 이익도 동등하게 고려해야 함
레건	한 살 이상의 포유류는 삶의 주체가 될 수 있음

자료 해석

다음은 동물의 도덕적 권리에 대한 사상가들의 입장을 일부 정리한 것이다. 빈칸에 들어갈 내용을 쓰시오.

칸트	인간만이 이성을 지니며 동물은 목적이 아니라 ❶ ( ) 적 가치를 지님
싱어	동물도 ❷ ( ) 능력을 지니므로 동물의 이익도 동등하게 고려해야 함

답 | ❶ 수단 ❷ 쾌고 감수

1등급 바탕 예제

1 **다음 설명 중 옳은 것은 ○표를, 틀린 것은 ×표를 하시오.**

(1) 데카르트는 동물을 '자동인형', '움직이는 기계'로 보았다. (○ , ×)

(2) 동물 실험을 반대하는 입장에서는 동물 실험 이외의 대안이 존재한다는 점을 강조한다. (○ , ×)

(3) 싱어는 동물의 이익도 평등하게 고려해야 하므로 모든 동물 실험을 금지해야 한다고 보았다. (○ , ×)

2 **다음을 주장한 사상가의 입장만을 〈보기〉에서 있는 대로 고르시오.**

> 이성은 없지만 생명이 있는 일부 피조물들과 관련하여 동물들을 폭력적으로 그리고 동시에 잔학하게 다루는 것은 인간 자기 자신에 대한 의무와 내면에서 더욱더 배치되는 것이다.

보기

ㄱ. 인간만이 목적이며 동물은 어떤 목적 달성을 위한 수단적 가치를 지닌다.

ㄴ. 인간은 동물에 대해 직접적인 의무를 지니며 동물을 함부로 학대해서는 안 된다.

ㄷ. 인간은 동물에 대한 간접적인 의무를 지니지만 동물을 실험 대상으로 삼을 수는 있다.

ㄹ. 인간이 이성이 없는 동물을 잔인하게 다루더라도 인간의 의무를 위배하는 것은 아니다.

서술형

3 **㉠을 찬성하는 입장의 근거를 서술하시오.**

> 오늘날에는 학문 분야뿐만 아니라 다양한 분야에서 동물을 이용한 실험을 하고 있다. ㉠ 동물 실험은 인간의 생명 및 건강 증진과 밀접하게 관련되어 있지만, 동물을 고통과 죽음에 이르게 한다는 점에서 윤리적 쟁점이 되고 있다.

13 사랑과 성의 관계

빈출도 ● ● ●

출제 포인트

- 자료는 프롬의 사랑의 구성 요소와 사랑과 성을 바라보는 세 가지 관점을 정리한 것이다.
- 사랑에 대한 프롬의 입장을 이해하고 자주 출제되는 오답을 익혀 둘 필요가 있다. 또한 사랑과 성을 바라보는 보수주의, 자유주의, 중도주의 입장을 비교 분석하고 이것의 특징을 숙지해야 한다.

필수 자료

(1) 프롬이 주장한 사랑의 구성 요소

책임	상대의 요구에 책임 있게 반응하는 것
이해(지식)	상대의 독특한 개성을 알고 상대를 깊이 이해하는 것
존경	지배하고 소유하는 것이 아니라 상대를 있는 그대로 보는 것
보호	사랑하는 사람의 생명과 성장에 적극적인 관심을 갖고 보호하는 것

(2) 사랑과 성의 관계에 대한 세 가지 관점

보수주의	• 결혼 제도 내에서 출산과 양육에 대한 책임을 질 수 있는 성만이 도덕적으로 정당함 • 결혼을 통해 이루어지는 성적 관계만이 정당함
자유주의	• 개인의 자발적인 동의 하에서 이루어지는 성적 관계는 정당함(=급진적 자유주의) • 타인에게 해악을 주지 않는 범위 내에서 성적 자유를 허용함
중도주의	• 결혼이나 출산과 무관하게 사랑이 있는 성은 정당화되고 사랑이 없는 성은 정당화되지 못함 • 사랑이 있는 성 추구(=온건한 자유주의)

자료 해석

다음은 사랑과 성의 관계에 대한 관점을 정리한 것이다. 빈칸에 들어갈 내용을 쓰시오.

보수주의	❶ ______ 와/과 출산 중심의 성 윤리로 부부간의 신뢰와 사랑을 전제로 할 때 성이 정당화될 수 있음
자유주의	타인에게 해악을 주지 않는 범위에서 자발적 ❷ ______ 에 따라 성적 자유를 허용함
중도주의	결혼이나 출산과는 무관하게 ❸ ______ 이/가 있는 성은 정당화됨

답 | ❶ 결혼 ❷ 동의 ❸ 사랑

1 다음 설명 중 옳은 것은 ○표를, 틀린 것은 ×표를 하시오.

(1) 프롬에 따르면 사랑은 자기 중심적 관점에서 상대방을 평가하고 이해하는 것이다. (○ , ×)

(2) 보수주의 입장에서는 성이 정당화되기 위한 조건으로 결혼과 출산 등을 제시한다. (○ , ×)

(3) 자유주의 입장에서는 결혼이 성을 정당화하기 위한 필수적 조건이 아니라고 본다. (○ , ×)

2 다음을 주장한 사상가의 입장만을 〈보기〉에서 있는 대로 고르시오.

> 사랑은 보호·책임·존경과 지식을 포함한다. 사랑하는 대상에 대한 보호와 관심은 그에 대한 책임을 함축하고, 책임은 존경이 없다면 쉽게 지배와 소유로 전락한다. 또한 보호와 책임은 지식에 의해 인도되지 않으면 맹목적인 것이 되기 쉽다.

보기

ㄱ. 사랑은 상대방의 희생을 전제로 할 때만 비로소 가치를 지닐 수 있다.
ㄴ. 사랑은 상대방을 소유하는 것이 아니라 있는 그대로 존중하는 것이다.
ㄷ. 사랑은 상대방과 자신의 동질성을 발견하고 이질성을 인정하지 않는 것이다.
ㄹ. 사랑은 상대방을 지배하는 것이 아니라 독특한 개성을 알고 이해해 주는 것이다.

서술형

3 갑의 입장과 달리 을의 입장이 갖는 특징을 서술하시오.

> 갑: 성은 타인에게 피해를 주지 않는 범위 내에서 그리고 타인의 자율성을 침해하지 않는 범위 내에서 얼마든지 허용될 수 있다.
> 을: 사랑이 있는 성은 도덕적으로 정당화 가능하나 사랑이 없는 성은 인간의 가치, 인격을 훼손시킬 수 있다.

14 결혼과 가족의 윤리

빈출도 ● ● ●

출제 포인트

- 자료는 부부 윤리와 가족 윤리를 정리한 것이다.
- 동서양의 부부 윤리와 가족 윤리에 대해 파악하고, 오늘날의 가족 윤리에 대해서도 알아 둘 필요가 있다.

필수 자료

(1) 부부 윤리

결혼의 의미		서로를 영원히 지키며 사랑하겠다는 약속
부부간의 윤리	동양	• 음양론: 자연의 음와 양의 관계처럼 부부는 상호 보완적임 • 상경여빈(相敬如賓): 남편과 아내가 서로를 귀한 손님을 대하듯이 공경함
	서양	• 보부아르: 부부는 각 주체로서 평등한 관계를 유지해야 함 • 길리건: 부부는 서로 배려와 보살핌을 주고받는 관계가 되어야 함

(2) 가족 윤리

가족의 의미		사회를 이루는 가장 기본적인 공동체
동양의 전통	부모 자식 간의 윤리	• 부자유친(父子有親): 부모와 자식 간에 친밀함이 있어야 함 • 부자자효(父慈子孝): 부모는 자애와 사랑으로, 자식은 공경과 섬김으로, 일방적 관계가 아닌 호혜적 관계를 유지해야 함
	형제자매 간의 윤리	• 형우제공(兄友弟恭): 형은 동생을 사랑하고, 동생은 형을 공경함 • 효제(孝悌): 부모에게 효도하고, 형제자매 간에 서로 공경해야 함
오늘날 가족 윤리		가족 구성원들이 서로 사랑하고 존경하는 마음을 가져야 함

자료 해석

다음은 동양의 전통 사회에서 강조한 가족 간의 윤리를 정리한 것이다. 빈칸에 들어갈 내용을 쓰시오.

상경여빈	남편과 아내가 서로를 대할 때 귀한 ❶ ______ 을/를 대하는 것처럼 공경함
부자자효	부모는 자식에게 자애와 ❷ ______ (으)로 대하고, 자녀는 부모에게 공경과 섬김을 실천함

답 | ❶ 손님 ❷ 사랑

1등급 바탕 예제

1 다음 설명 중 옳은 것은 ○표를, 틀린 것은 ×표를 하시오.

(1) 형제 자매간 지켜야할 도리로는 부부유별, 부부상경 등이 있다. (○ , ×)

(2) 동양의 전통 사회에서 음양론은 부부간의 차이뿐 아니라 차별까지 인정하고 있다. (○ , ×)

(3) 결혼은 모든 인간관계의 출발점인 가정을 구성하는 의식이자 사랑의 약속으로 볼 수 있다. (○ , ×)

2 다음 사상의 입장만을 〈보기〉에서 있는 대로 고르시오.

남녀는 서로 경건하고 존중하며 정직해야 한다. 그런 연후에 친밀한 사랑이 생긴다. 이것이 예(禮)의 본질이다. 남녀의 구별이 있으니 부부의 도리가 세워지고, 부부의 도리가 있으니 부자의 친근함이 있으며, 부자의 친근함이 있으니 군신의 정당함이 있다.

• 보기 •

ㄱ. 부부는 혈연관계이며, 서로 경쟁하는 사이이다.

ㄴ. 부부는 서로의 차이를 인정하며 각자의 역할을 인정해야 한다.

ㄷ. 부부는 음양의 관계처럼 서로 도와주고 보완하는 역할임을 알아야 한다.

ㄹ. 부부는 친밀함을 기본으로 하되 서로를 손님을 대하는 것처럼 해서는 안 된다.

서술형

3 ㉠에 들어갈 내용을 쓰고, 이와 관련하여 '형우제공(兄友弟恭)'의 의미를 서술하시오.

[㉠]은/는 부모로부터 같은 기운을 받고 태어난 사이[同氣間(동기간)]이다. 사람의 손과 발처럼 서로 아끼고 도와주는 수족(手足)의 관계이다.

15 동서양의 직업관

빈출도 ● ● ●

출제 포인트

- 자료는 동서양의 직업관을 정리한 것이다.
- 동서양의 직업관을 이해하고, 여러 사상가들이 제시한 직업관의 특징을 잘 숙지해 두어야 한다.

필수 자료

(1) 동양의 직업관

공자	정명(正名): 자신의 지위와 신분, 직분에 맞는 역할을 다해야 함
맹자	• 대인의 일과 소인의 일을 구분함 • 사회적 분업과 직업 간의 상호 보완성을 강조함 • 항산(恒産)과 항심(恒心): 일정한 생업인 항산(恒産)이 도덕적 삶인 항심(恒心)의 기반이 된다고 봄
순자	• 각자의 적성과 능력에 따라 사회적 역할을 분담하게 함 • 모든 사람들이 직분을 올바로 수행하면 천하가 태평해진다고 봄

(2) 서양의 직업관

플라톤	• 각자 타고난 성향에 따라 사회적 역할을 분담해야 함 • 통치자, 방위자, 생산자 계급이 각자의 역할과 덕을 실현해야 함
중세 그리스도교	• 노동은 원죄에 대한 벌로 신이 부과한 것이라고 봄 • 인간은 속죄의 차원에서 노동을 해야 한다고 봄
칼뱅	• 직업은 신이 부여한 소명(召命)임 • 근면, 성실, 검소한 생활을 통한 부의 축적을 강조함
마르크스	• 인간은 노동을 통해 자신의 본질을 실현할 수 있는 존재임 • 자본주의 체제의 분업화된 노동은 인간 소외를 발생시킴

자료 해석

다음은 동서양의 직업관을 정리한 것이다. 빈칸에 들어갈 내용을 쓰시오.

맹자	통치자가 백성들의 생업인 ❶ ☐ 보장에 힘쓸 때 백성들이 항심을 유지할 수 있음
칼뱅	직업은 신이 부여한 ❷ ☐이라고 봄
마르크스	자본주의 사회에서 ❸ ☐된 노동은 인간 소외를 발생시킴

답 | ❶ 항산 ❷ 소명 ❸ 분업화

1등급 바탕 예제

1 **다음 설명 중 옳은 것은 ○표를, 틀린 것은 ×표를 하시오.**

(1) 마르크스는 인간은 노동을 통해 자신의 본질을 실현할 수 있다고 보았다. (○ , ×)

(2) 공자는 사람들이 자신의 직분에 맞는 역할을 해야 한다고 보았다. (○ , ×)

(3) 플라톤은 통치자 계급이 지혜와 인격을 갖추고 모든 직업을 경험해야 한다고 주장하였다. (○ , ×)

(4) 맹자는 대인의 할 일과 소인의 할 일은 구분하고 대인은 모든 일에 능통해야 한다고 보았다. (○ , ×)

2 **다음을 주장한 사상가의 입장만을 〈보기〉에서 있는 대로 고르시오.**

> 사회를 이루는 세 계층은 타고난 성향에 따라 한 가지 일에 배치되어야 한다. 각자 자신이 맡은 일에서 탁월함을 발휘해 조화를 이룰 때 그 사회는 정의롭게 된다. 서로의 일에 참견하는 것은 사회에 해악을 끼치는 일이다.

• 보기 •

ㄱ. 사회적 역할 분담과 분업의 원리가 잘 지켜져야 한다.
ㄴ. 세 계층이 자기 일을 할 뿐 아니라 다른 계층의 일에도 적극 개입해야 한다.
ㄷ. 세 계층이 자신의 성향에 따라 직분에 충실할 때 정의로운 나라가 될 수 있다.
ㄹ. 정의 실현을 위해 모든 계층이 사유 재산의 소멸과 재산의 공유를 실천해야 한다.

서술형

3 **다음을 주장한 사상가가 강조한 통치자의 역할을 '항산', '항심'과 관련하여 설명하시오.**

> 대인(大人)이 할 일이 있고 소인(小人)이 할 일이 있다. 또 한 사람의 몸에는 여러 장인들이 만드는 것들이 다 필요한데, 만일 반드시 모든 것을 손수 만들어 사용해야 한다면 그것은 천하의 사람들을 지쳐 떨어지게 하는 것이다.

16 직업 윤리와 청렴

빈출도 ● ● ●

출제 포인트

- 자료는 기업의 사회적 책임과 청렴에 대한 사상가들의 입장, 전문직 윤리 및 공직자 윤리에 대한 내용을 정리한 것이다.
- 기업의 사회적 책임에 관한 프리드먼, 애로우의 입장을 잘 정리해 두어야 한다. 또한 청렴에 관한 사상가들의 입장 및 전문직과 공직자에게 높은 도덕성이 요구되는 이유도 알아 두어야 한다.

필수 자료

(1) 기업의 사회적 책임에 대한 사상가들의 입장

프리드먼	• 기업 경영자들은 기업의 소유주들에 대해서만 직접적 책임을 짐 • 기업에게 이윤 극대화 이외의 사회적 책임을 부과해서는 안 됨
애로우	• 기업은 환경 보호, 사회 복지 공헌과 같은 사회적 책임을 다해야 함 • 기업의 사회적 책임 수행은 기업의 장기적인 이윤 추구에 도움이 됨

(2) 청렴에 대한 사상가들의 입장

플라톤	• 공직자는 공과 사를 구분하고 엄격하게 자신을 절제해야 함 • 통치자 계층은 사유 재산을 지녀서는 안 됨
정약용	절용(節用)과 청렴(淸廉): 공직자는 덕을 쌓고 근검절약하는 삶을 살아야 함

(3) 전문직·공직자 윤리

전문직 윤리	직업적 전문성으로 인해 사회적 영향력이 크기 때문에 일반 직업인들에 비해 더 높은 수준의 도덕성이 요구됨
공직자 윤리	국민으로부터 권한을 위임받은 대리인으로서 공권력을 지니고, 사회와 국가에 미치는 영향력이 크기 때문에 높은 수준의 도덕성이 요구됨

자료 해석

다음은 다양한 사상가들의 입장을 정리한 것이다. 빈칸에 들어갈 내용을 쓰시오.

프리드먼	기업의 사회적 책임은 오직 기업의 ❶ ( ) 극대화를 위해 매진하는 것임
애로우	기업의 사회적 책임 수행은 기업의 ❷ ( ) 적인 이윤 추구에 도움을 줄 수 있음

답 | ❶ 이윤 ❷ 장기

1 다음 설명 중 옳은 것은 ○표를, 틀린 것은 ×표를 하시오.

(1) 플라톤은 통치자 계층이 사유 재산을 지녀서는 안 된다고 주장하였다. (○ , ×)

(2) 애로우는 기업에게 이윤 극대화 이외의 사회적 책임을 부과해서는 안 된다고 보았다. (○ , ×)

(3) 정약용은 공직자가 절약하지 못하면 부정부패하게 되고 백성을 수탈하게 된다고 주장하였다. (○ , ×)

2 다음을 주장한 사상가의 입장만을 〈보기〉에서 있는 대로 고르시오.

> 청렴은 천하에서 큰 장사(賈)이다. 그래서 포부가 큰 사람은 반드시 청렴하고자 한다. 청렴하지 못함은 지혜가 모자라기 때문이다. 청렴한 자는 청렴을 편안히 여기고 지혜로운 자는 이를 이롭게 여긴다.

보기

ㄱ. 목민관은 애민(愛民)과 자애(慈愛)의 정신을 실천해야 한다.
ㄴ. 목민관은 청빈한 삶을 살면서 국가의 일에 정성을 다해야 한다.
ㄷ. 목민관은 청렴을 근본으로 하며 어떠한 사유 재산도 가져서는 안 된다.
ㄹ. 목민관은 자신의 이익보다 백성과 나라 전체의 이익을 우선시해야 한다.

서술형

3 기업의 목표와 관련하여 갑, 을 사상가들의 공통적인 입장을 서술하시오.

> 갑: 기업은 오직 기업의 소유주들이 이익을 극대화하는 일에 매진하면 된다. 단, 기업은 속임수나 기만행위 없이 공개적이고 자유로운 경쟁을 통해 이윤을 추구해야 한다.
> 을: 기업은 환경 보호, 사회 복지 공헌과 같은 사회적 책임을 다해야 한다. 이는 기업의 신뢰도와 긍정적 이미지를 높여 기업의 이윤 추구에 도움을 준다.

17 개인 윤리와 사회 윤리

빈출도 ● ● ●

출제 포인트

- 자료는 개인 윤리와 사회 윤리의 특징, 니부어의 사회 윤리적 관점, 사회 정의의 종류를 정리한 것이다.
- 개인 윤리와 사회 윤리의 특징을 잘 비교해 두어야 한다. 또한 니부어의 사회 윤리에 대한 관점을 꼼꼼하게 살펴보고 잘 숙지해 두어야 한다.

필수 자료

(1) 개인 윤리와 사회 윤리

	개인 윤리	사회 윤리
문제 원인	개인의 도덕적 의사 결정 능력의 결여, 실천 의지 부족	사회의 구조와 제도의 결함이나 문제
해결 방법	개인의 도덕적 판단 능력, 실천 의지, 도덕적 습관 함양	개인의 도덕성 함양뿐만 아니라 사회 구조와 제도의 개선이 필요함

(2) 니부어의 사회 윤리

문제 원인	• 개인의 도덕적 행위는 집단의 도덕성을 결정하지 못함 • 집단에 속한 개인은 이기적으로 행동하기 쉬움
해결 방법	• 개인의 도덕성 함양뿐만 아니라 사회 구조, 제도, 정책의 개선이 필요함 • 선의지의 통제를 받는 비합리적 수단이 필요함

(3) 사회 정의의 분류

분배적 정의	사회 구성원 각자가 자신의 몫을 누릴 수 있게 하는 것
교정적 정의	위법과 불공정함을 바로잡는 교정(시정)을 통해 공정함을 확보하는 것
절차적 정의	공정한 절차, 과정을 통해 각 사람에게 합당한 몫을 결정하는 것

자료 해석

다음은 니부어의 사회 윤리에 대한 관점을 정리한 것이다. 빈칸에 들어갈 내용을 쓰시오.

문제 원인	집단에 속한 개인은 ❶ ______ (으)로 행동하기 쉬움
해결 방법	개인의 ❷ ______ 함양뿐만 아니라 사회 구조, 제도, 정책의 개선이 필요함

답 | ❶ 이기적 ❷ 도덕성

1등급 바탕 예제

1 **다음 설명 중 옳은 것은 ○표를, 틀린 것은 ×표를 하시오.**

(1) 분배적 정의는 사회 구성원 각자가 자신의 몫을 누릴 수 있게 하는 것을 의미한다. (○ , ×)

(2) 니부어는 사회적 강제력을 동원해서라도 사회 정의를 실현할 필요가 있다고 보았다. (○ , ×)

(3) 개인의 도덕성 함양이 아닌 사회 구조와 제도의 개선을 통해 개인 윤리의 문제를 해결할 수 있다. (○ , ×)

2 **다음을 주장한 사상가의 입장만을 〈보기〉에서 있는 대로 고르시오.**

> 집단은 개인이나 다른 집단과의 관계에서 상대의 이익에 주목하기보다 자기 집단의 이익을 관철하려는 경향을 강하게 나타낸다. 왜냐하면 개인들의 이기적 충동은 개별적으로 나타날 때보다 하나의 공통된 충동으로 나타날 때 더 강하게 표출되기 때문이다.

보기

ㄱ. 사회 집단 간의 관계는 윤리적이라기보다 정치적이라고 본다.
ㄴ. 사회 정의 실현에 있어 개인의 양심이나 선의지는 필요하지 않다.
ㄷ. 사회 정의 실현을 위해서는 어떤 형태의 폭력도 허용될 수 없다.
ㄹ. 개인의 도덕성과 양심이 사회 전체의 도덕성을 보장하는 것은 아니다.

서술형

3 **다음 사상가가 강조한 현대 사회의 문제 해결 방안을 '비합리적 수단', '선의지'의 개념과 관련하여 서술하시오.**

> 사회는 불가피하게 이기심, 반항, 강제력, 원한처럼 도덕성이 높은 사람들로부터는 결코 도덕적 승인을 얻어 낼 수 없는 방법을 사용해서라도 종국적으로는 정의를 추구해야 한다. 반면, 개인은 자신보다 뛰어난 것을 보고서 자신감을 잃기도 하고 찾기도 하면서 스스로의 삶을 실현해 가도록 노력해야 한다.

18 분배적 정의

빈출도 ● ● ●

출제 포인트

- 자료는 분배의 다양한 기준과 분배적 정의에 대한 사상가들의 입장을 정리한 것이다.
- 분배의 다양한 기준들에 대해 알아 두어야 한다. 또한 여러 사상가들이 말하는 공정한 분배가 무엇인지 숙지해 두어야 한다.

필수 자료

(1) 분배의 다양한 기준

기준	장점	문제점
절대적 평등	기회와 혜택이 균등하게 보장됨	생산 의욕, 책임 의식이 약화됨
능력	능력에 따른 합당한 보상이 가능	능력 획득에 선천적 요소가 개입함
업적	객관적 평가와 측정이 쉬움	과열 경쟁을 조장함
필요	사회적 약자의 보호가 용이함	경제적 효율성을 저하시킬 수 있음

(2) 사상가들의 분배적 정의

아리스토텔레스	각 사람의 가치에 따른 분배(기하학적 비례의 균등함)
마르크스	능력에 따라 일하고 필요에 따라 분배
롤스	공정한 원초적 입장에서 도출된 정의의 원칙에 따른 재화 분배
노직	• 소유권으로서의 정의, 개인의 소유 권리 보장을 강조 • 취득의 원칙, 이전(양도)의 원칙, 교정의 원칙을 제시
왈처	다원적 평등(복합 평등)으로서의 정의 주장

자료 해석

다음은 다양한 사상가들의 정의관을 정리한 것이다. 빈칸에 들어갈 내용을 쓰시오.

마르크스	능력에 따라 일하고 ❶ ( ) 에 따라 분배받아야 한다고 봄
롤스	자연적·사회적 우연성이 배제된 공정한 ❷ ( ) 적 입장에서 정의의 원칙을 도출함
노직	정의의 핵심은 개인의 ❸ ( ) 을/를 보장하는 것이 핵심이라고 봄

답 | ❶ 필요 ❷ 원초 ❸ 소유 권리(소유권)

1등급 바탕 예제

1 다음 설명 중 옳은 것은 ○표를, 틀린 것은 ×표를 하시오.

(1) 능력에 따른 분배는 효율성의 증진과 사회적 약자의 배려에 용이하다는 장점을 지닌다. (○ , ×)

(2) 필요에 따른 분배는 업적에 따른 분배보다 경제적 효율성을 향상시키는 효과가 있다. (○ , ×)

(3) 아리스토텔레스는 모든 사람에게 재화를 차등 없이 균등하게 분배하는 것만이 정의롭다고 보았다. (○ , ×)

2 다음을 주장한 사상가의 입장만을 〈보기〉에서 있는 대로 고르시오.

각 개인은 자기 소유물을 합법적 수단으로 취득할 경우 그에 대한 소유 권리를 갖는다. 따라서 정당한 취득과 정당한 이전, 그리고 부정의의 교정 원칙에 따른 부와 소득의 분배만이 정당성을 갖는다.

보기

ㄱ. 절차가 공정하면 그 결과가 균등하지 않아도 정의로울 수 있다.
ㄴ. 개인의 소유 권리를 최대한 보장할 수 있는 복지 국가만이 정당화될 수 있다.
ㄷ. 취득이나 이전 과정에서의 부정의를 교정하기 위해서 국가가 개입할 수 있다.
ㄹ. 취득 과정에서 부정의가 존재한다면 이로부터 이전받은 소유물은 정당하지 않다.

서술형

3 다음 사상가가 주장한 무지의 베일을 쓴 상태의 개인들의 특징을 서술하시오.

정의의 원칙은 무지의 베일 속에서 선택되는데, 이는 모든 이가 유사한 상황 속에 처하게 되어 아무도 자신의 특정 조건에 유리한 원칙들을 구상할 수 없는 까닭에, 정의 원칙들은 공정한 합의나 약정의 결과가 된다.

19 교정적 정의

빈출도 ● ● ●

출제 포인트

- 자료는 형벌에 대한 응보주의적 관점과 공리주의적 관점, 사형에 대한 사상가들의 입장을 정리한 것이다.
- 형벌에 대한 응보주의적 관점과 공리주의적 관점을 비교 분석하여 알아 두어야 한다. 또한 사형 제도에 찬성하는 칸트와 루소, 사형 제도에 반대하는 베카리아의 근거가 무엇인지 숙지해 두어야 한다.

필수 자료

(1) 형벌에 대한 응보주의적 관점과 공리주의적 관점

응보주의적 관점	공리주의적 관점
• 처벌의 본질은 범죄 행위에 대한 응당한 보복임 • 범죄 행위에 상응하는 형벌을 부과해야 함	• 처벌은 사회적 이익을 증진하기 위한 수단임 • 위법의 이익보다 처벌의 손실이 더 크도록 처벌을 부과해야 함

(2) 사형에 대한 사상가들의 관점

칸트	• 응보주의적 관점: 살인자에 대한 적합한 형벌은 오직 사형뿐임 • 사형은 살인자의 고통받는 인격을 해방하여 인간 존엄성을 실현하는 것임
베카리아	• 공리주의적 관점: 사형보다 종신 노역형이 범죄 억제 효과가 뛰어남 • 생명은 양도할 수 없는 것이기 때문에 사회 계약을 이유로 사형을 정당화할 수 없음
루소	• 사회 계약론적 관점: 시민의 생명과 안전 확보를 위해 사형은 정당함 • 타인의 희생으로 자신의 생명을 보존하려고 하는 사람은 타인을 위해 필요하다면 마땅히 자신의 생명을 희생해야 함

자료 해석

다음은 사형에 대한 사상가들의 입장을 정리한 것이다. 빈칸에 들어갈 내용을 쓰시오.

칸트	사형은 살인자의 인격을 해방하여 살인자의 인간 ❶ ______ 을/를 실현하는 것임
루소	사회 계약은 시민의 ❷ ______ 와/과 안전을 보장하는 것이므로 사형은 정당함

답 | ❶ 존엄성 ❷ 생명

1 다음 내용에 대한 설명을 바르게 연결하시오.

(1) 종신 노역형 •　　　　• ㉠ 처벌의 본질은 범죄 행위에 대한 응당한 보복을 가하는 것이라고 보는 관점

(2) 응보주의적 관점 •　　　　• ㉡ 베카리아가 사형 대신 제시한 것으로, 사형에 비해 범죄 억제 효과가 뛰어나다고 본 형벌

(3) 공리주의적 관점 •　　　　• ㉢ 처벌은 고통을 가하므로 해악이지만 더 큰 사회적 이익을 증진하면 정당하다고 보는 관점

2 다음을 주장한 사상가의 입장만을 〈보기〉에서 있는 대로 고르시오.

> 사법적 처벌은 범죄에 상응하는 보복의 차원에서 이루어져야 한다. 왜냐하면 인간은 타인의 의도들을 위한 수단으로 취급될 수 없기 때문이다.

• 보기 •

ㄱ. 사형은 살인자나 형 집행자의 인격을 파괴하는 형벌일 뿐이다.
ㄴ. 형벌은 어떤 다른 선을 촉진하기 위한 한낱 수단으로 가해질 수 없다.
ㄷ. 동등성의 원리에 따르면 사형은 공적 정의를 실현하는 수단이 될 수 없다.
ㄹ. 살인자에 대한 형벌로 사형 이외에는 어떤 것도 정의를 충족시킬 수 없다.

서술형

3 다음을 주장한 사상가의 사형에 대한 입장을 사회 계약과 관련지어 서술하시오.

> 아무리 범죄의 이득이 크다 해도 자신의 자유를 완전히 그리고 영구적으로 상실하기를 택할 자는 없다. 사형을 대체한 종신 노역형만으로도 가장 완강한 자의 마음을 억제시키기에 충분한 정도의 엄격성을 지니고 있다. 종신 노역형은 사형 이상의 확실한 효과를 가져온다.

20 동서양에서의 국가의 역할과 의무

빈출도 ● ● ●

출제 포인트

- 자료는 국가의 역할과 의무에 대한 동서양 사상가들의 입장을 정리한 것이다.
- 동서양 사상가들의 입장을 잘 숙지하고, 다양한 형태로 출제되는 제시문들의 핵심 내용이나 주장을 파악하는 훈련을 해 두어야 한다.

필수 자료

(1) 동양에서의 국가의 역할과 의무

공자	덕치(德治): 군주가 솔선수범하는 수기안인(修己安人)의 자세가 필요함
맹자	• 왕도(王道) 정치: 인의(仁義)의 덕으로 나라를 다스림 • 백성들의 경제적 안정, 즉 항산(恒産) 보장에 힘쓸 때 항심(恒心)이 유지됨
묵자	• 겸애(兼愛): 나와 남을 구별하지 않는 무차별적·무조건적 사랑 • 교리(交利): 상호 이익을 추구하여 천하에 혼란이 일어나지 않도록 해야 함
한비자	• 인간은 이기적 존재이므로 엄격한 법(法)에 따라 통치해야 함 • 적절한 포상과 처벌을 통해 질서를 유지해야 함
정약용	애민(愛民): 백성을 사랑하는 마음으로 노약자, 빈자를 돌보고 구제해야 함

(2) 서양에서의 국가의 역할과 의무

홉스 로크	자연 상태에서 제대로 보장받기 어려운 생명·재산·자유 등을 보장받고자 계약을 통해 국가를 수립함
롤스	• 국가는 개인의 평등한 자유를 보장해야 함 • 최소 수혜자에게 최대 이익이 돌아가게 하는 사회 구조를 형성해야 함

자료 해석

다음은 국가의 역할과 의무에 대한 사상가들의 입장을 정리한 것이다. 빈칸에 들어갈 내용을 쓰시오.

맹자	백성을 덕으로 다스리며 패도가 아닌 ❶ ______ 정치를 구현해야 함
로크	국가는 시민의 생명, 자유, ❷ ______ 을/를 보장하기 위해 형성된 계약의 산물임
한비자	사회 질서를 유지하기 위해 적절한 ❸ ______ 와/과 처벌이 필요함

답 | ❶ 왕도 ❷ 재산(권) ❸ 포상

1 다음에서 설명하고 있는 내용이 무엇인지 쓰시오.

(1) 공자가 강조한 내용으로, 예의와 도덕으로 백성을 다스리고 교화하는 정치

(2) 정약용이 강조한 것으로, 백성들을 사랑하는 마음을 뜻함

(3) 홉스, 로크 등이 주장한 내용으로, 국가의 기원을 사회 구성원들의 계약을 통해 성립되었다고 보는 이론

2 다음을 주장한 사상가의 입장만을 〈보기〉에서 있는 대로 고르시오.

> 무력으로써 사람을 복종시킨다면 사람들이 진심으로 복종하지 않고, 단지 자신의 힘이 부족하기 때문에 억지로 복종한다. 덕으로써 사람을 복종시킨다면 진심으로 기뻐하며 진정으로 복종하니, 칠십 명의 제자들이 공자에게 복종한 것이 그 예이다.

• 보기 •

ㄱ. 백성을 가장 귀히 여기고 백성의 뜻이 하늘의 뜻임을 인정해야 한다.

ㄴ. 인의의 덕으로 나라를 다스리며 특히 곤궁에 처한 백성을 돌보아야 한다.

ㄷ. 법과 강제력으로 다스리기보다는 예의와 도덕으로 백성을 이끌어야 한다.

ㄹ. 백성에 대한 무차별적인 사랑[兼愛]를 베풀어 백성들이 서로 사랑하게 해야 한다.

서술형

3 다음을 주장한 사상가가 강조한 국가의 역할을 서술하시오.

> 국가는 하나의 인격체이다. 이 인격체를 이끌고 있는 이가 통치자이며 통치권을 가지고 있다고 말한다. 그 밖의 모든 사람은 그의 신민이라고 부른다. 통치자의 권력은 상상할 수 있는 한 최대한으로 강해야 한다. 이 무한한 권력으로 인해 많은 나쁜 결과가 발생할 수 있다고 생각할 수도 있다. 하지만, 통치권이 없기 때문에 오는 결과, 즉 만인에 대한 만인의 끊임없는 투쟁 상태가 훨씬 더 나쁘다.

21 시민 불복종

빈출도 ● ● ●

출제 포인트

- 자료는 시민 불복종의 정당화 조건과 시민 불복종에 대한 다양한 사상가들의 입장을 정리한 것이다.
- 시민 불복종에 대한 소로, 롤스, 싱어, 드워킨의 입장 간 공통점과 차이점을 면밀하게 비교하면서 공부해야 한다.

필수 자료

(1) 시민 불복종의 일반적인 정당화 조건(롤스)

최후의 수단	법이나 정책의 개선을 위한 합법적 방법을 시도한 후 고려하는 최후의 수단이어야 함
비폭력적 성격	폭력은 정당화되기 어려우며 비폭력적인 방법을 사용해야 함
공동선 추구	사회 정의 실현과 같은 공익을 목적으로 해야 함
공개적 행위	시민 불복종의 정당성과 정의의 규범적 · 윤리적 근거를 널리 알리기 위해 공개적으로 이루어져야 함
처벌 감수	위법 행위로 인해 받게 되는 처벌을 감수해야 함

(2) 시민 불복종에 대한 다양한 사상가들의 관점

소로	• 법에 대한 존경심보다 정의에 대한 존경심을 길러야 함 • 양심에 따라 부정의한 법이나 정책에 대해 적극적으로 불복종할 수 있음
롤스	• 사회적 다수에 의해 공유된 정의관이 시민 불복종의 근거임 • 거의 정의로운 사회에서 부정의한 법과 정책의 변화를 위해 전개되어야 함
싱어	• 공리주의 관점에서 시민 불복종이 산출할 이익과 손해를 계산해 보아야 함 • 시민 불복종 행위의 성공 가능성을 고려해야 함
드워킨	헌법 정신에 반하는 법률에 대해 시민이 저항 가능함

자료 해석

다음은 시민 불복종에 대한 사상가들의 입장을 정리한 것이다. 빈칸에 들어갈 내용을 쓰시오.

소로	법에 대한 존경심보다 ❶ ______ 에 대한 존경심을 길러야 함
롤스	사회적 다수의 공적 ❷ ______ 이/가 시민 불복종의 근거임
싱어	공리주의 관점에서 시민 불복종이 산출할 ❸ ______ 와/과 손해를 고려해야 함

답 | ❶ 정의 ❷ 정의관 ❸ 이익

1 **다음 설명 중 옳은 것은 ○표를, 틀린 것은 ×표를 하시오.**

(1) 소로는 시민 불복종의 유형을 양심 기반, 정의 기반, 정책 기반으로 구분하였다. (○ , ×)

(2) 싱어는 시민 불복종의 성공 가능성을 고려해야 된다고 보았다. (○ , ×)

(3) 롤스는 시민 불복종이 법의 충실성의 한계 내에서 법을 의도적으로 위반하는 행위라고 보았다. (○ , ×)

2 **다음을 주장한 사상가의 입장만을 〈보기〉에서 있는 대로 고르시오.**

> 내가 떠맡을 권리가 있는 나의 유일한 책무는, 어떤 때이든 간에 내가 옳다고 생각하는 일을 행하는 것이다. 집단에 양심이 없다는 말이 있는데 그것은 참으로 옳은 말이다. 그러나 양심적인 사람들이 모인 집단은 양심적인 집단이다. 법이 사람들을 조금이라도 더 정의로운 인간으로 만든 적은 없다. 오히려 법에 대한 존경심 때문에 선량한 사람들조차 매일 불의의 하수인이 되고 있다.

보기

ㄱ. 양심에 따라 부정의에 대해 적극적으로 불복종해야 한다

ㄴ. 법에 대한 존경심보다 정의에 대한 존경심을 기르는 것이 더 바람직하다.

ㄷ. 법이 부정의하더라고 최대한 개선될 때까지 기다리는 미덕을 발휘해야 한다.

ㄹ. 개인의 양심을 근거로 정의와 불의를 분별하여 시민 불복종을 표현할 수 있다.

서술형

3 **시민 불복종의 조건 중 ㉠에 대하여 구체적으로 서술하시오.**

> 시민 불복종은 법이나 정부의 정책에 변화를 가져올 목적으로 행해지는 공공적·비폭력적·양심적 위법 행위이다. 롤스에 따르면 시민 불복종의 일반적인 정당화 조건에는 ㉠ 최후의 수단, 비폭력적 성격, 공동선 추구, 공개적 행위, 처벌 감수 등이 있다.

1등급 바탕 예제 정답

01 **1** (1) 메타 윤리학 (2) 기술 윤리학 (3) 실천 윤리학 **2** ㄴ, ㄹ **3** 삶의 구체적인 도덕 문제를 해결하는 데 필요한 윤리 이론을 제공하고 정당화해 준다.

02 **1** (1) 거경(居敬) (2) 신독(愼獨) (3) 중용 **2** ㄱ, ㄴ, ㄷ **3** 소크라테스는 질문과 대답을 통해 자신의 무지를 자각하게 하도록 하였다.

03 **1** (1) 수기안인(修己安人) (2) 성(誠) (3) 인(仁) **2** ㄱ, ㄷ **3** 대동 사회, 대동 사회는 개인들이 자신의 능력을 충분히 발휘하고, 누구에게나 기본적인 삶이 보장되며, 범죄가 발생하지 않는 사회이다.

04 **1** (1) 연기론 (2) 부처 (3) 공(空) 사상 (4) 바라밀 **2** ㄱ, ㄴ, ㄷ **3** 불교의 이상적 경지는 해탈과 열반으로, 해탈과 열반은 진리를 깨달아 고통에서 벗어난 상태를 의미한다.

05 **1** (1) 좌망(坐忘) (2) 상선약수(上善若水) (3) 도(道) **2** ㄱ, ㄹ **3** 소국 과민, 영토가 작고 인구가 적은 나라로 무위의 다스림이 이루어지는 이상 사회를 뜻한다.

06 **1** (1) 자연법 (2) 정언 명령 (3) 선의지 **2** ㄴ, ㄷ **3** 갑은 벤담, 을은 밀이다. 밀은 벤담과 다르게 모든 쾌락은 질적으로 동일하지 않으며 쾌락의 양뿐만 아니라 질적인 차이도 중요하다고 보았다.

07 **1** (1) ○ (2) × (3) ○ **2** ㄷ, ㄹ **3** 매킨타이어는 칸트의 의무론이 도덕 원리에만 주목하여 행위자 내면의 도덕성과 품성의 중요성을 간과한다고 보았다.

08 **1** (1) ○ (2) ○ (3) × **2** ㄱ, ㄷ **3** 인간은 죽음을 경험할 수 없기 때문에 죽음에 대해 두려워할 필요가 없다.

09 **1** (1) × (2) × (3) ○ **2** ㄷ, ㄹ **3** 태아는 여성 몸의 일부이므로 임신한 여성은 태아에 대한 권리를 지닌다.

10 **1** (1) × (2) ○ (3) ○ **2** ㄷ, ㄹ **3** 뇌사자의 장기로 다른 환자의 생명을 구하거나 질병을 치료할 수 있다. 뇌사자가 존엄하게 죽을 수 있는 권리를 존중해야 한다. 등

11 **1** (1) × (2) × (3) ○ **2** ㄴ, ㄷ **3** 배아는 인간의 지위를 지닌 생명체이므로 수단화해서는 안 된다.

12 **1** (1) ○ (2) ○ (3) × **2** ㄱ, ㄷ **3** 동물 실험의 결과를 인간에게도 적용 가능하기 때문이다.

13 **1** (1) × (2) ○ (3) ○ **2** ㄴ, ㄹ **3** 을은 사랑을 전제로 한 성만이 도덕적으로 정당하다고 본다.

14 **1** (1) × (2) × (3) ○ **2** ㄴ, ㄷ **3** ㉠에 들어갈 내용은 형제자매이다. 형우제공은 형은 동생을 사랑하고 보살피며 동생은 부모를 대하듯이 형을 공경해야 한다는 의미이다.

15 **1** (1) ○ (2) ○ (3) × (4) × **2** ㄱ, ㄷ **3** 통치자는 백성들의 항산, 즉 일정한 생업을 보장하는 일에 우선적으로 힘써야 한다. 그렇게 할 때 백성은 도덕적 마음인 항심을 유지할 수 있다.

16 **1** (1) ○ (2) × (3) ○ **2** ㄱ, ㄴ, ㄹ **3** 기업은 거짓이나 기만행위 없이 정당한 방법으로 이윤 추구를 해야 한다.

17 **1** (1) ○ (2) ○ (3) × **2** ㄱ, ㄹ **3** 니부어는 현대 사회의 문제들은 개인의 양심만으로 해결하기 어렵기 때문에 선의지의 통제를 받는 비합리적 수단이 필요하다고 보았다.

18 **1** (1) × (2) × (3) × **2** ㄱ, ㄷ, ㄹ **3** 타인의 이해관계에 무관심하며 자신의 이익을 합리적으로 추구한다.

19 **1** (1)-㉡ (2)-㉠ (3)-㉢ **2** ㄴ, ㄹ **3** 자신의 생명권을 양도하는 계약에 동의하는 사람은 없으므로, 사회 계약을 이유로 사형을 정당화할 수 없다.

20 **1** (1) 덕치(德治) (2) 애민(愛民) (3) 사회 계약론 **2** ㄱ, ㄴ, ㄷ **3** 국가는 자연 상태에서 안전하게 보장받기 어려운 생명, 재산, 자유 등을 보호해 주어야 한다.

21 **1** (1) × (2) ○ (3) ○ **2** ㄱ, ㄴ, ㄹ **3** 시민 불복종은 법, 정책의 개선을 위해 합법적 방법을 시도한 후 고려하는 최후의 수단이어야 한다.

Memo

내신전략 | 고등 생활과 윤리

시험에 잘 나오는
개념BOOK 1

자르는 선

시험적중

내신전략

고등 생활과 윤리

BOOK 1

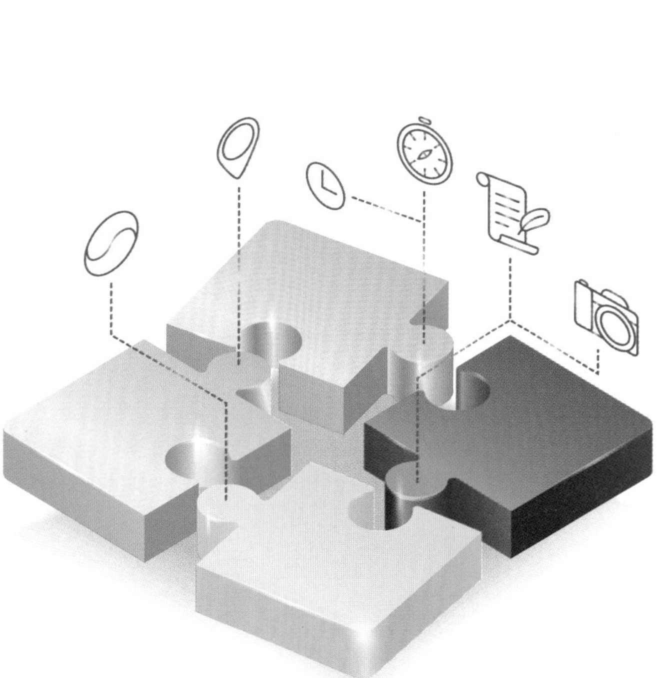

이 책의
구성과 활용

"이 책은 3권으로 이루어져 있는데 **본책인 BOOK 1·2의 구성**은 아래와 같아.

주 도입

본격적인 본문 학습에 앞서, 재미있는 학습 만화를 살펴보며 이번 주에 공부할 내용을 확인할 수 있도록 하였습니다.

1일 개념 돌파 전략

내신을 대비하기 위해 반드시 알아야 할 기본 개념을 익힌 뒤, 확인 문제를 풀며 개념을 확실히 이해했는지 확인할 수 있도록 하였습니다.

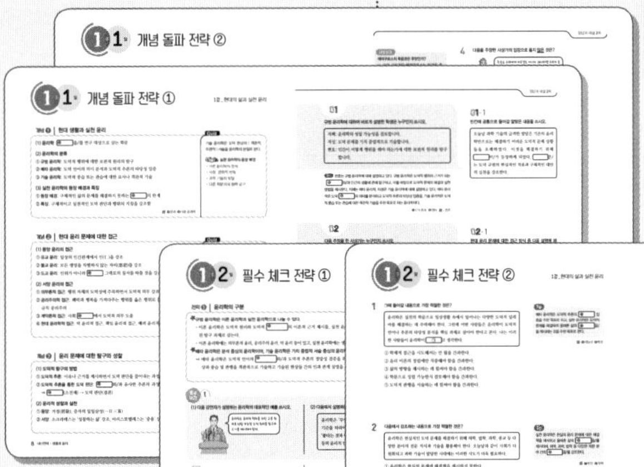

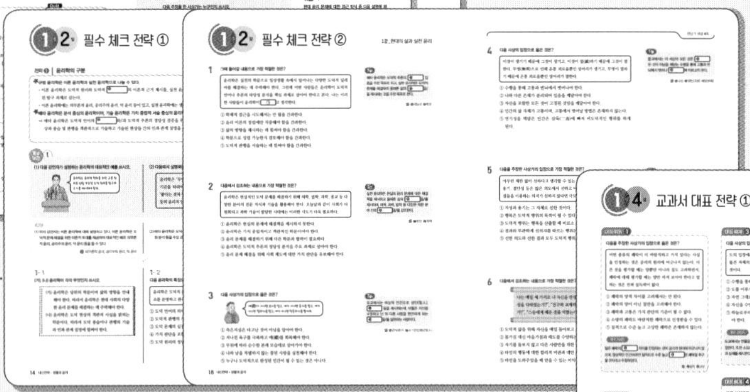

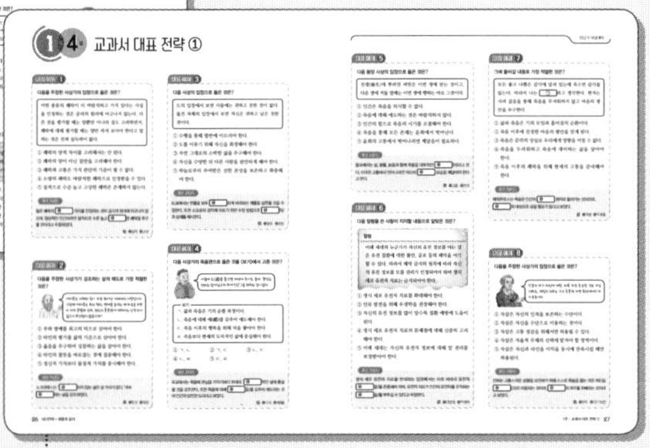

2일 3일 필수 체크 전략

실제 내신 시험에 자주 출제되는 유형의 필수 예제와 유제를 풀어 보면서 문제 풀이 과정과 해결 전략을 이해할 수 있도록 하였습니다.

4일 교과서 대표 전략

교과서에서 다루고 있는 주제를 대표 예제로 엄선하여 수록하였으며, 많은 문제를 풀어 봄으로써 문제에 대한 적응력을 높일 수 있도록 하였습니다.

부록 시험에 잘 나오는 개념 BOOK

학교 시험에 자주 나오는 출제 포인트를 제시하고 필수 자료와 해석을 넣어 철저히 분석하였으며, 바탕 예제를 수록하여 기본 유형의 문제를 접해 볼 수 있도록 하였습니다.

주 마무리와 권 마무리의 특별 코너들로 생활과 윤리 실력이 더 탄탄해 질 거야!

주 마무리 코너

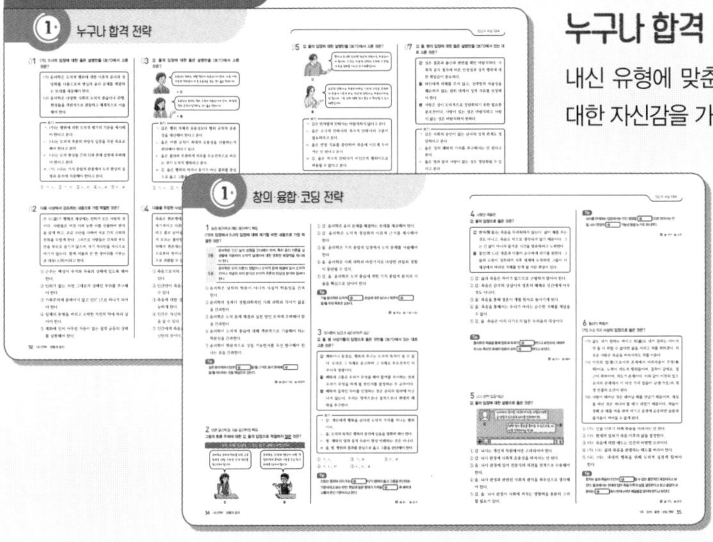

누구나 합격 전략

내신 유형에 맞춘 기본 연습 문제를 풀어 보면서 학습에 대한 자신감을 가질 수 있도록 하였습니다.

창의·융합·코딩 전략

융합적 사고력과 창의력을 키우는 문제를 풀어 보면서 다양한 문제에 대한 적응력을 높일 수 있도록 하였습니다.

권 마무리 코너

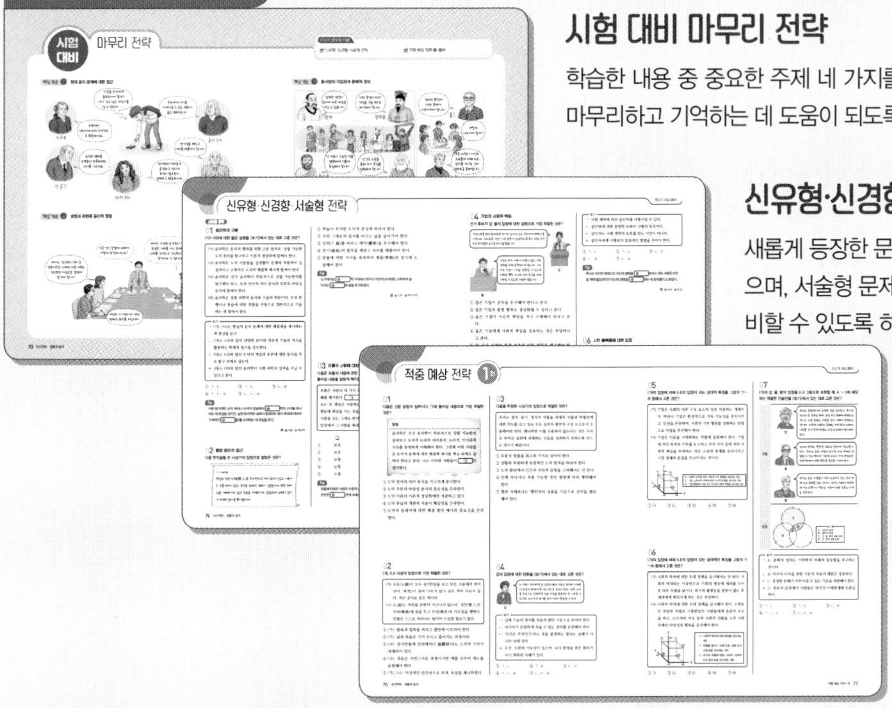

시험 대비 마무리 전략

학습한 내용 중 중요한 주제 네 가지를 이미지로 정리하여 단원을 마무리하고 기억하는 데 도움이 되도록 하였습니다.

신유형·신경향·서술형 전략

새롭게 등장한 문제 유형, 최신 경향의 문제를 다루었으며, 서술형 문제를 풀어 보면서 철저하게 내신을 대비할 수 있도록 하였습니다.

적중 예상 전략

실제 내신 시험과 같은 유형의 모의고사를 풀며 학교 시험에 대비할 수 있도록 하였습니다.

이 책의

차례

BOOK 1

1주

Ⅰ. 현대의 삶과 실천 윤리 ~ Ⅱ. 생명과 윤리

2주

Ⅲ. 사회와 윤리

권 마무리 코너

BOOK 2

1주

Ⅳ. 과학과 윤리 ~ Ⅴ. 문화와 윤리

2주

Ⅵ. 평화와 공존의 윤리

권 마무리 코너

1주 I. 현대의 삶과 실천 윤리 ~ II. 생명과 윤리

1강 현대의 삶과 실천 윤리

공부할 내용

1강 ❶ 현대 생활과 실천 윤리 ❷ 현대 윤리 문제에 대한 접근 ❸ 윤리 문제에 대한 탐구와 성찰
2강 ❶ 삶과 죽음의 윤리 ❷ 생명 윤리 ❸ 사랑과 성 윤리

1주 1일 개념 돌파 전략 ①

개념 ❶ 현대 생활과 실천 윤리

(1) 윤리학 ❶ [　　　]을/를 연구 대상으로 삼는 학문

(2) 윤리학의 분류

① **규범 윤리학**: 도덕적 행위에 대한 보편적 원리의 탐구

② **메타 윤리학**: 도덕 언어의 의미 분석과 도덕적 추론의 타당성 입증

③ **기술 윤리학**: 도덕적 풍습 또는 관습에 대한 묘사나 객관적 기술

(3) 실천 윤리학의 등장 배경과 특징

① **등장 배경**: 구체적인 삶의 문제를 해결하지 못하는 ❷ [　　　]의 한계

② **특징**: 구체적이고 실천적인 도덕 판단과 행위의 지침을 강조함

답 ❶ 윤리 ❷ 이론 윤리학

Quiz

기술 윤리학은 도덕 현상의 (객관적, 주관적) 서술을 윤리학의 본질로 본다.

Clip! 실천 윤리학의 등장 배경

- 이론 윤리학의 한계
- 사회·문화적 변화
- 과학 기술의 발달
- 다른 학문과의 협력 요구

개념 ❷ 현대 윤리 문제에 대한 접근

(1) 동양 윤리의 접근

① **유교 윤리**: 일상의 인간관계에서 인(仁)을 강조

② **불교 윤리**: 모든 생명을 차별하지 않는 자비(慈悲)를 강조

③ **도교 윤리**: 인위가 아니라 ❶ [　　　] 그대로의 질서를 따를 것을 강조

(2) 서양 윤리의 접근

① **의무론적 접근**: 행위 자체의 도덕성에 주목하면서 도덕적 의무 강조

② **공리주의적 접근**: 쾌락과 행복을 가져다주는 행위를 옳은 행위로 봄 → 행위 공리주의, 규칙 공리주의

③ **계약론적 접근**: 사회 ❷ [　　　]에서 도덕적 의무 도출

④ **현대 윤리학적 접근**: 덕 윤리적 접근, 책임 윤리적 접근, 배려 윤리적 접근 등

답 ❶ 자연 ❷ 계약

Quiz

유교 윤리는 인간의 도덕성을 중시하며 (　　　)의 실천을 강조하였다.

Clip! 의무론적 접근

- 자연법 윤리: 자연법 원리에서 도출되는 도덕적 의무를 준수해야 함
- 칸트의 의무론적 윤리: 의무 의식과 선의지에서 나온 행위만이 도덕적 가치를 지님

개념 ❸ 윤리 문제에 대한 탐구와 성찰

(1) 도덕적 탐구의 방법

① **도덕적 추론**: 이유나 근거를 제시하면서 도덕 판단을 끌어내는 과정

② **도덕적 추론을 통한 도덕 판단**: ❶ [　　　]와/과 유사한 추론의 과정, 도덕 원리(대전제) → ❷ [　　　](소전제) → 도덕 판단(결론)

(2) 윤리적 성찰과 실천

① **동양**: 거경(居敬), 증자의 일일삼성(一日三省)

② **서양**: 소크라테스는 '성찰하는 삶' 강조, 아리스토텔레스는 '중용' 강조

답 ❶ 삼단 논법 ❷ 사실 판단

Quiz

아리스토텔레스는 행위와 태도를 성찰하는 방법으로 (중용, 산파술)을/를 강조하였다.

Clip! 도덕 원리의 검토 방법

- 역할 교환 검사
- 반증 사례 검사

01

규범 윤리학에 대하여 바르게 설명한 학생은 누구인지 쓰시오.

> 지혜: 윤리학의 성립 가능성을 검토합니다.
> 지성: 도덕 문제를 가치 중립적으로 기술합니다.
> 현호: 인간이 어떻게 행위를 해야 하는가에 대한 보편적 원리를 탐구합니다.

풀이 현호는 규범 윤리학에 대해 설명하고 있다. 규범 윤리학은 도덕적 행위의 근거가 되는 [❶] 와/과 인간의 성품에 관해 탐구하고, 이를 바탕으로 도덕적 문제의 해결과 실천 방법을 제시한다. 지혜는 메타 윤리학, 지성은 기술 윤리학에 대해 설명하고 있다. 메타 윤리학은 도덕 [❷] 의 의미를 분석하고 도덕적 추론의 타당성 입증을, 기술 윤리학은 도덕적 풍습 또는 관습에 대한 객관적 기술을 주된 목표로 하는 윤리학이다.

❶ 도덕 원리 ❷ 언어 **답** | 현호

01-1

빈칸에 공통으로 들어갈 알맞은 내용을 쓰시오.

> 오늘날 과학 기술의 급격한 발달은 기존의 윤리학만으로는 해결하기 어려운 도덕적 문제 상황들을 초래하였다. 이것을 해결하기 위해 [ ] 이/가 등장하게 되었다. [ ] 은/는 도덕 규범의 현실적인 적용과 구체적인 대안의 실천을 강조한다.

02

다음 주장을 한 사상가는 누구인지 쓰시오.

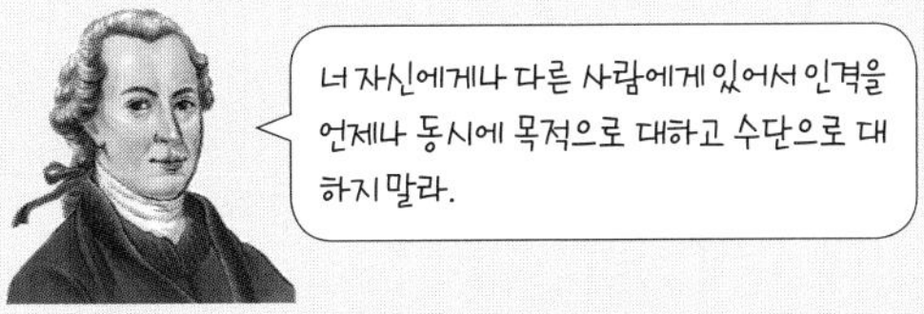

너 자신에게나 다른 사람에게 있어서 인격을 언제나 동시에 목적으로 대하고 수단으로 대하지 말라.

풀이 칸트에 따르면 이성적이고 자율적인 인간은 보편적인 [❶] 을/를 인식할 수 있으며, 이것은 [❷] 의 형식으로 제시된다고 본다. 위 말풍선은 정언 명령 중 목적의 정식에 관한 내용이다.

❶ 도덕 법칙 ❷ 정언 명령 **답** | 칸트

02-1

현대 윤리 문제에 대한 접근 방식 중 다음 설명에 해당하는 것은 무엇인지 쓰시오.

> 쾌락과 행복을 가져다주는 행위는 옳은 행위이며 고통과 불행을 가져다주는 행위는 그릇된 행위이다.

03

윤리적 성찰과 관련하여 유교에서 제시한 (가), (나)의 개념을 각각 쓰시오.

> (가) 홀로 있을 때도 도리에 어긋나지 않도록 몸과 마음을 바르게 하고, 언행을 신중하게 하는 것이다.
> (나) "남을 돕는데 정성스럽게 하였는가?", "친구와 교제하는 데 신의를 다하였는가?", "스승에게 배운 것을 잘 익혔는가?"의 세 가지 물음이다.

풀이 유교에서는 윤리적 성찰의 방법으로 [❶] 의 수양 방법을 중시한다. 이것의 주된 예로는 신독(愼獨)을 들 수 있다. 신독은 홀로 있을 때에도 도리에 어긋나지 않도록 몸과 마음을 바르게 하고, 언행을 신중하게 하는 것을 의미한다. (나)는 [❷] 의 일일삼성(一日三省)이다. 일일삼성의 가르침은 하루의 삶을 성찰하는 지침이 될 수 있다.

❶ 거경(居敬) ❷ 증자 **답** | (가) 신독(愼獨) (나) 일일삼성(一日三省)

03-1

다음 설명에 해당하는 윤리적 성찰 방법을 쓰시오.

> 마땅한 때에, 마땅한 일에 대하여, 마땅한 사람에게, 마땅한 동기로 느끼거나 행하는 것을 말한다.

개념 돌파 전략 ①

개념 ❶ 삶과 죽음의 윤리

(1) 인공 임신 중절의 윤리적 쟁점

허용론(선택 옹호주의)	반대론(생명 옹호주의)
• 태아는 완전한 인간으로 볼 수 없음 • 여성은 자기 신체에 대해 자율적으로 ❶ [ ] 할 권리가 있음	• 태아는 인간과 동일한 도덕적 지위를 지님 • 태아는 인간이므로 태아의 생명도 존엄함

(2) 뇌사의 윤리적 쟁점

뇌사 인정	뇌사 불인정
• 죽음 = ❷ [ ] • 장기 이식을 통해 다른 생명을 살릴 수 있음	• 죽음 = 심폐사 • 오진·오판의 가능성이 있음

(3) 안락사의 윤리적 쟁점

안락사 찬성	안락사 반대
• 인간은 죽음을 선택하고 인간답게 죽을 권리를 지님 • 환자와 환자 가족의 고통을 덜어줄 수 있음	• 인간은 죽음을 선택할 권리를 지니고 있지 않음 • 생명 경시 풍조가 확산될 수 있음

답 ❶ 선택 ❷ 뇌사

Quiz

태아는 성인으로 발달할 잠재성이 있으므로 인간과 동일한 도덕적 지위를 지닌다는 것은 (   ) 옹호주의의 입장이다.

Clip! 자살 반대의 근거

• 칸트: 자살은 고통에서 벗어나기 위해 자신을 수단으로 이용하는 것
• 아퀴나스: 자살은 자연법 원리에 어긋나는 행위

개념 ❷ 생명 윤리

(1) 인간 배아 복제의 윤리적 쟁점

배아 복제 찬성	배아 복제 반대
• 배아는 인간 개체가 될 가능성이 확정되지 않은 ❶ [ ] 임 • 배아 줄기세포 추출을 통해 인간의 난치병을 치료할 수 있음	• 배아는 인간으로서의 잠재 가능성을 가진 존엄한 존재임 • 인간의 생명이 ❷ [ ] 화 되어 인간의 존엄성이 훼손될 수 있음

(2) 생식 세포 치료에 대한 논쟁

생식 세포 치료 찬성	생식 세포 치료 반대
후세대가 가지게 될 유전적 질병으로 인한 고통을 줄일 수 있음	유전적 다양성이 상실되거나 새로운 우생학적 시도로 변형될 수 있음

답 ❶ 세포 덩어리 ❷ 수단

Quiz

배아 복제를 (찬성, 반대)하는 입장에서는 배아를 인간 개체가 될 가능성이 확정되지 않은 세포 덩어리로 본다.

Clip! 동물 실험

찬성	반대
동물 실험의 결과가 인간에게도 유효함	인간과 동물이 공유하는 질병이 적음

개념 ❸ 사랑과 성 윤리

(1) 사랑과 성을 바라보는 관점

보수주의	❶ [ ] 제도 안에서 이루어지는 사랑과 성을 추구
자유주의(급진적 자유주의)	사랑 없이도 가능한 성을 추구
중도주의(❷ [ ] 자유주의)	사랑이 있는 성을 추구

(2) 성과 관련된 윤리적 문제 성차별, 성적 자기 결정권, 성 상품화 문제

답 ❶ 결혼 ❷ 온건한

Quiz

(   ) 자유주의는 사랑 없이도 가능한 성을 추구한다.

01

죽음에 대한 사상가의 견해 중 잘못 서술된 것을 〈보기〉에서 고르시오.

보기
ㄱ. 플라톤: 죽음을 통해 영혼이 이데아계에 들어간다.
ㄴ. 공자: 삶은 기(氣)의 모임이고 죽음은 기의 흩어짐이다.

풀이 장자는 삶과 죽음을 ❶ ______ 이/가 모였다 흩어지는 자연의 과정으로 보았다. 반면 공자는 죽음에 관심을 가지기보다 ❷ ______ 에서 도덕적인 삶을 살아갈 것을 강조하였다.

❶ 기(氣) ❷ 현실 답 | ㄴ

01-1

뇌사에 관한 다음 견해는 죽음에 대한 판정 기준이 무엇인지 쓰시오.

뇌사를 죽음으로 인정하면 장기 기증을 유도하기 위해 뇌사 판정을 남용할 가능성이 있습니다. 또한 뇌사 판정에 오류가 있을 수 있다는 점도 고려해야 합니다.

02

인간 배아 복제를 반대하는 입장에서 지지할 내용을 〈보기〉에서 모두 고르시오.

보기
ㄱ. 배아는 아직 완전한 인간이 아니다.
ㄴ. 배아는 인간의 생명이므로 보호되어야 한다.
ㄷ. 배아 줄기세포 추출을 통해 인간의 난치병을 치료할 수 있다.
ㄹ. 난자 확보 과정에서 여성의 건강권과 인권이 훼손될 우려가 있다.

풀이 배아 복제를 허용하지 않는 입장에서는 복제 배아가 인간과 동일한 유전자를 가지고 있고, 태아로 자라 아이로 이어지는 연속적인 과정 중에 있으므로 ❶ ______ (으)로 보아야 한다고 주장한다. 또한 생식 과정의 특정 시점을 인간으로 인정하는 기준으로 삼으면 점차 그 기준이 후퇴함으로써 인간의 ❷ ______ 이/가 훼손될 수 있다고 주장한다.

❶ 인간 ❷ 존엄성 답 | ㄴ, ㄹ

02-1

다음 주장에 대한 반론을 〈보기〉에서 모두 고르시오.

동물 실험은 인간의 작은 이익을 위해 동물에게 큰 고통을 주는 행위이므로 불필요하다.

보기
ㄱ. 인간과 동물이 공유하는 질병은 극히 일부이다.
ㄴ. 동물 실험을 통해 인체 실험으로 인한 위험성을 줄일 수 있다.
ㄷ. 인간과 동물은 생물학적으로 유사하므로 동물 실험의 결과가 인간에게도 유효하다.

03

다음 빈칸에 들어갈 알맞은 개념을 쓰시오.

______ 은/는 인간이 자신의 의지에 따라서 자율적으로 성적 행위를 결정할 수 있고, 원치 않는 성적 행위를 분명하게 거부할 수 있는 권리를 말한다.

풀이 성적 자기 결정권은 인간이 자신의 의지에 따라서 자율적으로 성적 행위를 결정할 수 있고, 원치 않는 성적 행위를 분명하게 거부할 수 있는 ❶ ______ 을/를 말한다. 자신의 성적 자기 결정권을 존중받기 위해서는 타인의 성적 자기 결정권도 동등하게 ❷ ______ 해야 하며, 자신의 성적 욕망과 성적 활동에 대해서도 책임을 져야 한다.

답 ❶ 권리 ❷ 존중 답 | 성적 자기 결정권

03-1

다음 설명에 해당하는 개념은 무엇인지 쓰시오.

- 남성 혹은 여성이라는 이유로 사회적·문화적·경제적으로 부당한 대우를 하는 것이다.
- '강한', '독립적인', '적극적인' 특성을 남성다움으로 보고, '연약한', '의존적인', '소극적인' 특성을 여성다움으로 본다.

1주 1일 개념 돌파 전략 ②

바탕 문제

이론 윤리학과 실천 윤리학의 차이점은?

⇨ 이론 윤리학은 도덕 원리나 도덕적 정당화의 ❶ ______ 적 근거를 제시하는 데 주력하고, 실천 윤리학은 다양한 윤리 이론을 실생활에 적용하여 구체적이고 실질적인 도덕적 ❷ ______ 을/를 제시하는 것에 주력한다.

답 ❶ 이론 ❷ 해결책

1 (가), (나)의 입장에 대한 옳은 설명만을 〈보기〉에서 고른 것은?

(가) 윤리학은 윤리적 행위를 위한 근본 원리로 성립 가능한 도덕 원리를 탐구하고 정립하는 데 주력해야 한다.
(나) 윤리학은 다양한 윤리 이론을 현대 사회에 적용하여 실질적인 도덕적 해결책을 제시하는 데 주력해야 한다.

보기

ㄱ. (가): 도덕적 정당화의 이론적 근거를 제시해야 한다.
ㄴ. (나): 구체적인 윤리 문제의 해결에 힘써야 한다.
ㄷ. (나): 도덕적 언어의 의미 분석을 주요 탐구 과제로 삼아야 한다.
ㄹ. (가), (나): 삶의 방향을 안내하는 데 관심이 없다.

① ㄱ, ㄴ ② ㄱ, ㄹ ③ ㄴ, ㄷ ④ ㄴ, ㄹ ⑤ ㄷ, ㄹ

바탕 문제

유교의 이상적 인간상은 무엇인가?

⇨ 유교에서는 내면적 도덕성인 ❶ ______ 와/과 외면적 사회 규범인 예를 바탕으로 지속적으로 수양하여 도덕적으로 완성된 인간인 ❷ ______ 나 성인이 되어야 한다고 강조한다.

답 ❶ 인 ❷ 군자

2 다음 사상의 입장으로 옳지 <u>않은</u> 것은?

자기를 극복하고 예(禮)로 돌아가는 것이 인(仁)이다. 하루라도 자기를 극복하고 예로 돌아가면 천하의 모든 것이 인으로 귀의하게 될 것이다. 인을 행하는 것이 자기에게 달린 것이지 어찌 남에게 달려 있겠는가?

① 사욕을 극복하고 지속적으로 수양해야 한다.
② 지나친 욕구 때문에 잘못된 행동을 할 수 있다.
③ 자신을 먼저 수양하고 타인을 편안하게 해야 한다.
④ 자신을 미루어 다른 사람의 마음을 헤아려야 한다.
⑤ 인과 예를 멀리하여 참된 도와 덕을 실현해야 한다.

바탕 문제

공리주의의 기본 입장은 무엇인가?

⇨ 공리주의에서는 인간은 누구나 ❶ ______ 을/를 추구하고 고통을 피하려는 존재이며, ❷ ______ 을/를 가져다주는 유용성을 기준으로 윤리적 규칙을 도출해야 한다고 본다.

답 ❶ 쾌락 ❷ 행복

3 다음을 주장한 사상가의 입장으로 옳은 것은?

공리의 원리란 어떤 행위가 관련 당사자들의 행복을 증가시키느냐 감소시키느냐에 따라, 다시 말해 행복을 촉진시키느냐 저해하느냐에 따라 각각의 행위를 승인하거나 부인하는 원리를 말한다.

① 쾌락이 선이고 고통을 악이라고 보아서는 안 된다.
② 인간 행위는 결과와 무관하게 선악을 판단할 수 있다.
③ 최대 다수의 최대 행복이 도덕의 원리가 되어야 한다.
④ 쾌락과 고통은 인간 행위의 주요 동력이 될 수 없다.
⑤ 개인의 행복을 배제하고 사회 전체의 행복을 추구해야 한다.

바탕 문제

에피쿠로스의 죽음관은 무엇인가?

⇨ 고대 사상가인 에피쿠로스는 인간은 죽음을 ❶ [ ] 할 수 없기 때문에 죽음을 ❷ [ ] 하거나 두려워할 필요가 없다고 보았다.

답 ❶ 경험 ❷ 의식

4 다음을 주장한 사상가의 입장으로 옳지 않은 것은?

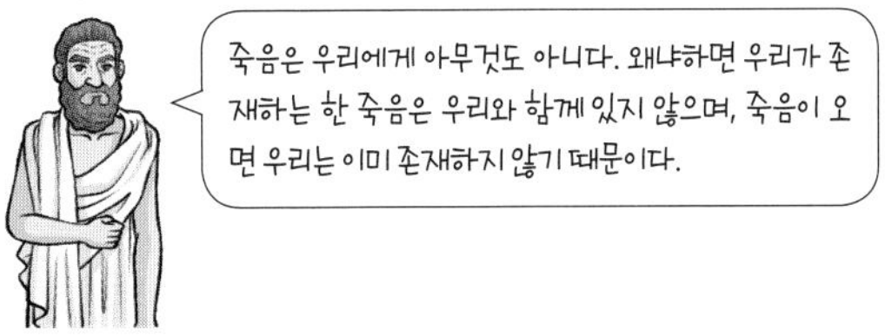

죽음은 우리에게 아무것도 아니다. 왜냐하면 우리가 존재하는 한 죽음은 우리와 함께 있지 않으며, 죽음이 오면 우리는 이미 존재하지 않기 때문이다.

① 죽음은 모든 감각의 상실을 의미한다.
② 인간은 사나 죽으나 죽음을 경험할 수 없다.
③ 죽음에 대해 두려워하는 것은 현자의 태도가 아니다.
④ 죽음은 영혼이 아닌 육체만 원자 상태로 해체되는 것이다.
⑤ 사람들은 죽음은 아무것도 아니라는 믿음을 가져야 한다.

바탕 문제

배아의 도덕적 지위를 주장하는 논거에는 어떤 것들이 있는가?

⇨ 배아의 도덕적 지위를 주장하는 입장에서는 배아가 인간 종(種)에 속하며 ❶ [ ] 주체가 될 수 있다고 보며, 배아가 인간으로 성장할 ❷ [ ] 을/를 지닌 존재라고 주장한다.

답 ❶ 도덕적 ❷ 잠재성

5 다음 강연자가 지지할 내용으로 적절하지 않은 것은?

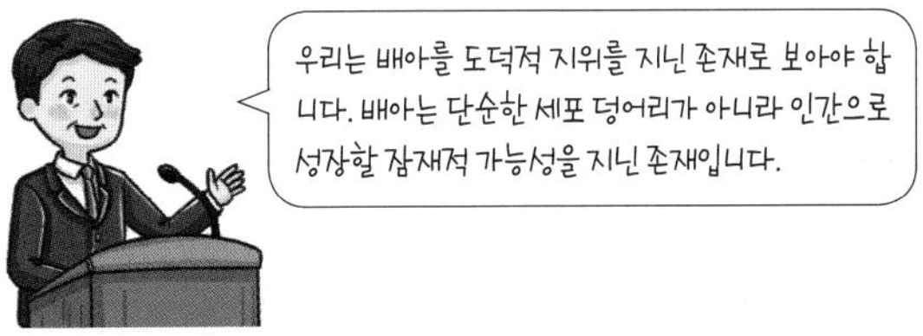

우리는 배아를 도덕적 지위를 지닌 존재로 보아야 합니다. 배아는 단순한 세포 덩어리가 아니라 인간으로 성장할 잠재적 가능성을 지닌 존재입니다.

① 인간의 발달 과정은 끊임없는 연속적인 과정이다.
② 배아는 인간 종(種)의 한 구성원으로 보아야 한다.
③ 배아는 인간으로 성장할 것이 예상되는 존재이다.
④ 배아와 배아가 성장해서 존재할 생명체는 동일하다.
⑤ 배아는 실험의 대상이 될 수 있는 불완전한 생명체이다.

바탕 문제

사랑과 성에 대한 중도주의 입장의 특징은 무엇인가?

⇨ 중도주의 입장은 보수주의와 급진적 자유주의의 절충안에 해당한다고 볼 수 있으며 ❶ [ ] 자유주의라고도 부른다. 중도주의자들은 ❷ [ ] 와/과 결합한 성만이 인간의 고유한 품격을 유지해 줄 수 있다고 본다.

답 ❶ 온건한 ❷ 사랑

6 다음 글의 입장으로 가장 적절한 것은?

> 인간의 성이 정당화되기 위한 필요충분조건은 다름 아닌 사랑이다. 사랑을 동반한 성만이 도덕적이며 사랑이 없는 성은 도덕적으로 정당화될 수 없다.

① 사회의 공식 인정 절차를 거쳐야 성이 정당화된다.
② 해악 금지의 원칙은 도덕적 성의 필요충분조건이다.
③ 결혼과 출산은 성이 정당화되기 위한 최소한의 요건이다.
④ 사랑이나 결혼을 성의 정당화 조건으로 내세워서는 안 된다.
⑤ 자신과 상대방의 인격적인 교감이 이루어질 때 성이 정당화된다.

필수 체크 전략 ①

전략 ❶ 윤리학의 구분

규범 윤리학은 이론 윤리학과 실천 윤리학으로 나눌 수 있다.

- 이론 윤리학은 도덕적 원리와 도덕적 ❶ [　　　] 의 이론적 근거 제시를, 실천 윤리학은 도덕적 문제의 해결책 제시를 주된 탐구 과제로 삼는다.
- 이론 윤리학에는 의무론적 윤리, 공리주의 윤리, 덕 윤리 등이 있고, 실천 윤리학에는 생태 윤리, 생명 윤리, 정보 윤리 등이 있다.

메타 윤리학은 분석 중심의 윤리학이며, 기술 윤리학은 가치 중립적 서술 중심의 윤리학이다.

→ 메타 윤리학은 도덕적 언어의 ❷ [　　　] 와/과 도덕적 추론의 정당성 검증을 위한 논리 분석을, 기술 윤리학은 도덕 현상과 풍습 및 관행을 객관적으로 기술하고 기술된 현상들 간의 인과 관계 설명을 주된 탐구 과제로 삼는다.

답 ❶ 정당화 ❷ 의미 분석

필수 예제 1

(1) 다음 강연자가 설명하는 윤리학의 대표적인 예를 쓰시오.

윤리학은 윤리적 행위를 위한 근본 원리로 성립 가능한 도덕 원리를 탐구하고 이를 제시해야 한다.

(2) 다음에서 설명하는 윤리학이 무엇인지 쓰시오.

> 윤리학은 '무엇을 해야 하는가?', '나는 어떤 도덕적 기준을 따라야 하는가?' 등의 질문에 답하기에 앞서 '좋다는 것과 나쁘다는 것', '옳다는 것과 그르다는 것' 등의 윤리적 언어의 의미와 상호 관계를 밝혀야 한다.

풀이

(1) 위의 강연자는 이론 윤리학에 대해 설명하고 있다. 이론 윤리학은 도덕적 문제 해결을 위한 이론적 토대를 제공하며 대표적인 예로 의무론적 윤리, 공리주의 윤리, 덕 윤리 등을 들 수 있다.

답 의무론적 윤리, 공리주의 윤리, 덕 윤리

(2) 메타 윤리학은 도덕적 언어나 개념의 의미 분석, 도덕적 추론의 정당화 분석 등을 주요 과제로 삼기 때문에 분석 윤리학이라고도 한다.

답 메타 윤리학

1-1

(가), (나) 윤리학이 각각 무엇인지 쓰시오.

> (가) 윤리학은 당위의 학문이며 삶의 방향을 안내해야 한다. 따라서 윤리학은 현대 사회의 다양한 윤리 문제를 해결하는 데 주력해야 한다.
> (나) 윤리학은 도덕 현상의 객관적 사실을 밝히는 학문이다. 따라서 도덕 풍습이나 관행의 기술과 인과 관계 설명에 힘써야 한다.

1-2

다음 윤리학의 특징으로 가장 적절한 것은?

> 윤리학은 도덕적 논의의 의미론적, 논리적, 인식론적인 구조를 분명하고 완전하게 이해하는 데 목적을 두어야 한다.

① 도덕 언어의 의미 분석
② 도덕적 관행의 객관적 기술
③ 도덕 문제의 실질적 해결책 제시
④ 가치 판단을 포함한 도덕 현상의 분석
⑤ 도덕 원리의 정립과 정당화의 이론적 근거 제시

전략 ❷ | 유교, 불교, 도교의 윤리적 접근

유교 윤리적 접근
- 일상의 인간관계에서 실현해야 할 최상의 가치로 인(仁)을 제시하였다.
- 도덕적 인격 완성: 유교에서는 누구나 수양을 통해 도덕적으로 완성된 인간이 될 수 있다고 보며, 이상적 인간상으로 군자(君子) 또는 성인(聖人)을 제시하였다.

불교 윤리적 접근
- 모든 존재와 현상이 다양한 원인과 조건에 의해 생겨난다는 ❶ ______ 적 세계관을 주장한다.
- 수행을 통해 고통과 번뇌에서 벗어나 열반에 이를 수 있다고 보았다.

도교 윤리적 접근
- 노자: 도(道)에 따라 인위적으로 강제하지 않고 자연스러움을 따르는 ❷ ______ 의 삶을 강조한다.
- 장자: 만물을 평등하게 바라보는 제물(齊物)을 실천하고, 소요유(逍遙遊)의 정신을 실현할 것을 강조한다.

답 ❶ 연기(緣起) ❷ 무위자연

필수 예제 2

(1) 빈칸에 공통으로 들어갈 알맞은 내용을 쓰시오.

> 유교에서 선한 본성을 보존하고 확충하는 방법으로 경(敬)과 ______을/를 강조한다. ______은/는 진실한 자세로 쉬지 않고 부단히 노력하는 것을 의미한다.

(2) 다음에서 강조하는 세계관은 무엇인지 쓰시오.

> 세상의 모든 존재는 원인과 조건으로 연결되어 있으며, 이로 인해 모든 것이 상호 연관성을 지닌다.

풀이

(1) 유교에서는 선한 본성을 보존하고 확충하는 수양 방법으로 경(敬)과 성(誠)을 제시한다. 홀로 있을 때 도리에 어긋나지 않도록 마음과 몸가짐을 바르게 하는 것은 경에, 진실한 자세로 쉬지 않고 부단히 노력하는 것은 성에 해당한다.

답 성(誠)

(2) 제시문은 불교 사상의 연기(緣起)적 세계관에 대한 설명이다. 불교에서는 세상의 모든 존재가 인과 연에 의해 생겨나고 소멸한다고 보는데, 이를 연기설이라고 한다.

답 연기적 세계관

2-1

다음을 주장한 사상가의 입장으로 옳지 않은 것은?

> 불쌍히 여기는 마음은 인(仁)의 단서요, 부끄러워하는 마음은 의(義)의 단서요, 사양하는 마음은 예(禮)의 단서요, 옳고 그름을 분별하는 마음은 지(智)의 단서이다.

① 도덕적 가치에 얽매이지 않고 살아야 한다.
② 타고난 선한 마음을 잃지 않도록 노력해야 한다.
③ 인간 본성은 선하지만 욕심으로 악을 행할 수 있다.
④ 인간은 누구나 도덕적 완성을 위해 수양이 필요하다.
⑤ 인간은 도덕적 본성을 하늘로부터 부여받은 존재이다.

2-2

(가), (나) 사상에 대한 설명으로 옳은 것은?

> (가) 진리에 대한 깨달음을 얻어 고통과 번뇌에서 벗어나면 열반의 경지에 도달할 수 있다.
> (나) 마음을 비우고 도를 체득하여 만물과 나 사이의 구별 없이 하나가 되는 경지에 이를 수 있다.

① (가): 모든 현상이 불변함을 깨달아야 한다.
② (가): 스스로의 힘으로 해탈에 이를 수 없다.
③ (나): 나와 다른 존재는 분리된 개체로서 존재한다.
④ (나): 좌망과 심재를 통해 이상적 경지에 도달해야 한다.
⑤ (가), (나): 진정한 인간다움인 인(仁)을 실천해야 한다.

필수 체크 전략 ①

전략 ❸ | 의무론적 접근과 공리주의적 접근

의무론적 접근

- 자연법 윤리: 모든 인간에게 자연적으로 주어진 법으로, 인간 본성에 의거한다.
- 의무론적 윤리: 행위의 결과가 아닌 동기에 주목하면서 오직 ❶ ______ 와/과 선의지에 따른 행위만이 도덕적 가치를 지닌다고 본다.

공리주의적 접근

- 쾌락과 행복을 가져다주는 행위를 옳은 행위로, 고통과 불행을 가져다주는 행위를 그릇된 행위로 본다.
- 최대 다수의 최대 행복과 ❷ ______ 의 원리를 도덕과 입법의 원리로 제시한다.

답 ❶ 의무 의식 ❷ 유용성(공리)

필수 예제 3

(1) 다음 사상가가 주장하는 윤리적 접근 방식이 무엇인지 쓰시오.

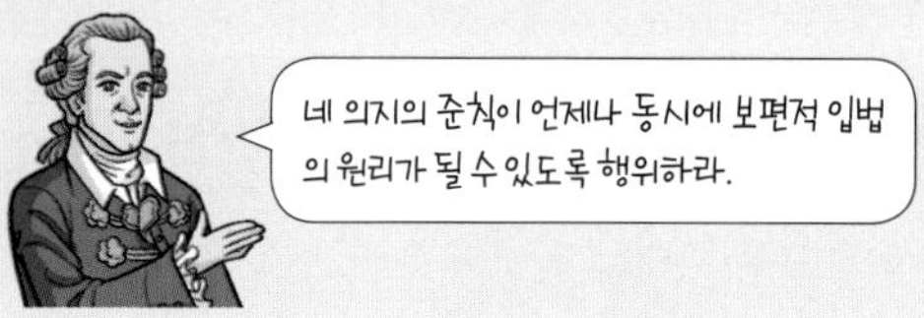

네 의지의 준칙이 언제나 동시에 보편적 입법
의 원리가 될 수 있도록 행위하라.

(2) 의무론적 접근 방식과 공리주의적 접근 방식의 특징을 바르게 연결하시오.

㉠ 의무론적 접근 •   • a. 행위 자체의 도덕성에 주목

㉡ 공리주의적 접근 •   • b. 쾌락을 증진하는 행위 추구

풀이

(1) 위의 내용은 칸트가 주장한 정언 명령의 보편 법칙의 정식이다. 칸트는 윤리 문제를 해결하기 위해 의무론적 접근 방식을 사용하였다.

답 의무론적 접근

(2) 의무론적 접근은 행위의 결과보다 행위 자체의 도덕성에 주목하면서 도덕적 의무를 강조한다. 공리주의적 접근은 어떤 행위가 얼마나 많은 행복을 산출해 내는가에 초점을 맞춘다.

답 ㉠-a ㉡-b

3-1

다음을 주장한 사상가의 입장으로 옳은 것은?

> 내가 그것을 거듭 또 오랫동안 생각하면 생각할수록 더욱 새롭고 더욱 높아지는 감탄과 경외로 나의 마음을 가득 채우는 것이 두 가지 있다. 그것은 내 위에 별이 빛나는 하늘과 내 마음속에 있는 도덕 법칙이다.

① 의무보다 행복을 더 중시해야 한다.
② 감정을 중심으로 선악을 판단해야 한다.
③ 선의지에 따른 행위는 도덕적 가치를 지닌다.
④ 더 큰 유용성을 가져오는 규칙을 따라야 한다.
⑤ 인간의 모든 행위는 보편적 법칙으로 인정된다.

3-2

다음을 주장한 사상가의 입장으로 옳은 것은?

> 자연은 인류를 고통과 쾌락의 두 주인에게 지배받게 하였다. 우리가 무엇을 선택하고 행할지는 오직 이 두 주인에 의해 결정된다.

① 정언 명령에 따르는 행위를 실천해야 한다.
② 쾌락에도 질적 차이가 있음을 인정해야 한다.
③ 자연법 원리에서 도출되는 도덕적 의무를 준수해야 한다.
④ 행복은 인간이 추구할만한 것이지만 삶의 목표가 되어서는 안 된다.
⑤ 쾌락을 산출하고 고통을 피하는 결과를 산출하는 행위를 선으로 본다.

전략 ❹ | 현대 윤리적 접근

덕 윤리적 접근
- 행위자 중심의 윤리: 행위자의 ❶ ______을/를 먼저 평가하고 이를 근거로 행위의 옳고 그름을 판단한다.
- 바람직한 인간관계의 맥락에 관심을 둔다.

담론 윤리적 접근: 윤리 문제 해결을 위해 자유로운 의견 주장과 상호 존중과 이해가 바탕이 된 대화와 합의를 강조한다.

배려 윤리적 접근: 타인을 보살피고 배려하는 공동체적 관계를 중시한다.

도덕 과학적 접근
- 신경 윤리학: 감정과 ❷ ______이/가 도덕의 근원으로 어떤 기능을 하는지 과학적 방법으로 측정한다.
- 진화 윤리학: 도덕성을 자연 선택을 통한 진화의 결과라고 본다.

답 ❶ 성품 ❷ 이성

필수 예제 4

(1) 다음 빈칸에 들어갈 알맞은 내용에 ◯표를 하시오.

> ㉠ 덕 윤리는 선한 행위를 실천하기 위해 (행위 / 행위자)에 초점을 맞추어야 한다고 본다.
> ㉡ 최근에는 신경 과학 분야의 방법론을 윤리학에 접목한 (신경 윤리학 / 진화 윤리학)이 등장하였다.

(2) 다음 사상가가 주장하는 윤리적 접근 방식이 무엇인지 쓰시오.

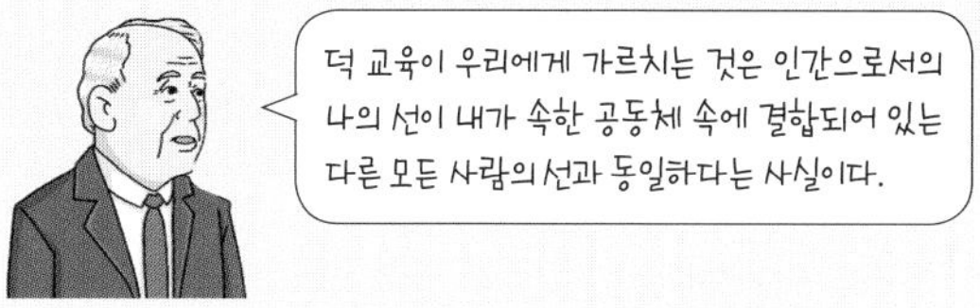

덕 교육이 우리에게 가르치는 것은 인간으로서의 나의 선이 내가 속한 공동체 속에 결합되어 있는 다른 모든 사람의 선과 동일하다는 사실이다.

풀이

(1) 덕 윤리는 선한 행위를 실천하기 위해서는 행위보다 행위자에 초점을 맞추어야 한다고 본다. 뇌의 작동 방식을 탐구하는 신경 과학 분야의 방법론을 윤리학에 접목한 것은 신경 윤리학이다.

답 ㉠ 행위자 ㉡ 신경 윤리학

(2) 위의 사상가는 매킨타이어로, 덕 윤리를 주장하였다. 덕 윤리는 도덕적 행동이 행위자의 덕에 따라 정해진다고 본다.

답 덕 윤리적 접근

4-1

다음을 주장한 사상가의 입장으로 옳은 것은?

> 덕은 습득된 인간의 자질로서 그것을 소유하고 실행하면 우리는 실천에 내재된 선을 성취할 수 있고, 그것이 없으면 우리가 그런 선을 성취하는 것이 제지된다. 핵심적인 덕성이 없다면 우리가 실천에 내재된 선으로 다가가는 것이 봉쇄된다.

① 덕은 인간의 본성에 내재된 것이다.
② 덕은 사회적 맥락을 벗어나 형성되어야 한다.
③ 공동체의 전통보다 개인의 자유가 더 중요하다.
④ 덕 있는 사람은 선한 행위를 지속적으로 실천한다.
⑤ 행위자의 성품보다 행위 자체의 도덕성이 우선이다.

4-2

다음 입장에서 강조하는 내용으로 가장 적절한 것은?

> 인간의 이성, 정서의 역할, 자유 의지와 공감 능력도 과학적 측정 방법을 통해 입증할 수 있다. 도덕성과 윤리를 경험 과학적이고 분석적으로 접근해야 한다.

① 인간의 이성은 과학과 분리되어야 한다.
② 도덕성은 경험이나 관찰로 입증될 수 없다.
③ 인간의 이타적 행위는 순수한 이성의 작용일 뿐이다.
④ 인간의 정서도 객관적 수치로 표현하고 검증할 수 있다.
⑤ 윤리적 문제 해결에 과학적 방법을 동원해서는 안 된다.

1주 2일 필수 체크 전략 ②

1 ㉠에 들어갈 내용으로 가장 적절한 것은?

> 윤리학은 실천의 학문으로 일상생활 속에서 일어나는 다양한 도덕적 딜레마를 해결하는 데 주력해야 한다. 그런데 어떤 사람들은 윤리학이 도덕적 언어나 추론의 타당성 분석을 핵심 과제로 삼아야 한다고 본다. 나는 이러한 사람들이 윤리학이 [㉠]고 생각한다.

① 학제적 접근을 시도해서는 안 됨을 간과한다.
② 윤리 이론의 정립에만 치중해야 함을 간과한다.
③ 삶의 방향을 제시하는 데 힘써야 함을 간과한다.
④ 학문으로 성립 가능한지 검토해야 함을 간과한다.
⑤ 도덕적 관행을 서술하는 데 힘써야 함을 간과한다.

Tip
메타 윤리학은 도덕적 추론의 [❶] 입증을 주된 목표로 하고, 실천 윤리학은 도덕적 문제를 해결하여 올바른 삶의 [❷]을/를 제시하는 것을 주된 목표로 한다.

답 ❶ 타당성 ❷ 방향

2 다음에서 강조하는 내용으로 가장 적절한 것은?

> 윤리학은 현실적인 도덕 문제를 해결하기 위해 의학, 법학, 과학, 종교 등 다양한 분야의 전문 지식과 기술을 활용해야 한다. 오늘날과 같이 사회가 다원화되고 과학 기술이 발달한 시대에는 이러한 시도가 더욱 필요하다.

① 윤리학은 현실의 문제에 해결책을 제시하지 못한다.
② 윤리학은 가치 중립적이고 객관적인 학문이어야 한다.
③ 윤리 문제를 해결하기 위해 다른 학문과 협력이 필요하다.
④ 윤리학은 도덕적 추론의 정당성 분석을 주요 과제로 삼아야 한다.
⑤ 윤리 문제 해결을 위해 사회 제도에 대한 가치 판단을 유보해야 한다.

Tip
실천 윤리학은 현실의 윤리 문제에 대한 해결책을 제시하고 올바른 삶의 [❶]을/를 제시하며, 의학, 과학, 법학 등 다양한 학문 분야 간의 [❷]을/를 강조한다.

답 ❶ 방향 ❷ 협력

3 다음 사상가의 입장으로 옳은 것은?

> 예(禮)가 아니면 보지를 말고, 예가 아니면 듣지를 말고, 예가 아니면 말하지를 말고, 예가 아니면 행동하지를 말아라.

① 측은지심은 타고난 것이 아님을 알아야 한다.
② 지나친 욕구를 극복하고 예(禮)를 회복해야 한다.
③ 무위에 따라 순수한 본래 모습대로 살아가야 한다.
④ 나와 남을 차별하지 않는 참된 사랑을 실천해야 한다.
⑤ 누구나 도덕적으로 완성된 인간이 될 수 있는 것은 아니다.

Tip
유교에서는 이상적 인간으로 성인(聖人), [❶] 등을 제시하는데, 이들은 자신을 수양하고 난 뒤 다른 사람을 편안하게 하는 [❷]을/를 실현하는 사람이다.

답 ❶ 군자(君子) ❷ 수기안인(修己安人)

4 다음 사상의 입장으로 옳은 것은?

> 이것이 생기기 때문에 그것이 생기고, 이것이 멸(滅)하기 때문에 그것이 멸한다. 무명(無明)으로 인해 온통 괴로움뿐인 덩어리가 생기고, 무명이 멸하기 때문에 온통 괴로움뿐인 덩어리가 멸한다.

① 수행을 통해 고통과 번뇌에서 벗어나야 한다.
② 나와 다른 존재가 분리되어 있음을 깨달아야 한다.
③ 자신을 포함한 모든 것이 고정된 것임을 깨달아야 한다.
④ 인간의 삶 자체가 고통이며, 고통에서 벗어날 방법은 존재하지 않는다.
⑤ 연기성을 깨달은 인간은 삼독(三毒)에 빠져 비도덕적인 행위를 하게 된다.

Tip
불교에서는 이 세상의 모든 것은 ❶ ______ 된 것이 아님을 깨닫는 수행을 통해 고통과 번뇌에서 벗어나 ❷ ______ 에 이르고자 한다.

답 ❶ 고정 ❷ 열반(涅槃), 해탈(解脫)

5 다음을 주장한 사상가의 입장으로 가장 적절한 것은?

> 아무런 제한 없이 선하다고 생각할 수 있는 것은 오직 선의지뿐이다. 지성, 용기, 결단성 등은 많은 의도에서 선하고 바람직하지만, 이런 천부적인 자질들을 이용하는 의지가 선하지 않다면 극도로 악하고 해가 될 수 있다.

① 지성과 용기는 그 자체로 선한 것이다.
② 행복은 도덕적 행위의 목적이 될 수 있다.
③ 도덕적 행위는 행복을 산출할 때 비로소 성립 가능하다.
④ 결과와 무관하게 선의지를 따르는 행위는 도덕적 행위이다.
⑤ 선한 의도와 선한 결과 모두 도덕적 행위의 필요충분조건이다.

Tip
칸트는 도덕 법칙을 존중하려는 ❶ ______ 에서 비롯된 행위만 도덕적 가치를 지닌다고 보았는데 이러한 도덕 법칙은 ❷ ______ 의 형식으로 제시된다.

답 ❶ 의무 ❷ 정언 명령

6 다음에서 강조하는 내용으로 가장 적절한 것은?

> 나는 매일 세 가지로 나 자신을 반성한다. "남을 돕는 데 정성을 다하였는가?", "친구와 교제하는 데 신의를 다하였는가?", "스승에게 배운 것을 익혔는가?"

① 도덕적 삶을 위해 자신을 매일 돌아보고 성찰해야 한다.
② 몸가짐 대신 마음가짐과 태도를 수양하는 데 힘써야 한다.
③ 자기를 돌보지 않고 다른 사람만을 위한 삶을 살아야 한다.
④ 타인의 행동에 대한 합리적 비판과 대안 제시에 힘써야 한다.
⑤ 타인을 도와주었을 때 얻을 수 있는 이익을 고려해 행동해야 한다.

Tip
윤리적 성찰은 자신의 도덕적 경험을 바탕으로 ❶ ______ 사고를 하고, 도덕적 삶의 실천 방향을 결정하는 활동이다. 증자는 윤리적 성찰 방법으로 ❷ ______ 을/를 강조하였다.

답 ❶ 반성적 ❷ 일일삼성(一日三省)

필수 체크 전략 ①

전략 ① 동서양의 죽음에 대한 관점

동양의 죽음관

- 공자: 죽음에 대한 관심을 가지기보다 현세에서의 도덕적인 삶을 살아갈 것을 강조하였다.
- 장자: 죽음은 ❶ ______ 이/가 모였다가 흩어지는 자연스러운 과정이므로 죽음을 걱정할 필요가 없다고 주장하였다.
- 불교: 현세의 업보가 죽음 이후의 삶을 결정한다고 주장하였다.

서양의 죽음관

- 플라톤: 죽음을 통해 영혼이 육체의 속박에서 벗어나 ❷ ______ 의 세계로 돌아간다고 주장하였다.
- 에피쿠로스: 죽음은 원자가 흩어져 개별 원자로 돌아가는 것이라고 주장하였다.
- 하이데거: 현존재인 인간은 죽음을 직시할 때 진정한 삶을 살 수 있다고 보았다.

답 ❶ 기(氣) ❷ 이데아

필수 예제 1

(1) 죽음에 대한 사상가의 입장을 바르게 연결하시오.

㉠ 공자 •　　　• a. 죽음은 기가 모였다가 흩어지는 자연스러운 과정임

㉡ 장자 •　　　• b. 죽음에 관심을 가지기보다 도덕적인 삶을 살아야 함

(2) 다음과 같은 주장을 한 사상가가 누구인지 쓰시오.

자신이 죽는다는 사실을 자각하는 것은 단순한 삶의 종말이 아니라 삶이 시작되는 사건이다.

풀이

(1) 공자는 죽음에 대한 관심보다 현재 살아가는 삶 속에서 도덕적인 수양과 실천을 행하는 것이 더 중요하다고 강조하였다. 장자는 죽음은 기가 모였다가 흩어지는 자연스러운 과정으로 보았다.

답 ㉠-b ㉡-a

(2) 위의 사상가는 하이데거이다. 하이데거는 죽음을 외면하지 말고 항상 죽음이 다가온다는 사실을 인지하면서 살아야 한다고 주장하였다.

답 하이데거

1-1

다음과 같은 죽음관을 가진 사람이 할 말로 옳은 것은?

> 전생에 뿌려진 씨앗은 이번 생에 받은 것이고, 다음 생에 거둘 열매는 이번 생에 행하는 바로 그것이다.

① 죽음은 모였던 기(氣)가 흩어지는 것이다.
② 죽음은 인간이 통제할 수 있는 인위적 영역이다.
③ 현세의 삶과 내세의 삶에 직접적 관련성은 없다.
④ 참된 깨달음은 죽음을 맞이해야만 얻을 수 있다.
⑤ 진리를 깨달으면 윤회의 고통에서 벗어날 수 있다.

1-2

다음과 같은 주장을 한 사상가는 누구인가?

> 죽음은 영혼이 육체의 속박으로부터 벗어나는 것이다. 영혼은 육체를 떠나 될 수 있는 대로 그것과 상관하지 않을 때 가장 잘 사유하게 된다.

① 공자　　② 장자
③ 플라톤　　④ 하이데거
⑤ 에피쿠로스

전략 ❷ | 임신 중절, 자살, 뇌사에 대한 논쟁

임신 중절에 대한 찬반 논쟁
- 찬성 입장: 태아는 여성 몸의 일부이고, 여성은 자신의 신체에 대해 자율적으로 선택할 권리가 있으며, 여성은 자기방어와 ❶ [ ]의 권리를 지닌다고 주장한다.
- 반대 입장: 태아는 인간으로 발달할 가능성이 있기 때문에 태아의 생명도 존엄하다고 주장한다.

자살에 대한 칸트의 입장: 자살은 인간에게 주어진 자기 보전의 의무를 위반하는 것이라고 보았다.

뇌사에 대한 논쟁
- 뇌사를 인정하는 입장: 뇌사를 죽음의 판정 기준으로 보며, 뇌사자의 ❷ [ ](으)로 다른 환자의 생명을 구할 수 있기 때문에 뇌사를 인정해야 한다고 주장한다.
- 뇌사를 인정하지 않는 입장: 심폐사를 죽음의 판정 기준으로 보며, 뇌사가 생명 경시 풍조를 조장할 수 있고, 뇌사 판정의 오류 가능성이 존재하기 때문에 뇌사를 인정하지 않는다.

답 ❶ 정당방위 ❷ 장기

필수 예제 2

(1) (가), (나)에서 강조하는 의무가 무엇인지 쓰시오.

> (가) 고통스러운 상황을 모면하기 위해 목숨을 끊으려는 것은 자신을 수단으로 이용하는 것이다.
> (나) 자살은 자신의 생명을 유지하고자 하는 자연적 성향을 거스르는 행위이다.

(2) 뇌사에 대한 입장을 바르게 연결하시오.

㉠ 뇌사 인정 •   • a. 뇌사자의 장기로 다른 사람을 살릴 수 있음

㉡ 뇌사 불인정 •   • b. 뇌사 판정의 오류 가능성이 존재함

풀이

(1) (가)는 칸트, (나)는 아퀴나스의 자살에 대한 입장이다. 칸트와 아퀴나스는 자살이 자기 보전의 의무를 어기는 행위이므로 금지해야 한다고 보았다.

답 자기 보전의 의무

(2) 뇌사를 인정하는 입장에서는 뇌사자가 존엄하게 죽을 권리 보장, 장기 이식을 통한 이타적 행위 등을 강조한다. 뇌사를 인정하지 않는 입장에서는 생명 경시 풍조 조장, 뇌사 판정의 오류 가능성 등을 근거로 든다.

답 ㉠-a ㉡-b

2-1

㉠에 들어갈 알맞은 내용을 쓰시오.

㉠ 을/를 반대하는 이유는 무엇인가요?
모든 인간의 생명은 존엄하며 태아의 생명도 존엄합니다.
태아는 성숙한 인간으로 발달할 잠재적 가능성을 지니고 있습니다.

2-2

다음은 어느 학생이 뇌사를 인정하지 않는 이유를 쓴 것이다. ㉠~㉤ 중 옳지 않은 것은?

> 뇌사를 인정하는 것은 ㉠ 인간 생명을 수단으로 여기는 것이며, ㉡ 존엄하게 죽을 수 있는 권리를 침해하는 것이다. 뇌사는 ㉢ 오진의 가능성이 있으며, 뇌사 판정을 받은 환자가 ㉣ 다시 회복된 사례가 있다. 뇌사를 허용하면 ㉤ 사회적으로 악용될 수도 있다.

① ㉠ ② ㉡ ③ ㉢ ④ ㉣ ⑤ ㉤

전략 ❸ | 인간 복제와 동물 실험에 대한 윤리적 쟁점

인간 복제의 윤리적 쟁점

- 인간 개체 복제 찬성 입장: 불임 부부가 유전적 연관이 있는 자녀를 가질 수 있으며, 복제 인간도 독자적 삶을 살 수 있다고 주장한다.
- 인간 개체 복제 반대 입장: 복제 인간은 정체성의 혼란을 느낄 수 있으며, 복제로 인간의 생명이 수단화되어 인간의 ❶ ______ 을/를 훼손할 수 있다고 주장한다.

동물의 권리에 대한 다양한 입장

- 칸트: 동물을 대하는 감정과 행동이 인간을 대하는 태도에도 영향을 미칠 수 있다.
- 싱어: 동물도 ❷ ______ 감수 능력을 지니므로 동물의 이익도 동등하게 고려해야 한다.
- 레건: 한 살 이상 정도의 포유류는 자신의 삶을 영위할 수 있는 능력을 지닌 삶의 주체로서 도덕적 권리를 지닌다.

답 ❶ 존엄성 ❷ 쾌고

필수 예제 3

(1) 다음 〈보기〉에서 인간 개체 복제에 반대하는 입장의 논거를 있는 대로 고르시오.

보기
ㄱ. 인간의 생명이 수단화될 수 있다.
ㄴ. 복제 인간도 독자적인 삶을 살아갈 수 있다.
ㄷ. 복제 인간은 정체성의 혼란을 느낄 수 있다.
ㄹ. 불임 부부가 유전적 연관이 있는 자녀를 가질 수 있다.

(2) 다음과 같은 주장을 한 사상가가 누구인지 쓰시오.

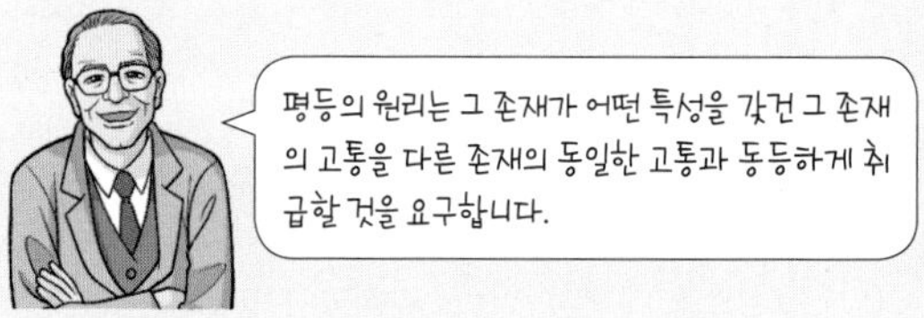

평등의 원리는 그 존재가 어떤 특성을 갖건 그 존재의 고통을 다른 존재의 동일한 고통과 동등하게 취급할 것을 요구합니다.

풀이

(1) 인간 개체 복제에 반대하는 입장에서는 복제로 인간의 생명이 수단화되어 인간의 존엄성이 훼손될 수 있으며, 복제된 인간이 정체성의 혼란을 느낄 수도 있다고 본다.

답 ㄱ, ㄷ

(2) 싱어는 동물도 쾌고 감수 능력을 지니기 때문에 동물의 이익도 동등하게 고려해야 한다고 보았다.

답 싱어

3-1

다음 〈보기〉에서 생식 세포 치료에 대하여 반대하는 입장의 논거를 있는 대로 고르시오.

보기
ㄱ. 인간의 유전적 다양성이 상실될 수 있다.
ㄴ. 유전자를 조작하는 우생학을 부추길 수 있다.
ㄷ. 병의 유전을 막아 다음 세대의 병을 예방할 수 있다.
ㄹ. 유전 질환을 물려주지 않으려는 부모의 자율적 선택을 존중하는 것이다.

3-2

다음과 같은 주장을 한 사상가가 누구인지 쓰시오.

동물은 이성적 존재인 인간과 달리 자의식을 가지지 않으므로 어떤 목적을 위한 수단일 뿐이다. 하지만 동물을 함부로 다루는 것은 바람직하지 않다. 이성이 없지만 생명이 있는 동물들을 잔학하게 다루는 것은 인간의 자기 자신에 대한 의무에 어긋난다.

전략 ④ 성과 사랑의 관계 및 성 윤리

성과 사랑의 관계

- 보수주의: 결혼 제도 안에서 이루어지는 성만을 정당하다고 본다.
- 자유주의(❶ 자유주의): 타인에게 해를 끼치 않는 범위 내에서 사랑 없이도 성이 가능하다고 본다.
- 중도주의(온건한 자유주의): 사랑을 성이 도덕적으로 정당화되기 위한 필요충분조건으로 보고, 사랑이 있는 성을 추구한다.

여성주의 윤리

- 보부아르: 부부는 각 주체로서 ❷ 한 관계를 유지해야 한다고 보았다.
- 길리건: 부부도 서로 보살핌을 주고받는 관계가 되어야 한다고 보았다.

가족 윤리

- 부부 관계: 부부유별(夫婦有別), 부부상경(夫婦相敬) 등
- 부모자식관계: 부의(父義), 자효(子孝), 부자유친(父子有親) 등
- 형제자매 관계: 형우(兄友), 제공(弟恭) 등

답 ❶ 급진적 ❷ 평등

필수 예제 4

(1) 다음 강연자가 사랑과 성을 바라보는 관점을 쓰시오.

성에 있어서 중요한 것은 사회적 승인과 구성원의 재생산이다. 성은 부부간의 신뢰와 사랑을 바탕으로 할 때만 정당화될 수 있다.

(2) 다음의 주장을 한 사상가가 누구인지 쓰시오.

> '여자답다.'라는 관념은 습관이나 유행에 따라 인위적으로 규정된 것으로, 여성 한 사람 한 사람에게 강요된다. 우월성은 결코 처음부터 정해진 것이 아니다. 여성과 남성은 자신들의 자유로부터 똑같은 영광을 이끌어 낼 수 있어야 한다.

풀이

(1) 보수주의 입장은 결혼과 출산 중심의 성 윤리이며, 부부간의 신뢰와 사랑을 전제로 하는 성만 도덕적으로 정당하다고 주장한다.

답 보수주의

(2) 제시문은 보부아르의 주장이다. 보부아르는 여성도 남성과 마찬가지로 자유롭고 주체적인 존재라고 주장하였다.

답 보부아르

4-1

다음 글에서 성과 사랑을 바라보는 관점을 쓰시오.

> 결혼이나 사랑을 성과 직접 결부시킬 필요는 없다. 성적 자유는 누구나 누려야 하지만 일정한 제약 조건만을 지키면 된다. 다른 사람에게 피해를 끼치지 않는 범위 내에서, 상대방의 자율성을 존중하는 범위 내에서 성적 자유는 허용되어야 한다.

4-2

다음에서 설명하는 관계가 어떤 관계인지 쓰시오.

> - 우리 조상들은 자연의 음과 양의 관계처럼 상호 보완적이고 대등한 관계로 보았다.
> - 길리건은 서로 보살핌을 주고받는 관계가 되어야 한다고 주장하였다.

1주 3일 필수 체크 전략 ②

1 다음을 주장한 사상가의 입장으로 옳은 것은?

> 가장 두려운 악인 죽음은 우리에게 아무것도 아니다. 죽음은 산 사람이나 죽은 사람 모두와 아무런 상관이 없다. 산 사람에게는 아직 죽음이 오지 않았고, 죽은 사람은 이미 존재하지 않기 때문이다.

① 죽음은 인간 육체로부터의 해방을 의미한다.
② 죽음을 통해 순수한 쾌락을 누릴 수 있게 된다.
③ 죽음에 대해 두려워하지 않는 것이 현자의 태도이다.
④ 죽음은 삶과 아무런 차이가 없는 자연스러운 과정일 뿐이다.
⑤ 죽음은 인간 정신에 영향을 미치기 때문에 두려움의 대상이다.

Tip

에피쿠로스는 죽음은 [❶]의 상실이기 때문에 죽음을 의식하거나 두려워할 필요가 없다고 보았다. 또한 죽음은 인간이 개별 [❷](으)로 돌아가는 것이라고 주장하였다.

답 ❶ 감각 ❷ 원자

2 다음을 주장한 사상가의 입장으로 옳지 않은 것은?

> 인간은 다른 모든 실체와 함께 자신의 존재를 보존하려는 경향을 가지고 있다. 그러므로 인간의 생명을 보존하고 죽음을 피하려는 행위는 자연법에 속한다.

① 자살은 자신이 속한 공동체를 훼손한다.
② 자살은 자연적 성향을 거스르는 행동이다.
③ 생명을 주관하는 것은 신의 권능에 속한다.
④ 자살은 자신을 목적이 아닌 수단으로 이용하는 것이다.
⑤ 인간은 자신의 생명을 유지하고자 하는 자연적 성향을 가지고 있다.

Tip

아퀴나스는 자살이 자신의 생명을 유지하고자 하는 [❶] 성향을 거스르는 일이며, 자신이 속한 [❷]을/를 훼손한다고 보았다.

답 ❶ 자연적 ❷ 공동체

3 다음 글에서 말하는 사랑에 대한 설명으로 옳은 것은?

> 사랑은 보호와 책임, 존경과 지식을 포함한다. 사랑하는 대상에 대한 보호와 관심은 그에 대한 책임을 함축하고, 책임은 존경이 없다면 쉽게 지배와 소유로 전락한다. 또한 보호와 책임은 지식에 의해 인도되지 않으면 맹목적인 것이 되기 쉽다.

① 사랑은 상대방을 소유하려는 인간의 본성이다.
② 사랑은 상대방에 대한 지속적인 관심과 배려이다.
③ 사랑은 상대방을 위해 자기 목숨을 희생하는 것이다.
④ 사랑은 자기 방식대로 상대방을 이해하고 도와주는 것이다.
⑤ 사랑은 인간의 타고난 본성으로 연습이나 훈련이 필요하지 않다.

Tip

프롬에 따르면 사랑은 상대방을 지배하고 [❶]하는 것이 아니라 있는 그대로 보는 것이며, 상대의 요구에 [❷] 있게 반응하는 것이다.

답 ❶ 소유 ❷ 책임

4 갑, 을의 입장으로 가장 적절한 것은?

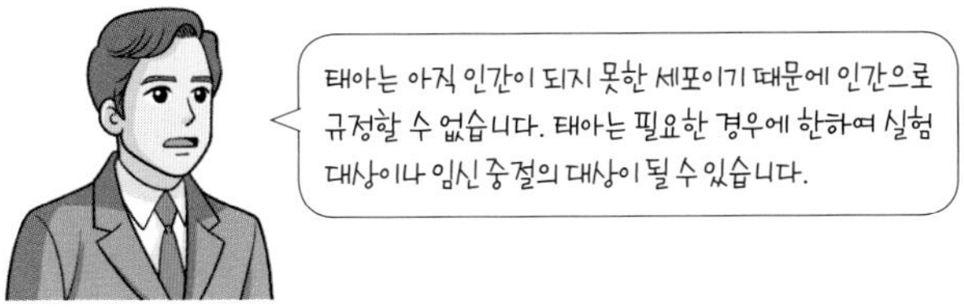

태아는 아직 인간이 되지 못한 세포이기 때문에 인간으로 규정할 수 없습니다. 태아는 필요한 경우에 한하여 실험 대상이나 임신 중절의 대상이 될 수 있습니다.

갑

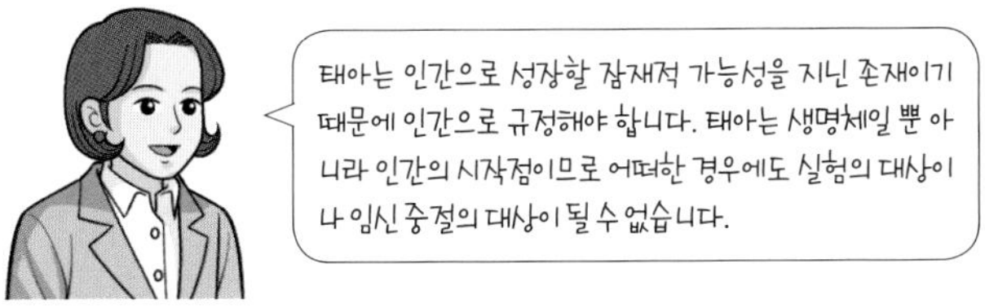

태아는 인간으로 성장할 잠재적 가능성을 지닌 존재이기 때문에 인간으로 규정해야 합니다. 태아는 생명체일 뿐 아니라 인간의 시작점이므로 어떠한 경우에도 실험의 대상이나 임신 중절의 대상이 될 수 없습니다.

을

① 갑은 태아를 단순한 세포 덩어리가 아닌 생명체로 본다.
② 을은 태아의 생명권보다 여성의 선택권이 우선한다고 본다.
③ 갑은 을과 달리 인간과 태아의 지위가 동일하다고 본다.
④ 을은 갑과 달리 태아가 인간으로 취급을 받아야 한다고 본다.
⑤ 갑, 을은 모두 태아의 도덕적 지위를 인정해야 한다고 본다.

Tip

임신 중절을 반대하는 입장에서는 태아가 성인으로 발달할 ❶ ______ 을/를 가지고 있기 때문에 태아의 생명도 ❷ ______ 하다고 본다.

답 ❶ 잠재성 ❷ 존엄

5 다음을 주장한 사상가의 입장만을 〈보기〉에서 고른 것은?

> 관계적인 윤리는 도덕에 대한 남성의 주된 관심이었던 이기심 대 이타심의 대결을 넘어선다. 이러한 이분법을 넘어서는 '다른 목소리'를 찾으려 할 때 도덕 논의에 있어 주된 문제는 어떻게 객관적인 도덕 원리를 수립할 것인가가 아니라 어떻게 보살피려는 의지를 가지고 책임감 있게 인간관계를 맺을 것인가로 전환된다.

보기

ㄱ. 부부는 서로 보살핌을 주고받는 관계가 되어야 한다.
ㄴ. 남성과 여성의 도덕성 발달은 서로 같은 특징을 보인다.
ㄷ. 부부는 음과 양의 관계처럼 상호 보완적이고 대등한 관계이다.
ㄹ. 배려의 관계는 나와 다른 사람의 상호 의존성을 존중하는 가운데 성립한다.

① ㄱ, ㄷ ② ㄱ, ㄹ ③ ㄴ, ㄷ
④ ㄴ, ㄹ ⑤ ㄷ, ㄹ

Tip

길리건은 ❶ ______ 을/를 주장하면서 부부도 서로 ❷ ______ 을/를 주고받는 관계가 되어야 한다고 보았다.

답 ❶ 배려 윤리 ❷ 보살핌

1주 4일 교과서 대표 전략 ①

대표 예제 1

다음을 주장한 사상가의 입장으로 옳은 것은?

> 어떤 종류의 쾌락이 더 바람직하고 가치 있다는 사실을 인정하는 것은 공리의 원리에 어긋나지 않는다. 다른 것을 평가할 때는 양뿐만 아니라 질도 고려하면서, 쾌락에 대해 평가할 때는 양만 따져 보아야 한다고 말하는 것은 전혀 설득력이 없다.

① 쾌락의 양적 차이를 고려해서는 안 된다.
② 쾌락의 양이 아닌 질만을 고려해야 한다.
③ 쾌락과 고통은 가치 판단의 기준이 될 수 없다.
④ 소량의 쾌락도 바람직한 쾌락으로 인정받을 수 있다.
⑤ 질적으로 수준 높고 고상한 쾌락은 존재하지 않는다.

개념 가이드

밀은 쾌락의 ❶ (   ) 차이를 인정하는 것이 공리의 원리에 어긋나지 않으며, 정상적인 인간이라면 질적으로 수준 높고 ❷ (   ) 한 쾌락을 추구할 것이라고 주장하였다.

답 ❶ 질적 ❷ 고상

대표 예제 2

다음을 주장한 사상가가 강조하는 삶의 태도로 가장 적절한 것은?

여러분은 지혜와 힘이 가장 뛰어난 아테네의 시민입니다. 그런데 여러분은 부와 명성, 명예를 늘리는 데 마음을 쓰면서 사리 분별과 진리, 정신의 훌륭함에 대해서는 신경 쓰지 않으니 부끄럽지 않습니까?

① 부와 명예를 최고의 덕으로 삼아야 한다.
② 타인의 평가를 삶의 기준으로 삼아야 한다.
③ 옳음을 추구하며 성찰하는 삶을 살아야 한다.
④ 타인의 잘못을 바로잡는 것에 집중해야 한다.
⑤ 정신적 가치보다 물질적 가치를 중시해야 한다.

개념 가이드

소크라테스는 "❶ (   ) 하지 않는 삶은 살 가치가 없다."라며 ❷ (   ) 하는 삶을 강조하였다.

답 ❶ 반성 ❷ 성찰

대표 예제 3

다음 사상의 입장으로 옳은 것은?

> 도의 입장에서 보면 사물에는 귀하고 천한 것이 없다. 물건 자체의 입장에서 보면 자신은 귀하고 남은 천한 것이다.

① 수행을 통해 열반에 이르러야 한다.
② 도를 이루기 위해 자신을 희생해야 한다.
③ 자연 그대로의 소박한 삶을 추구해야 한다.
④ 자신을 수양한 뒤 다른 사람을 편안하게 해야 한다.
⑤ 하늘로부터 부여받은 선한 본성을 보존하고 확충해야 한다.

개념 가이드

도교에서는 만물을 모두 ❶ (   ) 하게 바라보는 제물을 실천할 것을 주장한다. 또한 소요유의 경지에 이르기 위한 수양 방법으로 ❷ (   ) 와/과 심재를 제시한다.

답 ❶ 평등 ❷ 좌망

대표 예제 4

다음 사상가의 죽음관으로 옳은 것을 〈보기〉에서 고른 것은?

아침에 도(道)를 들으면 저녁에 죽어도 좋다. 뜻있는 선비는 살아남고자 하여 인(仁)을 해치는 일이 없다.

보기
ㄱ. 삶과 죽음은 기의 순환 과정이다.
ㄴ. 죽음에 대해 예(禮)를 갖추어 애도해야 한다.
ㄷ. 죽음 이후의 행복을 위해 덕을 쌓아야 한다.
ㄹ. 죽음보다 현세의 도덕적인 삶에 충실해야 한다.

① ㄱ, ㄴ ② ㄱ, ㄷ ③ ㄴ, ㄷ
④ ㄴ, ㄹ ⑤ ㄷ, ㄹ

개념 가이드

유교에서는 죽음에 관심을 가지기보다 현세의 ❶ (   ) 적인 삶에 충실할 것을 강조한다. 또한 죽음에 대해 ❷ (   ) 을/를 갖추어 애도하는 것이 인간의 당연한 도리라고 보았다.

답 ❶ 도덕 ❷ 예(禮)

대표 예제 5

다음 동양 사상의 입장으로 옳은 것은?

> 전생(前生)에 뿌려진 씨앗은 이번 생에 받는 것이고, 다음 생에 거둘 열매는 이번 생에 행하는 바로 그것이다.

① 인간은 죽음을 의식할 수 없다.
② 죽음에 대해 애도하는 것은 바람직하지 않다.
③ 인간의 힘으로 죽음의 시기를 조절해야 한다.
④ 죽음을 통해 모든 존재는 윤회에서 벗어난다.
⑤ 윤회의 고통에서 벗어나려면 깨달음이 필요하다.

개념 가이드

불교에서는 삶, 병듦, 늙음과 함께 죽음을 대표적인 ❶ (이)라고 본다. 이러한 고통에서 벗어나려면 자신의 ❷ 모습을 깨달아야 한다고 본다.

답 ❶ 고통 ❷ 본래

대표 예제 6

다음 칼럼을 쓴 사람이 지지할 내용으로 알맞은 것은?

> **칼럼**
>
> 미래 세대의 누군가가 자신의 유전 정보를 아는 것은 유전 질환에 대한 불안, 공포 등의 해악을 야기할 수 있다. 따라서 해악 금지의 원칙에 따라 자신의 유전 정보를 모를 권리가 인정되어야 하며 생식 세포 유전자 치료는 금지되어야 한다.

① 생식 세포 유전자 치료를 확대해야 한다.
② 인류 발전을 위해 우생학을 권장해야 한다.
③ 자신의 유전 정보를 많이 알수록 질환 예방에 도움이 된다.
④ 생식 세포 유전자 치료의 문제점에 대해 신중히 고려해야 한다.
⑤ 미래 세대는 자신의 유전자 정보에 대해 알 권리를 보장받아야 한다.

개념 가이드

생식 세포 유전자 치료를 반대하는 입장에서는 미래 세대의 유전적 ❶ 을/를 존중해야 하며, 유전자 치료가 인간의 유전자를 조작하는 ❷ 을/를 부추길 수 있다고 주장한다.

답 ❶ 다양성 ❷ 우생학

대표 예제 7

㉠에 들어갈 내용으로 가장 적절한 것은?

> 모든 좋고 나쁨은 감각에 달려 있는데 죽으면 감각을 잃는다. 따라서 나는 (㉠)라고 생각한다. 현자는 사려 깊음을 통해 죽음을 무서워하지 않고 마음의 평안을 추구한다.

① 삶과 죽음은 기의 모임과 흩어짐의 순환이다.
② 죽음 이후에 진정한 마음의 평안을 얻게 된다.
③ 죽음은 감각의 상실로 우리에게 영향을 미칠 수 없다.
④ 죽음을 두려워하고 죽음에 대비하는 삶을 살아야 한다.
⑤ 죽음 이후의 쾌락을 위해 현세의 고통을 감내해야 한다.

개념 가이드

에피쿠로스는 죽음은 인간이 ❶ 원자로 돌아가는 것이므로, ❷ 의 대상으로 삼을 필요가 없다고 보았다.

답 ❶ 개별 ❷ 두려움

대표 예제 8

다음을 주장한 사상가의 입장으로 옳은 것은?

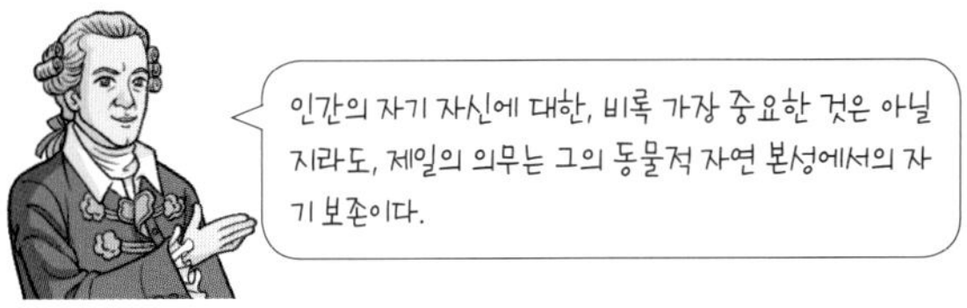

인간의 자기 자신에 대한, 비록 가장 중요한 것은 아닐지라도, 제일의 의무는 그의 동물적 자연 본성에서의 자기 보존이다.

① 자살은 자신의 인격을 보존하는 수단이다.
② 자살은 자신을 수단으로 이용하는 것이다.
③ 자살은 고통 경감을 위해서만 허용될 수 있다.
④ 자살은 자율적 주체의 선택에 맡겨야 할 영역이다.
⑤ 자살은 자신과 타인을 이익을 동시에 만족시킬 때만 허용된다.

개념 가이드

칸트는 고통스러운 상황을 모면하기 위해 스스로 목숨을 끊는 것은 자신을 ❶ (으)로 이용하는 것이며, ❷ 의 의무를 위배하는 것이라고 보았다.

답 ❶ 수단 ❷ 자기 보전

대표 예제 9

다음 입장에서 지지할 내용으로 가장 적절한 것은?

안락사는 아무런 강요 없이 본인의 의사가 표출된 가운데 주변 사람들과 가족들의 동의를 바탕으로 한 경우에 한하여 허용되어야 한다.

① 안락사는 인간답게 죽을 권리의 보장이다.
② 안락사는 자연의 질서에 부합하지 않는다.
③ 비자발적, 반자발적 안락사도 허용될 수 있다.
④ 생명은 인간이 아닌 신의 영역으로 보아야 한다.
⑤ 안락사는 생명을 살리는 의료인의 기본 의무에 어긋난다.

개념 가이드

안락사는 환자가 동의하는 자발적 안락사, 환자가 반대하는 상황에서 이루어지는 ❶ [   ] 안락사, 환자가 자신의 의사를 표현할 수 없는 상황에서 이루어지는 ❷ [   ] 안락사로 나눌 수 있다.

답 ❶ 반자발적 ❷ 비자발적

대표 예제 10

다음 편지글의 입장으로 가장 적절한 것은?

○○○에게
동물들을 폭력적이고, 잔학하게 다루는 것은 인간의 자기 자신에 대한 의무와 내면에 배치되는 것이라네. 그로 인해 동물들의 고통에 대한 공감이 둔화되고, 그로써 타인과의 관계에서의 도덕성에 매우 이로운 자연 소질이 약화되어 점차 사라질 것이기 때문이네.

① 인간은 동물에 대한 직접적 의무를 지닌다.
② 인간은 동물을 실험 대상으로 삼을 수 없다.
③ 인간과 동물은 모두 수단으로 취급받을 수 없다.
④ 인간은 동물을 수단시해서는 안 될 의무가 있다.
⑤ 인간은 동물을 학대하지 말아야 할 의무가 있다.

개념 가이드

칸트는 동물이 ❶ [   ] 권리를 갖지는 않지만 동물을 대하는 감정과 행동이 ❷ [   ]을/를 대하는 데에도 영향을 미친다고 생각하였다.

답 ❶ 도덕적 ❷ 인간

대표 예제 11

갑, 을 사상가들의 입장으로 옳은 것은?

> **갑**: 인간의 고통을 인간이 아닌 존재의 고통 특히 동물의 고통보다 더 중요하게 생각하는 것은 종 차별주의이다. 종 차별주의는 인종 차별주의나 성차별주의와 마찬가지로 평등의 원리를 위배한다. 평등의 원리는 존재들의 고통을 동등한 것으로 볼 것을 요구한다.
>
> **을**: 인간과 인간이 아닌 삶의 주체는 존중받을 도덕적 권리를 갖는다. 이러한 권리를 가진 개체들은 결코 다른 것들을 위한 자원인 것처럼 대우받아서는 안 된다. 특히 다른 것들의 이익을 위해서 의도적으로 해를 입어서는 안 된다.

① 갑: 동물의 고통은 인간의 고통보다 중요하지 않다.
② 갑: 종 차별주의는 이익 평등 고려의 원칙을 위배하지 않는다.
③ 을: 동물은 기계와 같으므로 도덕적 고려를 받을 수 없다.
④ 을: 일부 동물은 삶의 주체가 될 수 있고, 그 자체로 목적으로 대우해야 한다.
⑤ 갑, 을: 생명이 있는 모든 존재는 존중받을 도덕적 권리가 있다.

개념 가이드

싱어는 동물도 쾌락과 ❶ [   ]을/를 느끼므로 도덕적으로 고려받을 권리를 지닌다고 보았다. 레건은 한 살 정도의 ❷ [   ]은/는 삶의 주체가 될 수 있다고 보았다.

답 ❶ 고통 ❷ 포유류

대표 예제 12

다음을 주장한 사상가의 입장으로 옳은 것만을 〈보기〉에서 고른 것은?

> 만약 내가 어떤 사람을 사랑한다는 것은 있는 그대로의 그와 하나인 것을 느끼는 것이지, 나에게 필요한 그와 하나가 되는 것은 아니다. 존경이라는 것은 오직 내가 독립을 성취했을 때만, 또한 내가 똑바로 서서 부축의 도움 없이 걸을 수 있을 때만, 또 어떤 사람을 지배하거나 착취하지 않을 때만 가능하다.

보기

ㄱ. 사랑은 상대방에 대한 지식을 필요로 한다.
ㄴ. 사랑은 상대방을 지배하고 소유하는 것이다.
ㄷ. 사랑은 온전한 인격적 관계 속에서 성립한다.
ㄹ. 사랑은 이해타산적 성격을 지닌 일종의 교환이다.

① ㄱ, ㄴ　② ㄱ, ㄷ　③ ㄴ, ㄷ
④ ㄴ, ㄹ　⑤ ㄷ, ㄹ

개념 가이드

프롬은 인간이 서로를 ❶ [　　] 적인 존재로 바라볼 수 있다는 점에서 ❷ [　　] 이/가 중요한 의미를 지니고 있다고 보았다.

답 ❶ 인격 ❷ 사랑

대표 예제 13

다음 사상가의 입장으로 옳지 않은 것은?

> 그동안 들어왔던 남성들의 목소리보다 여성들의 다른 목소리에 귀를 기울이기만 한다면 배려 윤리가 보여 주는 진실을 알 수 있을 것이다.

① 남성과 여성의 도덕적 성향은 다르다.
② 부부가 서로 보살핌을 주고받아야 한다.
③ 부부의 의의는 세대를 계승하는 데 있다.
④ 배려할 줄 아는 인간이 이상적인 인간이다.
⑤ 배려는 상호 의존성을 존중하는 가운데 성립한다.

개념 가이드

길리건은 기존의 ❶ [　　] 중심적인 윤리를 보완하기 위해 공감과 ❷ [　　] 을/를 중심으로 한 여성들의 목소리에 주목해야 한다고 주장하였다.

답 ❶ 남성 ❷ 배려

대표 예제 14

갑, 을, 병의 입장에 대한 설명으로 옳은 것은?

> **갑:** 사랑하는 사람 간의 결혼과 출산은 성이 도덕적으로 정당화되기 위한 전제 조건이다. 이를 통해 성적 안정성과 상호 책임이 강화되며 사회 구성원의 안정적 재생산도 보장되게 된다.
> **을:** 성욕은 인간의 본능적인 욕구일 뿐이다. 자발적 동의에 따르고 타인에게 피해를 주지 않는 한, 개인의 감각적인 욕구 충족을 성의 유일한 목적으로 보아야 한다.
> **병:** 사랑은 성이 도덕적으로 정당화되기 위한 필요충분조건이다. 사랑이 있는 성은 바람직하고 사랑이 없는 성은 바람직하지 못하다.

① 갑: 성의 쾌락적 가치가 생식적 가치에 우선한다.
② 을: 성적 자유를 누리는 데 어떠한 제약도 허용되어서는 안 된다.
③ 병: 출산과 양육에 대한 책임을 질 수 있는 성만이 도덕적으로 정당하다.
④ 갑, 을: 상대방에 대한 존중만 있다면 사랑이 없는 성도 정당화될 수 있다.
⑤ 을, 병: 성이 도덕적으로 정당화되기 위해 공식적 절차인 결혼을 강제할 필요는 없다.

개념 가이드

보수주의 성 윤리는 ❶ [　　] 와/과 출산을, 자유주의 성 윤리는 성숙한 사람들의 상호 동의를, 중도주의 성 윤리는 ❷ [　　] 을/를 성이 정당화되기 위한 조건으로 제시한다.

답 ❶ 결혼 ❷ 사랑

1주 4일 교과서 대표 전략 ②

01 다음 글의 입장에서 지지할 내용으로 가장 적절한 것은?

> 윤리학은 객관적 사실의 탐구나 단순한 이론의 연구에만 그쳐서는 안 된다. 생명, 성과 가족, 사회 정의, 과학 기술, 정보, 환경, 문화, 전쟁과 평화 등 다양한 분야에서 일어나는 윤리 문제를 파악하고 이에 대한 옳고 그름을 판단하여 해결책을 제시하는 데까지 나아가야 한다.

① 윤리학도 사회 과학의 일종임을 인정해야 한다.
② 윤리학은 객관적 기술을 주된 목표로 해야 한다.
③ 윤리학의 학문적 성립 가능성을 우선 논해야 한다.
④ 윤리학은 도덕적 실천 방안의 모색에 주력해야 한다.
⑤ 윤리학은 도덕적 논의의 의미론적 탐구에 매진해야 한다.

Tip
실천 윤리학의 입장에서는 단순히 도덕적 행위에 대한 이론적 [❶] 에 그쳐서는 안 되며, 도덕 원리를 근거로 도덕 문제의 [❷] 을/를 제시해야 한다고 본다.

답 ❶ 분석 ❷ 해결책

02 다음 사상의 입장으로 옳은 것은?

> 인(仁)은 사람의 마음이요, 의(義)는 사람의 길이다. 그 길을 버리고 가지 않으며, 그 마음을 놓아 버리고 찾지 않으니 슬프구나. 학문의 길이란 다른 것이 아니다. 그 잃어버린 마음을 찾는 것일 뿐이다.

① 홀로 있을 때도 몸과 마음을 바르게 해야 한다.
② 연기성(緣起性)을 깨닫고 자비를 베풀어야 한다.
③ 자기 수양보다 타인을 바로잡는 데 힘써야 한다.
④ 무지와 무욕의 상태를 최고의 경지로 삼아야 한다.
⑤ 인의(仁義)와 예악(禮樂)을 끊고 도에 따라야 한다.

Tip
유교에서는 자신을 먼저 수양하고 다른 사람을 편안하게 하는 [❶] 을/를 강조한다. 또한 도덕적 본성을 되찾기 위한 수양 방법으로 경(敬)과 [❷] 을/를 강조한다.

답 ❶ 수기안인(수기치인) ❷ 성(誠)

03 다음 사상가의 입장으로 옳은 것은?

> 신의 이성의 영원한 법은 신의 마음속에 있는 그대로가 아니더라도 이미 계시를 통해서나 우리의 이성 작용을 통해서 부분적으로 알려져 있다. 자연법은 영원한 법이 이성적 피조물에게 관여한 것이므로 자신의 선한 면을 보존하고 자연이 모든 동물에게 가르쳐 준 욕구를 채우며 신에 관한 지식을 추구하는 등 인간이 분명하게 정립할 수 있는 교훈들로 이루어져 있다.

① 자연법은 인간의 본성에 배치된다.
② 자연법은 모든 인간에게 적용될 수 없다.
③ 자연법의 원리는 도덕 규칙이 될 수 없다.
④ 도덕 법칙은 정언 명령의 형식으로 제시된다.
⑤ 자연법은 신이 부여한 직관을 통해 알 수 있다.

Tip
아퀴나스는 신이 부여한 [❶] 을/를 통해 자연법 원리를 발견할 수 있으며, 이로부터 도출되는 [❷] 을/를 지켜야 한다고 주장하였다.

답 ❶ 직관 ❷ 의무

04 갑, 을 사상가들의 입장으로 가장 적절한 것은?

> 갑: 뜻이 있는 선비와 인을 갖춘 사람은 삶에 집착하다가 인을 해치는 경우는 없지만, 자신을 희생하여 인을 이루는 경우는 있다.
> 을: 성인의 삶은 자연의 운행과 같고, 죽음은 만물의 변화와 같다. 그의 삶은 물 위에 떠 있는 것과 같고, 죽음은 휴식과 같다.

① 갑: 죽음 이후의 삶을 위해 선을 실천해야 한다.
② 갑: 죽음, 내세에 대한 관심보다는 현실에서 도덕적으로 충실하게 살아야 한다.
③ 을: 죽음을 통해 윤회에서 벗어날 수 있다.
④ 을: 삶과 죽음에 대한 분별을 통해 도의 경지를 추구해야 한다.
⑤ 갑, 을: 삶을 기뻐하지도 죽음을 슬퍼하지도 말아야 한다.

Tip
공자는 [❶] 보다 현세의 도덕적인 삶이 더 중요하다고 보았고, 장자는 삶과 죽음을 [❷] 인 현상으로 보았다.

답 ❶ 죽음 ❷ 자연적

05 다음을 주장한 사상가의 입장으로 옳은 것은?

죽음은 육체에서 영혼이 분리되는 것이다. 최대한 죽음과 가장 가까운 상태로 영혼을 정화하며 살고자 했던 사람이 그토록 열망하는 지혜를 얻을 수 있는 곳으로 가는 것이 죽음이다.

① 죽음은 육체와 영혼의 온전한 결합이다.
② 죽음과 삶은 실질적으로 아무런 차이가 없다.
③ 죽음은 감각과 영혼 모두의 상실을 의미한다.
④ 죽음을 통해 영혼이 이데아의 세계로 돌아간다.
⑤ 죽음 이후에 이데아의 세계는 소멸되어 버린다.

Tip
플라톤은 본래 영혼이 ❶ [   ] 의 세계에 있었으나 태어나면서 ❷ [   ] 에 갇히게 되는 것으로 보았다.

답 ❶ 이데아 ❷ 육체

06 다음 사상의 입장으로 옳은 것은?

> 여성은 스스로를 가능한 한 특수한 상황에 두고 도덕 문제에 접근하며, 자신을 배려라는 용어로 정의하고 배려자의 입장에서 행동한다. 배려의 감정은 우리가 타인을 배려해 주고 타인으로부터 배려받았던 기억들에 의해 촉진된다.

① 배려 윤리는 정의와 공정성 중심의 윤리이다.
② 남성과 여성의 도덕적 성향이 동일하다고 본다.
③ 배려받는 사람의 상황에 대해 민감하게 살펴야 한다.
④ 책임과 유대보다는 이성과 보편적 원리를 중시해야 한다.
⑤ 맥락적 사고는 배려 윤리를 이해하는 데 도움이 되지 않는다.

Tip
배려 윤리를 주장하는 사람들은 ❶ [   ] 할 줄 아는 인간이 이상적인 인간이라 보고, 배려의 관계는 나와 다른 사람의 ❷ [   ] 을/를 존중하는 가운데 성립한다고 주장한다.

답 ❶ 배려 ❷ 상호 의존성

07 갑, 을의 입장으로 가장 적절한 것은?

동물은 이성이 없는 자동인형 또는 움직이는 기계에 불과하다. 그들은 쾌락과 고통을 경험할 수 없다.

갑

동물은 자기 삶의 주체일 수 있다. 최소한 몇몇 포유류는 자기의 삶을 사는 데 요구되는 자격을 가졌다.

을

① 갑: 인간은 동물을 실험 대상으로 삼을 수 없다.
② 갑: 인간과 동물의 도덕적 지위에 차이를 두어서는 안 된다.
③ 을: 쾌고 감수 능력을 지닌 동물은 모두 도덕적 고려의 대상이다.
④ 을: 삶의 주체가 될 수 있는 일부 동물은 자신의 삶을 영위할 가치가 있다.
⑤ 갑, 을: 인간은 동물의 도덕적 지위를 고려해야 한다.

Tip
데카르트는 동물이 ❶ [   ] 와/과 쾌락을 경험할 수 없다고 보았다. 레건은 한 살 정도의 포유류는 삶의 주체가 될 수 있으므로 인간처럼 ❷ [   ] 가치를 지닌다고 보았다.

답 ❶ 고통 ❷ 내재적

08 다음을 주장한 사상가의 입장으로 옳은 것은?

> 여자는 남자들이 여자로 하여금 타자(他者)로서 살도록 강제하는 세계에서 자기를 발견하고 주체적으로 선택해야 한다.

① 여성은 주체가 아닌 타자로 살아가야 한다.
② 여성과 남성의 생물학적 차이를 없애야 한다.
③ 여성은 남성에 종속될 수밖에 없는 존재이다.
④ 여성이 주체가 되려는 생각은 실현 불가능하다.
⑤ 여성성은 생물학적 산물이 아니라 관습의 산물이다.

Tip
보부아르는 여성이 태어나는 것이 아니라 ❶ [   ] 것이라고 주장하며 여성도 남성과 마찬가지로 자신을 ❷ [   ] 하고 주체적으로 선택하는 삶을 살아야 한다고 주장하였다.

답 ❶ 만들어지는 ❷ 발견

01 (가), (나)의 입장에 대한 옳은 설명만을 〈보기〉에서 고른 것은?

(가) 윤리학은 도덕적 행위에 대한 이론적 분석과 정당화를 다룸으로써 현실의 윤리 문제를 해결하는 토대를 제공해야 한다.
(나) 윤리학은 다양한 사회의 도덕적 풍습이나 관행, 현상들을 객관적으로 관찰하고 체계적으로 서술해야 한다.

보기
ㄱ. (가)는 행위에 대한 도덕적 평가의 기준을 제시해야 한다고 본다.
ㄴ. (나)는 도덕적 추론의 타당성 입증을 주된 목표로 해야 한다고 본다.
ㄷ. (나)는 도덕 현상들 간의 인과 관계 설명에 주력해야 한다고 본다.
ㄹ. (가), (나)는 가치 중립적 관점에서 도덕 현상의 설명과 분석에 치중해야 한다고 본다.

① ㄱ, ㄴ ② ㄱ, ㄷ ③ ㄴ, ㄷ ④ ㄴ, ㄹ ⑤ ㄷ, ㄹ

02 다음 사상에서 강조하는 내용으로 가장 적절한 것은?

큰 도(道)가 행해진 세상에는 천하가 모든 사람의 것이다. 사람들은 어진 이와 능한 이를 선출하여 관직을 맡게 하고, 온갖 수단을 다하여 서로 간의 신뢰와 친목을 두텁게 한다. 그러므로 사람들은 각자의 부모만을 부모로 섬기지 않으며, 자기 자식만을 자식으로 여기지 않는다. 함께 어울려 큰 한 덩어리를 이루는 곧 대동(大同)이라고 한다.

① 군주는 백성이 무지와 무욕의 상태에 있도록 해야 한다.
② 인위가 없는 자연 그대로의 상태인 무위를 추구해야 한다.
③ 가족주의에 얽매이지 않고 인(仁)으로 하나가 되어야 한다.
④ 일체의 문명을 버리고 소박한 자연의 덕에 따라 살아야 한다.
⑤ 재화에 있어 아무런 차등이 없는 절대 균등의 상태를 실현해야 한다.

03 갑, 을의 입장에 대한 옳은 설명만을 〈보기〉에서 고른 것은?

유용성의 원리는 개별 행위에 적용되어야 한다. 다른 어떤 가능한 행위보다 더 큰 유용성을 갖는 것이 옳은 행위이다.

◀ 갑

유용성의 원리는 행위 규칙에 적용되어야 한다. 타당한 행위 규칙에 일치하는 것이 옳은 행위이다.

◀ 을

보기
ㄱ. 갑은 행위 자체의 유용성보다 행위 규칙의 유용성을 계산해야 한다고 본다.
ㄴ. 을은 어떤 규칙이 최대의 유용성을 산출하는지 판단해야 한다고 본다.
ㄷ. 을은 결과와 무관하게 의무를 무조건적으로 따르는 것이 도덕적 행위라고 본다.
ㄹ. 갑, 을은 행위의 의지나 동기가 아닌 결과를 중심으로 옳고 그름을 판단해야 한다고 본다.

① ㄱ, ㄴ ② ㄱ, ㄷ ③ ㄴ, ㄷ ④ ㄴ, ㄹ ⑤ ㄷ, ㄹ

04 다음을 주장한 사상가의 입장으로 옳지 <u>않은</u> 것은?

죽음은 현존재에게 던져진 끝으로서, 현존재의 가장 자기적이고 다른 사람이 대신할 수 없는 것이다. 그리고 결코 넘어설 수 없는 확실한 것이며, 언제 있을지 모르는 불안한 것이다. 이와 같은 죽음의 불안에 의해서 현존재는 비본래적이고 퇴폐적이고 속된 삶으로부터 벗어나 참된 자신을 자각하고 본래의 자신으로 귀환할 수 있다.

① 죽음으로서의 선구를 통해 삶의 의미를 깨달을 수 있다.
② 인간만이 죽음을 인식할 수 있으며 죽음에 대비할 수 있다.
③ 죽음에 대한 성찰과 심사숙고는 실존의 회복을 가능하게 한다.
④ 인간은 자신의 죽음을 자각하지 못할 때 진정한 삶을 살 수 있다.
⑤ 인간에게 죽음은 아무도 대신해 줄 수 없는 자기 자신만의 것이다.

05 갑, 을의 입장에 대한 설명만을 〈보기〉에서 고른 것은?

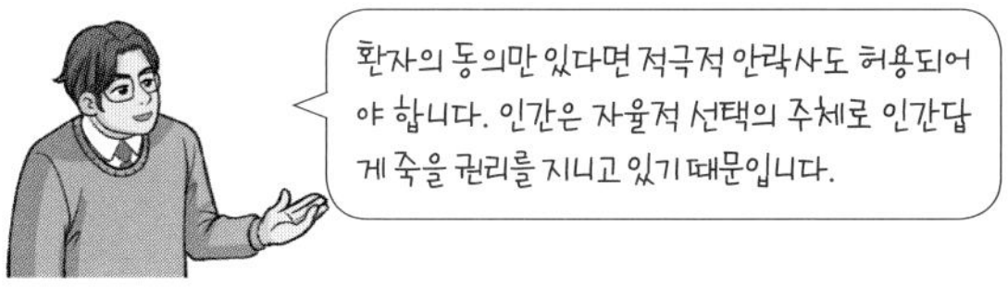
환자의 동의만 있다면 적극적 안락사도 허용되어야 합니다. 인간은 자율적 선택의 주체로 인간답게 죽을 권리를 지니고 있기 때문입니다.

갑

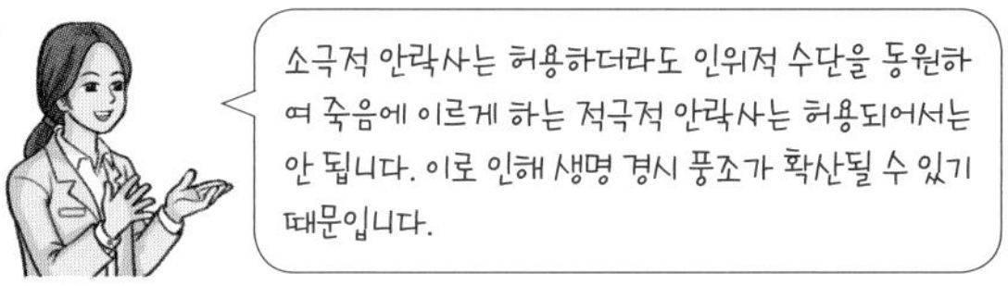
소극적 안락사는 허용하더라도 인위적 수단을 동원하여 죽음에 이르게 하는 적극적 안락사는 허용되어서는 안 됩니다. 이로 인해 생명 경시 풍조가 확산될 수 있기 때문입니다.

을

보기

ㄱ. 갑은 반자발적 안락사는 바람직하지 않다고 본다.
ㄴ. 을은 소극적 안락사와 적극적 안락사의 구분이 필요하다고 본다.
ㄷ. 을은 연명 치료를 중단하여 죽음에 이르게 두어서는 안 된다고 본다.
ㄹ. 갑, 을은 적극적 안락사가 비인간적 행위이므로 허용될 수 없다고 본다.

① ㄱ, ㄴ ② ㄱ, ㄷ ③ ㄴ, ㄷ ④ ㄴ, ㄹ ⑤ ㄷ, ㄹ

06 다음을 주장한 사상가의 입장으로 옳은 것은?

동물에게 고통을 야기하는 것을 정당화할 만큼 동물 실험이 중요하다고 주장한다면, 동일한 지적 수준에 있는 인간에게 고통을 야기하는 실험에도 동일한 주장을 할 수 있어야 한다. 한쪽은 우리 종의 구성원이고, 다른 한쪽은 아니라는 차이에 호소하는 것은 옹호될 수 없는 편견에 불과하다.

① 모든 동물 실험은 그 자체로 부당하며 허용될 수 없는 비도덕적 행위이다.
② 인간과 동물은 동일한 이익 관심을 가지므로 동물을 도덕적으로 존중해야 한다.
③ 동물은 인간과 동일한 권리를 지니기 때문에 동물을 실험 대상으로 삼는 것은 옳지 않다.
④ 쾌고 감수 능력은 어떤 존재가 이익 관심을 갖기 위한 필요조건이지 충분한 조건은 아니다.
⑤ 우리와 다른 종(種)에 속한다는 이유로 그들의 고통을 고려하지 않는 것은 종 차별주의에 해당한다.

07 갑, 을, 병의 입장에 대한 옳은 설명만을 〈보기〉에서 있는 대로 고른 것은?

갑: 성은 결혼과 출산과 관련될 때만 바람직하다. 사회적 공식 절차에 따른 안정성과 성적 행위에 대한 책임감이 중요하다.
을: 타인에게 피해를 주지 않고, 상대방의 자율성을 훼손하지 않는 범위 내에서 성적 자유를 보장해야 한다.
병: 사랑은 성이 도덕적으로 정당화되기 위한 필요충분조건이다. 사랑이 있는 성은 바람직하고 사랑이 없는 성은 바람직하지 못하다.

보기

ㄱ. 갑은 사회적 승인이 없는 남녀의 성적 관계도 정당하다고 본다.
ㄴ. 을은 성의 쾌락적 가치를 추구해서는 안 된다고 본다.
ㄷ. 을은 병과 달리 사랑이 없는 성도 정당화될 수 있다고 본다.
ㄹ. 갑, 을, 병은 성이 정당화되기 위해 일정한 제약 조건이 필요하다고 본다.

① ㄱ, ㄴ ② ㄱ, ㄹ ③ ㄷ, ㄹ
④ ㄱ, ㄴ, ㄷ ⑤ ㄴ, ㄷ, ㄹ

08 다음 사상의 입장에서 ㉠의 관계에 대해 설명한 것으로 옳은 것은?

혼례는 서로 다른 두 성(姓)의 남녀가 사랑으로 결합하며, 위로 조상을 모시고 아래로 후세를 이어 가는 일이다. 남녀의 구별이 있으니 ㉠ 의 도리가 세워지고, ㉠ 의 도리가 있으니 부자의 친근함이 있으며, 부자의 친근함이 있으니 군신의 정당함이 있다.

① 서로 손님처럼 대해야 하는 천륜 관계이다.
② 서로의 차이를 인정하지 않는 평등한 관계이다.
③ 사랑과 공경을 실천해야 하는 수직적 관계이다.
④ 서로에게 자애와 효도를 각각 실천해야 하는 관계이다.
⑤ 분별력 있게 각자의 도리를 다하면서도 협력해야 하는 관계이다.

1주 창의·융합·코딩 전략

1 실천 윤리학과 메타 윤리학의 특징

(가)의 입장에서 (나)의 입장에 대해 제기할 비판 내용으로 가장 적절한 것은?

(가)	윤리학은 인간 삶의 방향을 안내해야 하며, 특히 윤리 이론을 실생활에 적용하여 도덕적 딜레마에 대한 명확한 해결책을 제시해야 한다.
(나)	윤리학은 도덕 이론의 정립이나 도덕적 문제 해결에 앞서 도덕적 언어나 개념의 의미 분석과 도덕적 추론의 타당성 분석에 힘써야 한다.

① 윤리학은 당위의 학문이 아니라 사실의 학문임을 간과한다.
② 윤리학의 성격이 경험과학적인 사회 과학과 차이가 없음을 간과한다.
③ 윤리학은 도덕 문제 해결과 실천 방안 모색에 주력해야 함을 간과한다.
④ 윤리학이 도덕적 풍습에 대해 객관적으로 기술해야 하는 학문임을 간과한다.
⑤ 윤리학이 학문적으로 성립 가능한지를 우선 탐구해야 한다는 점을 간과한다.

Tip
실천 윤리학은 다양한 [❶] 을/를 근거로 윤리 문제에 [❷] 을/를 제시하는 것을 핵심으로 삼는다.

답 ❶ 윤리 이론 ❷ 해결책

2 이론 윤리학과 기술 윤리학의 특징

그림의 토론 주제에 대한 갑, 을의 입장으로 적절하지 않은 것은?

• 토론 주제: 윤리학, 그 주요 탐구 과제는 무엇인가?

윤리학은 윤리적 행위를 위한 근본 원리로 성립 가능한 도덕 원리를 탐구해야 합니다.
윤리학은 도덕적 현상에 대한 경험과학적 분석과 기술을 주요 탐구 과제로 삼아야 합니다.

갑 을

① 갑: 윤리학은 윤리 문제를 해결하는 토대를 제공해야 한다.
② 갑: 윤리학은 도덕적 정당화의 이론적 근거를 제시해야 한다.
③ 을: 윤리학은 가치 중립적 입장에서 도덕 문제를 서술해야 한다.
④ 을: 윤리학은 사회 과학과 마찬가지로 다양한 관찰과 경험이 동반될 수 있다.
⑤ 갑, 을: 윤리학은 도덕 풍습에 대한 가치 중립적 분석과 서술을 핵심으로 삼아야 한다.

Tip
기술 윤리학은 도덕적 [❶], 관습에 대한 묘사나 객관적 [❷] 을/를 주된 목표로 삼는다.

답 ❶ 풍습 ❷ 기술(서술)

3 의무론적 접근과 공리주의적 접근

갑, 을, 병 사상가들의 입장으로 옳은 것만을 〈보기〉에서 있는 대로 고른 것은?

> **갑:** 쾌락이나 동정심, 행복의 추구는 도덕의 목적이 될 수 없다. 도덕은 그 자체로 숭고하며 그 자체로 무조건적인 의무이자 명령이다.
> **을:** 쾌락과 고통은 우리가 무엇을 해야 할까를 지시하는 것과 우리가 무엇을 하게 될 것인지를 결정하는 두 군주이다.
> **병:** 쾌락의 질적인 차이를 인정하는 것은 공리의 원리에 어긋나지 않는다. 우리는 양적으로나 질적으로나 최대의 쾌락을 추구한다.

• 보기 •
ㄱ. 갑: 개인에게 행복을 준다면 도덕적 가치를 지니는 행위이다.
ㄴ. 을: 도덕의 목적은 행복의 증진에 있음을 명확히 해야 한다.
ㄷ. 병: 쾌락의 양과 질적 수준이 항상 비례하는 것은 아니다.
ㄹ. 을, 병: 행위의 결과를 중심으로 옳고 그름을 판단해야 한다.

① ㄱ, ㄴ ② ㄱ, ㄹ ③ ㄷ, ㄹ
④ ㄱ, ㄴ, ㄷ ⑤ ㄴ, ㄷ, ㄹ

Tip
칸트는 행위의 의지 또는 [❶] 이/가 행위의 옳고 그름을 판단하는 기준이라고 보는 반면, 벤담과 밀은 행위가 가져올 [❷], 즉 쾌락과 고통이 판단 기준이라고 본다.

답 ❶ 동기 ❷ 결과

4 서양의 죽음관

갑, 을의 입장으로 옳은 것은?

> 갑: 현자(賢者)는 죽음을 두려워하지 않는다. 삶이 해를 주는 것도 아니고, 죽음도 악으로 생각되지 않기 때문이다. 그는 긴 삶이 아니라 즐거운 시간을 향유하려고 노력한다.
>
> 을: 철인(哲人)은 영혼과 더불어 순수하게 되기를 원한다. 그들의 소원이 성취되어 사후 세계에 도착하면 그들이 이 세상에서 바라던 지혜를 얻게 될 거란 희망이 있다.

① 갑: 삶과 죽음은 차이가 없으므로 구별하지 말아야 한다.
② 갑: 죽음은 감각의 상실이자 영혼의 해체로 인간에게 아무것도 아니다.
③ 을: 죽음을 통해 영혼이 개별 원자로 돌아가게 된다.
④ 을: 죽음을 통해서는 우리가 바라는 순수한 지혜를 깨달을 수 없다.
⑤ 갑, 을: 죽음은 아직 다가오지 않은 두려움의 대상이다.

Tip
플라톤은 죽음을 통해 영혼과 육체가 ❶ ______ 된다고 보았으며, 에피쿠로스는 죽으면 육체와 영혼이 모두 ❷ ______ 된다고 보았다.

답 ❶ 분리 ❷ 해체

5 뇌사 찬반 입장 비교

갑, 을의 입장에 대한 설명으로 옳은 것은?

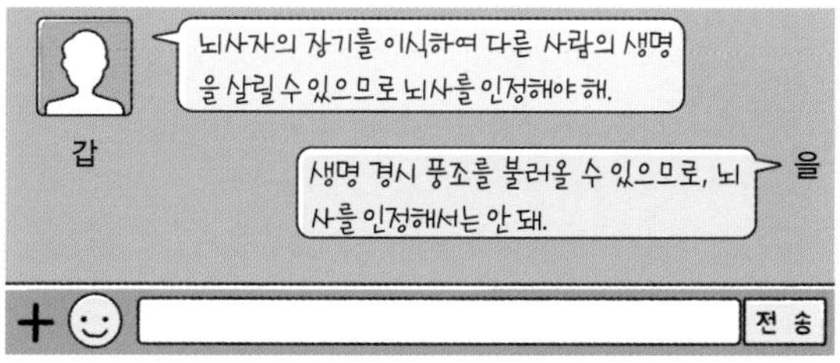

① 갑: 뇌사는 개인적 차원에서만 고려되어야 한다.
② 갑: 뇌사 판정에 사회적 효용성을 따져서는 안 된다.
③ 을: 뇌사 판정에 있어 전문가의 의견을 전적으로 수용해야 한다.
④ 을: 뇌사 판정과 관련된 사회적 편익을 최우선으로 생각해야 한다.
⑤ 갑, 을: 뇌사 판정이 사회에 끼치는 영향력을 충분히 고려할 필요가 있다.

Tip
뇌사를 반대하는 입장에서는 인간 생명을 ❶ ______ (으)로 여겨서는 안 됨, 뇌사 판정의 ❷ ______ 가능성 등을 논거로 제시한다.

답 ❶ 수단 ❷ 오류

6 동양의 죽음관

(가), (나), (다) 사상의 입장으로 옳은 것은?

> (가) 삶도 내가 원하는 바이고 의(義)도 내가 원하는 바이지만 둘 다 취할 수 없다면 삶을 버리고 의를 취하겠다. 의로운 사람은 목숨을 버려서라도 의를 이룬다.
>
> (나) 이전의 업(業)으로서의 존재에서 어리석음이 무명(無明)이요, 노력이 의도적 행위들이며, 집착이 갈애요, 접근이 취착이며, 의도가 존재이다. 이와 같이 이전의 업으로서의 존재에서 이 다섯 가지 법들이 금생(今生)의 재생 연결의 조건이 된다.
>
> (다) 사람이 태어난 것은 태어날 때를 만났기 때문이며, 세상을 떠난 것은 떠나야 할 때가 되었기 때문이다. 하늘이 정해 준 때를 마음 편히 여기고 운명에 순응하면 슬픔과 즐거움이 끼어들 수 없게 된다.

① (가): 인을 이루기 위해 목숨을 버려서는 안 된다.
② (나): 현세의 업보가 죽음 이후의 삶을 결정한다.
③ (다): 죽음에 대한 애도는 인간의 마땅한 도리이다.
④ (가), (나): 삶과 죽음을 분별하는 태도를 버려야 한다.
⑤ (나), (다): 내세의 행복을 위해 도덕적 실천에 힘써야 한다.

Tip
장자는 삶과 죽음이 인간이 ❶ ______ 할 수 없는 필연적인 과정이라고 보았다. 불교에서는 현세의 업이 죽음 이후의 삶을 결정한다고 보고 끝없이 순환하는 ❷ ______ 에서 벗어나려면 깨달음을 얻어야 한다고 보았다.

답 ❶ 개입 ❷ 윤회

7 동물 복제 찬반 입장 이해

갑, 을의 입장에 대한 설명으로 옳은 것은?

동물 복제는 인간의 복지 증진과 멸종 위기에 처한 동물의 보호에 기여할 수 있기 때문에 허용되어야 해.
동물 복제는 비윤리적 행위이며 동물의 생명을 도구화시킬 수 있으므로 허용되어서는 안 돼.
동물 복제를 허용해야 하는가?
갑
을

① 갑: 동물 복제 허용 여부는 유용성과 무관하다.
② 갑: 동물 복제는 인간의 복지 증진과 동물의 종 보존에 기여할 수 있다.
③ 을: 동물 복제는 동물을 수단으로 대하는 것이 아니다.
④ 을: 인간 복제와 달리 동물 복제는 윤리적으로 용납될 수 있다.
⑤ 갑, 을: 인간의 유용성이 동물의 권리보다 더 중요하다.

Tip
동물 복제를 찬성하는 입장에서는 멸종 위기에 처한 동물의 ❶ [ ] 등을 논거로 들며, 동물 복제를 반대하는 입장에서는 동물 복제가 자연의 질서에 어긋나며 동물을 ❷ [ ] 시한다는 점 등을 논거로 제시한다.

답 ❶ 보호 ❷ 수단

8 동물의 권리에 대한 입장 비교

갑, 을, 병의 입장에 대한 옳은 설명만을 〈보기〉에서 있는 대로 고른 것은?

> **갑:** 동물은 이성이 없는 존재로 그 자체로 목적으로 대우받을 수는 없다. 하지만 우리는 인간에 대한 의무를 위배하지 않기 위해 동물을 함부로 학대하거나 자연을 함부로 파괴해서는 안 된다.
> **을:** 동물은 윤리 규범의 고안 능력이나 자율성 등이 없으므로 도덕적 권리를 지닌다고 볼 수 없다. 의학 발전과 인간의 수많은 업적은 바로 동물 실험을 통해 얻을 수 있었던 것이다.
> **병:** 동물의 고통을 고려하지 않으려는 태도는 인간 종이 지닌 차별주의적 생각이다. 단지 동물이 우리 종에 속하지 않았다는 이유로 그들의 고통을 무시하는 것은 평등의 원리에 위배된다.

보기
ㄱ. 갑은 인간이 인간과 자연에 대한 동일한 의무를 갖고 있다고 본다.
ㄴ. 병은 동물의 이익 관심도 고려해야 한다고 본다.
ㄷ. 갑, 을은 동물의 도덕적 지위를 인정할 수 없다고 본다.
ㄹ. 갑, 을, 병은 동물 실험이 허용될 수 있다고 본다.

① ㄱ, ㄴ ② ㄱ, ㄹ ③ ㄷ, ㄹ
④ ㄱ, ㄴ, ㄷ ⑤ ㄴ, ㄷ, ㄹ

Tip
칸트는 동물과 자연에 대한 인간의 의무가 ❶ [ ] 의무라고 보았다. 반면 싱어는 쾌고 감수 능력이야말로 어떤 존재의 이익을 고려하기 위한 ❷ [ ] 조건이라고 보았다.

답 ❶ 간접적 ❷ 필요충분

9 인간 개체 복제의 윤리적 쟁점

다음 칼럼을 쓴 사람과 입장이 <u>다른</u> 것은?

> ○○신문 ○○○○년 ○○월 ○○일
> **칼 럼**
> 인간 개체 복제는 허용되어서는 안 된다. 인간 개체 복제는 인간의 고유성을 파괴하고, 인간의 생명이 수단화되어 인간의 존엄성을 훼손할 수 있다. 또한 인간 개체 복제로 태어난 인간은 정체성의 혼란을 느낄 수 있다.

① 인간 개체 복제는 인간의 고유성을 파괴한다.
② 인간 개체 복제는 가족 관계의 혼란을 초래한다.
③ 인간 개체 복제는 불임 부부의 고통을 덜어 준다.
④ 인간 개체 복제로 복제된 인간이 도구화될 수 있다.
⑤ 인간 개체 복제는 자연스러운 출산 과정에 위배된다.

Tip
인간 개체 복제를 반대하는 입장에서는 인간의 ❶ [ ] 훼손, 자연스러운 ❷ [ ] 과정 위배, 가족 관계의 혼란 초래 등을 논거로 제시한다.

답 ❶ 존엄성 ❷ 출산

10 사랑에 대한 입장

다음을 주장한 사상가의 입장으로 가장 적절한 것은?

> 삶이 일종의 기술인 것처럼 사랑도 기술이라는 것을 깨달아야 한다. 사랑은 상대에게 응답할 수 있고 응답할 준비가 갖추어져 있다는 뜻이다. 사랑은 인간 존재를 타인과 결합시키는 능동적인 능력으로, 인간의 고립감을 극복하게 하면서도 각자 자신의 통합성을 유지시킨다. 따라서 사랑에 있어서 두 존재는 하나로 되면서도 둘로 남아 있다.

① 사랑은 자신의 희생을 통해서만 완성될 수 있다.
② 사랑은 상대방을 있는 그대로 보고 존중하는 것이다.
③ 사랑은 상대방에 대한 지식과 이해를 전제로 하지 않는다.
④ 사랑은 훈련을 필요로 하지 않는 태생적으로 타고난 능력이다.
⑤ 상대방을 소유함으로써 사랑의 진정한 의미를 실현하게 된다.

Tip
프롬은 사랑을 상대방의 생명과 ❶ [　　] 에 적극적인 관심을 갖고 상대방이 자신의 ❷ [　　] 을/를 최대한 발휘할 수 있도록 도와주는 것이라고 보았다.

답 ❶ 성장 ❷ 능력

11 성과 사랑의 관계에 대한 다양한 입장

갑, 을의 입장으로 가장 적절한 것은?

타인에게 해를 끼치거나 자율성을 훼손하지 않는 범위 내에서 모든 성적 자유를 인정해야 합니다.
사랑이 없는 성은 성의 고유한 가치를 훼손할 가능성이 높기 때문에 사랑이 있는 경우에만 성적 자유를 인정할 수 있습니다.
갑
을

① 갑: 성적 자유에 어떠한 제약을 두어서는 안 된다.
② 갑: 상호 간의 자발적 합의는 성이 정당화되기 위한 조건이 될 수 없다.
③ 을: 성의 인격적 가치보다 쾌락적 가치가 중시될 필요가 있다.
④ 을: 사랑을 기반으로 사회 재생산의 기능을 담당할 때만 성이 정당화된다.
⑤ 갑, 을: 결혼과 같은 공식적 절차가 성이 정당화되기 위한 전제 조건은 아니다.

Tip
성과 사랑에 대한 자유주의 입장은 ❶ [　　] 중심의 성 윤리, 중도주의 입장은 ❷ [　　] 중심의 성 윤리이다.

답 ❶ 쾌락 ❷ 사랑

12 부부간의 윤리

다음 사상가의 입장으로 가장 적절한 것은?

> 여성들은 다른 사람들의 요구에 깊은 관심을 가지며 보살핌의 의무를 기꺼이 짊어지려는 특성이 있기 때문에, 자신과 견해를 달리하는 사람의 견해에 귀를 기울이고 자신의 관점뿐 아니라 다른 관점들까지 포함하여 판단한다.

① 남성의 도덕성과 여성의 도덕성은 양립 불가하다.
② 도덕성의 핵심은 합리적 추론과 정의의 원칙 준수에 있다.
③ 정의 윤리와 배려 윤리의 조화 시도는 도덕적 실천을 저해한다.
④ 배려의 관계는 나와 다른 사람의 상호 의존성을 존중하는 가운데 형성된다.
⑤ 상대를 위해 자신의 것을 포기하고 헌신할 때 화목한 가정을 이룰 수 있다.

Tip
길리건은 공감과 배려, 책임을 특징으로 하는 ❶ [　　] 의 목소리에 주목해야 하며 부부는 서로 ❷ [　　] 을/를 주고받는 관계가 되어야 한다고 보았다.

답 ❶ 여성 ❷ 보살핌

2주 Ⅲ. 사회와 윤리

직업이 가지는 의미는 무엇일까요? 우리는 왜 직업을 가질까요?
직업을 통해 꿈을 이룰 수 있어요.
자신의 행복을 위해서요.
모두 잘 대답했어요.
우리는 직업을 통해 각자의 능력을 발휘할 수 있고, 사회의 구성원으로서 행복한 삶을 살 수 있어요.
선생님, 직업인으로서 필요한 윤리가 있을까요?
그럼요, 직업인으로서 필요한 윤리도 있지요. 이번 시간에는 직업윤리와 동서양의 직업관, 그리고 분배적 정의에 대해 배워 보도록 해요.
선생님, 분배적 정의라는 말이 너무 어려워요.
단어가 낯설고 어렵죠. 그럼 하나씩 배워 볼까요?
네~

공부할 내용

3강 ❶ 직업과 청렴의 윤리 ❷ 사회 정의와 윤리 ①
4강 ❶ 사회 정의와 윤리 ② ❷ 국가와 시민의 윤리

개념 돌파 전략 ①

개념 ❶ 직업과 청렴의 윤리

(1) 동양의 직업관

① **공자**: 자신의 직분에 충실해야 한다는 ❶ ______ 사상 주장

② **맹자**: 일정한 생업인 항산(恒産)이 있어야 바른 마음인 항심(恒心)을 지닐 수 있다고 주장, 정신노동과 육체노동의 구분과 상보성 강조

③ **순자**: 직업의 물질적 욕망 충족 기능 강조, 능력에 따른 역할 분담 주장

(2) 서양의 직업관

① **플라톤**: 각자 고유한 ❷ ______에 따라 사회적 역할을 분담해야 함

② **중세 그리스도교**: 노동은 원죄에 대한 벌이므로 속죄의 차원에서 죽을 때까지 노동해야 함

(3) 현대 직업 생활과 행복 직업은 삶의 목적인 행복 실현의 바탕

(4) 직업윤리와 청렴

① **직업윤리**: 직업인이 직업 생활에서 지켜야 할 마땅한 도리

② **다양한 직업윤리**: 기업가와 근로자 윤리, 전문직과 공직자 윤리

③ **부패 방지와 청렴 문화**: 견리사의(見利思義), 멸사봉공(滅私奉公)의 자세 필요

답 ❶ 정명(正名) ❷ 기능

Quiz

맹자는 정신노동과 육체노동의 구분과 (상보성, 배타성)을 강조하였다.

▲ **마르크스** 자본주의적 분업이 생산 과정에서 노동력 착취와 노동의 소외 문제를 초래하므로 노동을 통해 자기 본질을 실현해야 한다고 주장하였다.

개념 ❷ 사회 정의와 윤리 ①

(1) 사회 정의

① **동양**: 천리(天理)에 부합하는 '올바름' 혹은 올바른 도리로서 '의로움'을 뜻함

② **서양**: '올바름', '공정함'을 뜻함

(2) 사회 정의의 종류

① **분배적 정의**: 각자가 자신의 몫을 누릴 수 있게 하는 것

② **교정적 정의**: 위법과 불공정함을 바로잡아 공정함을 확보하는 것

(3) 분배적 정의에 관한 다양한 관점

① **롤스**: 공정한 ❶ ______을/를 통해 합의한 것이라면 정의롭다고 봄 → 공정으로서의 정의

② **노직**: 재화의 취득, 양도, 이전의 절차가 정당하면 그로부터 얻은 소유물은 개인이 절대적 소유 권리를 지님 → 소유 권리로서의 정의

③ **마르크스**: 능력에 따라 일하고 필요에 따라 분배할 것을 주장함

(4) 소수자 우대 정책의 윤리적 쟁점

찬성	반대
• 과거의 부당한 차별에 대한 교정과 보상	• 사회적 약자의 자존감 손상
• 사회적 약자의 처지 개선	• ❷ ______(으)로 인한 다수 집단의 분노

답 ❶ 절차 ❷ 역차별

Quiz

마르크스는 능력에 따라 일하고 (　　　)에 따라 분배할 것을 주장하였다.

Clip! 롤스의 정의의 원칙

- 제1 원칙: 모든 사람은 평등한 기본적 자유를 가져야 함(평등한 자유의 원칙)
- 제2 원칙: 사회적·경제적 불평등은 최소 수혜자에게 최대의 이익을 보장해야 하며(차등의 원칙), 불평등의 계기가 되는 지위는 모든 사람에게 개방되어야 함(공정한 기회균등의 원칙)

01

다음 사상가의 입장으로 적절한 것을 〈보기〉에서 고르시오.

대인(大人)이 할 일이 있고, 소인(小人)이 할 일이 따로 있으며, 어떤 사람은 마음을 수고롭게 하고, 어떤 사람은 몸을 수고롭게 한다. 만일 필요로 하는 모든 것을 손수 만들어 사용해야 한다면, 그것은 천하의 사람들을 지쳐 쓰러지게 만들 것이다.

보기

ㄱ. 직업을 통한 생계유지는 중요하다.
ㄴ. 육체노동을 정신노동보다 더 강조해야 한다.
ㄷ. 노동의 의미는 인간의 원죄에 따른 속죄이다.
ㄹ. 예(禮)에 기초해 사회적 지위와 역할을 분담하게 해야 한다.

풀이 맹자는 정신노동과 육체노동을 구분하고, 양자의 상보성을 강조하였으며 일정한 생업인 ❶ ______ 이/가 있어야 바른 마음인 ❷ ______ 을/를 지닐 수 있다고 하였다. ㄷ은 중세 그리스도교의 입장, ㄹ은 순자의 입장이다.

❶ 항산(恒産) ❷ 항심(恒心) 답 | ㄱ

01-1

다음 (가), (나)의 주장을 한 사상가는 각각 누구인지 쓰시오.

(가) 분업화에 따른 노동으로 고용주는 자본가가 되어 감독과 지휘를 하게 되지만 노동자는 작업장의 부속물로서 자본의 소유물로 전락한다.
(나) 각자가 지닌 고유의 덕(德)을 발휘하도록 각자는 타고난 성향이나 기질에 따라 가장 적합한 일에 배치되어야 한다.

02

다음 빈칸에 공통으로 들어갈 내용을 쓰시오.

롤스는 사회 구성원들 간의 합의를 통해 ______ 을/를 도출할 수 있다고 여겼다. ______ 을/를 도출하기 위한 최초의 가상적 상황인 원초적 입장에서 사람들은 타인의 이해관계에 무관심하며, 자신의 이익을 합리적으로 추구한다. 이들은 공평한 합의를 위해 자신의 사회적 지위나 능력, 재능, 가치관 등을 모르고 있다고 가정한다. 이처럼 무지의 베일을 쓴 상황에서 사람들은 ______ 을/를 도출한다.

풀이 롤스는 공정한 절차를 통해 합의된 것이라면 정의롭다고 보는 '❶ ______ (으)로서의 정의'를 주장하였다. 그는 사회 구성원들 간의 합의를 통해 정의의 원칙을 도출할 수 있다고 여겼다. 정의의 원칙을 도출하기 위해 최초의 가상적 상황인 원초적 입장을 가정하였고, 자신의 사회적 지위, 재능, 가치관 등을 모르는 상태에서 정의의 두 원칙에 합의할 것이라고 보았다. 정의의 제1원칙은 ❷ ______ 이며 정의의 제2원칙은 차등의 원칙, 기회균등의 원칙이다.

답 ❶ 공정 ❷ 평등한 자유의 원칙 답 | 정의의 원칙

02-1

소수자 우대 정책을 지지하는 논거를 〈보기〉에서 모두 고르시오.

보기

ㄱ. 환경이 좋지 않은 사람을 먼저 배려함으로써 사회적 격차를 줄일 수 있다.
ㄴ. 사회적 약자의 처지를 개선하고 사회적 다양성과 공동선을 실현할 수 있다.
ㄷ. 사회적 약자의 자존감을 손상할 수 있고, 역차별로 인한 다수 집단의 분노를 일으킬 수 있다.
ㄹ. 보상받는 자는 과거에 차별을 받았던 당사자가 아닐 수 있고, 현재 보상하는 사람들도 과거에 차별을 가했던 당사자가 아닐 수 있다.

2주 1일 개념 돌파 전략 ①

4강_사회 정의와 윤리 ②~ 국가와 시민의 윤리

개념 ❶ 사회 정의와 윤리 ②

(1) 교정적 정의 사람 사이의 동등하지 않은 관계를 바로잡거나 위반 혹은 침해를 일으킨 사람에 대해 형벌을 가함으로써 ❶ (　　) 을/를 확보하는 것

(2) 처벌의 정당화 근거

① **응보주의:** 처벌의 본질은 범죄 행위에 상응하는 해악을 가하는 것임

② **공리주의:** 처벌의 본질은 사회적 이익의 증진을 위한 수단이어야 함

(3) 사형 제도에 대한 관점

칸트(❷ (　　) 적 관점)	사형은 동등성의 원리에 근거한 것이며, 사형은 살인한 범죄자의 인격을 존중하는 것임
루소(사회 계약설적 관점)	계약자인 시민의 생명과 안전을 확보하기 위한 사형 제도는 정당함
베카리아(공리주의적 관점)	사형보다 종신 노역형이 범죄 예방과 사회 전체 이익 증진에 부합함

답 ❶ 공정함 ❷ 응보주의

Quiz

루소는 (사회 계약설, 공리주의)적 관점에서 사형에 동의한다.

사형 제도 찬성
처벌의 목적은 인과응보적 응징

↕

사형 제도 반대
처벌의 목적은 교육과 교화

개념 ❷ 국가와 시민의 윤리

(1) 국가 권위의 정당화 근거

① **혜택론(흄):** 국가가 시민에게 여러 가지 ❶ (　　) 을/를 제공하므로 국가에 복종해야 함

② **본성론(아리스토텔레스):** 국가는 인간 본성에 따라 성립되는 최고선이므로 권위를 지님

③ **계약론(홉스, 로크):** 자연 상태에서 제대로 보장받기 어려운 생명·재산·자유 등을 보장받고자 ❷ (　　) 을/를 통해 국가를 수립

(2) 시민 불복종 법이나 정부의 정책에 변화를 가져올 목적으로 행해지는 공공적·비폭력적·양심적 위법 행위

(3) 시민 불복종에 대한 관점

① **소로:** 헌법을 넘어선 개인의 양심이 저항의 최종 판단 근거임

② **롤스:** 사회적 다수의 정의관이 저항의 기준이 되어야 함

③ **드워킨:** 헌법 정신에 위배된 법률에 대해서 시민은 저항할 수 있음

(4) 롤스의 시민 불복종의 조건 비폭력성, 최후의 수단, 공개성, 법 전체에 대한 항거 불가, 처벌·제재의 감수, 목적의 정당성

답 ❶ 혜택 ❷ 계약

Quiz

드워킨은 (　　　) 정신에 위배된 법률에 대해서 시민이 저항할 수 있다고 보았다.

Clip! 시민에 대한 국가의 의무

동양	서양
• 유교: 위민, 민본주의 강조 • 묵자: 무차별적 사랑[兼愛]과 상호 이익[交利]이라는 하늘의 뜻을 따를 것을 강조	• 소극적 국가관: 시장에 대한 개입 최소화 • 적극적 국가관: 의료·주택·교육 등의 복지 제공

01

사형 제도에 대한 사상가의 견해를 잘못 서술한 것을 〈보기〉에서 찾아 기호를 쓰시오.

보기

ㄱ. 칸트: 형벌은 범죄자가 형벌을 받아야 할 행위를 의욕했기 때문에 가해져야 한다.

ㄴ. 롤스: 사회 계약의 목적은 계약자의 생명 보존에 있다. 살인을 저질러 계약을 위반한 자는 공공의 적으로 간주된다.

ㄷ. 베카리아: 종신 노역형은 사형보다 공익에 대한 기여가 적고, 비효율적이므로 폐지되어야 한다.

풀이 베카리아는 형벌은 강도보다 ❶ ______을/를 중시해야 하며, 법은 특수 의사의 총합인 일반 의사를 대표한다고 보았다. 그는 범죄에 대한 형벌이 오직 법을 통해서만 가능하며, 이러한 권한은 사회 계약으로부터 나온다고 보았다. 또한 인간은 자신을 죽일 권리가 없는 이상, 그 권리를 사회에 양도할 수 없으므로 사형을 ❷ ______(으)로 대체해야 한다고 주장하였다.

❶ 지속성 ❷ 종신 노역형 답 | ㄷ

01-1

사형 제도를 지지하는 논거를 〈보기〉에서 모두 고르시오.

보기

ㄱ. 사형은 오판 가능성이 있다.

ㄴ. 사형은 생명을 박탈하는 극형이므로 범죄 억제의 효과가 크다.

ㄷ. 종신형 제도는 경제적인 부담이 크고 오히려 비인간적일 수 있다.

ㄹ. 사형은 생명권을 부정하는 것이며 인도적인 이유에서 존속시킬 수 없다.

02

다음 (가), (나)의 주장을 한 사상가는 각각 누구인지 쓰시오.

(가) 인간은 자연스럽게 가족과 마을을 형성하고, 마지막으로 최종적이고 완전한 결사체에 도달하게 되는데 그것이 바로 국가이다. 그러므로 인간은 본성적으로 국가에 속하도록 되어 있다.

(나) 인간이 공동체를 결성하고 스스로를 정부의 지배하에 두고자 하는 주된 목적은 자신의 재산을 보존하기 위함이다. 국가에 대한 정치적 의무는 구성원들의 계약에서 비롯된다.

풀이 아리스토텔레스에 따르면 인간은 자연스럽게 가족과 마을을 형성하고, 마지막으로 최종적이고 완전한 결사체에 도달하게 되는데, 그것이 바로 ❶ ______이다. 이는 인간 본성에 따라 성립되는 최고선으로서 권위를 지닌다. 반면 로크는 인간에게 생명, 자유, 재산 등 자연법이 부여하는 천부적 ❷ ______이/가 있으며 이것을 보장받기 위해 자연권의 일부를 국가에 양도하는 계약에 동의하게 된다고 보았다. 이에 따르면 자발적 동의에 의한 계약이 국가에 복종할 의무와 저항할 권리의 근거가 된다.

답 ❶ 국가 ❷ 자연권 답 | (가) 아리스토텔레스 (나) 로크

02-1

다음 빈칸에 공통으로 들어갈 내용을 쓰시오.

______은/는 법이나 정부의 정책에 변화를 가져올 목적으로 행해지는 공공적이고 비폭력적이며 법에 반하는 정치적 행위를 의미한다. 싱어는 공리주의적 관점에서 ______이/가 산출할 이익과 손해, 성공 가능성을 고려해야 한다고 주장하였고, 롤스는 정의로운 사회에서 공유된 정의관에 의거해 ______이/가 이루어져야 한다고 주장하였다.

2주 1일 개념 돌파 전략 ②

바탕 문제

맹자의 직업관은?

⇨ 맹자는 생업(직업)의 수행이 곧 윤리적 인격과 정서적 ❶ ______의 조건이라고 보았으며, 사회적 ❷ ______와/과 직업 간의 상호 보완적 관계를 강조하였다.

답 ❶ 안정 ❷ 분업

1 다음을 주장한 사상가의 입장으로 적절한 것만을 〈보기〉에서 모두 고른 것은?

천하를 다스리는 일은 유독 농사를 지으면서 동시에 할 수 있다는 것인가? 대인이 할 일이 있고 소인이 할 일이 있다. 한 사람에게 많은 기술자들이 만든 것들이 필요한데, 만일 반드시 모든 것을 손수 만들어 사용해야 한다면 그것은 천하의 사람들을 지치게 하는 것이다.

보기

ㄱ. 사회의 모든 구성원은 육체노동을 해야 한다.
ㄴ. 통치자는 나라를 통치하는 일에 전념해야 한다.
ㄷ. 자신에게 필요한 모든 물건은 직접 생산해야 한다.
ㄹ. 구성원은 각자의 역량에 따라 일을 나누어 맡아야 한다.

① ㄱ, ㄴ ② ㄱ, ㄹ ③ ㄴ, ㄷ ④ ㄴ, ㄹ ⑤ ㄷ, ㄹ

바탕 문제

정약용이 말하는 '청렴'은?

⇨ 정약용은 목민관의 청렴(淸廉)이 ❶ ______와/과 ❷ ______을/를 위해 필요한 덕목이라고 보았다.

답 ❶ 애민(愛民) ❷ 봉공(奉公)

2 다음을 주장한 사상가가 강조할 공직자의 자세로 가장 적절한 것은?

목민관이 백성을 위해서 있는 것인가? 백성이 목민관을 위해서 있는 것인가? 백성이 곡식과 옷감을 생산하여 목민관을 섬기고, 모든 노력과 정성을 다하여 목민관을 살찌우고 있으니, 백성이 과연 목민관을 위하여 있는 것일까? 그건 아니다. 목민관이 백성을 위하여 있는 것이다.

① 공직자를 위해 백성이 있음을 알아야 한다.
② 공직자는 백성에게 금전적 지원을 요구해야 한다.
③ 공직자는 백성을 위해 직무에 최선을 다해야 한다.
④ 공직자는 사익 증진을 최우선 목표로 삼아야 한다.
⑤ 공직자는 욕구 충족을 위해 국가 예산을 마음껏 사용해야 한다.

바탕 문제

아리스토텔레스의 국가의 대한 입장은?

⇨ 아리스토텔레스는 국가가 인간의 사회적·정치적 ❶ ______에 의해 형성된다고 주장하며, 국가 속에서만 ❷ ______의 삶이 가능하다고 강조하였다.

답 ❶ 본성 ❷ 최선

3 **다음을 주장한 사상가의 입장으로 가장 적절한 것은?**

> 인간은 자연스럽게 가족과 마을을 형성하고, 마지막으로 최종적이고 완전한 결사체에 도달하게 되는데, 그것이 바로 국가이다. 그러므로 인간은 본성적으로 국가에 속하도록 되어 있다. 국가에 속하지 않은 고립된 자는 동물이거나 아니면 신일 것이다.

① 국가는 좋음을 추구하려 해서는 안 된다.
② 국가는 공동체가 아니며 사회 계약의 산물이다.
③ 인간의 좋은 삶은 국가 공동체 속에서 가능하다.
④ 인간은 국가보다 상위의 공동체를 추구해야 한다.
⑤ 국가에 속하지 않은 자만이 최고의 좋음을 얻는다.

바탕 문제

롤스의 시민 불복종에 대한 입장은?

⇨ 롤스는 시민 불복종이 거의 정의로운 사회에서 공유된 ❶ ______에 의거해서 이루어져야 하며, 시민 불복종은 국가 체제의 변혁이 아니라 정부 ❷ ______의 변혁을 목적으로 삼아야 한다고 여겼다.

답 ❶ 정의관 ❷ 정책

4 **다음은 롤스의 A 개념을 검색한 인터넷 화면이다. 롤스의 A 개념에 대한 설명으로 옳지 않은 것은?**

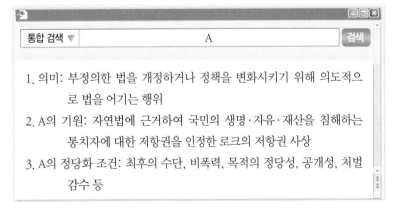

> 통합 검색 ▼ | A | 검색
>
> 1. 의미: 부정의한 법을 개정하거나 정책을 변화시키기 위해 의도적으로 법을 어기는 행위
> 2. A의 기원: 자연법에 근거하여 국민의 생명·자유·재산을 침해하는 통치자에 대한 저항권을 인정한 로크의 저항권 사상
> 3. A의 정당화 조건: 최후의 수단, 비폭력, 목적의 정당성, 공개성, 처벌 감수 등

① 자신의 행위에 대한 처벌을 감수해야 한다.
② 부정의한 법을 개정하기 위한 합법 행위이다.
③ 비폭력적인 방법을 사용해야 정당화될 수 있다.
④ 불복종의 정당성을 공개적으로 널리 알려야 한다.
⑤ 합법적인 방법을 시도한 후 최후에 선택해야 한다.

2주 2일 필수 체크 전략 ①

전략 ❶ 동서양의 직업관

동양의 직업관

- 공자: 자신의 직분에 충실해야 한다는 정명(正名) 사상을 주장하였다.
- 맹자: 일정한 생업인 항산(恒産)이 있어야 바른 마음인 항심(恒心)을 지닐 수 있다고 보았다.
- 순자: 각자의 적성과 능력에 따라 사회적 역할을 분담하게 하는 예(禮)를 제시하였다.
- 정약용: 직업을 신분적 질서가 아닌 사회 분업에 따라 ❶ [ ](으)로 파악하였다.

서양의 직업관

- 플라톤: 각 계층에 속한 사람들이 고유한 덕(德)을 발휘하여 사회적 직분에 충실해야 한다고 보았다.
- 중세 그리스도교: 노동은 원죄에 대한 벌로 인간은 속죄의 차원에서 죽을 때까지 노동을 해야 한다고 보았다.
- 근대 프로테스탄티즘(칼뱅): 직업은 신의 ❷ [ ]이며 직업적 성공으로 인한 부의 축적이 정당화될 수 있다고 보았다.
- 마르크스: 자본주의의 분업이 노동자를 소외시킨다고 보았다.

답 ❶ 직능적 ❷ 소명(召命)

필수 예제 1

(1) 다음 빈칸에 들어갈 알맞은 내용을 쓰시오.

> 순자는 질서 유지를 위해 분업이 필요하다고 보며, 역할 분담의 기초로 [ ]을/를 강조하였다.

(2) 다음 빈칸에 들어갈 알맞은 내용을 쓰시오.

> 중세 그리스도교에서는 노동이 인간의 원죄에 따른 벌로써 인간은 [ ]의 차원에서 죽을 때까지 노동을 해야 한다고 보았다.

풀이

(1) 순자는 각자의 적성과 능력에 따라 사회적 역할을 분담하게 하는 예(禮)를 제시하며, 질서 유지를 위해 분업이 필요하다고 보았다.

답 예(禮)

(2) 중세 그리스도교에서는 노동은 원죄(原罪)에 대한 벌로써 신이 부과한 것이며, 인간은 속죄의 차원에서 죽을 때까지 노동을 해야 한다고 보았다.

답 속죄

1-1

다음에서 설명하고 있는 공자의 사상을 쓰시오.

임금은 임금다워야 하고, 신하는 신하다워야 하며, 부모는 부모다워야 하고, 자식은 자식다워야 한다.

1-2

다음을 주장한 서양 사상가는?

> 사회를 이루는 세 계층은 각자 타고난 성향에 따라 하나의 일에 배치되어야 한다. 각자 자신이 맡은 일에서 탁월함을 발휘하여 조화를 이룰 때 그 사회는 정의롭게 된다. 서로의 일에 참견하는 것은 사회에 해악을 끼치는 일이다.

① 칼뱅 ② 베버
③ 순자 ④ 플라톤
⑤ 마르크스

전략 ❷ 직업윤리와 청렴

전문직과 공직자 윤리

- 전문직 윤리: 직업적 양심과 수준 높은 책임 의식이 요구된다.
- 공직자 윤리: ❶ [ ] 실현을 위한 노력, 국민에게 봉사하는 자세가 필요하다.

기업의 사회적 책임

- 프리드먼: 기업의 사회적 책임을 합법적인 ❷ [ ] 추구로 한정하였다.
- 애로우, 보겔: 기업의 사회적 책임을 강조하며 사회적 책임을 적극적으로 이행하면 장기적으로 기업의 이윤 추구에 도움이 된다고 주장하였다.

청렴한 사회 실현 방안

- 의식적 측면: 견리사의(見利思義), 멸사봉공(滅私奉公)의 자세가 필요하다.
- 제도적 측면: 투명성 확보를 위한 절차와 공감대를 형성해야 한다(청렴도 측정 제도, 청렴 계약제 등).
- 부패를 방지·근절하고 자아실현과 공동체 발전에 기여하기 위해 청렴이 필요하다.
- 청렴(淸廉)은 뜻과 행동이 맑고 염치를 알아 탐욕을 부리지 않는 상태를 말한다.

답 ❶ 공익 ❷ 이윤

필수 예제 2

(1) 다음 빈칸에 공통으로 들어갈 알맞은 내용을 쓰시오.

> 애로우는 기업의 [ ] 을/를 강조하였으며, [ ] 을/를 적극적으로 이행하면 장기적으로 기업의 이윤 추구에 도움이 된다고 주장하였다.

(2) 다음에서 설명하는 개념을 쓰시오.

> 매년 민원인 등을 대상으로 공공 기관의 부패 관련 설문 조사를 하여 기관의 청렴 수준을 객관적으로 진단하는 제도이다.

풀이

(1) 애로우는 기업이 사회적 책임을 적극적으로 이행하는 것이 장기적으로는 기업에게도 이익이 된다고 주장하였다.

답 사회적 책임

(2) 청렴한 사회를 위한 제도적 노력에는 청렴도 측정 제도, 청렴 계약제 등이 있다. 제시문에 설명된 개념은 청렴도 측정 제도에 관한 내용이다.

답 청렴도 측정 제도

2-1

다음을 주장한 사상가의 입장으로 가장 적절한 것은?

> 기업의 이윤 극대화 외의 사회적 책임을 강조하는 것은 기업가가 그에게 자본을 맡긴 기업의 소유주나 주주의 권익을 보호하는 책임을 이행하지 못하도록 막는 것이다. 기업은 속임수 없이 자유로운 경쟁에 전념하기만 하면 된다.

① 기업의 목적은 공익의 극대화이다.
② 기업의 유일한 사회적 책임은 이윤 극대화이다.
③ 기업은 사회 복지를 위한 기부를 실천해야 한다.
④ 기업은 이윤 극대화를 위해 법규를 위반할 수 있다.
⑤ 기업의 장기적 이익을 위해 자선적 책임을 다해야 한다.

2-2

㉠, ㉡에 해당하는 내용을 쓰시오.

> [㉠] 은/는 고도의 전문적 교육과 훈련을 거쳐서 일정한 자격 또는 면허를 취득해야만 종사할 수 있는 직업을 말한다. 전문직 종사자들은 일반인이 모르는 지식이나 정보를 이용하여 쉽게 부당한 이익을 취할 수 있으므로 높은 수준의 [㉡] 이/가 요구된다.

전략 ❸ 사회 윤리에 대한 니부어의 입장

- 니부어는 개인의 도덕성보다 사회 집단의 도덕성이 현저히 떨어진다고 보았다.
  → 개인적으로 도덕적일지라도 그들이 모인 집단(사회)은 이기적이며 비도덕적일 수 있다고 보았다.
- 니부어는 도덕적인 개인으로 구성된 집단일지라도 집단에 속한 개인은 이기적으로 행동하기 쉬우므로, 개인의 도덕성과 사회의 도덕성을 ❶ [ ] 할 필요가 있다고 보았다.
  → 개인 윤리가 추구하는 도덕적 이상은 이타성의 실현이고 사회 윤리의 도덕적 이상은 정의의 실현이라고 보았다.
- 사회 정의를 실현하는 방법: 문제 해결을 위해 선의지의 통제를 받는 비합리적인 수단(정치적인 ❷ [ ])이 필요하다고 보았다.

답 ❶ 구분 ❷ 강제력

필수 예제 3

(1) 다음을 주장한 사상가를 쓰시오.

개인적 차원에서 집단적 차원으로 이행할수록 이기적 충동에 의해 합리성이나 선의지의 비중이 줄어든다. 따라서 이러한 충동적 경향이 심각하게 확대될 경우 이에 대항할 수 있는 사회적 억제력이 반드시 필요하다.

(2) 다음 ㉠, ㉡에 들어갈 알맞은 내용을 쓰시오.

> 니부어는 사회의 관점에서 볼 때 최고의 도덕적 이상은 [㉠]이고 개인의 최고의 도덕적 이상은 [㉡](으)로 보았다.

풀이

(1) 제시된 내용을 주장한 사상가는 니부어다. 니부어는 집단을 구성하는 개인이 도덕적이더라도 집단 자체는 비도덕적일 수 있다며 집단과 개인의 도덕성을 구분하였다. 또한 집단 간 갈등을 해결하기 위해서는 사회적 억제력이 필요하다고 보았다.

답 니부어

(2) 니부어는 사회와 개인의 도덕적 이상은 각각 정의, 이타성이라고 보았다. 그는 개인과 사회의 도덕적 이상은 다르지만 상호 배타적이지는 않다고 보았다.

답 ㉠ 정의 ㉡ 이타성

3-1

빈칸에 들어갈 알맞은 내용을 쓰시오.

> 니부어는 도덕적인 개인일지라도 비도덕적인 [ ]에서는 비도덕적인 행동을 하기 쉽다고 보았다.

3-2

다음을 주장한 사상가의 입장으로 옳지 않은 것은?

> 사회 집단의 도덕성은 개인의 도덕성보다 현저히 떨어진다. 사회 집단이 개인보다 비도덕적인 이유 중 하나는 자연적 충동을 억제할 합리적인 능력을 갖추고 있지 않기 때문이다.

① 개인과 집단의 도덕성을 구분할 필요가 있다.
② 집단의 도덕성은 개인의 도덕성보다 열등하다.
③ 집단 간의 갈등은 정치적이기보다 윤리적이다.
④ 집단에 속한 개인은 이기적으로 행동하기 쉽다.
⑤ 집단 간 세력 불균형은 사회 갈등과 부정의를 지속시킨다.

전략 ❹ 분배적 정의에 대한 다양한 입장

분배의 다양한 기준: 능력, 노력, 업적, 필요에 따라 분배하는 방식, 모든 사람에게 똑같이 나누는 분배 방식 등이 있다.

분배적 정의에 대한 입장

- 롤스: 제1원칙(평등한 자유의 원칙)과 제2원칙(차등의 원칙, 공정한 기회균등의 원칙)에 따라 분배한 결과는 공정하다고 간주하였다.
- 노직: 재화의 취득·이전·교정의 과정이 정당하면 현재의 소유권이 정당하며, 개인의 소유권을 침해하지 않는 ❶ ________ 국가만이 정당하다고 보았다.
- 왈처: 다양한 삶의 영역에서 각기 다른 ❷ ________ 의 기준에 따라 사회적 가치가 분배되어야 한다고 보았다.
- 마르크스: 능력에 따라 일하고 필요에 따라 분배할 것을 주장하였다.

답 ❶ 최소 ❷ 정의

필수 예제 4

(1) 다음을 주장한 사상가를 쓰시오.

원초적 입장에서 타인의 이익에 무관심한 합리적 개인은 자신의 능력이나 사회적 지위 등을 모른채 정의의 두 원칙을 선택하게 된다.

(2) 다음 사상가의 입장을 바르게 연결하시오.

㉠ 노직 •   • a. 공정으로서의 정의를 주장함

㉡ 롤스 •   • b. 개인의 권리를 보호하는 것을 정의라고 봄

풀이

(1) 위의 내용을 주장한 사상가는 롤스이다. 롤스는 무지의 베일을 쓴 원초적 상황에서 정의의 원칙을 도출하였다. 그는 상호 무관심한 합리적 이기심을 지닌 개인들은 최소 수혜자의 처지를 개선하자는 제안을 정의의 원칙으로 채택할 것이라고 주장하였다.

답 롤스

(2) 분배적 정의에 대한 각 사상가의 입장

롤스	분배는 원초적 입장에서 합의된 정의의 원칙에 의해 규제되어야 함
노직	모든 사람이 자신의 소유물에 대해 소유 권리를 가져야 함
왈처	다양한 삶의 영역에서 각기 다른 공정한 기준에 따라 사회적 가치가 분배되어야 함

답 ㉠-b ㉡-a

4-1

다음은 마르크스의 주장이다. ㉠, ㉡에 들어갈 알맞은 내용을 쓰시오.

> 개인의 타고난 능력이 불평등하다는 점, 따라서 생산 능력도 타고난 특권임을 승인하는 것은 부당하다. 분배 문제와 관련해 가장 바람직한 방식은 (㉠)에 따라 일하고, (㉡)에 따라 분배받는 것이다.

4-2

노직이 지지할 입장을 〈보기〉에서 있는 대로 고르시오.

보기

ㄱ. '소유 권리'로서의 정의를 주장하였다.
ㄴ. 개인의 천부적 자질을 사회적 자산으로 여겨야 한다.
ㄷ. 국가는 개인의 권리를 보호하는 최소한의 역할만을 해야 한다.
ㄹ. 개인이 약탈, 절도와 같은 부당한 취득을 한 경우에도 정당한 소유권을 가질 수 있다.

필수 체크 전략 ②

1 다음을 주장한 사상가의 입장으로 가장 적절한 것은?

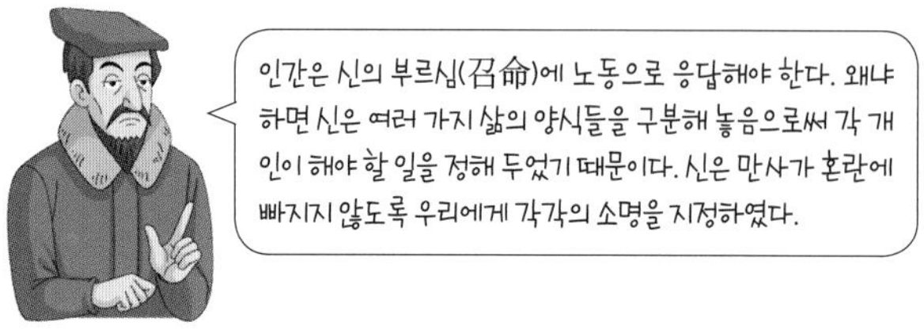
인간은 신의 부르심(召命)에 노동으로 응답해야 한다. 왜냐
하면 신은 여러 가지 삶의 양식들을 구분해 놓음으로써 각 개
인이 해야 할 일을 정해 두었기 때문이다. 신은 만사가 혼란에
빠지지 않도록 우리에게 각각의 소명을 지정하였다.

① 직업의 궁극적인 목적은 부의 축적이다.
② 노동을 통한 자본의 형성을 부정해야 한다.
③ 노동에 의한 부의 축적은 신의 소명과 무관하다.
④ 직업 노동은 신이 인간에게 부과한 형벌일 뿐이다.
⑤ 근면, 성실, 검소한 태도로 직업 생활에 임해야 한다.

Tip
칼뱅은 직업을 신의 거룩한 부름, 즉 신의 ❶ ☐(으)로 이해하였다. 또한 사람은 충실한 ❷ ☐ 생활을 통해 신에게 영광을 돌려야 하며, 자신의 부를 가난한 사람들과 나눌 수 있어야 한다고 보았다.

답 ❶ 소명(召命) ❷ 직업

2 갑, 을 사상가들의 입장 중 옳은 것을 〈보기〉에서 있는 대로 고른 것은?

> **갑**: 사람들의 직분을 나누는 것이 예(禮)이다. 농부, 공인, 상인은 각 분야에 정통하지만, 그 분야를 지도할 수는 없다. 도(道)에 정통한 사람은 이 세 가지 일을 못해도 이 세 가지 일을 다스릴 수 있다.
> **을**: 사람들은 타고난 성향에 따라 한 가지 일을 해야 한다. 이는 각자가 국가에서 자기 일에 종사하고 다른 두 계층의 일에 참견하지 않게 함으로써 여럿 아닌 하나가 되도록 하기 위한 것이다.

보기
ㄱ. 갑: 사회적 분업 차원에서 역할 분담을 인정한다.
ㄴ. 갑: 사회적 직위는 신분이 아닌 개인의 능력을 기준으로 맡게 해야 한다.
ㄷ. 을: 육체노동이 정신노동보다 열등하다.
ㄹ. 을: 사회 구성원 누구나 통치하는 일을 할 수 있다.

① ㄱ, ㄴ ② ㄱ, ㄷ ③ ㄴ, ㄹ
④ ㄱ, ㄴ, ㄷ ⑤ ㄴ, ㄷ, ㄹ

Tip
플라톤은 국가를 구성하는 세 계층이 모두 절제의 덕을 갖추어야 하며 통치자는 ❶ ☐의 덕, 방위자는 ❷ ☐의 덕을 갖추어야 한다고 보았다.

답 ❶ 지혜 ❷ 용기

3 다음 사상가의 입장에서 〈문제 상황〉 속 A에게 제시할 조언으로 가장 적절한 것은?

> 개별적인 개인들은 그들이 서로 사랑하고 봉사해야 할 것과 서로 간 정의를 확립해야 함을 알고 있다. 그러나 집단 속 개인은 집단의 힘이 명령하는 것이면 맹목적으로 따른다. 가장 높은 수준의 종교적 선의지를 지닌 개인들로 이루어진 국가도 사랑을 실천하지 못하고 이기성을 확대하는 경향을 지닌다.
>
> 〈문제 상황〉
>
> A는 집단 이기주의가 집단 간 갈등을 심화시킨다고 생각하여 이 문제의 발생 원인과 그 해결 방안에 대해 고민하고 있다.

① 집단 간의 권력 균형이 사회 갈등의 원인임을 명심하렴.
② 선의지의 통제를 받는 비합리적 수단이 필요함을 명심하렴.
③ 개인의 도덕성이 항상 사회의 도덕성을 보장함을 명심하렴.
④ 사회 집단의 도덕성이 개인의 도덕성보다 우월함을 명심하렴.
⑤ 개인들에 대한 도덕적 설득은 전혀 필요하지 않음을 명심하렴.

Tip

니부어는 사회보다 개인이 ❶ ______ 에서 우월하고, 개인과 사회의 도덕적 이상이 다르지만 상호 ❷ ______ 이지는 않다고 본다.

답 ❶ 도덕성 ❷ 배타적

4 갑, 을 사상가들의 공통된 입장으로 가장 적절한 것은?

원초적 입장에서 합의된 정의의 원칙에 따라 정의를 실현해야 합니다. 그리고 사회적 · 경제적 불평등은 최소 수혜자에게 이익이 되는 한에서 허용해야 합니다.
소득을 얻는 과정이 공정하다면, 국가는 결과로서 소득에 간섭해서는 안 되며, 절대적 소유권을 인정해야 합니다.

갑 을

① 차등의 원칙은 평등한 자유의 원칙보다 우선한다.
② 정의로운 사회에는 경제적 불평등이 존재할 수 없다.
③ 최소 국가만이 개인의 권리를 가장 잘 보호할 수 있다.
④ 개인의 천부적 재능은 공동의 자산으로 생각할 수 있다.
⑤ 공정한 절차에 따라 분배가 이루어진다면 그 결과는 정당성을 가진다.

Tip

롤스는 정의의 원칙 중 제1 원칙은 각 개인이 기본적 ❶ ______ 에 있어서 ❷ ______ 한 권리를 가져야 한다는 원칙이다.

답 ❶ 자유 ❷ 평등

2주 3일 필수 체크 전략 ①

4강_사회 정의와 윤리 ②
~ 국가와 시민의 윤리

전략 ❶ 교정적 정의에 대한 관점

응보주의적 관점

- 범죄 행위에 상응하는 보복을 가하는 것을 처벌의 목적으로 본다.
- **칸트**: 이성적·자율적 존재인 인간은 자신의 행위에 대해 책임을 져야 하며 범죄 행위에 상응하는 ❶ ____ 형벌을 받아야 한다고 보았다.

공리주의적 관점

- 범죄의 예방과 사회적 ❷ ____의 증가를 처벌의 목적으로 본다.
- **벤담**: 처벌은 고통을 가하므로 해악이지만 이로 인해 더 큰 사회적 이익을 증진하면 정당하다고 보았다.

공정한 처벌의 조건

- **유죄 조건 충족**: 죄형 법정주의에 근거한 유죄 조건에 부합할 때 처벌이 가능하다.
- **비례성의 원칙 충족**: 처벌이 그것으로부터 예상되는 공익성의 효과를 능가해서는 안 된다.

답 ❶ 동등한 ❷ 이익

필수 예제 1

(1) 다음 빈칸에 들어갈 내용을 쓰시오.

> 범죄 행위의 심각성에 비례하여 처벌해야 한다고 보는 것은 ____적 관점이다.

(2) 다음 빈칸에 공통으로 들어갈 내용을 쓰시오.

> 공리주의적 관점에서 처벌은 고통을 가한다는 점에서 ____이며, 모든 처벌은 그 자체로 ____이다. 하지만 처벌이 더 큰 ____을/를 제거하거나 사회의 이익을 증진할 수 있다면 정당화될 수 있다.

풀이

(1) 응보주의적 관점은 자신의 행위를 자유롭게 결정할 수 있는 이성적 존재는 자신의 범죄 행위에 책임을 지고 범죄에 상응하는 처벌을 받아야 한다고 본다.

답 응보주의

(2) 공리주의적 관점에서는 고통을 악이라고 본다. 공리주의적 관점에서 처벌은 범죄자에게 고통을 가하므로 처벌 그 자체는 악이라고 볼 수 있다.

답 악(惡)

1-1

다음 빈칸에 들어갈 내용을 쓰시오.

> ____은/는 사람 사이의 동등하지 않은 관계를 바로잡거나 위반 혹은 침해를 일으킨 사람에 대해 형벌을 가함으로써 공정함을 확보하는 것이다.

1-2

다음 강연자가 설명하고 있는 공정한 처벌의 조건을 쓰시오.

> 어떤 행위를 범죄로 처벌하려면 범죄와 형벌이 반드시 법률로 정해져 있어야 한다는 것으로 형벌의 기본 원리이다.

전략 ❷ 사형 제도와 교정적 정의

사형 제도의 찬반 입장

찬성	반대
• 처벌의 목적은 인과응보적 응징 • 범죄 억제 효과가 큼 • 사회 일반의 법 감정은 사형을 지지함 • 흉악 범죄자의 생명 박탈은 사회적 정의임 • 국민의 자유와 권리를 지키는 사회 방어 수단	• 범죄 억제 효과 없음 • 오판 가능성 존재 • 처벌의 본질은 교육과 교화 • 정치적 악용 가능성 존재 • 생명권 부정 → 인도적 이유에서 존속 불가

사형 제도에 대한 사상가들의 견해

- 칸트: 사형은 자신의 자율적인 행위에 대한 응분의 책임이며, 범죄자의 고통받는 인격을 해방하여 인간의 ❶ [ ]을/를 실현하는 것이라고 보았다.
- 루소: 사회 계약론의 입장에서 살인자가 된다는 것은 자신도 죽임을 당해 좋다는 것에 이미 동의한 것이라고 보았다.
- 베카리아: 생명 위임은 사회 계약의 내용이 아니며, 범죄 예방의 측면에서 볼 때 사형보다 ❷ [ ]이/가 효과적이므로 사형 제도를 폐지해야 한다고 보았다.

답 ❶ 존엄성 ❷ 종신 노역형

필수 예제 2

(1) 다음 빈칸에 들어갈 내용을 쓰시오.

> 칸트는 사형이 살인자의 인격을 존중하는 것으로 보았다. 왜냐하면 사형은 살인자가 스스로 저지른 살인에 대한 응분의 [ ]을/를 지우는 것이기 때문이다.

(2) 다음 빈칸에 들어갈 내용을 쓰시오.

> 베카리아는 생명권의 양도는 [ ]의 내용에 포함될 수 없다고 보았다.

풀이

(1) 칸트는 살인자를 사형에 처하는 것이 정의에 부합한다고 주장하였다. 그는 사형이 살인자가 자신의 행위에 대해 동등한 책임을 지게 하는 것이라고 주장하였다.

답 책임

(2) 베카리아는 자신의 생명을 빼앗을 권능을 타인에게 기꺼이 양도할 사람은 없다고 주장하였다.

답 사회 계약

2-1

사형 제도를 반대하는 입장의 주장으로 옳지 않은 것은?

① 사형 판결 시에 오판을 할 가능성이 있다.
② 사형은 생명권을 부정하는 것으로 반인도적이다.
③ 사형은 범죄자의 교화 가능성을 포기하는 것이다.
④ 사형은 생명을 박탈하는 극형으로 범죄 억제력이 높다.
⑤ 사형은 정적(政敵)을 제거하는 수단으로 악용될 수 있다.

2-2

다음과 같은 주장을 한 사상가의 이름을 쓰시오.

사회 계약은 계약자의 생명 보존을 목적으로 한다. 타인의 희생으로 자신의 생명을 보존하려고 하는 사람은 타인을 위해 필요하다면 마땅히 생명을 희생해야 한다.

전략 ③ 국가의 권위와 시민에 대한 의무

국가의 권위에 대한 정당화 근거

- 정의의 관점(플라톤): 선의 이데아를 통찰한 통치자에 대한 복종은 정의롭다.
- 본성론(아리스토텔레스): 국가는 인간 본성에 따라 성립되는 최고선이므로 권위를 지닌다.
- 계약론(홉스, 로크): 자연 상태에서 보장받기 어려운 생명·재산·자유 등을 보장받고자 ❶ ______ 을/를 통해 국가를 수립한다.
- 혜택론(흄): 국가가 시민에게 여러 가지 혜택을 제공하므로 국가에 복종해야 한다.
- 동의론: 시민이 국가에 복종하기로 동의하였으므로 국가에 복종해야 한다.

동양에서의 시민에 대한 국가의 의무

- 유교: 민본주의(民本主義)를 강조한다.
- 묵자: 무차별적 ❷ ______ 와/과 상호 이익이라는 하늘의 뜻에 따라야 한다.
- 한비자: 엄격한 법에 따라 상벌을 적절하게 제공하여 사회 질서를 유지해야 한다.

서양에서의 시민에 대한 국가의 의무

- 소극적 국가관: 시장에 대한 개입를 최소화해야 한다고 본다.
- 적극적 국가관: 시민의 기본적 욕구 충족, 의료·주택·교육 등의 복지를 제공해야 한다고 본다.

현대 국가는 시민의 인간다운 삶의 보장을 추구한다.

답 ❶ 계약 ❷ 사랑

필수 예제 3

(1) 다음은 국가의 권위에 대한 아리스토텔레스과 흄의 관점을 비교한 표이다. ㉠, ㉡에 들어갈 내용을 쓰시오.

구분	아리스토텔레스	흄
국가 권위의 정당성	국가는 인간 (㉠)에 따라 성립되는 최고선이므로 권위를 지님	국가가 시민에게 여러 가지 (㉡)을/를 제공하므로 국가에 복종해야 함

(2) 다음 중 로크의 주장으로 옳은 것을 있는 대로 고르시오.

ㄱ. 인간의 모든 권리는 국가에 의해 부여된다.
ㄴ. 국가가 국민의 평화와 안전을 보장해야 한다.
ㄷ. 국가는 인간의 자연적 본성에 따라 발생하였다.
ㄹ. 묵시적 동의로도 개인에게 정치적 의무가 발생할 수 있다.

풀이

(1) 아리스토텔레스는 국가가 인간의 본성에 따라 자연스럽게 생겨났다고 보았다. 흄은 국가가 제공하는 혜택에 의해 시민의 정치적 의무가 발생된다고 보았다.

답 ㉠ 본성 ㉡ 혜택

(2) 로크는 국민의 평화와 안전 보장을 국가의 임무로 중시하며, 묵시적 동의를 포함한 계약에 대한 동의를 국가에 대한 복종의 이유로 여긴다.

답 ㄴ, ㄹ

3-1

다음 주장을 한 사상가를 쓰시오.

> 자연 상태에서 인간은 전쟁 상태에 놓여 있는 것과 같으므로, 사람들은 자신을 방어하기 위해 힘과 권력을 한 인간 또는 한 합의체에 부여한다.

3-2

다음 빈칸에 들어갈 내용을 쓰시오.

> ______ 은/는 백성이 나라의 근본이고, 백성이 튼튼해야 나라가 평안하다는 사상으로, 공자는 정치에서 중요한 경제, 군사, 백성의 신뢰 중 백성의 신뢰를 가장 중시한다.

전략 ❹ | 시민 불복종

시민 불복종: 법이나 정부의 정책에 변화를 가져올 목적으로 행해지는 공공적·비폭력적·양심적 위법 행위를 말한다.

시민 불복종의 이론적 근거

- 소로: 양심에 따라 부정의한 법이나 정책에 대해서는 불복종해야 한다고 주장하였다.
- 롤스: 거의 정의로운 사회에서 ❶ (　　　) 이/가 공유하는 정의관에 따라 법에 대한 충실성의 한계 내에서 불복종해야 한다고 주장하였다.
- 싱어: 시민 불복종이 가져올 이익과 손해를 계산해 보아야 한다고 주장하였다.
- 드워킨: 헌법 정신에 반하는 법률에 대해 시민의 저항이 가능하다고 보았다.

시민 불복종의 기원: 로크의 ❷ (　　　) 사상

시민 불복종의 사례: 소로의 납세 거부 운동, 간디의 소금법 거부 운동, 킹 목사의 흑인 차별 철폐 운동 등이 있다.

시민 불복종의 정당화 조건(롤스): 비폭력성, 최후의 수단, 법 전체에 대한 항거 불가, 처벌·제재의 감수, 공개성, 목적의 정당성, 기본권 보호 등이 있다.

답 ❶ 다수 ❷ 저항권

필수 예제 4

(1) 다음 싱어의 주장에서 빈칸에 들어갈 내용을 쓰시오.

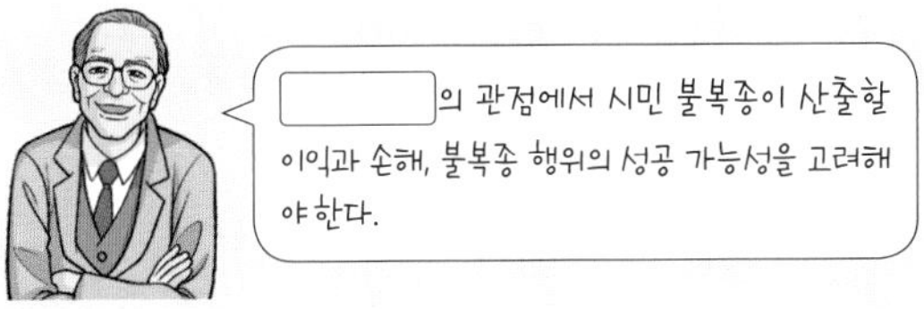

(　　　)의 관점에서 시민 불복종이 산출할 이익과 손해, 불복종 행위의 성공 가능성을 고려해야 한다.

(2) 다음 사상가와 시민 불복종의 근거를 연결하시오.

㉠ 소로 • 　　• a. 개인의 양심

㉡ 롤스 • 　　• b. 다수가 공유하는 정의관

풀이

(1) 싱어는 공리주의 관점에서 시민 불복종에 대한 계산, 즉 결과론적 접근이 필요하다고 주장하였다. 또한 그는 시민 불복종은 이익과 손해, 성공 가능성을 고려해야 한다고 보았다.

답 공리주의

(2) 소로와 롤스가 제시하는 시민 불복종의 이론적 근거

소로	소로는 국민으로서 법에 대한 존경심보다는 인간으로서의 양심을 우선해야 한다고 본다.
롤스	롤스는 시민 불복종이 공유된 정의관에 따를 때 정당화된다고 본다.

답 ㉠-a ㉡-b

4-1

(가), (나)를 주장한 사상가가 각각 누구인지 쓰시오.

(가) 헌법은 정치·도덕의 근본을 형성하기 때문에 이를 어기는 법이 있다면, 그 법은 헌법 정신에 비추어 그 정당성을 의심받아야 한다.

(나) 시민 불복종은 법이나 정부의 정책에 변화를 주기 위해 공공적이고, 비폭력적이며, 평화적이기는 하지만, 법에 반하는 정치적 행위이다. 이것은 법에 대한 충실성의 한계 내에서 법에 대한 불복종을 표현한다.

4-2

다음 사례의 시민 불복종을 실천한 인물을 쓰시오.

소금을 반드시 식민 종주국으로부터 수입해야 하고 소금에 50%의 높은 세금을 부과한다는 법에 대항하여 그는 직접 소금을 만들기 위한 행진을 하였다. 경찰은 해안가에 도착한 그의 일행이 소금을 만들자 무력으로 진압하였다. 그렇지만 그와 그의 일행은 폭력으로 대항하지 않았다.

2주 3일 필수 체크 전략 ②

4강_사회 정의와 윤리 ② ~ 국가와 시민의 윤리

1 (가)의 갑, 을, 병 사상가들의 입장에서 서로에게 제기할 수 있는 비판을 (나) 그림으로 표현할 때, A~E에 해당하는 적절한 내용만을 〈보기〉에서 있는 대로 고른 것은?

(가)
갑: 공적 정의 앞에서 최상의 균형자는 사형이다. 누구든지 그가 형벌을 의욕했기 때문이 아니라, 형벌을 받아야 할 행위를 의욕했기 때문에 형벌을 받는 것이다. 사형은 살인범의 인간성을 훼손할 수 있는 모든 가혹 행위로부터 살인범의 인격을 존중하는 것이다.
을: 법은 특수 의사의 총합인 일반 의사를 대표한다. 인간은 자신을 죽일 권리가 없는 이상, 그 권리를 사회에 양도할 수 없다. 사형은 한 시민의 존재를 파괴하는 부적절한 전쟁 행위이므로 종신 노역형으로 대체되어야 한다.
병: 사회 계약은 계약자의 생명 보존이 목적이다. 타인의 희생으로 자신의 생명을 보존하려는 사람은 타인을 위해 필요하다면 생명을 희생해야 한다.

(나)
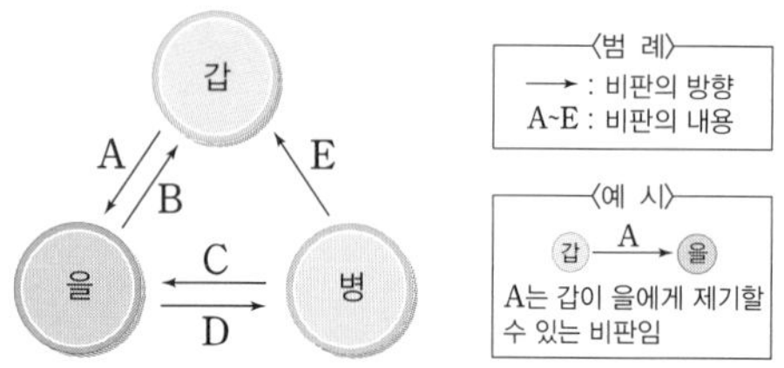

보기
ㄱ. B: 처벌은 사회 전체의 이익 증진에 부합해야 함을 모르고 있다.
ㄴ. D: 생명권은 사회 계약을 통해 양도될 수 없음을 모르고 있다.
ㄷ. E: 사형은 살인자의 인간 존엄성을 존중하는 것임을 모르고 있다.
ㄹ. A, C: 살인자에 대한 정당한 처벌은 사형이라는 것을 모르고 있다.

① ㄱ, ㄷ ② ㄱ, ㄹ ③ ㄴ, ㄷ
④ ㄱ, ㄴ, ㄹ ⑤ ㄴ, ㄷ, ㄹ

Tip
베카리아는 ❶ [ ] 적 관점에서 사형보다 종신 노역형이 범죄 ❷ [ ] 에 더 효과적이라고 보았다.

답 ❶ 공리주의 ❷ 예방

2 다음을 주장한 사상가의 입장으로 옳지 않은 것은?

헌법 정신에 어긋나는 법률에 대해서 시민들이 저항할 수 있다. 시민 불복종의 유형은 다음과 같다. 첫째, 부정의한 전쟁에 반대하는 것과 같이 도덕적 의무에 부합하는 양심 기반 시민 불복종이 있다. 둘째, 인종 차별적인 정부 정책에 저항하는 정의 기반 시민 불복종이다. 셋째, 평화 유지에 위험한 요소에 대해 불복종하는 정책 기반 시민 불복종이다.

① 정의롭지 않은 전쟁을 헌법에 따라 반대할 수 있다.
② 정부의 부당한 정책에 대한 저항은 정당화될 수 있다.
③ 합법적으로 제정된 법률에 대해서는 절대 불복종할 수 없다.
④ 도덕적 의무에 맞지 않는 법률은 불복종의 대상이 될 수 있다.
⑤ 도망친 노예를 노예 주인에게 넘기는 것을 거부하는 것은 양심 기반 시민 불복종의 사례에 해당한다.

Tip
드워킨은 ❶ [ ] 정신에 근거하여 정의롭지 않은 법률에 대해 ❷ [ ] 할 수 있다고 주장하였다.

답 ❶ 헌법 ❷ 불복종

3 다음 대화 속에서 을의 입장으로 가장 적절한 것은?

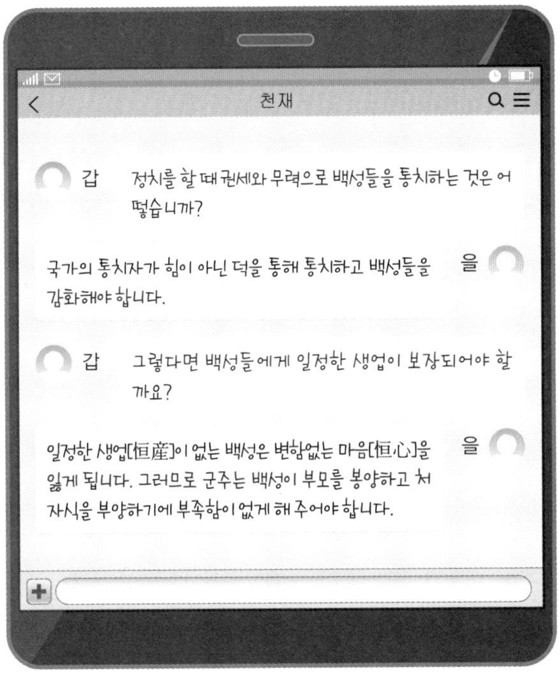

① 국가의 근본은 백성이 아닌 군주이다.
② 겸애(兼愛)를 모든 백성에게 베풀어야 한다.
③ 상벌(賞罰)을 활용하여 이기적인 백성을 통제해야 한다.
④ 백성들을 힘으로 복종시켜서 불의한 행동을 막아야 한다.
⑤ 올바른 통치를 하기 위해서는 군주의 높은 도덕성이 중요하다.

Tip

유교에서는 백성이 나라의 근본이라고 보는 ❶ [　　] 을/를 바탕으로 군자가 먼저 백성에게 ❷ [　　] 을/를 베풀어야 한다고 보았다.

답 ❶ 민본주의 ❷ 덕(德)

4 갑은 긍정, 을은 부정의 대답을 할 질문으로 가장 적절한 것은?

> 갑: 입법부가 야심, 부패로 인해 인민의 생명, 자유, 재산에 대한 절대적 권력을 장악하여 사회의 기본 규칙을 침해하게 되면, 입법부는 인민이 그들에게 맡긴 권력을 신탁 위반으로 상실하게 된다.
> 을: 백성이 가장 귀중하고, 사직(社稷)이 그다음이며, 임금은 가벼운 것이다. 그러므로 백성의 신임을 얻어야 천자가 되고, 천자의 신임을 얻어야 제후가 된다. 제후가 사직을 위태롭게 하면 제후를 바꾼다.

① 국가의 권위는 시민들의 자발적 합의로 형성된 것인가?
② 국가는 개인들의 재산을 보호할 필요가 없다고 보는가?
③ 시민의 정치적 의무는 인간의 본성으로부터 비롯되는가?
④ 올바른 정치를 하지 않는 통치 권력을 교체할 수 있는가?
⑤ 국가는 구성원들 사이의 분쟁에 개입하지 말아야 하는가?

Tip

로크는 자연 상태에서 제대로 보장받기 어려운 시민의 생명, 자유, ❶ [　　] 을/를 보장받고자 계약을 통해 ❷ [　　] 을/를 수립한다고 보았다.

답 ❶ 재산 ❷ 국가

2주 4일 교과서 대표 전략 ①

대표 예제 1

갑은 긍정, 을은 부정의 대답을 할 질문으로 가장 적절한 것은?

> 갑: 수호자들은 토지 등의 재산을 갖지 않는다. 그들의 급여는 그들의 식량이 되고, 그들은 이것을 다른 국민에게서 받는다. 따라서 그들은 개인적 비용이 필요 없다.
> 을: 자본주의 체제에서 소외된 노동은 인간에게 고유한 자유로운 의식적 활동으로부터 인간을 소외시킨다. 이 소외의 근본 원인은 결국 사적 소유로부터 비롯되는 것이다.

① 분업화된 노동은 생산자의 자아실현을 방해하는가?
② 타고난 기질과 상관없이 직분이 결정되어야 하는가?
③ 인간 소외를 막기 위해 사적 소유를 철폐해야 하는가?
④ 사회적 역할은 개인의 희망에 따라 교환되어야 하는가?
⑤ 이상 사회에서 사유 재산을 가진 구성원이 존재하는가?

개념 가이드

플라톤은 사회 질서 유지에 ❶ ______ 이/가 필요하다고 보고, 각자가 타고난 ❷ ______ 에 따라 통치자, 방위자, 생산자 등의 적합한 일에 배치되어야 한다고 주장하였다.

답 ❶ 분업 ❷ 기질

대표 예제 2

갑, 을이 모두 긍정의 대답을 할 질문으로 가장 적절한 것은?

기업은 이익 증진과 함께 환경과 인권 문제에 관심을 가지고 사회적 책임을 실천해야 합니다.
기업에게 준법 외의 자선 목적의 기부를 강요하는 것은 자유 시장 경제의 틀을 파괴하는 것입니다.
갑
을

① 기업은 공공선을 추구해야 하는가?
② 기업의 본질은 이윤 추구에 있다고 보는가?
③ 기업은 공익을 위한 자선 활동에 힘써야 하는가?
④ 기업은 이윤 극대화를 위해 소비자를 속여도 되는가?
⑤ 기업의 사회적 책임에 복지 재단 운영도 포함되는가?

개념 가이드

프리드먼과 애로우는 기업의 본질이 ❶ ______ 창출이라고 보았다. 그렇지만 애로우는 이외에도 기업의 ❷ ______ 을/를 강조하였다.

답 ❶ 이윤 ❷ 사회적 책임

대표 예제 3

다음을 주장한 사상가의 입장으로 적절하지 않은 것은?

> 몸을 수고롭게 하는 사람(勞力者)과 마음을 수고롭게 하는 사람(勞心者)은 각자의 수고로움으로 서로에게 도움을 준다.

① 통치자는 백성의 안정적인 생업 보장에 힘써야 한다.
② 노심(勞心)하는 이는 노력(勞力)하는 이를 배려해야 한다.
③ 구성원은 사회적 직분을 다하여 공동체에 기여해야 한다.
④ 노심자(勞心者)는 정신노동과 육체노동을 항상 병행해야 한다.
⑤ 직업 활동은 도덕성의 확충이라는 인격 수양의 의미를 지닌다.

개념 가이드

맹자는 안정적인 ❶ ______ 이/가 있어야 ❷ ______ 인격을 유지할 수 있다고 보았다.

답 ❶ 생업(직업) ❷ 윤리적

대표 예제 4

(가)의 갑, 을, 병 사상가들의 입장을 (나) 그림으로 탐구하고자 할 때, A ~ D에 들어갈 적절한 질문만을 〈보기〉에서 있는 대로 고른 것은?

(가)

갑: 분배적 정의는 특수적 정의 중의 하나이다. 분배 과정에서 서로 동등하지 않은 사람들이 동등한 사물을 가져서는 안 된다.

을: 모든 사람들이 자신들이 소유하고 있는 것에 대해 소유 권리를 소유할 때 소유권으로서의 정의가 실현된다.

병: 정의의 원칙에 따르면 공정으로서의 정의가 실현된다. 사회적 불평등은 최소 수혜자에게 최대의 이익을 가져올 때 정당화될 수 있다.

(나)

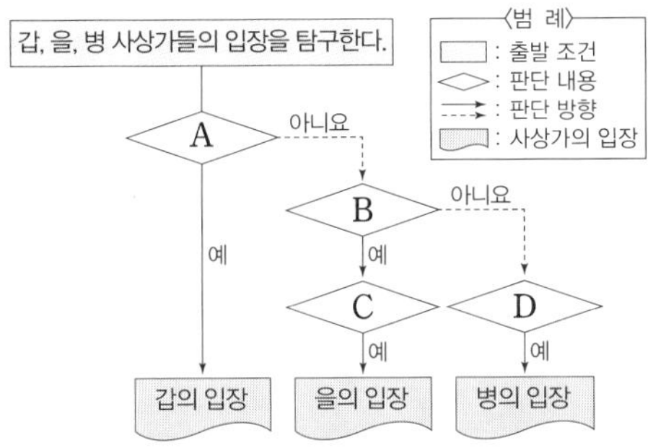

보기

ㄱ. A: 분배적 정의는 권력, 지위, 재화 등을 동등하게 배분하는 것인가?

ㄴ. B: 천부적인 재능의 분포를 사회의 공유 자산으로 보아야 하는가?

ㄷ. C: 사유 재산을 소유할 권리는 인간의 기본적 권리로 승인될 수 있는가?

ㄹ. D: 평등한 기본적 자유를 침해하는 것은 정의롭지 않다고 보는가?

① ㄱ, ㄴ ② ㄱ, ㄹ ③ ㄷ, ㄹ

④ ㄱ, ㄴ, ㄷ ⑤ ㄴ, ㄷ, ㄹ

개념 가이드

아리스토텔레스는 분배적 정의는 ❶ [ ] 정의에 해당하며, 권력이나 재화 등이 각 사람의 ❷ [ ]에 따라 분배되어야 실현 가능하다고 보았다.

답 ❶ 특수적 ❷ 가치

대표 예제 5

다음을 주장한 사상가의 입장으로 가장 적절한 것은?

상이한 사회적 가치들은 상이한 근거들에 따라 상이한 절차에 맞게 상이한 주체에 의해 분배되어야 한다.

① 분배 원칙은 모든 사회에서 보편적으로 적용되어야 한다.

② 정의의 원리는 공동체의 문화적 특수성을 반영해야 한다.

③ 사회적 가치는 자신의 고유 영역 안에 머물러서는 안 된다.

④ 공직에 있는 사람에게 자녀 취학의 우선권이 주어져야 한다.

⑤ 모든 영역에서 동일한 기준에 따라 사회적 가치를 분배해야 한다.

개념 가이드

왈처는 다양한 영역에서 사회적 ❶ [ ]이/가 분배될 때 각기 다른 공정한 ❷ [ ]에 따라 분배되는 복합 평등을 강조하였다.

답 ❶ 가치 ❷ 기준

대표 예제 6

다음을 주장한 사상가가 긍정의 대답을 할 질문으로 가장 적절한 것은?

> 우리는 현재 자신의 위치를 신(神)이 정해 주신 초소라고 생각해야 한다. 신은 우리가 해야 할 일을 순서대로 정해 놓았다.

① 자본의 축적을 위해 사치품을 권하는가?

② 직업 활동은 소명(召命)을 어기는 행위인가?

③ 금욕에 의한 재화의 획득은 타락의 징표인가?

④ 직업을 통한 부의 추구가 정당화될 수 있는가?

⑤ 더 이상 노동하지 않기 위해서 부를 축적해야 하는가?

개념 가이드

칼뱅은 ❶ [ ] 노동이 금욕과 절제를 바탕으로 하고, 신의 ❷ [ ]을/를 표현하는 행위여야 한다고 주장하였다.

답 ❶ 직업 ❷ 영광

교과서 대표 전략 ①

대표 예제 7

다음을 주장한 사상가의 입장으로 가장 적절한 것은?

> 형벌의 목적은 사회 전체의 효용을 증진하는 것이기 때문에 강조와 지속성, 보편성에 기초해야 한다.

① 형벌은 사회 안정의 수단으로 사용될 수 없다.
② 형벌의 목적을 범죄 행위와 동등한 처벌에 둔다.
③ 형벌이 범죄 예방을 위한 수단이 되어서는 안 된다.
④ 형벌의 수준은 응보의 원리에 따라 결정되어야 한다.
⑤ 형벌 그 자체는 악이지만 사회적 이익을 위해 사용될 수 있다.

개념 가이드

공리주의 관점에서는 사회 전체의 ❶ [ ]을/를 고려하여 범죄가 재발하지 않는 ❷ [ ]을/를 산출하도록 처벌의 경중을 결정해야 한다고 본다.

답 ❶ 이익(행복) ❷ 결과

대표 예제 8

사회적 약자를 위한 우대 정책에 대하여 다음과 같은 관점을 가진 사람이 부정의 대답을 할 질문으로 가장 적절한 것은?

> 소수자들은 역사적으로 사회적 이익을 분배하는 과정에서 소외되었다. 따라서 과거의 불평등을 보상하고 그것을 교정하는 재분배가 필요하다.

① 소수자에 대한 특혜가 역차별이 되는가?
② 우대 정책이 사회 전체의 행복에 기여하는가?
③ 과거의 부당한 차별에 대한 보상이 있어야 하는가?
④ 우대 정책을 통해 사회적 갈등을 완화할 수 있는가?
⑤ 자연적 운으로 발생한 불평등을 시정해야 하는가?

개념 가이드

우대 정책을 반대하는 사람들은 우대 정책이 ❶ [ ]의 문제를 초래하며, 노력과 성취에 따른 ❷ [ ] 원칙에 어긋난다고 주장한다.

답 ❶ 역차별 ❷ 업적주의

대표 예제 9

다음은 서술형 평가 문제와 학생 답안이다. 학생 답안의 ㉠~㉤ 중 옳지 않은 것은?

서술형 평가

◎ 문제

> 갑: 사형은 한순간에 강렬한 인상만을 줄 뿐이다. 사형과 같은 형벌의 남용은 인간을 개선시키지 못한다. 반면에 종신 노역형은 더 큰 고통의 인상을 안겨 주며 범죄 예방에 효과적이다.
> 을: 형벌에 있어서 공적인 정의가 의존하는 원리는 동등성의 원리이다. 오직 보복법만이 형벌의 질과 양을 명확하게 제시할 수 있다. 그러므로 그가 살인을 했다면 그는 죽어야만 한다.

◎ 학생 답안

> 갑은 ㉠ 범죄를 효과적으로 예방할 수 있는 처벌을 해야 한다고 보고, ㉡ 유용성의 원리를 근거로 사형 제도를 폐지해야 한다고 주장한다. 반면에 을은 ㉢ 범죄자의 인격성을 물건으로 취급해서는 안 된다고 보고, ㉣ 살인 범죄에 상응하는 처벌은 사형이라고 본다. 한편 갑, 을은 모두 ㉤ 처벌이 보복의 차원에서 이루어져야 한다고 본다.

① ㉠　② ㉡　③ ㉢　④ ㉣　⑤ ㉤

개념 가이드

칸트는 ❶ [ ]적 관점에서 살인자에게 ❷ [ ] 이외의 형벌을 가하는 것은 정의롭지 않다고 보았다.

답 ❶ 응보주의 ❷ 사형

대표 예제 10

다음을 주장한 사상가의 입장으로 옳지 않은 것은?

> 사회는 불가피하게 이기심, 반항, 강제력, 원한처럼 도덕성이 높은 사람들로부터는 결코 도덕적 승인을 얻어 낼 수 없는 방법을 사용해서라도 종국적으로는 정의를 추구해야 한다.

① 집단의 이기심은 합리적으로 통제하기 어렵다.
② 집단 간의 관계는 도덕적이기보다는 정치적이다.
③ 도덕적 인간도 소속 집단에 맹목적으로 충성할 수 있다.
④ 집단의 이기적 충동을 억제하려면 강제력이 필요하다.
⑤ 정의는 양심적인 사람들이 승인하는 방법으로만 실현해야 한다.

개념 가이드

니부어는 강제력과 같은 정의 실현을 위한 ❶ ______ 수단이 도덕적 ❷ ______ 의 통제를 받아야 한다고 보았다.

답 ❶ 비합리적 ❷ 선의지

대표 예제 11

다음을 주장한 사상가의 입장으로 가장 적절한 것은?

> 시민 불복종을 실행하고자 할 때, 우리는 중단시키고자 하는 악의 크기와 우리의 행위가 가져올 법과 민주주의에 대한 존중심의 감소를 저울질해 보아야 한다.

① 시민 불복종 행위의 성공 가능성은 고려하지 않는다.
② 정당한 시민 불복종에 대해서는 처벌을 거부해야 한다.
③ 시민 불복종은 다수의 정의관에 따라 행해져야 한다.
④ 시민 불복종은 성공과 실패에 따른 비용과 이익을 고려해야 한다.
⑤ 불의를 해결할 합법적인 수단이 있어도 시민 불복종을 먼저 감행해야 한다.

개념 가이드

싱어는 합법적인 수단이 ❶ ______ 했을 때 시민 불복종을 시행해야 하며, 이때 행위로 인한 처벌을 ❷ ______ 해야 한다고 주장하였다.

답 ❶ 실패 ❷ 감수

대표 예제 12

(가)의 갑, 을의 입장을 (나) 그림으로 탐구하고자 할 때, A ~ C에 들어갈 적절한 질문만을 〈보기〉에서 모두 고른 것은?

(가)

갑: 법이 형평성보다는 독단에 치우쳐 있다고 판단된다면, 우리는 순순히 따르지 말고 양심에 따라 저항해야 한다. 우리는 먼저 인간이어야 하고, 그다음 국민이어야 한다. 단 한명의 사람이라도 부당하게 가두는 정부 밑에서 의로운 사람이 진정 있을 곳은 감옥이다.

을: 시민 불복종은 법이나 정책에 변혁을 가져올 목적으로 행해지는, 공공적이고 비폭력적이며 양심적이긴 하지만 법에 반하는 정치적 행위이다. 시민 불복종은 거의 정의로운 국가 내에서 그 체제의 합법성을 인정하고 받아들이는 시민들에게만 생겨나는 문제이다. 또한, 시민 불복종은 공유된 정의관에 따라 이루어져야 한다.

(나)

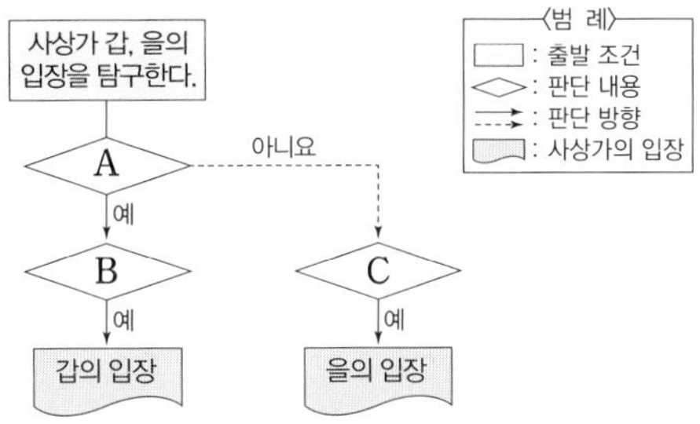

보기

ㄱ. A: 개인의 양심이 시민 불복종의 최종 근거인가?
ㄴ. B: 정의보다 법에 대한 존경심을 더 길러야 할까?
ㄷ. C: 시민 불복종의 정당화 조건으로 최후 수단성을 요구하는가?
ㄹ. C: 시민 불복종은 법이나 제도 전체를 변혁하기 위한 공개적 행위인가?

① ㄱ, ㄴ ② ㄱ, ㄷ ③ ㄴ, ㄹ
④ ㄱ, ㄹ ⑤ ㄷ, ㄹ

개념 가이드

롤스는 시민 불복종이 정당화되려면 ❶ ______ 에 대한 충실성의 한계 내에서 이루어져야 하며 불복종 행위에 따른 법적인 ❷ ______ 을/를 감수해야 한다고 보았다.

답 ❶ 법 ❷ 처벌

2주 4일 교과서 대표 전략 ②

01 갑, 을의 입장에 대한 설명으로 가장 적절한 것은?

임금은 임금답고 신하는 신하다워야 한다. 임금은 백성의 신뢰를 바탕으로 나라를 다스려야 하며, 절약하고 백성을 사랑해야 한다.
갑

① 갑은 공직자가 정명(正名) 정신에서 벗어나야 한다고 본다.
② 갑은 공직자가 경제적 이익을 우선적으로 추구해야 한다고 본다.
③ 을은 공직자가 이익보다 의(義)를 취해야 한다고 본다.
④ 을은 갑과 달리 공직자가 자기 직분에 충실해야 한다고 본다.
⑤ 갑은 을과 달리 공직자가 민의(民意)의 존중과 봉공(奉公)을 실천해야 한다고 본다.

Tip
공자는 자신의 ❶ ______ 에 충실해야 한다는 ❷ ______ 사상을 제시하였다.

답 ❶ 직분 ❷ 정명(正名)

02 (가)의 갑, 을, 병의 입장을 (나) 그림으로 표현할 때 A~E에 해당하는 적절한 진술은 무엇인가?

(가)	갑: 최소 수혜자에게 최대의 이익을 가져다 주는 경우에 사회적·경제적 불평등은 정당화될 수 있다. 을: 개인의 타고난 자산이 도덕적 관점에서 볼 때 임의적이건 아니건 간에, 개인은 그 자산에 대한 소유 권리를 지닌다. 병: 다양한 분배 영역에서 상이한 기준에 따라 상이한 사회적 가치가 분배되어야 한다.
(나)	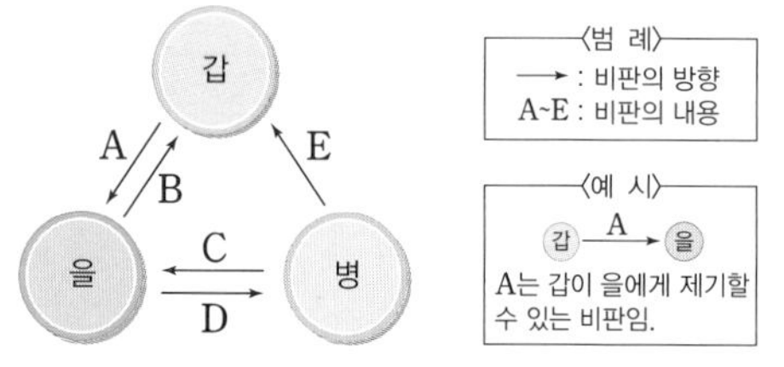

① A: 무지의 베일 속의 사람은 자신의 이익에 대해 무지한 것을 간과한다.
② B: 차등의 원칙은 소유 권리를 침해하는 정형화된 분배 원칙임을 간과한다.
③ C: 서로 다른 사회적 가치들은 동일한 기준에 따라 분배되어야 함을 간과한다.
④ D: 정의로운 사회 실현을 위해 최소 수혜자의 이익 극대화가 보장되어야 함을 간과한다.
⑤ E: 정의의 원칙은 가상 상황에서 도출되어야 함을 간과한다.

Tip
노직은 재화의 최초 ❶ ______ 이/가 합법적이지 않은 경우 ❷ ______ 을/를 인정하지 않는다.

답 ❶ 취득 ❷ 소유권

03 갑, 을 사상가의 입장으로 가장 적절한 것은?

> 갑: 프로테스탄트의 금욕은 향락과 낭비를 막는다. 이러한 금욕으로 인해 재화의 획득이 구원의 증표로 정당화되었다.
> 을: 노동의 사회적 생산력을 증대시키는 매뉴팩처의 분업은 개별 노동자를 기형적 불구자로 만들고 노동에 대한 자본의 지배력을 강화한다.

① 갑: 프로테스탄트는 모든 부의 추구를 정당화하였다.
② 갑: 프로테스탄트 윤리에서 노동은 신의 뜻에 부합하기 위한 신성한 행위이다.
③ 을: 자본주의 사회에서 노동 소외를 극복할 수 있다.
④ 을: 노동 분업을 통해 업적에 따른 분배를 실현해야 한다.
⑤ 갑, 을: 프로테스탄트 윤리는 자본주의의 발달을 저해하였다.

Tip
마르크스는 ❶ ______ 사회에서 분업화된 노동에 의해 노동자의 노동이 ❷ ______ 된다고 주장하였다.

답 ❶ 자본주의 ❷ 소외

04 (가)의 갑, 을, 병의 입장을 (나) 그림으로 표현할 때, A~D에 해당하는 적절한 진술만을 〈보기〉에서 모두 고른 것은?

(가)

갑: 형벌은 오직 법을 통해서만, 그리고 사회 계약으로부터 나온다. 형벌은 강도보다 지속성을 중시해야 한다.

을: 형벌은 범죄자가 처벌받아야 할 행위를 의욕했기 때문에 가해져야 한다. 사형은 인간성을 해치는 죄책감으로부터 사형수를 해방시켜 준다.

병: 공리의 원리에 따라 범죄자에 대한 형벌은 목적 달성에 필요한 정도 이상으로 가해져서는 안 된다.

(나)

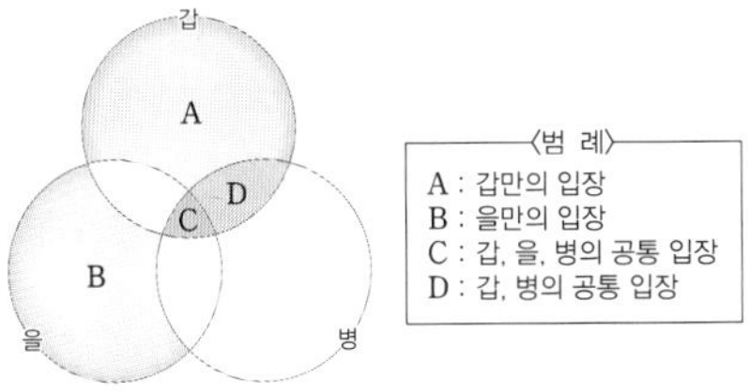

보기

ㄱ. A: 형벌은 동등성의 원리에 따라 행위에 상응하는 보복을 해야 한다.

ㄴ. B: 형벌은 범죄자의 인간 존엄성을 보장하기 위한 것이다.

ㄷ. C: 형벌의 유용성이 전혀 없는 경우 범죄에 대한 형벌을 부과해서는 안 된다.

ㄹ. D: 형벌은 범죄를 예방하기 위한 목적으로 시행되어야 한다.

① ㄱ, ㄴ ② ㄱ, ㄷ ③ ㄴ, ㄹ
④ ㄱ, ㄴ, ㄷ ⑤ ㄱ, ㄷ, ㄹ

Tip

칸트는 형벌에서의 공적인 ❶ ______ 이/가 원리와 표준으로 삼는 것은 어느 한쪽으로 기울지 않는 ❷ ______ 의 원리이다.

답 ❶ 정의 ❷ 동등성

05 ㉠에 들어갈 진술로 적절하지 않은 것은?

통합 검색 ▼ | A 사상가 | 검색

1. A 사상가: 사회를 이루는 세 계층은 타고난 성향에 따라 한 가지 일에 배치되어야 한다고 보았다.

2. A는 (㉠)

① 직업적 성공과 부의 축적을 구원의 징표로 여겼다.

② 직업을 사회적 지위나 역할의 관점에서 바라보았다.

③ 타고난 능력에 맞는 일을 하는 것이 정의롭다고 보았다.

④ 육체노동을 정신노동보다 열등한 것으로 간주하기도 하였다.

⑤ 직업을 각 개인의 적성과 능력에 따라 사회적 역할을 분담하는 것이라고 보았다.

Tip

플라톤은 각 개인의 ❶ ______ 와/과 능력에 따라 통치자, 방위자, 생산자 등의 적합한 일에 ❷ ______ 되어야 한다고 보았다.

답 ❶ 적성 ❷ 배치

06 다음을 주장한 사상가가 긍정의 대답을 할 질문만을 〈보기〉에서 있는 대로 고른 것은?

거의 정의로운 사회에서 시민 불복종 행위는 '공유된 정의관'에 따라 행해져야 하며, 이것이 정당화되려면 다음 조건이 충족되어야 한다. 첫째, 목표는 사회 정의의 기본 원리에 사회가 따르도록 하는 것이어야 한다. ……(후략)

보기

ㄱ. 다수결로 정해진 법도 시민 불복종의 대상이 될 수 있는가?

ㄴ. 정의롭지 않은 정부에게는 폭력을 통해 불복종해야 하는가?

ㄷ. 시민 불복종의 근거는 개인의 양심적 신념이 아닌 다수의 정의관인가?

ㄹ. 정의의 원칙 중 차등의 원칙에 대한 위반이 시민 불복종의 전제 조건인가?

① ㄱ, ㄴ ② ㄱ, ㄷ ③ ㄷ, ㄹ
④ ㄱ, ㄴ, ㄹ ⑤ ㄴ, ㄷ, ㄹ

Tip

롤스는 ❶ ______ 의 원칙과 ❷ ______ 의 원칙을 심각하게 반하는 불의한 법과 정책에 대해 시민 불복종을 할 수 있다고 보았다.

답 ❶ 평등한 자유 ❷ 공정한 기회균등

2주 누구나 합격 전략

01 갑, 을 사상가들의 입장으로 가장 적절한 것은?

> 모든 사람은 직분에 맞게 자신의 역할을 해야 합니다. 임금은 임금다워야 하고 신하는 신하다워야 합니다.

> 신은 각 사람의 삶의 양식과 해야 할 일의 순서를 정해 두셨습니다. 신은 그 같은 삶의 양식들을 소명(召命)이라 명하셨습니다.

갑

을

① 갑: 노동을 원죄에 대한 벌로 보았다.
② 갑: 임금과 신하의 직분은 동일하며 필요한 덕목도 같다.
③ 을: 풍요로운 삶을 위해 욕구를 마음껏 충족해야 한다.
④ 을: 가장 많은 부를 축적한 사람이 구원을 성취할 수 있다.
⑤ 갑, 을: 자신이 맡은 사회적 역할을 충실히 수행해야 한다.

02 다음은 학생의 필기 노트이다. ㉠~㉤ 중 옳지 않은 것은?

〈직업의 의미와 기능〉

1. 의미: ㉠ 자신의 신분에 따라 일정 기간 지속적으로 종사하는 일, ㉡ 경제적 재화를 취득하며 사회적 역할을 수행하는 일
2. 기능
 • 생계 유지: ㉢ 경제적으로 안정된 삶 유지
 • 자아 실현: ㉣ 개인의 잠재력을 발휘하여 성취감을 획득
 • 사회 참여: ㉤ 사회 구성원으로서 역할 분담

① ㉠ ② ㉡ ③ ㉢ ④ ㉣ ⑤ ㉤

03 다음은 학생이 작성한 학습지이다. 학생의 답이 옳게 표시된 것만을 고른 것은?

주제: 우대 정책에 대한 입장
◇학년 □반 이름 : ○○○
※ 옳은 진술이면 '예', 틀린 진술이면 '아니요'에 √표를 하시오.

질문: 우대 정책에 대한 반대 입장의 근거를 서술하시오.

1 : 과거의 부당한 차별에 대해 보상해야 한다.
예 ☑ 아니요 ☐ ········· ㉠

2 : 특정 집단에 대하여 부당한 특혜가 될 수 있다.
예 ☑ 아니요 ☐ ········· ㉡

3 : 사회 갈등을 완화하여 사회 전체의 이익을 증대할 수 있다.
예 ☐ 아니요 ☑ ········· ㉢

4 : 과거 차별의 희생자와 현재 보상의 수혜자는 다른 사람이다.
예 ☐ 아니요 ☑ ········· ㉣

① ㉠, ㉡ ② ㉠, ㉢ ③ ㉡, ㉢
④ ㉡, ㉣ ⑤ ㉢, ㉣

04 다음을 주장한 사상가의 입장으로 가장 적절한 것은?

> 오직 계약을 집행하고, 사람들을 무력과 절도와 사기에서 보호하는 기능을 수행하는 최소 국가만이 정당화될 수 있다. 거기서 더 나아가면, 어떤 일도 강요받지 말아야 하는 개인의 권리를 침해하게 되고 그런 국가는 정당화될 수 없다.

① 사회적 약자를 위한 복지 정책을 실시해야 한다.
② 타고난 재능은 사회의 공유 자산으로 간주해야 한다.
③ 사적 소유권은 인간의 기본적인 권리로 승인될 수 없다.
④ 정의로운 사회를 구현하는 데에 국가의 역할이 필요하다.
⑤ 최소 수혜자에게 최대의 이득이 되는 차등의 원칙에 따라야 한다.

05 (가)의 갑, 을 사상가들의 입장을 (나) 그림으로 표현할 때, A ~ C에 해당하는 적절한 진술만을 〈보기〉에서 있는 대로 고른 것은?

(가)
갑: 어떤 인간도 살해당하기를 원하지 않기 때문에 모든 인간은 생명 보전을 목적으로 삼는 계약에 동의한다.
을: 법은 개개인의 의사를 대변하는 일반 의사를 대표한다. 그런데 자신의 생명을 빼앗을 권능을 타인에게 양도할 사람이 이 세상에 누가 있겠는가?

(나)

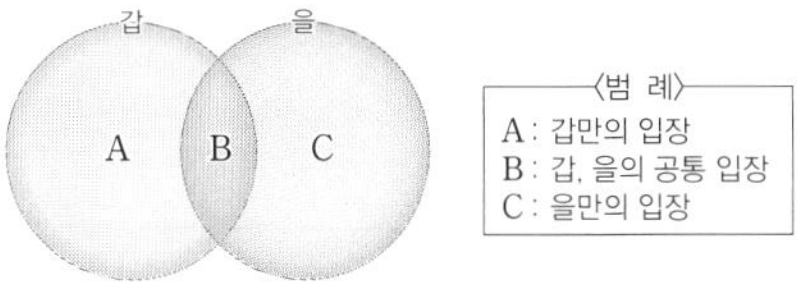

보기
ㄱ. A: 사회 계약에 따라 살인범은 사형해야 한다.
ㄴ. B: 살인범이라도 그의 생명을 박탈하는 것은 부당하다.
ㄷ. B: 동등성의 원리를 바탕으로 살인자에 대한 사형에 찬성한다.
ㄹ. C: 범죄 억제력이 높은 종신 노역형으로 사형을 대체해야 한다.

① ㄱ, ㄷ ② ㄱ, ㄹ ③ ㄴ, ㄹ
④ ㄱ, ㄴ, ㄹ ⑤ ㄴ, ㄷ, ㄹ

06 다음은 어느 서양 사상가의 글이다. 이 사상가의 주장으로 옳지 않은 것은?

형벌은 결코 범죄자 자신이나 시민 사회를 위해서 어떤 다른 선을 촉진하기 위한 한낱 수단으로서 가해질 수 없다. 오직 그가 범죄를 저질렀기 때문에 그에게 가해져야 하는 것이다.

① 살인자를 희생시키는 사형제를 폐지해야 한다.
② 타인에게 한 악한 행위에 대해 책임을 져야 한다.
③ 살인자를 인격적 존재로 존중해주는 것이 사형이다.
④ 처벌이 사회적 이익을 위한 것이 되어서는 안 된다.
⑤ 살인 행위에 상응하여 사형을 하는 것이 정당한 응보이다.

07 다음을 주장한 사상가가 긍정의 대답을 할 질문만을 〈보기〉에서 있는 대로 고른 것은?

최고의 공동체이며 최고선을 추구하는 국가는 자연의 산물이다. 인간은 본성적으로 국가 공동체를 구성하는 동물이다. 국가 없이 살아가는 자는 인간 이상의 존재이거나 인간 이하의 존재이다.

보기
ㄱ. 인간은 국가에서 선(善)을 실현할 수 있는가?
ㄴ. 국가는 자연적으로 존재하는 공동체들의 완성인가?
ㄷ. 정치 공동체인 국가는 다른 공동체 모두를 포괄하는가?
ㄹ. 국가는 자연 상태의 사람들이 사회 계약을 통해 만든 것인가?

① ㄱ, ㄴ ② ㄴ, ㄹ ③ ㄷ, ㄹ
④ ㄱ, ㄴ, ㄷ ⑤ ㄱ, ㄷ, ㄹ

08 다음 그림의 학생들이 모두 옳은 대답을 했다고 할 때, ㉠과 ㉡에 들어갈 알맞은 내용은 무엇인가?

	㉠	㉡
①	민본주의	백성을 위한
②	민본주의	백성에 의한
③	민주주의	백성에 의한
④	민주주의	백성을 위한
⑤	사회주의	백성에 의한

2주 창의·융합·코딩 전략

1 서양의 직업관

다음 사상가의 입장을 〈보기〉에서 모두 고른 것은?

우리는 현재 자신의 위치를 신이 정해주신 소소라고 생각해야 한다. 신은 우리가 해야 할 일을 순서대로 정해 놓았다.

보기

ㄱ. 직업에서의 성공은 구원의 징표이다.
ㄴ. 검소하고 금욕적인 태도를 지녀야 한다.
ㄷ. 소명(召命)으로 인정되는 직업은 성직자뿐이다.
ㄹ. 구원은 미정이므로 부를 축적하여 구매해야 한다.

① ㄱ, ㄴ　② ㄱ, ㄷ　③ ㄴ, ㄷ
④ ㄴ, ㄹ　⑤ ㄷ, ㄹ

Tip
칼뱅은 직업이 ❶ ______ 이/가 부여한 소명이며, 직업적 성공을 통한 부의 축적이 ❷ ______ 의 징표라고 본다.

답 ❶ 신 ❷ 구원

2 국가의 역할과 의무에 대한 로크의 입장

다음 대화에서 ㉠에 들어갈 수 있는 진술로 가장 적절한 것은?

학생: 로크는 왜 인간이 국가에 복종하기로 동의하였다고 보았나요?
선생님: 국가가 없으면 사람들 사이의 분쟁을 판정할 공정한 재판관이 없어. 따라서 사람들은 (㉠) 위해 국가에 복종하기로 동의하는 거야.

① 하늘의 명령[天命]에 따르기
② 자연적으로 주어진 본성에 따르기
③ 이데아를 통찰한 통치자의 다스림을 받기
④ 생명과 자유를 보호하고 재산을 향유하기 위해
⑤ 아버지와 같은 통치자에게 무조건 충성하기 위해

Tip
로크는 사람들이 자발적 ❶ ______ 와/과 계약으로 국가를 형성하였으므로 계약을 준수해야 하는 정치적 ❷ ______ 이/가 발생한다고 보았다

답 ❶ 동의 ❷ 의무

3 전문직 윤리

다음 글에서 유추할 수 있는 내용으로 가장 적절한 것은?

전문직의 직무는 대개 사회 공익적 성격을 띠며, 일반인이 모르는 정보를 이용하여 부당한 이익을 취할 수 있으므로 더욱 높은 수준의 직업윤리가 요구된다.

① 전문직은 어떠한 이윤도 취해서는 안 된다.
② 전문직은 일정한 자격 없이도 종사할 수 있는 직업이다.
③ 전문직은 사회적으로 유익한 영향을 줄 수 있는 직업이다.
④ 전문직이 일반인이 모르는 지식을 활용하는 것은 불가능하다.
⑤ 전문직은 높은 수준의 윤리 의식이 요구되지 않는 직업이다.

Tip
전문직은 전문성, 독점성, ❶ ______ 을/를 지니므로 높은 수준의 도덕성과 ❷ ______ 이/가 필요하다.

답 ❶ 자율성 ❷ 직업윤리

4 공직자 윤리

다음은 어느 사상가의 글이다. 이 사상가의 입장으로 가장 적절한 것은?

청렴이라는 것은 목민관의 근본이 되는 의무이고, 모든 선의 근원이요 모든 덕의 근본이니, 청렴하지 않고서 목민관이 될 수 있는 사람은 아직 없었다. ……(후략)

① 백성이 공직자를 위해 있음을 알아야 한다.
② 공직자는 공사(公私) 구분 없이 일해야 한다.
③ 공직자는 자신의 사사로운 이익을 추구해야 한다.
④ 공직자는 업무 시에 효율성을 가장 중시해야 한다.
⑤ 공직자는 백성을 위해 봉사하는 자세를 가져야 한다.

Tip
정약용에 따르면 공직자는 사적인 일보다 공적인 일을 우선시하는 ❶ ______ 의 자세와 가난할지라도 자신의 직무에 충실하고 청렴하게 임하는 ❷ ______ 정신을 지녀야 한다.

답 ❶ 봉공(奉公) ❷ 청백리(淸白吏)

5 사회 윤리적 관점

(가)를 주장한 사상가가 (나)에 나타난 사회 현상에 대해 제시한 견해로 옳지 않은 것은?

(가) 개별적인 개인들은 그들이 서로 사랑하고 봉사해야 할 것과 서로 간 정의를 확립해야 함을 알고 있다. 그러나 집단 속 개인은 집단의 힘이 명령하는 것이면 맹목적으로 따른다. 가장 높은 수준의 종교적 선의지를 지닌 개인들로 이루어진 국가도 사랑을 실천하지 못하고 이기성을 확대하는 경향을 지닌다.

(나)

① 사회 집단의 구조는 개인의 도덕성에 영향을 미친다.
② 개인의 이기적 충동은 집단 속에서 증폭되어 나타난다.
③ 개인의 노력만으로 사회의 윤리적 문제를 해결할 수 있다.
④ 사회 정의를 실현하기 위해서는 정치적 강제력이 필요하다.
⑤ 사회의 비도덕적 현상의 원인은 불의한 사회 구조나 제도에서 찾을 수 있다.

Tip
니부어는 개인적으로 도덕적인 사람도 자기 집단의 ❶ ___을/를 위해 ❷ ___으로 행동할 수 있다고 보았다.

답 ❶ 이익 ❷ 비도덕적

6 분배적 정의

(가)의 서양 사상가 갑, 을이 (나)의 그래프에 제시된 분배 방식 A~C에 대해 취할 적절한 입장을 〈보기〉에서 고른 것은?

(가)
갑: 원초적 입장의 개인은 동등한 힘과 원리를 가지며, 서로 대등한 상황에서 합의 과정에 참여한다. 원초적 입장에서 합의된 정의의 원칙에 따라 재화의 분배가 이루어져야 한다.
을: 모든 인간은 쾌락을 추구하고 고통을 피하려는 경향을 지니고 있으므로 행위의 평가 기준은 행위로 인해 생겨날 쾌락과 고통에 달려있다. 최대 다수의 최대 행복을 도덕과 입법의 원리로 삼아야 한다.

(나)

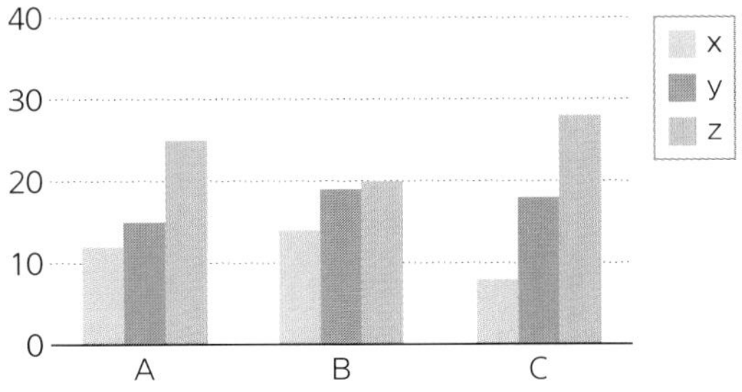

〈차트〉

	A	B	C
X	12	14	8
Y	15	19	18
Z	25	20	28

*사회 구성원은 세 사람뿐이고, 가능한 분배 방식 A, B, C를 통해 구성원 각각이 얻을 수 있는 이익의 크기를 x, y, z라고 가정함.

보기
ㄱ. 갑은 최상층의 이익을 중시하여 A보다 C를 지지한다.
ㄴ. 갑은 정의의 원칙 중 차등의 원칙을 근거로 B를 지지한다.
ㄷ. 을은 행복의 총량을 극대화하는 방식인 C를 지지한다.
ㄹ. 을은 개인이 사회적 약자가 될 가능성을 고려하여 A를 지지한다.

① ㄱ, ㄴ ② ㄱ, ㄷ ③ ㄴ, ㄷ
④ ㄴ, ㄹ ⑤ ㄷ, ㄹ

Tip
롤스는 사회적·경제적 불평등이 ❶ ___에게 최대 ❷ ___이/가 될 때 정당화될 수 있다고 보았다.

답 ❶ 최소 수혜자 ❷ 이익

7 분배적 정의

다음 내용의 갑이 부정의 대답을 할 질문으로 가장 적절한 것은?

> **갑의 분배적 정의에 대한 입장**
> ▶ 학습 목표
> 갑의 입장을 이해하고 설명할 수 있다.
> ▶ 갑의 입장
> 상이한 가치들은 상이한 근거들에 따라 상이한 절차에 맞게 상이한 주체에 의해 분배되어야 한다.

① 복합 평등으로서의 정의를 추구하는가?
② 삶의 영역마다 가치의 분배 기준이 달라야 하는가?
③ 가상적 상황에서 도출된 정의의 원칙을 따라야 하는가?
④ 사회적 가치는 자신의 고유한 영역 안에 머물러야 하는가?
⑤ 공동체의 역사적·문화적 맥락에 따라 다양한 정의의 기준이 있는가?

Tip
왈처는 다양한 삶의 영역에서 각기 다른 공정한 ❶ [　　] 의 기준에 따라 사회적 가치가 ❷ [　　] 되어야 한다고 보았다.

답 ❶ 정의 ❷ 분배

8 교정적 정의

(가)의 갑, 을의 입장을 (나) 그림으로 탐구하고자 할 때, A~C에 들어갈 적절한 질문만을 〈보기〉에서 있는 대로 고른 것은?

(가)	갑: 사회 계약을 통해 자신을 죽일 권리를 양도하는 것은 불가능하다. 자신의 생명을 빼앗을 권능을 타인에게 기꺼이 양도할 자가 세상에 있겠는가? 종신 노역형이 사형보다 확실한 효과를 낳는다. 을: 형벌은 범죄자가 처벌받아야 할 행위를 의욕했기 때문에 가해져야 합니다. 사형은 살인에 상응하는 보복을 위한 것으로서, 인간성을 해치는 죄책감으로부터 사형수를 해방시켜 줍니다.
(나)	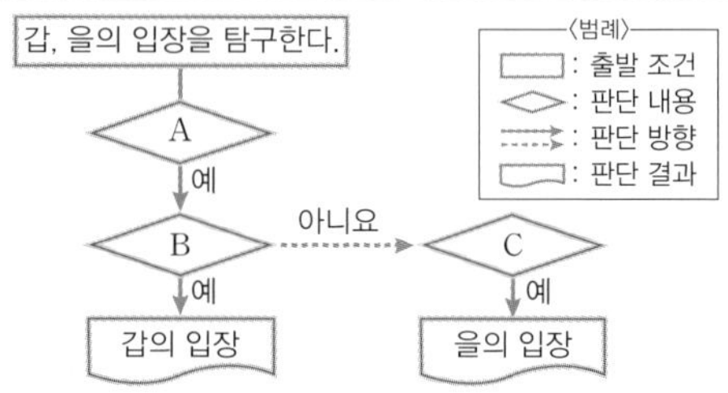

보기
ㄱ. A: 공공의 이익이 증진될 경우에만 죄인을 처벌해야 하는가?
ㄴ. B: 범죄 예방이 처벌의 목적이 될 수 있는가?
ㄷ. B: 처벌은 범죄에 대한 응보로서 부과되는가?
ㄹ. C: 사형은 살인범의 인간으로서의 존엄을 지켜주는 처벌인가?

① ㄱ, ㄴ　② ㄴ, ㄹ　③ ㄷ, ㄹ
④ ㄱ, ㄷ, ㄹ　⑤ ㄴ, ㄷ, ㄹ

Tip
칸트는 ❶ [　　] 이/가 살인자의 고통받는 인격을 해방하여 인간의 ❷ [　　] 을/를 실현하는 것이라고 보았다.

답 ❶ 사형 ❷ 존엄성

9 사형 제도에 대한 입장

다음 주장을 한 사상가의 입장으로 적절하지 않은 것은?

> 우리가 사람을 죽였을 경우 기꺼이 사형을 받겠다고 동의하는 것은 우리 자신이 살인자에게 희생되고 싶지 않기 때문입니다. 사람들은 사회 계약을 할 때 자신의 생명을 마음대로 처분하려 하기는커녕 자기 생명을 보호해야 한다고 생각할 뿐입니다.

① 형벌은 자기 방위적 기능을 수행해야 한다.
② 사회 계약에 따라 사형은 정당화될 수 있다.
③ 사형 제도는 시민들이 동의한 형벌이 아니다.
④ 살인자에게 적합한 형벌은 종신 노역형이 아닌 사형이다.
⑤ 살인을 저질러 계약을 위반한 자는 공공의 적으로 간주되어야 한다.

Tip
루소는 ❶ [　　] 에 바탕을 둔 사회 방위론의 입장에서 사형 제도를 ❷ [　　] 하였다.

답 ❶ 사회 계약 ❷ 찬성

10 국가의 역할과 의무에 대한 입장

㉠에 들어갈 진술로 가장 적절한 것은?

① 인간의 자연적인 본성에 따라 만들어진 것이라고 보았어요.
② 사회 계약이 아니라 초월적 존재가 창조한 것으로 보았어요.
③ 시민의 생명과 안전을 지키고 질서를 유지해야 한다고 보았어요.
④ 인위적인 조작이 없이 무위(無爲)의 정치를 해야 한다고 보았어요.
⑤ 무차별적 사랑과 상호이익이라는 하늘의 뜻을 따라야 한다고 보았어요.

Tip

홉스는 국가가 ❶ ______ 존재인 인간의 생명을 보호하고, 사회 ❷ ______ 을/를 유지해야 한다고 보았다.

답 ❶ 이기적 ❷ 질서

11 시민 불복종에 대한 입장

(가) 사상가가 (나)의 A에 대해 할 말로 알맞은 것을 〈보기〉에서 있는 대로 고른 것은?

(가)

법에 대한 존경심보다는 먼저 정의에 대한 존경심을 길러야 한다. 법에 대한 존경심 때문에 선량한 사람조차도 불의의 하수인이 될 상황이라면 그 법을 어겨라.

(나) 소로의 납세 거부 운동, 마틴 루터 킹의 미국 흑인 인권 운동, 마하트마 간디의 소금법 거부 운동 등은 A 운동의 대표적인 사례라고 할 수 있다.

보기

ㄱ. 시민 불복종 실행의 판단 기준은 개인의 양심이다.
ㄴ. 불의한 법에 대한 불복종은 시민의 정당한 권리이다.
ㄷ. 정부가 제정한 법률에 따라 옳고 그름을 결정해야 한다.
ㄹ. 시민 불복종은 다수의 공유된 정의관에 의해서만 정당화될 수 있다.

① ㄱ, ㄴ ② ㄱ, ㄷ ③ ㄴ, ㄷ
④ ㄴ, ㄹ ⑤ ㄷ, ㄹ

Tip

소로는 ❶ ______ 에 따라 불의한 법과 정책에 대해 ❷ ______ 하는 것은 시민의 권리라고 보았다.

답 ❶ 양심 ❷ 불복종

12 국가의 역할과 의무에 대한 입장

다음 사상가가 긍정의 대답을 할 질문으로 가장 적절한 것은?

> 힘을 사용하면서 인(仁)을 행하는 양 가장하는 것은 패도(霸道)이다. 패도를 추구하는 자는 반드시 큰 나라를 소유하려고 한다. 덕으로써 인을 행하는 것은 왕도(王道)이다.

① 천의(天意)를 어긴 군주는 교체될 수 없는가?
② 선의 이데아를 통찰한 통치자에 대한 복종은 정의로운가?
③ 생업이 보장되어야 백성들이 도덕적인 삶을 영위할 수 있는가?
④ 시민이 국가에 복종하기로 동의하였으므로 국가에 복종해야 하는가?
⑤ 엄격한 법에 따라 상벌을 적절하게 제공하여 사회 질서를 유지해야 하는가?

Tip

맹자는 나라의 근본을 ❶ ______ 으로 보았으며, 이들을 다스리는 군주는 이들의 ❷ ______ 을/를 보장해 주어야 한다고 보았다.

답 ❶ 백성 ❷ 생업

시험 대비 마무리 전략

핵심 개념 ❶ 현대 윤리 문제에 대한 접근

핵심 개념 ❷ 생명과 관련된 윤리적 쟁점

이어서 공부할 내용

✔ 신유형·신경향·서술형 전략   ✔ 적중 예상 전략 ❶, ❷회

핵심 개념 3 동서양의 직업관과 분배적 정의

핵심 개념 4 국가 권위의 정당성에 대한 관점

신유형·신경향·서술형 전략

신유형 전략

01 윤리학의 구분

(가)~(라)에 대한 옳은 설명을 〈보기〉에서 있는 대로 고른 것은?

(가) 윤리학은 윤리적 행위를 위한 근본 원리로, 성립 가능한 도덕 원리를 탐구하고 이론적 정당화에 힘써야 한다.
(나) 윤리학은 도덕 이론들을 실생활의 문제에 적용하여 실질적이고 구체적인 도덕적 해결책 제시에 힘써야 한다.
(다) 윤리학은 먼저 윤리학이 학문적으로 성립 가능한지를 탐구해야 하고, 도덕 언어의 의미 분석과 추론의 타당성 분석에 힘써야 한다.
(라) 윤리학은 경험 과학적 분석과 기술의 학문이다. 도덕 관행이나 풍습에 대한 관찰을 바탕으로 객관적으로 기술하는 데 힘써야 한다.

보기
ㄱ. (가), (나)는 현실의 윤리 문제에 대한 해결책을 제시하는 데 관심을 둔다.
ㄴ. (가)는 (나)와 달리 다양한 분야의 전문적 기술과 지식을 활용하는 학제적 접근을 강조한다.
ㄷ. (다)는 (나)와 달리 도덕적 개념과 추론에 대한 분석을 주요 탐구 과제로 삼는다.
ㄹ. (라)는 (다)와 달리 윤리학이 사회 과학적 성격을 지닐 수 있다고 본다.

① ㄱ, ㄴ　② ㄱ, ㄷ　③ ㄴ, ㄹ
④ ㄱ, ㄷ, ㄹ　⑤ ㄴ, ㄷ, ㄹ

Tip
이론 윤리학은 도덕 원리나 도덕적 정당화의 ❶ ____ 적인 근거를 제시하는 데 관심을 갖지만, 실천 윤리학은 삶에서 발생하는 윤리 문제에 대하여 구체적인 ❷ ____ 을/를 모색하는 데 관심을 둔다.

답 ❶ 이론 ❷ 해결책

02 동양 윤리의 접근

다음 편지글을 쓴 사상가의 입장으로 알맞은 것은?

○○에게
옛날의 참된 사람[眞人]은 모자란다고 억지 부리지 않고, 이루어도 우쭐거리지 않고, 무엇을 하려고 꾀하지 않았다네. 또한 태어남을 기뻐하지도 않고 죽음을 거역하지도 않았으며 의연히 갔다가 의연히 돌아올 뿐이었다네.

① 하늘이 부여한 도덕적 본성에 따라야 한다.
② 자연 그대로의 질서를 따르는 삶을 살아가야 한다.
③ 인의(仁義)를 버리고 예악(禮樂)을 추구해야 한다.
④ 연기(緣起)의 법칙을 깨닫고 자비를 베풀어야 한다.
⑤ 만물에 대한 지식을 축적하여 제물(齊物)의 경지에 도달해야 한다.

Tip
도가에서는 ❶ ____ 적 가치에서 벗어나 자연의 순리대로 소박하게 살아가는 ❷ ____ 의 삶을 추구하였다.

답 ❶ 인위 ❷ 무위자연

03 프롬의 사랑에 대한 입장

다음은 프롬의 사랑에 관한 입장을 서술한 것이다. 다음 중 ㉠, ㉡에 들어갈 내용을 알맞게 짝지은 것은?

프롬은 사랑의 네 가지 요소로 [㉠], 책임, [㉡], 이해를 제시한다. [㉠]은/는 사랑하는 사람을 보살피고 돌보는 것, 책임은 사랑하는 사람의 요구를 배려하면서 자신의 행동에 책임을 지는 것을 의미한다. [㉡]은/는 사랑하는 사람을 있는 그대로 받아들이는 것, 이해는 사랑하는 사람의 입장에서 그 사람을 제대로 이해하는 것을 의미한다.

	㉠	㉡
①	보호	공감
②	보호	존경
③	능동	공감
④	능동	존경
⑤	소통	존경

Tip
프롬에 따르면 사랑은 수동적 감정이 아니라 ❶ ____ 활동이며, 인간의 온전한 ❷ ____ 관계 속에서 성립할 수 있다고 보았다.

답 ❶ 능동적 ❷ 인격적

04 기업의 사회적 책임

선거 후보자 갑, 을의 입장에 대한 설명으로 가장 적절한 것은?

기업의 부를 먼저 늘려주면 경기가 살아나 모든 국민에게 혜택이 돌아갑니다. 그러므로 기업이 이윤 창출에 전념하도록 복지 재단 운영 등의 부적절한 요구를 하지 않겠습니다.
기업의 부가 내부에 머물지 않고 사회 전체를 위해 순환되어야 합니다. 그러므로 기업이 이익을 창출할 수 있도록 지원할 뿐만 아니라 공익 증진을 위해 기부할 수 있도록 지원하겠습니다.
갑

을

① 갑은 기업이 공익을 추구해야 한다고 본다.
② 갑은 기업의 불법 행위도 정당화될 수 있다고 본다.
③ 을은 기업이 자선적 책임을 적극 수행해야 한다고 본다.
④ 을은 기업에게 사회적 책임을 강요하는 것은 부당하다고 본다.
⑤ 갑, 을은 기업이 환경 보호를 위한 재원을 제공해야 한다고 본다.

Tip
프리드먼은 기업에게 사회에 대한 [❶] 책임을 강조하는 것은 자유 [❷]의 틀을 깨뜨리는 행위라고 보았다.

답 ❶ 적극적 ❷ 시장 경제

05 교정적 정의에 대한 입장

(가)를 주장한 사상가가 (나)의 ㉠에 들어갈 개념에 대하여 제시할 견해로 옳은 설명을 〈보기〉에서 있는 대로 고른 것은?

(가) 사회 계약의 목적은 계약자의 생명 보존에 있다. 살인을 저질러 계약을 위반한 자는 공공의 적으로 간주되어야 한다.

(나)

보기
ㄱ. 사회 계약에 따라 살인자를 사형시킬 수 있다.
ㄴ. 살인범에 대한 응당한 보복이 사형의 목적이다.
ㄷ. 살인자는 사회 계약의 보호를 받는 시민이 아니다.
ㄹ. 살인자에게 사형보다 효과적인 형벌을 주어야 한다.

① ㄱ, ㄴ ② ㄱ, ㄷ ③ ㄴ, ㄷ
④ ㄴ, ㄹ ⑤ ㄷ, ㄹ

Tip
루소는 타인의 희생으로 자신의 생명을 [❶]하려고 하는 사람은 타인을 위해 필요하다면 자신의 생명을 [❷]하는 데 동의했다고 보았다.

답 ❶ 보존 ❷ 희생

06 시민 불복종에 대한 입장

갑, 을 사상가들의 입장으로 가장 적절한 것은?

갑: 대체로 질서 정연한 사회 안에서, 정의의 원칙에 어긋나는 법이 심각한 정도로 부정의할 경우, 우리는 시민 불복종을 고려하게 된다.
을: 법에 대한 존경심보다 먼저 정의에 대한 존경심을 기르는 것이 바람직하다. 나의 유일한 책무는 내가 옳다고 생각하는 일을 행하는 것이다.

① 갑: 사회적 다수의 정의관보다 개인의 양심을 우선해야 한다.
② 갑: 평등한 자유의 원칙에 어긋나는 정책에 대해 저항할 수 있다.
③ 을: 시민 불복종은 다수 국민이 공유한 정의관에 근거해야 한다.
④ 을: 양심에 따른 시민 불복종도 실정법을 준수하면서 감행해야 한다.
⑤ 갑, 을: 정당하게 시민 불복종을 한 시민은 법률 위반에 대한 처벌을 거부할 수 있다.

Tip
시민 불복종은 부정의한 법과 정책에 대한 시민들의 의도적인 [❶] 행위로, 시민 불복종은 은밀하게 행해지는 것이 아니라 [❷]적으로 이루어져야 한다.

답 ❶ 위법 ❷ 공개

신경향 전략

07 동물의 권리에 관한 입장

(가)의 갑, 을의 입장을 (나) 그림으로 표현할 때, A~C에 들어갈 적절한 진술만을 〈보기〉에서 고른 것은?

(가)
갑: 고통을 느낄 줄 아는 동물들이 우리의 종에 속하지 않는다는 이유로 동물의 이해관계를 무시하는 것은 종 차별주의에 해당한다.
을: 동물은 자기 삶의 주체일 수 있다. 최소한 몇몇 포유류는 자기 삶을 사는 데 요구되는 자격을 지녔다.

(나)

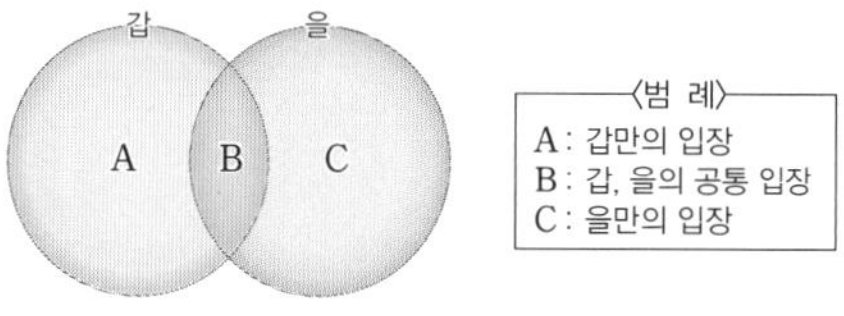

보기
ㄱ. A: 의무론적 관점에서 동물의 권리를 존중해야 된다고 본다.
ㄴ. A: 쾌고 감수 능력을 지닌 동물은 삶의 주체가 될 수 있다.
ㄷ. B: 동물은 도덕적으로 고려받을 권리를 지닌다.
ㄹ. C: 내재적 가치를 지닌 존재는 도덕적 존중의 대상이다.

① ㄱ, ㄴ ② ㄱ, ㄹ ③ ㄴ, ㄷ
④ ㄴ, ㄹ ⑤ ㄷ, ㄹ

Tip
싱어는 동물의 이익과 인간의 이익을 ❶ 하게 고려하지 않는 것을 '종(種) 차별주의'라고 보았고, 레건은 일부 ❷ 은/는 인간처럼 내재적 가치를 지닌다고 보았다.

답 ❶ 평등(동등) ❷ 포유류

08 국가의 역할과 의무

(가)의 갑, 을의 입장을 (나) 그림으로 표현할 때, A~C에 들어갈 적절한 진술만을 〈보기〉에서 고른 것은?

(가)
갑: 인간 본성 때문에 분쟁이 발생하므로 공공의 힘이 없는 상태는 전쟁 상태이다. 전쟁 상태에서 벗어나기 위해 맺은 계약으로 통치자가 생겨난다. 통치자는 법에 따라 구성원을 벌할 수 있다.
을: 통치자는 법(法)과 술(術), 세(勢)를 이용하여 통치해야 나라를 바로잡을 수 있다. 인간은 언제나 자신을 위하는 마음을 지니고 있기 때문에 통치자는 상벌도 이용해야 한다.

(나)

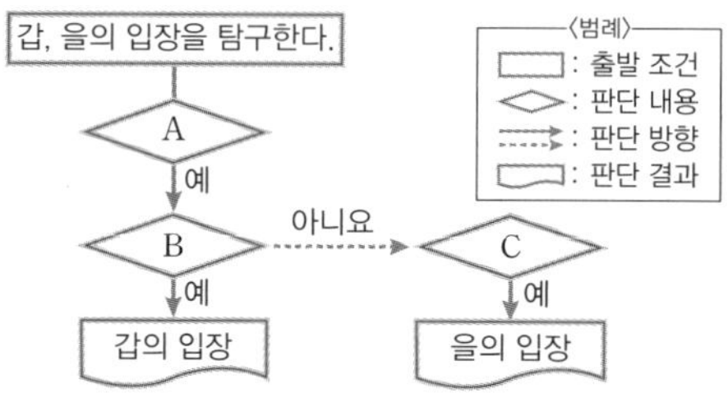

보기
ㄱ. A: 통치자는 구성원을 처벌할 권한을 가지는가?
ㄴ. B: 인간은 이기적인 본성을 가진 존재인가?
ㄷ. B: 통치자의 권위는 하늘[天]로부터 주어진 것인가?
ㄹ. C: 적절한 포상과 처벌을 통해 질서를 유지해야 하는가?

① ㄱ, ㄴ ② ㄱ, ㄹ ③ ㄴ, ㄷ
④ ㄱ, ㄷ, ㄹ ⑤ ㄴ, ㄷ, ㄹ

Tip
한비자는 ❶ 백성들을 효과적으로 통치하기 위해서는 엄격한 ❷ 에 따라서 통치해야 한다고 보았다.

답 ❶ 이기적인 ❷ 법

09 교정적 정의에 대한 입장

갑, 을 사상가들의 입장으로 옳지 않은 것은?

갑: 사법적 처벌은 범죄자나 시민 사회의 선을 증진시키는 수단으로 행해져서는 안 되며, 오히려 범죄에 상응하는 보복의 차원에서 이루어져야 한다.
을: 사법적 처벌의 주목적은 범죄자와 사람들의 행위를 통제하는 것입니다. 공리의 원리에 따라 범죄자에 대한 처벌은 목적 달성에 필요한 정도만 가해져야 한다.

① 갑: 사형은 범죄자의 인격을 존중하는 최선의 방식이다.
② 갑: 처벌의 질과 양은 동등성의 원리에 의해 제시될 수 있다.
③ 을: 처벌의 본질은 범죄의 발생을 미리 대처하여 막는 것이다.
④ 을: 처벌은 사회 전체의 행복에 기여하는 정도에 따라 집행되어야 한다.
⑤ 갑, 을: 처벌은 해악이지만 유용성의 원리에 의해 정당화된다.

Tip
칸트는 형벌의 본질이 ❶ 에 있으며 형벌은 다른 목적을 위한 ❷ (으)로 가해져서는 안 된다고 보았다.

답 ❶ 응보 ❷ 수단

서술형 전략

10 행위 공리주의와 규칙 공리주의

(가) 입장과 (나) 입장의 공통점과 차이점을 서술하시오.

> (가) 어떤 행위가 옳은 것은 그 행위가 문제 상황에서 선택 가능한 다른 행위를 할 때보다 더 큰 효용을 산출하기 때문이다.
> (나) 어떤 행위가 옳은 것은 그 행위가 하나의 규칙 아래 놓여 있으면서 그 규칙을 따른 행위가 다른 규칙을 따를 때보다 더 큰 효용성을 산출하기 때문이다.

Tip

행위 공리주의는 공리의 원리를 개별 ❶ [   ] 에 적용해야 한다고 보고, 행위 그 자체의 ❷ [   ] 을/를 중시한다.

답 ❶ 행위 ❷ 결과

11 죽음에 대한 견해

다음 사상가가 죽음을 보는 입장을 제시된 〈조건〉의 내용을 포함하여 서술하시오.

> 죽음은 현존재에게 던져진 '끝'으로서 현존재의 가장 자기적이고, 다른 사람이 대신할 수 없는 것이요, 결코 넘어설 수 없는 확실한 것이며, 언제 있을지 모르는 불안한 것이다. 죽음으로의 선구를 통해 즉, 죽음 앞으로 미리 달려가 봄으로써 인간은 자신의 본래적 실존을 회복하게 된다.

• 조건 •

자각, 직시, 종말

Tip

하이데거는 ❶ [   ] 인 인간이 ❷ [   ] 을/를 직시함으로써 의미 있는 삶을 살 수 있다고 보았다.

답 ❶ 현존재 ❷ 죽음

12 롤스의 시민 불복종의 정당화 조건

빈칸에 들어갈 수 있는 일반적인 시민 불복종의 정당화 조건을 세 가지 이상 서술하시오.

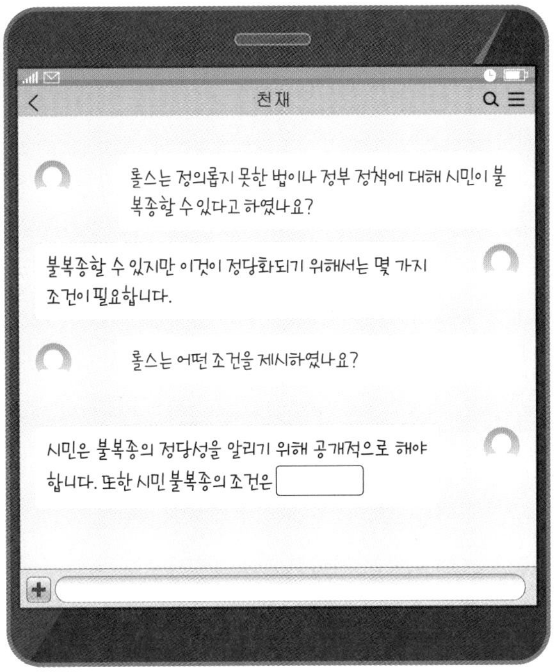

Tip

롤스에 따르면 시민 불복종 운동은 의도적인 ❶ [   ] 행위이면서 ❷ [   ] 을/를 감수한다.

답 ❶ 위법 ❷ 처벌

적중 예상 전략 1회

01

다음은 신문 칼럼의 일부이다. ㉠에 들어갈 내용으로 가장 적절한 것은?

> **칼럼**
>
> 윤리학은 우선 윤리학이 학문적으로 성립 가능한지 살펴보고 도덕적 논의의 의미론적, 논리적, 인식론적 구조를 분명하게 이해해야 한다. 그런데 어떤 사람들은 도덕적 문제에 대한 해결책 제시를 핵심 과제로 삼아야 한다고 본다. 나는 이러한 사람들이 [㉠]고 생각한다.

① 도덕 언어의 의미 분석을 지나치게 중시한다.
② 도덕 추론의 타당성 분석의 중요성을 간과한다.
③ 도덕 이론의 이론적 정당화에만 치중하고 있다.
④ 도덕 풍습의 객관적 서술이 핵심임을 간과한다.
⑤ 도덕적 딜레마에 대한 해결 방안 제시의 중요성을 간과한다.

02

(가), (나) 사상의 입장으로 가장 적절한 것은?

> (가) 오온(五蘊)이 모두 공(空)임을 보고 모든 고통에서 벗어난다. 색(色)이 공과 다르지 않고 공은 색과 다르지 않다. 색은 공이요 공은 색이다.
>
> (나) 도(道)는 자연을 본받아 어긋나지 않는다. 성인(聖人)은 무위(無爲)에 몸을 두고 무언(無言)의 가르침을 행한다. 만물은 스스로 자라나는 법이며 간섭할 필요가 없다.

① (가): 탐욕과 집착을 버리고 열반에 이르러야 한다.
② (가): 삶과 죽음은 기가 모이고 흩어지는 과정이다.
③ (나): 천지만물에 인의예지(仁義禮智)라는 도덕적 가치가 내재되어 있다.
④ (나): 죽음은 자연스러운 과정이지만 예를 갖추어 애도를 표현해야 한다.
⑤ (가), (나): 이상적인 인간상으로 부처, 보살을 제시하였다.

03

다음을 주장한 사상가의 입장으로 적절한 것은?

> 우리는 정의, 용기, 정직의 덕들을 내재적 선들과 탁월성에 대한 척도를 갖고 있는 모든 실천의 필연적 구성 요소로서 수용해야만 한다. 왜냐하면 이를 수용하지 않는다는 것은 우리로 하여금 실천에 내재하는 선들을 성취하지 못하도록 만드는 것이기 때문이다.

① 유용성 창출을 최고의 가치로 삼아야 한다.
② 상황과 무관하게 보편적인 도덕 법칙을 따라야 한다.
③ 도덕 판단에서 인간의 자연적 감정을 고려해서는 안 된다.
④ 언제 어디서나 적용 가능한 정언 명령에 따라 행위해야 한다.
⑤ 행위 자체보다는 행위자의 성품을 기준으로 선악을 판단해야 한다.

04

갑의 입장에 대한 반론을 〈보기〉에서 있는 대로 고른 것은?

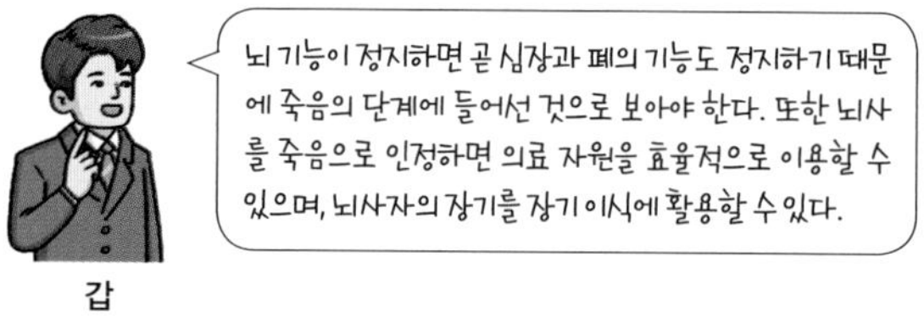

뇌 기능이 정지하면 곧 심장과 폐의 기능도 정지하기 때문에 죽음의 단계에 들어선 것으로 보아야 한다. 또한 뇌사를 죽음으로 인정하면 의료 자원을 효율적으로 이용할 수 있으며, 뇌사자의 장기를 장기 이식에 활용할 수 있다.
갑

> 보기
>
> ㄱ. 심폐 기능의 정지를 죽음의 판단 기준으로 보아야 한다.
> ㄴ. 뇌사자가 존엄하게 죽을 수 있는 권리를 존중해야 한다.
> ㄷ. '인간은 무엇인가'라는 것을 결정하는 열쇠는 심폐가 아니라 뇌에 있다.
> ㄹ. 오진·오판의 가능성이 있으며, 뇌사 판정을 받은 환자가 다시 회복된 사례가 있다.

① ㄱ, ㄴ ② ㄱ, ㄹ ③ ㄴ, ㄷ
④ ㄱ, ㄴ, ㄹ ⑤ ㄴ, ㄷ, ㄹ

05

(가)의 입장에 비해 (나)의 입장이 갖는 상대적 특징을 그림의 ㉠~㉤ 중에서 고른 것은?

(가) 기업은 사회의 다른 구성 요소와 상호 작용하는 개체이다. 따라서 기업은 환경적으로 지속 가능성을 증진시키고, 인권을 존중하며, 사회적 기부 행위를 강화하는 방향으로 사업을 추진해야 한다.

(나) 기업은 이윤을 극대화하는 역할에 집중해야 한다. 기업에 자선 목적의 기부를 요구하고 주주 이익 증대 외의 사회적 책임을 부과하는 것은 소유와 통제를 분리시키고 시장 경제의 본질을 무너뜨리는 것이다.

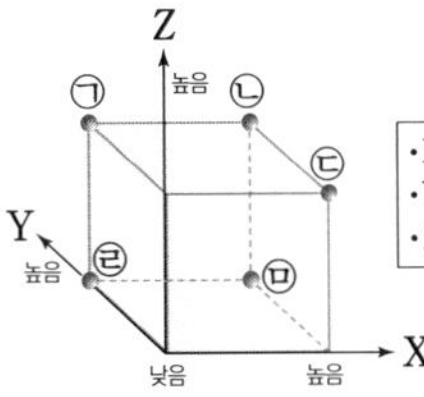

- X: 사회적 공익을 위한 기업의 자선 활동을 강조하는 정도
- Y: 기업 소유자의 이익에 대한 우선적 보장을 강조하는 정도
- Z: 기업 활동에서 이윤 추구 이외의 사회적 책임을 강조하는 정도

① ㉠ ② ㉡ ③ ㉢ ④ ㉣ ⑤ ㉤

06

(가)의 입장에 비해 (나)의 입장이 갖는 상대적인 특징을 그림의 ㉠~㉤ 중에서 고른 것은?

(가) 사회적 약자에 대한 우대 정책을 실시해서는 안 된다. 사회적 약자라는 이유만으로 기회의 평등에 예외를 두어 또 다른 차별을 낳거나, 과거의 불평등을 잘못이 없는 후세대에게 책임지게 하는 것은 부당하다.

(나) 사회적 약자에 대한 우대 정책을 실시해야 한다. 오랫동안 부당한 차별로 고통받았던 사람들에게 응분의 보상을 하고, 소수자와 여성 등의 사회적 진출을 도와 사회 전체의 다양성과 행복을 증진해야 한다.

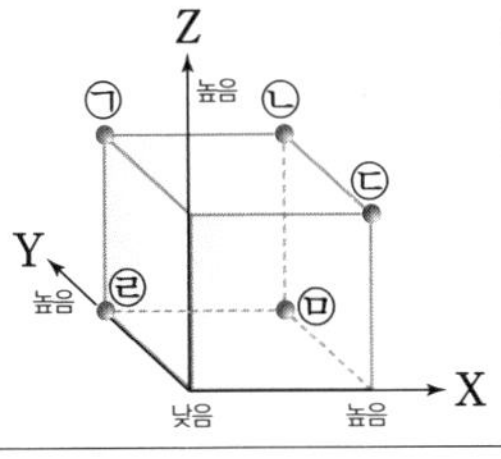

- X: 사회적 약자에 대한 배려를 강조하는 정도
- Y: 차별을 줄이기 위해 인종, 성별 등의 다양성을 강조하는 정도
- Z: 과거의 차별에 대한 사회적·경제적 보상 필요성을 강조하는 정도

① ㉠ ② ㉡ ③ ㉢ ④ ㉣ ⑤ ㉤

07

(가)의 갑, 을, 병의 입장을 (나) 그림으로 표현할 때, A ~ D에 해당하는 적절한 진술만을 〈보기〉에서 있는 대로 고른 것은?

(가)

갑: 정의는 합법적이며 공정한 것을 의미한다. 특수한 정의의 한 종류는 명예, 금전 등의 분배에 관련되는 것이고, 다른 종류는 사람들 간의 거래에 관련되는 것이다. 사회적 재화의 분배는 기하학적 비례에, 시민들 간의 분쟁 해결은 산술적 비례에 합치해야 한다.

을: 정의의 원칙은 평등한 최초의 입장에서 합의될 수 있다. 각자는 모든 사람의 유사한 자유 체계와 양립할 수 있는 평등한 기본적 자유의 가장 광범위한 전체 체계에 대한 평등한 권리를 가져야 한다.

병: 정의는 모든 사람들이 각자 소유하고 있는 것에 대해 소유 권리를 갖는 것이다. 정의의 원리에 따르면 과거의 상황이나 행위는 사물에 대한 응분의 자격을 창출한다.

(나)

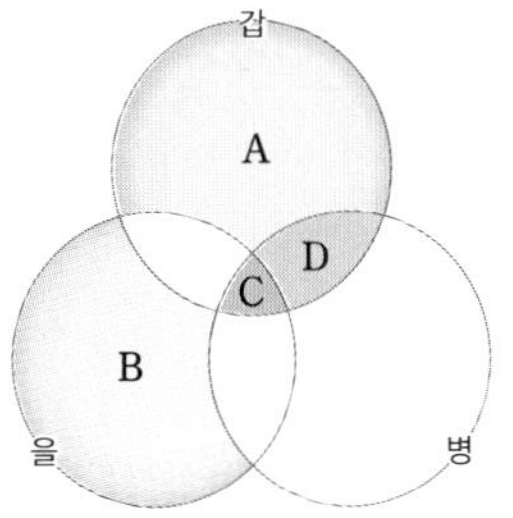

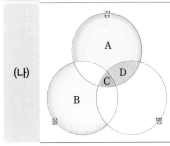

〈범 례〉
A : 갑만의 입장
B : 을만의 입장
C : 갑, 을, 병의 공통 입장
D : 갑, 병의 공통 입장

보기

ㄱ. A: 분배적 정의는 기하학적 비례의 동등함을 추구하는 것이다.

ㄴ. B: 다수의 이익을 위한 기본적 자유의 제한은 정당하다.

ㄷ. C: 공정한 분배가 이루어질 수 있는 기준을 마련해야 한다.

ㄹ. D: 원초적 입장에서 사람들은 타인의 이해관계에 무관심하다.

① ㄱ, ㄴ ② ㄱ, ㄷ ③ ㄴ, ㄹ
④ ㄱ, ㄴ, ㄷ ⑤ ㄴ, ㄷ, ㄹ

08

갑, 을의 입장에 대한 옳은 설명만을 〈보기〉에서 있는 대로 고른 것은?

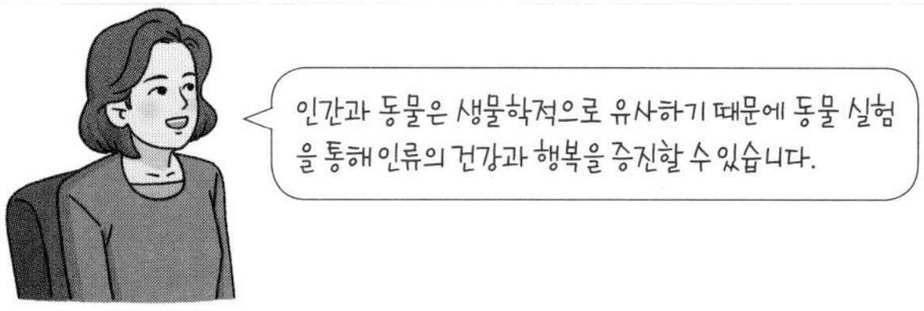

인간과 동물은 생물학적으로 유사하기 때문에 동물 실험을 통해 인류의 건강과 행복을 증진할 수 있습니다.

갑

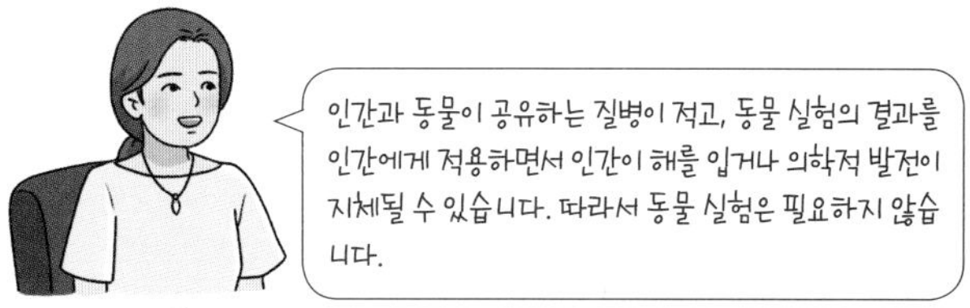

인간과 동물이 공유하는 질병이 적고, 동물 실험의 결과를 인간에게 적용하면서 인간이 해를 입거나 의학적 발전이 지체될 수 있습니다. 따라서 동물 실험은 필요하지 않습니다.

을

보기

ㄱ. 갑은 인간뿐만 아니라 동물의 도덕적 권리도 존중해야 한다고 본다.
ㄴ. 갑은 을과 달리 동물 실험이 인간에게 기여할 수 있는 부분이 크다고 본다.
ㄷ. 을은 목적이 불분명하고 필수적이지 않은 동물 실험을 하지 말아야 한다고 본다.
ㄹ. 갑, 을은 긍정적 이해 관심을 가진 동물을 실험의 도구로 활용하고 있는 것에 대해 비판한다.

① ㄱ, ㄴ ② ㄱ, ㄷ ③ ㄴ, ㄷ
④ ㄱ, ㄴ, ㄹ ⑤ ㄴ, ㄷ, ㄹ

09

다음 글의 입장에서 지지할 내용으로 가장 적절한 것은?

성(性)은 그 자체로 고유한 가치를 가지는 것이 아니라 단지 출산 또는 생식을 위한 도구적 가치만을 가진다. 성의 자연적 목적은 결혼을 통한 출산이며, 출산에 기여하는 성만이 진정한 가치를 지닌다.

① 성적 호감과 관심만으로도 성이 가능하다.
② 사랑만이 성이 정당화되기 위한 유일한 조건이다.
③ 부부만이 서로 성을 향유하고 성적 관계를 가질 수 있다.
④ 성적 욕구는 인격성을 저하시키므로 가급적 절제해야 한다.
⑤ 부부가 아니더라도 자발적 동의를 바탕으로 한 성적 관계가 가능하다.

10

갑은 부정, 을은 긍정의 대답을 할 질문으로 가장 적절한 것은?

갑: 형벌의 질과 양은 응보법만이 정할 수 있다. 다른 것들은 모두 유동적이며 다른 고려가 혼합되기 때문에 순수하고 엄격한 정의를 선고하는 데 적합하지 않다.
을: 형벌의 정도는 위법 행위에서 얻는 이득의 가치를 능가하기에 충분한 것이어야 한다. 이러한 비례의 규칙은 공리의 원리에 근거해야 한다.

① 범죄자에게 가하는 형벌을 정당화할 수 있는가?
② 형벌은 동등성의 원리에 근거해 부과되어야 하는가?
③ 형벌은 범죄를 저질렀기 때문에 가해지는 응분의 처벌인가?
④ 사회 전체의 이익보다 살인자의 생명권을 중시해야 하는가?
⑤ 형벌의 목적은 처벌을 본보기로 삼아 사회적 효용을 증진하는 것인가?

11

갑, 을 사상가들의 입장으로 옳지 않은 것은?

시민은 평등한 자유의 원칙을 위배하거나, 합법적 수단이 소용없을 때는 정당하게 시민 불복종에 참여할 수 있습니다.
시민 불복종을 하고자 할 때, 우리는 우리가 중단시키려고 하는 악의 크기와 우리의 행위가 가져올 법과 민주주의에 대한 존중심의 감소 정도를 계산해 보아야 합니다.

갑 을

① 갑: 합법적 수단이 실패했을 때 시민 불복종을 할 수 있다.
② 갑: 합법적으로 제정된 법도 시민 불복종의 대상이 될 수 있다.
③ 을: 시민 불복종이 산출할 이익과 손해를 계산해 보아야 한다.
④ 을: 공정한 기회균등의 원칙을 심하게 위반하는 경우에 시민 불복종을 할 수 있다.
⑤ 갑, 을: 시민 불복종의 참여자는 처벌을 감수해야 한다.

서술형

12

(가), (나)에 해당하는 윤리학의 명칭을 쓰고, (가)와 (나)의 공통점을 서술하시오.

(가) 윤리학의 핵심 과제는 도덕적 행위에 대한 이론적 분석과 정당화를 통해 현실의 윤리 문제를 해결할 수 있는 이론적 토대를 제공하는 것이다.
(나) 윤리학의 핵심 과제는 사회의 여러 분야의 다양한 이론을 바탕으로 삶의 구체적인 상황에서 발생하는 문제에 대한 도덕적 해결책을 제공하는 것이다.

13

갑, 을 사상가가 공통으로 주장하는 내용을 아래 〈조건〉을 포함하여 서술하시오.

갑: 쾌락 계산법에 의해 모든 종류의 쾌락은 계산할 수 있다. 쾌락을 계산하는 기준은 강도, 지속성, 확실성, 생산성 등이다.
을: 쾌락의 양만을 따지는 것은 설득력이 없다. 양이 많고 적음을 초월할 정도로 질적으로 우월한 쾌락이 존재한다.

조건
결과, 유용성, 윤리적 규칙

14

(가), (나) 입장의 차이점을 아래 〈조건〉을 포함하여 서술하시오.

(가) 시민은 한순간이라도 자신의 양심을 입법자에게 맡겨야 하는가? 우리는 먼저 인간이어야 하고 그 다음에 국민이어야 한다. 단 한 명의 사람이라도 부당하게 가두는 정부 밑에서 의로운 사람이 진정 있을 곳은 감옥이다.
(나) 시민들의 부정의한 법에 대한 불복종은 거의 정의로운 국가에서 체제의 합법성을 인정하는 시민들에 의해서만 생긴다. 특히 평등한 기본적 자유 원칙의 침해는 굴종이 아니면 반항을 부른다.

조건
사회적 다수의 정의관, 양심

15

다음 제시문을 읽고 ㉠에 대한 반대의 근거를 두 가지 이상 서술하시오.

㉠ 소수자 우대 정책은 차별을 받아온 사회적 약자에게 대학 입학이나 취업 등에서 가산점을 주거나 혜택을 주는 사회 정책이다.

적중 예상 전략 2회

01

갑, 을의 입장에서 서로에게 제기할 비판 내용으로 가장 적절한 것은?

> 갑: 윤리학은 사실의 학문이 아니라 당위의 학문이다. 따라서 윤리학은 인간의 행위, 성품, 사회 제도 등에 대한 옳고 그름을 판단한 후 사회가 나아가야 할 당위적 방향성을 제시해야 한다.
> 을: 윤리학은 도덕적 풍습과 관습, 관행 등을 조사하고 구체적으로 기술하며 이들 속에 나타난 인과 관계까지 설명하는 일에 주목해야 한다.

① 갑이 을에게: 윤리학을 가치 중립적으로 탐구해야 할 필요가 있음을 간과한다.
② 갑이 을에게: 도덕적 연구에도 객관적인 관찰과 분석이 동원되어야 함을 간과한다.
③ 갑이 을에게: 인간이 어떻게 행위를 해야 하는가에 대한 보편적 원리의 탐구를 간과한다.
④ 을이 갑에게: 도덕적 추론의 타당성 분석만을 지나치게 강조한다.
⑤ 을이 갑에게: 도덕적 이론의 확립과 정당화를 지나치게 강조한다.

02

다음을 주장한 사상가의 입장으로 가장 적절한 것은?

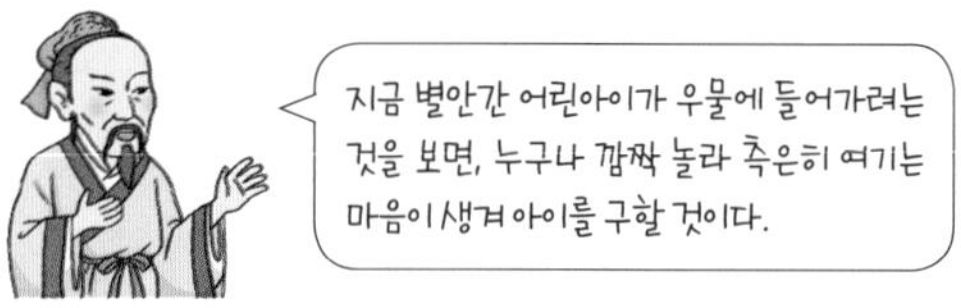
지금 별안간 어린아이가 우물에 들어가려는 것을 보면, 누구나 깜짝 놀라 측은히 여기는 마음이 생겨 아이를 구할 것이다.

① 연기성과 진리에 대한 깨달음을 얻어야 한다.
② 타고난 선한 본성을 확충하기 위해 노력해야 한다.
③ 인간의 본성이 이기적임을 알고 수양을 통해 다스려야 한다.
④ 성인이 되고자 하는 마음을 끊어야 참된 덕이 생겨나게 된다.
⑤ 만물과 나 사이의 구별 없이 하나가 되는 경지에 이르러야 한다.

03

갑, 을 사상가들의 입장으로 가장 적절한 것은?

> 갑: 단지 의무에 일치하기만 하는 행위가 아니라 의무로부터 비롯된 행위만이 참된 도덕적 가치를 지닌다.
> 을: 어떤 종류의 쾌락이 다른 것보다 더 바람직하고 가치 있다는 사실을 인정한다고 해서 공리의 원리에 어긋나는 것은 결코 아니다.

① 갑: 선의지는 항상 좋은 결과를 가져온다.
② 갑: 감정이나 욕구에 따른 행위는 도덕적 가치를 지닌다.
③ 을: 옳은 행위의 판단 기준으로 결과보다 동기를 중시해야 한다.
④ 을: 쾌락의 질적 차이를 인정하는 것은 공리의 원리와 양립할 수 없다.
⑤ 갑, 을: 쾌락의 양이 증대된다고 해서 그 행위가 항상 도덕적 가치를 지니는 것은 아니다.

04

갑, 을의 입장에 대한 옳은 설명만을 〈보기〉에서 있는 대로 고른 것은?

보기
ㄱ. 갑은 여성의 선택권이 태아의 생명권에 우선한다고 본다.
ㄴ. 을은 태아와 성인의 지위가 동등하다고 본다.
ㄷ. 을은 여성의 선택권 보장을 위해 낙태를 허용할 수 있다고 본다.
ㄹ. 갑, 을은 태아가 인간으로 성장할 가능성이 있다고 본다.

① ㄱ, ㄴ ② ㄱ, ㄷ ③ ㄷ, ㄹ
④ ㄱ, ㄴ, ㄹ ⑤ ㄴ, ㄷ, ㄹ

05

(가)의 갑, 을, 병 사상가들의 입장을 (나) 그림으로 탐구하고자 할 때, A~D에 들어갈 적절한 질문만을 〈보기〉에서 있는 대로 고른 것은?

(가)

갑: 동물도 쾌고 감수 능력을 지닌다. 이익 평등 고려의 원칙에 따라 동물의 고통도 인간의 고통과 동등하게 고려해야 한다.
을: 동물도 삶의 주체일 수 있다. 일부 포유류는 지각, 의식, 쾌고 감수 능력, 미래와 복지에 대한 생각 등을 지니고 있다.
병: 동물에 대한 인간의 의무는 직접적 의무가 아니라 간접적 의무이다. 동물은 자의식이 없는 수단적 존재이다.

(나)

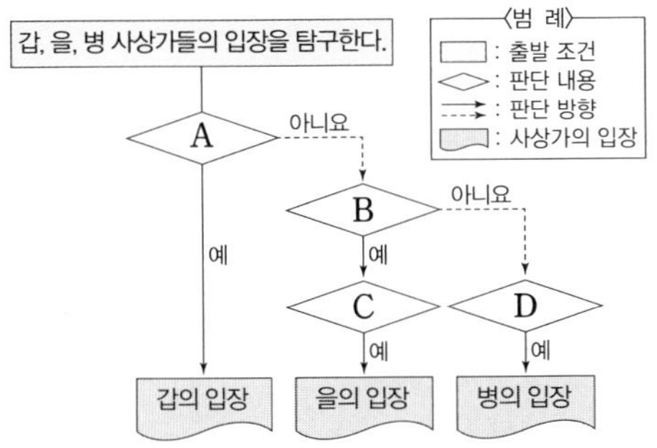

보기

ㄱ. A: 쾌고 감수 능력은 어떤 존재가 이익 관심을 갖기 위한 필요충분조건인가?
ㄴ. B: 동물도 내재적 가치를 지닐 수 있는가?
ㄷ. C: 도덕적 무능력자도 삶의 주체일 수 있는가?
ㄹ. D: 인간에 대한 의무와 동물에 대한 의무는 언제나 동등해야 하는가?

① ㄱ, ㄴ ② ㄱ, ㄷ ③ ㄷ, ㄹ
④ ㄱ, ㄴ, ㄷ ⑤ ㄴ, ㄷ, ㄹ

06

다음 사상의 입장으로 적절하지 않은 것은?

부부는 백성을 낳는 시작이며 모든 행복의 근원이다. 남편은 바깥채에 거처하며 안채의 일을 말하지 않고, 아내는 안채에 거처하며 바깥채의 일을 말하지 않는다. 부부가 공경하여 집안이 화목하고 순조로워야 부모께서 편안하고 즐거우실 것이다.

① 부부는 서로를 손님 대하듯 공경해야 한다.
② 부부는 서로 각자의 일을 분별(分別)해야 한다.
③ 부부는 자녀를 함께 양육하는 역할을 해야 한다.
④ 부부는 상호 조화와 협력의 자세를 유지해야 한다.
⑤ 부부는 서로에게 천륜(天倫)의 도리를 다해야 한다.

07

갑, 을, 병 사상가들의 입장에 대한 설명으로 옳지 않은 것은?

갑: 농사를 스스로 지으면서 천하를 다스릴 수 있겠는가? 대인(大人)이 하는 일이 있고 소인(小人)이 하는 일이 있다.
을: 선왕(先王)이 예의(禮義)를 제정한 것은 백성들에게 구별을 알게 하고자 함이다. 농부는 밭을 갈고, 상인은 물건을 팔며, 사대부는 정무(政務)를 담당한다.
병: 각자는 타고난 성향에 따라 한 가지 일에 배치되어야 한다. 각자가 국가에서 통치자, 방위자, 생산자 일에 종사함으로써 하나가 되도록 하기 위한 것이다.

① 갑은 통치자가 백성의 생계유지에 무관심해야 한다고 본다.
② 을은 직업 분담에서 능력을, 병은 각자의 탁월성을 중시한다.
③ 을은 재화에 대한 욕망을 인정하는 동시에 절제할 것을 강조한다.
④ 병은 각자의 덕을 발휘하여 국가 공동체에 헌신할 것을 강조한다.
⑤ 갑, 을, 병은 공동체의 질서 유지를 위해 사회적 분업이 필요하다고 본다.

08

갑, 을의 입장에 대한 설명으로 가장 적절한 것은?

갑: 정의로운 국가가 되려면 통치자가 지혜의 덕, 방위자가 용기의 덕을, 생산자가 절제의 덕을 갖추어야 한다.
을: 목민관은 대탐(大貪)을 지녀야 한다. 올바른 자세를 지닌 목민관이라면 부임지를 떠날 때 백성이 슬퍼하며 다시 그를 보내달라고 왕에게 요청할 것이다.

① 갑은 공직자가 생필품을 스스로 생산해야 한다고 본다.
② 갑은 공직자가 정책 결정을 시민에게 맡겨야 한다고 본다.
③ 을은 공직자가 사유 재산을 가져서는 안 된다고 본다.
④ 을은 공직자가 근무지에서 급여 외의 금품을 받아야 한다고 본다.
⑤ 갑, 을은 공직자가 공동체를 우선시하며 절제하는 삶을 살아야 한다고 본다.

09

(가)의 갑, 을, 병의 입장을 (나)의 그림으로 탐구하고자 할 때, A~D에 들어갈 적절한 질문만을 〈보기〉에서 있는 대로 고른 것은?

(가)

공정한 기회균등의 원칙은 협동 체제가 순수 절차적 정의의 체제임을 보장하려는 것이다.
갑
취득과 이전에서의 정의의 원리에 따라 소유물을 취득한 자만이 그 소유물에 대한 소유 권리가 있다.
을
자본주의에서 노동은 생계를 위한 강제적 활동이 된다. 따라서 사적 소유를 없애고 공동 생산, 공동 분배의 공산 사회를 건설해야 한다.
병

(나)

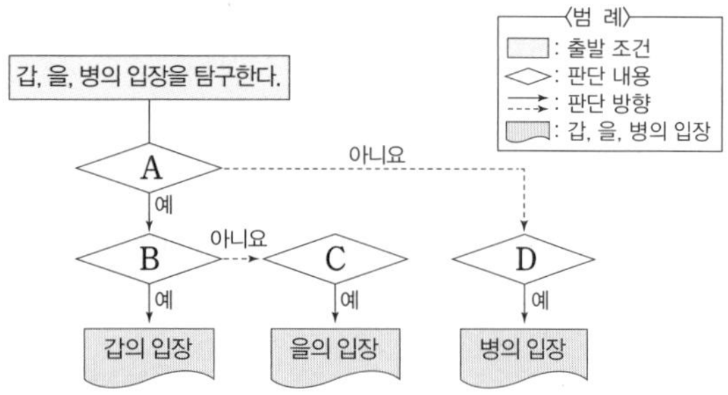

보기

ㄱ. A: 사회적·경제적 불평등을 허용하면 분배적 정의의 실현이 불가능한가?
ㄴ. B: 원초적 입장에서 정의의 원칙을 도출해야 하는가?
ㄷ. C: 최소 국가 이상의 포괄적 국가는 개인의 권리를 침해하는가?
ㄹ. D: 능력에 따라 일하고 필요에 따라 분배해야 하는가?

① ㄱ, ㄷ ② ㄱ, ㄹ ③ ㄷ, ㄹ
④ ㄱ, ㄷ, ㄹ ⑤ ㄴ, ㄷ, ㄹ

10

다음은 어느 서양 사상가에 대한 한 학생의 질문 응답지이다. 응답이 모두 옳다고 할 때, ㉠에 들어갈 질문으로 옳은 것은?

번호	질문	응답	
		예	아니오
(1)	개인의 선의지는 사회 정의 실현에 기여하는가?	✓	
(2)	개인의 도덕성은 집단의 도덕성을 결정하는가?		✓
(3)	집단 간의 관계는 각 집단이 가진 힘의 비율에 따라 형성되는가?	✓	
(4)	㉠	✓	

① 개인의 도덕성은 집단의 도덕성보다 열등한가?
② 집단 간의 관계는 정치적이기보다는 윤리적인가?
③ 개인이 집단에 비해 이기심을 조절하기 어려운가?
④ 정의 실현을 위해 비합리적인 수단을 동원할 수 있는가?
⑤ 개인의 최고의 도덕적 이상은 정의, 집단의 최고의 도덕적 이상은 이타심인가?

11

갑, 을 사상가들의 입장으로 가장 적절한 것은?

갑: 백성들을 형벌로 다스리면 백성들은 형벌을 면하고 부끄러워함이 없다. 그러나 덕(德)으로 인도하고 예(禮)로써 다스리면, 백성들은 부끄러워할 줄도 알고 또한 잘못을 바로잡게 된다.

을: 하늘의 뜻을 따르는 자는 서로 사랑하고 이로움을 누리므로 사랑을 받지만, 하늘의 뜻에 반하는 자는 서로 차별하고 반목하며 적대시하므로 벌을 받는다. 다스리는 자는 차별 없이 사랑하고 다스림을 받는 자는 윗사람의 뜻을 따라야 한다.

① 갑: 백성의 선행과 악행은 상과 벌로만 다루어야 한다.
② 갑: 통치자는 인격을 수양하여 백성에게 덕을 베풀어야 한다.
③ 을: 통치자는 자국의 이익 증진을 위해 타국을 공격할 수 있어야 한다.
④ 을: 큰 도가 행해지고 모두가 하나 되는 사회인 대동 사회를 이상 사회로 보았다.
⑤ 갑, 을: 존비친소(尊卑親疏)의 구별 없이 모든 사람을 동등하게 사랑해야 한다.

서술형

12

갑, 을 사상가의 입장 차이를 〈조건〉의 개념을 활용하여 서술하시오.

갑: 고통과 즐거움을 느낄 수 있는 능력은 어떤 존재가 이익 관심을 갖는다고 말할 수 있기 위한 필요조건일 뿐만 아니라 충분조건이기도 하다.

을: '삶의 주체'라는 것은 믿음, 욕구, 지각, 기억, 자신의 미래를 포함한 미래에 관한 의식, 쾌락과 고통 등의 감정을 느낄 수 있다는 것을 의미한다.

조건

쾌고 감수 능력, 삶의 주체, 도덕적 고려의 대상

13

(가), (나) 사상이 어떤 사상인지 쓰고, 각 사상의 죽음관의 차이점을 서술하시오.

(가) 삶도 아직 모르는데 어찌 죽음을 알겠는가? 지사(志士)는 삶을 영위하되 인(仁)을 해침이 없고, 자신을 희생함으로써 인을 이룬다.

(나) 삶과 죽음은 인간의 운명이니, 진인(眞人)은 삶을 기뻐하지도 죽음을 슬퍼하지도 않는다.

14

(가)를 주장한 사상가의 이름과 사상가가 (나)의 상황에 대해 제시할 견해를 서술하시오.

(가)

재산이나 권력 혹은 명예와 같이 사회적으로 중요한 특정 가치를 소유한 일부 사람들이 그 가치 이외의 다른 가치까지 모두 장악할 수 있는 상황은 정의로운 상태가 아니다. 우리는 복합 평등으로서의 정의를 실현해야 한다.

(나) 공직에 있는 시민 X가 시민 Y보다 우선적인 의료 혜택, 자녀의 취학 우선권, 다양한 취업 기회의 제공 등과 같은 혜택을 받고 있다.

15

다음 글을 읽고, 사형 제도에 대한 자신의 입장과 그 근거를 서술하시오.

사형 제도를 폐지하라!	사형 제도를 유지하라!
사형에 대한 두려움 때문에 의도했던 범죄를 포기한 경우는 드물다. 사형 제도가 무고한 사람의 생명을 구할 수 있다는 명확한 근거가 없다면 국가가 이를 시행해서는 안 될 것이다.	반인륜적인 범죄에 대해 합당한 처벌이 필요하다. 피해자의 생명을 앗아간 범죄자의 생명을 박탈하는 것은 사회적 정의이다. 이는 국민의 법 감정과도 일치한다.

Memo

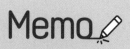

단기간 고득점을 위한 2주

전략 질주

고등 전략

내신전략 시리즈

국어/영어/수학/사회/과학

필수 개념을 꽉~ 잡아 주는 초단기 내신 전략서!

수능전략 시리즈

국어/영어/수학/사회/과학

빈출 유형을 철저히 분석하여 반영한 고효율·고득점 전략서!

★ 고등 **5종** 생활과 윤리 교과서
필수 학습 내용 반영!

중간고사 기말고사
고득점을 예약하자!

시험적중
내신전략

고등 생활과 윤리

BOOK 2

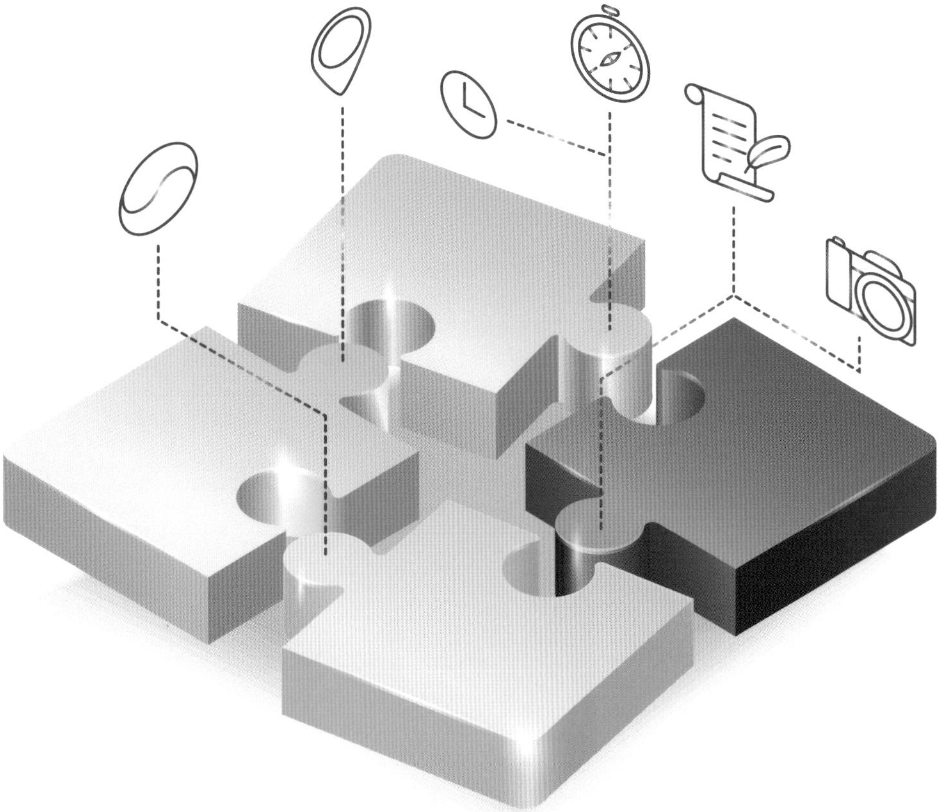

천재교육

내신전략

고등 생활과 윤리

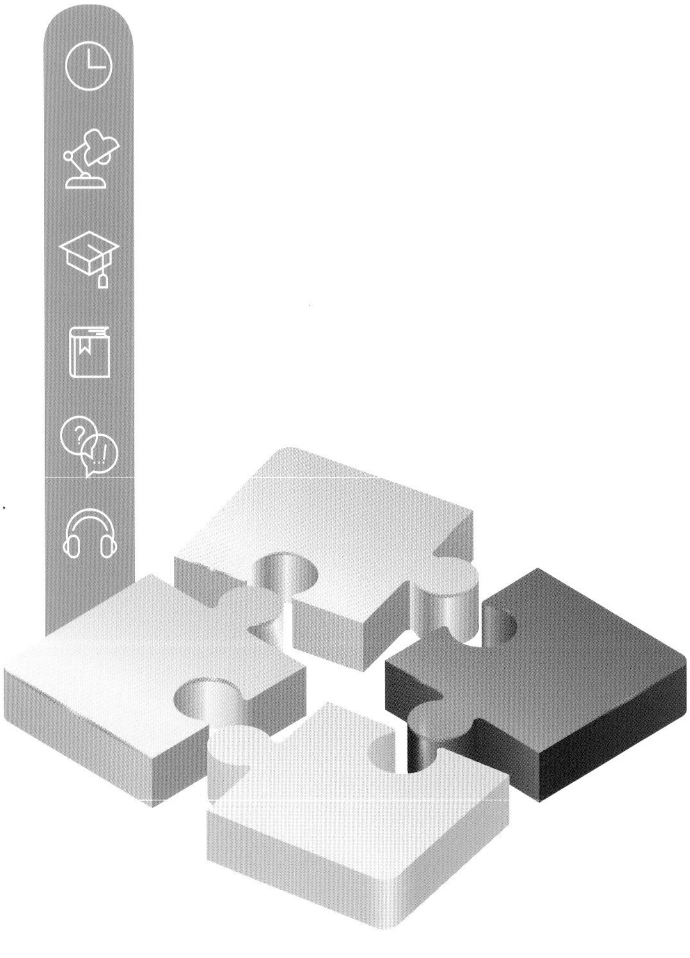

내신전략 | 고등 **생활과 윤리**

시험에 잘 나오는
개념BOOK 2

내신전략

고등 생활과 윤리

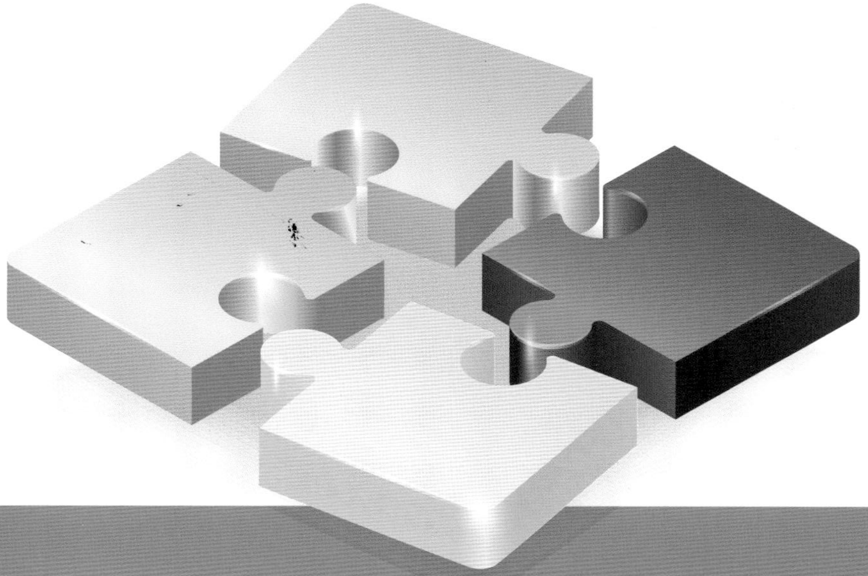

시험에 잘 나오는
개념BOOK 2

천재교육

Memo

시험에 잘 나오는

개념 BOOK 2

내신전략

고등 생활과 윤리

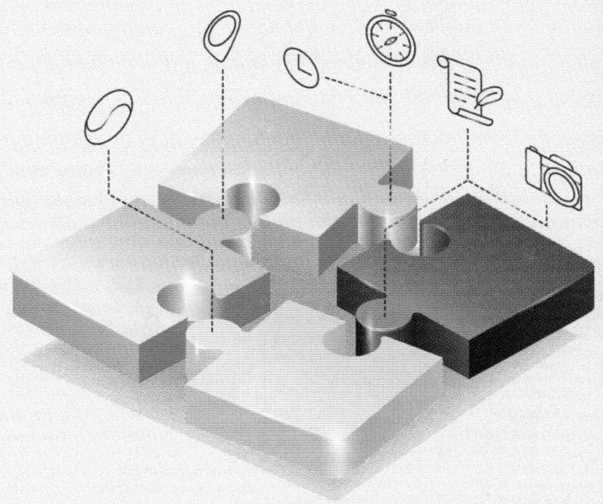

개념 BOOK 하나면
생활과 윤리 공부 끝!

시험에 잘 나오는 개념 BOOK이야~ 차례부터 한번 살펴보자!

1등급 바탕 예제 정답

14 **1** (1) ○ (2) × (3) ○ (4) × **2** ㄱ, ㄴ, ㄷ **3** 명품 선호 현상은 과소비와 사치 풍조를 조장하고, 사회적 위화감을 조성할 수 있다.

15 **1** (1)-㉡ (2)-㉢ (3)-㉠ **2** ㄱ, ㄷ **3** 기업의 윤리적 책무를 일깨우며, 경제 정의 실현과 인류의 지속 가능성 유지에 기여할 수 있다.

16 **1** (1) 동화주의 (2) 다문화주의 (3) 문화 다원주의 **2** ㄴ, ㄷ, ㄹ **3** 종교와 윤리는 모두 도덕성과 윤리의 실천을 중시하므로 완전히 분리된 것이 아니다.

17 **1** (1)-㉡ (2)-㉠ (3)-㉢ **2** ㄱ, ㄴ **3** 하버마스는 대화 당사자들이 합의한 결과를 수용하고 그것을 의무로 받아들이기 위해 합리적인 의사소통을 거쳐야 한다고 보았다.

18 **1** (1)-㉠ (2)-㉡ (3)-㉢ **2** ㄱ, ㄹ **3** 갑은 정치적 결단과 군사적 행동을 통해 빠른 시일 내에 통일을 이루어야 한다고 보는 반면, 을은 사회적 · 문화적 통합을 바탕으로 점진적으로 통일을 이루어야 한다고 본다.

19 **1** (1) 현실주의적 (2) 이성적 (3) 상호 작용 **2** ㄷ, ㄹ **3** 이상주의적 입장에서는 국제기구, 국제법, 국제 규범 등 제도의 개선으로 집단 안보가 형성되던 국제 분쟁을 해결할 수 있다고 본다.

20 **1** (1) 소극적 평화 (2) 구조적 폭력 (3) 문화적 폭력 **2** ㄱ, ㄷ, ㄹ **3** 국제 평화 유지를 목적으로 하는 국제기구들은 칸트가 주장하는 영구 평화의 실천적 형태라고 할 수 있다.

21 **1** (1)-㉠ (2)-㉢ (3)-㉡ **2** ㄴ, ㄷ **3** 롤스는 불리한 여건으로 고통받는 사회가 질서 정연한 사회의 구성원이 되도록 돕기 위해 원조를 해야 한다고 보았다.

1등급 바탕 예제 정답

01 **1** (1) × (2) ○ (3) ○ **2** ㄱ, ㄴ, ㄹ **3** 하이데거는 과학 기술을 가치 중립성을 부정하며 과학 기술에 대한 가치 판단이 필요하다고 보았다.

02 **1** (1) × (2) ○ (3) ○ **2** ㄱ, ㄴ **3** 을은 과학 기술자의 외적 책임을 강조하고 있다. 외적 책임은 과학 기술자의 연구 결과가 사회에 미칠 영향에 대한 책임을 의미한다.

03 **1** (1) 전통적 (2) 현세대 (3) 당위적 **2** ㄱ, ㄷ, ㄹ **3** 새로운 책임 윤리는 책임의 범위를 자연환경과 미래 세대까지 확장하였다.

04 **1** (1) × (2) ○ (3) × **2** ㄱ, ㄹ **3** 창작자의 노력에 대한 정당한 대가를 지불하지 못할 경우 창작자의 창작 의욕을 떨어뜨릴 수 있다.

05 **1** (1) ○ (2) × (3) ○ **2** ㄱ, ㄷ, ㄹ **3** 정보를 제대로 평가하기 위한 비판적 사고 능력, 자신의 목적에 맞게 기존 정보를 새로운 정보로 조합하는 능력 등을 길러야 한다.

06 **1** (1) ○ (2) × (3) × **2** ㄱ, ㄴ, ㄹ **3** 갑은 베이컨, 을은 데카르트로, 동물이나 자연이 인간을 위한 도구로 사용될 수 있다고 보았다.

07 **1** (1) ○ (2) ○ (3) × **2** ㄴ, ㄹ **3** 레건은 한 살 이상의 포유류는 삶의 주체가 될 수 있으므로 내재적 가치를 지닌다고 보았다.

08 **1** (1) × (2) × (3) ○ **2** ㄴ, ㄷ **3** 테일러는 모든 생명체가 각자 자신의 방식대로 고유의 선을 추구하는 존재이므로 목적론적 삶의 중심이라고 규정하였다.

09 **1** (1) ○ (2) ○ (3) ○ **2** ㄱ, ㄷ **3** 환경 파시즘으로 흐를 위험이 있고, 환경 문제 해결을 위해 불특정 다수에게 과도한 책임을 부과한다.

10 **1** (1)–㉡ (2)–㉢ (3)–㉠ **2** ㄴ, ㄷ **3** (1) 불교에서는 인간과 자연은 하나의 그물망으로 긴밀하게 연결되어 있다고 보았다. (2) 도교에서는 인간이 자연에 조작과 통제를 가하는 것에 반대한다.

11 **1** (1) × (2) ○ (3) ○ **2** ㄱ, ㄴ, ㄹ **3** 톨스토이는 예술을 개인의 감정을 표현하여 다른 사람에게 전하는 모든 것이라고 보았다.

12 **1** (1) × (2) ○ (3) ○ **2** ㄴ, ㄷ **3** 갑은 와일드, 을은 스핑건으로, 예술은 윤리적 평가로부터 자유로워야 한다고 보았다.

13 **1** (1) ○ (2) × (3) × **2** ㄷ, ㄹ **3** 예술의 상업화로 예술의 본질이 왜곡되거나 질적 저하로 이어질 수 있습니다.

차례

01 과학 기술의 가치 중립성 논쟁

빈출도 ●●●

출제 포인트

- 자료는 과학 기술의 가치 중립성에 관한 여러 입장을 정리한 것이다.
- 과학 기술의 가치 중립성을 인정하는 입장과 과학 기술에 대한 가치 판단이 필요하다는 입장의 차이점을 잘 분석해 두어야 한다. 또한 과학 기술에 대한 야스퍼스와 하이데거 입장이 자주 출제되고 있으므로 꼼꼼히 살펴 두어야 한다.

필수 자료

(1) 과학 기술의 가치 중립성 논쟁

과학 기술을 가치 중립적으로 보는 입장	과학 기술의 가치 중립성을 부정하는 입장
• 과학 기술 그 자체는 선도 악도 아님 • 객관적 실험, 논리적 사고를 통해 지식을 얻기 때문에 과학 기술에 주관적 가치가 개입될 수 없음 • 윤리적 규제는 과학 기술 발달을 저해하고 왜곡된 결과를 초래할 수 있음	• 과학 기술 연구 대상 선정 및 결과 활용 과정에서 가치가 개입됨 • 과학 기술은 정치·경제 등 사회적 요인과 결합하여 발전하고 내용의 제약을 받음 • 과학 기술과 인간의 삶은 불가분의 관계에 있음
➡ 과학 기술은 가치 중립적이므로 연구의 자유를 보장해야 한다고 주장한다.	➡ 과학 기술은 가치 판단의 대상이므로 윤리적 검토나 통제가 필요하다고 주장한다.

(2) 과학 기술에 대한 야스퍼스와 하이데거의 입장 비교

야스퍼스	• 과학 기술은 인간 사회와 무관하게 그 자체의 발전 논리를 가지고 있음 • 과학 기술은 그 자체로 선도 악도 아닌 수단일 뿐임
하이데거	과학 기술을 가치 중립적인 것으로 보아 무방비 상태가 되면 인간이 과학 기술에 종속당할 수 있음

자료 해석

다음은 기술에 대한 야스퍼스와 하이데거의 입장을 정리한 것이다. 빈칸에 들어갈 내용을 쓰시오.

야스퍼스	기술은 그 자체로는 선도 아니고 악도 아닌 ❶ (　　) 일 뿐임
하이데거	기술을 가치 중립적 도구로만 보게 될 경우 인간이 기술에 ❷ (　　) 당할 수 있음

답 | ❶ 수단 ❷ 종속

1등급 바탕 예제

1 해외 원조에 대한 사상가들의 입장을 바르게 연결하시오.

(1) 싱어 •　　• ㉠ 이익 평등 고려의 원칙에 따라 누구나 차별 없이 도움을 받아야 함

(2) 롤스 •　　• ㉡ 해외 원조는 의무가 아닌 자선 행위임

(3) 노직 •　　• ㉢ 빈곤국이 질서 정연한 사회로 이행하도록 도와야 함

2 다음을 주장한 사상가의 입장만을 〈보기〉에서 있는 대로 고르시오.

> 만약 어떤 사람에게 매우 나쁜 일이 일어나는 것을 방지할 수 있는 힘을 우리가 가지고 있고, 그 나쁜 일을 방지함으로써 그 일에 상응하는 도덕적 중요성을 가진 다른 일이 희생되지 않는다면, 우리는 그렇게 해야만 한다.

보기

ㄱ. 원조나 기부는 의무가 아닌 선의를 베푸는 자선 행위이다.
ㄴ. 국경이나 민족, 인종과 무관하게 고통받는 사람을 도와야 한다.
ㄷ. 절대 빈곤에 처한 사람을 돕는 것은 인류의 행복을 증진시키는 것이다.
ㄹ. 자신의 경제력과 무관하게 극단적 빈곤에 처한 사람을 무조건 도와야 한다.

서술형

3 다음 사상가가 주장하는 원조의 목적을 서술하시오.

> 우리가 말하는 고통받는 사회는 팽창적이지도 공격적이지도 않은 반면에, 정치적이며 문화적인 전통, 즉 인적 자본과 기술 수준, 종종 질서 정연한 사회가 되는 데 필요한 물질적·과학 기술적 자원들을 결핍하고 있다.

21 해외 원조에 대한 다양한 입장

빈출도 ● ● ●

출제 포인트

- 자료는 해외 원조에 대한 싱어, 롤스, 노직의 입장을 정리한 것이다.
- 해외 원조에 대한 싱어, 롤스, 노직의 입장을 이해해 두어야 한다. 또한 각 사상가들의 입장의 공통점 및 차이점, 그리고 서로에 대해 제기할 비판 내용까지 꼼꼼히 체크하고 정리해 두어야 한다.

필수 자료

(1) 의무의 관점

의무론	• 어려운 처지에 있는 사람을 돕는 행위는 사람을 목적으로 대우하는 것이며 도덕 법칙이자 윤리적 의무임 • 타인의 고통에 대한 무관심은 보편적 윤리 기준에 어긋남
싱어	• 절대적 빈곤으로 고통받는 사람들을 돕는 것은 윤리적 의무임(공리주의적 입장) • 굶주림으로 죽어 가는 이웃에게 자신의 꼭 필요하지 않은 지출을 기부해야 함
롤스	• 빈곤국이 '질서 정연한 사회'로 이행하도록 돕는 것은 정의 실현을 위한 의무 • 원조의 목적이 달성된 후에는 더 이상의 원조가 필요하지 않음

(2) 자선의 관점

노직	• 원조나 기부는 선의를 베푸는 자선 행위임 • 개인이 정당한 과정을 거쳐서 취득한 재산은 누구도 침해할 수 없는 배타적 소유권을 지니기 때문에 해외 원조나 기부를 강요해서는 안 됨

자료 해석

다음은 해외 원조에 대한 다양한 사상가들의 입장이다. 빈칸에 들어갈 내용을 쓰시오.

싱어	인류 전체의 고통 감소와 행복 증진이라는 ❶ ______ 관점에서 원조에 힘써야 함
롤스	원조의 목적은 불리한 여건으로 고통받는 사회가 ❷ ______ 사회가 되도록 돕는 것임
노직	정당한 절차를 통해 취득한 재산에 대한 소유권을 인정해야 하므로 해외 원조나 기부를 의무의 관점이 아닌 ❸ ______ 행위의 관점에서 이해해야 함

답 | ❶ 공리주의적 ❷ 질서 정연한 ❸ 자선

1등급 바탕 예제

1 다음 설명 중 옳은 것은 ○표를, 틀린 것은 ×표를 하시오.

(1) 과학 기술을 가치 중립적으로 보는 입장에서는 과학 기술도 윤리적 규제의 대상이라고 본다. (○ , ×)

(2) 야스퍼스는 과학 기술 그 자체는 선이나 악이 아니라고 보았다. (○ , ×)

(3) 하이데거는 오늘날 인간이 어디서나 과학 기술에 붙들려 있다고 보았다. (○ , ×)

2 다음을 주장한 사상가의 입장을 〈보기〉에서 있는 대로 고르시오.

> 기술은 기술을 실현시키는 것과는 독립해 있는 자립적인 존재로서 일종의 공허한 힘이며 결국은 목적에 대한 수단인 것이다. 어떻게 기술이 인간과 전혀 무관하게 광기를 부릴 수 있단 말인가? 혹은 어떻게 인간을 포함한 전 지구가 오직 유일한 거대한 공장의 재료가 될 수 있다는 말인가?

• 보기 •

ㄱ. 과학 기술에 가치 판단이 개입해서는 안 된다.
ㄴ. 기술 그 자체는 선도 아니고 악도 아닌 수단일 뿐이다.
ㄷ. 기술을 중립적인 것으로 볼 때 인간이 기술에 종속될 수 있다.
ㄹ. 기술이 선한지 악한지는 인간이 기술을 어떻게 활용하는지에 달려 있다.

서술형

3 다음과 같은 주장을 하는 사상가가 과학 기술의 가치 중립성에 대해 어떤 입장을 가지고 있는지 서술하시오.

> 과학 기술은 좀처럼 상상하지 못하는 방식으로 우리들의 존재를 철저하게 지배하고 있다. 오늘날 우리는 어디서나 과학 기술에 붙들려 있다. 따라서 최악의 경우는 기술을 중립적인 것으로 고찰하여 우리와 무관한 것으로 보게 되는 것이다. 이 경우 우리는 무방비 상태로 기술에 내맡겨진다.

02 과학 기술자의 책임

빈출도 ●●●

출제 포인트

- 자료는 과학 기술자의 내적 책임과 외적 책임을 정리한 것이다.
- 과학 기술자의 내적 책임과 외적 책임을 모두 강조하는 입장, 내적 책임만을 강조하는 입장을 묻는 문제가 자주 출제되니 두 입장의 차이를 잘 파악해 두어야 한다.

필수 자료

(1) 과학 기술자의 내적 책임

과학 기술 연구 윤리	정직하고 성실한 태도로 책임 있는 연구를 수행하기 위해 지켜야 할 윤리적 원칙과 행동 양식
내적 책임	• 실험 대상을 윤리적으로 대우하고, 연구 과정에서 위조, 변조, 표절, 부당한 저자 표기 등의 비윤리적 행위를 해서는 안 됨 • 연구 윤리를 준수하면서 자기 연구의 참·거짓을 밝히며 다른 연구자들이 신뢰할 수 있는 검증 과정을 거쳐야 함 • 연구 결과를 완전하게 공표하고, 기여 정도에 따라 연구 공로를 공정하게 배분해야 함

(2) 과학 기술자의 외적 책임(=사회적 책임)

외적 책임	• 자신의 연구 결과가 사회에 미칠 영향에 대해 책임져야 함 • 과학 기술의 결과물이 사회에 미칠 수 있는 부정적 영향과 미래에 초래할 수 있는 위험을 폭넓게 검토, 예방적 조치를 해야 함 • 적정 기술, 식량 증산 기술, 대체 에너지 기술 등을 통해 인류의 당면 과제를 해결해야 함 • 자신의 연구 활동이 인간 존엄성 구현과 삶의 질 향상을 위한 것인지 성찰해야 함 • 사회적으로 해로운 결과가 예상된다면 연구를 중단해야 함

자료 해석

다음은 과학 기술자의 책임을 정리한 것이다. 빈칸에 들어갈 내용을 쓰시오.

내적 책임	연구 과정에서 ❶ ______, 변조, 표절 등의 행위를 하지 않고 정직하게 연구함
외적 책임	연구 결과가 ❷ ______ 와/과 인류 전체에 미칠 영향력을 미리 내다보고 대처해야 함

답 | ❶ 위조 ❷ 사회

1 다음에서 설명하고 있는 내용이 무엇인지 쓰시오.

(1) 범죄, 테러, 전쟁 등과 같은 직접적 폭력이 사라진 상태

(2) 사회 제도나 관습, 정치, 법률 등에서 생기는 간접적·정신적 폭력

(3) 종교·언어·예술 등을 통해 직접적·구조적 폭력을 용인하고 정당화하는 상징적인 의미로서의 폭력

2 다음을 주장한 사상가의 입장만을 〈보기〉에서 있는 대로 고르시오.

> 폭력에는 직접적 폭력뿐 아니라 구조적·문화적 폭력도 있다. 폭력은 직접적, 구조적, 문화적 폭력의 삼각형의 어떤 꼭짓점에서도 시작될 수 있고 다른 꼭짓점으로 쉽사리 전달된다.

보기

ㄱ. 사람들에 대한 억압이나 착취 등도 평화를 해치는 폭력이 될 수 있다.
ㄴ. 모든 폭력의 발단은 직접적 폭력이며 구조적, 문화적 폭력으로 확산된다.
ㄷ. 문화적 폭력은 직접적 폭력과 구조적 폭력을 정당화하고 합법화 할 수 있다.
ㄹ. 모든 종류의 폭력이 제거되어 인간다운 삶을 살 수 있을 때 진정한 평화가 실현될 수 있다.

서술형

3 다음 사상가가 주장하는 영구 평화의 실천적 형태를 서술하시오.

> 첫째, 모든 국가의 시민적 정치 체제는 국가 구성원이 자유롭고 평등하며 공통의 법을 따를 수 있는 공화 정체이어야 한다. 둘째, 국제법은 자유로운 국가들의 연방 체제에 기초해야 한다. 셋째, 국가 간 평등한 관계에 기반을 둔 세계 시민법은 보편적 우호의 조건들에 국한되어야 한다.

20 칸트와 갈퉁의 평화론

빈출도 ● ● ●

출제 포인트

- 자료는 칸트의 영구 평화론과 갈퉁의 적극적 평화론에 대한 내용을 정리한 것이다.
- 칸트의 기본 입장과 세 가지 영구 평화 조항을 원문을 중심으로 공부해 두고 숙지해야 한다. 또한 갈퉁이 말하는 소극적 평화와 적극적 평화의 의미를 이해하고 이를 비교 분석하면서 잘 공부해 두어야 한다.

필수 자료

(1) 칸트의 영구 평화론

기본 입장	• 전쟁의 폭력성과 적대성이라는 악순환에서 벗어나 영구 평화를 이루어야 함 • 직접적인 폭력과 전쟁에서 벗어날 수 있도록 각국이 국제법의 적용을 받는 평화 연맹을 구성해야 함
영구 평화 조항	• 모든 국가의 시민적 정치 체제는 공화 정체이어야 함 • 국제법은 자유로운 국가들의 연맹 체제에 기초해야 함 • 세계 시민법은 보편적 우호의 조건들에 국한되어야 함

(2) 갈퉁의 적극적 평화론

기본 입장	• 소극적 평화와 적극적 평화를 구분함 • 적극적 평화까지 실천해야 진정한 평화를 이루어 낼 수 있음
소극적 평화	범죄, 테러, 전쟁 등과 같은 직접적 폭력이 사라진 상태
적극적 평화	직접적 폭력뿐 아니라 구조적, 문화적 폭력까지 사라진 상태 ➡ 구조적 폭력: 사회 제도나 관습, 정치, 법률 등에서 생기는 간접적·정신적 폭력으로 의도되지 않은 폭력 ➡ 문화적 폭력: 종교·언어·예술 등을 통해 직접적·구조적 폭력을 용인하고 정당화하는 기능을 수행하는 상징적인 의미로서의 폭력

자료 해석

다음은 칸트와 갈퉁의 평화론에 대한 내용이다. 빈칸에 들어갈 내용을 쓰시오.

칸트	직접적인 폭력과 전쟁에서 벗어날 수 있도록 모든 국가가 국제법의 적용을 받는 평화 ❶ ______ 을/를 구성해야 함
갈퉁	소극적 평화뿐 아니라 ❷ ______ 평화를 달성할 때 진정한 평화가 이룩됨

답 | ❶ 연맹 ❷ 적극적

1등급 바탕 예제

1 다음 설명 중 옳은 것은 ○표를, 틀린 것은 ×표를 하시오.

(1) 과학 기술자의 내적 책임은 연구 결과가 사회에 미칠 영향력을 고려하는 책임이다. (○ , ×)

(2) 과학 기술자의 내적 책임에는 연구가 참 또는 거짓인지를 명확하게 밝히는 것도 포함된다. (○ , ×)

(3) 과학 기술자의 외적 책임은 선한 의도로 시작된 연구일지라도 사회적 해악을 가져온다면 연구를 중단할 수 있어야 함을 포함한다. (○ , ×)

2 ㉠과 관련 있는 입장을 〈보기〉에서 있는 대로 고르시오.

> 과학 기술자의 책임은 내적 책임과 외적 책임으로 구분할 수 있다. ㉠ 내적 책임은 연구 과정에서의 책임과 관련이 깊고, 외적 책임은 연구 결과의 활용과 관련이 깊다고 볼 수 있다.

• 보기 •

ㄱ. 과학 기술자는 연구 과정에서 실험 대상을 윤리적으로 대우해야 한다.
ㄴ. 과학 기술자는 과학 기술이 참인지 거짓인지를 밝혀내는 데 주력해야 한다.
ㄷ. 과학 기술자는 인류의 당면 과제를 해결하는 데 기여해야 할 책임을 지닌다.
ㄹ. 과학 기술자는 자신의 연구가 인류의 삶의 질 향상에 기여하는지 고려해야 한다.

서술형

3 갑에 비해 을이 강조하는 과학 기술자의 책임이 무엇인지 쓰고 그 내용을 설명하시오.

> 갑: 과학 기술자는 정직하게 연구하고 발표하기만 하면 됩니다. 과학 기술이 미치는 사회적 영향력까지는 생각할 필요가 없습니다.
> 을: 아닙니다. 과학 기술자는 연구 과정에서 과학 기술 연구 윤리를 지키는 것은 물론 과학 기술이 인류와 사회에 미칠 영향력까지 내다보고 이에 대한 책임을 져야 합니다.

03 요나스의 책임 윤리

빈출도 ●●●

출제 포인트

- 자료는 요나스의 책임 윤리에 관해 정리한 것이다.
- 책임 윤리의 필요성, 기존의 전통적 윤리학과 책임 윤리의 차이점, 책임 윤리만의 특징 등을 꼼꼼하게 잘 살펴보고 자주 등장하는 오답까지도 세심히 익혀 두어야 한다.

필수 자료

(1) 윤리적 책임의 범위 확대

전통적 윤리학	'행해진 것에 대한 사후 책임 부과'를 특징으로 함
새로운 윤리학	'행위되어야 할 것에 대한 책임'을 제시함
확대 배경	• 기존의 전통적 윤리관은 책임의 범위를 현세대로 한정하여 과학 기술 시대에 발생하는 문제를 해결하는 데 한계가 있음 • 인간만이 책임질 수 있는 유일한 존재임 → '책임질 수 있는 능력은 책임져야 한다.'는 당위로 이어짐

(2) 요나스의 책임 윤리

인류 존속과 현세대의 책임	• 인류가 존속해야 한다는 당위적 요청을 근거로 인류 존속에 대한 현세대의 책임 강조 • "너의 행위의 결과가 미래에 지구상에서 인간이 살아갈 수 있는 가능성을 파괴하지 않도록 행위하라."는 새로운 생태학적 정언 명령을 제시함 • 현세대는 과거 세대로부터 이어받은 혜택을 미래 세대에 전수해야 할 도덕적 책임을 지님
과학 기술자의 책임 윤리	• 과학 기술의 발전이 사회에 미칠 결과를 예측하고 윤리적 책임을 져야 함 • 자연환경과 미래 세대가 존속할 수 있는 범위 내에서 과학 기술 발전 추구

→ 칸트의 정언 명령을 변형하였다.

자료 해석

다음은 요나스의 주장을 정리한 것이다. 빈칸에 들어갈 내용을 쓰시오.

전통적 윤리학	전통적 윤리학은 책임의 범위를 ❶ ( ) 로만 한정하였다는 한계를 지님
책임 윤리	현세대는 ❷ ( ) 의 생존을 보장하고 그들의 삶의 질을 배려해야 함

답 | ❶ 현세대 ❷ 미래 세대

1등급 바탕 예제

1 괄호 안의 내용 중 알맞은 내용을 골라 ○표를 하시오.

(1) 국가의 힘을 키워서 세력 균형을 유지해야 분쟁을 해결할 수 있다고 보는 입장은 (현실주의적, 이상주의적) 입장이다.

(2) 이상주의적 입장에서는 국가 간 (형식적, 이성적) 대화와 협력으로 평화를 이룩할 수 있다고 본다.

(3) 구성주의적 입장에서는 자국과 상대국의 긍정적인 (제도 개선, 상호 작용) 을 통해 분쟁을 해결해야 한다고 본다.

2 다음 글의 입장에서 지지할 내용만을 〈보기〉에서 있는 대로 고르시오.

> 국제 관계는 자국의 이익을 추구하기 위한 끊임 없는 정치 투쟁이다. 개인과 국가 모두 이기적인 존재이며 국가는 자국의 이익 추구를 위해 다른 국가를 수단으로 삼을 수 있다. 따라서 힘의 균형을 이룩하는 것만이 전쟁을 억지하는 방법이다.

보기

ㄱ. 국가의 이익보다 인류의 보편적인 가치를 우선하여 달성해야 한다.
ㄴ. 국제 분쟁의 원인은 인간의 본성이 아니라 잘못된 제도에서 찾아야 한다.
ㄷ. 국제 분쟁을 해결하기 위해서는 서로를 함부로 공격하지 못하도록 세력 균형을 이루어야 한다.
ㄹ. 국제 관계는 국가를 통제할 수 있는 상위의 권위체가 존재하지 않는 무정부적 상태임을 알아야 한다.

서술형

3 다음 글의 입장에서 강조하는 국제 갈등 해결 방법에 대해 서술하시오.

> 인간이 이성적 존재이듯이 국가도 이성적이고 합리적인 존재이다. 분쟁은 상대방에 대한 무지와 오해, 잘못된 제도에서 기인한 것으로 분쟁 해결을 위해 국가를 비롯한 다양한 주체들이 함께 노력할 필요가 있다.

19 국제 분쟁 해결에 관한 입장

빈출도 ●●●

출제 포인트

- 자료는 국제 관계를 바라보는 현실주의적 입장, 이상주의적 입장, 구성주의적 입장을 비교 정리한 것이다.
- 국제 관계를 바라보는 세 가지 입장의 갈등 해결 방법과 특징을 잘 비교 분석해 두어야 한다. 또한 다양한 형태로 출제되는 제시문의 핵심 내용을 파악하는 연습을 해 두어야 한다.

필수 자료

(1) 현실주의적 입장

특징	국제 관계를 각국을 통제할 실효성 있는 권위가 부재한 무정부적 상태로 봄
갈등 해결 방법	국가의 힘을 키워 세력 균형을 유지하여 분쟁 해결
한계	국제 관계의 협력을 잘 설명하지 못하고, 전쟁과 무력 행사를 정당화할 위험성을 지님

(2) 이상주의적 입장

특징	국가 간 이성적 대화와 협력으로 평화를 이룩할 수 있다고 봄
갈등 해결 방법	국제기구, 국제법, 국제 규범 등 제도의 개선으로 집단 안보를 형성하여 국제 분쟁 해결
한계	현실에서 나타나는 국가 간 갈등과 경쟁을 잘 설명하지 못하고, 국가 간 갈등을 통제할 실효성 있는 제재가 어려움

(3) 구성주의적 입장

특징	국가는 상대국과의 상호 작용을 통해 정체성을 형성하고 관계를 정립한다고 봄
갈등 해결 방법	자국과 상대국의 긍정적인 상호 작용을 통해 분쟁 해결

자료 해석

다음은 현실주의적 입장과 이상주의적 입장을 비교한 것이다. 빈칸에 들어갈 내용을 쓰시오.

현실주의	국가가 힘을 키워 ❶ ______ 을/를 이룩하는 것이 분쟁 해결 방법이라고 봄
이상주의	국가들이 이성적이고 합리적으로 행동할 수 있으므로 국가 간 대화와 ❷ ______ 을/를 통해 평화 달성이 가능하다고 봄

답 | ❶ 세력 균형 ❷ 협력

1등급 바탕 예제

1 괄호 안의 내용 중 알맞은 내용을 골라 ○표를 하시오.

(1) 행해진 것에 대한 사후 책임만을 부과하는 것은 (전통적 , 새로운) 윤리학의 관점이다.

(2) 요나스는 인류 존속에 대한 (현세대 , 미래 세대)의 책임을 강조하였다.

(3) 요나스는 인류가 존속해야 한다는 (당위적 , 도구적) 요청을 근거로 인류 존속에 대한 책임을 강조하였다.

2 다음과 같은 주장을 한 사상가의 입장을 〈보기〉에서 있는 대로 고르시오.

> 무엇이 윤리의 나침반으로 기능할 수 있는가? 그것은 바로 미리 사유된 위험 자체이다. 미래에 있을 수 있는 심상치 않은 상황 변화, 위험이 미칠 수 있는 전지구적 범위, 그리고 인간의 몰락 과정에 대한 징조를 통해서 비로소 윤리적 원리들이 발견될 수 있다. 이러한 원리들로부터 새로운 권력에 대한 새로운 의무들이 도출될 수 있다. 나는 이것을 '공포의 발견술'이라고 명명하고자 한다.

보기

ㄱ. 책임의 범위를 현세대의 인류로만 한정하지 말아야 한다.
ㄴ. 과학 기술자는 모든 책임에서 면제되어 자유롭게 연구해야 한다.
ㄷ. 미래 세대가 존속할 수 있는 범위 내에서 과학 기술 발전을 추구해야 한다.
ㄹ. 현세대의 잘못으로 미래 세대의 존속이 위협받을 수 있다는 공포심을 가져야 한다.

서술형

3 다음과 같은 윤리관이 기존의 전통적 윤리관과 다른 점을 서술하시오.

> 인간 행위의 새로운 유형에 적합하고 새로운 유형의 행위 주체를 지향하는 명법은 대충 다음과 같다. "너의 행위의 효과가 지상에서의 진정한 인간적 삶의 지속과 조화될 수 있도록 행위하라." 부정적 형태로 표현하면 다음과 같다. "너의 행위의 효과가 인간 생명의 미래의 가능성에 대해 파괴적이지 않도록 행위하라."

04 정보 사회의 윤리적 문제

빈출도 ● ● ●

출제 포인트

- 자료는 정보 사회의 윤리적 문제들을 정리한 것이다.
- 자주 등장하는 주제인 저작권 보호에 관한 논쟁과 표현의 자유에 관한 논쟁의 주요 쟁점들을 잘 비교 분석해 두어야 한다.

필수 자료

(1) 사생활 침해 문제

문제	사적인 정보가 유출되어 개인의 사생활이 침해당하기도 하고, 유출된 정보가 범죄에 악용되기도 함
쟁점	잊힐 권리와 알 권리가 충돌하기도 함

- 잊힐 권리: 자신과 관련된 모든 정보에 대한 삭제 및 확산 방지를 요구할 수 있는 정보 주체의 자기 결정권 및 통제 권리
- 알 권리: 시민들의 안전이나 사회의 공익을 위해 알아야 할 권리

(2) 저작권 보호 문제

저작권 보호를 주장하는 입장	정보 공유를 강조하는 입장
• 정보 생산에 필요한 시간, 노력, 비용에 대한 정당한 대가를 지불해야 함 • 창작자의 창작 의욕을 높이고 더 많은 지적 산물을 생산할 수 있음	• 모든 저작물은 인류의 공동 자산이고 공공재임 • 저작물에 관한 과도한 권리 행사는 새로운 창작을 방해하고 정보 격차를 발생시킴

(3) 사이버 폭력 문제와 표현의 자유 문제

사이버 폭력 문제	• 시공간의 제약을 받지 않고 일상적으로 발생할 수 있음 • 사이버 폭력의 가해자들이 폭력의 심각성을 잘 인식하지 못함
표현의 자유 문제	표현의 자유를 어디까지 허용할 것인지에 대한 논쟁 발생

자료 해석

다음은 정보 사회의 윤리적 문제에 대한 내용을 정리한 것이다. 빈칸에 들어갈 내용을 쓰시오.

잊힐 권리	자기 정보에 대한 삭제 및 확산 방지를 ❶ ______ 할 수 있는 권리
알 권리	시민들의 안전이나 사회의 ❷ ______ 을/를 위해 알아야 할 권리

답 | ❶ 요구 ❷ 공익

1등급 바탕 예제

1 통일과 관련된 비용에 대한 설명을 바르게 연결하시오.

(1) 분단 비용 •   • ㉠ 분단 상황이 지속됨으로써 남북한이 각각 지불하게 되는 비용

(2) 통일 비용 •   • ㉡ 통일 이후 통일 한국의 기틀을 다지는 데 들어가는 비용

(3) 통일 편익 •   • ㉢ 통일로 인해 얻게 되는 경제적 및 비경제적 모든 혜택과 이익

2 다음 글의 입장에서 지지할 내용만을 〈보기〉에서 있는 대로 고르시오.

> 통일은 우리 민족의 역사적 과제이며 한민족이 이루어 내야 할 의무이다. 그리고 분단에 들어가는 비용보다 통일로 인해 얻게 되는 이익이 더 크다는 점을 고려하여 통일은 반드시 이루어져야 한다.

보기

ㄱ. 통일은 군사비 절감, 이산가족의 고통 해소와 같은 이익을 발생시킨다.
ㄴ. 통일로 국민들이 부담해야 할 세금이 증가하여 국민들의 삶이 어려워진다.
ㄷ. 통일로 인해 정치적·사회적 혼란이 발생할 수 있기 때문에 통일은 가급적 후일로 미루어야 한다.
ㄹ. 통일로 시장 규모가 확대되고 교역이 증가하면서 우리나라가 동북아시아의 강국으로 발전하게 될 것이다.

서술형

3 통일의 방법에 대한 갑, 을의 입장을 비교하여 서술하시오.

> 갑: 통일은 정치적 결단과 군사적 행동을 통해 빠른 시일 내에 이루어져야 한다. 통일이 지연되면 이질화만 심화될 뿐이다.
> 을: 통일에 있어 중요한 것은 통합이다. 통일은 외형적인 하나의 체제만을 의미하지 않는다. 사회적·문화적 이질화를 극복하는 가운데 점진적으로 이루어져야 한다.

18 통일 문제를 둘러싼 쟁점

빈출도 ● ● ●

출제 포인트

- 자료는 통일에 대한 찬반 입장, 북한 인권 문제, 통일과 관련된 비용에 대해 정리한 것이다.
- 통일에 대한 찬반 입장, 북한 인권 문제에 대한 쟁점을 파악해야 한다. 또한 분단 비용, 통일 비용, 통일 편익의 의미에 대해서도 숙지해 두어야 한다.

필수 자료

(1) 통일에 대한 찬반 입장

찬성 입장	반대 입장
• 민족 동질성 회복 및 민족 공동체 건설 • 전쟁 공포 해소 및 한반도 평화 실현 • 이산가족과 북한 주민의 인권 문제 해결 • 경제 번영과 국제적 위상 제고	• 사회적·문화적 차이로 인한 갈등 발생 • 상호 간의 적대감과 불신감 심화 • 막대한 통일 비용 발생 • 실업과 범죄 증가 등 사회 혼란 예상

(2) 북한 인권 문제

현황	• 주민의 정치 참여 및 개인의 자율성과 선택권을 제한함 • 주민들이 생존권을 위협받고 있으며 경제적·사회적 권리도 침해되고 있음
해결 방안	국제 사회와 우리 정부가 북한 주민의 인권 상황을 개선하기 위해 노력해야 함

(3) 통일과 관련된 비용

분단 비용	• 분단으로 인해 남북한이 부담하는 유무형의 비용(소모적 성격) • 국방비, 외교적 경쟁 비용, 이산가족의 고통, 국민들의 불안 등
통일 비용	통일 이후 남북한 간 격차 해소 및 통합에 들어가는 비용(생산적 비용)
통일 편익	• 통일로 인해 얻게 되는 경제적 · 비경제적 보상과 혜택 • 시장 규모 확대로 인한 교역 증가, 북한 주민의 인권 문제 해결 등

자료 해석

다음은 통일에 대한 입장이다. 빈칸에 들어갈 내용을 쓰시오

찬성 입장	민족 동질성 회복 및 민족 ❶ [ ] 건설, 국제적 위상 제고 등
반대 입장	막대한 ❷ [ ] 비용으로 인한 경제적 부담, 통일 이후 사회 혼란 발생 등

답 | ❶ 공동체 ❷ 통일

1등급 바탕 예제

1 다음 설명 중 옳은 것은 ○표를, 틀린 것은 ×표를 하시오.

(1) 정보 공유를 강조하는 입장에서는 정보 자기 결정권을 강조할 필요가 있다고 본다. (○ , ×)

(2) 저작권 보호를 강조하는 입장에서는 창작자의 노력에 대한 보상이 창작 의욕을 고취시킨다고 본다. (○ , ×)

(3) 정보 공유를 강조하는 입장에서는 모든 저작물에 대한 배타적 저작권을 인정해야 한다고 본다. (○ , ×)

2 다음과 같이 주장하는 사람이 지지할 내용을 〈보기〉에서 있는 대로 고르시오.

> 정보 사회에서는 사람들이 잊거나 지우고 싶은 정보가 인터넷 곳곳을 떠돌아다닌다. 이것은 당사자의 심기를 불편하게 하거나 정신적 괴로움을 줄 수 있기 때문에 문제가 될 수 있다. 그렇기 때문에 자신이 원하지 않는 정보를 삭제할 수 있는 '잊힐 권리'를 보장해야 한다.

• 보기 •

ㄱ. 개인이 자신의 정보를 결정하고 통제하는 권한을 가질 필요가 있다.
ㄴ. 개인 정보 또한 인류 공동의 자산이므로 공개를 원칙으로 해야 한다.
ㄷ. 개인 정보라도 시민의 알 권리를 위해 필요한 내용은 삭제하지 말아야 한다.
ㄹ. 대중의 알 권리를 위한다는 명목으로 개인 정보가 함부로 공개되어서는 안 된다.

서술형

3 저작권 보호를 강조하는 입장에서 다음 글에 대해 제기할 수 있는 비판을 서술하시오.

> 개인 각자의 힘으로 이룩한 것처럼 보이는 정보도 이미 기존 사회의 가치관과 정보, 인류의 역사와 전통을 토대로 형성된 것이다. 따라서 모든 지식과 정보는 개인의 소유물이 아니라 사회 전체, 인류 전체의 공유물로 아무런 보상이나 대가를 지불하지 않고 공유되어야 한다.

05 정보 사회의 매체 윤리

빈출도 ● ● ●

출제 포인트

- 자료는 뉴미디어의 문제점과 매체 윤리를 정리한 것이다.
- 뉴미디어의 정보에 대한 신뢰성 문제, 책임 의식의 약화 문제, 개인 정보의 유출 문제 등에 대한 문제 인식을 길러야 한다. 또한 매체 윤리의 특징을 이해하고, 다양한 형태로 출제되는 제시문들의 핵심 내용이나 주장을 파악하는 훈련을 해 두어야 한다.

필수 자료

(1) 뉴미디어의 문제점

정보의 객관성 문제	• 정보가 객관성을 지니는지 점검할 감시 장치 부족 • 부정확한 정보가 빠르게 확산되면 심각한 사회 문제가 될 수 있음
책임 분산의 문제	특정 저작물을 여러 공간에 저장하여 정보가 분산되어 존재함 → 책임도 분산되어 윤리적 책임 의식이 약화됨
사적 정보 노출 문제	매체가 발달하면서 정보 교환 및 처리 과정에서 사적 정보가 노출될 가능성이 높아짐

(2) 뉴미디어 시대의 매체 윤리

개인 정보의 신중한 처리	시민의 알 권리를 충족하는 과정에서 개인의 명예나 사생활, 인격권을 침해하지 않도록 주의해야 함
표절 금지	다른 사람의 창작물을 허락 없이 도용하거나 자신의 것처럼 사용하지 않아야 함
소통과 시민 의식 함양	• 가상 공간에서 간접적으로 만나는 상대를 배려하는 자세가 필요함 • 자신과 다른 의견도 존중하는 자세를 가져야 함
미디어 리터러시 습득	• 매체가 제공하는 정보를 제대로 평가하기 위한 비판적 사고 능력이 필요함 • 자신의 목적에 맞게 기존 정보를 새로운 정보로 조합하는 능력이 필요함

자료 해석

다음은 뉴미디어의 매체 윤리에 대한 내용이다. 빈칸에 들어갈 내용을 쓰시오.

표절 금지	다른 사람이 창작한 저작물의 일부 또는 전부를 허락 없이 ❶ ( )하여 자신의 저작물인 것처럼 사용하는 행위를 금지해야 함
❷ ( ) 습득	매체의 내용을 비판적으로 해석하고, 올바르게 활용하는 능력이 필요함

답 | ❶ 도용 ❷ 미디어 리터러시

1 하버마스의 이상적 담화 조건에 대한 설명을 바르게 연결하시오.

(1) 진리성 •   • ㉠ 대화 당사자들은 논쟁 절차를 준수하여야 함

(2) 정당성 •   • ㉡ 대화 당사자들의 말하는 내용이 참이어야 함

(3) 진실성 •   • ㉢ 대화 당사자들은 말하는 바를 진실하게 표현해야 함

2 다음을 주장한 사상가의 입장만을 〈보기〉에서 있는 대로 고르시오.

> 일심(一心)이란 무엇인가? 깨끗함과 더러움은 그 성품이 다르지 않고, 참과 거짓 또한 서로 다르지 않으니 '일(一)'이라고 한다. 둘이 없는 곳에서 모든 진리가 가장 참되고 헛되지 않아 스스로 아는 성품이 있으니 '심(心)'이라고 한다.

보기

ㄱ. 각자의 입장에서 벗어나 대승적으로 융합해야 한다.
ㄴ. 자기 종파의 주장만이 옳다는 생각에서 벗어나야 한다.
ㄷ. 다양한 종파 간의 대립을 해결하기 위해서는 소통의 단절이 필수적이다.
ㄹ. 의사소통 공동체의 구성원들은 의사소통 공동체를 유지해야 할 책임을 지닌다.

서술형

3 다음을 주장한 사상가가 합리적인 의사소통을 중요시한 이유를 쓰시오.

> 어떤 준칙이 일반 법칙이 되기를 바란다면 다른 사람들에게 이 준칙의 타당성을 규정적으로 명령하거나 강제하지 말아야 한다. 대신 나의 준칙이 보편화 가능한지 논의하여 검토할 수 있도록 다른 사람에게 제시해야 한다.

17 소통과 담론의 윤리

빈출도 ●●○

출제 포인트

- 자료는 소통과 담론의 필요성 및 소통과 담론 과정에서 필요한 윤리적 자세, 소통과 담론 윤리에 관한 동서양 사상가들의 입장을 정리한 것이다.
- 원효, 하버마스, 아펠의 소통과 담론에 대한 입장을 파악해 두어야 한다. 특히 하버마스가 말하는 합리적 의사소통을 위한 조건과 이상적 담화 조건을 잘 정리해 두어야 한다.

필수 자료

(1) 소통과 담론의 필요성 및 윤리적 자세

필요성	• 서로의 차이를 인정하고 갈등을 합리적으로 해결하게 함 • 사회 구성원의 자발적 참여와 사회 통합을 이끌어 낼 수 있음 • 도덕적 권위를 갖춘 합의를 도출할 수 있음
윤리적 자세	• 담론에 참여할 권리를 침해해서는 안 됨 • 상대방을 존중하며 자신의 오류 가능성을 인정해야 함 • 공적인 의사 결정에 적극적으로 참여하는 태도와 진실한 대화가 필요함

(2) 소통과 담론 윤리에 관한 동서양 사상가들의 입장

원효	• 화쟁(和諍) 사상: 다양한 종파와 사상을 더 높은 차원에서 하나로 종합해야 함 • 각자의 입장을 고집하지 말고 대승적으로 융합해야 함
하버마스	• 합리적인 의사소통이 이루어지기 위해서는 왜곡과 억압이 없어야 하며, 대화 당사자들이 개방성, 평등성, 호혜성을 지켜야 함 • 이상적 담화 조건: 대화 당사자들이 서로의 표현을 제대로 이해할 수 있어야 함, 대화 당사자들이 말하는 내용이 참이어야 함, 대화 당사자들이 논쟁 절차를 준수해야 함, 대화 당사자들이 말하는 바를 진실하게 표현해야 함
아펠	의사소통 공동체의 구성원들은 담론에 참여해야 할 책임과 의사소통 공동체를 유지해야 할 책임을 동시에 지님

자료 해석

다음은 소통과 담론 윤리와 관련된 사상가들의 입장이다. 빈칸에 들어갈 내용을 쓰시오.

원효	특수하고 상대적인 각자의 입장에서 벗어나 ❶ (　　) 적으로 융합해야 함
하버마스	이상적 담화를 위해 대화 당사자들이 기만하거나 속이려는 의도 없이 말하는 바를 ❷ (　　) 하게 표현해야 함

답 | ❶ 대승 ❷ 진실

1등급 바탕 예제

1 다음 설명 중 옳은 것은 ○표를, 틀린 것은 ×표를 하시오.

(1) 시민의 알 권리를 충족하는 과정에서 개인의 사생활이나 인격권을 침해하지 않도록 노력해야 한다. (○ , ×)

(2) 표절 행위는 원작자의 권리와 재산에 대한 침해 행위라고 볼 수 없다. (○ , ×)

(3) 미디어 리터러시에는 자신의 목적에 맞게 기존의 정보를 새로운 정보로 조합하고 활용하는 능력도 포함된다. (○ , ×)

2 다음과 같은 주장을 하는 사람들이 지지할 수 있는 내용을 〈보기〉에서 있는 대로 고르시오.

> 뉴미디어 시대에는 객관성이 부족한 정보들이 다양한 매체를 통해 전파되고 있다. 이러한 정보가 확산되면 사람들이 큰 피해를 입을 수 있다. 또한 매체가 다양해지면서 정보가 여러 공간에 분산되어 이에 대한 책임 의식도 약해질 수 있다. 우리는 이러한 정보의 홍수 속에서도 정확한 분석과 검증을 통해 정보를 수집하고, 개인 정보를 관리하는 데에도 소홀함이 없어야 한다.

• 보기 •

ㄱ. 뉴미디어 시대에는 무비판적으로 정보 수용을 해서는 안 된다.
ㄴ. 뉴미디어 시대에는 기술이 발달하면서 정보 유출의 가능성이 사라졌다.
ㄷ. 뉴미디어 시대에는 개인의 사생활이나 명예를 지키기 위한 노력이 필요하다.
ㄹ. 뉴미디어 시대에는 정보를 비판적으로 해석하고 올바르게 사용하는 능력을 길러야 한다.

서술형

3 ㉠의 향상을 위해 필요한 능력을 구체적으로 서술하시오.

> 뉴미디어가 생산하는 정보 중에는 거짓 정보도 많이 있다. 이를 무비판적으로 받아들이고, 뉴미디어상에 유포하면 광범위한 피해가 발생할 수 있다. 따라서 뉴미디어 시대에는 ㉠ 미디어 리터러시, 즉 매체 이해력이 필요하다.

06 인간 중심주의

빈출도 ● ● ●

출제 포인트

- 자료는 인간 중심주의의 특징과 문제점, 인간 중심주의 사상가들의 입장을 정리한 것이다.
- 인간 중심주의 사상가인 베이컨, 데카르트, 칸트의 입장을 동물 중심주의, 생명 중심주의, 생태 중심주의 사상가들의 입장과 비교 분석하면서 잘 공부해 두어야 한다.

필수 자료

(1) 인간 중심주의의 특징과 문제점

특징	• 인간만이 도덕적 지위를 지닌 존재이며 직접적인 도덕적 고려의 대상임 • 도구적 자연관: 인간을 제외한 자연에 있는 모든 존재를 수단으로 봄
문제점	• 자연에 대한 인간의 지배와 착취를 정당화함 • 자연이 인간의 욕구 충족을 위한 수단으로 전락함 • 인류가 직면하고 있는 환경 문제의 근본 원인이 됨

(2) 인간 중심주의 사상가

아퀴나스	신의 섭리에 따라 인간이 동물을 이용할 수 있다고 주장
베이컨	자연 과학적 지식을 활용하여 자연을 정복하고 인간의 복지를 증진해야 한다고 주장
데카르트	자연을 단순한 물질 또는 기계로 파악하고, 동물의 고통을 부정함 ➡ 인간과 자연은 각각 인식 주체와 인식 대상이라는 이분법적 세계관을 주장하였다.
칸트	• 이성적 존재만이 자율적으로 행동하는 도덕적 주체라고 봄 • 동물에 대한 의무는 인간의 간접적 의무에 속한다고 주장 • 동물을 잔학하게 다루는 것은 인간 자기 자신에 대한 의무에 위배된다고 봄

자료 해석

다음은 인간 중심주의 사상가의 입장에 대한 내용이다. 빈칸에 들어갈 내용을 쓰시오.

베이컨	자연을 분석하고 해석하는 것이 인간의 힘이며 자연은 ❶ ( ) 의 대상임
데카르트	인간은 물질로 환원할 수 없는 존엄한 존재이나 동물은 단순한 물질이나 ❷ ( ) 임
칸트	동물에 대한 의무는 직접적 의무가 아니라 ❸ ( ) 의무에 해당함

답 | ❶ 정복 ❷ 기계 ❸ 간접적

1 다음에서 설명하고 있는 내용이 무엇인지 쓰시오.

(1) 이주민이 자신들의 문화적 정체성을 버리고 주류 사회의 일원으로 편입되어야 한다고 보는 다문화 정책

(2) 다양한 문화가 고유한 정체성을 유지하는 가운데 대등한 자격으로 어울려야 한다고 보는 다문화 정책

(3) 주류 사회의 문화를 바탕으로 하여 주류 문화와 비주류 문화가 조화를 이루어야 한다고 보는 다문화 정책

2 다음을 주장한 사상가의 입장만을 〈보기〉에서 있는 대로 고르시오.

> 가장 원시적인 것에서부터 고도로 발달한 것에 이르기까지 종교의 역사는 많은 성현(聖顯), 즉 성스러운 여러 실재의 현현(顯現)으로 이루어져 있다고 말할 수 있다. 가장 원시적인 성현(聖顯)에서 높은 수준의 성현(聖顯)에 이르기까지 일관된 연속성이 흐르고 있다.

보기

ㄱ. 종교는 환상이며, 심리적 필요에 의해 만들어진 것이다.
ㄴ. 비종교적 인간의 대부분은 의식하지는 못하지만 종교적으로 행동하고 있다.
ㄷ. 종교적 인간은 세계를 초월하는 성스러운 것, 절대적 실재가 있다고 믿는다.
ㄹ. 종교적 인간에게 자연은 단순한 자연이 아니라 종교적 의미로 충만해 있는 것이다.

서술형

3 도덕과 종교의 공통점을 활용하여 갑의 입장에서 을의 입장에 대한 반론을 서술하시오.

> 갑: 도덕은 종교와 밀접한 관련을 맺고 있으며 그래야만 한다. 모든 종교는 도덕적 실천을 벗어나서는 안 되며 도덕과 윤리의 범위 내에서 있어야만 한다.
> 을: 도덕과 종교는 완전 분리되어 있다. 도덕은 현세에서의 도덕규범의 실천에 관심을 가진다면, 종교는 초월적 세계와 신에 대한 믿음에 관심을 둔다.

16 다문화 정책과 종교

빈출도 ● ● ●

출제 포인트

- 자료는 다문화 정책 및 종교와 윤리의 관계에 대해 정리한 것이다.
- 동화주의, 다문화주의, 문화 다원주의 정책과 다문화 사회를 설명하는 여러 이론을 비교 분석하여 잘 익혀 두어야 한다. 또한 종교와 윤리의 관계 및 엘리아데와 큉의 입장에 대해 잘 숙지해야 한다.

필수 자료

(1) 다문화 정책

동화주의 (용광로 모델)	이민자를 주류 사회의 언어나 문화에 동화시켜 이들에게 국민이라는 정체성을 부여함
다문화주의 (샐러드 그릇 모델)	이민자들이 그들의 고유한 문화를 유지하는 것을 인정하면서 동화보다 공존을 지향함
문화 다원주의 (국수 대접 모델)	문화의 다양성을 인정하지만, 주류 사회의 문화를 바탕으로 하여 문화적 다원성을 수용함

(2) 종교와 윤리

종교와 윤리	• 공통점: 인간의 존엄성 중시, 사회 정의 실현에 관심 • 종교: 성스러움과 초월적 문제에 관심 • 윤리: 이성, 감정 등에 근거한 도덕적 행위의 실천에 관심
종교 간 갈등	• 다른 종교에 대한 무지와 편견, 자기 종교의 절대성을 강조하는 배타적 태도에서 갈등이 발생함 • 민족적, 문화적, 경제적 이해관계가 결합되어 갈등이 더 깊어지기도 함
엘리아데	• 인간은 본질적으로 종교적 존재임 • 성스러움과 세속적인 것들은 서로 공존하고 있음
큉	• 세계 평화를 위해 종교 간 대화가 필요함 • 자기 종교만 우월하다는 생각에서 벗어나야 함

자료 해석

다음은 종교와 관련된 사상가들의 입장이다. 빈칸에 들어갈 내용을 쓰시오.

엘리아데	성스러움과 세속적인 것들은 서로 ❶ [ ] 하고 있음
큉	세계 평화를 위해서는 종교 간 ❷ [ ] 이/가 필수적임

답 | ❶ 공존 ❷ 대화

1등급 바탕 예제

1 다음 설명 중 옳은 것은 ○표를, 틀린 것은 ×표를 하시오.

(1) 아퀴나스는 인간이 동물을 사용하는 것이 신의 섭리에 어긋나지 않는다고 보았다. (○ , ×)

(2) 데카르트는 인간이 동물보다 우월한 존재이며 동물은 정신과 물질을 갖춘 기계라고 보았다. (○ , ×)

(3) 칸트는 동물을 함부로 대하지 않아야 할 의무는 인간의 직접적 의무라고 보았다. (○ , ×)

2 다음과 같은 주장을 한 사상가의 입장을 〈보기〉에서 있는 대로 고르시오.

> 늙은 말이나 개가 오랫동안 봉사한 것에 대해 감사하는 것마저도 간접적으로 인간의 의무에 속한다. 동물에게는 이성이 없지만, 생명이 있는 동물을 잔학하게 다루는 것은 인간의 자기 자신에 대한 의무에 어긋나는 것이다.

• 보기 •

ㄱ. 인간은 동물을 학대하거나 잔인하게 다루지 않을 의무를 지닌다.
ㄴ. 인간이 자연을 함부로 훼손하는 것은 인간에 대한 의무에 위배된다.
ㄷ. 인간은 자신과 타인 그리고 동물 및 자연에 대해 직접적 의무를 지닌다.
ㄹ. 인간이 동물을 함부로 학대하는 것은 인간의 도덕적 감수성을 약화시킬 수 있다.

서술형

3 갑, 을 사상가들의 동물과 자연에 대한 공통된 입장을 서술하시오.

> 갑: 인간의 지식이 곧 힘이다. 원인을 밝히지 못하면 어떤 효과도 낼 수 없다. 자연은 오로지 복종함으로써만 복종시킬 수 있다.
> 을: 동물은 시계의 경우와 동일한 원리의 지배를 받고 있다. 물론 동물의 행동은 시계보다 복잡하다. 하지만 이러한 차이가 나타나는 이유는 동물은 신이 만든 복잡한 기계이기 때문이다.

07 동물 중심주의

빈출도 ● ● ●

출제 포인트

- 자료는 동물 중심주의의 특징과 문제점, 동물 중심주의 사상가들의 입장을 정리한 것이다.
- 동물 중심주의 사상가 싱어, 레건의 입장을 인간 중심주의, 생명 중심주의, 생태 중심주의 사상가들의 입장과 비교 분석하면서 잘 공부해 두어야 한다.

필수 자료

(1) 동물 중심주의의 특징과 문제점

특징	• 도덕적 고려의 범위를 동물까지 확대함 • 동물의 도덕적 지위를 인정하고 동물의 복지와 권리 향상을 강조함
문제점	• 인간과 동물의 이익이 충돌할 때 현실적인 대안을 제공하기 어려움 • 식물이나 생태계 전체에 대한 고려가 미흡함

(2) 동물 중심주의 사상가

싱어	• 공리주의적 입장 • 이익 평등 고려의 원칙: 쾌락과 고통을 느끼는 존재의 이익을 동등하게 고려해야 함 • 종(種) 차별주의 비판: 종이 다르다는 이유로 쾌락과 고통을 느끼는 동물을 차별해서는 안 됨
레건	• 의무론적 입장 • 내재적 가치를 갖는 개체들은 단지 수단으로 취급되어서는 안 됨 • 일부 동물들은 도덕적 무능력자이지만 자기 삶을 영위할 수 있는 삶의 주체로서 내재적 가치를 지님 → 도덕적으로 존중받을 권리를 지님

자료 해석

다음은 동물 중심주의 사상가의 입장에 대한 내용이다. 빈칸에 들어갈 내용을 쓰시오.

싱어	동물의 이익과 인간의 이익을 평등하게 고려하지 않는 것은 '종(種) ❶ ' 라는 잘못을 저지르는 것임
레건	일부 포유동물은 자기 삶을 영위할 수 있는 삶의 ❷ 로서 내재적 가치를 지니며 이런 존재들은 도덕적으로 존중받을 권리를 지님

답 | ❶ 차별주의 ❷ 주체

1 윤리적 소비의 유형과 사례를 바르게 연결하시오.

(1) 인권과 정의를 생각하는 소비 •　　　• ㉠ 애니멀 프리 패션 상품 구매

(2) 환경 보전을 생각하는 소비 •　　　• ㉡ 공정무역 상품 구매

(3) 동물 복지를 생각하는 소비 •　　　• ㉢ 친환경적 상품 소비

2 다음과 같은 소비 형태의 특징으로 알맞은 것을 〈보기〉에서 있는 대로 고르시오.

> 물건의 용도나 기능이 아니라 그 물건이 공동체 구성원들에게 의미하는 바, 즉 기호에 따라 소비하는 것을 말한다. 여기서 의미하는 바는 특정한 취향, 스타일, 사회적·경제적 수준 등이 될 수 있다.

• 보기 •

ㄱ. 사회적 욕구나 자아실현의 욕구를 충족하려는 소비이다.
ㄴ. 자신의 경제력 내에서 가장 큰 만족을 추구하는 소비이다.
ㄷ. 과시적인 소비로 나타나거나 변질됨으로써 위화감을 조성할 수 있다.
ㄹ. 합리적 소비의 한계를 인식하고 이를 보완하는 과정에서 등장하였다.

서술형

3 갑에 비해 을의 소비가 지닌 긍정적 측면을 서술하시오.

> 갑: 우리는 자신의 소득 범위 내에서 최소 비용으로 최대 만족을 추구하는 소비를 추구해야 한다.
> 을: 우리는 환경, 인권 등 인류의 보편적 가치를 실현하는 녹색 소비와 착한 소비를 추구해야 한다.

15 합리적 소비와 윤리적 소비

빈출도 ● ● ●

출제 포인트

- 자료는 오늘날 소비의 특징 및 합리적 소비와 윤리적 소비의 특징을 정리한 것이다.
- 합리적 소비와 윤리적 소비의 의미와 특징을 파악하고, 윤리적 소비의 유형을 잘 알아 두어야 한다. 오늘날 소비 문화의 변화로 인해 나타난 문제점에 대해서도 알아 둘 필요가 있다.

필수 자료

(1) 오늘날 소비 문화의 특징

대량 소비와 과소비	자원이 고갈되고 생태계가 파괴되는 문제를 초래함
기호 소비	사회적 욕구나 자아실현의 욕구를 충족하려는 소비가 확대됨
소비자의 영향력 확대	소비를 통해 생산자 및 관련 집단에 영향력을 행사하는 경우가 증가함

(2) 합리적 소비와 윤리적 소비

합리적 소비	• 소득 범위 내에서 최소 비용으로 최대의 만족감을 얻기 위한 소비 • 인권 침해, 사회 부정의, 동물 학대, 환경 오염 등의 문제를 조장할 수 있음
윤리적 소비	• 도덕적 가치에 따라 재화나 서비스를 구매하고 사용하는 소비 • 인권과 정의를 생각하는 소비: 노동자의 인권과 복지를 보장하며 소비자의 안전이 보장된 상품을 구매하는 것 • 공동체적 가치를 생각하는 소비: 지역 공동체의 지속 가능한 발전을 도모하는 소비 • 동물 복지를 생각하는 소비: 동물의 생명을 존중하고 고통을 최소화하는 방식으로 생산된 상품을 소비 • 환경 보전을 생각하는 소비: 생태계의 보존과 지속 가능한 소비가 가능하도록 하는 친환경적 소비

자료 해석

다음은 합리적 소비와 윤리적 소비에 대한 내용이다. 빈칸에 들어갈 내용을 쓰시오.

합리적 소비	최소 비용으로 최대의 ❶ ______ 을/를 얻기 위한 소비
윤리적 소비	인권, 정의, 동물 복지, 환경 보전 등 도덕적 ❷ ______ 을/를 중시하는 소비

답 | ❶ 만족감 ❷ 가치

1등급 바탕 예제

1 다음 설명 중 옳은 것은 ○표를, 틀린 것은 ×표를 하시오.

(1) 싱어는 쾌고 감수 능력이 도덕적 고려를 위한 유일한 판단 기준이라고 보았다. (○ , ×)

(2) 레건은 내재적 가치를 갖는 존재들은 다른 것들을 위한 수단으로 취급되어서는 안 된다고 보았다. (○ , ×)

(3) 레건은 인간이 아닌 개체는 도덕적으로 존중받을 수 없다고 보았다. (○ , ×)

2 다음을 주장한 사상가의 입장을 〈보기〉에서 있는 대로 고르시오.

> 한 존재가 고통을 느낄 수 없다면 또는 즐거움이나 행복을 누릴 수 없다면 거기에서 고려해야 할 바는 아무것도 없다. 그리하여 쾌고 감수 능력은 타인의 이익에 관심을 가질지의 여부를 판가름하는, 우리가 옹호할 수 있는 유일한 경계가 된다.

• 보기 •

ㄱ. 동물은 그 자체로 본래적 가치를 지닌 목적적 존재이다.

ㄴ. 쾌고 감수 능력을 가진 존재들의 이익을 모두 동등하게 고려해야 한다.

ㄷ. 인간과 동물은 동일한 쾌고 감수 능력과 동일한 이익 관심을 지닌 존재이다.

ㄹ. 인간은 종이 다르다는 이유로 동물의 이익 관심을 함부로 무시해서는 안 된다.

서술형

3 다음을 주장한 사상가가 도덕적 고려의 대상을 구분하는 기준을 서술하시오.

> 인간과 인간이 아닌 삶의 주체는 존중받을 도덕적 권리를 갖는다. 이러한 권리를 가진 개체들은 결코 마치 다른 것들을 위한 자원인 것처럼 대우받아서는 안 된다. 특히 다른 것들의 이익을 위해서 의도적으로 해를 입어서는 안 된다.

08 생명 중심주의

빈출도 ● ● ●

출제 포인트

- 자료는 생명 중심주의의 특징과 문제점, 생명 중심주의 사상가들의 입장을 정리한 것이다.
- 생명 중심주의 사상가 슈바이처와 테일러의 입장을 인간 중심주의, 동물 중심주의, 생태 중심주의 사상가들의 입장과 비교 분석하면서 잘 공부해 두어야 한다.

필수 자료

(1) 생명 중심주의의 특징과 문제점

특징	• 모든 생명체는 그 자체로 가치를 지니며, 도덕적 지위를 갖는 기준은 생명임 • 도덕적 고려의 범위를 모든 생명체로 확대해야 한다고 봄
문제점	• 모든 생명체를 존중하는 것은 현실적으로 실천 가능성이 낮음 • 개별 생명체에 중점을 두고 있어 생태계를 구성하는 무생물을 고려하지 못함

(2) 생명 중심주의 사상가

슈바이처	• 생명 외경 사상: 생명을 소중히 여기는 태도를 강조함 • 생명을 유지하고 촉진하는 것은 선, 생명을 파괴하고 훼손하는 것은 악이라고 봄 • 불가피하게 생명을 해쳐야 하는 선택의 상황이 있을 수 있으며 그러한 선택에는 도덕적 책임을 느껴야 함
테일러	• 모든 생명체는 각자 고유의 선을 추구하는 '목적론적 삶의 중심'임 • 인간도 생명 공동체의 일원일 뿐이며 다른 생명체보다 본질적으로 우월하지 않음 • 자연 존중의 네 가지 의무: 성실의 의무, 해치지 않을 의무, 개입하지 않을 의무, 보상적 정의의 의무

자료 해석

다음은 생명 중심주의 사상가의 입장에 대한 내용이다. 빈칸에 들어갈 내용을 쓰시오.

슈바이처	생명 ❶ (　　　) 사상: 모든 생명체가 소중하며 그 자체로 숭고한 가치를 지닌 것이기 때문에 존중해야 함
테일러	모든 생명체는 각자 자신의 방식으로 고유의 선을 추구하는 ❷ (　　　) 삶의 중심임

답 | ❶ 외경 ❷ 목적론적

1등급 바탕 예제

1 다음 설명 중 옳은 것은 ○표를, 틀린 것은 ×표를 하시오.

(1) 의복의 생산과 소비 과정에서 환경 오염이 발생하기도 한다. (○ , ×)

(2) 육류 소비 증가로 공장식 동물 사육이 감소하고 동물의 복지가 향상되었다. (○ , ×)

(3) 식량의 생산 및 유통 과정에서 노동자가 정당한 몫을 받지 못하는 문제가 발생하기도 한다. (○ , ×)

(4) 현대 사회에서는 집을 경제적 이익 추구의 수단으로 생각하는 경향이 줄어들고 있다. (○ , ×)

2 다음을 주장한 사상가의 입장만을 〈보기〉에서 있는 대로 고르시오.

> 인간은 이성적 노력을 통해 자신의 집을 지어야 하며, 그 집에서 자기 삶의 질서를 만들어 나가야 하고, 혼란을 일으키는 외부 세계와의 끊임없는 투쟁 속에서 이러한 질서를 지켜내야 할 책임을 갖는다.

• 보기 •

ㄱ. 집은 자기 존재의 뿌리가 되는 곳이다.
ㄴ. 자신의 공간을 자기 삶의 중심으로 형성해야 한다.
ㄷ. 집이라는 공간은 인간과의 관계 속에서 의미를 지닌다.
ㄹ. 거주는 울타리를 형성하여 외부 세계와의 온전한 단절을 추구하는 것이다.

서술형

3 다음과 같은 현상으로 인해 나타나는 문제점을 서술하시오.

> 최근 중·고등 학생들 사이에서는 명품 구매 사진을 SNS에 올리는 것이 유행하고 있다. 설문 조사에 따르면 중고생들이 명품을 구매하는 이유로는 '평소 해당 명품 브랜드에 관심이 많아서'가 가장 많았다.

14 의식주 윤리

빈출도 ● ● ●

출제 포인트

- 자료는 의식주 문화의 윤리적 문제 및 쟁점들을 정리한 것이다.
- 의복 문화, 음식 문화, 주거 문화의 윤리적 문제를 잘 파악하고 정리해 두어야 한다.

필수 자료

(1) 의복 문화의 윤리적 문제

유행 추구 현상	생산과 소비가 빠르게 이루어짐으로써 과소비가 일어나고, 버려지는 옷이 많아짐
명품 선호 현상	과소비와 사치 풍조를 조장하고, 사회적 위화감을 조성함
동물 학대 문제	모피나 가죽옷을 생산하기 위해 동물에게 과도한 고통을 줌

(2) 음식 문화의 윤리적 문제

식품의 안정성 문제	유전자 조작 식품(GMO)의 유해성 문제
제조 과정의 문제	해로운 첨가제나 유통 기한이 지난 재료를 사용함
환경 문제	육류의 생산 과정에서 많은 온실가스를 배출함
윤리 문제	생산 및 유통 과정에서 노동자가 정당한 몫을 받지 못함

(3) 주거 문화의 윤리적 문제

획일화·규격화 문제	주거 형태의 정체성과 개성을 상실
경제적 가치만을 중시하는 문제	주거를 투자 등 경제적 측면으로 바라봄으로써 본래 의미의 거주 공간을 상실함

자료 해석

다음은 의식주의 윤리적 문제에 대한 내용이다. 빈칸에 들어갈 내용을 쓰시오.

의복 문화	명품 선호 현상은 과소비와 ❶ (　　) 풍조를 조장함
음식 문화	육류 생산 과정에서 많은 ❷ (　　)을/를 배출함
주거 문화	주거를 투자 등 ❸ (　　) 측면으로 바라보는 경향이 증가함

답 | ❶ 사치 ❷ 온실가스 ❸ 경제적

1등급 바탕 예제

1 다음 설명 중 옳은 것은 ○표를, 틀린 것은 ×표를 하시오.

(1) 슈바이처는 모든 생명은 동등한 가치를 지니므로 어떤 상황에서도 생명체를 해쳐서는 안 된다고 보았다. (○ , ×)

(2) 테일러는 생태계 전체의 보존을 위해서라면 개별 생명체는 언제든 희생될 수 있다고 보았다. (○ , ×)

(3) 테일러는 모든 생명체가 의식의 유무나 유용성에 관계없이 고유한 가치를 지닌다고 보았다. (○ , ×)

2 다음을 주장한 사상가의 입장을 <보기>에서 있는 대로 고르시오.

> 인간은 다른 생명체 또한 살려고 애쓴다는 것을 자기 안에서 경험한다. 그래서 그는 생명을 유지하고, 생명을 증진하며, 생명을 고양시키는 것을 선으로, 반대로 생명을 파괴하고, 생명에 해를 끼치며, 생명을 억압하는 것을 악으로 본다.

• 보기 •

ㄱ. 인간은 생존이나 안전 보장을 위해서라도 동물을 해쳐서는 안 된다.
ㄴ. 인간은 아무런 이유 없이 함부로 생명체에 해악을 끼쳐서는 안 된다.
ㄷ. 인간은 어쩔 수 없이 생명체를 해칠 경우에도 도덕적 책임을 느껴야 한다.
ㄹ. 토양, 물 등이 군집해 있는 대지까지 도덕 공동체의 범위에 포함시켜야 한다.

서술형

3 다음을 주장한 사상가가 ㉠과 같이 주장한 근거를 쓰시오.

> 우리가 생명 중심 관점을 받아들일 때, 그리고 우리가 그 관점에서 자연계와 생명을 볼 때, 우리는 각 생명체의 매 순간 존재를 예리하고 명확하게 인식한다. 특정 유기체에 주의를 집중하면 우리가 개체로서 그 유기체와 공유하는 어떤 특징이 드러난다. 우리 자신과 마찬가지로 ㉠ 다른 생명체도 목적론적 삶의 중심이다.

09 생태 중심주의

빈출도 ●●●

출제 포인트

- 자료는 생태 중심주의의 특징과 문제점, 생태 중심주의 사상가들의 입장을 정리한 것이다.
- 생태 중심주의 사상가 레오폴드와 네스의 입장을 인간 중심주의, 동물 중심주의, 생명 중심주의 사상가들의 입장과 비교 분석하면서 잘 공부해 두어야 한다. 특히 레오폴드의 입장을 더 중점을 두어 숙지해야 한다.

필수 자료

(1) 생태 중심주의의 특징과 문제점

특징	• 개체론에 대한 비판: 생명 중심주의를 개체론이라고 비판하며 생태계 전체의 상호 의존성을 강조함 • 무생물을 포함한 생태계 전체를 도덕적 고려의 대상으로 간주함
문제점	• 생태계 전체의 선을 위해 개별 구성원을 희생시킬 수 있다는 환경 파시즘으로 흐를 수 있음 • 환경 문제를 해결하기 위해 불특정 다수에게 과도한 책임을 부과함

(2) 생태 중심주의 사상가

레오폴드	• 대지 윤리: 토양, 물 등이 군집해 있는 대지까지 도덕 공동체의 범위에 포함해야 함 • 대지는 인간과 모든 자연 존재가 어울려 살아가는 생명 공동체로, 인간은 대지의 지배자가 아니라 한 구성원일 뿐임
네스	• 심층 생태주의: 인간의 세계관 자체를 생태 중심적으로 바꿔야 함 • 큰 자아실현, 생명 중심적 평등 제시

- 큰 자아실현: 자신을 자연과의 상호 연관 속에서 이해하는 것
- 생명 중심적 평등: 모든 생명체를 상호 연결된 공동체의 평등한 구성원으로 보는 것

자료 해석

다음은 생태 중심주의 사상가의 입장에 대한 내용이다. 빈칸에 들어갈 내용을 쓰시오.

레오폴드	동물, 식물, 물, 토양을 포함하는 ❶ (　　) 까지 도덕 공동체의 범위를 확대해야 함
네스	자신을 자연과의 상호 연관 속에서 이해하는 ❷ (　　) 을/를 제시함

답 | ❶ 대지 ❷ 큰 자아실현

1등급 바탕 예제

1 다음 설명 중 옳은 것은 ○표를, 틀린 것은 ×표를 하시오.

(1) 예술의 상업화는 예술의 질적 저하로 이어질 수 있다. (○ , ×)

(2) 예술이 상업화되면서 일반 대중이 예술에 접근하기 어려워졌다. (○ , ×)

(3) 대중문화가 자본에 종속되면서 각 개인이 대중문화의 주체가 되었다. (○ , ×)

2 다음을 주장한 사람이 긍정의 대답을 할 내용을 〈보기〉에서 있는 대로 고르시오.

> 문화 산업은 예술을 흉내 내는 것일 뿐이며, 규격화된 획일성으로 예술을 재생산하여 왜곡함으로써 예술의 진지성을 해친다. 문화 산업의 본질은 대중의 요구에 부응하는 것이 아니라 오히려 대중들의 요구와 반응을 조작하여 그들을 기만하는 데 있다.

• 보기 •

ㄱ. 문화 산업의 발전은 대중들의 자율적인 비판 의식을 강화시킨다.
ㄴ. 문화 산업은 자본주의 논리에 반하여 예술의 자율성을 확고하게 지킨다.
ㄷ. 문화 산업은 예술을 획일화시키고 표준화시키려는 경향성을 지니고 있다.
ㄹ. 문화 산업은 작가 정신과 창의성 발현을 방해하는 방향으로 나아가게 할 수 있다.

서술형

3 다음 주장에 대한 반론을 서술하시오.

> 예술의 상업화는 특수 계층만이 누려왔던 예술 작품을 일반 대중도 쉽게 접근할 수 있게 하는 긍정적인 측면이 있습니다. 또한 예술가에게 예술 활동을 할 수 있는 기반을 마련해 줌으로써 창작 의욕을 북돋아 주므로 적극 권장되어야 합니다.

13 대중문화의 윤리적 문제

빈출도 ●●●

출제 포인트

- 자료는 예술의 상업화에 따른 긍정적 측면과 부정적 측면, 대중문화의 윤리적 문제점을 정리한 것이다.
- 폭력성과 선정성 그리고 자본에의 종속으로 대표되는 대중문화의 윤리적 문제들을 이해하고 숙지해 두어야 한다.

필수 자료

(1) 예술의 상업화에 따른 긍정적 측면과 부정적 측면

긍정적 측면	• 특수 계층만이 누려왔던 예술 작품을 일반 대중도 쉽게 접근할 수 있게 함 • 예술가에게 경제적 이익과 예술 활동을 할 수 있는 기반을 마련해 줌으로써 예술가의 창작 의욕을 북돋움
부정적 측면	• 상업적 가치가 예술을 평가하는 기준이 되어 버림 • 상품성을 높이기 위해 예술의 본래 목적과 자율성을 상실할 수 있음 • 예술이 경제적 이익을 위한 오락 수단으로 전락하고, 예술의 질적 저하로 이어질 수 있음

(2) 대중문화의 윤리적 문제

폭력성과 선정성	• 대중문화가 이윤 창출을 위한 수단이 되면서 선정적이고 폭력적인 요소를 포함하게 됨 • 대중이 성이나 폭력에 대한 그릇된 인식을 지니게 될 수 있음
자본에의 종속	• 대규모의 자본을 소유한 사람 혹은 집단이 대중문화를 생산하고 유통함 • 문화의 창조성과 다양성을 저해하고, 각 개인이 대중문화의 주체가 아닌 문화 산업의 도구로 전락할 수 있음

자료 해석

다음은 대중문화의 윤리적 문제에 대한 내용이다. 빈칸에 들어갈 내용을 쓰시오.

폭력성과 선정성	대중이 성이나 폭력에 대한 그릇된 ❶ ( ) 을/를 지니게 될 수 있음
자본에의 종속	개인이 대중문화의 ❷ ( ) 이/가 아닌 문화 산업의 도구로 전락할 수 있음

답 | ❶ 인식 ❷ 주체

1등급 바탕 예제

1 다음 설명 중 옳은 것은 ○표를, 틀린 것은 ×표를 하시오.

(1) 레오폴드는 대지를 지배와 이용의 대상으로 삼아서는 안 된다고 보았다. (○ , ×)

(2) 네스는 인간 중심주의적 환경 보호 활동을 비판하고 세계관 자체를 바꾸어야 한다고 보았다. (○ , ×)

(3) 네스는 모든 생명체를 상호 연결된 공동체의 평등한 구성원으로 바라보아야 한다고 주장했다. (○ , ×)

2 다음을 주장한 사상가의 입장만을 〈보기〉에서 있는 대로 고르시오.

> 어떤 것이 생명 공동체의 온전성, 안정성, 아름다움을 유지시키는 경향이 있다면 옳다. 생명 공동체의 범위를 대지까지 확장시키기 위해서는 생태계를 경제적 관점뿐만 아니라 윤리적·심미적 측면으로도 살펴봐야 한다. 대지의 사용을 이익의 문제로만 생각하지 말아야 한다.

• 보기 •

ㄱ. 도덕 공동체의 범위를 토양, 물 등을 포함한 대지까지 확대해야 한다.
ㄴ. 인간은 생명체의 가치를 인간의 유익함을 근거로 하여 평가해야 한다.
ㄷ. 대지는 자연의 모든 존재들이 한데 어울려 살아가는 생명 공동체이다.
ㄹ. 모든 생명체는 상호 연결된 공동체의 구성원으로 동등한 가치를 지닌다.

서술형

3 인간과 자연의 관계에 대한 다음과 같은 관점의 한계점을 서술하시오.

> 대지 윤리는 단순히 도덕 공동체의 범위를 흙, 물, 식물과 동물, 곧 포괄하여 대지를 포함하도록 확장하는 것이다. …(중략)… 대지 윤리는 인류의 역할을 대지 공동체의 정복자에서 대지의 평범한 구성원이자 시민으로 변화시킨다. 대지 윤리는 인류의 동료 구성원에 대한 존중 그리고 공동체 자체에 대한 존중을 필연적으로 수반한다.

10 동양의 자연관

빈출도 ● ● ●

출제 포인트

- 자료는 유교, 불교, 도교의 자연관을 정리한 것이다.
- 서양의 인간 중심주의, 동물 중심주의, 생명 중심주의, 생태 중심주의 사상가들의 입장과 동양의 유교, 불교, 도가 사상가들의 입장을 비교 분석하면서 잘 공부해 두어야 한다. 동서양의 입장을 비교하면서 묻는 문제도 출제될 수 있으니 종합적으로 학습해야 한다.

필수 자료

(1) 유교의 자연관

유교의 자연관	• 만물이 본래적 가치를 지니며 인간과 자연이 조화를 이룬다는 천인합일(天人合一)의 경지 지향 • 하늘과 땅은 서로 상응하며 만물을 낳고 기르는 존재라 하여 자연을 살아 있는 유기체로 봄

(2) 불교의 자연관

불교의 자연관	• 모든 존재가 원인과 조건으로 연결되어 서로 영향을 주고받는다는 연기론(緣起論) 주장 • 만물의 상호 의존성 강조: 인간과 자연이 하나의 그물망으로 긴밀하게 연결되어 있다고 봄 • 모든 생명을 소중히 여기며 자비를 베풀어야 한다고 주장

(3) 도교의 자연관

도교의 자연관	• 자연은 아무런 목적이 없는 무위의 체계이면서 무목적의 질서를 담고 있음 • 무위자연(無爲自然): 인간의 인위적인 의지와 욕구와는 무관하게 존재하는 자연의 가치와 아름다움을 중시함 • 자연의 법칙에 순응하며 살아야 한다고 강조함

자료 해석

다음은 동양의 자연관을 정리한 내용이다. 빈칸에 들어갈 내용을 쓰시오.

유교	❶ [　　]: 인간과 자연이 하나를 이루어 조화를 이룸
불교	❷ [　　]: 모든 존재가 원인과 조건으로 연결되어 서로 영향을 주고받음
도교	자연은 아무런 목적이 없는 ❸ [　　]의 체계이자 무목적의 질서를 담고 있음

답 | ❶ 천인합일 ❷ 연기론(설) ❸ 무위

1 다음 설명 중 옳은 것은 ○표를, 틀린 것은 ×표를 하시오.

(1) 예술 지상주의 입장에서는 미적 가치와 윤리적 가치가 서로 상호 보완의 관계를 맺어야 한다고 본다. (○ , ×)

(2) 예술 지상주의 입장에서는 예술을 위한 예술을 추구하는 순수 예술론을 지지한다. (○ , ×)

(3) 와일드는 예술이 도덕의 영역 밖에 있으며 예술의 영역과 도덕의 영역이 분리될 필요가 있다고 보았다. (○ , ×)

2 다음을 주장한 사상가의 입장만을 〈보기〉에서 있는 대로 고르시오.

> 예술은 예술 안에서 그 완벽함을 추구할 뿐, 예술 밖에서 완벽함을 찾지 않는다. 예술은 닮은꼴이라는 외적인 기준에 의해서 재단될 수 있는 것이 아니다. 따라서 예술은 거울이라기보다는 장막이다.

• 보기 •

ㄱ. 예술가는 자신의 예술 작품이 사회 발전에 기여하는지 확인해야 한다.
ㄴ. 예술은 자율성을 보장받아야 하며 예술 자체의 아름다움을 추구해야 한다.
ㄷ. 예술가에게 윤리적 공감은 필요 없으며 예술가에게 이를 요구해서도 안 된다.
ㄹ. 예술은 윤리적 평가로부터 자유로워서는 안 되며 윤리와 조화를 이루어야 한다.

서술형

3 예술과 윤리의 관계에 대한 갑, 을 사상가의 공통된 입장을 서술하시오.

> 갑: 예술은 드러내고 예술가를 숨기는 것이 예술의 목표이다. 예술가에게 윤리적 공감은 불필요하다. 아름다운 사물을 오직 아름다움의 의미로 받아들여야 한다.
> 을: 시가 도덕적이라든가 혹은 비도덕적이라고 말하는 것은 정삼각형은 도덕적이고 이등변 삼각형은 비도덕적이라고 말하는 것과 같이 무의미하다.

12 예술에 대한 예술 지상주의 관점

빈출도 ● ● ●

출제 포인트

- 자료는 예술 지상주의의 특징과 문제점, 와일드와 스핑건의 입장을 정리한 것이다.
- 예술과 윤리의 관계에 대한 예술 지상주의와 도덕주의 입장을 함께 비교, 분석하면서 잘 이해해 두어야 한다. 예술 지상주의의 대표적 사상가인 와일드와 스핑건의 입장을 잘 파악하는 한편, 도덕주의 입장과의 차이점도 잘 정리해 두어야 한다.

필수 자료

(1) 예술 지상주의의 특징과 문제점

특징	• 미적 경험은 그 자체로 가치를 지니며 예술은 미적 가치의 구현을 목적으로 해야 함 • 예술은 윤리적 평가로부터 자유로워야 하며 도덕, 정치 등 다른 어떤 것을 위한 수단으로 취급되어서는 안 됨 • 순수 예술론: '예술을 위한 예술'을 주장하며 예술의 자율성을 옹호함
문제점	예술과 현실을 분리함으로써 예술의 사회적 영향력을 간과함

(2) 예술 지상주의를 주장한 사상가

와일드	• 예술가가 다른 사람의 욕구를 만족시키려는 순간 그는 예술가이기를 포기한 것임 • 예술가에게 윤리적 공감은 독창성을 잃게 하는 것임 • 예술은 도덕의 영역 밖에 있음
스핑건	• 시(詩)가 도덕적이라든가 비도덕적이라고 말하는 것은 무의미함 • 예술을 다른 목적을 위한 도구로 이용하면 예술이 규격화 혹은 획일화되어 창조성과 창의성이 파괴될 것임

자료 해석

다음은 예술 지상주의 사상가들의 입장을 정리한 내용이다. 빈칸에 들어갈 내용을 쓰시오.

와일드	예술가에게 ❶ (　　) 공감은 매너리즘에 불과하며 필요하지 않음
스핑건	시(詩)를 ❷ (　　) 혹은 '비도덕적'이라고 평가하는 것은 무의미함

답 | ❶ 윤리적 ❷ 도덕적

1등급 바탕 예제

1 동양의 자연관에 대한 설명을 바르게 연결하시오.

(1) 유교 • 　　　　• ㉠ 무위자연(無爲自然) 추구

(2) 불교 • 　　　　• ㉡ 천인합일(天人合一)의 경지 지향

(3) 도교 • 　　　　• ㉢ 만물의 상호 의존성 강조

2 다음 사상의 입장만을 〈보기〉에서 있는 대로 고르시오.

> 하늘과 땅은 만물을 낳는 것을 마음으로 삼고, 사람은 하늘과 땅의 마음을 얻어 그것을 마음으로 삼는다. 마음의 덕은 모든 것을 갖추었지만 한 마디로 말하면 인(仁)일 뿐이다.

• 보기 •

ㄱ. 모든 존재가 원인과 조건으로 연결되어 서로 영향을 주고받는다.
ㄴ. 인간과 자연이 조화를 이루는 천인합일의 경지를 추구해야 한다.
ㄷ. 하늘과 땅은 서로 상응하고 맞물리면서 끊임없이 만물을 낳고 기른다.
ㄹ. 만물은 서로 연결되어 상호 의존하고 있음을 깨닫고 불살생의 계율을 실천해야 한다.

서술형

3 다음을 읽고 물음에 답하시오.

> (가) 인(因)과 연(緣)에 의해 생겨나는 것이 법(法)이다. 이것을 공(空)하다고 한다. 일체의 법이 공하다.
> (나) 사람[人]은 땅을 본받고, 땅[地]은 하늘을 본받고, 하늘[天]은 도를 본받고, 도(道)는 자연(自然)을 본받는다.

(1) (가) 사상에서 강조하는 연기적 자연관에 대해 서술하시오.

(2) (나) 사상에서 자연을 다루는 방법을 서술하시오.

11 예술에 대한 도덕주의 관점

빈출도 ● ● ●

출제 포인트

- 자료는 도덕주의의 특징과 문제점, 도덕주의의 대표적 사상가인 플라톤과 톨스토이의 입장을 정리한 것이다.
- 예술과 윤리의 관계에 대한 도덕주의의 기본적인 입장을 잘 이해해 두어야 하며 대표적 사상가인 플라톤과 톨스토이의 입장도 잘 정리해 두어야 한다.

필수 자료

(1) 도덕주의의 특징과 문제점

특징	• 모든 예술 작품은 고귀한 품성과 올바른 행위를 포함하여 도덕적 교훈이나 본보기를 제공해야 한다고 봄 • 미적 가치보다 도덕적 가치가 우위에 있으며 예술이 윤리의 인도를 받아야 한다고 봄 • 참여 예술론: 예술은 사회의 모순을 비판하고 사회 발전에 이바지해야 함
문제점	예술에서 미적 요소가 경시될 수 있으며 자유로운 창작이 제한받을 수 있음

(2) 도덕주의를 주장한 사상가

플라톤	• 예술의 존재 이유는 선을 권장하고 덕성을 장려하는 데 있음 • 예술 작품이 도덕적 가치를 포함하고 있는지 국가가 판단해야 함 • 예술가는 좋은 예술 작품을 창작하여 청소년들이 올바른 성품을 함양하는 데 도움을 주어야 함
톨스토이	• 예술은 개인의 감정을 표현하여 다른 사람에게 전하는 모든 것임 • 표현한 감정이 다른 사람에게 전달되어 공감을 불러일으키는 것이 중요함

자료 해석

다음은 도덕주의 사상가들의 입장을 정리한 내용이다. 빈칸에 들어갈 내용을 쓰시오.

플라톤	예술의 존재 이유는 선을 권장하고 ❶ ( ) 을/를 장려하는 데 있음
톨스토이	예술은 개인의 ❷ ( ) 을/를 표현하여 다른 사람에게 전하는 모든 것임

답 | ❶ 덕성 ❷ 감정

1 다음 설명 중 옳은 것은 ○표를, 틀린 것은 ×표를 하시오.

(1) 도덕주의 입장에서는 미적 가치가 윤리적 가치를 지배해야 한다고 본다. (○ , ×)

(2) 도덕주의 입장에서는 예술이 사회 발전에 이바지해야 한다는 참여 예술론을 지지한다. (○ , ×)

(3) 톨스토이는 예술 작품이 다른 사람에게 공감을 불러일으키는 것이 중요하다고 보았다. (○ , ×)

2 다음을 주장한 사상가의 입장만을 〈보기〉에서 있는 대로 고르시오.

> 좋은 리듬, 좋은 말씨, 조화로움, 우아함 등은 좋은 품성을 갖게 한다. 반면에 꼴사나움과 나쁜 리듬과 부조화는 나쁜 말씨와 나쁜 성격을 닮게 한다. 리듬과 화음이 올바른 자에게는 우아함을, 그릇된 자에게는 추악함을 깨닫도록 할 것이다.

보기

ㄱ. 예술 작품은 청소년들의 덕성 함양과 인격 형성에 기여해야 한다.
ㄴ. 예술 작품은 도덕적 본보기가 되고 윤리적 가치를 포함해야 한다.
ㄷ. 예술가는 자신이 창작한 예술 작품의 사회적 영향력에 대해 고려할 필요가 없다.
ㄹ. 예술가는 예술 작품 속에서 좋은 성품을 함양할 수 있는 요소들을 구현해야 한다.

서술형

3 다음을 주장한 사상가가 예술을 바라보는 관점을 서술하시오.

> 진짜 예술을 가짜 예술에서 구별하기 위한 확실한 특징이 하나 있다. 예술의 감염성(感染性)이 그것이다. 만일 사람이 남의 작품을 읽고 듣고 보고 한 결과, 자신이 그 작가와 공감을 하고 또한 그 작품을 감상한 다른 사람들과 공감을 하는 경우, 그런 마음을 일으키는 것은 틀림없는 예술품이다.

시험적중

내신전략

고등 생활과 윤리

BOOK 2

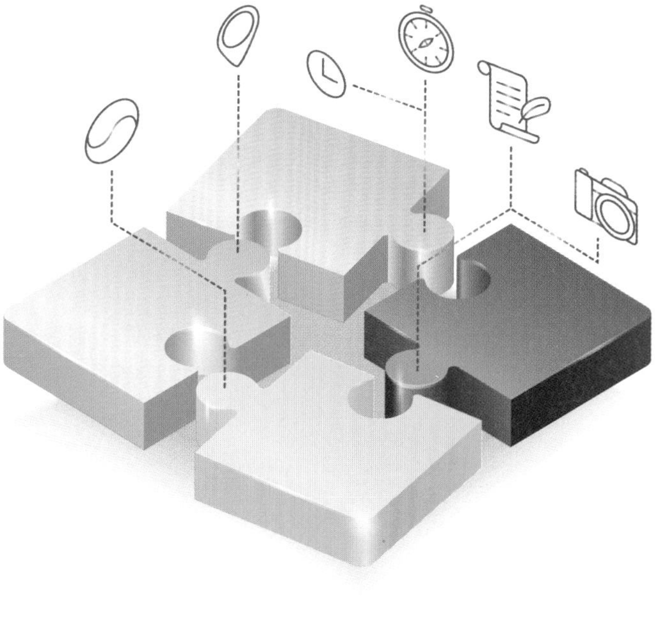

이 책의

구성과 활용

이 책은 3권으로 이루어져 있는데 본책인 BOOK 1·2의 구성은 아래와 같아.

주 도입

본격적인 본문 학습에 앞서, 재미있는 학습 만화를 살펴보며 이번 주에 공부할 내용을 확인할 수 있도록 하였습니다.

1일 개념 돌파 전략

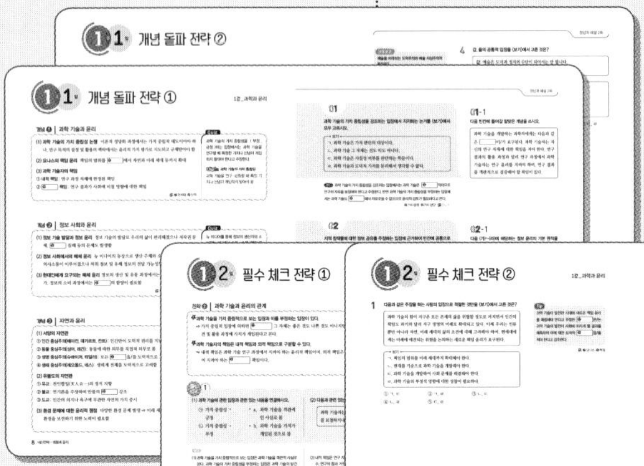

내신을 대비하기 위해 반드시 알아야 할 기본 개념을 익힌 뒤, 확인 문제를 풀며 개념을 확실히 이해했는지 확인할 수 있도록 하였습니다.

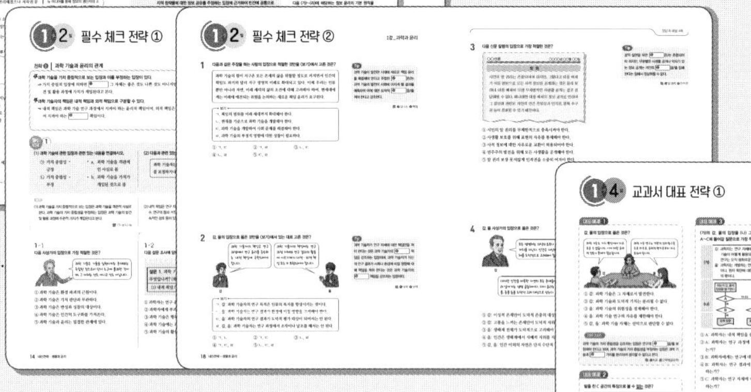

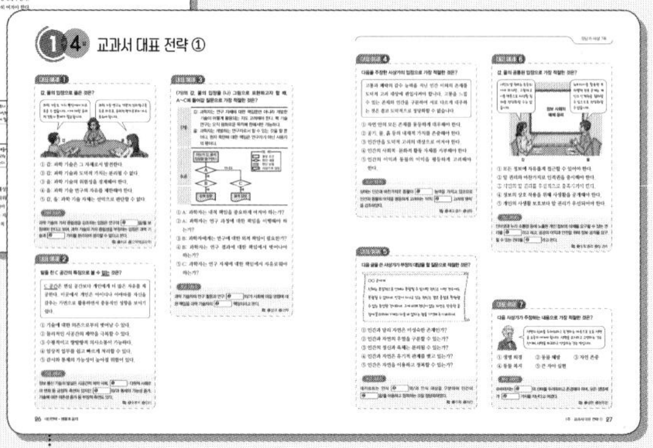

2일 3일 필수 체크 전략

실제 내신 시험에 자주 출제되는 유형의 필수 예제와 유제를 풀어 보면서 문제 풀이 과정과 해결 전략을 이해할 수 있도록 하였습니다.

4일 교과서 대표 전략

교과서에서 다루고 있는 주제를 대표 예제로 엄선하여 수록하였으며, 많은 문제를 풀어 봄으로써 문제에 대한 적응력을 높일 수 있도록 하였습니다.

부록 시험에 잘 나오는 개념 BOOK

학교 시험에 자주 나오는 출제 포인트를 제시하고 필수 자료와 해석을 넣어 철저히 분석하였으며, 바탕 예제를 수록하여 기본 유형의 문제를 접해 볼 수 있도록 하였습니다.

주 마무리와 권 마무리의 특별 코너들로 생활과 윤리 실력이 더 탄탄해 질 거야!

주 마무리 코너

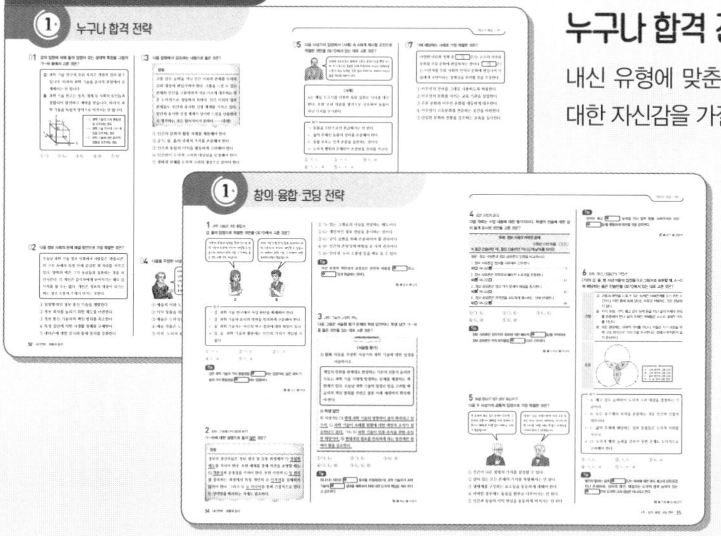

누구나 합격 전략

내신 유형에 맞춘 기본 연습 문제를 풀어 보면서 학습에 대한 자신감을 가질 수 있도록 하였습니다.

창의·융합·코딩 전략

융합적 사고력과 창의력을 키우는 문제를 풀어 보면서 다양한 문제에 대한 적응력을 높일 수 있도록 하였습니다.

권 마무리 코너

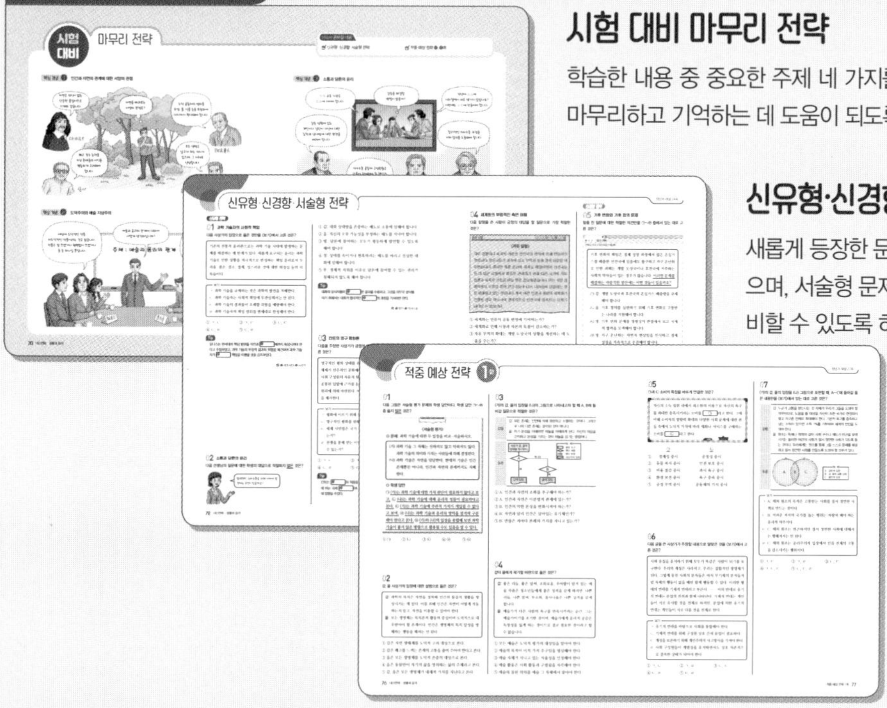

시험 대비 마무리 전략

학습한 내용 중 중요한 주제 네 가지를 이미지로 정리하여 단원을 마무리하고 기억하는 데 도움이 되도록 하였습니다.

신유형·신경향·서술형 전략

새롭게 등장한 문제 유형, 최신 경향의 문제를 다루었으며, 서술형 문제를 풀어 보면서 철저하게 내신을 대비할 수 있도록 하였습니다.

적중 예상 전략

실제 내신 시험과 같은 유형의 모의고사를 풀며 학교 시험에 대비할 수 있도록 하였습니다.

이 책의

차례

BOOK 1

1주

I. 현대의 삶과 실천 윤리 ~ II. 생명과 윤리

2주

III. 사회와 윤리

권 마무리 코너

BOOK 2

1주

Ⅳ. 과학과 윤리 ~ Ⅴ. 문화와 윤리

2주

Ⅳ. 평화와 공존의 윤리

권 마무리 코너

1주 Ⅳ. 과학과 윤리 ~ Ⅴ. 문화와 윤리

1강 과학과 윤리

공부할 내용

1강 ❶ 과학 기술과 윤리 ❷ 정보 사회와 윤리 ❸ 자연과 윤리
2강 ❶ 예술과 대중문화 윤리 ❷ 의식주 윤리와 윤리적 소비 ❸ 다문화 사회의 윤리

개념 돌파 전략 ①

개념 ❶ 과학 기술과 윤리

(1) 과학 기술의 가치 중립성 논쟁 이론적 정당화 과정에서는 가치 중립적 태도이어야 하나, 연구 목적의 설정 및 활용의 맥락에서는 윤리적 가치 평가로 지도되고 규제받아야 함

(2) 요나스의 책임 윤리 책임의 범위를 ❶ ______ 에서 자연과 미래 세대 등까지 확대

(3) 과학 기술자의 책임

① **내적 책임**: 연구 과정 자체에 한정된 책임

② ❷ ______ **책임**: 연구 결과가 사회에 미칠 영향에 대한 책임

답 ❶ 현세대 ❷ 외적

Quiz

과학 기술의 가치 중립성을 (부정 , 긍정)하는 입장에서는 과학 기술을 연구할 때 특정한 가치나 신념이 개입하지 말아야 한다고 주장한다.

Clip! 과학 기술의 가치 중립성

과학 기술을 연구·검증할 때 특정 가치나 신념이 개입하지 말아야 함

개념 ❷ 정보 사회와 윤리

(1) 정보 기술 발달과 정보 윤리 정보 기술의 발달로 우리의 삶이 편리해졌으나 저작권 문제, ❶ ______ 침해 등의 문제도 발생함

(2) 정보 사회에서의 매체 윤리 뉴 미디어의 등장으로 생산 주체와 소비 주체의 쌍방향적 의사소통이 이루어졌으나 허위 정보 및 유해 정보의 전달 가능성도 커짐

(3) 현대인에게 요구되는 매체 윤리 정보의 생산 및 유통 과정에서는 진실한 태도와 배려가, 정보의 소비 과정에서는 ❷ ______ 의 함양이 필요함

답 ❶ 사생활 ❷ 미디어 리터러시

Quiz

뉴 미디어를 통해 정보의 생산자와 소비자는 비교적 (수직 , 수평)적인 관계를 바탕으로 활발하게 상호 작용을 한다.

Clip! 정보 윤리의 기본 원칙

자율성의 원리, 해악 금지의 원리, 선행의 원리, 정의의 원리

개념 ❸ 자연과 윤리

(1) 서양의 자연관

① **인간 중심주의(베이컨, 데카르트, 칸트)**: 인간만이 도덕적 권리를 지닌다고 봄

② **동물 중심주의(싱어, 레건)**: 동물에 대한 의무를 직접적 의무로 봄

③ **생명 중심주의(슈바이처, 테일러)**: 모든 ❶ ______ 을/를 도덕적으로 고려함

④ **생태 중심주의(레오폴드, 네스)**: 생태계 전체를 도덕적으로 고려함

(2) 유불도의 자연관

① **유교**: 천인합일(天人合一)의 경지 지향

② **불교**: 연기론을 주장하며 만물의 ❷ ______ 강조

③ **도교**: 인간의 의지나 욕구에 무관한 자연의 가치 중시

(3) 환경 문제에 대한 윤리적 쟁점 다양한 환경 문제 발생 ➡ 미래 세대에게 남겨 줄 자연환경을 보전하기 위한 노력이 필요함

답 ❶ 생명체 ❷ 상호 의존성

Quiz

(   ) 중심주의 윤리를 강조한 사상가는 레건, 싱어가 있다.

Clip! 미래 세대에 대한 책임의 근거

- 어느 세대도 자신의 이익을 위해 전 인류의 공동 자산인 자연환경을 남용·훼손해서는 안 됨
- 현세대는 과거 세대로부터 이어받은 혜택을 미래 세대에게 전수해야 할 도덕적 책임을 지님

01

과학 기술의 가치 중립성을 강조하는 입장에서 지지하는 논거를 〈보기〉에서 모두 고르시오.

• 보기 •
ㄱ. 과학 기술은 가치 판단의 대상이다.
ㄴ. 과학 기술 그 자체는 선도 악도 아니다.
ㄷ. 과학 기술은 사실성 여부를 판단하는 학문이다.
ㄹ. 과학 기술과 도덕적 가치를 분리해서 생각할 수 없다.

풀이 과학 기술의 가치 중립성을 강조하는 입장에서는 과학 기술은 ❶ [ ] 적이므로 연구의 자유를 보장해야 한다고 주장한다. 반면 과학 기술의 가치 중립성을 부정하는 입장에서는 과학 기술도 ❷ [ ] 에서 자유로울 수 없으므로 윤리적 검토가 필요하다고 본다.

❶ 가치 중립 ❷ 가치 판단 답 | ㄴ, ㄷ

01-1

다음 빈칸에 들어갈 알맞은 개념을 쓰시오.

과학 기술을 개발하는 과학자에게는 다음과 같은 [ ] 이/가 요구된다. 과학 기술자는 자신의 연구 자체에 대한 책임을 져야 한다. 연구 결과의 활용 과정과 달리 연구 과정에서 과학 기술자는 연구 윤리를 지켜야 하며, 연구 결과를 객관적으로 검증해야 할 책임이 있다.

02

지적 창작물에 대한 정보 공유를 주장하는 입장에 근거하여 빈칸에 공통으로 들어갈 알맞은 개념을 쓰시오.

모든 정보와 지식은 수많은 사람들의 협업에 의해 만들어진다는 점에서 [ ] 의 성격을 갖는다. 만약 모든 정보와 지식이 특정 개인의 소유물로 취급된다면 인류의 [ ] 이/가 상품화되고, 결과적으로 소수만이 정보화 사회의 혜택을 누리는 불평등이 심화될 수 있다.

풀이 저작권을 둘러싼 윤리적 문제는 지적 산물에 대한 창작자의 ❶ [ ] 및 인격권을 보호해야 한다는 입장과 사회적 산물인 정보에 대한 권리를 ❷ [ ] 해야 한다는 입장으로 나누어 논의된다.

❶ 재산권 ❷ 공유 답 | 공공재

02-1

다음 (가)~(라)에 해당하는 정보 윤리의 기본 원칙을 각각 쓰시오.

(가) 타인에게 해를 끼치는 행동을 해서는 안 된다.
(나) 타인의 복지를 증진하는 방향으로 행동해야 한다.
(다) 공정한 기준에 따라 혜택이나 부담을 공정하게 배분해야 한다.
(라) 스스로 도덕 원칙을 수립하여 행동하고 타인의 자기 결정 능력을 존중해야 한다.

03

다음과 같은 주장을 한 사상가를 쓰시오.

인간은 다른 존재와 관련한 자기의 의무를 이들 존재에 대한 의무로 혼동해서는 안 된다. 자연 체계 내에서의 인간은 다른 동물들과 같이 대지의 산물로서 평범한 가치를 지닌다. 그러나 도덕적, 실천적 이성의 주체로서 인간은 자연 안에 존엄하며 절대적 가치를 지닌 존재이다.

풀이 제시문은 ❶ [ ] 을/를 주장한 칸트의 입장이다. 칸트에 따르면, 이성을 지닌 인간의 인격을 목적으로 대우해야 하는 것은 인간이 지닌 직접적 의무이지만 자연에 대한 의무는 ❷ [ ] 의무이다.

❶ 인간 중심주의 ❷ 간접적 답 | 칸트

03-1

다음은 인간과 자연을 바라보는 관점 중 어떤 관점에 대한 설명인지 쓰시오.

• 무생물을 포함한 생태계 전체를 도덕적 고려의 대상으로 삼는다.
• 대표적 사상가로는 레오폴드와 네스가 있다.

개념 돌파 전략 ①

개념 ❶ 예술과 대중문화 윤리

(1) 예술과 윤리의 관계

① **도덕주의(플라톤, 톨스토이)**: ❶ [   ] 가치가 미적 가치보다 우위에 있으므로 예술은 윤리의 인도를 받아야 함 ➡ 참여 예술론 지지

② **예술 지상주의(와일드)**: 미적 가치는 도덕적 가치와 관련성이 낮음 ➡ 순수 예술론 지지

(2) 대중문화의 윤리적 문제 선정성과 폭력성, 자본에의 종속

(3) 대중문화에 대한 윤리적 규제

① **제도적 차원의 윤리적 규제**: 유해 요소의 규제가 필요하다는 점에서 제도적 차원의 윤리적 규제를 찬성하는 입장과 ❷ [   ]의 자유와 문화 향유권을 제한한다는 점에서 반대하는 입장이 있음

② **개인적 차원의 규제**: 생산자는 건전한 대중문화 보급을 위해 노력해야 하며, 소비자는 대중문화의 수동적 소비 주체에서 탈피해야 함

답 ❶ 도덕적 ❷ 표현

Quiz

도덕주의를 주장한 대표적 사상가는 (플라톤 , 와일드)이다.

Clip! 예술의 상업화

상품을 사고파는 행위를 통해 이윤을 얻는 일이 예술 작품에도 적용되는 현상

▲ 톨스토이

개념 ❷ 의식주 윤리와 윤리적 소비

(1) 의복 문화와 윤리 문제 유행 추구 현상, ❶ [   ] 선호 현상

(2) 음식 문화와 윤리 문제 ❷ [   ] 안정성 문제, 환경 문제, 동물 복지 문제 등

(3) 주거 문화와 윤리 문제 주거의 본래적 의미 상실, 주거 형태의 획일화·규격화 문제

(4) 합리적 소비와 윤리적 소비

① **합리적 소비**: 최소한의 비용으로 최대의 만족감을 얻기 위한 소비

② **윤리적 소비**: 도덕적 가치 판단에 따라 재화나 서비스를 구매하고 사용하는 소비

답 ❶ 명품 ❷ 식품

Quiz

유행 추구 현상, 명품 선호 현상은 (   ) 문화와 관련된 윤리 문제이다.

Clip! 윤리적 소비의 유형

- 인권과 정의를 생각하는 소비
- 공동체적 가치를 생각하는 소비
- 동물 복지를 생각하는 소비
- 환경 보전을 생각하는 소비

개념 ❸ 다문화 사회의 윤리

(1) 다문화 정책

① **동화주의**: 소수의 문화를 주류 사회의 문화에 편입시켜야 함 ➡ 용광로 모델

② **다문화주의**: 다양한 문화가 고유의 문화를 유지하면서 서로 조화를 이룸 ➡ 샐러드 그릇 모델

③ **문화 다원주의**: ❶ [   ] 사회의 문화를 바탕으로 문화적 다양성을 수용함 ➡ 국수 대접 모델

(2) 종교와 윤리의 관계

① **공통점**: ❷ [   ]을/를 중시함

② **차이점**: 종교는 초월적 문제를 탐구하지만, 윤리는 도덕규범이나 그 근거를 탐구함

답 ❶ 주류 ❷ 도덕성

Quiz

(   )은/는 자국의 문화를 기준으로 다른 문화를 무조건 낮게 평가하는 태도이다.

Clip! 다양한 문화를 바라보는 태도

- 자문화 중심주의
- 문화 사대주의
- 문화 상대주의

01

(가), (나)에 해당하는 예술과 윤리의 관계를 바라보는 관점을 쓰시오.

(가) 현대 예술의 사명은 인간의 행복이 인간 상호 간의 결합에 있다는 진리를 이성의 영역에서 감성의 영역으로 옮겨, 현재 지배하고 있는 폭력 대신 신의 세계, 즉 인간의 최고 목적으로 간주하는 사랑의 세계를 건설하는 일이다.
(나) 세상에 도덕적인 작품, 비도덕적인 작품이라는 것은 없다. 작품은 잘 쓰였거나 형편없이 쓰였거나 둘 중 하나일 뿐이다.

풀이 (가)는 톨스토이, (나)는 와일드의 주장이다. 톨스토이는 도덕주의를 주장한 사상가로, 예술은 ❶ [ ] 의 삶을 위해 존재할 때 의미를 지닌다고 보았다. 반면 와일드는 예술 지상주의를 주장한 사상가로, 예술과 도덕은 ❷ [ ] 적인 영역으로, 예술은 그 자체로서 의미를 지닌다고 보았다.

❶ 인간 ❷ 독립 **답** | (가) 도덕주의 (나) 예술 지상주의

01-1

다음 빈칸에 공통으로 들어갈 알맞은 개념은 무엇인지 쓰시오.

[ ] 은/는 상품을 사고파는 행위를 통해 이윤을 얻는 일이 예술 작품에도 적용되는 현상을 말한다. [ ] 은/는 일반 대중도 쉽게 예술에 접근할 기회를 제공하는 긍정적 측면이 있지만 예술의 본질이 왜곡될 수 있는 부정적 측면도 있다.

02

윤리적 소비와 관련된 내용을 〈보기〉에서 모두 고르시오.

보기
ㄱ. 지속 가능한 환경을 위해 소비해야 한다.
ㄴ. 상품이 주는 효용성만을 고려하여 소비해야 한다.
ㄷ. 공동선을 추구하는 기업의 제품을 선택해야 한다.
ㄹ. 최소의 비용으로 최대의 만족을 얻도록 소비해야 한다.

풀이 합리적 소비는 소득 범위 내에서 최소한의 ❶ [ ] (으)로 자신의 욕구를 최대한 충족하려는 소비이다. 반면 윤리적 소비는 ❷ [ ] 가치 판단에 따라 재화나 서비스를 구매하고 사용하는 소비이다.

❶ 비용 ❷ 도덕적 **답** | ㄱ, ㄷ

02-1

다음 빈칸에 공통으로 들어갈 알맞은 개념은 무엇인지 쓰시오.

[ ] 은/는 최신 유행을 즉각 반영한 디자인을 저렴한 가격으로 판매하는 패션 사업을 말한다. [ ] 업체들은 신제품을 빠르게 생산하여 매장에 진열하고 남은 제품을 폐기하는데 그 과정에서 많은 쓰레기를 배출한다.

03

(가), (나)의 다문화 정책과 관련 있는 모델의 이름을 각각 쓰시오.

(가) 여러 가지 금속을 용광로에 녹이는 것처럼, 다양한 이주민의 문화를 주류 문화에 적응시키고 통합해야 한다.
(나) 다양한 채소와 과일이 고유한 맛과 색을 유지하면서 전체적인 맛의 조화를 이루듯이, 다양한 인종과 민족의 문화가 각각의 고유성을 유지하면서 조화와 공존을 이룬다.

풀이 (가), (나)의 다문화 정책은 각각 동화주의, 다문화주의이다. 동화주의는 이민자를 ❶ [ ] 사회의 언어나 문화에 동화시켜 이들에게 국민이라는 정체성을 부여하는 것으로, 용광로 모델과 관련 있다. 다문화주의는 이민자들이 각자의 고유한 문화를 유지하면서 ❷ [ ] 을/를 지향하는 것으로, 샐러드 그릇 모델과 관련 있다.

❶ 주류 ❷ 공존 **답** | (가) 용광로 모델 (나) 샐러드 그릇 모델

03-1

다음 설명에 해당하는 개념은 무엇인지 쓰시오.

관용을 무제한으로 허용하면, 관용 자체를 부정하는 사상이나 태도까지 인정하게 되어 결국 아무도 관용을 보장받을 수 없게 된다.

1주 1일 개념 돌파 전략 ②

바탕 문제

과학 기술에 대한 가치 중립성 논쟁이란?

⇨ 과학 기술을 가치 중립적으로 보는 입장에서는 과학 기술이 가치 판단에서 자유로운 [❶] 의 영역이라고 본다. 과학 기술이 가치 판단으로부터 자유로울 수 없다는 입장은 과학 기술의 발견과 활용 과정에서 인간의 [❷] 이/가 개입된다고 본다.

답 ❶ 사실 ❷ 가치

1 **다음 사상가의 입장을 〈보기〉에서 고른 것은?**

과학 기술을 중립적인 것으로 고찰할 경우, 우리는 무방비 상태로 기술에 내맡겨지게 됩니다.

보기

ㄱ. 과학 기술에 특정 가치가 개입되면 안 된다.
ㄴ. 과학 기술과 인간의 삶을 분리해서는 안 된다.
ㄷ. 과학 기술을 통해 모든 문제를 해결해야 한다.
ㄹ. 과학 기술에 대한 윤리적 가치 판단이 필요하다.

① ㄱ, ㄴ　② ㄱ, ㄷ　③ ㄴ, ㄷ
④ ㄴ, ㄹ　⑤ ㄷ, ㄹ

바탕 문제

정보 사유론과 정보 공유론의 특징은?

⇨ 저작권과 관련하여 정보 [❶] 은/는 저작자의 저작권 보호를 강조하며, 정보 [❷] 은/는 정보를 공공재로 보고 저작권의 과도한 행사에 반대한다.

답 ❶ 사유론 ❷ 공유론

2 **갑, 을의 입장으로 가장 적절한 것은?**

갑: 정보에 대한 창작자의 배타적 독점권을 인정해야 합니다.
을: 정보에 대한 창작자의 배타적 독점권을 인정해서는 안 됩니다.

① 갑: 모든 정보를 공공재로 생각해야 한다.
② 갑: 정보 창작자의 경제적 이익을 보장해야 한다.
③ 을: 정보에 대한 지적 재산권을 존중해야 한다.
④ 을: 정보 생산에 필요한 노력에 대한 보상이 필요하다.
⑤ 갑, 을: 정보를 자유롭게 공유해야 정보의 질적 발전이 가능하다.

바탕 문제

인간 중심주의와 동물 중심주의의 차이점은?

⇨ 인간 중심주의에서는 [❶] 만이 도덕적 고려의 대상인데 비해 동물 중심주의에서는 도덕적 고려의 범위를 [❷] 까지 확대해야 한다고 본다.

답 ❶ 인간 ❷ 동물

3 **다음을 주장한 사상가의 입장을 〈보기〉에서 고른 것은?**

인간은 자연의 질서에 관해 실제로 관찰하고 해석할 수 있다. 자연에 대한 인간의 지식이 곧 인간의 힘이다.

보기

ㄱ. 자연은 인류의 복지를 위한 수단에 불과하다.
ㄴ. 인간은 동물을 보호해야 할 직접적 의무를 지닌다.
ㄷ. 인간이 아닌 존재는 도덕적 고려의 대상이 아니다.
ㄹ. 인간을 포함한 동물은 자기 삶을 영위하는 주체이다.

① ㄱ, ㄴ　② ㄱ, ㄷ　③ ㄴ, ㄷ
④ ㄴ, ㄹ　⑤ ㄷ, ㄹ

바탕 문제

예술을 바라보는 도덕주의와 예술 지상주의의 특징은?

⇨ 예술을 바라보는 입장 중 도덕주의는 미적 가치와 ❶ [   ] 가치의 관련성을 강조하는 데 비해, 예술 지상주의는 예술이 ❷ [   ] 가치만을 추구해야 한다고 강조한다.

답 ❶ 윤리적 ❷ 미적

4 **갑, 을의 공통적 입장을 〈보기〉에서 고른 것은?**

> **갑**: 예술은 도덕과 정치의 수단이 되어서는 안 됩니다.
> **을**: 예술의 완벽함은 예술 그 자체에서 찾아야 합니다.

보기

ㄱ. 예술은 윤리적 평가로부터 자유로워야 한다.
ㄴ. 예술과 윤리를 별개의 영역으로 생각해야 한다.
ㄷ. 미적 가치와 윤리적 가치는 밀접한 관련을 지닌다.
ㄹ. 예술을 미적 가치로만 판단하는 태도는 잘못되었다.

① ㄱ, ㄴ ② ㄱ, ㄷ ③ ㄴ, ㄷ ④ ㄴ, ㄹ ⑤ ㄷ, ㄹ

바탕 문제

합리적 소비와 윤리적 소비란?

⇨ 자신의 경제력 내에서 가장 큰 만족을 추구하는 상품이나 서비스를 구매하는 소비를 ❶ [   ] 소비라고 하고, 타인과 사회는 물론 생태계 전체를 고려한 바람직한 소비를 ❷ [   ] 소비라고 한다.

답 ❶ 합리적 ❷ 윤리적

5 **영호가 추구하는 소비 태도에 대한 설명으로 옳은 것은?**

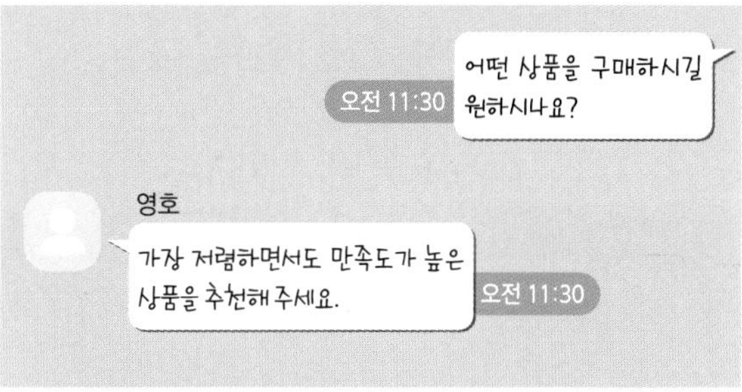

어떤 상품을 구매하시길 원하시나요?
오전 11:30
영호
가장 저렴하면서도 만족도가 높은 상품을 추천해 주세요.
오전 11:30

① 지구촌 생태계와 환경 문제를 중시한다.
② 노동자의 인권과 복지를 중요하게 여긴다.
③ 동물의 생명을 중시하는 소비를 선호한다.
④ 정의롭고 공정하게 생산된 상품을 구매한다.
⑤ 최소한의 비용으로 최대의 효과를 얻고자 한다.

바탕 문제

동화주의와 다문화주의의 차이점은?

⇨ 동화주의는 이주민의 문화와 같은 소수 문화를 ❶ [   ] 문화에 적응시키고 통합하려는 입장이다. 다문화주의는 이주민이 고유문화를 ❷ [   ]하는 것을 인정하면서 공존을 지향하는 입장이다.

답 ❶ 주류 ❷ 유지

6 **다음과 같은 이주민 문화에 대한 입장을 〈보기〉에서 고른 것은?**

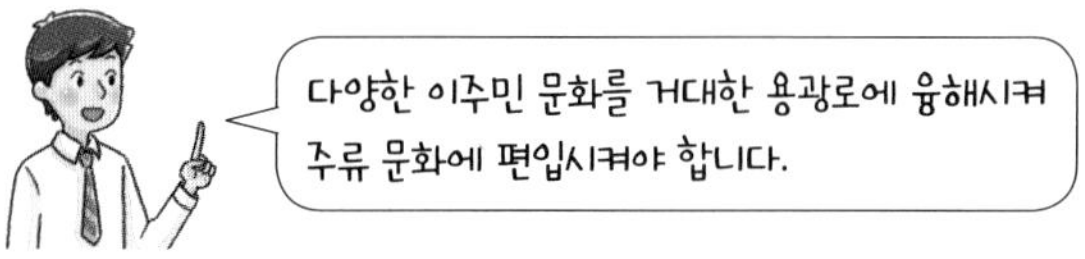

보기

ㄱ. 문화적 충돌과 갈등을 방지해야 한다.
ㄴ. 다양한 문화를 평등하게 대우해야 한다.
ㄷ. 주류 문화와 이주민 문화를 통합해야 한다.
ㄹ. 이주민이 지닌 고유한 문화를 인정해야 한다.

① ㄱ, ㄴ ② ㄱ, ㄷ ③ ㄴ, ㄷ ④ ㄴ, ㄹ ⑤ ㄷ, ㄹ

1주 2일 필수 체크 전략 ①

전략 ❶ 과학 기술과 윤리의 관계

과학 기술을 가치 중립적으로 보는 입장과 이를 부정하는 입장이 있다.

➡ 가치 중립적 입장에 의하면 ❶ [   ] 그 자체는 좋은 것도 나쁜 것도 아니지만, 이를 부정하는 입장은 과학 기술의 발견 및 활용 과정에 가치가 개입된다고 본다.

과학 기술자의 책임은 내적 책임과 외적 책임으로 구분할 수 있다.

➡ 내적 책임은 과학 기술 연구 과정에서 지켜야 하는 윤리적 책임이며, 외적 책임은 연구 결과가 사회에 미칠 영향을 고려하여 지켜야 하는 ❷ [   ] 책임이다.

답 ❶ 과학 기술 ❷ 사회적

필수 예제 1

(1) 과학 기술에 관한 입장과 관련 있는 내용을 연결하시오.

㉠ 가치 중립성 긍정 • • a. 과학 기술을 객관적인 사실로 봄

㉡ 가치 중립성 부정 • • b. 과학 기술을 가치가 개입된 것으로 봄

(2) 다음과 관련 있는 과학 기술자의 책임을 쓰시오.

> 과학 기술자는 자신이 연구하는 어떠한 정보나 자료를 표절하거나 조작·날조해서는 안 된다.

풀이

(1) 과학 기술을 가치 중립적으로 보는 입장은 과학 기술을 객관적 사실로 본다. 과학 기술의 가치 중립성을 부정하는 입장은 과학 기술의 발견 및 활용 과정에 주관적 가치가 개입된다고 본다.

답 ㉠-a ㉡-b

(2) 내적 책임은 연구 자체에 대한 과학 기술자의 책임으로, 연구 윤리 준수, 연구의 참과 거짓 규명, 신뢰할 수 있는 검증 과정 마련, 공표 후 지속적인 검토 등이 있다.

답 내적 책임

1-1

다음 사상가의 입장으로 가장 적절한 것은?

과학 기술은 기술을 실현시키는 존재와는 독립된 것으로서 단지 도구에 불과한 것이며, 그 자체는 선도 아니고 악도 아닙니다.

① 과학 기술은 환경 파괴의 근원이다.
② 과학 기술은 가치 판단과 무관하다.
③ 과학 기술은 반성과 성찰의 대상이다.
④ 과학 기술은 인간의 도구화를 가져온다.
⑤ 과학 기술과 윤리는 밀접한 관계에 있다.

1-2

다음 설문 조사에 답한 사람의 입장으로 적절한 것은?

설문 1. 과학 기술자의 책임으로 강조해야 할 것은 무엇입니까? (해당란에 ✓표를 하시오.)	
(1) 내적 책임 ( )	(2) 외적 책임 (✓)

① 과학자는 연구 윤리의 책임만 다하면 된다.
② 과학자에게 부과되는 책임을 면제해야 한다.
③ 과학 기술은 행복을 가져오는 수단일 뿐이다.
④ 과학 기술에는 과학자의 의도가 개입되어 있다.
⑤ 과학 기술의 활용은 과학자의 목적과 무관하다.

전략 ❷ | 정보 기술의 발달에 따른 윤리적 문제와 정보 윤리

정보 기술의 발달에 따른 윤리적 문제: 저작권 침해, ❶ ______ 폭력, 사생활 침해 등이 있다.

정보 윤리

- 존중의 원리: 스스로 도덕 원칙을 수립하여 행동하고 타인의 자기 결정 능력을 존중한다.
- ❷ ______ 금지의 원리: 남에게 해악을 끼치거나 상해를 입히는 일을 피한다.
- 선행의 원리: 타인의 복지를 증진하는 방향으로 행동한다.
- 정의의 원리: 공정한 기준에 따라 혜택이나 부담을 공정하게 배분한다.

답 ❶ 사이버 ❷ 해악

필수 예제 2

(1) 다음 그림에 나타난 정보 사회의 윤리적 문제가 무엇인지 쓰시오.

(2) 다음 내용과 관련 있는 정보 윤리의 기본 원칙을 쓰시오.

> 사이버 공간에서 정보로 말미암아 발생하는 혜택이나 부담을 공정하게 배분해야 한다.

풀이

(1) 정보 기술의 발달로 인한 정보 사회의 문제점은 다음과 같이 구분할 수 있다.

저작권 침해	저작물의 무단 복제 및 이용
사이버 폭력	사이버 따돌림, 사이버 명예 훼손, 사이버 스토킹, 사이버 성폭력 등
사생활 침해	신상 털기 등 개인 정보 유출

답 저작권 침해

(2) 정보로 인해 발생하는 혜택이나 부담을 공정하게 배분하는 것은 정의의 원리에 대한 설명이다.

답 정의의 원리

2-1

다음 그림과 관련된 윤리적 문제로 알맞은 것은?

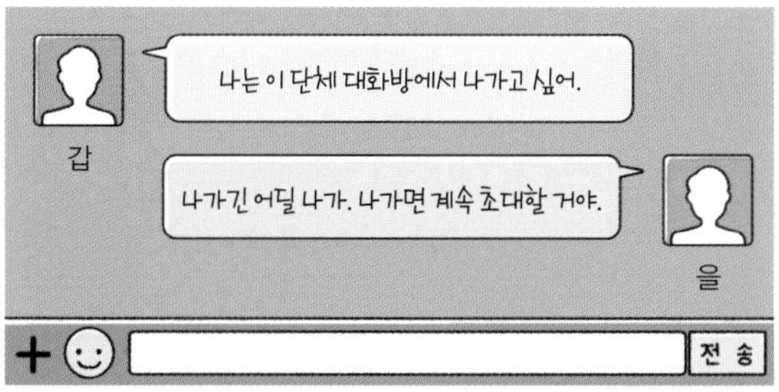

나는 이 단체 대화방에서 나가고 싶어.
갑
나가긴 어딜 나가. 나가면 계속 초대할 거야.
을
전송

① 불법 복제 ② 정보 격차
③ 사이버 폭력 ④ 저작권 침해
⑤ 기술 의존도 증가

2-2

다음에서 설명하고 있는 개념을 쓰시오.

> - 문학, 학술 또는 예술의 범위에 속하는 저작물에 대하여 창작자가 가지는 권리를 말한다.
> - 저작물에 대한 경제적 대가를 보호하는 재산적 측면과 저작권자의 의사를 존중하는 인격적 측면을 포함한다.

전략 ❸ 인간과 자연의 관계에 대한 관점

인간 중심주의: 인간만이 도덕적 지위를 지니며, 자연은 ❶ ______ 가치를 지닌다고 본다. 베이컨, 데카르트, 칸트가 대표적이다.

동물 중심주의: 도덕적 고려의 범위를 동물까지 확대해야 하고, 인간이 동물을 도덕적으로 배려해야 할 직접적 의무가 있다고 본다. 싱어(동물 해방론), 레건(동물 권리론)이 대표적이다.

생명 중심주의: 도덕적 고려의 범위를 모든 생명체로 확대해야 하고, 모든 생명체가 내재적 가치를 지닌다고 본다. ❷ ______(생명 외경 사상), 테일러가 대표적이다.

생태 중심주의: 무생물을 포함한 생태계 전체를 도덕적 고려의 대상으로 보고, 생태계 전체의 상호 의존성을 강조한다. 레오폴드(대지 윤리), 네스(심층 생태주의)가 대표적이다.

답 ❶ 수단적(도구적) ❷ 슈바이처

필수 예제 3

(1) 자연에 대한 관점과 주요 주장을 바르게 연결하시오.

㉠ 생명 중심주의 • • a. 생태계 전체를 도덕적으로 고려함

㉡ 생태 중심주의 • • b. 모든 생명체를 도덕적으로 고려함

(2) 다음과 같은 주장을 한 사상가와 관련 있는 자연관을 쓰시오.

> 쾌고 감수 능력은 어떤 존재의 이익에 관심을 가질지 여부를 판가름하는 유일한 경계가 된다.

풀이

(1) 생명 중심주의는 도덕적 고려의 범위를 모든 생명체로 확대해야 한다고 보는 입장이다. 생태 중심주의는 무생물을 포함한 생태계 전체를 도덕적 고려 대상으로 삼는 입장이다.

답 ㉠-b ㉡-a

(2) 제시된 내용은 싱어의 주장으로, 싱어는 쾌고 감수 능력을 가진 동물도 도덕적으로 고려해야 한다고 보았다.

답 동물 중심주의

3-1

다음 사상가와 관련 있는 자연관에 대한 설명으로 옳지 않은 것은?

① 인간만이 도덕적 지위를 지닌다.
② 인간은 자연의 한 구성원일 뿐이다.
③ 자연은 인간의 삶을 위한 도구이다.
④ 인간은 자연을 지배할 수 있는 존재이다.
⑤ 자연은 인간의 욕구 충족을 위한 대상이다.

3-2

㉠, ㉡에 들어갈 사상가를 <보기>에서 골라 쓰시오.

> ㉠ ______: 일부 동물은 도덕적으로 무능할지라도 삶의 주체로서 내재적 가치를 지니므로 도덕적으로 존중받을 권리가 있습니다.
>
> ㉡ ______: 의식의 유무나 유용성에 관계없이 고유한 목적을 지닌 생명체를 도덕적으로 고려해야 합니다.

보기: 칸트 레건 네스 테일러

전략 ❹ | 환경 문제에 대한 윤리적 쟁점

기후 변화

- 기후 변화에 따른 불평등을 해소함으로써 ❶ ______ 을/를 실현해야 한다.
- 기후 변화를 막기 위한 노력과 기후 변화로 고통받는 나라에 대한 지원이 필요하다.

미래 세대에 대한 책임: 환경 문제는 미래 세대의 생존 및 삶의 질 문제와 직결된다. 현세대는 미래 세대의 삶의 질 문제에 관심을 가지고, 환경 보전의 의무를 다해야 한다.

생태적 지속 가능성: 생태계의 본질적인 기능과 과정을 유지하고 생태계의 생명 ❷ ______ 을/를 보존할 수 있는 생태계의 능력을 말한다.

➡ 개인적·사회적·국가적·국제적 차원의 생태적 지속 가능성 확보 노력이 필요하다.

답 ❶ 기후 정의 ❷ 다양성

필수 예제 4

(1) 다음과 같은 주장을 하는 사상가의 이름을 쓰시오.

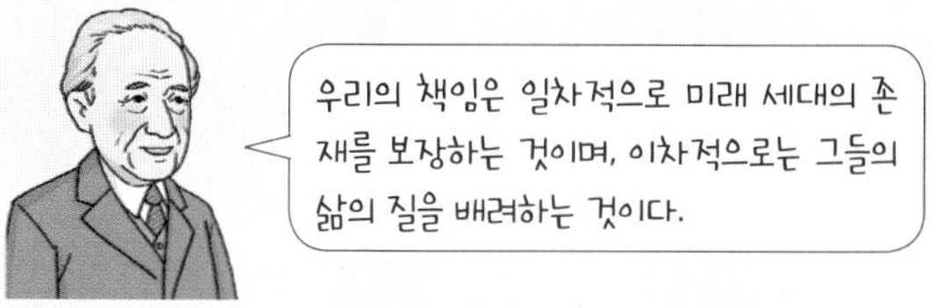

우리의 책임은 일차적으로 미래 세대의 존재를 보장하는 것이며, 이차적으로는 그들의 삶의 질을 배려하는 것이다.

(2) 생태적 지속 가능성을 위한 노력을 바르게 연결하시오.

㉠ 개인적 노력 •   • a. 환경친화적인 생활 습관 기르기

㉡ 국가적 노력 •   • b. 환경 보전을 위한 정책 및 제도 운영

풀이

(1) 현세대의 미래 세대에 대한 책임 윤리를 강조한 사상가는 요나스이다. 요나스는 미래 세대에 대한 책임을 다하기 위한 현세대의 덕목으로 두려움, 겸손, 검소, 절제 등을 제시하였다.

답 요나스

(2) 생태적 지속 가능성 확보 노력은 다음과 같다.

개인적	환경친화적인 생활 습관 기르기
사회적·국가적	환경 보전을 위한 정책 및 제도 운영
국제적	환경 문제에 대한 국제 공조 체제 마련

답 ㉠-a ㉡-b

4-1

다음과 관련된 환경 문제의 해결 방안으로 보기 어려운 것은?

① 현세대의 풍요를 위한 개발에 힘쓴다.
② 온실가스를 줄이기 위한 대책을 마련한다.
③ 지구촌의 기후 변화 문제에 관심을 가진다.
④ 생태적 지속 가능성을 확보하기 위해 힘쓴다.
⑤ 기후 변화를 가속화하는 생활 방식을 바꾸기 위해 노력한다.

4-2

다음 A, B에 해당하는 내용을 쓰시오.

A	기후 위기로부터 야기된 불평등과 양극화의 문제를 공정하게 바로잡는 것
B	생태계의 본질적 기능과 과정들을 유지하고 생명 다양성을 보존할 수 있는 생태계의 능력

필수 체크 전략 ②

1 다음과 같은 주장을 하는 사람의 입장으로 적절한 것만을 〈보기〉에서 고른 것은?

> 과학 기술의 힘이 지구촌 모든 존재의 삶을 위협할 정도로 커지면서 인간의 책임도 과거와 달리 지구 생명의 미래로 확대되고 있다. 이제 우리는 인류뿐만 아니라 자연, 미래 세대의 삶의 조건에 대해 고려해야 하며, 현세대에게는 미래에 예견되는 위험을 논의하는 새로운 책임 윤리가 요구된다.

보기

ㄱ. 책임의 범위를 미래 세대까지 확대해야 한다.
ㄴ. 현재를 기준으로 과학 기술을 개발해야 한다.
ㄷ. 과학 기술을 개발하여 사회 문제를 해결해야 한다.
ㄹ. 과학 기술의 부정적 영향에 대한 성찰이 필요하다.

① ㄱ, ㄷ ② ㄱ, ㄹ ③ ㄴ, ㄷ
④ ㄴ, ㄹ ⑤ ㄷ, ㄹ

Tip
과학 기술이 발전한 시대에 새로운 책임 윤리를 확립해야 한다고 주장한 ❶ [ ] 은/는 과학 기술의 발전이 사회에 미치게 될 결과를 예측하여 이에 대한 도덕적 ❷ [ ] 을/를 져야 한다고 강조한다.

답 ❶ 요나스 ❷ 책임

2 갑, 을의 입장으로 옳은 것만을 〈보기〉에서 있는 대로 고른 것은?

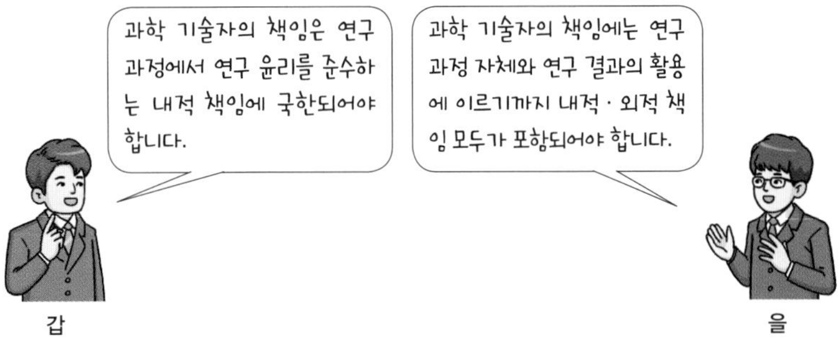

과학 기술자의 책임은 연구 과정에서 연구 윤리를 준수하는 내적 책임에 국한되어야 합니다.
과학 기술자의 책임에는 연구 과정 자체와 연구 결과의 활용에 이르기까지 내적 · 외적 책임 모두가 포함되어야 합니다.
갑
을

보기

ㄱ. 갑: 과학 기술자의 연구 목적은 인류의 복지를 향상시키는 것이다.
ㄴ. 을: 과학 기술자는 연구 결과가 환경에 미칠 영향을 고려해야 한다.
ㄷ. 을: 과학 기술자의 연구 결과가 도덕적 평가 대상이 되어서는 안 된다.
ㄹ. 갑, 을: 과학 기술자는 연구 과정에서 조작이나 날조를 해서는 안 된다.

① ㄱ, ㄴ ② ㄱ, ㄷ ③ ㄴ, ㄹ
④ ㄱ, ㄷ, ㄹ ⑤ ㄴ, ㄷ, ㄹ

Tip
과학 기술자가 연구 자체에 대한 책임만을 져야 한다는 것은 과학 기술자의 ❶ [ ] 책임을 강조하는 입장이며, 과학 기술자가 자신의 연구 결과가 사회나 환경에 미칠 영향에 대해 책임을 져야 한다는 것은 과학 기술자의 ❷ [ ] 책임을 강조하는 입장이다.

답 ❶ 내적 ❷ 외적

3 다음 신문 칼럼의 입장으로 가장 적절한 것은?

○○신문　　　　　　　　　　○○○○년 ○○월 ○○일

칼 럼

시민의 알 권리는 존중되어야 하지만, 그렇다고 대중 매체가 이를 명분으로 모든 사적 정보를 공개하는 것은 옳지 못하다. 대중 매체에 의한 무차별적인 사생활 공개는 결코 정당화될 수 없다. 왜냐하면 대중 매체의 정보 공개로 인하여 그 정보와 관련된 개인의 인간 존엄성과 인격권, 행복 추구권 등이 침해될 수 있기 때문이다.

① 시민의 알 권리를 무제한적으로 충족시켜야 한다.
② 사생활 보호를 위해 표현의 자유를 통제해야 한다.
③ 사적 정보에 대한 자유로운 교환이 허용되어야 한다.
④ 민주주의 발전을 위해 모든 사생활을 공개해야 한다.
⑤ 알 권리 보장 못지않게 인격권을 소중히 여겨야 한다.

Tip

공익 실현을 위한 ❶ ______ 은/는 존중되어야 하지만, 무분별한 사생활 공개나 악의가 있는 정보 공개는 개인의 ❷ ______ 을/를 침해한다는 점에서 정당화될 수 없다.

답 ❶ 알 권리 ❷ 인격권

4 갑, 을 사상가의 입장으로 옳은 것은?

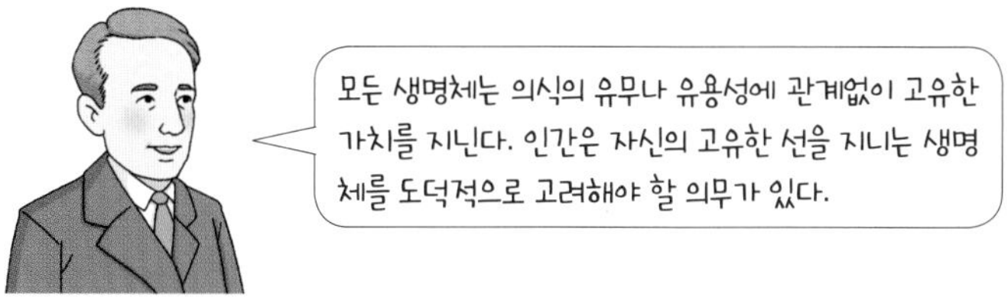

모든 생명체는 의식의 유무나 유용성에 관계없이 고유한 가치를 지닌다. 인간은 자신의 고유한 선을 지니는 생명체를 도덕적으로 고려해야 할 의무가 있다.

갑

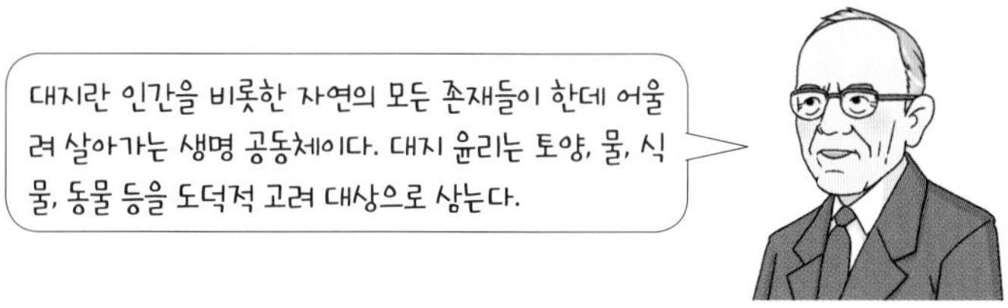

대지란 인간을 비롯한 자연의 모든 존재들이 한데 어울려 살아가는 생명 공동체이다. 대지 윤리는 토양, 물, 식물, 동물 등을 도덕적 고려 대상으로 삼는다.

을

① 갑: 이성적 존재만이 도덕적 존중의 대상이다.
② 갑: 고통을 느끼는 존재만이 도덕적 지위를 갖는다.
③ 을: 생태계 전체가 도덕적으로 고려해야 할 대상이다.
④ 을: 인간은 생태계에서 지배적 지위를 지닌 존재이다.
⑤ 갑, 을: 인간 이외의 자연은 단지 수단적 가치를 지닌다.

Tip

생명 중심주의를 주장한 테일러는 모든 생명체를 '❶ ______ 삶의 중심'이라고 규정하였으며, 생태 중심주의를 주장한 ❷ ______ 은/는 대지 윤리를 주장하였다.

답 ❶ 목적론적 ❷ 레오폴드

필수 체크 전략 ①

전략 ❶ | 미적 가치와 윤리적 가치의 관계

도덕주의의 특징

- 예술의 목적은 도덕적 교훈이나 본보기를 제공하는 것이다. 예 플라톤, 톨스토이
- 미적 가치보다 ❶ ______ 가치가 우위에 있으므로 예술은 윤리의 인도를 받아야 한다고 본다.

예술 지상주의(심미주의)의 특징

- 예술을 위한 예술 : 예술의 목적은 ❷ ______ 가치를 구현하는 것이다. 예 와일드, 스핑건
- 예술은 윤리적 평가로부터 자유로워야 하며, 예술이 도덕, 정치 등의 수단이 되어서는 안 된다고 본다.

답 ❶ 도덕적 ❷ 미적

필수 예제 1

(1) 예술 지상주의와 도덕주의의 입장을 바르게 연결하시오.

㉠ 예술 지상주의 •   • a. 예술은 도덕적 삶의 모범을 제공해야 함

㉡ 도덕주의 •   • b. 예술은 단지 아름다움을 창조하는 것임

(2) 다음 설명이 옳으면 ○표, 틀리면 ×표를 하시오.

㉠ 도덕주의에 의하면, 예술의 목적은 미적 가치의 구현이다. ( )

㉡ 예술 지상주의에 의하면, 미적 경험은 그 자체로 가치가 있다. ( )

풀이

(1) 예술 지상주의와 도덕주의의 주요 특징은 다음과 같다.

예술 지상주의	• 예술의 목적: 미적 가치의 구현 • 예술의 자율성과 순수성을 강조함
도덕주의	• 예술의 목적: 도덕적 가치의 구현 • 예술의 도덕적·사회적 영향력을 강조함

답 ㉠-b ㉡-a

(2) 도덕적 가치를 중시하는 도덕주의는 예술이 도덕적 품성 형성과 도덕적 성숙에 도움을 준다고 본다. 그에 비해 미적 가치를 중시하는 예술 지상주의는 예술이 지닌 미적 가치 그 자체를 표현하는 순수 예술을 추구한다.

답 ㉠× ㉡○

1-1

다음 학생의 입장을 〈보기〉에서 고른 것은?

품성 함양을 위한 예술을 추구해야 합니다.

보기

ㄱ. 예술의 자율성을 강조해야 한다.
ㄴ. 예술은 윤리의 인도를 받아야 한다.
ㄷ. 예술의 목적은 미적 가치 구현이다.
ㄹ. 예술은 도덕적 모범을 제공해야 한다.

① ㄱ, ㄴ ② ㄱ, ㄷ ③ ㄴ, ㄷ ④ ㄴ, ㄹ ⑤ ㄷ, ㄹ

1-2

다음과 같은 예술에 대한 입장이 무엇인지 쓰시오.

- 예술은 도덕이 미칠 수 있는 영역 밖에 있다.
- 예술가의 눈은 아름답고 불멸하며 끊임없이 변화하는 것에 고정되어 있다.

전략 ❷ | 의식주 윤리와 윤리적 소비

의식주 생활의 윤리적 문제 해결

- 의생활 : 인권과 생태 환경 등을 고려한 공존을 위한 패션을 지향한다.
- 식생활 : 개인적 차원에서는 음식물 쓰레기, 육류 소비 줄이기 등 생태적 지속 가능성을 고려한 식습관을 형성한다. 사회적 차원에서는 성분 표시를 의무화하고, 육류 ❶ ______ 방식을 개선한다.
- 주거 생활 : 집의 본질적 가치를 회복하고, 공동체를 고려하는 주거 문화를 추구한다.

합리적 소비와 윤리적 소비

- 합리적 소비 : 소득 범위 내에서 최소한의 비용으로 최대의 ❷ ______ 을/를 얻기 위한 소비이다.
- 윤리적 소비 : 도덕적 가치에 따라 재화나 서비스를 구매하고 사용하며 처리하는 소비이다.

답 ❶ 사육 ❷ 만족감

필수 예제 2

(1) 다음 설명이 옳으면 ○표, 틀리면 ×표를 하시오.

㉠ 의복을 통해 개성과 가치관을 표현하는 동시에 의식에 맞는 예절을 갖출 수 있다. ( )

㉡ 집은 오직 개인의 사적 공간으로, 심신의 안정을 위해 폐쇄성을 유지해야 한다. ( )

(2) 다음에서 추구하는 소비 유형이 무엇인지 쓰시오.

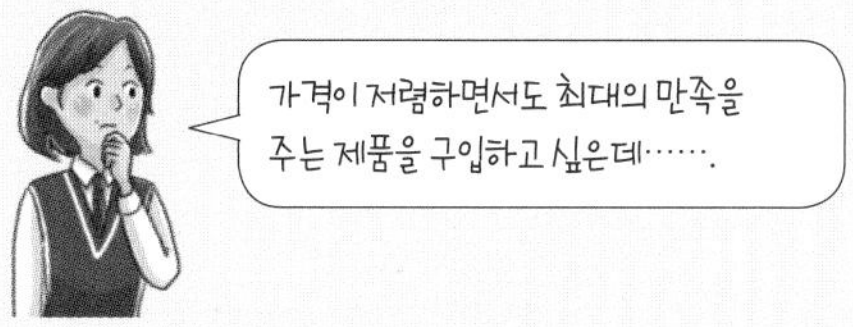

가격이 저렴하면서도 최대의 만족을 주는 제품을 구입하고 싶은데…….

풀이

(1) 의복을 통해 개인의 개성과 가치관뿐만 아니라 때와 장소에 맞는 예의를 표현할 수 있다. 집은 개인적으로는 신체적 안전과 정서 안정, 휴식을 위한 내적 공간이지만, 사회적으로는 공동체의 유대감과 관계성을 형성하는 공간이기도 하다.

답 ㉠ ○ ㉡ ×

(2) 합리적 소비와 윤리적 소비의 특징은 다음과 같다.

합리적 소비	최소의 비용으로 최대의 만족감을 주는 소비를 지향함
윤리적 소비	인권, 정의 등 인류의 보편 윤리를 고려한 소비를 지향함

답 합리적 소비

2-1

다음 그림과 같은 식생활 문제를 해결하는 방법으로 알맞은 것은?

① 음식물 쓰레기의 양을 줄여야 한다.
② 지나친 육류 소비를 절제해야 한다.
③ 유전자 조작 식품의 도입을 막아야 한다.
④ 유통 기한이 지난 재료를 사용하지 말아야 한다.
⑤ 저소득층 주민에게 양질의 먹거리를 제공해야 한다.

2-2

다음과 같은 소비를 할 때 고려해야 할 것이 아닌 것은?

> 가격뿐만 아니라 노동자의 인권, 환경 문제, 원료의 재배·가공·생산·유통에 이르는 전 과정을 고려하는 소비이다.

① 정의　② 환경 보전
③ 동물 복지　④ 경제적 효율성
⑤ 공동체적 가치

1주 3일 필수 체크 전략 ①

전략 ③ 다문화 사회의 정책

동화주의: 이민자를 주류 문화에 동화시켜 사회 통합을 추구한다. 예 ❶ [   ] 모델
➡ 다양한 문화가 사라져 획일화될 수 있다.

다문화주의: 이민자들이 그들의 고유한 문화를 유지하며 살 수 있도록 인정한다. 동등한 입장에서 조화로운 공존을 추구한다. 예 샐러드 그릇 모델
➡ 문화의 구심점이 없어서 사회 통합을 저해할 수 있다.

문화 다원주의: 주류 문화를 바탕으로 문화적 다원성을 수용한다. 주류 문화와 ❷ [   ] 문화의 공존을 추구하지만 주류 문화를 우위에 두고 다른 문화를 평등하게 인정하지 않는다. 예 국수 대접 모델

답 ❶ 용광로 ❷ 비주류

필수 예제 3

(1) 소수 문화에 대한 입장과 그 특징을 연결하시오.

㉠ 동화주의 •   • a. 주류 문화와 동등하게 공존
㉡ 다문화주의 •   • b. 주류 문화를 바탕으로 공존
㉢ 문화 다원주의 •   • c. 주류 문화로 통합

(2) 다음에서 설명하는 문화의 다양성에 관한 이론적 모델은 무엇인지 쓰시오.

> 다양한 야채와 과일로 샐러드 음식을 만들듯이 다양한 문화의 고유성을 동등하게 존중하여야 한다.

풀이

(1) 소수 문화에 대한 입장은 다음과 같이 구분할 수 있다.

동화주의	소수 문화를 주류 문화에 편입
다문화주의	다양한 문화의 고유성을 동등한 입장에서 존중
문화 다원주의	주류 문화를 바탕으로 소수 문화 인정

답 ㉠-c ㉡-a ㉢-b

(2) 샐러드 그릇 모델은 다양한 문화의 고유성을 동등하게 인정할 것을 강조한다. 그러나 샐러드 그릇 모델은 사회적 결속이 약해질 수 있다는 한계를 지닌다.

답 샐러드 그릇 모델(샐러드 그릇 모형)

3-1

다음 그림에서 다양한 문화를 바라보는 태도로 알맞은 것은?

① 동화주의   ② 다문화주의
③ 문화 다원주의   ④ 문화 사대주의
⑤ 자문화 중심주의

3-2

다음 주장과 관련 있는 문화의 다양성에 관한 입장이 무엇인지 쓰시오.

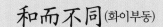

> 和而不同(화이부동)
> 차이를 존중하고 다양성을 동등하게 존중한다.

전략 ❹ | 종교의 공존과 관용

종교와 윤리의 공통점과 차이점

- 종교와 윤리의 공통점: 종교와 윤리는 인간의 존엄성과 사회 정의를 중시한다.
- 종교와 윤리의 차이점

종교	성스러움과 초월적 절대자 중시 → 신앙심을 바탕으로 ❶ [ ] 에 대한 의존 강조
윤리	도덕 원리와 규범 중시 → 이성이나 양심, 도덕 감정 등을 근거로 도덕적 실천 강조

- 종교 갈등의 원인: 종교 간의 가치관, 교리의 차이로 인해 발생하는 경우가 많다.

종교 간 갈등 극복: 다른 종교에 대한 ❷ [ ] 의 자세와 종교 간의 대화와 협력이 필요하다.

답 ❶ 신 ❷ 관용

필수 예제 4

(1) 종교와 윤리의 특징을 바르게 연결하시오.

㉠ 종교 •   • a. 초월적 세계에 근거한 교리 제시

㉡ 윤리 •   • b. 인간의 이성에 근거한 규범 제시

(2) 다음 빈칸에 들어갈 알맞은 내용에 O표를 하시오.

㉠ 자기 종교의 절대성을 지나치게 주장하게 되면 다른 종교를 (타협적 / 배타적)으로 대하기 쉽다.

㉡ 종교 간의 갈등은 서로 다른 종교를 믿는 사람들의 (교리 / 도덕성)이/가 달라서 발생하는 경우가 많다.

풀이

(1) 종교는 성스러움이나 초월적 절대자에 대한 의존을 강조하는 데 비해 윤리는 이성이나 양심, 도덕 감정 등을 근거로 도덕적 행위의 실천에 관심을 둔다.

답 ㉠-a ㉡-b

(2) 종교 간의 갈등은 서로 다른 종교를 믿는 사람들의 가치관의 차이에서 비롯되거나 교리가 달라서 발생하는 경우가 많다.

답 ㉠ 배타적 ㉡ 교리

4-1

다음에서 강조하는 내용으로 보기 어려운 것은?

도덕의 최종 근거는 만물을 창조한 신의 명령에서 찾아야 합니다.

① 성스러움의 추구 ② 초월적 세계 추구
③ 종교의 계율 중시 ④ 신에 대한 의존 중시
⑤ 도덕규범의 근거 탐구

4-2

다음과 같은 주장을 하는 사람이 추구하는 종교관을 〈보기〉에서 고른 것은?

> 인간은 근본적으로 종교 지향적이며, 그러한 인간에게 자연과 우주는 성스러움으로 가득 차 있는 신의 창조물이다.

• 보기 •

ㄱ. 종교와 세속은 분리되어 있지 않다.
ㄴ. 인간은 세속을 초월한 절대적 존재이다.
ㄷ. 세속과 성스러움의 조화를 추구해야 한다.
ㄹ. 인간을 종교 생활과 연관 지어서는 안 된다.

① ㄱ, ㄴ ② ㄱ, ㄷ ③ ㄴ, ㄷ
④ ㄴ, ㄹ ⑤ ㄷ, ㄹ

1주 3일 필수 체크 전략 ②

1 다음 강연자의 예술에 대한 입장으로 옳은 것은?

예술이 도덕적이라든가 혹은 비도덕적이라고 말하는 것은 정삼각형은 도덕적이고 이등변삼각형은 비도덕적이라고 말하는 것과 마찬가지로 무의미합니다.

① 도덕적 가치가 미적 가치보다 우위에 있다.
② 예술의 존재 이유는 덕성을 장려하는 데 있다.
③ 예술이 가치가 있는 것은 미적 가치 때문이다.
④ 도덕적 교훈을 제공하는 것이 예술의 목적이다.
⑤ 예술은 사회의 도덕적 성숙에 도움을 주어야 한다.

Tip
예술 지상주의 입장에서는 예술의 목적이 ❶ [　　] 을/를 구현하는 데 있다고 보며 예술의 ❷ [　　] 을/를 강조하는 순수 예술론을 옹호한다.

답 ❶ 미적 가치 ❷ 자율성

2 다음 편지글의 입장으로 가장 적절한 것은?

○○○ 에게
무엇보다 중요한 것이 음악 교육이라네. 리듬과 하모니가 올바른 자에게는 우아함을 깨닫게 하고, 그렇지 못한 자에게는 추악함을 깨닫도록 할 테니까 말일세. ……(후략)

① 예술은 윤리의 인도를 받아야 한다.
② 예술 그 자체는 선도 아니고 악도 아니다.
③ 예술가에게 윤리적 공감을 요구해서는 안 된다.
④ 예술을 통한 미적 경험은 그 자체로 가치가 있다.
⑤ 예술 작품을 도덕적으로 평가하려 해서는 안 된다.

Tip
도덕주의에 의하면 ❶ [　　] 가치가 미적 가치보다 우위에 있으며, 예술의 존재 이유는 ❷ [　　] 을/를 장려하는 데 있다.

답 ❶ 도덕적(윤리적) ❷ 덕성

3 ㉠에 들어갈 내용으로 가장 적절한 것은?

화려한 옷을 입고 장례식에 참석하는 것은 예절에 어긋나죠. 그래서 저는 [　㉠　] 라고 생각합니다.

① 의복은 윤리와 무관하지 않다.
② 의복은 개성을 표현하는 수단이다.
③ 의복 선택은 개인이 결정할 문제이다.
④ 의복에는 개인의 예술관이 담겨 있다.
⑤ 의복 차림에 윤리를 고려해서는 안 된다.

Tip
시간과 장소와 상황에 적절한 옷차림이 필요한 것은 의복이 ❶ [　　] 와/과 무관하지 않기 때문이다. 그리고 모피나 가죽옷을 입는 것은 ❷ [　　] 와/과 같은 윤리 문제를 유발할 수 있다.

답 ❶ 윤리 ❷ 동물 학대

4 을이 강조하는 소비의 특징을 〈보기〉에서 고른 것은?

어떤 소비가 올바른 소비일까요?
소비 행위가 타인과 사회는 물론 생태계 전체에 어떤 결과를 가져올지를 고려해야 합니다.

갑 을

보기

ㄱ. 노동자의 인권을 고려한 소비를 한다.
ㄴ. 경제적 효용을 극대화하는 소비를 지향한다.
ㄷ. 가격을 소비의 유일한 판단 기준으로 삼는다.
ㄹ. 윤리적 가치 판단에 따라서 상품을 구매한다.

① ㄱ, ㄴ ② ㄱ, ㄹ ③ ㄴ, ㄷ ④ ㄴ, ㄹ ⑤ ㄷ, ㄹ

Tip
자신의 경제력 내에서 가장 큰 만족을 추구하는 소비를 ❶ [ ] 소비라고 하며, 원료의 재배 및 제품의 생산과 유통에 이르는 전 과정에서 바람직한 가치를 추구하는 소비를 ❷ [ ] 소비라고 한다.

답 ❶ 합리적 ❷ 윤리적

5 다음 강연자가 주장하는 다문화 정책으로 알맞은 것은?

이주민 문화를 주류 사회와 융합하여 편입시키는 정책을 지향해야 합니다.

① 동화주의 ② 다문화주의 ③ 문화 다원주의
④ 문화 사대주의 ⑤ 문화 상대주의

Tip
이주민 문화와 같은 소수 문화를 주류 문화에 통합하려는 입장은 ❶ [ ]이고, 한 사회 안에 있는 다양한 문화를 동등하게 인정하는 입장은 ❷ [ ]이다.

답 ❶ 동화주의 ❷ 다문화주의

6 ㉠에 들어갈 덕목으로 가장 적절한 것은?

종교가 다르거나 종교가 없는 사람에 대한 독선과 폭력을 예방하기 위해서는 [㉠]을/를 중시하는 태도가 필요하다.

① 정직 ② 절약 ③ 용기
④ 관용 ⑤ 독립성

Tip
종교 간의 갈등을 극복하기 위해서는 종교의 자유를 인정하고 타 종교에 대해 ❶ [ ]의 태도를 가져야 하며, 종교 간 대화와 ❷ [ ]을/를 통해 다른 종교를 이해하고 존중하는 풍토를 조성해야 한다.

답 ❶ 관용 ❷ 타협

1주 4일 교과서 대표 전략 ①

대표 예제 1

갑, 을의 입장으로 옳은 것은?

과학 기술도 가치 판단에서 자유로울 수 없습니다. 이에 대한 윤리적 검토나 통제가 필요합니다.
과학 기술 연구는 객관적 진리 탐구를 주로 하므로, 윤리적 평가로부터 자유로워야 합니다.
갑
을

① 갑: 과학 기술은 그 자체로서 발전한다.
② 갑: 과학 기술과 도덕적 가치는 분리될 수 없다.
③ 을: 과학 기술의 위험성을 경계해야 한다.
④ 을: 과학 기술 연구의 자유를 제한해야 한다.
⑤ 갑, 을: 과학 기술 자체는 선악으로 판단할 수 없다.

개념 가이드

과학 기술의 가치 중립성을 강조하는 입장은 연구의 ❶ [   ]을/를 보장해야 한다고 보며, 과학 기술의 가치 중립성을 부정하는 입장은 과학 기술과 ❷ [   ] 가치를 분리하여 생각할 수 없다고 본다.

답 ❶ 자유 ❷ 도덕적(윤리적)

대표 예제 2

밑줄 친 C 공간의 특징으로 볼 수 없는 것은?

> <u>C 공간</u>은 현실 공간보다 개인에게 더 많은 자유를 제공한다. 이곳에서 개인은 아이디나 아바타를 자신을 감추는 가면으로 활용하면서 충동적인 성향을 보이기 쉽다.

① 기술에 대한 의존으로부터 벗어날 수 있다.
② 물리적인 시공간의 제약을 극복할 수 있다.
③ 수평적이고 쌍방향적 의사소통이 가능하다.
④ 일상적 업무를 쉽고 빠르게 처리할 수 있다.
⑤ 감시와 통제의 가능성이 높아질 위험이 있다.

개념 가이드

정보 통신 기술의 발달은 시공간적 제약 극복, ❶ [   ]·다원적 사회로의 변화 등 긍정적 측면이 있지만 ❷ [   ]와/과 통제의 가능성 증가, 기술에 대한 의존성 증가 등 부정적 측면도 있다.

답 ❶ 수평적 ❷ 감시

대표 예제 3

(가)의 갑, 을의 입장을 (나) 그림으로 표현하고자 할 때, A~C에 들어갈 질문으로 가장 적절한 것은?

(가)
갑: 과학자는 연구 자체에 대한 책임뿐만 아니라 개발한 기술이 어떻게 활용되는 지도 고려해야 한다. 핵 기술 연구는 오직 평화로운 목적에 한해서만 가능하다.
을: 과학자는 개발하는 연구자로서 할 수 있는 것을 할 뿐이다. 원자 폭탄에 대한 책임은 연구자가 아닌 사용자의 몫이다.

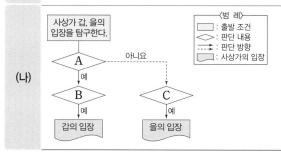

(나)

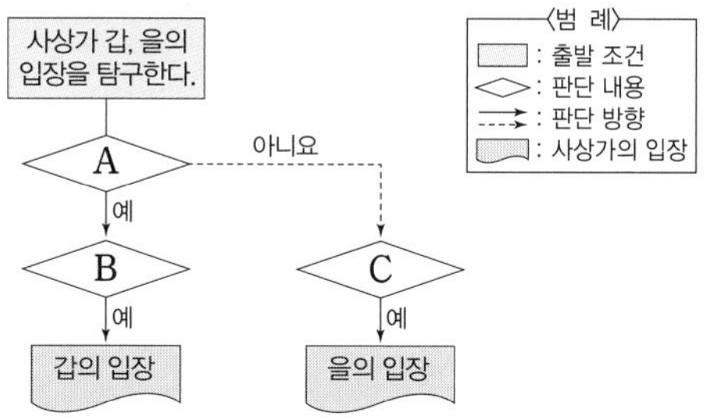

① A: 과학자는 내적 책임을 중요하게 여겨야 하는가?
② A: 과학자는 연구 과정에 대한 책임을 이행해야 하는가?
③ B: 과학자에게는 연구에 대한 외적 책임이 필요한가?
④ B: 과학자는 연구 결과에 대한 책임에서 벗어나야 하는가?
⑤ C: 과학자는 연구 자체에 대한 책임에서 자유로워야 하는가?

개념 가이드

과학 기술자의 연구 활동과 연구 ❶ [   ]이/가 사회에 미칠 영향에 대한 책임을 과학 기술자의 ❷ [   ] 책임이라고 한다.

답 ❶ 결과 ❷ 외적

대표 예제 4

다음을 주장한 사상가의 입장으로 가장 적절한 것은?

고통과 쾌락의 감수 능력을 지닌 인간 이외의 존재를 도덕적 고려 대상에 편입시켜야 합니다. 고통을 느낄 수 있는 존재와 인간을 구분하여 서로 다르게 대우하는 것은 결코 도덕적으로 정당화할 수 없습니다.

① 자연 안의 모든 존재를 동등하게 대우해야 한다.
② 공기, 물, 흙 등의 내재적 가치를 존중해야 한다.
③ 인간만을 도덕적 고려의 대상으로 여겨야 한다.
④ 인간의 사회적·문화적 활동 자체를 거부해야 한다.
⑤ 인간의 이익과 동물의 이익을 평등하게 고려해야 한다.

개념 가이드

싱어는 인간과 마찬가지로 동물이 ❶ [ ] 능력을 가지고 있으므로 인간과 동물의 이익을 평등하게 고려하는 '이익 ❷ [ ] 고려의 원칙'을 강조하였다.

답 ❶ 쾌고 감수 ❷ 평등

대표 예제 5

다음 글을 쓴 사상가가 부정의 대답을 할 질문으로 적절한 것은?

○○ 군에게
신체는 본질적으로 언제나 분할될 수 있지만 정신은 어떤 경우에도 분할될 수 없다네. 인간이 지니고 있는 정신은 결코 물질로 환원할 수 없는 존엄한 것이라네. 그에 비해 정신이 없는 자연은 단순한 물질에 불과하며 기계와 다를 바 없다는 점을 기억해 주기 바라네.

① 인간과 달리 자연은 미성숙한 존재인가?
② 인간과 자연의 우열을 구분할 수 있는가?
③ 인간의 정신과 육체는 분리될 수 있는가?
④ 인간과 자연은 유기적 관계를 맺고 있는가?
⑤ 인간은 자연을 이용하고 정복할 수 있는가?

개념 가이드

데카르트는 인식 ❶ [ ] 와/과 인식 대상을 구분하여 인간이 ❷ [ ] 을/를 이용하고 정복하는 것을 정당화하였다.

답 ❶ 주체 ❷ 자연

대표 예제 6

갑, 을의 공통된 입장으로 가장 적절한 것은?

시민의 알 권리는 존중되어야 하지만, 그렇다고 이를 명분으로 사생활 침해를 정당화할 수는 없습니다.
정보 사회의 매체 윤리
뉴미디어를 활용한 무차별적 정보 공개는 개인의 인격권을 침해할 수 있으므로 정당화할 수 없습니다.
갑
을

① 모든 정보에 자유롭게 접근할 수 있어야 한다.
② 알 권리와 마찬가지로 인격권을 중시해야 한다.
③ 시민의 알 권리를 우선적으로 충족시켜야 한다.
④ 정보의 상호 작용을 위해 사생활을 공개해야 한다.
⑤ 개인의 사생활 보호보다 알 권리가 우선되어야 한다.

개념 가이드

인터넷과 누리 소통망 등에 노출된 개인 정보의 삭제를 요구할 수 있는 권리를 ❶ [ ] 라고 하고, 공공의 이익과 안전을 위해 정보 공개를 요구할 수 있는 권리를 ❷ [ ] 라고 한다.

답 ❶ 잊힐 권리 ❷ 알 권리

대표 예제 7

다음 사상가가 주장하는 내용으로 가장 적절한 것은?

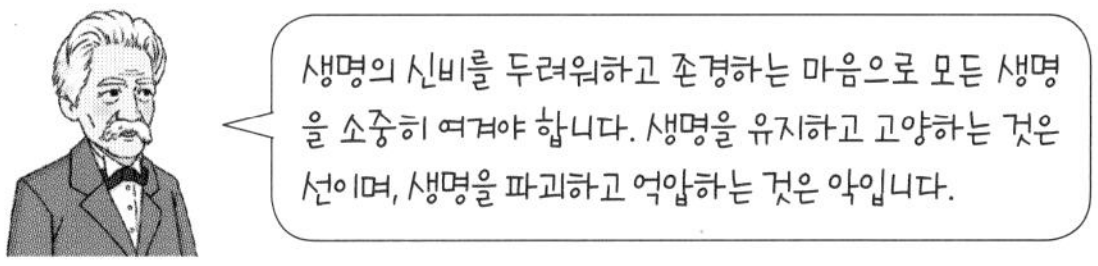

생명의 신비를 두려워하고 존경하는 마음으로 모든 생명을 소중히 여겨야 합니다. 생명을 유지하고 고양하는 것은 선이며, 생명을 파괴하고 억압하는 것은 악입니다.

① 생명 외경 ② 동물 해방 ③ 자연 존중
④ 동물 복지 ⑤ 큰 자아 실현

개념 가이드

슈바이처는 ❶ [ ] 의 신비를 두려워하고 존경해야 하며, 모든 생명체가 ❷ [ ] 가치를 지닌다고 여겼다.

답 ❶ 생명 ❷ 동등한

1주 4일 교과서 대표 전략 ①

대표 예제 8

갑에 비해 을이 강조하는 내용으로 가장 적절한 것은?

인간은 다른 사물이나 생명체보다 우월한 존재임을 잊지 말아야 합니다.
개별 종에 대한 이해는 생태계 전체와의 연관성 속에서 이루어져야 합니다.
갑 ▶
◀ 을

① 도덕적으로 고려해야 할 대상은 인간뿐이다.
② 자연환경은 도구적·수단적 가치만을 지닌다.
③ 생태계 전체의 위계적 질서를 인정해야 한다.
④ 인간은 생태계의 한 구성원임을 알아야 한다.
⑤ 자연의 가치보다 인간의 가치가 더 소중하다.

개념 가이드

인간만이 유일하게 도덕적 가치를 지닌다고 보는 입장은 ❶ [ ]이고, 생태계 전체를 도덕적 고려 대상으로 삼는 입장은 ❷ [ ]이다.

답 ❶ 인간 중심주의 ❷ 생태 중심주의

대표 예제 9

다음 사상가가 긍정의 대답을 할 질문만을 〈보기〉에서 고른 것은?

> 예술가에게 윤리적 공감은 불필요하다. 아름다운 사물은 오직 아름다움의 의미로 받아들여야 한다. 아름다운 것에서 추악한 의미를 발견하는 사람은 타락한 사람이며, 아름다운 것에서 아름다운 의미를 발견하는 사람은 교양 있는 사람이다.

보기
ㄱ. 예술의 목표는 미적 가치를 실현하는 것인가?
ㄴ. 예술의 미적 가치와 도덕적 가치는 무관한가?
ㄷ. 예술 작품은 도덕적 성숙에 기여해야 하는가?
ㄹ. 예술의 존재 이유는 덕성을 장려하는 데 있는가?

① ㄱ, ㄴ ② ㄱ, ㄷ ③ ㄴ, ㄷ
④ ㄴ, ㄹ ⑤ ㄷ, ㄹ

개념 가이드

예술 지상주의에 의하면, 예술의 목적은 ❶ [ ] 가치 구현에 있고 예술의 자율성을 강조하는 ❷ [ ] 예술론을 옹호한다.

답 ❶ 미적 ❷ 순수

대표 예제 10

다음을 주장한 동양 사상가의 자연관으로 가장 적절한 것은?

> 사람은 땅을 본받고, 땅은 하늘을 본받고,
> 하늘은 도(道)를 본받고, 도는 자연을 본받는다.

① 자연의 이치 파악을 위한 학문 공부가 중요하다.
② 우주의 모든 것은 상호 의존 관계로 맺어져 있다.
③ 자연을 본받아 인의예지의 덕성을 갖추어야 한다.
④ 사람을 귀하게 여기고 가축을 천하게 여겨야 한다.
⑤ 자연은 무위의 체계로서 무목적의 질서를 담고 있다.

개념 가이드

도교에서는 자연이 아무런 목적이 없는 ❶ [ ]의 체계로서 무목적의 ❷ [ ]을/를 담고 있다고 본다.

답 ❶ 무위 ❷ 질서

대표 예제 11

다음 신문 칼럼의 ㉠에 들어갈 적절한 진술만을 〈보기〉에서 고른 것은?

> ○○신문 ○○○○년 ○○월 ○○일
>
> 칼 럼
>
> 대중문화가 자본에 종속되는 것은 바람직하지 않다. 자본을 소유한 소수의 집단이 대중문화 전반을 독점하는 것은 [㉠]는 윤리 문제를 불러일으킬 수 있다. ……(후략)

보기
ㄱ. 문화 업계 종사자에게 경제적 보상을 제공한다.
ㄴ. 장기적으로 문화의 창조성과 다양성을 저해한다.
ㄷ. 더 많은 사람이 문화에 쉽게 접근할 수 있게 한다.
ㄹ. 대중문화 소비자를 문화 산업의 도구로 전락시킨다.

① ㄱ, ㄴ ② ㄱ, ㄷ ③ ㄴ, ㄷ
④ ㄴ, ㄹ ⑤ ㄷ, ㄹ

개념 가이드

대중문화에 ❶ [ ]이/가 적극적으로 개입함으로써 각 개인이 문화 ❷ [ ]의 도구로 전락되는 문제가 생겨나고 있다.

답 ❶ 자본 ❷ 산업

대표 예제 12

㉠에 대한 옳은 설명을 〈보기〉에서 고른 것은?

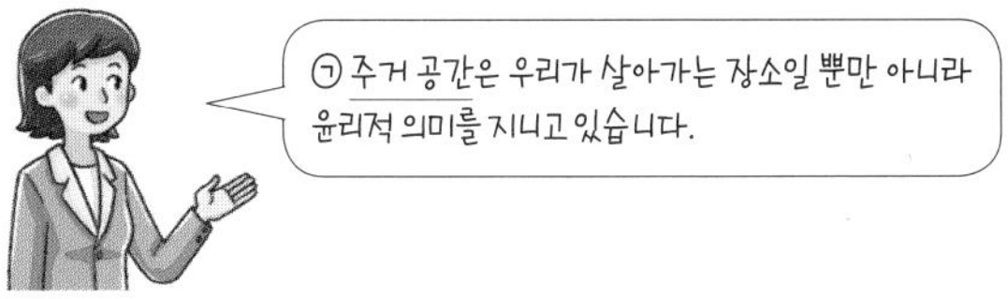

㉠ 주거 공간은 우리가 살아가는 장소일 뿐만 아니라
윤리적 의미를 지니고 있습니다.

보기

ㄱ. 심리적 안정감을 제공한다.
ㄴ. 휴식을 위한 폐쇄적 공간이다.
ㄷ. 공동체와의 유대감 형성에 기여한다.
ㄹ. 경제적 가치만을 기준으로 평가할 수 있다.

① ㄱ, ㄴ ② ㄱ, ㄷ ③ ㄴ, ㄷ
④ ㄴ, ㄹ ⑤ ㄷ, ㄹ

개념 가이드

집은 휴식과 평화를 누릴 수 있는 ❶ [ ] 공간이며, 외부 세계의 혼란이 제거되는 안정되고 ❷ [ ] 잡힌 공간이다.

답 ❶ 내적 ❷ 질서

대표 예제 13

다음에서 강조하는 바람직한 태도만을 〈보기〉에서 있는 대로 고른 것은?

상품을 구매할 때도 윤리적 소비의 기준을 적용해야 합니다. 비윤리적 기업 상품에 대한 불매 운동, 지역 연계 상품 및 공정무역 거래 상품 구매, 지속가능한 소비 운동 등에 적극 참여해야 합니다.

보기

ㄱ. 불필요한 생활용품을 자선 단체에 기부한다.
ㄴ. 거주지 인접 지역에서 생산된 농산물을 소비한다.
ㄷ. 환경 지속 가능성을 높일 수 있는 상품을 구매한다.
ㄹ. 저렴한 비용으로 구매할 수 있는 상품만을 선택한다.

① ㄱ, ㄴ ② ㄱ, ㄹ ③ ㄴ, ㄹ
④ ㄱ, ㄴ, ㄷ ⑤ ㄴ, ㄷ, ㄹ

개념 가이드

최소한의 ❶ [ ](으)로 최대한의 욕구를 충족하려는 합리적 소비에 비해 윤리적 소비는 ❷ [ ] 가치에 따라 재화나 서비스를 구매하고 사용한다.

답 ❶ 비용 ❷ 도덕적

대표 예제 14

갑, 을의 입장으로 옳은 것만을 〈보기〉에서 있는 대로 고른 것은?

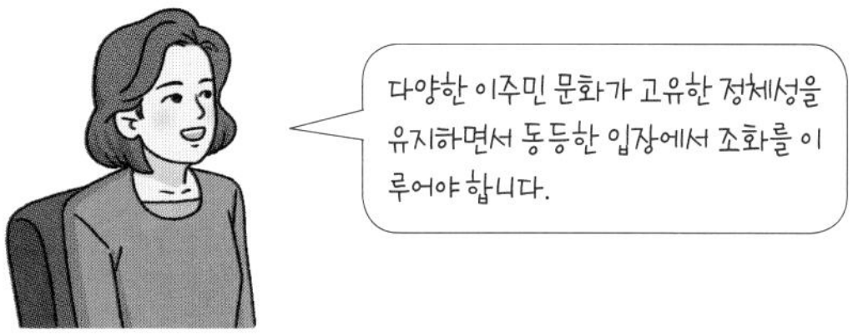

다양한 이주민 문화가 고유한 정체성을 유지하면서 동등한 입장에서 조화를 이루어야 합니다.

갑

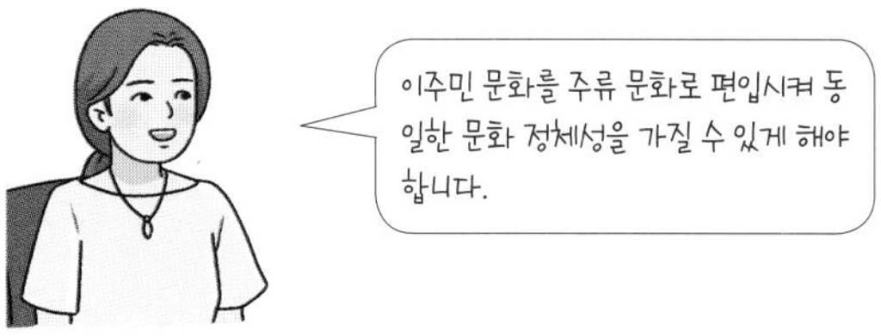

이주민 문화를 주류 문화로 편입시켜 동일한 문화 정체성을 가질 수 있게 해야 합니다.

을

보기

ㄱ. 갑: 사회 발전을 위해 소수 문화를 차별해서는 안 된다.
ㄴ. 갑: 사회 내의 다양한 문화를 평등하게 대우해야 한다.
ㄷ. 을: 다양한 소수 문화를 주류 문화에 동화시켜야 한다.
ㄹ. 갑, 을: 주류 문화를 토대로 소수 문화를 인정해야 한다.

① ㄱ, ㄴ ② ㄴ, ㄹ ③ ㄷ, ㄹ
④ ㄱ, ㄴ, ㄷ ⑤ ㄱ, ㄷ, ㄹ

개념 가이드

용광로 모델에 근거한 ❶ [ ]은/는 주류 문화 위주의 통합을 강조하며, ❷ [ ] 모델에 근거한 다문화주의는 다양한 문화의 대등한 공존과 조화를 강조한다.

답 ❶ 동화주의 ❷ 샐러드 그릇

1주 4일 교과서 대표 전략 ②

01 다음을 주장한 사상가의 입장으로 옳은 것은?

> 우리가 기술을 열정적으로 긍정하든 부정하든 관계없이 우리는 어디서나 부자유스럽게 기술에 붙들려 있는 셈이다. 그러나 최악의 경우는 기술을 중립적인 것으로 고찰할 때이며, 이 경우 우리는 무방비 상태로 기술에 내맡겨진다. 왜냐하면 현대에 와서 특히 사람들이 옳다고 신봉한 이러한 사고방식은 우리를 전적으로 기술의 본질에 대해 맹목적이게 하기 때문이다.

① 과학 기술의 선악에 대한 판단을 유보해야 한다.
② 과학 기술이 지닌 효율성의 가치에 주목해야 한다.
③ 과학 기술에 담긴 수단적 가치를 잘 활용해야 한다.
④ 과학 기술자에게 연구의 자유를 보장해 주어야 한다.
⑤ 과학 기술이 지닌 본질을 윤리적으로 성찰해야 한다.

Tip
과학 기술의 가치 ❶ (　　　)을/를 부정하는 입장에서는 과학 기술도 가치 판단에서 자유로울 수 없으므로 ❷ (　　　) 검토와 통제가 필요하다고 본다.

답 ❶ 중립성 ❷ 윤리적

02 ㉠에 들어갈 진술로 옳지 않은 것은?

> **칼럼**
>
> 과학자의 사회적 책임은 과학 기술의 영향력에 비례해 더욱 강조되어야 한다. 그런데 어떤 과학자는 사회적 책임보다는 연구 과정에서 윤리를 준수하는 책임만 다하면 된다고 주장한다. 나는 이러한 과학자의 입장이 [　㉠　]을 간과하고 생각한다.

① 미래 세대에 미칠 영향을 고려할 책임이 있음
② 과학 기술이 사회적 효용의 증진에 대한 책임이 있음
③ 연구 자료나 정보를 표절해서는 안 되는 책임이 있음
④ 연구자로서 과학 기술 활용 결과에 대한 책임이 있음
⑤ 과학 기술이 가져올 부작용을 알려야 할 책임이 있음

Tip
과학 기술자의 ❶ (　　　) 책임은 연구 윤리를 지키는 것이며, ❷ (　　　) 책임은 연구 결과가 사회에 미칠 영향에 대해 책임을 지는 것이다.

답 ❶ 내적 ❷ 외적

03 (가)의 갑, 을 사상가의 입장을 (나) 그림으로 표현할 때, A~C에 해당하는 진술로 가장 적절한 것은?

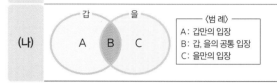

(가)
갑: 모든 생명체는 자기 보존과 행복을 추구하는 목적론적 삶의 중심이다. 생명을 가진 모든 개체 고유한 방식으로 생존, 성장, 발전, 번식의 목적을 지향한다.
을: 생명 공동체의 한 구성원인 인간은 그 공동체의 평범한 구성원이자 시민이다. 상호 의존적인 이 공동체는 토양, 물, 식물과 동물을 포괄하는 대지를 포함한다.

(나)
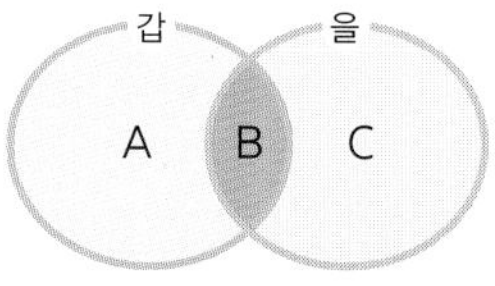

〈범 례〉
A: 갑만의 입장
B: 갑, 을의 공통 입장
C: 을만의 입장

① A: 인간은 생태 공동체의 안정성을 보전할 의무를 지닌다.
② A: 의식을 지닌 생명체만이 스스로 고유한 목적을 지향한다.
③ B: 고유의 선을 지니고 있는 생태계 그 자체를 보존해야 한다.
④ B: 인간이 다른 생명체보다 우월하다는 생각에서 벗어나야 한다.
⑤ C: 모든 생명체는 인간의 가치 평가와 무관하게 가치를 지닌다.

Tip
생명 중심주의는 ❶ (　　　)의 유무에 관계없이 모든 생명체가 고유한 가치를 지닌다고 보며, 생태 중심주의는 ❷ (　　　) 전체를 도덕적 고려 대상으로 삼는다.

답 ❶ 의식 ❷ 생태계

04 갑, 을 중 한 사람 이상이 긍정의 대답을 할 질문만을 〈보기〉에서 있는 대로 고른 것은?

> **갑:** 무생물일지라도 아름다운 것을 파괴하는 행위는 인간이 지닌 자신에 대한 의무에 위배되며, 도덕성을 촉진하는 자연적 감정을 약화시킨다.
> **을:** 생명체를 목적론적 활동의 중심이 되게 하는 것은 자신의 고유한 선을 실현하도록 방향 지워진 유기체의 작용이 갖는 일관성과 통일성이다.

• 보기 •
ㄱ. 목적 지향적인 생명체는 내재적 가치가 있는가?
ㄴ. 전체론의 관점에서 대지 윤리를 추구해야 하는가?
ㄷ. 인간은 다른 생명체보다 우월한 지위를 지니는가?
ㄹ. 이성적 존재를 도덕적 행위 주체로 보아야 하는가?

① ㄱ, ㄴ ② ㄱ, ㄷ ③ ㄴ, ㄹ
④ ㄱ, ㄷ, ㄹ ⑤ ㄴ, ㄷ, ㄹ

Tip
칸트는 자연 파괴 성향이 인간에 대한 ❶ ____ 을/를 거스르는 것이라고 보았고, ❷ ____ 은/는 모든 생명체를 목적론적 삶의 중심이라고 보았다.

답 ❶ 의무 ❷ 테일러

05 ㉠을 실천한 사례로 가장 적절한 것은?

> 윤리적 소비는 평화, 인권, 사회 정의, 환경 등 인류의 보편적 가치를 실현하고자 한다. 또한 나눔과 순환을 통하여 이웃 사랑과 친환경적인 삶을 만들어 가는 아름다운 소비문화를 지향한다. 이러한 소비의 대표적인 예로 ㉠ 착한 소비를 들 수 있다.

① 대량 소비를 통해 편리함을 추구한다.
② 공정무역을 거친 친환경 제품을 구매한다.
③ 최소 비용으로 최대의 만족도를 얻고자 한다.
④ 명품 소비를 선호하여 사치 풍조를 일으킨다.
⑤ 소비 생활 자체를 부정적 측면에서 이해한다.

Tip
착한 소비와 녹색 소비는 ❶ ____ 소비의 대표적 예이며, 최소의 비용으로 최대의 만족을 가져오는 제품을 구매하는 소비는 ❷ ____ 소비에 해당한다.

답 ❶ 윤리적 ❷ 합리적

06 다음 글의 입장만을 〈보기〉에서 있는 대로 고른 것은?

> ○○○에게
> 모든 예술 작품은 그것을 만든 사람과 그것을 감상하는 사람 사이에 일종의 교류를 갖게 한다네. 예술은 개인과 인류의 행복을 위한 교류 수단이요, 모든 사람을 동일한 감정으로 통일하는 수단이 될 수 있다네.

• 보기 •
ㄱ. 예술가가 발휘하는 자율성을 존중해야 한다.
ㄴ. 예술의 가치는 도덕적 측면에서 찾을 수 있다.
ㄷ. 예술의 목적은 미적 가치를 실현하는 것이다.
ㄹ. 예술의 미적 가치와 도덕적 가치를 일치시켜야 한다.

① ㄱ, ㄴ ② ㄱ, ㄷ ③ ㄴ, ㄹ
④ ㄱ, ㄷ, ㄹ ⑤ ㄴ, ㄷ, ㄹ

Tip
도덕주의는 ❶ ____ 가치가 미적 가치보다 우위에 있다고 보고, ❷ ____ 은/는 예술의 목적이 미적 가치의 구현에 있다고 본다.

답 ❶ 도덕적 ❷ 예술 지상주의(심미주의)

07 다음 학생의 입장으로 가장 적절한 것은?

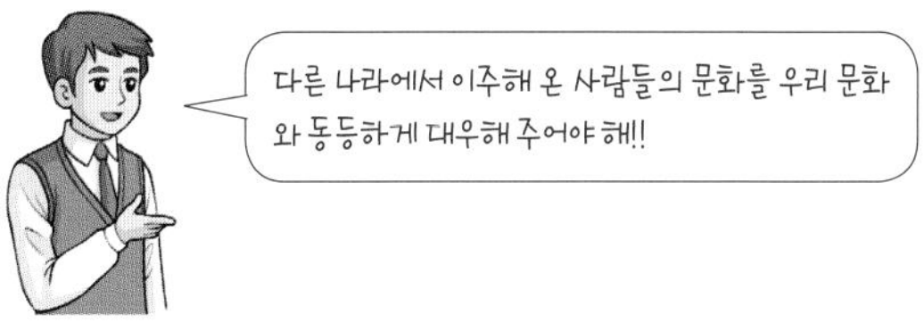

다른 나라에서 이주해 온 사람들의 문화를 우리 문화와 동등하게 대우해 주어야 해!!

① 각 문화 간의 우열을 구분해야 한다.
② 다양한 문화의 고유성을 인정해야 한다.
③ 이주민 문화와 기존 문화를 통합해야 한다.
④ 주류 문화와 비주류 문화로 나누어야 한다.
⑤ 문화의 단일성을 지속적으로 유지해야 한다.

Tip
주류 문화를 중심으로 소수 문화를 통합하려는 입장은 ❶ ____ 이고, 이민자들의 고유한 문화를 대등하게 인정하는 입장은 ❷ ____ 이다.

답 ❶ 동화주의 ❷ 다문화주의

01 갑의 입장에 비해 을의 입장이 갖는 상대적 특징을 그림의 ㉠~㉤ 중에서 고른 것은?

> **갑**: 과학 기술 연구의 주된 목적은 객관적 진리 탐구입니다. 따라서 과학 기술을 윤리적 관점에서 규제해서는 안 됩니다.
>
> **을**: 과학 기술 연구는 정치, 경제 등 사회적 요인들과 결합되어 발전하고 제약을 받습니다. 따라서 과학 기술을 독립적 영역으로 여겨서는 안 됩니다.

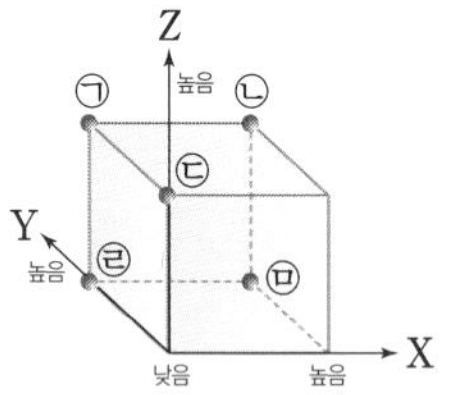

- X: 과학 기술의 가치 중립성을 강조하는 정도
- Y: 과학 기술 연구의 가치 개입을 강조하는 정도
- Z: 과학 기술에 대한 윤리적 성찰을 강조하는 정도

① ㉠　② ㉡　③ ㉢　④ ㉣　⑤ ㉤

02 다음 정보 사회의 문제 해결 방안으로 가장 적절한 것은?

> 오늘날 과학 기술 정보 사회에서 사람들은 '판옵티콘'의 구조 속에서 독방 안에 감금된 채 자리를 지키고 있다. 양쪽의 벽은 그가 동료들과 접촉하는 것을 차단시킨다. 각 개인은 감시자에게 보여지기는 해도 감시자를 볼 수는 없다. 개인은 정보의 대상이 되기는 해도 정보 소통의 주체가 되지는 못한다.

① 일방향적인 정보 통신 기술을 개발한다.
② 정보 격차를 늘리기 위한 제도를 마련한다.
③ 정보 통신 기술자의 책임 범위를 축소한다.
④ 특정 집단에 의한 사생활 침해를 규제한다.
⑤ 네티즌에 대한 감시와 통제 장치를 강화한다.

03 다음 칼럼에서 강조하는 내용으로 옳은 것은?

> **칼럼**
>
> 고통 감수 능력을 지닌 인간 이외의 존재를 도덕적 고려 대상에 편입시켜야 한다. 고통을 느낄 수 있는 존재와 인간을 구분하면서 서로 다르게 대우하는 것은 도덕적으로 정당하지 못하다. 인간 이외의 일부 존재들도 인간과 유사한 신경 체계를 가지고 있다. 인간과 유사한 신경 체계가 상이한 느낌을 산출한다고 생각하는 것은 합리적이지 못하다.……(후략)

① 인간의 문화적 활동 자체를 제한해야 한다.
② 공기, 물, 흙의 내재적 가치를 존중해야 한다.
③ 인간과 동물의 이익을 평등하게 고려해야 한다.
④ 인간만이 도덕적 고려의 대상임을 인정해야 한다.
⑤ 생태계 전체를 도덕적 고려의 대상으로 삼아야 한다.

04 다음을 주장한 사상가의 입장으로 가장 적절한 것은?

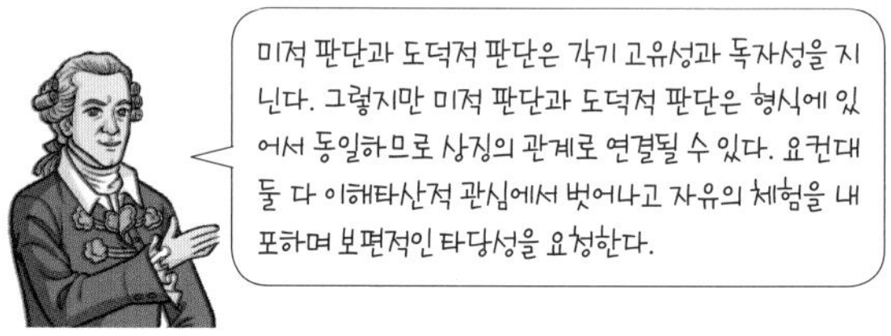

미적 판단과 도덕적 판단은 각기 고유성과 독자성을 지닌다. 그렇지만 미적 판단과 도덕적 판단은 형식에 있어서 동일하므로 상징의 관계로 연결될 수 있다. 요컨대 둘 다 이해타산적 관심에서 벗어나고 자유의 체험을 내포하며 보편적인 타당성을 요청한다.

① 예술적 미와 도덕적 선은 형식상 유사성이 있다.
② 이익 창출을 위해 예술과 도덕을 통합해야 한다.
③ 예술은 도덕성을 고취시키는 데 기여할 수 없다.
④ 예술 작품은 도덕적 평가로부터 자유로워야 한다.
⑤ 미적·도덕적 판단은 개인에 따라 달라질 수 있다.

05 다음 사상가의 입장에서 〈사례〉 속 A에게 제시할 조언으로 적절한 것만을 〈보기〉에서 있는 대로 고른 것은?

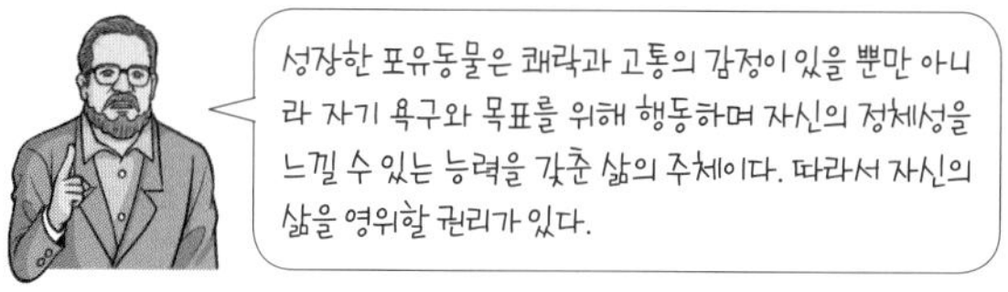

성장한 포유동물은 쾌락과 고통의 감정이 있을 뿐만 아니라 자기 욕구와 목표를 위해 행동하며 자신의 정체성을 느낄 수 있는 능력을 갖춘 삶의 주체이다. 따라서 자신의 삶을 영위할 권리가 있다.

〈사례〉

A는 매일 소고기를 비롯한 육류 섭취로 식사를 대신한다. 또한 모피 의류를 광적으로 선호하여 동물이 지닌 가치를 무시한다.

보기

ㄱ. 동물을 수단으로만 취급해서는 안 된다.
ㄴ. 삶의 주체인 동물의 권리를 존중해야 한다.
ㄷ. 동물 보호는 인격 존중을 실천하는 것이다.
ㄹ. 도덕적 행위의 주체만이 존중받을 권리를 지닌다.

① ㄱ, ㄴ ② ㄱ, ㄷ ③ ㄷ, ㄹ
④ ㄱ, ㄴ, ㄹ ⑤ ㄴ, ㄷ, ㄹ

06 다음 입장에서 〈사례〉 속 A 씨에게 제시할 조언으로 가장 적절한 것은?

생산·판매·유통 과정에서 인간 존엄성이 보장되고 관련된 사람들에게 정당한 대가를 지급하여 소비자의 안전이 보장된 상품을 소비하려는 자세가 필요하다.

〈사례〉

A 씨는 아동 노동을 이용하여 생산된 가격이 싼 원두 커피를 구매할지, 가격이 좀 비싸지만 공정무역 커피를 구매할지 고민하고 있다.

① 공동체와 무관한 개성 있는 소비를 하세요.
② 가격 대비 최대 만족을 주는 소비를 하세요.
③ 대중 매체에서 광고하는 제품을 소비하세요.
④ 사회적 지위와 부를 과시하는 소비를 하세요.
⑤ 노동자의 인권과 복지를 고려한 소비를 하세요.

07 ㉠에 해당하는 사례로 가장 적절한 것은?

다양한 다문화 정책 중 ㉠ 은/는 소수의 비주류 문화를 주류 문화에 편입하자는 것이다. ㉠ 은/는 이민자를 주류 사회의 언어나 문화에 편입시켜 이들에게 국민이라는 정체성을 부여할 것을 주장한다.

① 이주민의 언어를 그대로 사용하도록 허용한다.
② 이주민의 문화를 지키는 교육 기관을 설립한다.
③ 주류 문화와 이주민 문화를 대등하게 대우한다.
④ 이주민이 고유문화를 전승하는 공간을 마련한다.
⑤ 단일한 문화와 전통을 강조하는 교육을 실시한다.

08 다음 학생들 모두 긍정의 대답을 할 질문은 어느 것인가?

모든 종교는 저마다 각자의 진리를 갖고 있다고 생각해.
종교적 가르침의 지향점이 다르더라도 이해하려는 노력이 필요해.
종교를 선택할 권리와 종교를 믿지 않을 권리를 보장해 주어야 해.

① 종교적 신앙에서 벗어나 자기반성에 힘써야 하는가?
② 타 종교를 이해하고 종교 간 대화에 힘써야 하는가?
③ 자신이 믿는 종교 교리의 절대성을 강조해야 하는가?
④ 세계의 모든 종교들이 지닌 교리를 통합해야 하는가?
⑤ 타 종교의 종교 의식을 과학적으로 설명해야 하는가?

1주 창의·융합·코딩 전략

1 과학 기술의 가치 중립성

갑, 을의 입장으로 적절한 것만을 〈보기〉에서 고른 것은?

객관적 관찰과 실험을 통해 얻어진 과학 기술에 주관적 가치가 개입될 수 없습니다. 따라서 과학 기술 그 자체는 좋은 것도 나쁜 것도 아닙니다.

과학 기술의 발견 및 활용 과정에서 과학 기술자의 가치가 개입될 수 있습니다. 따라서 과학 기술 그 자체에 대한 윤리적 성찰이 필요합니다.

갑　　　을

• 보기 •

ㄱ. 갑: 과학 기술 연구에서 사실 판단을 배제해야 한다.
ㄴ. 갑: 과학 기술과 윤리의 영역을 엄격하게 구분해야 한다.
ㄷ. 을: 과학 기술자는 자신의 연구 결과에 대한 책임이 있다.
ㄹ. 갑, 을: 과학 기술의 활용에는 인간의 가치가 개입될 수 없다.

① ㄱ, ㄴ　② ㄱ, ㄷ　③ ㄴ, ㄷ
④ ㄴ, ㄹ　⑤ ㄷ, ㄹ

Tip
갑은 과학 기술의 가치 중립성을 ❶ [ ] 하는 입장이며, 을은 과학 기술의 가치 중립성을 ❷ [ ] 하는 입장이다.

답 ❶ 강조 ❷ 부정

2 정보 사회에서의 매체 윤리

㉠~㉤에 대한 설명으로 옳지 않은 것은?

칼럼

정보의 생산자들은 정보 생산 및 유통 과정에서 ㉠ 진실한 태도를 지녀야 한다. 또한 매체를 통해 의견을 표명할 때는 ㉡ 객관성과 공정성을 가져야 한다. 또한 시민의 ㉢ 알 권리를 충족하는 과정에서 특정 개인의 ㉣ 인격권을 침해하지 않아야 한다. 그리고 ㉤ 뉴 미디어를 통해 간접적으로 만나는 상대방을 배려하는 자세도 필요하다.

① ㉠-있는 그대로의 사실을 전달하는 태도이다.
② ㉡-개인적인 정보 전달을 중시하는 것이다.
③ ㉢-공익 실현을 위해 존중되어야 할 권리이다.
④ ㉣-인간의 존엄성에 바탕을 둔 사적 권리이다.
⑤ ㉤-인터넷, 누리 소통망 등을 예로 들 수 있다.

Tip
의견 표명의 객관성과 공정성은 관련된 내용을 ❶ [ ] 하고 ❷ [ ] 있게 취급하는 것이다.

답 ❶ 동등 ❷ 균형

3 과학 기술의 사회적 책임

다음 그림은 서술형 평가 문제와 학생 답안이다. 학생 답안 ㉠~㉣ 중 옳은 것만을 있는 대로 고른 것은?

〈서술형 평가〉

◎ **문제** 다음을 주장한 사상가의 과학 기술에 대한 입장을 서술하시오.

책임의 범위를 현세대로 한정하는 기존의 전통적 윤리관으로는 과학 기술 시대에 발생하는 문제를 해결하는 데 한계가 있다. 오늘날 과학 기술의 엄청난 힘을 고려할 때 윤리적 책임 범위를 자연은 물론 미래 세대까지 확장해야 한다.

◎ **학생 답안**
위 사상가는 ㉠ 현대 과학 기술의 영향력이 점차 확대되고 있으며, ㉡ 과학 기술이 초래할 위험에 대한 예방적 조치가 필요하다고 본다. 그는 ㉢ 과학 기술이 인류 존속을 위한 유일한 희망이며, ㉣ 현세대의 필요를 만족하게 하는 발전에만 힘써야 함을 강조한다.

① ㉠, ㉡　② ㉠, ㉢　③ ㉢, ㉣
④ ㉠, ㉡, ㉣　⑤ ㉡, ㉢, ㉣

Tip
요나스는 새로운 ❶ [ ] 윤리를 주장하였는데, 과학 기술자가 과학 기술의 ❷ [ ] 결과를 예측하여 이에 대한 도덕적 책임을 져야 한다고 강조한다.

답 ❶ 책임 ❷ 부정적

4 정보 사회의 윤리

다음 자료는 수업 내용에 대한 평가지이다. 학생의 진술에 대한 답이 옳게 표시된 것만을 고른 것은?

주제: 정보 사회의 저작권 문제

◇학년 □반 이름 : ○○○

※ 옳은 진술이면 '예', 틀린 진술이면 '아니요'에 ✓표를 하시오.

질문: 정보 사유론과 정보 공유론의 입장을 비교하시오.

1. 정보 사유론은 정보를 사유재로 간주한다.
예□ 아니요☑ ·································· ㉠

2. 정보 사유론은 저작자의 배타적 소유권을 존중한다.
예☑ 아니요□ ·································· ㉡

3. 정보 공유론은 정보 격차 문제의 해결을 중시한다.
예☑ 아니요□ ·································· ㉢

4. 정보 공유론은 저작권을 과도하게 행사하는 것에 반대한다.
예□ 아니요☑ ·································· ㉣

① ㉠, ㉡ ② ㉠, ㉢ ③ ㉡, ㉢
④ ㉡, ㉣ ⑤ ㉢, ㉣

Tip

정보 사유론은 창작자의 정보에 대한 배타적 ❶ [ ] 을/를 부여하며, 정보 공유론은 지적 창작물을 ❷ [ ] (으)로 간주한다.

답 ❶ 독점권 ❷ 공공재

5 동물 중심주의와 생명 중심주의

다음 두 사상가의 공통적 입장으로 가장 적절한 것은?

한 존재가 쾌고 감수 능력이 있다면, 그 존재의 고통이나 쾌락을 다른 존재의 고통이나 쾌락과 차별 없이 대하는 자세가 필요합니다.
생각이 있는 사람이라면 다른 모든 살려고 하는 의지에 대해서도 자기의 생명 의지를 대할 때와 똑같이 외경심을 가져야 한다고 생각합니다.

① 인간이 다른 생명의 가치를 결정할 수 있다.
② 살아 있는 모든 존재의 가치를 차별해서는 안 된다.
③ 생태계를 구성하는 요소들을 동등하게 대해야 한다.
④ 어떠한 경우에도 동물을 함부로 다루어서는 안 된다.
⑤ 인간과 동물의 이익 관심을 동등하게 여겨서는 안 된다.

Tip

싱어는 쾌고 ❶ [ ] 능력을 지닌 일부 동물, 슈바이처는 모든 ❷ [ ] 을/를 평등하게 대우할 것을 강조한다.

답 ❶ 감수 ❷ 생명체

6 싱어, 레건, 테일러의 자연관

(가)의 갑, 을, 병 사상가들의 입장을 (나) 그림으로 표현할 때, A~D에 해당하는 옳은 진술만을 <보기>에서 있는 대로 고른 것은?

(가)

갑: 고통과 쾌락을 느낄 수 있는 능력은 이해관계를 갖기 위한 조건이다. 어떤 종에 속해 있다는 이유로 차별하는 것은 정당하지 않다.

을: 지각, 믿음, 기억, 쾌고 감수 능력 등을 지닌 삶의 주체의 권리를 존중해야 한다. 삶의 주체인 개체들은 스스로 내재적 가치를 지닌다.

병: 모든 생명체는 내재적 가치를 지닌다. 이들은 자기 보존을 위해 고유 방식으로 각자 선을 추구한다는 점에서 목적론적 삶의 중심이다.

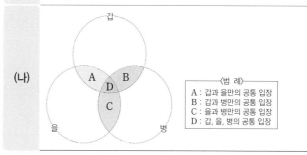

(나)

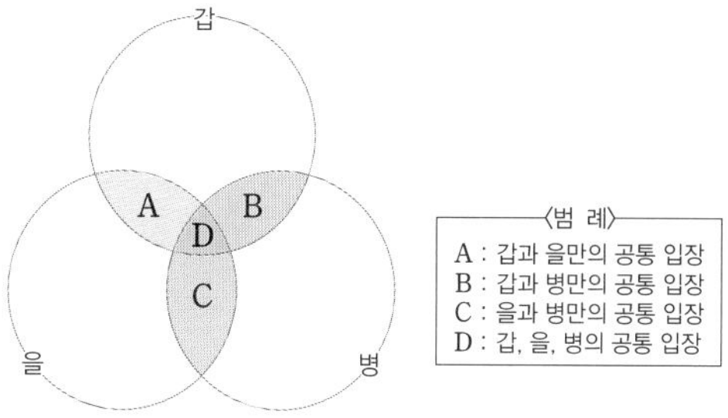

보기

ㄱ. A: 쾌고 감수 능력만이 도덕적 고려 대상을 결정하는 기준이다.
ㄴ. B: 모든 유기체의 목적을 존중하는 것은 인간의 간접적 의무이다.
ㄷ. C: 삶의 주체에 해당하는 일부 동물들은 도덕적 지위를 지닌다.
ㄹ. D: 도덕적 행위 능력을 갖추지 못한 존재도 도덕적으로 고려해야 한다.

① ㄱ, ㄴ ② ㄱ, ㄷ ③ ㄷ, ㄹ
④ ㄱ, ㄴ, ㄹ ⑤ ㄴ, ㄷ, ㄹ

Tip

레건이 말하는 삶의 ❶ [ ] 은/는 미래에 대한 의식, 쾌고의 감정 등을 지닌 존재이며, 싱어와 레건, 테일러는 도덕적 행위 능력이 있는 ❷ [ ] 만이 도덕적 고려 대상은 아니라고 본다.

답 ❶ 주체 ❷ 존재(인간)

7 유교의 자연관

다음 자연관에 대한 설명으로 옳은 것은?

> 천지 자연에는 원형이정(元亨利貞)의 네 가지 덕이 있는데, 원(元)은 이것들에 통하지 않는 것이 없다. 그것이 운행하면 봄, 여름, 가을, 겨울이 되는데, 여기에는 봄의 생동하는 기(氣)가 통하지 않는 것이 없다. 마찬가지로 사람의 마음에도 인의예지의 네 가지 덕이 있으니, 인이 포괄하지 않는 것이 없다.

① 자연 만물에 고정된 실체가 없다고 본다.
② 자연이 무목적의 질서를 담고 있다고 본다.
③ 천지 만물에 도덕적 가치가 내재해 있다고 본다.
④ 인간의 의지나 욕구와 무관한 자연의 가치를 중시한다.
⑤ 생명을 소중히 여기며 자비를 베풀어야 한다고 주장한다.

Tip
동양의 유교는 인간과 자연이 ❶ ______ 을/를 이루는 천인합일(天人合一)의 경지를 지향하고 ❷ ______ 을/를 살아 있는 유기체라고 본다.

답 ❶ 조화 ❷ 자연

8 예술과 윤리의 관계

(가)의 갑, 을 사상가들의 입장을 (나) 그림으로 표현할 때, A~C에 해당하는 진술로 가장 적절한 것은?

(가)	갑: 임금과 대신이 음악을 좋아하면 나라는 위태로워진다. 관리들이 음악을 좋아하면 나라 곳간이 부실하게 되며 농부가 음악을 좋아하면 곡식이 부족하게 된다. 을: 음악이란 성인이 즐겼던 바이고, 그것을 가지고 백성의 마음을 선하게 할 수 있다. 음악은 사람들에게 깊은 감동을 주어 풍습과 풍속을 변화시킨다. 그러므로 선왕이 예(禮)와 음악으로 이끌면 백성들이 화목했던 것이다.
(나)	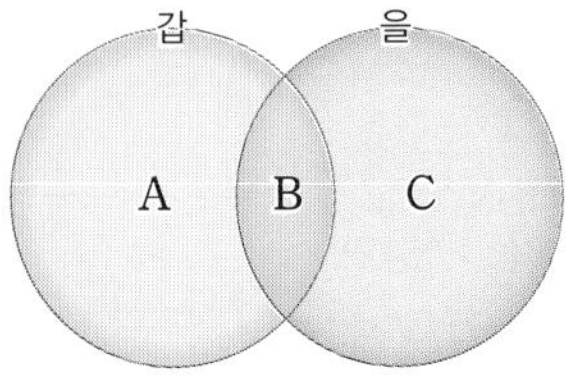 〈범 례〉 A : 갑만의 입장 B : 갑, 을의 공통 입장 C : 을만의 입장

① A: 음악과 도덕은 모두 인간다운 삶에 이바지한다.
② A: 아름다움을 추구하는 음악은 이로움을 가져온다.
③ B: 참된 음악은 공동체 구성원의 화합에 기여한다.
④ B: 음악과 예를 통해 백성을 교화하기는 불가능하다.
⑤ C: 음악은 바른 정치 구현을 위한 유용한 수단이다.

Tip
갑은 묵자로, 음악의 효용성을 ❶ ______ 하는 입장이고, 을은 순자로, 음악의 사회 ❷ ______ 기능을 강조하는 입장이다.

답 ❶ 부정 ❷ 화합

9 생태 중심주의

(가)를 주장한 사상가의 입장에서 볼 때, (나)의 ㉠에 들어갈 내용으로 적절한 것만을 〈보기〉에서 있는 대로 고른 것은?

(가)	어떤 것이 생명 공동체의 온전성, 안정성, 아름다움에 이바지하는 경향이 있다면 옳은 것이며, 그렇지 않다면 그른 것이다. 우리는 도덕 공동체의 범위를 흙, 물, 식물과 동물을 포괄한 대지로 확장해야 한다.
(나)	학생: 자연을 대하는 바람직한 태도는 무엇입니까? 사상가: ㉠

보기
ㄱ. 이성적 존재의 지배적 위치를 정당화해야 합니다.
ㄴ. 대지를 지배와 이용의 대상으로 간주해야 합니다.
ㄷ. 무생물을 포함한 생명 공동체를 존중해야 합니다.
ㄹ. 인류를 대지의 평범한 구성원으로 여겨야 합니다.

① ㄱ, ㄴ ② ㄱ, ㄷ ③ ㄷ, ㄹ
④ ㄱ, ㄴ, ㄹ ⑤ ㄴ, ㄷ, ㄹ

Tip
레오폴드는 ❶ ______ 중심주의의 입장에서 도덕 공동체의 범위를 ❷ ______ 까지 확장하는 대지 윤리를 주장하였다.

답 ❶ 생태 ❷ 대지

10 대중문화의 윤리적 문제

그림의 강연자가 긍정의 대답을 할 질문으로 가장 적절한 것은?

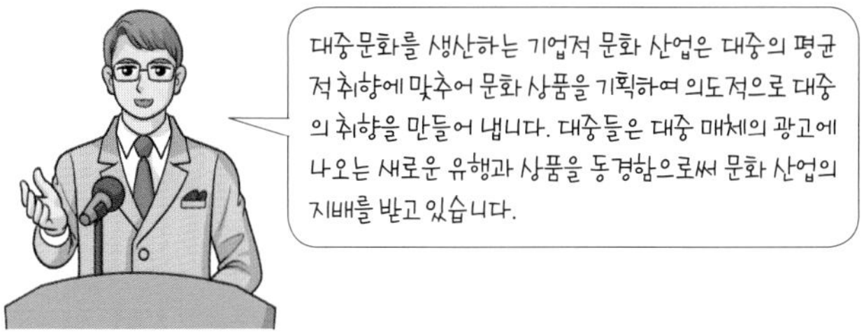

대중문화를 생산하는 기업적 문화 산업은 대중의 평균적 취향에 맞추어 문화 상품을 기획하여 의도적으로 대중의 취향을 만들어 냅니다. 대중들은 대중 매체의 광고에 나오는 새로운 유행과 상품을 동경함으로써 문화 산업의 지배를 받고 있습니다.

① 문화 산업은 대중문화를 단순한 상품으로 보는가?
② 문화 산업은 대중을 문화 생산의 주체로 여기는가?
③ 문화 산업은 대중의 비판적 상품 소비를 유도하는가?
④ 문화 상품은 대중의 다양한 개성 창출에 기여하는가?
⑤ 문화 산업은 경제적 가치보다 미적 가치를 중시하는가?

Tip
오늘날 대중문화는 이윤을 창출하는 ❶ ______ (으)로서 ❷ ______ 의 영향을 많이 받는다는 문제점이 있다.

답 ❶ 상품 ❷ 자본

11 종교에 대한 관점

다음을 주장한 사상가의 입장으로 적절한 것만을 〈보기〉에서 고른 것은?

> ○○에게
> 종교는 가장 원시적인 것에서부터 고도로 발달한 것에 이르기까지 많은 성스러운 여러 실재의 현현, 즉 성현으로 이루어진다네. 가장 원시적인 성현에서 높은 수준의 성현에는 연속성이 있는데, 그것은 이 세상 것이 아닌 하나의 실재가 속세의 여러 사물 가운데 나타나는 신비로움이라네. ……(후략)

• 보기 •
ㄱ. 종교적 인간은 거룩한 절대자의 존재를 부정한다.
ㄴ. 종교란 일상 가운데 성스러움이 드러나는 현상이다.
ㄷ. 종교가 아닌 세속에서는 성스러움을 체험할 수 없다.
ㄹ. 종교적 인간은 자연에 성스러움이 담겨 있다고 본다.

① ㄱ, ㄴ ② ㄱ, ㄷ ③ ㄴ, ㄷ
④ ㄴ, ㄹ ⑤ ㄷ, ㄹ

Tip
엘리아데는 인간을 ❶ ______ 존재로 규정하면서, 종교를 일상에서 ❷ ______ 이/가 드러나는 것으로 설명한다.

답 ❶ 종교적 ❷ 성스러움

12 윤리적 소비

다음은 서술형 평가 문제와 학생 답안이다. 학생 답안의 ㉠~㉤ 중 옳지 않은 것은?

〈서술형 평가〉

◎ **문제** A의 소비 유형에 대해 서술하시오.

> A는 자신의 욕구 충족뿐만 아니라 타인과 사회를 고려하여 인간만이 아니라 동물의 복지와 권리, 지속 가능한 생태 환경에 기여하는 소비를 실천하고자 한다.

◎ **학생 답안**
A는 ㉠ 경제적 효용성을 중시하는 합리적 소비의 한계를 인식하고, ㉡ 도덕적 가치관에 따라 재화와 서비스를 구매하고자 한다. 그는 ㉢ 인권과 정의를 고려한 공정 무역 제품의 소비를 선호하며, ㉣ 지역 공동체의 지속 가능한 발전에 기여하는 소비를 도모한다. 또한 A는 ㉤ 경제적 부와 권력을 과시하는 소비를 실천하고자 한다.

① ㉠ ② ㉡ ③ ㉢ ④ ㉣ ⑤ ㉤

Tip
경제적 효용성을 추구하는 소비는 ❶ ______ 소비이고, 인권과 정의 등 보편적 ❷ ______ 을/를 중시하는 소비는 윤리적 소비이다.

답 ❶ 합리적 ❷ 가치

2주 Ⅵ. 평화와 공존의 윤리

3강 갈등 해결과 소통의 윤리~민족 통합의 윤리 ①

공부할 내용

3강 ❶ 갈등 해결과 소통의 윤리 ❷ 민족 통합의 윤리 ①

4강 ❶ 민족 통합의 윤리 ② ❷ 지구촌 평화의 윤리

4강 민족 통합의 윤리 ②~지구촌 평화의 윤리

개념 돌파 전략 ①

개념 ❶ 갈등 해결과 소통의 윤리

(1) 사회 갈등

① **사회 갈등의 유형**: 이념 갈등, 지역 갈등, 세대 갈등 등

② **사회 갈등의 원인**: 생각이나 가치관의 차이, 이해관계의 대립, 원활한 소통의 부재 등

(2) 사회 통합

① **사회 통합의 필요성**: 개인의 행복한 삶, 사회 발전 및 국가 경쟁력 강화

② **사회 윤리의 기본 원리**: 연대성, 공익성, ❶ ______

③ **사회 통합을 위한 방안**: 집단 간 원활한 소통과 상호 존중 및 신뢰 형성, 관용, 열린 자세 등

(3) 소통과 담론의 윤리

① **원효의 ❷ ______ 사상**: 편견과 집착을 넘어 소통하면서 대립을 극복하고 궁극적 진리로 나아갈 것을 주장 ➡ 일심(一心)을 통한 갈등 극복

② **하버마스의 담론 윤리**: 합리적 의사소통의 필요성 강조 ➡ 의사소통의 합리성을 실현하기 위한 '이상적 담화 상황의 조건' 제시

③ **아펠의 담론 윤리**: 인격의 상호 인정이 진정한 소통을 위한 기본 전제임을 강조 ➡ 의사소통 공동체 구성원들의 담론에 참여해야 할 책임과 의사소통 공동체를 유지해야 할 책임 강조

답 ❶ 보조성 ❷ 화쟁

Quiz

지역 이기주의, 연고주의는 (이념 갈등, 지역 갈등)과 관련 있다.

Clip! 하버마스의 이상적 담화 상황의 조건

이해 가능성	대화 당사자들이 서로의 표현을 제대로 이해할 수 있어야 함
진리성	대화 당사자들의 말하는 내용이 참이어야 함
정당성	대화 당사자들은 논쟁 절차를 준수해야 함
진실성	대화 당사자들은 말하는 바를 진실하게 표현해야 함

개념 ❷ 민족 통합의 윤리 ①

(1) 통일 문제를 둘러싼 쟁점

통일을 반대하는 입장	통일을 찬성하는 입장
• 통일에 대한 무관심 → 통일보다 평화와 공존 우선시 • 서로 다른 체제, 생활 방식 차이 등으로 이질화 심화	• 민족적 정체성의 회복 및 민족 공동체 건설 • 보편적 가치(평화, 인권, 인도주의)의 실현

(2) 통일 비용과 분단 비용

① **통일 비용**: 통일 이후의 남북 ❶ ______의 해소와 체제 통합을 위한 비용

② **분단 비용**: 분단으로 인해 남북한이 부담하는 유·무형의 모든 비용

(3) 통일 편익 남북통일로 얻을 수 있는 경제적·비경제적 편익

(4) 북한 인권 문제

① **현황**: 정치 참여 및 개인의 자율성·선택권 제한, ❷ ______ 침해 만연

② **쟁점**: 인권은 인류의 보편적 가치 ➡ 인권 상황 개선을 위해 국제 사회와 우리의 노력 필요

답 ❶ 격차 ❷ 인권

Quiz

(   )은/는 통일이 되면 남북한이 얻을 수 있는 편익을 말한다.

통일 비용
• 투자 성격의 생산적 비용 • 통일 과정 및 통일 이후 한시적으로 발생

↕

분단 비용
• 소모성 지출 비용 • 분단이 계속되는 한 지속적으로 발생

01

다음을 주장한 사상가의 입장을 〈보기〉에서 모두 고르시오.

사회 통합을 위해서는 행정 및 경제 체계와 생활 세계가 균형을 이루어야 한다. 그런데 시민이 공적 의사 결정에서 배제되면 이러한 균형이 무너지게 된다. 이 문제를 해결하기 위해서는 공론장에서 시민이 이성적으로 보편화 가능한 합의에 도달할 수 있도록 의사소통의 합리성이 실현되어야 한다.

• 보기 •
ㄱ. 토론의 결과보다 과정을 중요시한다.
ㄴ. 타인의 주장에 의문을 제기해서는 안 된다.
ㄷ. 특정 사람에게만 담론에 참여할 기회를 주어야 한다.
ㄹ. 참여자는 모두가 이해 가능한 언어를 사용해야 한다.

풀이 위의 내용을 주장한 사상가는 하버마스이다. 하버마스는 공동의 문제를 시민 사회 내부에서 작동하는 의사소통의 망(공론의 장)에서 논의하고 논의 과정에서 서로에 대한 이해를 넓히며, ❶ ______에 이르는 과정을 통해 사회 통합에 이를 수 있다고 보았다. 이때 공론의 장에서 합리적 담론이 이루어지기 위해서는 모든 사람이 담론에 ❷ ______할 수 있어야 한다고 보았다.

❶ 합의 ❷ 참여 **답** | ㄱ, ㄹ

01-1

다음 빈칸에 공통으로 들어갈 사상가는 누구인지 쓰시오.

______은/는 의사소통 공동체의 모든 구성원이 져야 하는 숙고적인 책임을 강조하였다. ______은/는 의사소통 공동체의 모든 구성원이 져야 하는 책임은 개개인의 역할 책임과는 근본적으로 다른 도덕적 책임이라고 강조하였다. ______은/는 의사소통 공동체의 구성원들은 합의를 하기 위한 담론에 참여해야 할 책임과 의사소통 공동체를 유지해야 할 책임을 동시에 지닌다고 보았다.

02

통일을 찬성하는 입장의 논거를 〈보기〉에서 모두 고르시오.

• 보기 •
ㄱ. 통일 비용보다 분단 비용이 더 많이 든다.
ㄴ. 통일보다는 평화와 공존을 우선해야 한다.
ㄷ. 통일 후 남북한은 경제적 격차와 문화적 차이로 심각한 갈등을 겪게 될 것이다.
ㄹ. 통일은 평화와 인권, 인도주의적 차원에서 보편적 가치를 실현하기 위해 필요하다.

풀이 통일을 찬성하는 입장에서는 평화와 인권, 인도주의적 차원에서 ❶ ______ 가치를 실현하기 위해 통일이 필요하다고 주장한다. 통일은 전쟁의 공포를 없애고 한반도에 평화를 정착시키는 지름길이며 세계 평화에도 기여한다고 본다. 반면 통일을 반대하는 입장에서는 통일보다는 평화와 ❷ ______을/를 우선하며, 서로 다른 체제와 생활 방식에서 오는 이질화의 심화, 상호 간의 적대감과 불신감으로 진정한 통일을 하기 어렵다는 점을 강조한다.

❶ 보편적 ❷ 공존 **답** | ㄱ, ㄹ

02-1

통일에 관련된 비용 (가), (나)를 각각 쓰시오.

(가) 남북한 분단의 결과인 대결과 갈등 때문에 지출되는 유·무형의 비용
(나) 통일 후 우리 민족이 남북한 간의 격차를 해소하고 이질적인 요소를 통합하는 데 부담해야 할 정치·경제·사회·문화의 비용

개념 돌파 전략 ①

4강_민족 통합의 윤리 ②
~지구촌 평화의 윤리

개념 ❶ 민족 통합의 윤리 ②

(1) 남북한 사회 통합을 위한 노력 친밀감을 가질 수 있는 교류부터 시작해서 교류 협력의 범위를 ❶ (으)로 넓혀 감으로써 동질성 회복 모색

(2) 통일 기반 조성을 위한 노력

① **대외적 노력**: 통일 한국의 미래상을 명확하게 제시

② **대내적 노력**: 복지 사회의 구현, 사회·문화 제도의 성숙을 위해 노력

(3) 통일 한국이 지향해야 할 가치

① **보편적 가치**: 평화, 자유, 정의 등

② **통일 한국의 미래상**: 수준 높은 문화 국가, ❷ 적인 민족 국가, 정의로운 복지 국가, 자유로운 민주 국가

답 ❶ 단계적 ❷ 자주

Quiz

남북한 사회 통합을 위해 ( ) 을/를 가질 수 있는 교류부터 시작해야 한다.

▲ 대북 지원

개념 ❷ 지구촌 평화의 윤리 ①

(1) 국제 분쟁

① **원인**: 영토 분쟁, 종교 분쟁, ❶ 분쟁, 인종·민족 분쟁 등

② **국제 분쟁의 해결 방안**: 문명의 다양성과 차이 존중, 국제적 분배 정의 실현, ❷ 정의 실현

(2) 국제 분쟁 해결에 관한 다양한 입장

① **현실주의적 입장**: 국가의 이익과 도덕성 충돌 시 국가의 이익 우선 ➡ 국가의 힘을 키워 세력 균형을 유지해야 분쟁 해결 가능

② **이상주의적 입장**: 국가의 이익보다 보편적 가치 우선 ➡ 국제법, 국제기구 등 도덕성에 근거한 집단 안보 형성을 통해 분쟁 해결 가능

③ **구성주의적 입장**: 상대국과의 관계 정립, 상호 작용이 국익 좌우

답 ❶ 자원 ❷ 형사적

Quiz

현실주의적 입장에서는 국가의 힘을 키워 세력 ( )을/를 유지해야 분쟁을 해결할 수 있다고 보았다.

Clip! 세계화

- 긍정적 영향: 생활 공간의 확장, 국가 간 자유로운 경쟁과 교류 확대, 다양한 문화 교류
- 부정적 영향: 국가 간 경제 의존도 심화, 문화의 획일화, 각 지역과 나라 고유의 정체성 약화

개념 ❸ 지구촌 평화의 윤리 ②

(1) 국제 평화의 중요성

① **칸트의 영구 평화론**: 국제법을 따르는 평화 ❶ 구성 요구 ➡ 국제 연맹, 국제 연합 결성에 영향

② **갈퉁의 적극적 평화론**: 직접적·물리적 폭력으로부터 벗어난 소극적 평화뿐 아니라 구조적·문화적 폭력까지 제거된 적극적 평화의 실현 주장

(2) 해외 원조의 윤리적 근거

① **싱어**: ❷ 적 관점에서 원조의 필요성 강조

② **롤스**: 빈곤국이 질서 정연한 사회로 이행하도록 돕는 것은 윤리적 의무임을 강조

③ **노직**: 해외 원조는 개인의 자유로운 선택의 영역, 즉 의무가 아닌 자선의 영역임을 강조

답 ❶ 연맹 ❷ 공리주의

Quiz

갈퉁은 ( ) 평화론을 주장하였다.

Clip! 국제 사회의 기여 노력

- 해외 원조의 목적: 인간의 존엄성 실현, 자원 확보나 국가의 이미지 제고
- 원조의 딜레마: 무분별한 원조로 원조 수혜국의 주인 의식이나 자립 능력이 약화되어 해외 원조에 계속해서 의존하게 되는 것

01

통일 한국의 미래상에 대하여 잘못 설명한 학생을 쓰시오.

> 석진: 국민을 위한 정치를 실현해야 한다.
> 지성: 정치적으로 자유로운 민주 국가를 지향해야 한다.
> 현호: 민족 문화의 창달을 위해 자문화 중심주의를 확대해야 한다.

풀이 통일 한국은 사회 발전과 국가 경쟁력의 원동력인 ❶ [ ] 자원을 발굴·육성하고, 동서양의 우수한 문화를 수용하여 세계적인 문화 국가를 이룩할 수 있도록 노력해야 한다. 또한 통일 한국은 정치, 군사적 측면뿐만 아니라 경제, 문화적 측면에서도 ❷ [ ]을/를 실현하기 위해 노력해야 한다. 불공정한 부의 분배나 집단 계층 간 사회적 갈등을 해소하고, 비민주적인 사회 구조나 제도를 개선하기 위해 노력해야 한다.

❶ 문화 ❷ 자주성 **답** | 현호

01-1

통일 기반을 조성하기 위한 대외적 노력에 해당하는 내용을 〈보기〉에서 모두 고르시오.

보기
> ㄱ. 국제 사회와의 협력을 강화한다.
> ㄴ. 남북통일이 세계 평화에 이바지한다는 것을 적극 홍보한다.
> ㄷ. 통일을 논의하는 과정에서 표출되는 남남갈등(南南葛藤)을 해결하기 위해 노력해야 한다.

02

국제 분쟁 해결 방법 중 다음 설명에 해당하는 입장이 무엇인지 쓰시오.

> 국가는 상대국과의 상호 작용을 통해서 정체성을 형성하고 관계를 정립한다. 즉 자국과 상대국이 적, 친구 혹은 경쟁자 중 어떤 관계인지, 어떻게 상호 작용할 것인지에 따라서 국익이 좌우된다. 따라서 자국과 상대국의 긍정적인 상호 작용을 통해 분쟁을 해결할 수 있다.

풀이 위의 내용은 웬트의 주장이다. 웬트는 ❶ [ ] 관계가 국가 간 상호 작용을 통해서 구성된다고 보았다. 따라서 국가 간 ❷ [ ]적인 상호 작용을 통해 분쟁을 해결할 수 있다고 보았다.

❶ 국제 ❷ 긍정 **답** | 구성주의적 입장

02-1

(가), (나)에 해당하는 국제 분쟁 해결 방법을 각각 쓰시오.

> (가) 도덕성에 근거한 집단 안보를 형성하여 분쟁을 해결할 수 있다.
> (나) 국가의 힘을 키워서 세력 균형을 유지해야 분쟁을 해결할 수 있다.

03

(가), (나)를 주장한 사상가가 각각 누구인지 쓰시오.

> (가) 질서 정연한 사회의 정부는 고통받는 사회의 만민을 원조할 의무를 진다. 원조의 목표는 그러한 고통받는 사회를 질서 정연한 국가 체제로 편입시키는 것이다.
> (나) 풍요로운 사회의 부유한 사람들은 이익 평등 고려의 원칙에 따라 빈곤으로 고통받는 사람들을 원조해야 한다. 이러한 원조는 궁극적으로 인류의 복지를 증진하는 데 기여해야 한다.

풀이 롤스와 싱어는 모두 해외 원조를 ❶ [ ]의 관점에서 파악한다. 롤스는 빈곤국의 정치적 구조를 질서 정연한 구조로 전환할 정도의 지원이 필요하다고 강조하였다. 반면 싱어는 ❷ [ ]적 관점에서 해외 원조의 필요성을 강조하며, 부유한 국가의 국민들이 잉여 소득의 일부를 이전해야 한다고 주장하였다.

❶ 의무 ❷ 공리주의 **답** | (가) 롤스 (나) 싱어

03-1

다음 빈칸에 들어갈 알맞은 개념을 쓰시오.

> [ ]은/는 원조를 하면 할수록 오히려 원조 수혜국이 더욱 가난해지거나 자립 능력이 더욱 떨어지는 상황을 말한다. 이는 원조 공여국이 원조 수혜국의 구체적인 상황이나 여건을 고려하지 않고 일방적인 물질적 원조나 원조 이외의 이익이나 결과를 기대할 때 발생할 가능성이 높다.

2주 1일 개념 돌파 전략 ②

바탕 문제

사회 갈등의 유형은?

⇨ 우리 사회에서 나타나는 대표적인 사회 갈등에는 연령과 시대별 경험의 차이에 따라 발생하는 ❶ ____, 특정 지역에 대한 차별 의식으로 인해 발생하는 ❷ ____ 등이 있다.

답 ❶ 세대 갈등 ❷ 지역 갈등

1 ㉠에 대한 설명으로 옳은 것만을 〈보기〉에서 고른 것은?

> ㉠ 은/는 사회의 정치·제도·문화 등이 가진 문제점을 어떻게 해결하느냐에 대한 갈등이다. 진보적 이념은 정체보다 변화에 가치를, 보수적 이념은 혼란보다 안정에 가치를 두고 문제점을 해결하려 한다.

> • 보기 •
> ㄱ. 서로의 가치관을 이분법적으로 구분하여 심화된다.
> ㄴ. 기성세대와 청년 세대가 서로의 차이를 인정하지 않아 발생한다.
> ㄷ. 같은 지역 사람들만 결탁하고 이익을 주는 현상과 결부되어 있다.
> ㄹ. 한 사회나 집단이 지닌 믿음이나 견해 등의 차이로 인해 발생한다.

① ㄱ, ㄴ ② ㄱ, ㄹ ③ ㄴ, ㄷ ④ ㄴ, ㄹ ⑤ ㄷ, ㄹ

바탕 문제

사회 통합을 이루기 위한 방안은?

⇨ 인간은 사회의 일부로서 ❶ ____ 와/과 밀접하게 연관되어 있다. 따라서 사회 구성원은 사익뿐만 아니라 ❷ ____ 을/를 존중할 때 자신의 인간 존엄성을 보장받을 수 있다.

답 ❶ 공동체 ❷ 공익

2 교사의 질문에 대한 학생의 답변으로 적절하지 않은 것은?

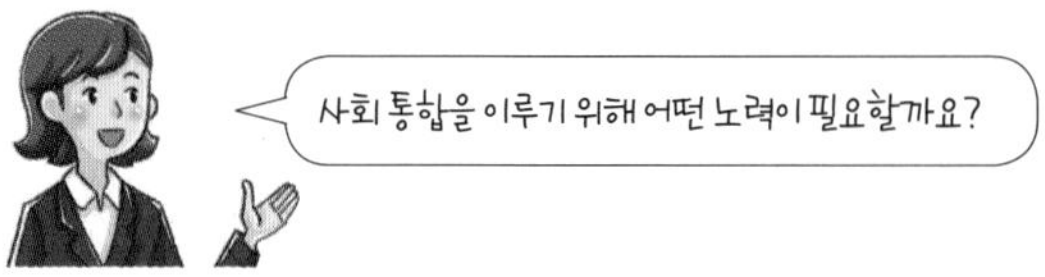

사회 통합을 이루기 위해 어떤 노력이 필요할까요?

① 구성원들이 양보와 관용의 정신을 발휘해야 합니다.
② 타인의 생각이 나와 다를 수 있음을 인정해야 합니다.
③ 다수의 의견이 옳으므로 소수 의견을 배척해야 합니다.
④ 연대 의식을 바탕으로 공동체 이익을 존중해야 합니다.
⑤ 사회를 구성하는 집단 간 원활한 소통이 이루어져야 합니다.

바탕 문제

통일 비용과 분단 비용의 의미는?

⇨ 분단 비용은 ❶ ____ (으)로 인한 대립과 갈등에서 지출되는 유·무형의 비용이며, 통일 비용은 ❷ ____ 이후 남북한 격차 해소 및 이질적 요소 통합에 필요한 비용이다.

답 ❶ 분단 ❷ 통일

3 (가), (나)의 명칭이 올바르게 연결된 것은?

> (가) 통일 후 남북한의 격차를 해소하고 이질적인 요소를 통합하는 데 부담해야 할 투자적 성격의 비용
> (나) 남북한의 분단 결과인 대결과 갈등 때문에 지출되는 유무형의 소모성 지출 비용

	(가)	(나)
①	통일 비용	통일 편익
②	통일 비용	분단 비용
③	통일 편익	분단 비용
④	분단 비용	통일 비용
⑤	분단 비용	통일 편익

바탕 문제

합리적인 의사소통이 이루어지기 위한 조건은?

⇨ 돈과 권력에 의한 왜곡과 ❶ ______ 이/가 없어야 하며, 대화 당사자들이 이상적 담론 조건인 개방성, ❷ ______, 호혜성을 지켜야 한다.

답 ❶ 억압 ❷ 평등성

4 다음 사상가가 제시하는 바람직한 담론의 자세로 옳지 않은 것은?

합리적인 의사소통이 이루어지기 위해서는 모든 대화 참여자에게 발언할 수 있는 동등한 기회가 주어져야 합니다. 이때 대화 참여자들은 자신의 입장과 감정, 희망 등을 진실하게 말해야 합니다.

① 상대방의 의견을 충분히 경청해야 한다.
② 자신의 오류 가능성을 인정하고 대화해야 한다.
③ 자유롭고 개방적인 토론과 담론에 참여해야 한다.
④ 상대방을 동등한 인격의 소유자로 대우해야 한다.
⑤ 객관적 근거의 제시 없이 강한 어조로 발언해야 한다.

바탕 문제

소통과 담론이 필요한 이유는?

⇨ 하버마스는 대화의 당사자들이 합의한 결과를 수용하고 그것을 ❶ ______ (으)로 받아들이기 위해서는 대화가 합리적인 ❷ ______ 의 과정을 거쳐야만 한다고 보았다.

답 ❶ 의무 ❷ 의사소통

5 (가) 사상가의 입장에서 (나)의 지역 주민들에게 제시할 조언으로 가장 적절한 것은?

(가) 담론의 당사자들이 합의한 결과를 수용하고 그것을 의무로 받아들이기 위해서는 합리적인 의사소통의 과정을 거쳐야 한다. 모든 사람에게 담론에 참여할 기회가 개방되어야 하고, 담론에 참여하는 사람들은 누구나 평등하게 발언할 수 있어야 하며, 담론 과정의 참여자들은 합의된 규범을 실천할 것을 상호 기대할 수 있어야 한다.

(나) 국립 공원 관광 개발 여부를 놓고 지역 주민 간의 찬반양론이 대립하고 있다. 지역 주민들은 이를 해결하기 위해 주민 토론회를 개최하려 하고 있다.

① 대화 과정에서 자신과 입장이 다른 주장들은 배제하세요.
② 전문가의 의견만 참고하여 문제 해결 방법을 결정하세요.
③ 지역의 경제적 이익에 도움이 되지 않는 주장은 수용하지 마세요.
④ 관광지 개발 여부에 관한 최종 판단은 정부 관계자에게 위임하세요.
⑤ 개발 여부와 관련된 사람이라면 누구나 자유롭게 담론에 참여하세요.

필수 체크 전략 ①

전략 ❶ 사회 갈등의 원인과 유형

사회 갈등의 유형

- 이념 갈등 : 한 사회나 집단이 지닌 가치관, 믿음, 견해 등의 차이로 인해 발생한다.
- 지역 갈등 : 경제적 요인, 특정 지역에 대한 특권 의식이나 차별 의식으로 인해 발생한다.
- 세대 갈등 : 연령과 시대별 ❶ ______ 의 차이로 인해 발생한다.

● **현대 사회에서는 여러 계층과 집단이 생겨나고 이해관계도 복잡해지면서 사회 갈등도 다원화되고 있다.**

➡ 기업가와 노동자 간의 노사 갈등도 발생하고, 소득의 불평등 현상이 심화하면서 ❷ ______ 갈등도 나타난다.

● **사회 갈등의 원인** : 생각이나 가치관의 차이, 이해관계의 대립, 원활한 소통의 부재, 사회적 가치의 희소성 등으로 인해 사회 갈등이 발생한다.

답 ❶ 경험 ❷ 빈부

필수 예제 1

(1) 다음에서 설명하는 개념을 쓰시오.

> 칡과 등나무가 복잡하게 얽혀있는 모습에서 유래한 단어로, 개인과 집단 사이에 목표나 이해관계가 달라 충돌하는 상황을 말한다.

(2) 다음에서 설명하는 사회 갈등의 유형을 쓰시오.

> 어떤 특정 사안에 대해 우선순위를 개인의 자유에 두느냐 공동선에 두느냐에 따른 갈등, 경제적 효율성과 구성원의 복지 중 어느 것을 우선하느냐에 따른 갈등 등이 있다.

풀이

(1) 갈등은 칡(葛)과 등나무(藤)를 뜻하는 말로, 서로 다른 목표나 이해관계를 가진 사람들이 공동체를 구성하여 함께 살아가는 과정에서 발생한다.

답 갈등

(2) 이념 갈등은 한 사회나 집단이 지닌 가치관, 믿음, 견해 등이 다를 경우 발생한다.

답 이념 갈등

1-1

(가), (나) 갈등이 각각 무엇인지 쓰시오.

> (가) 생산의 효율성을 극대화하려는 기업가와 임금, 복지 수준 등의 개선을 요구하는 노동자 사이에서 나타나는 갈등이다.
>
> (나) 사회의 안정과 질서를 중시하는 보수적 입장과 변화를 통해 사회의 문제점을 해결하려는 진보적 입장 간에 나타나는 갈등이다.

1-2

다음 학생이 설명하는 갈등의 유형으로 알맞은 것은?

급속한 사회 변화에 따라 빠르게 적응하는 신세대와 상대적으로 그렇지 못한 기성세대의 갈등이 심화되는 과정에서 발생해요.

① 세대 갈등 ② 이념 갈등 ③ 지역 갈등
④ 노사 갈등 ⑤ 계층 갈등

전략 ❷ | 소통과 담론의 윤리

원효의 화쟁 사상: 갈등 상황에 있는 개인이나 집단이 자신에 대한 집착과 상대방에 대한 ❶ ______ 을/를 버려야 서로 화해하고 포용할 수 있다.

하버마스의 담론 윤리

- 대화의 당사자들이 합의한 결과를 ❷ ______ 하고 그것을 의무로 받아들이기 위해서는 대화가 합리적인 의사소통의 과정을 거쳐야만 한다.
- 이상적 담화 상황: 대화 당사자들이 서로의 표현을 제대로 이해할 수 있고, 말하는 내용이 참이어야 하며, 논쟁의 절차를 준수하고, 말하는 바를 진실하게 표현해야 한다.

아펠의 담론 윤리적 책임: 의사소통 공동체의 구성원들은 합의를 하기 위한 담론에 참여해야 할 책임과 의사소통 공동체를 유지해야 할 책임을 동시에 지닌다.

답 ❶ 편견 ❷ 수용

필수 예제 2

(1) 다음 설명이 옳으면 ○표, 틀리면 ×표를 하시오.

㉠ 원효는 모든 종파의 다양성을 부정하고 획일화를 통한 통합을 추구하였다. (　　)

㉡ 원효는 특수하고 상대적인 각자의 입장에서 벗어나 대승적으로 융합해야 한다고 강조하였다. (　　)

(2) 각 사상가의 주장을 바르게 연결하시오.

㉠ 원효 •　　　• a. 일심(一心)을 통한 갈등 극복

㉡ 하버마스 •　　　• b. 합리적 의사소통의 필요성 강조

풀이

(1) 원효는 개인이나 집단이 자신에 대한 집착과 상대방에 대한 편견을 버려야 서로 화해하고 포용할 수 있다고 보았다.

답 ㉠× ㉡○

(2) 원효는 특수하고 상대적인 각자의 입장에서 벗어나 대승적으로 융합해야 함을 강조하였고, 하버마스는 합리적인 의사소통과 대화의 필요성을 강조하였다.

답 ㉠-a ㉡-b

2-1

다음을 주장한 사상가의 이름을 쓰시오.

> 윤리는 실천적 문제들에 관한 합의의 도출을 근본적으로 허용하는 하나의 원리를 제시할 수 있어야 한다. 그 하나의 원리는 "행위 규범은 그 규범에 의해 영향을 받는 사람들이 합리적인 토론을 통해 자유롭게 동의할 경우에만 타당성을 지닐 수 있다."는 것이다.

2-2

다음은 어느 사상가와의 가상 인터뷰 내용이다. ㉠에 들어갈 알맞은 내용을 쓰시오.

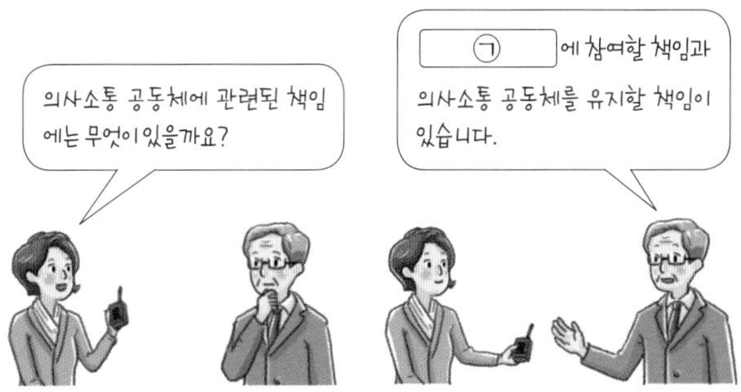

의사소통 공동체에 관련된 책임에는 무엇이 있을까요?
㉠ 에 참여할 책임과 의사소통 공동체를 유지할 책임이 있습니다.

전략 ③ 통일 문제를 둘러싼 쟁점

통일을 찬성하는 입장: 민족 공동체를 건설하고, 인도주의적 차원에서 ❶ [ ] 가치를 실현하기 위해 통일이 필요하다고 본다.

통일을 반대하는 입장: 남북간 이질화의 심화, 통일 비용 부담 등을 근거로 들어 통일을 반대한다.

통일 비용과 분단 비용 문제

➡ 분단 비용은 ❷ [ ](으)로 인해 남북한이 부담하는 유무형의 모든 비용이고, 통일 비용은 통일 이후 남북한 간 격차를 해소하고 이질적인 요소를 통합하는 데 필요한 비용이다.

답 ❶ 보편적 ❷ 분단

필수 예제 3

(1) 다음에서 설명하는 비용의 명칭을 쓰시오.

> 통일 이후 남북한 격차를 해소하고 이질적인 요소를 통합하는 데 필요한 비용을 말한다.

(2) 분단 비용의 사례를 바르게 연결하시오.

㉠ 경제적 비용 • • a. 이산가족의 고통

㉡ 경제 외적 비용 • • b. 군사 대결 비용

풀이

(1) 통일 비용은 남북한 간 격차 해소 및 이질적 요소 통합에 소요되는 경제적·경제 외적 비용을 말한다.

제도 통합 비용	정치, 행정, 금융, 화폐 등을 통합하기 위한 비용
위기관리 비용	치안, 인도적 차원의 긴급 구호, 실업 문제 등을 해결하기 위한 비용
경제적 투자 비용	생산, 생활 기반 구축을 위한 투자 비용

답 통일 비용

(2) 분단 비용은 분단으로 인해 남북한이 부담하는 유무형의 모든 비용을 말한다.

경제적 비용	군사비, 외교 비용 등
경제 외적 비용	전쟁 가능성에 대한 공포, 이산가족의 고통, 한반도 발전 가능성 저해 등

답 ㉠-b ㉡-a

3-1

다음 노트의 ㉠, ㉡에 들어갈 개념을 쓰시오.

◎ 통일과 관련된 다양한 비용들

1. [㉠]
- 의미: 남북한 분단 상태가 지속되는 과정에서 발생하는 유·무형의 비용
- 사례: 군사비, 외교 비용, 이산가족의 고통 등

2. [㉡]
- 의미: 남북한의 격차와 이질적인 요소 통일에 필요한 모든 비용
- 사례: 경제적 투자 비용, 제도 통합 비용 등

3-2

갑의 질문에 대한 을의 대답으로 적절하지 않은 것은?

통일을 반대하는 이유가 무엇인가요?
갑
을

① 사회 통합이 어려워지기 때문입니다.
② 통일 비용이 부담스럽기 때문입니다.
③ 민족 정체성을 회복하기 위해서입니다.
④ 남북한 간 적대감이 커졌기 때문입니다.
⑤ 남북한 간 경제적인 격차가 크기 때문입니다.

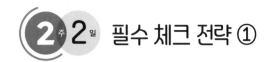

전략 ❹ 통일 편익과 북한 인권 문제

통일 편익: 남북통일로 얻을 수 있는 경제적·비경제적 편익을 말한다.
- 경제적 편익: 분단으로 인해 지출되던 비용 소멸, 교역의 증가, 생산성 향상, 국토의 효율적 이용 등이 있다.
- 비경제적 편익: 북한 주민의 ❶ [   ] 신장, 통일 한국의 위상 제고, 문화·관광·여가의 기회 증가 등이 있다.

북한 인권 문제: 북한 주민들은 생존권을 위협받고 있으며, 경제적·사회적 권리도 침해되고 있다.
➡ 국제 사회와 공조하여 북한의 변화를 유도하면서 북한 주민의 인권 문제를 해결해 나가려는 노력이 필요하다.

대북 지원: ❷ [   ]에 따라 남북의 정치·군사 상황과는 무관하게 대북 지원이 이루어져야 한다는 입장과 상호주의 원칙에 따라 북한에 일정한 변화를 요구하면서 대북 지원을 해야 한다는 입장이 존재한다.
➡ 대북 지원을 바라보는 의견 차이를 극복하고, 대북 지원 방향에 관해 국민적 합의를 이끌어 내는 노력이 필요하다.

답 ❶ 인권 ❷ 인도주의

필수 예제 4

(1) 통일 편익의 사례를 바르게 연결하시오.

㉠ 경제적 편익 • • a. 관광의 기회 증가

㉡ 비경제적 편익 • • b. 교역의 증가

(2) 다음 설명이 옳으면 ○표, 틀리면 ×표를 하시오.

㉠ 북한은 이동의 자유를 제한하는 등 북한 주민의 시민적 권리를 제한하고 있다. ( )

㉡ 북한은 주민들의 출신 성분에 관계 없이 교육 기회 제공과 법적 처벌을 동등하게 하고 있다. ( )

풀이

(1) 경제적 편익에는 교역의 증가, 생산성 향상, 국토의 효율적 이용 등이 있고 비경제적 편익에는 문화·관광·여가 기회 증가, 북한 주민의 인권 신장 등이 있다.

답 ㉠-b ㉡-a

(2) 북한은 주민들의 이동의 자유를 제한하고 있으며, 출신 성분에 따라 계층을 분류하여 교육 기회, 사회 이동, 법적 처벌 등을 달리하고 있다.

답 (1) ○ (2) ×

4-1

선생님의 질문에 대한 학생의 대답으로 적절하지 않은 것은?

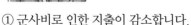

① 군사비로 인한 지출이 감소합니다.
② 국토의 효율적 이용이 가능해집니다.
③ 경제 통합으로 시장의 규모가 확대됩니다.
④ 국제 사회에서 통일 한국의 위상이 제고됩니다.
⑤ 남북한 간 제도 통합을 위한 비용이 발생합니다.

4-2

다음 빈칸에 들어갈 내용을 쓰시오.

북한 주민들은 기본적인 의식주를 제공받지 못하여 [   ]을/를 위협받고 있으며, 출신 성분에 따라 직업 선택의 자유를 제한받는 등 경제적·사회적 권리도 침해되고 있다.

2주 2일 필수 체크 전략 ②

3강_갈등 해결과 소통의 윤리
~민족 통합의 윤리 ①

1 다음 그림의 대화에 대한 설명으로 옳을 것을 〈보기〉에서 고른 것은?

우리 사회의 문제점을 어떻게 해결하면 좋을까요?
사회적 혼란을 감수하더라도 변화를 추구해야 합니다.
혼란보다 안정에 가치를 두고 문제를 점진적으로 해결해 나가야 합니다.
갑
을

보기
ㄱ. 갑은 변화보다 사회의 안정과 질서를 중시하고 있다.
ㄴ. 갑은 진보적 입장에서 문제를 해결할 것을 주장하고 있다.
ㄷ. 을은 정체보다 변화에 가치를 두고 있다.
ㄹ. 갑과 을은 이념의 차이로 갈등을 겪고 있다.

① ㄱ, ㄴ ② ㄱ, ㄹ ③ ㄴ, ㄷ
④ ㄴ, ㄹ ⑤ ㄷ, ㄹ

Tip
이념은 한 사회나 집단이 지닌 특정한 ❶ ______ (이)나 믿음으로, 이는 사회 현상을 이해하는 판단의 ❷ ______ (이)나 기준이 된다.

답 ❶ 가치관 ❷ 근거

2 다음을 주장한 사상가의 입장으로 적절하지 않은 것은?

이상적 담화 상황은 담론 참여자가 어떤 유형의 강요도 받지 않으며 자유롭고 평등한 담론이 이루어지는 상황이다. 이러한 담론 상황을 위해서는 출입의 공공성, 평등한 권한, 표현 행위의 진실성, 입장 표명의 비강제성 등이 보장되어야 한다.

① 담론 참여자들은 누구나 평등하게 발언할 수 있어야 한다.
② 담론 참여자들의 합의를 통해 정당한 규범을 도출해야 한다.
③ 담론 참여자들은 합의된 규범을 실천할 것을 상호 기대할 수 있어야 한다.
④ 담론 참여자들은 속이려는 의도 없이 말하는 바를 진실하게 표현해야 한다.
⑤ 담론 참여자들은 개인이 세운 원칙을 보편타당한 규범으로 인식해야 한다.

Tip
하버마스는 모든 사람에게 담론에 참여할 기회가 ❶ ______ 되어야 하고, 담론에 참여하는 사람들은 누구나 ❷ ______ 하게 발언할 수 있어야 한다고 보았다.

답 ❶ 개방 ❷ 평등

3 갑, 을의 입장으로 적절한 것만을 〈보기〉에서 있는 대로 고른 것은?

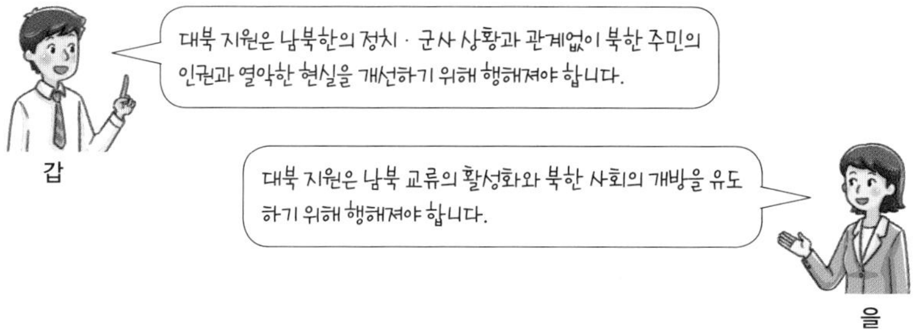

대북 지원은 남북한의 정치 · 군사 상황과 관계없이 북한 주민의 인권과 열악한 현실을 개선하기 위해 행해져야 합니다.
갑
대북 지원은 남북 교류의 활성화와 북한 사회의 개방을 유도하기 위해 행해져야 합니다.
을

보기

ㄱ. 갑: 대북 지원은 조건부로 진행되어야 한다.
ㄴ. 갑: 대북 지원은 인도주의적 차원에서 필요하다.
ㄷ. 을: 대북 지원은 북한 사회의 개방을 위해 행해져야 한다.
ㄹ. 갑, 을: 상호주의 원칙에 따라 북한에 일정한 변화를 요구하면서 대북 지원을 해야 한다.

① ㄱ, ㄷ ② ㄱ, ㄹ ③ ㄴ, ㄷ
④ ㄱ, ㄴ, ㄷ ⑤ ㄴ, ㄷ, ㄹ

Tip

북한 주민들은 기본적인 ❶ ______ 을/를 제공받지 못하여 생존권을 위협받고 있으며, ❷ ______ 선택의 자유를 제한받는 등 경제적·사회적 권리도 침해되고 있다.

답 ❶ 의식주 ❷ 직업

4 갑의 입장에 비해 을의 입장이 갖는 상대적인 특징을 그림의 ㉠~㉤에서 고른 것은?

갑: 동·서독은 통일 이후 격차를 해소하고 이질적인 요소를 통합하기 위해 막대한 비용을 지불하였습니다. 남북한의 경제적 격차 등을 고려하면 우리도 적지 않은 통일 비용이 들어갈 것이기 때문에 통일에 반대합니다.

을: 남북한이 지출하는 군사비는 분단이 지속되는 한 계속 발생할 것입니다. 통일이 되면 이러한 군사비 지출을 줄일 수 있고, 시장의 규모가 커지며 교역이 증가하기 때문에 통일에 들어가는 비용보다 더 큰 이득을 얻을 수 있습니다.

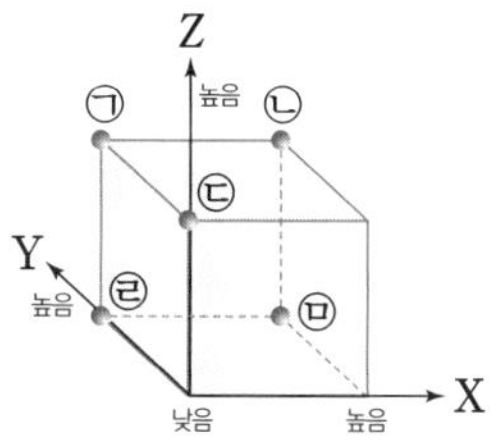

- X: 통일 비용이 분단 비용보다 크다고 보는 정도
- Y: 통일 비용을 생산적인 투자 비용으로 보는 정도
- Z: 분단으로 인해 발생하는 무형의 비용을 고려하는 정도

① ㉠ ② ㉡ ③ ㉢ ④ ㉣ ⑤ ㉤

Tip

분단 비용은 분단이 계속되는 한 지속적으로 발생하며, ❶ ______ 적인 성격의 비용이다. 통일 비용은 통일 과정 및 통일 이후에 ❷ ______ 적으로 발생하는 비용이며, 투자적인 성격의 비용이다.

답 ❶ 소모 ❷ 한시

2주 3일 필수 체크 전략 ①

4강_민족 통합의 윤리 ②
~지구촌 평화의 윤리

전략 ❶ 통일이 지향해야 할 가치

- **남북한 사회 통합을 위한 노력**: 사회·문화적 교류 등 비정치적 성격을 지닌 교류부터 시작되어야 한다.
- **통일 기반 조성을 위한 노력**
  - 대외적 노력: 남북통일이 주변 국가에 이익을 줄 것이며, 세계 ❶ ______ 에 이바지할 수 있음을 주변 국가와 국제 사회에 알려야 한다.
  - 대내적 노력: ❷ ______ 사회를 구현하여 경제적으로 안정된 기반을 마련하고, 사회·문화 제도를 성숙시켜야 한다.
- **통일 한국의 미래상**: 수준 높은 문화 국가, 자주적인 민족 국가, 정의로운 복지 국가, 자유로운 민주 국가를 지향해야 한다.

답 ❶ 평화 ❷ 복지

필수 예제 1

(1) 다음 제시문에서 추구하는 통일 한국의 미래상이 무엇인지 쓰시오.

> 통일 한국은 불공정한 부의 분배나 집단과 계층 간의 사회적 갈등을 해소하기 위해 노력해야 한다.

(2) 통일 한국의 미래상과 실천 방법을 바르게 연결하시오.

㉠ 자유로운 민주 국가 •　　• a. 문화 자원 발굴·육성

㉡ 수준 높은 문화 국가 •　　• b. 비민주적인 사회 구조나 제도 개선

풀이

(1) 제시문에서는 통일 한국의 미래상 중 정의로운 복지 국가를 실현하는 방법에 대해 설명하고 있다.

답 정의로운 복지 국가

(2) 자유로운 민주 국가를 이룩하기 위해서는 비민주적인 사회 구조나 제도를 개선해야 하고, 수준 높은 문화 국가를 이룩하기 위해서는 문화 자원을 발굴·육성하고, 동서양의 우수한 문화를 수용해야 한다.

답 ㉠-b ㉡-a

1-1

다음 선생님의 말에 알맞은 답을 쓰시오.

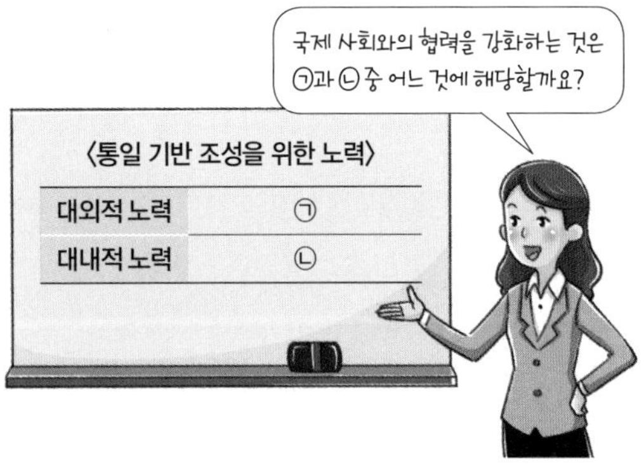

국제 사회와의 협력을 강화하는 것은 ㉠과 ㉡ 중 어느 것에 해당할까요?
〈통일 기반 조성을 위한 노력〉
대외적 노력 ㉠
대내적 노력 ㉡

1-2

다음은 어느 학생이 바람직한 통일을 이룰 수 있는 방안을 쓴 것이다. ㉠~㉤ 중 옳지 않은 것은?

> 통일은 ㉠ 국민적 이해와 합의에 기초하므로, ㉡ 민주적 절차에 따라 추진되어야 한다. 통일은 ㉢ 우리 민족과 관련되어 있으므로, ㉣ 주변국과 무관하게 민족 내부의 노력만 필요하다. 또한 남북 간 문화적 격차를 해소하기 위해 ㉤ 단계적으로 교류를 확장해 나갈 필요가 있다.

① ㉠　② ㉡　③ ㉢
④ ㉣　⑤ ㉤

전략 ❷ 국제 분쟁 해결에 관한 입장

현실주의적 입장: 국가의 이익이 도덕성과 충돌할 때 도덕성보다 국가의 이익을 우선시해야 한다.
➡ 국가의 힘을 키워서 세력 균형을 유지해야 분쟁을 해결할 수 있다고 본다.

이상주의적 입장: 국가는 도덕성을 고려해야 하며, 국가의 이익보다 보편적인 가치를 우선시해야 한다.
➡ 제도의 개선으로 집단 ❶ [ ] 을/를 형성하여 국제 분쟁을 해결할 수 있다고 본다.

구성주의적 입장: 상대국과 어떤 관계인지, 어떻게 상호 작용할 것인지에 따라 국익이 좌우된다.
➡ 자국과 상대국의 긍정적인 상호 작용을 통해 분쟁을 해결할 수 있다고 본다.

칸트의 영구 평화론: 직접적인 폭력과 전쟁에서 벗어날 수 있도록 각국이 국제법의 적용을 받는 평화 연맹을 구성해야 한다.

갈퉁의 적극적 평화론: 직접적인 폭력뿐만 아니라 구조적 · ❷ [ ] 적 폭력까지 제거하여 적극적인 평화를 이루어야 한다.

답 ❶ 안보 ❷ 문화

필수 예제 2

(1) 다음에서 설명하는 국제 분쟁 해결 입장을 쓰시오.

> 인간이 이성적 존재이듯 국가도 이성적이고 합리적인 존재이다. 따라서 잘못된 제도, 상대방에 대한 무지와 오해로 국제 분쟁이 발생하며, 국제법이나 국제 규범으로 제도를 개선하여 국제 분쟁을 방지할 수 있다.

(2) 다음에서 설명하는 폭력이 무엇인지 쓰시오.

> 종교, 이념, 언어, 예술 등의 이면에 내재해 있는 직접 적 혹은 구조적 폭력을 정당화하고 합법화하는 폭력을 말한다.

풀이

(1) 제시문은 국제 분쟁을 이상주의적 입장에서 바라보고 있다. 이상주의적 입장은 국가도 이성적인 존재로 보고, 국제 관계에서 국제법이나 국제 규범이 유효할 수 있다고 본다.

답 이상주의적 입장

(2) 제시문은 문화적 폭력에 대한 설명이다. 갈퉁은 문화적 측면인 종교, 이념, 언어, 예술 등이 직접적 혹은 구조적 폭력을 정당화하는 데 이용될 수 있다고 보았다.

답 문화적 폭력

2-1

㉠, ㉡에 들어갈 알맞은 내용을 쓰시오.

	현실주의적 입장	이상주의적 입장
분쟁 원인	자국의 이익 추구	잘못된 제도, 무지, 오해
해결 방법	세력 [㉠] 유지	집단 안보 형성
사상가	모겐소	[㉡]
한계점	국제 관계의 협력을 잘 설명하지 못함	국가 간 경쟁이나 갈등을 설명하기 어려움

2-2

다음 사상가의 입장으로 알맞은 것은?

> 평화는 소극적 평화와 적극적 평화로 구분된다. 어떤 종류의 평화이든 그것은 또 다른 평화를 낳는다. 적극적 평화는 폭력에 대한 최선의 방어이며, 평화는 평화적 수단에 의해 달성되어야 한다.

① 평화를 달성하기 위한 폭력은 정당화될 수 있다.
② 소극적 평화만으로 진정한 평화를 이룰 수 있다.
③ 적극적 평화는 직접적인 폭력만 제거된 상태이다.
④ 전쟁, 폭행과 같은 물리적 폭력은 구조적 폭력에 해당한다.
⑤ 문화적 폭력은 직접적 폭력과 구조적 폭력을 정당화하는 데 이용된다.

전략 ❸ 국제 사회에 대한 책임과 기여

세계화의 긍정적 측면

- 각국이 긴밀한 관계를 맺게 되면서 창의성과 효율성이 확대되어 공동의 번영을 이룰 수 있게 되었다.
- 다양한 문화의 교류를 통해 전 지구적 차원에서 문화 간 ❶ ______ 을/를 기대할 수 있게 되었다.

세계화의 부정적 측면

- 상업화·획일화된 선진국 중심의 문화가 전 세계적으로 확대되기도 한다.
- 강대국이 시장과 자본을 독점하여 국가 간의 ❷ ______ 격차가 심화되었다.

● **해외 원조의 목적**: 인도주의적 차원에서 인류의 존엄성을 실현하기 위해서 또는 자국의 이해관계나 외교 정책의 하나로 원조를 하기도 한다.

답 ❶ 공존 ❷ 빈부

필수 예제 3

(1) 다음 학생이 설명하는 개념을 쓰시오.

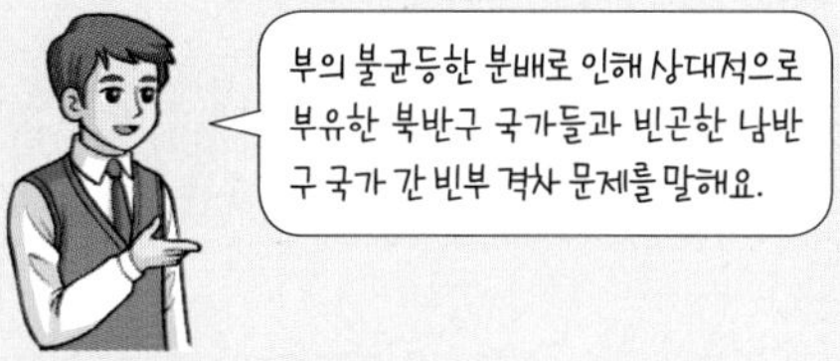

부의 불균등한 분배로 인해 상대적으로 부유한 북반구 국가들과 빈곤한 남반구 국가 간 빈부 격차 문제를 말해요.

(2) 다음 빈칸에 들어갈 알맞은 내용을 쓰시오.

> 무분별한 원조는 원조 수혜국의 주인 의식이나 자립 능력을 약화하여 ______ 을/를 초래할 수도 있으므로 원조 수혜국의 필요에 따라 적정 수준의 원조를 제공할 필요가 있다.

풀이

(1) 자본과 기술력을 보유한 선진국은 주로 북반구에, 그렇지 못한 개발도상국은 주로 남반구에 위치해 있기 때문에 남북문제라고 부른다.

답 남북문제

(2) 무분별한 원조로 원조 수혜국의 주인 의식이나 자립 능력이 약화되어 해외 원조에 계속해서 의존하게 되는 것을 원조의 딜레마라고 한다.

답 원조의 딜레마

3-1

세계화의 긍정적인 측면에 해당하는 내용을 <보기>에서 고르시오.

• 보기 •

ㄱ. 다양한 문화의 교류를 통해 문화 간 공존이 가능해진다.
ㄴ. 다양한 지역 문화가 사라지고 문화의 획일화가 진행된다.
ㄷ. 선진국이 시장과 자본을 독점해 국가 간 빈부 격차가 심화된다.
ㄹ. 각국이 긴밀한 관계를 맺게 되면서 창의성과 효율성이 확대된다.

3-2

㉠에 들어갈 알맞은 내용을 쓰시오

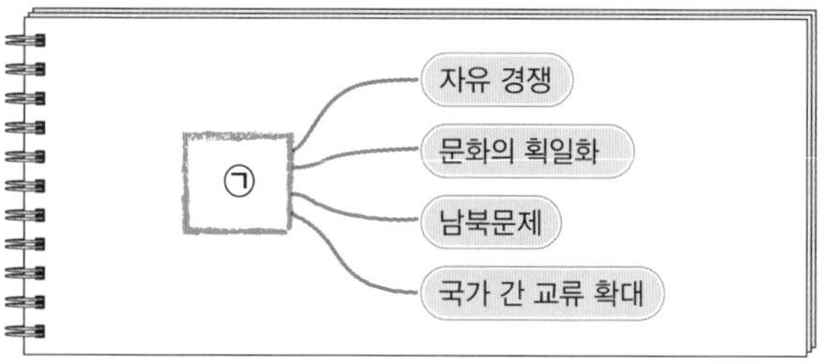

전략 ❹ | 해외 원조의 윤리적 근거

싱어의 관점

- 해외 원조는 공리주의적 입장에서 인류 전체의 ❶ ______ 을/를 감소하는 것이다.
- 자신의 꼭 필요하지 않은 지출을 기부하는 방식으로 소득의 일정 부분을 적극적으로 기부할 것을 제안한다.

롤스의 관점

- 빈곤국이 질서 정연한 사회로 이행하도록 돕는 것은 정의 실현을 위한 의무이다.
- 빈곤국이 질서 정연한 사회로 이행되면 원조를 중단해야 한다.

노직의 관점: 해외 원조는 의무가 아닌 선의를 베푸는 ❷ ______ 행위이다.

답 ❶ 고통 ❷ 자선

필수 예제 4

(1) 다음을 주장한 사상가의 이름을 쓰시오.

약소국에 대한 원조는 쾌락의 증진과 고통의 감소를 추구하는 공리주의 이론에 근거하여 판단해야 한다.

(2) 다음은 롤스가 제시한 어떤 사회에 대한 설명이다. 이 사회의 명칭을 쓰시오.

독재나 착취와 같은 불합리한 사회 구조나 제도가 개선되어 정치적 전통, 법, 규범 등의 문화가 적정한 수준에 이른 사회를 말한다.

풀이

(1) 공리주의적 관점에서 빈곤으로 고통받는 사람들을 돕는 것이 도덕적 의무라고 본 사상가는 싱어이다.

답 싱어

(2) 질서 정연한 사회란 독재나 착취와 같은 불합리한 사회 구조나 제도가 개선되어 정치적 전통, 법, 규범 등의 문화가 적정한 수준에 이른 사회이다.

답 질서 정연한 사회

4-1

㉠에 들어갈 사상가의 이름을 쓰시오.

빈곤국에 대한 지원을 강화해야 한다는 목소리가 커지고 있습니다.
㉠ 은/는 해외 원조를 자선의 개념으로 보았어.

4-2

다음 사상가의 입장으로 적절하지 않은 것은?

만약 어떤 사회가 무질서로 인해 고통받고 있다면, 그 사회가 적정 수준의 정치 문화를 형성하여 질서 정연한 사회가 될 수 있도록 도와야 한다. 가난과 기근은 정치적 또는 사회적 제도의 결함과 정책적 실패에서 기인하는 것이다.

① 도덕적 의무 차원에서 해외 원조를 실천해야 한다.
② 빈곤한 국가라도 해외 원조의 대상이 아닐 수 있다.
③ 경제적 평등을 실현하기 위해 해외 원조를 해야 한다.
④ 해외 원조를 통해 국제 사회에서 정의를 실현해야 한다.
⑤ 원조의 목적은 고통받는 사회가 자유와 평등을 확립하도록 하는 것이다.

2주 3일 필수 체크 전략 ②

1 갑, 을의 입장으로 적절한 것만을 〈보기〉에서 있는 대로 고른 것은?

세계화는 경제적 측면에서 효율성을, 문화적 측면에서 다양성을 제고시켜 각국의 이익을 극대화하고 있습니다. 또한 세계화를 통해 다양한 문화가 생겨날 수 있습니다.
세계화가 진행되면 자본의 힘은 더욱 막강해지고 일부 국가가 시장과 자본을 독점하여 부의 격차가 확대될 것입니다. 또한 문화 획일화 현상도 심화될 수 있습니다.
갑
을

보기

ㄱ. 갑: 세계화는 각국의 경제 발전에 도움이 된다.
ㄴ. 갑: 세계화로 선진국 중심의 문화로 획일화될 것이다.
ㄷ. 을: 세계화로 인해 국가 간 빈부 격차가 심화될 것이다.
ㄹ. 갑, 을: 세계화는 인류의 공동 번영을 가져다 줄 것이다.

① ㄱ, ㄷ ② ㄱ, ㄹ ③ ㄴ, ㄹ
④ ㄱ, ㄴ, ㄷ ⑤ ㄴ, ㄷ, ㄹ

Tip
세계화를 긍정적으로 보는 입장은 세계화로 각국이 긴밀한 관계를 맺게 되면서 공동의 ❶ [ ]을/를 이룰 수 있다고 본다. 세계화를 부정적으로 보는 입장은 부의 ❷ [ ] 분배로 인해 빈부 격차 문제가 심화될 것이라고 본다.

답 ❶ 번영 ❷ 불균등한

2 갑의 입장에 비해 을의 입장이 갖는 상대적인 특징을 그림의 ㉠~㉤에서 고른 것은?

갑: 국제 정치는 하나의 권력 투쟁이다. 개인 수준과 달리 집단 수준에서는 더 큰 폭력이 나타난다. 따라서 힘을 가진 계급이 한 나라를 조직하는 것과 마찬가지로, 국제 사회를 조직하는 것도 바로 힘을 가진 나라들이다.
을: 국제 정치에서 이성적 인간의 집합체인 국가는 이성적으로 행동하므로 국가 간의 자연스러운 조화와 균형이 유지된다. 국제 정치에서도 도덕, 법률 등이 존재하며 대부분의 국가들은 이러한 규범들을 따른다.

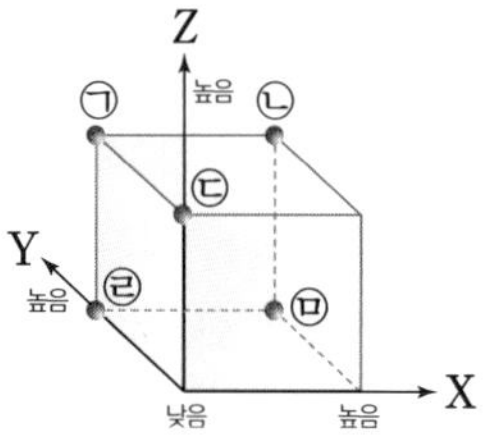

• X: 힘의 균형에 의해 국제 평화가 가능하다고 보는 정도
• Y: 국가 간 관계에서 윤리적 규범의 적용을 강조하는 정도
• Z: 국제법보다 힘의 논리를 강조하는 정도

① ㉠ ② ㉡ ③ ㉢ ④ ㉣ ⑤ ㉤

Tip
이상주의적 입장은 분쟁 관계에서 국가가 ❶ [ ]을/를 고려해야 하며, ❷ [ ]의 개선으로 집단 안보가 형성되면 국제 분쟁을 해결할 수 있다고 본다.

답 ❶ 도덕성 ❷ 제도

3 갑, 을 사상가의 입장으로 알맞은 것을 〈보기〉에서 있는 대로 고른 것은?

> 갑: 평화는 도덕적 입법의 최고 자리에 위치한 이성이 명령하는 보편적인 의무이다. 국가들은 서로를 하나의 인격체로 대하고, 무력과 기만을 근절해 평화를 예비해야 한다. 공화국으로 전환한 계몽된 자유 국가들이 연방을 결성하고 호혜적인 질서를 수립함으로써 평화를 확정해야 한다.
> 을: 전쟁의 종식만으로 평화가 보장되지 않는다. 전쟁이 없는 상태를 넘어 모든 종류의 폭력이 없거나 감소한 상태가 평화이다. 진정한 평화는 소극적 평화를 넘어서 구조적 폭력과 문화적 폭력까지 제거된 상태를 말한다.

보기

ㄱ. 갑: 국제법은 자유로운 국가들의 연방 체제에 기초해야 한다.
ㄴ. 갑: 국제법으로 전쟁을 억제하는 것은 진정한 평화로 볼 수 없다.
ㄷ. 을: 심각한 빈곤이나 구조적 불평등도 폭력으로 인식해야 한다.
ㄹ. 갑, 을: 진정한 평화는 오로지 국가 간 세력 균형으로 실현 가능하다.

① ㄱ, ㄴ ② ㄱ, ㄷ ③ ㄷ, ㄹ
④ ㄱ, ㄴ, ㄷ ⑤ ㄴ, ㄷ, ㄹ

Tip
칸트는 전쟁을 방지하고 국가 간 영원한 평화를 이루기 위해서는 모든 국가가 ❶ [ ] 의 적용을 받는 ❷ [ ] 을/를 구성해야 한다고 주장하였다.

답 ❶ 국제법 ❷ 평화 연맹

4 (가)의 사상가가 (나)의 리포터 질문에 답변하고자 할 때, 제시할 수 있는 답변으로 가장 적절한 것은?

(가) 우리가 만약 어떤 사람에게 매우 나쁜 일이 일어나는 것을 빙지할 힘을 가지고 있고, 그 나쁜 일을 방지함으로써 우리의 중요한 일이 희생되지 않는다면 우리는 그렇게 해야만 한다. 우리가 이 원칙에 따라 행위를 한다면 우리의 삶과 세계는 근본적으로 바뀔 것이다. 우리는 절대 빈곤에 빠진 사람들을 도울 의무가 있다. 돕지 않는 것은 나쁜 일일 것이다. 돕는 것은 칭찬할 만한 가치가 있다. 이러한 행위는 자선적 행위가 아니며 모든 사람이 마땅히 해야 하는 행위이다.

(나)

우리가 원조를 통해 이루어야 할 목적은 무엇입니까?

① 전 지구적 차원의 행복을 증진하는 것입니다.
② 자국의 국제적 명성과 위상을 높이는 것입니다.
③ 모든 국가 간의 경제적 불평등을 해소하는 것입니다.
④ 고통받는 사회가 질서 정연한 사회가 되도록 하는 것입니다.
⑤ 의무가 아닌 자선적 행위를 통해 도덕적 선행을 베푸는 것입니다.

Tip
싱어는 해외 원조가 인류 전체의 ❶ [ ] 을/를 감소시키는 것이기 때문에 윤리적 ❷ [ ] 라고 본다.

답 ❶ 고통 ❷ 의무

2주 4일 교과서 대표 전략 ①

대표 예제 1

㉠에 들어갈 내용으로 적절하지 않은 것은?

> 갈등이란 개인이나 집단 사이에 목표나 이해관계가 달라 충돌하거나 화합하지 못함을 의미한다. 이러한 갈등이 발생하는 이유는 [㉠]

① 자신이 속한 지역의 이익만을 추구하기 때문이다.
② 사회 구성원들 간 연대 의식이 강화되었기 때문이다.
③ 한 사회의 구성원이 추구하는 이념이 다르기 때문이다.
④ 각자의 가치관에 따라 사회 문제를 다르게 해석하기 때문이다.
⑤ 급속한 사회 변화로 세대 간 의견 차이가 발생하기 때문이다.

개념 가이드

급속한 사회 변화로 기술이나 [❶]의 변화에 빠르게 적응하는 신세대와 상대적으로 그렇지 못한 [❷]의 갈등이 심화하고 있다.

답 ❶규범 ❷기성세대

대표 예제 2

다음과 같은 입장을 가진 사람이 주장할 내용으로 적절하지 않은 것은?

> 서로 다른 생각과 이해관계를 가진 사람들이 공동체를 구성하기에 갈등이 발생할 수밖에 없다. 이러한 갈등을 해결하기 위해서는 다양성을 인정하는 개인 차원의 의식적 노력뿐만 아니라 갈등의 원인이 되는 불평등과 격차를 완화하기 위한 제도적 차원의 노력도 필요하다.

① 다양성을 인정하는 자세를 갖춰야 한다.
② 사회적 자원을 공정하게 배분해야 한다.
③ 상호 존중과 신뢰를 전제한 소통을 해야 한다.
④ 공공의 이익보다 개인의 이익을 우선해야 한다.
⑤ 불평등을 줄이기 위한 복지 정책 등을 확대해야 한다.

개념 가이드

사회의 각 주체가 맡은 바 [❶]을/를 충실히 이행하며 [❷]을/를 위해 협력해 나갈 때 사회 통합에 이를 수 있다.

답 ❶역할 ❷공동체

대표 예제 3

다음을 주장한 사상가의 입장으로 옳은 것은?

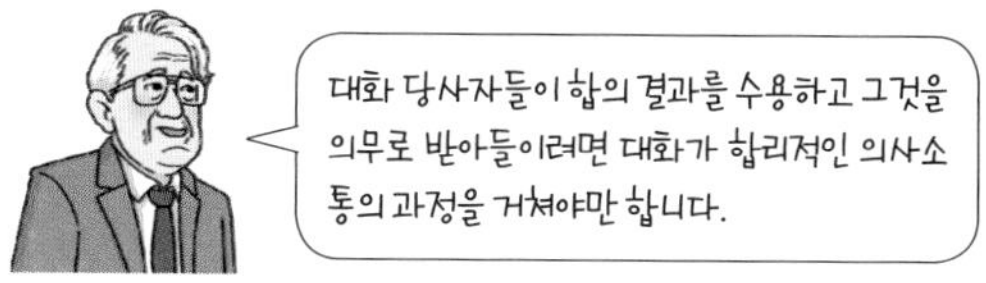

대화 당사자들이 합의 결과를 수용하고 그것을 의무로 받아들이려면 대화가 합리적인 의사소통의 과정을 거쳐야만 합니다.

① 다른 사람의 주장에 문제를 제기해서는 안 된다.
② 공론장에서 말하는 바를 진실하게 표현해야 한다.
③ 의사 결정은 전문가의 집단 토론으로만 이루어져야 한다.
④ 발언 기회는 사회적 지위에 따라 차등으로 분배되어야 한다.
⑤ 당사자들의 경제적 이해관계에 따라 의사 결정이 되어야 한다.

개념 가이드

하버마스는 모두에게 담론에 참여할 [❶]이/가 개방되어야 하고, 담론에 참여하는 사람들은 누구나 [❷]하게 발언할 수 있어야 한다고 보았다.

답 ❶기회 ❷평등

대표 예제 4

다음은 인터넷에서 ㉠을 검색한 내용이다. ㉠에 들어갈 내용으로 알맞은 것은?

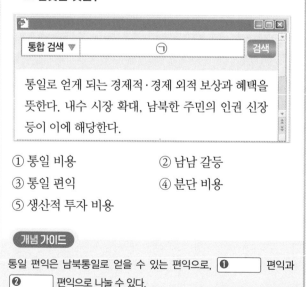

> 통합 검색 ▼ [㉠] 검색
>
> 통일로 얻게 되는 경제적·경제 외적 보상과 혜택을 뜻한다. 내수 시장 확대, 남북한 주민의 인권 신장 등이 이에 해당한다.

① 통일 비용　② 남남 갈등
③ 통일 편익　④ 분단 비용
⑤ 생산적 투자 비용

개념 가이드

통일 편익은 남북통일로 얻을 수 있는 편익으로, [❶] 편익과 [❷] 편익으로 나눌 수 있다.

답 ❶경제적 ❷비경제적

대표 예제 5

다음을 주장한 사상가의 입장만을 〈보기〉에서 있는 대로 고른 것은?

> 우리의 일심(一心)에 무명과 깨달음의 경지인 진여(眞如)가 동시에 있을 수 있지만 둘이 아니라 하나이다. 모든 사람의 뜻은 모두 부처님의 뜻이다.

보기
ㄱ. 불교의 여러 교설은 모두 한마음[一心]이다.
ㄴ. 갈등 해소를 위해 종파 간 화합이 필요하다.
ㄷ. 각자의 입장에서 벗어나 대승적으로 융합해야 한다.
ㄹ. 자신만의 입장을 정당화할 때 서로 화해하고 포용할 수 있다.

① ㄱ, ㄴ ② ㄱ, ㄹ ③ ㄷ, ㄹ
④ ㄱ, ㄴ, ㄷ ⑤ ㄴ, ㄷ, ㄹ

개념 가이드

원효는 ❶ [　　] 의 다툼은 나와 다른 사람을 ❷ [　　] 하여 자신만의 입장을 정당화하기 때문에 발생한다고 보았다.

답 ❶ 시비(是非) ❷ 구분

대표 예제 6

㉠에 들어갈 내용으로 적절하지 않은 것은?

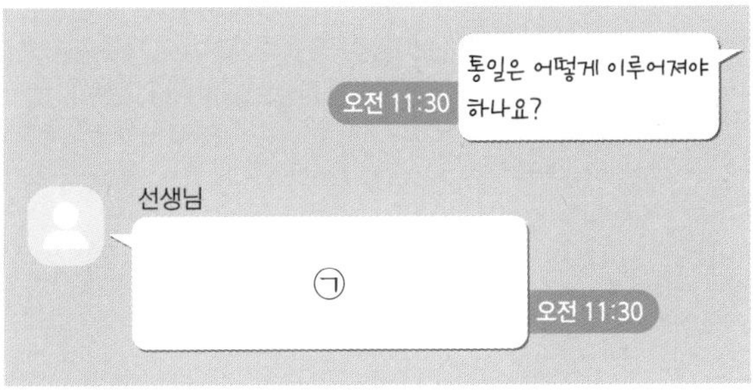

통일은 어떻게 이루어져야 하나요?
오전 11:30
선생님
㉠
오전 11:30

① 점진적이고 단계적으로 이루어져야 해요.
② 주변국과 협력을 도모하면서 이루어져야 해요.
③ 국민적 이해와 합의를 토대로 이루어져야 해요.
④ 민간 차원의 논의는 배제하고 진행되어야 해요.
⑤ 무력 통일이 아닌 평화적인 방법으로 진행되어야 해요.

개념 가이드

통일은 우리 민족 ❶ [　　] 의 문제인 동시에 주변국의 이해관계가 대립하는 ❷ [　　] 적 문제이다.

답 ❶ 내부 ❷ 국제

대표 예제 7

다음은 노트 필기의 일부이다. ㉠~㉤ 중 옳지 않은 것은?

〈통일을 둘러싼 쟁점〉

1. 통일에 대한 입장
   - 남북한 간 경제적 격차와 통일 비용 등을 들어 통일을 반대하는 입장이 있음 ······ ㉠
   - 평화와 인권, 인도주의적 차원에서 통일을 찬성하는 입장이 있음 ······ ㉡
2. 통일 비용과 분단 비용
   - 분단 비용은 분단으로 인한 대립과 갈등으로 지출되는 소모성 지출 비용임 ······ ㉢
   - 통일 비용은 남북통일로 얻을 수 있는 편익을 의미함 ······ ㉣
3. 북한 인권 문제
   - 북한은 최소한의 인권을 보장하기 위한 의무를 제대로 이행하지 못한다는 비판을 받고 있음 ······ ㉤

① ㉠ ② ㉡ ③ ㉢ ④ ㉣ ⑤ ㉤

개념 가이드

통일에 관한 찬성 논거로는 민족적 ❶ [　　] 회복, 보편적 가치의 실현 등이 있고, 반대 논거로는 통일 비용 부담 우려, 남북 간 ❷ [　　] 의 심화 등이 있다.

답 ❶ 정체성 ❷ 이질화

2주 4일 교과서 대표 전략 ①

대표 예제 8

다음 질문에 대한 답변으로 적절하지 않은 것은?

> 질문: 세계화에 따른 문제점에는 어떤 것이 있나요?
> ↳ 답변: ______________________

① 선진국 중심으로 문화가 획일화될 수 있다.
② 남북문제와 같은 지구촌 분배 정의의 문제가 발생할 수 있다.
③ 시장 경제 논리에 따른 문화의 상품화 현상이 심해질 수 있다.
④ 강대국의 시장 독점으로 국가 간 빈부 격차가 심화될 수 있다.
⑤ 국가 간 긴밀한 관계를 맺게 되어 창의성과 효율성이 확대될 수 있다.

개념 가이드

남북문제란 상대적으로 부유한 ❶ [　　　] 국가들과 빈곤한 ❷ [　　　] 국가 간 빈부 격차 문제를 의미한다.

답 ❶ 북반구 ❷ 남반구

대표 예제 9

다음 사상가의 주장으로 옳은 것에만 모두 ✓표시를 한 학생은?

> 사회 계약에 기초하여 하나의 국가가 건립되듯이, 국제 관계도 국가들이 자발적으로 결성한 연맹 체계에 기초한 국제법을 통해 평화 상태에 들어설 수 있다.

주장	갑	을	병	정	무
국가의 힘을 키워 세력 균형을 유지해야 한다.	✓	✓		✓	
분쟁 관계에서 국가는 도덕성을 고려해야 한다.	✓		✓		✓
모든 국가의 시민적 정치 체제는 공화 정체이어야 한다.		✓		✓	✓
국제법은 자유로운 국가들의 연방 체제에 기초해야 한다.			✓	✓	✓

① 갑　② 을　③ 병　④ 정　⑤ 무

개념 가이드

칸트는 국제법은 자유로운 국가들의 ❶ [　　　] 체제에 기초해야 하며, 모든 국가의 시민적 정치 체제는 ❷ [　　　] 정체이어야 한다고 주장하였다.

답 ❶ 연방 ❷ 공화

대표 예제 10

교사의 질문에 올바르게 대답한 학생은?

① 해진　② 우진　③ 호준
④ 유준　⑤ 서진

개념 가이드

현실주의적 입장은 국민의 안녕과 ❶ [　　　]을/를 지키는 것이 국가의 의무라고 보며, 국가 간의 힘의 논리를 강조한다. 따라서 국가의 힘을 키워 ❷ [　　　]을/를 유지하는 것이 분쟁을 해결하는 방법이라고 본다.

답 ❶ 국익 ❷ 세력 균형

대표 예제 11

㉠에 들어갈 말로 적절하지 않은 것은?

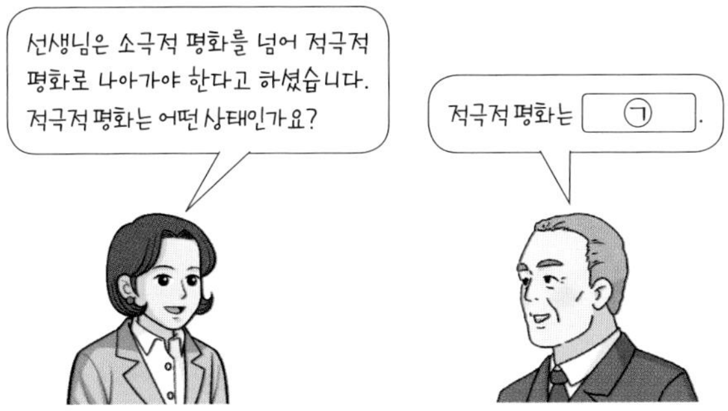

선생님은 소극적 평화를 넘어 적극적 평화로 나아가야 한다고 하셨습니다. 적극적 평화는 어떤 상태인가요?
적극적 평화는 ㉠.

① 착취, 억압 같은 구조적 폭력까지 사라진 상태입니다.
② 종교적 차별 같은 문화적 폭력까지 제거된 상태입니다.
③ 인간답게 살아갈 수 있는 삶의 조건이 갖추어진 상태입니다.
④ 간접적 폭력을 제외한 직접적 폭력이 모두 소멸된 상태입니다.
⑤ 폭력을 용인하고 정당화하는 상징적인 의미의 폭력도 사라진 상태입니다.

개념 가이드

갈퉁에 따르면 적극적 평화는 ❶ [　　] 폭력뿐만 아니라 ❷ [　　] 폭력과 문화적 폭력이 제거된 상태이다.

답 ❶ 직접적 ❷ 구조적

대표 예제 12

다음 대화 속 선생님의 답변으로 가장 적절한 것은?

> 학생: 남북문제가 발생하는 원인은 무엇입니까?
> 선생님: ______________________

① 각국이 긴밀해지면서 창의성이 확대되기 때문입니다.
② 교류를 통해 문화 간 공존이 가능해지기 때문입니다.
③ 자유 경쟁을 통해 인류의 부가 증대되기 때문입니다.
④ 국가마다 전통을 살려 세계적인 경쟁력을 갖출 수 있기 때문입니다.
⑤ 강대국 중심으로 시장 독점이 이루어져 빈부 격차 문제가 발생하기 때문입니다.

개념 가이드

세계화가 확산되면서 자본과 기술을 보유하고 있는 선진국이 ❶ [　　]에서 유리해져 국가 간 ❷ [　　]이/가 심화되고 있다.

답 ❶ 경쟁 ❷ 빈부 격차

대표 예제 13

(가)의 사상가 갑, 을의 입장을 (나) 그림으로 표현하고자 할 때, A~C에 들어갈 질문으로 가장 적절한 것은?

(가)
갑: 질서 정연한 사회는 고통받는 사회를 도와야 한다. 원조의 궁극적 목적은 국가 간의 정의를 실현하는 데 있다.
을: 절대 빈곤에 처한 사람들을 국적에 관계없이 원조해야 한다. 원조의 의무는 지리적 근접성과 무관하게 누군가 어려움을 겪고 있다는 사실로부터 나온다.

(나)
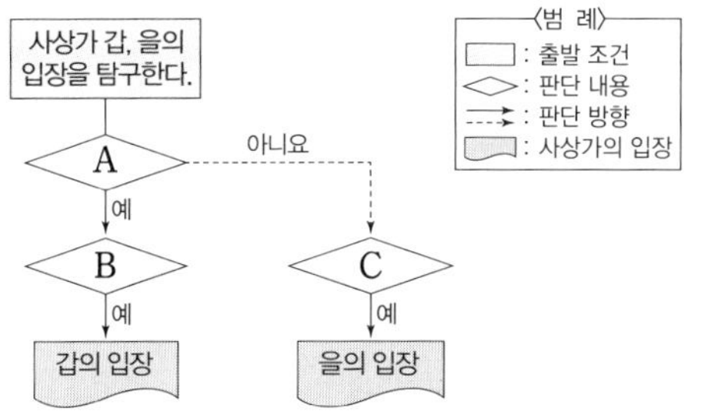

① A: 해외 원조의 목적은 인류의 행복 증진에 있는가?
② B: 해외 원조는 국제적 차원의 부의 재분배를 위해 행해져야 하는가?
③ B: 해외 원조는 사회의 정치·문화의 성숙도를 고려하여 이루어져야 하는가?
④ C: 해외 원조는 의무가 아닌 개인의 선택 문제인가?
⑤ C: 해외 원조는 개인이 아닌 국가 차원에서만 이루어져야 하는가?

개념 가이드

롤스는 해외 원조의 목적이 ❶ [　　]이/가 질서 정연한 사회가 되도록 돕는 것이라고 본다. 이와 달리 싱어는 인류 전체의 ❷ [　　]을/를 감소시키기 위해 해외 원조를 해야 한다고 본다.

답 ❶ 빈곤국 ❷ 고통

2주 4일 교과서 대표 전략 ②

01 다음을 주장한 사상가의 주장으로 적절하지 않은 것은?

> 이성적이고 합리적인 담론은 보편적이고 윤리적인 테두리를 서로 인정하고 시작해야 한다. 주장에 대한 근거가 옳고 그른지는 의사 공동체 안에서 검증되는 것이므로 담론에 참가한 사람들은 서로에게 같은 윤리적 규칙을 적용할 수밖에 없다.

① 대화 참가자는 진실만을 말해야 한다.
② 전문가에게만 발언 기회를 제공해야 한다.
③ 대화 참가자는 논쟁의 절차를 준수해야 한다.
④ 모든 사람이 대화에 평등하게 참여해야 한다.
⑤ 대화 참가자는 상대를 속이려 해서는 안 된다.

Tip
하버마스는 담론을 통해 합의된 ❶ ______ 이/가 정당성을 지닌 원리가 되기 위해서는 대화 당사자들이 참되고, 진실하며, ❷ ______ 가능한 대화를 나누어야 한다고 보았다.

답 ❶ 규범 ❷ 이해

02 ㉠에 들어갈 답변으로 적절하지 않은 것은?

> 통합검색 | 통일에 찬성하는 이유는? | 검색
>
> **통일에 대한 적극적 입장**
> 통일을 찬성하는 입장에서는 남북통일로 인해 (㉠)는 이유로 통일을 지지한다.

① 민족의 동질성을 회복할 수 있다.
② 이산가족의 고통을 해소할 수 있다.
③ 북한 주민의 인권 문제를 해결할 수 있다.
④ 통합 과정에서 문화적 갈등이 발생할 수 있다.
⑤ 전쟁의 공포가 해소되므로 평화가 정착될 수 있다.

Tip
통일을 찬성하는 입장에서는 통일이 민족의 ❶ ______ 을/를 회복하고, ❷ ______ 가치를 실현하는 일이라고 본다.

답 ❶ 정체성 ❷ 보편적

03 (가)의 갑, 을 사상가들의 입장을 (나) 그림으로 표현할 때, A~C에 해당하는 옳은 진술만을 〈보기〉에서 있는 대로 고른 것은?

(가)
갑: 국가의 목표는 자국의 이익과 생존이다. 전쟁은 국가가 자기 이익을 실현하기 위한 수단 중 하나이다. 그리고 국제 사회에서 국가가 자국의 이익을 위해 취하는 행동에 대해서는 도덕적 평가가 필요 없다.
을: 국가들은 서로를 하나의 인격체로 대하고, 무력과 기만을 근절해 평화를 예비해야 한다. 공화국으로 전환한 계몽된 자유 국가들이 연방을 결성하고, 호혜적인 질서를 수립함으로써 평화를 확정해야 한다.

(나)
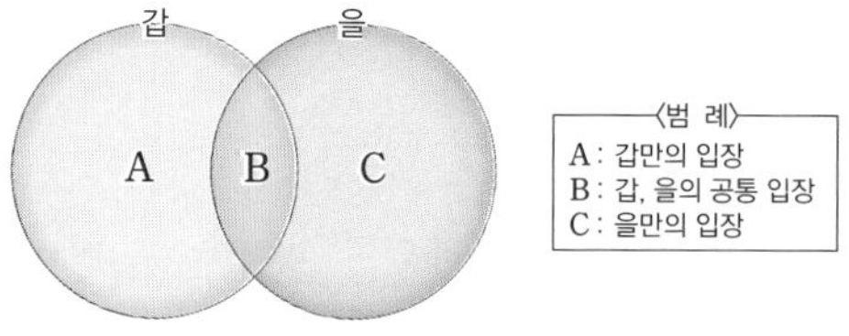

〈보기〉
ㄱ. A: 자국의 이익을 위한 전쟁은 도덕적 평가에서 제외된다.
ㄴ. B: 침략 전쟁도 불가피한 경우 도덕적으로 허용되어야 한다.
ㄷ. C: 평화는 국가 간 이성적 대화와 협력으로 이루어져야 한다.
ㄹ. C: 타국은 자국의 생존을 위협하는 잠재적 위협 요소로 보아야 한다.

① ㄱ, ㄴ ② ㄱ, ㄷ ③ ㄴ, ㄹ
④ ㄱ, ㄷ, ㄹ ⑤ ㄴ, ㄷ, ㄹ

Tip
현실주의적 입장은 국민의 안녕과 ❶ ______ 을/를 지키는 것이 국가의 의무라고 생각하지만 이상주의적 입장은 국가의 이익보다 ❷ ______ 적인 가치를 우선적으로 추구한다.

답 ❶ 국익 ❷ 보편

04 다음 사상가의 입장으로 가장 적절한 것은?

> 사회 계약에 기초하여 하나의 국가가 건립되듯이 국제 관계도 국가들이 자발적으로 결성한 연맹 체제에 기초한 국제법을 통해 평화 상태에 들어설 수 있다. 이 상태에서만 국민의 모든 권리나 국가들의 소유가 확정적인 것으로 인정되고 참된 평화 상태가 될 수 있다.

① 제도를 개선하여 집단 안보를 형성해야 한다.
② 영구 평화 실현을 위한 군비 확장이 필요하다.
③ 구조적 폭력까지 제거된 평화를 이루어야 한다.
④ 영구 평화는 달성 불가능한 이상적 개념일 뿐이다.
⑤ 자국의 이익을 위한 침략 전쟁은 정당화될 수 있다.

Tip
칸트는 ❶ [   ]적인 폭력과 전쟁에서 벗어날 수 있도록 각국이 ❷ [   ]의 적용을 받는 평화 연맹을 구성할 것을 주장하였다.

답 ❶ 직접 ❷ 국제법

05 다음 조항과 관련 있는 사상가의 주장으로 옳은 것을 〈보기〉에서 고른 것은?

> 1. 모든 국가의 시민적 정치 체제는 공화 정체이어야 한다.
> 2. 국제법은 자유로운 국가들의 연방 체제에 기초해야 한다.
> 3. 세계 시민법은 보편적 우호의 조건들에 국한되어야 한다.

보기
ㄱ. 평화에 이르기 위해 전쟁을 없애야 한다.
ㄴ. 국제법의 적용을 받는 평화 연맹을 구성해야 한다.
ㄷ. 진정한 평화는 힘의 균형을 통해서 실현될 수 있다.
ㄹ. 국가 간 긍정적인 상호 작용을 통해 평화를 유지해야 한다.

① ㄱ, ㄴ ② ㄱ, ㄷ ③ ㄴ, ㄷ
④ ㄴ, ㄹ ⑤ ㄷ, ㄹ

Tip
국제 평화 유지를 목적으로 하는 ❶ [   ]들은 칸트가 주장하는 ❷ [   ] 평화의 실천적 형태라고 할 수 있다.

답 ❶ 국제기구 ❷ 영구

06 갑, 을 사상가들의 입장으로 가장 적절한 것은?

원조의 목적은 고통을 겪는 사회가 자신의 문제를 합리적으로 관리할 수 있도록 도와 결과적으로 그 사회가 질서 정연한 사회가 되게 하는 것이다.

◀ 갑

원조는 선택의 문제이다. 개인들은 어떤 것에 대한 소유 권리가 있는 경우 이로부터 유출되는 그 어떤 것에 대해서도 소유 권리를 갖는다.

◀ 을

① 갑: 해외 원조는 경제적 분배의 과정으로 보아야 한다.
② 갑: 어떤 공동체의 구성원인지 관계없이 원조해야 한다.
③ 을: 원조는 개인의 자율적 선택의 문제이다.
④ 을: 원조의 주체는 개인이 아닌 국가여야 한다.
⑤ 갑, 을: 도덕적 의무 차원에서 원조해야 한다.

Tip
노직은 해외 원조를 ❶ [   ]이/가 아닌 선의를 베푸는 ❷ [   ]의 개념으로 보았다.

답 ❶ 의무 ❷ 자선

07 다음 자료는 수업 내용에 대한 평가지이다. 학생의 진술에 대한 답이 옳게 표시된 것만을 고른 것은?

주제: 싱어의 해외 원조에 관한 윤리적 근거
◇학년 □반 이름: ○○○

질문: 싱어의 입장에 해당하면 '예', 아니면 '아니요'에 ✓표를 하시오.

1. 해외 원조는 인류 전체의 고통을 감소하는 것이다.
예☑ 아니요□ ········· ㉠
2. 고통을 감소시키고 쾌락을 증진하는 것은 인류의 의무이다.
예☑ 아니요□ ········· ㉡
3. 원조를 통해 모든 사회의 경제적 수준을 동등하게 조정해야 한다.
예☑ 아니요□ ········· ㉢
4. 절대 빈곤에 빠진 사람들을 돕는 것은 마땅히 해야 하는 행위이다.
예□ 아니요☑ ········· ㉣

① ㉠, ㉡ ② ㉠, ㉢ ③ ㉡, ㉢
④ ㉡, ㉣ ⑤ ㉢, ㉣

Tip
싱어는 ❶ [   ]적 입장에서 고통을 감소시키고 ❷ [   ]을/를 증진하는 것은 인류의 의무라고 보았다.

답 ❶ 공리주의 ❷ 쾌락

01 ㉠에 들어갈 갈등의 유형으로 알맞은 것은?

㉠ 의 사례에는 어떤 것이 있을까?
공공의 이익에는 부합하지만, 자신이 속한 지역에는 이롭지 않아 반대하는 것이 있어.

① 세대 갈등 ② 지역 갈등
③ 이념 갈등 ④ 노사 갈등
⑤ 남녀 갈등

02 다음 규칙을 제시한 사상가가 부정의 대답을 할 질문으로 가장 적절한 것은?

> (1) 말하고 행위할 수 있는 모든 사람은 담론에 참여할 수 있다.
> (2) a. 모든 사람은 모든 주장을 문제시할 수 있다.
> b. 모든 사람은 담론에서 모든 주장을 제기할 수 있다.
> c. 모든 사람은 자신의 입장, 희망, 그리고 욕구를 표현할 수 있다.
> (3) 어떤 화자도 담론의 내부나 외부에서 주어지는 강제력에 의해서 (1)과 (2)에서 확정된 권리를 행사하는 데 방해받을 수 없다.

① 합리적인 의사소통은 갈등 해소에 기여하는가?
② 주관적인 도덕 판단만으로 규범이 성립할 수 없는가?
③ 나와 입장이 다른 사람과도 합리적으로 의사소통이 가능한가?
④ 대화 당사자들이 서로의 의사를 제대로 이해할 수 있어야 하는가?
⑤ 의사소통만으로 보편적 합의를 이끌어 내는 것이 불가능함을 인정해야 하는가?

03 다음 자료는 수업 내용에 대한 평가지이다. 학생의 진술에 대한 답이 옳게 표시된 것만을 고른 것은?

> **주제: 통일 한국의 미래상**
> ◇학년 □반 이름: ○○○
> ※ 옳은 진술이면 '예', 틀린 진술이면 '아니요'에 ✓표를 하시오.
>
> 질문: 통일 한국이 나아가야 할 방향으로 적절한 것은?
> 1. 우수한 전통문화를 계승하고 다양한 문화와 조화를 이룬다.
> 예☑ 아니요□ ······ ㉠
> 2. 모든 국민의 삶의 질이 향상된 풍요로운 복지 국가를 이룬다.
> 예☑ 아니요□ ······ ㉡
> 3. 국민의 의사에 따라 정책이 결정되는 민주 국가를 이룬다.
> 예□ 아니요☑ ······ ㉢
> 4. 남한의 노동력과 북한의 자본을 활용해 경제적으로 풍요로운 국가를 이룬다.
> 예☑ 아니요□ ······ ㉣

① ㉠, ㉡ ② ㉠, ㉢ ③ ㉡, ㉢
④ ㉡, ㉣ ⑤ ㉢, ㉣

04 다음과 같은 주장을 하는 입장에서 긍정의 대답을 할 질문으로 가장 적절한 것은?

> 비용 편익 분석에 근거해 접근하는 것이 통일의 필요성을 사람들에게 인식시킬 수 있는 현실적인 방법이다. 사람들은 통일이 주는 편익이 통일 비용보다 더 크다는 점을 알게 된다면, 통일이 필요하다는 주장에 동의할 것이다.

① 통일보다 분단의 유지가 더 이익이 되는가?
② 통일 편익보다 통일로 인한 지출이 더 큰가?
③ 통일보다 평화와 공존을 우선시 해야 하는가?
④ 통일 문제는 당위적 차원에서만 접근해야 하는가?
⑤ 실용적인 측면에서 편익을 얻기 위해 통일은 필요한가?

05 다음 신문 칼럼을 쓴 사람이 긍정의 대답을 할 질문으로 가장 적절한 것은?

> ○○신문　　　　○○○○년 ○○월 ○○일
>
> **칼 럼**
>
> 권력으로 정의된 이익 개념에 기초하고 있는 국제 정치에서 전쟁은 국익을 위한 불가피한 권력 투쟁으로 발생한다. 타국에 대한 내정 간섭은 해당 국가의 이익을 관철하기 위한 강대국의 외교 정책이다.

① 국제 분쟁은 국가 간 오해에서 비롯되는가?
② 국가 간 관계에서 윤리적 규범의 적용이 필요한가?
③ 자국의 이익 극대화를 위한 목적의 전쟁은 수행될 수 있는가?
④ 국가 간의 갈등은 국제법과 국제 규범 마련으로 해결 가능한가?
⑤ 국제 정치는 국가 간 상호 작용을 통한 조화를 통해 이루어지는가?

06 다음을 주장한 사상가가 긍정의 대답을 할 질문으로 가장 적절한 것은?

> 폭력이란 인간의 기본적인 욕구를 무시하는 것이다. 그것은 생존에 대한 욕구, 복지에 대한 욕구, 정체성에 대한 욕구, 자유에 대한 욕구를 무시하는 것이다. 그리고 이러한 폭력에는 직접적·물리적 폭력, 구조적 폭력, 문화적 폭력이 있다.

① 종교적 차별은 폭력에 해당하지 않는가?
② 직접적 폭력은 사회 제도로부터 비롯되는 폭력인가?
③ 직접적 폭력이 사라지면 진정한 평화가 이루어질 수 있는가?
④ 소극적 평화는 구조적 폭력과 문화적 폭력까지 모두 사라진 상태인가?
⑤ 문화적 폭력은 폭력을 미화하거나 정당화하기 위한 수단으로 쓰이는가?

07 다음을 주장한 사상가의 입장으로 가장 적절한 것은?

> 평화는 도덕적 입법의 최고 자리에 위치한 이성이 명령하는 보편적 의무이다. 국가들은 서로를 하나의 인격체로 대하고, 무력과 기만을 근절해 평화를 예비해야 한다. 공화국으로 전환한 계몽된 자유 국가들이 연방을 결성하고, 호혜적인 질서를 수립함으로써 평화를 확정해야 한다.

① 분쟁 관계에서 각 국가는 도덕성을 고려해야 한다.
② 국제법은 독립된 여러 국가의 합병을 전제로 형성된다.
③ 국가 간 세력이 균형을 이룰 때 영구적인 평화가 가능하다.
④ 세계 평화 정착을 위해 개별 국가의 주권은 폐지되어야 한다.
⑤ 연맹의 확산을 통해 국제 사회는 자연 상태로 돌아가야 한다.

08 갑은 부정, 을은 긍정의 대답을 할 질문으로 가장 적절한 것은?

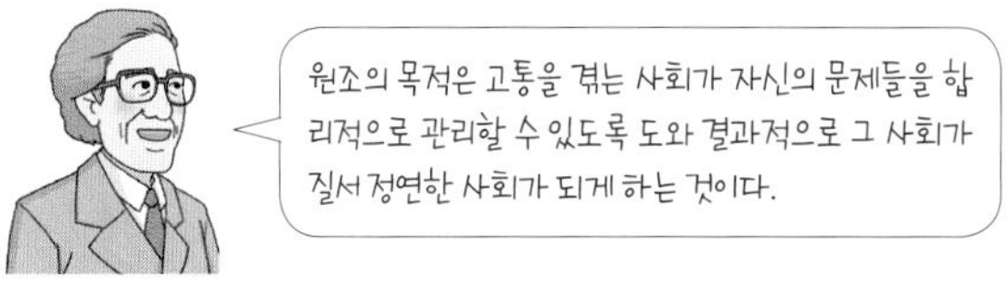

원조의 목적은 고통을 겪는 사회가 자신의 문제들을 합리적으로 관리할 수 있도록 도와 결과적으로 그 사회가 질서 정연한 사회가 되게 하는 것이다.

갑

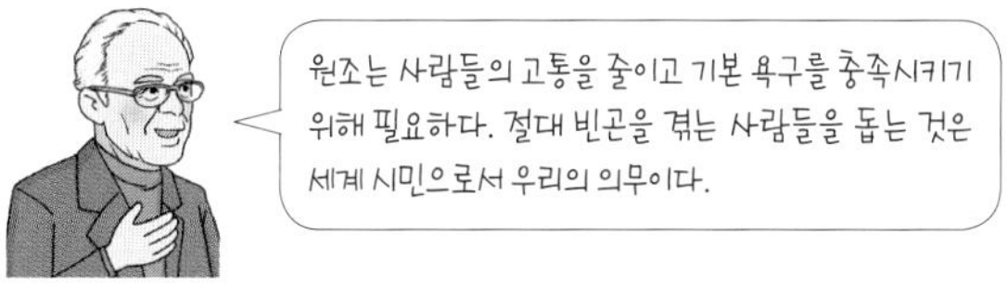

원조는 사람들의 고통을 줄이고 기본 욕구를 충족시키기 위해 필요하다. 절대 빈곤을 겪는 사람들을 돕는 것은 세계 시민으로서 우리의 의무이다.

을

① 원조에 대한 책임이나 의무는 존재하지 않는가?
② 원조는 공리주의적 관점에서 이루어져야 하는가?
③ 원조 대상은 지리적 근접성을 기준으로 결정되어야 하는가?
④ 원조의 궁극적 목표는 부와 복지의 수준을 조정하는 것인가?
⑤ 원조 대상에 부유한 국가의 시민들은 포함되지 않아야 하는가?

2주 창의·융합·코딩 전략

1 통일에 대한 관점 비교

다음 자료는 수업 내용에 대한 평가지이다. 학생의 진술에 대한 답이 옳게 표시된 것만을 있는 대로 고른 것은?

> (가) 통일은 이익과 손해를 떠나 인도주의적 차원과 민족적 차원에서 반드시 해야 할 과제로 다루어야 한다.
> (나) 현실적으로 통일은 비용과 편익을 고려해야 하며, 통일의 필요성 또한 비용과 편익의 관점에서 따져보아야 한다.

주제: 통일에 대한 입장

◇학년 □반 이름: ○○○

※ (가), (나) 모두가 지지할 주장으로 옳으면 '예', 틀리면 '아니요'에 ✓표를 하시오.

1. 통일의 필요성을 당위의 관점에서 바라보아야 한다.
예☑ 아니요□ ……………………………… ㉠
2. 통일은 민족 정통성 계승 차원에서 바라보아야 한다.
예□ 아니요☑ ……………………………… ㉡
3. 통일에 대한 논의는 효용성을 바탕으로 이루어져야 한다.
예☑ 아니요□ ……………………………… ㉢
4. 통일이 가져올 경제적 효과를 고려하여 통일 논의가 이루어져야 한다.
예□ 아니요☑ ……………………………… ㉣

① ㉠, ㉢　② ㉠, ㉣　③ ㉡, ㉣
④ ㉠, ㉡, ㉢　⑤ ㉡, ㉢, ㉣

Tip

진정한 통일을 이루기 위해서는 남북한의 사회·문화적 ❶ [　　] 의 회복을 모색해야 하고, 통일 이후의 부작용과 내부적 저항을 최소화할 수 있도록 ❷ [　　] (으)로 접근해야 한다.

답 ❶ 동질성 ❷ 단계적

2 사회 갈등의 유형

(가), (나)에 나타나는 사회 갈등 유형에 대한 설명으로 적절하지 <u>않은</u> 것은?

(가)

부모 세대와 갈등을 겪고 있다고 생각하는가?

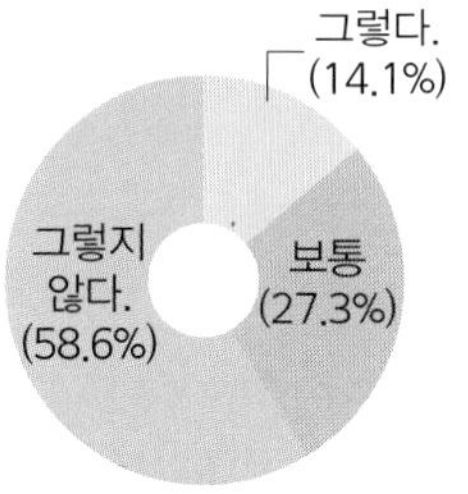

(나)

특정 지역과 특정 지역 출신에 편견을 가지고 있는가?

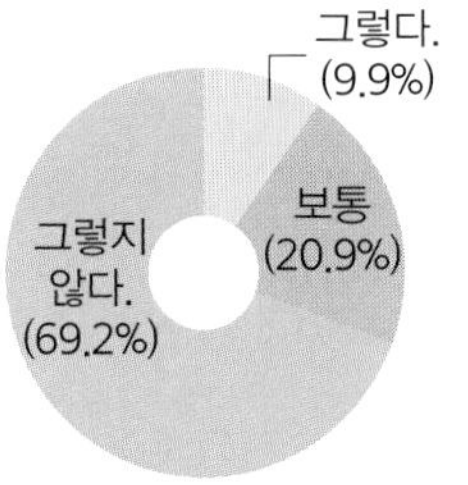

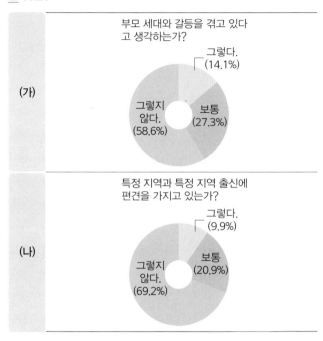

① (가)는 어느 사회에서나 시대별 경험 차이로 인해 나타나는 보편적인 현상이다.
② (가)를 해결하기 위해 기성세대와 젊은 세대가 서로 차이를 인정하지 않으려는 태도를 지녀야 한다.
③ (나)는 지역을 개발하는 정책과 관련한 이해관계 때문에 발생하기도 한다.
④ (나)를 해결하기 위해 왜곡된 정치 구조를 타파하고 정치적 지역주의를 탈피해야 한다.
⑤ (가), (나)를 해결하기 위해서는 개인적 차원 노력뿐만 아니라 제도적 차원의 노력도 필요하다.

Tip

세대 간 의식과 가치관의 차이로 인해 발생하는 ❶ [　　] 을/를 해결하기 위해 세대 간 차이를 수용하고 적극적인 소통을 통해 공감대를 형성해야 한다. 특정 지역에 대한 차별로 인해 발생하는 ❷ [　　] 을/를 해결하기 위해 지역마다 균형 잡힌 발전을 할 수 있도록 국가가 지원해야 한다.

답 ❶ 세대 갈등 ❷ 지역 갈등

3 세계화의 특징 이해

㉠의 부정적 영향만을 〈보기〉에서 있는 대로 고른 것은?

㉠ 란 무엇일까요?
국제 사회에서 상호 의존성이 증가함에 따라 세계가 단일한 사회 체계로 나아가는 현상을 말합니다.

보기

ㄱ. 강대국을 중심으로 시장과 자본의 독점이 이루어진다.
ㄴ. 획일화된 선진국 중심의 문화가 전 세계적으로 확대된다.
ㄷ. 국가 간 상호 협력과 교류가 광범위하게 동시적으로 가능해진다.
ㄹ. 전 지구 차원에서 다양한 문화가 공존하고 문화 수준이 향상된다.
ㅁ. 국가 간 경제의 긴밀도가 높아지면서 창의성과 효율성을 제고하여 공동 번영의 기회가 증대된다.

① ㄱ, ㄴ ② ㄴ, ㄹ ③ ㄱ, ㄷ, ㅁ
④ ㄴ, ㄷ, ㄹ ⑤ ㄷ, ㄹ, ㅁ

Tip

세계화는 전 지구적 차원에서 다양한 문화의 ❶ [ ] 을/를 가능하게 할 수도 있지만, 이로 인해 선진국 중심의 문화로 문화가 ❷ [ ] 화되는 현상이 나타날 수도 있다.

답 ❶ 공존 ❷ 획일

4 국제 분쟁 해결에 관한 입장

다음은 서술형 평가 문제와 학생 답안이다. 학생 답안의 ㉠~㉤ 중 옳지 않은 것은?

〈서술형 평가〉

◎ **문제:** (가), (나)의 입장을 비교하여 서술하시오.

(가) 국제 정치의 궁극적 목표가 무엇이든 간에 권력은 항상 일차적 목표이다. 국제 정치에 있어 정치적 현상은 다음 세 가지 형태 중 하나로 분류될 수 있다. 권력을 유지하거나, 확장하거나, 과시하기 위한 목적에서 추진된다는 것이다.

(나) 국제적 무정부 상태를 규제하는 국제적 제도의 창출을 통해서만 평화는 보장될 수 있다. 안보는 세력 균형이 아니라 힘을 가진 국제기구를 통해 달성되어야 한다.

◎ **학생 답안**

(가), (나)의 입장을 비교하면 (가)는 ㉠ 국제 사회는 힘의 지배에서 벗어날 수 없다고 보고, ㉡ 국가의 힘을 키워 세력 균형을 유지해야 한다는 입장이다. (나)는 ㉢ 국제 사회에서 국제법이나 국제 규범을 통해 국제 사회를 통제할 수 있다고 보고, ㉣ 모든 국가가 자국의 이익 추구를 포기해야 한다고 보았다. 또한 (가), (나)는 모두 ㉤ 국제 평화를 실현하는 방법이 존재한다고 보았다.

① ㉠ ② ㉡ ③ ㉢ ④ ㉣ ⑤ ㉤

Tip

현실주의적 입장은 국가 간 힘의 ❶ [ ] 을/를 유지해야 분쟁을 해결할 수 있다고 보고, 이상주의적 입장은 ❷ [ ] 의 개선으로 집단 안보가 형성되면 분쟁을 해결할 수 있다고 본다.

답 ❶ 세력 균형 ❷ 제도

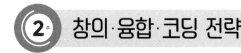

5 통일 기반 조성을 위한 노력

다음 신문 칼럼을 쓴 사람이 주장할 내용으로 적절하지 않은 것은?

> 칼럼
>
> 베를린 장벽 붕괴 30주년에 접어들었지만 동독과 서독 간에 여전히 '보이지 않는 벽'이 있다. 많은 동독 출신 독일인들이 자신을 '2등 시민'으로 규정하고 있으며, 동독과 서독 간 지역 갈등도 해소되지 않고 있다. 분단국인 한국은 독일의 통일 사례로부터 교훈을 얻어 위와 같은 문제가 발생하지 않도록 노력해야 한다. ……(후략)

① 통일 과정에서 남북한 주민의 내적 통합을 추구해야 한다.
② 남북한의 이질성을 줄이기 위해 사회·문화적 교류를 확대해야 한다.
③ 남북한 주민들의 공감대 형성을 위해 다양한 문화 교류를 추진해야 한다.
④ 남한과 북한의 경제 규모 차이를 바탕으로 합병하는 흡수 통일을 지향해야 한다.
⑤ 통일 이후의 부작용과 내부적 저항을 최소화할 수 있도록 단계적으로 접근해야 한다.

Tip
통일 이후에 나타날 수 있는 부작용을 최소화하기 위해 남북한의 ❶ ______ 이/가 중요하다. 이를 위해 남북한의 사회·문화적 교류가 선행되어야 하며, 이는 서로를 이해하며 ❷ ______ 을/를 가질 수 있는 교류가 이루어져야 한다.

답 ❶ 사회 통합 ❷ 친밀감

6 국제 분쟁의 해결 방법

다음은 사상가 맞추기 게임의 일부이다. (가)에 들어갈 내용으로 가장 적절한 것은?

첫 번째 힌트	평화를 실현하는 방법으로 세 가지 영구 평화 조항을 제시하였습니다.
두 번째 힌트	모든 국가의 시민적 정치 체제는 공화 정체이어야 한다고 주장하였습니다.
세 번째 힌트	각국이 국제법의 적용을 받는 평화 연맹을 구성할 것을 요구하였습니다.
네 번째 힌트	(가)

① 군비 증강을 통해 영구 평화를 실현해야 한다고 주장하였습니다.
② 국익 증진을 위한 침략 전쟁은 필수불가결하다고 주장하였습니다.
③ 국가 간 세력 균형을 통해 평화를 유지해야 한다고 주장하였습니다.
④ 영구 평화를 위해 단일한 세계 정부를 구성해야 한다고 주장하였습니다.
⑤ 국가의 이익보다 인간의 존엄성이나 자유를 우선해야 한다고 주장하였습니다.

Tip
칸트는 평화에 이르기 위해서는 ❶ ______ 을/를 없애야 한다고 주장하면서 세 가지 ❷ ______ 평화 조항을 제시하였다.

답 ❶ 전쟁 ❷ 영구

7 해외 원조의 윤리적 근거

(가)는 어느 서양 사상가의 주장이다. 이 사상가가 (나)의 질문에 대답할 말로 가장 적절한 것은?

(가)	원조와 관련해 풍요로운 사람들은 도덕적으로 중요한 일을 희생하지 않으면서 극심한 빈곤을 감소시킬 수 있는 힘이 있다. 이들은 고통을 겪는 사람들의 고통을 줄여줄 의무가 있다.
(나)	질문 1: 해외 원조는 의무적으로 해야만 하는 것인가? 질문 2: 그렇게 주장한 이유는 무엇인가?

	질문 1	질문 2
①	예	인류 전체의 고통을 감소하기 위해서이다.
②	예	고통받는 사회의 정치 문화를 개선하기 위해서이다.
③	예	지리적으로 근접한 국가를 도와 미래에 도움을 받기 위해서이다.
④	아니오	의무의 영역이 아니라 개인의 선택의 영역에 있기 때문이다.
⑤	아니오	자국의 국제적 위상을 높일 수 있다는 전제하에서만 허용할 수 있기 때문이다.

Tip
싱어는 해외 원조가 인류 전체의 고통을 ❶ ______ 하는 것이기 때문에 절대적 ❷ ______ (으)로 고통받는 사람들을 도와주는 것은 윤리적 의무라고 보았다.

답 ❶ 감소 ❷ 빈곤

8 칸트의 영구 평화론

다음을 주장한 사상가의 입장으로 옳은 것에만 모두 ✓표시를 한 학생은?

예비 조항
- 어떤 독립 국가도 상속, 교환, 매매 혹은 증여에 의해 다른 국가의 소유로 전락할 수 없다.
- 국가 간의 대외적 분쟁과 관련하여 어떠한 국채도 발행되어서는 안 된다.
- 어떠한 국가도 다른 국가의 제도와 통치에 대해 폭력으로써 개입해서는 안 된다.

확정 조항
- 모든 국가의 시민적 정치 체제는 국가 구성원이 자유롭고 평등하며 공통의 법을 따를 수 있는 공화 정체이어야 한다.
- 국제법은 자유로운 국가들의 연방 체제에 기초해야 한다.
- 국가 간 평등한 관계에 기반을 둔 세계 시민법은 보편적 우호의 조건들에 국한되어야 한다.

입장	갑	을	병	정	무
지혜를 갖춘 통치자가 다스리는 전제정을 전제해야 한다.	✓	✓		✓	
국제 분쟁이 발생했을 때 국가는 도덕성을 고려해야 한다.	✓		✓		✓
국제기구와 국제법을 통한 국제 평화 실현은 불가능하다.		✓		✓	✓
주권을 가진 자유로운 국가들이 평화 연맹을 구성하여 국제 평화를 실현해야 한다.			✓	✓	✓

① 갑 ② 을 ③ 병 ④ 정 ⑤ 무

Tip

칸트는 국가 구성원이 자유롭고 평등하며 공통의 법을 따를 수 있는 공화 정체의 국가들이 ❶ ______ 을/를 가진 채 연방 체제에 기초한 ❷ ______ 을/를 만들어 국제 평화를 실현해야 한다고 주장하였다.

답 ❶ 주권 ❷ 국제법

9 해외 원조에 대한 입장 비교

(가)의 갑, 을, 병의 입장을 (나) 그림으로 표현하고자 할 때, A~D에 들어갈 적절한 질문만을 〈보기〉에서 있는 대로 고른 것은?

(가)

갑: 만민들의 사회의 기본 구조에서 일단 원조의 의무가 충족되고 모든 만민이 자유주의적 정부나 적정 수준의 정부가 작동하는 상황에 이르게 되면, 상이한 만민 간의 평균적 부의 차이를 다시 좁혀야 할 이유는 없다.

을: 빈곤의 원인은 절대 빈곤을 겪는 사람들에 대한 무관심에 있다. 풍요로운 사회의 사람들은 빈곤으로 고통받는 사람들과 자신들의 이익 관심을 동등하게 고려하여 원조해야 한다.

병: 만약 어떤 소유가 기만이나 수탈과 같은 부정의한 방법으로 발생한 것이 아니라면, 우리는 그 소유에 대한 배타적 권리를 인정해야 한다.

(나)

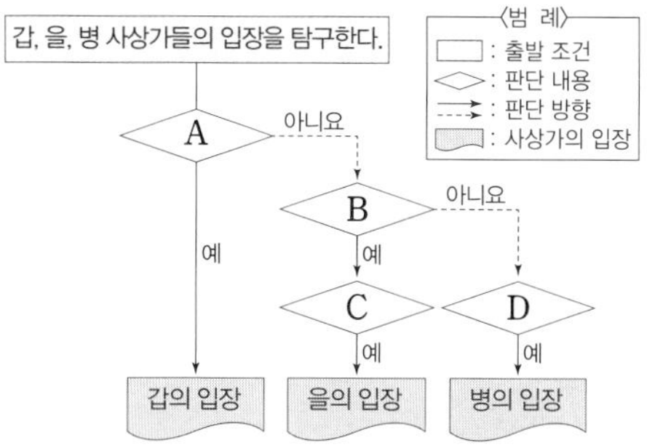

• 보기 •

ㄱ. A: 원조 여부는 사회의 정치·문화 성숙도를 고려하여 결정되어야 하는가?

ㄴ. B: 타국보다 자국의 빈민들을 항상 먼저 도와야 할 의무가 있는가?

ㄷ. C: 원조의 목적은 전 인류의 삶을 균등하게 하는 것에 있는가?

ㄹ. D: 개인은 원조를 실천해야 할 윤리적 의무가 없는가?

① ㄱ, ㄷ ② ㄱ, ㄹ ③ ㄴ, ㄹ

④ ㄱ, ㄴ, ㄹ ⑤ ㄴ, ㄷ, ㄹ

Tip

노직은 한 개인이 정당한 과정을 거쳐서 취득한 재산은 ❶ ______ 적 소유권을 지니기 때문에 해외 원조에 대한 어떠한 책임이나 ❷ ______ 도 존재하지 않는다고 주장한다.

답 ❶ 배타 ❷ 의무

시험 대비 마무리 전략

핵심 개념 ❶ 인간과 자연의 관계에 대한 서양의 관점

핵심 개념 ❷ 도덕주의와 예술 지상주의

이어서 공부할 내용

- ✔ 신유형·신경향·서술형 전략
- ✔ 적중 예상 전략 ❶, ❷회

핵심 개념 ❸ 소통과 담론의 윤리

○○ 교육 기관은 △△에 지어야 합니다.
갈등을 해결할 방법이 없을까?
작년에 △△에 지하철역이 새로 생기지 않았나요? 이번에는 ◇◇에 만들어야 합니다.
갈등 상황에 있는 개인이나 집단이 자신에 대한 집착과 상대방에 대한 편견을 버려야 합니다.
합리적인 의사소통 과정을 거쳐 합의를 도출해야 합니다.
의사소통 공동체 구성원들은 담론에 참여해야 할 책임과 의사소통 공동체를 유지해야 할 책임을 동시에 지닙니다.
원효
아펠
하버마스

핵심 개념 ❹ 국제 분쟁 해결의 다양한 입장

국가의 이익이 도덕성과 충돌할 때 도덕성보다 국가의 이익을 우선시해야 합니다.
자국과 상대국의 긍정적인 상호 작용을 통해 분쟁을 해결해야 합니다.
국제 분쟁은 국가 간 도덕성을 확보해야 해결됩니다.
모겐소
웬트
칸트

신유형·신경향·서술형 전략

신유형 전략

01 과학 기술자의 사회적 책임

다음 사상가의 입장으로 옳은 것만을 〈보기〉에서 고른 것은?

> 기존의 전통적 윤리관으로는 과학 기술 시대에 발생하는 문제를 해결하는 데 한계가 있다. 새롭게 요구되는 윤리는 과학 기술로 인한 상황을 적극적으로 반성하는 책임 윤리로서 두려움, 겸손, 검소, 절제, 성스러운 것에 대한 외경심 등의 덕목들이다.

보기

ㄱ. 과학 기술을 규제하는 것은 과학의 발전을 저해한다.
ㄴ. 과학 기술자는 사회적 책임에 무관심해서는 안 된다.
ㄷ. 과학 기술의 결과물이 초래할 위험을 예방해야 한다.
ㄹ. 과학 기술자의 책임 범위를 현세대로 한정해야 한다.

① ㄱ, ㄴ ② ㄱ, ㄷ ③ ㄴ, ㄷ
④ ㄴ, ㄹ ⑤ ㄷ, ㄹ

Tip
요나스는 현세대의 책임 범위를 자연과 ❶ ______ 에까지 확장시켜야 한다고 주장하였고, 과학 기술의 부정적 결과와 위험을 예견하여 과학 기술자가 ❷ ______ 책임을 이행할 것을 강조하였다.

답 ❶ 미래 세대 ❷ 사회적

02 소통과 담론의 윤리

다음 선생님의 질문에 대한 학생의 대답으로 적절하지 않은 것은?

합리적인 의사소통을 위해 지켜야 할 것에는 무엇이 있을까요?

① 갑: 대화 상대방을 존중하는 태도로 소통에 임해야 합니다.
② 을: 자신의 오류 가능성을 부정하는 태도를 지녀야 합니다.
③ 병: 담론에 참여하는 모두가 평등하게 발언할 수 있도록 해야 합니다.
④ 정: 상대를 속이거나 현혹하려는 태도를 버리고 진실한 대화에 임해야 합니다.
⑤ 무: 경제적 지위를 이유로 담론에 참여할 수 있는 권리가 침해되지 않도록 해야 합니다.

Tip
대화의 당사자들이 ❶ ______ 한 결과를 수용하고, 그것을 의무로 받아들이기 위해서는 대화가 합리적인 ❷ ______ 의 과정을 거쳐야만 한다.

답 ❶ 합의 ❷ 의사소통

03 칸트의 영구 평화론

다음을 주장한 사상가가 긍정의 대답을 할 질문만을 〈보기〉에서 고른 것은?

> 영구적인 평화 상태를 위해서는 무엇보다 모든 국가의 정치 체제가 민주적인 공화제여야 한다. 이 체제의 조건은 첫째로 사회 구성원의 자유의 원리에 의해, 둘째로 모두가 단 하나의 공통된 입법에 근거를 둔 의존의 원리에 의해, 셋째로 평등의 원리에 의해 마련된다. 이 체제가 영구적인 평화에 대한 전망을 제시한다.

보기

ㄱ. 평화에 이르기 위해 전쟁을 없애야 하는가?
ㄴ. 영구적인 평화를 위해 세계 공화국을 수립해야 하는가?
ㄷ. 세계 시민법은 국가 간 평등한 관계에 기반을 두어야 하는가?
ㄹ. 전쟁을 통해 얻는 이익이 비용보다 크다면 전쟁은 허용될 수 있는가?

① ㄱ, ㄴ ② ㄱ, ㄷ ③ ㄴ, ㄷ
④ ㄴ, ㄹ ⑤ ㄷ, ㄹ

Tip
칸트는 ❶ ______ 의 적용을 받는 평화 연맹을 구성할 것을 요구하였는데 이는 국제 ❷ ______ 이나 국제 연합과 같은 국제기구들이 결성되는 데 영향을 주었다.

답 ❶ 국제법 ❷ 연맹

04 세계화의 부정적인 측면 이해

다음 칼럼을 쓴 사람이 긍정의 대답을 할 질문으로 가장 적절한 것은?

윤리 신문 ○○○○년 ○○월 ○○일

〈자유 칼럼〉

자유 경쟁이나 세계적 기준은 선진국의 편의에 의해 만들어진 것입니다. 선진국들은 과거에 보호 무역을 통해 경제 성장을 이루었습니다. 하지만 생활 공간이 세계로 확장되면서 선진국들은 더 넓은 시장에서 제품을 판매하기 위해 다른 국가에 자유 경쟁과 세계적 기준을 따를 것을 강요하였습니다. 이는 시장 경쟁력에서 우위를 점한 선진국들이 다른 나라들이 성장하는 것을 방해하고 있는 것입니다. 계속 이런 선진국 중심의 세계화가 진행될 경우 약소국이 경제적으로 선진국에 종속되는 문제가 나타날 수 있습니다.

① 세계화는 인류의 공동 번영에 기여하는가?
② 세계화로 인해 시장과 자본의 독점이 감소하는가?
③ 자유 무역의 확대는 개발 도상국의 상황을 개선하는 데 도움을 주는가?
④ 세계화 과정에서 제시되는 세계적 기준들은 선진국에 불리한 조건들인가?
⑤ 세계화 과정에서 무한 경쟁이 강조되면 국가 간 빈부 격차는 심화될 것인가?

Tip

세계화를 부정적으로 이해하는 관점에서는 부의 불균등한 ❶ (으)로 인해 상대적으로 부유한 북반구 국가들과 빈곤한 ❷ 국가 간 빈부 격차 문제가 발생한다고 주장한다.

답 ❶ 분배 ❷ 남반구

신경향 전략

05 기후 변화와 기후 정의 문제

밑줄 친 질문에 대한 적절한 의견만을 ㉠~㉣ 중에서 있는 대로 고른 것은?

윤리 카페
전체 글 보기 | 공지 사항 | 게시판

기후 변화의 책임은 경제 성장 과정에서 많은 온실가스를 배출한 선진국에 있음에도 불구하고 지구 온난화로 인한 피해는 개발 도상국이나 후진국에 거주하는 사회적 약자들이 입는 경우가 많습니다. <u>이러한 문제를 해결하는 바람직한 방안에는 어떤 것들이 있을까요?</u>

↳㉠ 갑: 개발 도상국과 후진국의 온실가스 배출량을 규제해야 합니다.
↳㉡ 을: 기후 정의를 실현하기 위해 기후 변화로 고통받는 나라를 지원해야 합니다.
↳㉢ 병: 기후 변화 문제를 형평성의 관점에서 보고 국제적 협력을 모색해야 합니다.
↳㉣ 정: 지구 온난화는 자연적 현상임을 인식하고 경제 성장을 지속적으로 추진해야 합니다.

① ㉠, ㉢ ② ㉠, ㉣ ③ ㉡, ㉢
④ ㉠, ㉡, ㉣ ⑤ ㉡, ㉢, ㉣

Tip

기후 정의란 기후 변화에 따른 ❶ 을/를 해소함으로써 실현되는 정의로, 기후 변화 문제를 ❷ 의 관점에서 바라볼 것을 강조한다.

답 ❶ 불평등 ❷ 형평성

06 롤스의 원조론

다음을 주장한 사상가의 입장으로 옳은 것에만 모두 ✓표시를 한 학생은?

> 원조의 궁극적 목적은 고통을 겪는 사회에 자유와 평등을 확립하는 것이다. 부와 복지의 수준을 조정하는 것이 원조의 목표는 아니다.

입장	갑	을	병	정	무
원조는 목적이 달성되면 중단되어야 한다.	✓	✓		✓	
원조는 자선의 영역이 아닌 윤리적 의무이다.	✓		✓		✓
원조는 인류 전체의 복지 증진을 위해 행해져야 한다.		✓		✓	✓
원조는 빈곤국의 자생력을 키워 주기 위해 행해져야 한다.	✓		✓	✓	✓

① 갑　② 을　③ 병　④ 정　⑤ 무

Tip

롤스는 빈곤국이 어려운 처지를 스스로 ❶ ____ 하려는 능력이 부족하다고 보기 때문에 빈곤국의 ❷ ____ 을/를 키워 주는 것이 진정한 원조의 목적이라고 보았다.

답 ❶ 개선 ❷ 자생력

07 다문화 사회의 윤리

다음 수업 장면에서 교사의 질문에 옳은 대답을 한 학생은?

(가) 주류 문화를 바탕으로 문화의 다양성을 인정해야 합니다.
(나) 다양한 문화의 고유한 정체성을 동등하게 인정해야 합니다.
(다) 다양한 이주민 문화를 주류 문화에 통합해야 합니다.

(가)~(다)의 문화적 관점에 대해 발표해 보세요.

> 갑: (가)는 다양한 문화의 평등한 대우를 강조합니다.
> 을: (나)는 주류 문화와 비주류 문화의 차별에 반대합니다.
> 병: (다)는 다양한 문화의 조화로운 공존을 지향합니다.
> 정: (가), (나)는 다양한 문화의 위계적 구분을 부정합니다.
> 무: (가), (다)는 단일한 문화로의 사회 통합을 추구합니다.

① 갑　② 을　③ 병　④ 정　⑤ 무

Tip

(가)는 주류 문화를 바탕으로 문화적 다원성을 수용하는 ❶ ____, (나)는 다양한 문화의 대등하고 조화로운 공존을 추구하는 다문화주의, (다)는 이민자 문화를 주류 문화에 동화시켜 사회 통합을 추구하는 ❷ ____ 의 입장이다.

답 ❶ 문화 다원주의 ❷ 동화주의

08 국제 분쟁 해결에 관한 입장

다음 입장에서 지지할 주장만을 〈보기〉에서 고른 것은?

> 국제 정치는 국가 이익의 관점에서 정의된 권력을 위한 투쟁이다. 따라서 국제 분쟁 해결을 위한 힘이 요구된다.

보기
ㄱ. 평화란 세력 균형을 통해 전쟁을 예방 또는 억제하는 것이다.
ㄴ. 자국과 상대국이 어떻게 상호 작용할 것인지에 따라서 국익이 좌우된다.
ㄷ. 전쟁은 힘의 균형이 깨질 때 언제든지 발생할 수 있는 가능성이 존재한다.
ㄹ. 평화는 국가 간의 대화와 협력을 바탕으로 법률, 제도 등을 통해 만들어갈 수 있다.

① ㄱ, ㄴ　② ㄱ, ㄷ　③ ㄴ, ㄷ
④ ㄴ, ㄹ　⑤ ㄷ, ㄹ

Tip

현실주의적 입장은 국가가 국민의 안녕과 ❶ ____ 만을 추구한다고 보고, 국가의 ❷ ____ 을/를 키워서 세력 균형을 유지해야 분쟁을 해결할 수 있다고 주장한다.

답 ❶ 국익 ❷ 힘

서술형 전략

09 정보 사회의 윤리

밑줄 친 ㉠과 ㉡의 차이점 및 공통점을 각각 한 문장으로 서술하시오.

정보 유통이 팽창되면서 정보를 공유하여 양질의 정보를 만들자는 ㉠ 카피레프트의 입장과 정보 생산에 들어간 개인적 노력의 대가를 충분히 지급해서 양질의 정보를 만들자는 ㉡ 카피라이트의 입장이 논쟁의 중심에 서기도 하였다.

(1) 차이점: ______

(2) 공통점: ______

Tip

카피레프트는 정보 ❶ ______의 입장으로 양질의 정보 생산을 위해 지적 창작물을 공유해야 한다고 보며, 카피라이트는 정보 사유론의 입장으로 양질의 정보 생산을 위해 정보 창작자의 ❷ ______을/를 보호해야 한다고 본다.

답 ❶ 공유론 ❷ 저작권

10 대중문화와 관련된 윤리적 문제

다음 칼럼에서 지적하는 문화 산업의 문제점을 해결하기 위한 방안을 생산자 또는 소비자의 입장에서 서술하시오.

○○신문 ○○○○년 ○○월 ○○일

칼 럼

문화 산업은 여가 생활에서조차 소비가 활발하게 이루어지기를 노린다. 개개의 문화 생산물은 모든 사람을 휴식 시간에도 잡아 놓는 거대한 경제 체계의 일부이다. 어떤 영화든 방송 프로그램이든 언뜻 보면 임의적인 것처럼 보이지만 사실은 사람을 각 사회에서 요구하는 규격품처럼 재생산하려는 의도를 담고 있다.

Tip

기업적 문화 산업은 대중문화를 ❶ ______(으)로 간주하여, 대규모의 ❷ ______이/가 지배적 영향력을 행사하는 문제를 유발할 수 있다.

답 ❶ 상품 ❷ 자본

11 갈퉁의 적극적 평화

다음을 주장한 사상가가 말하는 진정한 평화의 의미를 서술하시오.

직접적 폭력은 언어적 폭력과 신체적 폭력으로 나눌 수 있다. 간접적 폭력은 사회 구조 자체에서 일어난다. 외적으로 일어나는 구조적 폭력의 두 가지 주요한 형태는 정치와 경제에서 잘 알려진 억압과 착취이다. 이러한 모든 것의 이면에는 문화적 폭력이 존재한다.

Tip

갈퉁은 ❶ ______ 폭력이 종교, 이념, 언어, 예술 등의 이면에 내재해 있는 직접적 폭력 혹은 구조적 폭력을 ❷ ______하고 합법화한다고 보았다.

답 ❶ 문화적 ❷ 정당화

12 통일과 관련한 비용

다음은 통일과 관련한 비용에 대한 설명이다. ㉠의 예시를 두 가지 이상 서술하시오.

통일을 이루는 데에는 일정한 비용과 노력이 들어간다. 통일 비용은 통일 후 우리 민족이 남북한 간 격차를 해소하고 이질적인 요소를 통합하는데 부담하는 정치·경제·사회·문화의 비용을 의미한다. 통일 이후 막대한 비용이 들겠지만, 장기적으로는 더 큰 ㉠ 을/를 기대할 수 있다.

Tip

통일 편익은 경제적 편익과 비경제적 편익으로 나눌 수 있는데 경제적 편익에는 ❶ ______의 증가, 생산성 향상, ❷ ______의 효율적 이용 등이 있다.

답 ❶ 교역 ❷ 국토

적중 예상 전략 1회

01

다음 그림은 서술형 평가 문제와 학생 답안이다. 학생 답안 ㉠~㉤ 중 옳지 않은 것은?

〈서술형 평가〉

◎ **문제:** 과학 기술에 대한 두 입장을 비교·서술하시오.

(가) 과학 기술 그 자체는 선하지도 않고 악하지도 않다. 과학 기술의 의미와 가치는 사람들에 의해 결정된다.
(나) 과학 기술은 자연을 닦달한다. 현대의 기술은 인간 존재뿐만 아니라, 인간과 자연의 관계까지도 지배한다.

◎ **학생 답안**

㉠ (가)는 과학 기술에 대한 가치 판단이 필요하지 않다고 보고, ㉡ (나)는 과학 기술에 대해 윤리적 성찰이 필요하다고 본다. ㉢ (가)는 과학 기술에 주관적 가치가 개입될 수 없다고 보며, ㉣ (나)는 과학 기술과 윤리의 영역을 엄격히 구분해야 한다고 본다. ㉤ (가)와 (나)의 입장을 종합해 보면 과학 기술이 좋지 않은 방향으로 활용될 수도 있음을 알 수 있다.

① ㉠ ② ㉡ ③ ㉢ ④ ㉣ ⑤ ㉤

02

갑, 을 사상가의 입장에 대한 설명으로 옳은 것은?

갑: 과학의 목적은 자연을 정복해 인간의 물질적 생활을 향상시키는 데 있다. 이를 위해 인간은 자연이 어떻게 작동하는지 알고, 자연을 이용할 수 있어야 한다.
을: 모든 생명체는 목적론적 활동의 중심이며 도덕적으로 대우받아야 할 존재이다. 인간은 생명체의 목적 달성을 방해하는 행동을 해서는 안 된다.

① 갑은 자연 생태계를 도덕적 고려 대상으로 본다.
② 갑은 쾌고를 느끼는 존재의 고통을 줄여 주어야 한다고 본다.
③ 을은 모든 생명체를 도덕적 존중의 대상으로 본다.
④ 을은 동물만이 자기의 삶을 영위하는 삶의 주체라고 본다.
⑤ 갑, 을은 모든 생명체가 내재적 가치를 지닌다고 본다.

03

(가)의 갑, 을의 입장을 (나)의 그림으로 나타내고자 할 때 A, B에 들어갈 질문으로 적절한 것은?

(가)
갑: 모든 존재는 인연에 의해 생성하고 소멸하는 것이다. 그러므로 나와 다른 존재는 분리된 것이 아니다.
을: 자기 본성을 이해하면 하늘을 이해하게 된다. 자신의 마음을 간직하고 본성을 기르는 것이 하늘을 섬기는 방법이다.

(나)
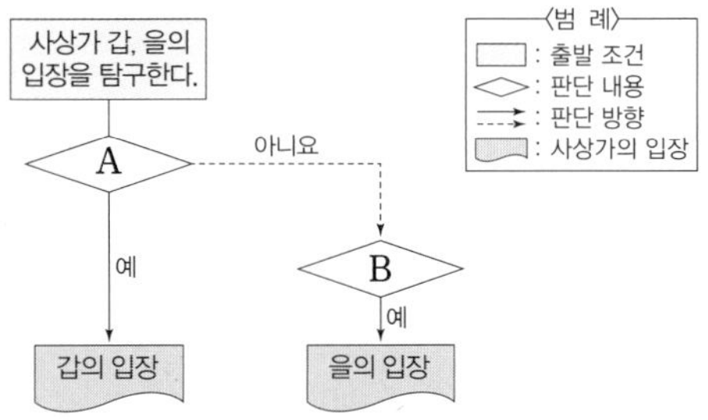

① A: 인간과 자연의 조화를 추구해야 하는가?
② A: 인간과 자연은 이분법적 관계에 있는가?
③ B: 인간의 악한 본성을 변화시켜야 하는가?
④ B: 자연과 달리 인간은 살아있는 유기체인가?
⑤ B: 만물은 저마다 본래의 가치를 지니고 있는가?

04

갑이 을에게 제기할 비판으로 옳은 것은?

갑: 좋은 리듬, 좋은 말씨, 조화로움, 우아함이 담겨 있는 예술 작품은 청소년들에게 좋은 성격을 갖게 하지만, 나쁜 리듬, 나쁜 말씨, 부조화, 꼴사나움은 나쁜 성격을 갖게 합니다.
을: 예술가가 다른 사람의 욕구를 만족시키려는 순간, 그는 예술가이기를 포기한 것이며, 예술가에게 윤리적 공감은 독창성을 잃게 하는 것이므로 결코 필요한 것이라고 할 수 없습니다.

① 모든 예술은 도덕적 평가의 대상임을 알아야 한다.
② 예술의 목적이 미적 가치 추구임을 명심해야 한다.
③ 예술 자체가 지니고 있는 자율성을 인정해야 한다.
④ 예술 활동은 사회 활동과 구별됨을 자각해야 한다.
⑤ 예술의 참된 의의를 예술 그 자체에서 찾아야 한다.

05

㉠과 ㉡ 소비의 특징을 바르게 연결한 것은?

자신의 소득 범위 내에서 최소한의 비용으로 자신의 욕구를 최대한 충족시키려는 소비를 [㉠]라고 한다. 그에 비해 소비자의 영향력 확대와 다양한 사회 문제에 대한 관심 속에서 도덕적 가치에 따라 재화나 서비스를 구매하는 소비를 [㉡]라고 한다.

	㉠	㉡
①	경제성 중시	공정성 중시
②	동물 복지 중시	인권 보호 중시
③	비용 절감 중시	과시 욕구 중시
④	환경 보전 중시	욕구 충족 중시
⑤	공정 무역 중시	공동체의 가치 중시

06

다음 글을 쓴 사상가가 주장할 내용으로 알맞은 것을 〈보기〉에서 고른 것은?

사회 응집을 유지하기 위해 모두가 똑같은 사람이 되기를 요구한다. 우리의 개성은 사라지고, 우리는 집합적인 생명체가 된다. 그렇게 뭉친 사회적 분자들은 마치 무기체의 분자들처럼 자체의 행동이 없을 때만 함께 행동할 수 있다. 이러한 형태의 연대를 기계적 연대라고 부른다. …… 이와 반대로 유기적 연대는 분업의 진전과 함께 나타난다. 기계적 연대는 개인들이 서로 유사할 것을 전제로 하지만, 분업에 의한 유기적 연대는 개인들이 서로 다를 것을 전제로 한다.

보기

ㄱ. 유기적 연대를 바탕으로 사회를 통합해야 한다.
ㄴ. 기계적 연대를 위해 구성원 상호 간의 분업이 필요하다.
ㄷ. 개성을 보존하기 위해 개인주의적 사고방식을 가져야 한다.
ㄹ. 사회 구성원들이 개별성을 유지하면서도 상호 의존적으로 결속한 상태가 되어야 한다.

① ㄱ, ㄴ ② ㄱ, ㄹ ③ ㄴ, ㄷ
④ ㄴ, ㄹ ⑤ ㄷ, ㄹ

07

(가)의 갑, 을의 입장을 (나) 그림으로 표현할 때, A~C에 들어갈 옳은 내용만을 〈보기〉에서 있는 대로 고른 것은?

(가)	갑: 누군가 고통을 받는다는 것 자체가 우리가 그들을 도와야 할 의무이므로, 도움을 줄 대상을 자신이 속한 국가로 한정하지 말고 지구촌 전체로 확대해야 한다. 기본적 욕구를 충족하고 남는 소득이 있으면 소득 1%를 기부하여 세계의 빈민을 도와야 한다. 을: 원조는 독재나 착취와 같이 사회 구조나 제도가 빈곤을 발생시키는 불리한 여건의 사회가 질서 정연한 사회가 되도록 돕는 것이다. 우리에게는 원조를 통해 그들 스스로 문제를 해결하고 질서 정연한 사회를 만들도록 도와야 할 의무가 있다.
(나)	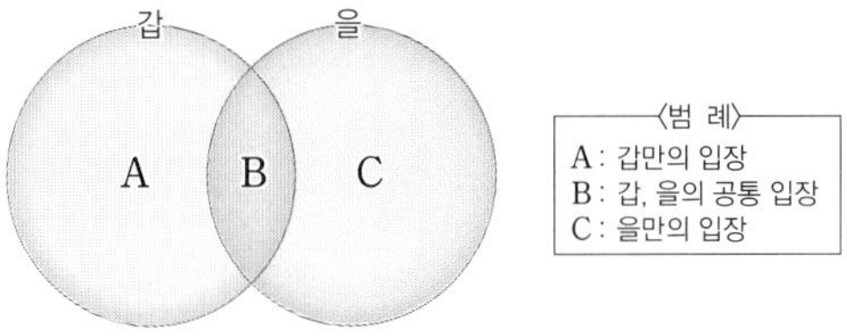

보기

ㄱ. A: 해외 원조의 목적은 고통받는 사회를 질서 정연한 사회로 만드는 것이다.
ㄴ. B: 어려운 처지의 국가를 돕는 행위는 마땅히 해야 하는 윤리적 의무이다.
ㄷ. C: 해외 원조는 빈곤하지만 질서 정연한 사회에 대해서는 행해져서는 안 된다.
ㄹ. C: 해외 원조는 공리주의적 입장에서 인류 전체의 고통을 감소시키는 행위이다.

① ㄱ, ㄷ ② ㄱ, ㄹ ③ ㄴ, ㄷ
④ ㄱ, ㄴ, ㄷ ⑤ ㄴ, ㄷ, ㄹ

08

㉠에 대한 설명으로 적절하지 않은 것은?

하버마스의 ㉠ 에 대해 설명해 주시겠어요?
하버마스는 대화 당사자들이 합의 결과를 수용하고, 의무로 받아들이기 위해 대화가 합리적인 의사소통을 거쳐야 한다고 보았어요.

① 합의를 이루어 나가는 과정과 절차를 중시한다.
② 모두의 동의를 얻을 수 있는 타당한 규범을 중시한다.
③ 공적 담론으로 확보되는 도덕 판단의 정당성을 중시한다.
④ 언어에 대한 바른 이해가 있어야 윤리적 담론이 가능함을 강조한다.
⑤ 개인들 간의 견해 차이를 인정함으로써, 사회 내 보편적 합의는 불가능함을 강조한다.

09

다음을 주장한 사상가의 입장으로 가장 적절한 것은?

> 우리가 만약 어떤 사람에게 매우 나쁜 일이 일어나는 것을 방지할 힘을 가지고 있고, 그 나쁜 일을 방지함으로써 우리의 중요한 일이 희생되지 않는다면 우리는 그렇게 해야만 한다. 우리가 이 원칙에 따라 행위를 한다면 우리의 삶과 세계는 근본적으로 바뀔 것이다. 우리는 절대 빈곤에 빠진 사람들을 도울 의무가 있다.

① 원조의 목적은 인류 간 부의 차이를 좁히는 것이다.
② 원조를 통해 인류 전체의 고통을 감소시킬 수 있다.
③ 원조 대상을 자신이 속한 국가 내부로 한정해야 한다.
④ 원조 대상은 빈곤한 사회의 개인이 아닌 사회 그 자체이다.
⑤ 원조는 윤리적 의무가 아니라 자율적 선택으로 행해져야 한다.

10

다음은 서술형 평가 문제와 학생 답안이다. 학생 답안 ㉠~㉤ 중 옳지 않은 것은?

〈서술형 평가〉

◎ **문제:** (가), (나) 사상가들의 입장을 비교하여 서술하시오

> (가) 모든 국가의 시민적 정치 체제가 공화 정체여야 하며, 국제법이 자유로운 국가들의 연방 체제에 기초할 때 영구 평화가 달성될 수 있다.
> (나) 언어적 폭력과 신체적 폭력 등의 직접적 폭력은 물론 구조적 폭력과 문화적 폭력도 제거되어야만 진정한 평화를 이룰 수 있다.

◎ **학생 답안**

(가), (나)의 입장을 비교하면 (가)는 ㉠ 영구 평화의 실현은 개별 국가의 주권을 인정하면서 이루어져야 한다고 보며, ㉡ 국가 간 전쟁 억제를 위해 법적 구속력을 지닌 국제법을 적용해야 한다고 보았다. (나)는 ㉢ 모든 전쟁이 종식되면 적극적 평화가 도래한다고 보며, ㉣ 진정한 평화 실현을 위해 억압과 착취의 구조를 개선해야 한다고 보았다. (가), (나)는 모두 ㉤ 평화 실현을 위해 전쟁을 없애야 한다고 보았다.

① ㉠ ② ㉡ ③ ㉢ ④ ㉣ ⑤ ㉤

11

통일 과정에서 다음과 같은 문제가 발생하지 않게 할 수 있는 방안으로 가장 적절한 것은?

> 통일 이후 동독 지역 주민들은 자본주의 사회에 적응하는 데 어려움을 겪었고, 2등 국민이라는 심리적 불만도 있었다. 이로 인해 동·서독 주민 간 갈등이 심화되어 서독인은 동독인을 가난하고 게으르다는 의미인 '오씨(Ossi)'로, 동독인은 서독인을 거만하고 잘났다는 의미인 '베씨(Wessi)'로 부르는 상황에까지 이르렀다.

① 사회 통합보다 정치적 통일을 먼저 이루어야 한다.
② 통일 이전에 비민주적인 사회 구조를 개선해야 한다.
③ 남북 간 사회·문화적 동질성의 회복을 모색해야 한다.
④ 국제 사회에 통일 한국의 미래를 명확히 제시해야 한다.
⑤ 문화적 측면에서 자주성을 실현하기 위해 노력해야 한다.

서술형

12

㉠의 의미를 〈조건〉의 개념을 활용하여 서술하시오.

뉴 미디어 시대에 정보를 생산하고 동시에 유통, 소비하는 현대인은 ㉠ 매체 이해력(media literacy)을 갖추어야 한다. 뉴 미디어가 만들어 내는 정보 중에는 거짓 정보도 포함되어 있기 때문에 이를 무비판적으로 받아들이고, 유포할 시에는 큰 피해가 발생할 수 있다.

• 조건 •

매체, 비판적, 조합

13

다음 신문 칼럼에서 추론할 수 있는 바람직한 종교인의 자세를 한 문장으로 서술하시오.

○○신문 ○○○○년 ○○월 ○○일

칼 럼

건전한 종교는 각자 추구하는 특수한 교리와 진리를 통해 구원과 세계 평화, 인류 공동의 행복을 추구한다. 그러나 자신의 진리 추구에 몰입하거나 교세의 확산을 위해 열정을 쏟는 과정에서 갈등과 충돌이 빌생한다. 중국에는 십자군 전쟁과 같은 종교 전쟁을 초래하기도 한다. 우리는 종교 간 대화와 협력을 통해 이러한 일을 방지하고 세계 평화를 실천해야 할 것이다.

14

다음은 세계화에 대한 대화이다. ㉠에 들어갈 내용을 서술하시오.

세계화로 국가 간 상호 협력과 교류가 활발해지고, 공동 번영의 기회가 증대되며, 세계적인 문제에 공동으로 대처할 수 있게 되었습니다.
세계화를 긍정적으로만 바라보아서는 안 됩니다. 왜냐하면 ㉠ .

15

㉠의 명칭과 이를 해결하기 위한 방안을 쓰시오.

한국 사회의 대표적인 (㉠)은/는 진보적 입장과 보수적 입장의 갈등으로 경제, 사회, 문화, 교육 등과 관련된 우리 사회의 모든 쟁점을 이분법적으로 바라보면서 사회 갈등이 심화된다. 또한 정책 대결이 아닌 소모적 논쟁으로 흘러 많은 사회 비용도 발생하고 있다.

적중 예상 전략 2회

01

다음 토론의 핵심 쟁점으로 가장 적절한 것은?

윤리 카페
전체 글 보기 | 공지 사항 | 게시판

ㄴ갑: 정보 기술을 이용하여 사생활을 침해해서는 안 됩니다. 누구나 개인 정보의 삭제를 요구할 수 있어야 합니다.
ㄴ을: 동의합니다. 다만 공익과 관련된 개인 정보를 삭제하면 시민의 알 권리를 침해하게 됩니다.
ㄴ갑: 그렇지 않습니다. 공익과 관련된 개인 정보에 대해서도 잊힐 권리를 보장해야 합니다.
ㄴ을: 아닙니다. 공공의 이익이나 사회 안전과 관련된 개인 정보는 사회 구성원들에게 알려져야 합니다.

① 개인 정보의 이용 가치를 중시해야 하는가?
② 호기심을 위해 알 권리가 허용되어야 하는가?
③ 알 권리를 위해 잊힐 권리를 제한해야 하는가?
④ 인터넷상에서 표현의 자유를 통제해야 하는가?
⑤ 개인의 모든 정보를 사회 구성원에게 공개해야 하는가?

02

다음을 주장한 사상가의 입장으로 옳은 것은?

우리가 실제로 무엇을 보호해야 하는가를 알아내기 위해서 우리의 희망보다는 공포로부터 논의를 시작할 필요가 있다. 미래에 있을 수 있는 심상치 않은 상황 변화, 위험이 미칠 수 있는 전 지구적 범위, 그리고 인간의 몰락 과정에 대한 징조를 통해서 비로소 윤리적 원리들이 발견될 수 있다.

① 현대 기술을 선악 판단 대상으로 삼아서는 안 된다.
② 미래 세대와 자연에 대한 책임을 심사숙고해야 한다.
③ 자유로운 삶을 위해 기술의 활용도를 증대해야 한다.
④ 과학 기술을 활용하여 인간의 모든 문제를 해결할 수 있다.
⑤ 과학 기술은 인류를 위험에 빠뜨릴 수 있으므로 연구를 멈춰야 한다.

03

(가)의 갑, 을, 병 사상가들의 입장에서 서로에게 제기할 수 있는 비판을 (나) 그림으로 표현할 때, A ~ F에 해당하는 내용으로 가장 적절한 것은?

(가)
갑: 비이성적 존재는 단지 수단으로서의 가치만을 지닌다. 자연을 파괴하고자 하는 성향은 인간의 자기 자신에 대한 의무에 어긋난다.
을: 고유의 선을 갖는 생명체는 목적론적 삶의 중심이다. 인간은 개별 생명체에 대해 성실, 해악 금지, 불간섭, 보상적 정의의 의무를 갖는다.
병: 인류는 대지 공동체의 평범한 구성원이다. 우리는 대지의 가치를 경제적 관점뿐만 아니라 윤리적·심미적 관점에서 검토해야 한다.

(나)
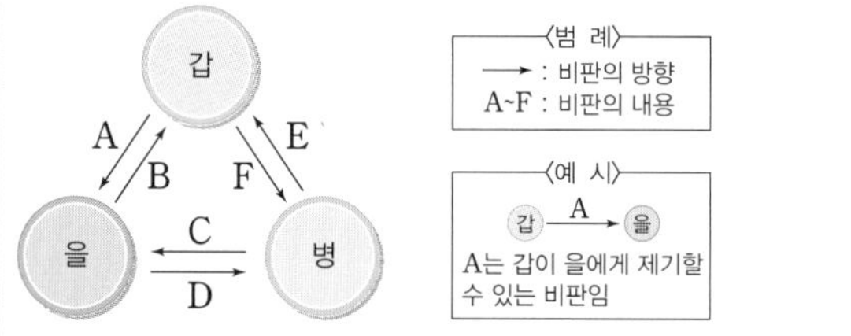

① A, E: 인간만이 도덕적 행위의 주체임을 간과한다.
② B: 이성적 존재의 인격을 존중해야 함을 간과한다.
③ C, E: 생태계 전체가 도덕적 고려 대상임을 간과한다.
④ D: 인간이 자연보다 우월하지 않은 존재임을 간과한다.
⑤ F: 동물을 함부로 대해서는 안 된다는 점을 간과한다.

04

갑, 을이 주장할 내용으로 알맞지 <u>않은</u> 것은?

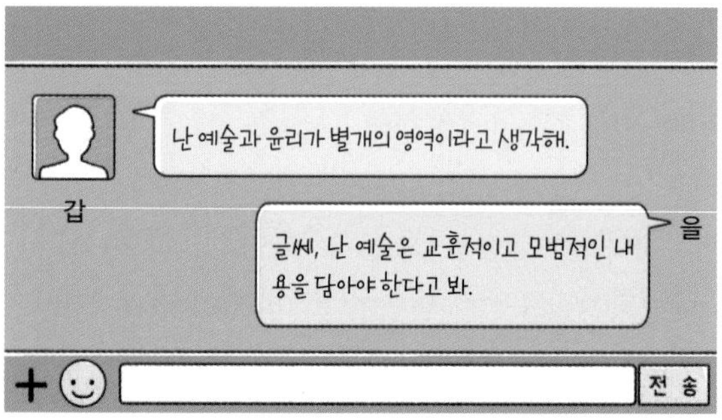

난 예술과 윤리가 별개의 영역이라고 생각해.
갑
글쎄, 난 예술은 교훈적이고 모범적인 내용을 담아야 한다고 봐.
을
전 송

① 갑: 예술은 사회의 도덕적 성숙에 기여해야 한다.
② 갑: 도덕주의는 예술의 자율성을 침해할 수 있다.
③ 갑: 미적 가치와 윤리적 가치의 관련성은 높지 않다.
④ 을: 예술 작품에 대해서는 적절한 윤리적 규제가 필요하다.
⑤ 을: 예술은 올바른 품성을 기르고 도덕적 교훈을 주는 것이다.

05

다음을 주장한 사상가의 자연관으로 옳은 것을 〈보기〉에서 고른 것은?

> 더 넓은 관점인 자연과 나의 동일시를 통하면 환경 보호 덕분에 자기 이익에도 도움이 된다는 것을 알 수 있다. …… 자기 실현을 협소한 자아의 만족으로 보는 것은 자신을 심각하게 과소평가하는 것임을 알 때 우리는 더 큰 자아 관념에 대해 이야기할 수 있다.

보기

ㄱ. 생명을 고양하고 유지하는 것이 선(善)이다.
ㄴ. 생명체 상호 간 위계적 질서를 강조해야 한다.
ㄷ. 인간 중심주의적 세계관 자체를 바꾸어야 한다.
ㄹ. 자연과의 상호 관련성을 통해 자아를 이해해야 한다.

① ㄱ, ㄴ ② ㄱ, ㄷ ③ ㄴ, ㄷ
④ ㄴ, ㄹ ⑤ ㄷ, ㄹ

06

다음 신문 칼럼의 입장으로 가장 적절한 것은?

> 칼럼
>
> 오늘날 다문화 사회에서 조화롭게 살아가기 위해서는 각 문화가 지닌 고유성과 상대적 가치를 올바르게 이해하고 존중해야 한다. “같은 것을 추구하되 다른 것도 인정하고, 조화롭게 지내되 무조건 따르지는 않는다.”라는 유교 사상의 가르침을 되새겨 문화의 다양성을 인정하는 관용과 포용의 자세가 필요하다.

① 이주민 문화에 대해 배타적 태도를 유지해야 한다.
② 언제 어디서나 타 문화에 대한 비판을 삼가야 한다.
③ 보편 윤리를 기준으로 다양한 문화를 인정해야 한다.
④ 자문화 중심주의를 토대로 타 문화를 평가해야 한다.
⑤ 다양한 문화를 주류 문화에 편입시켜 통합해야 한다.

07

다음 사상가의 입장으로 옳지 않은 것은?

> 실천적 담론의 참여자들은 원칙적으로 모든 당사자들이 자유롭고 평등한 사람으로서 협동적 진리 탐구에 참여한다는 사실을 전제해야만 한다. 실천적 담론은 오직 의사소통의 일반적 전제 조건들의 토대 위에서만 인정된다.

① 논의에 참여하는 사람들은 진실성을 가지고 발언해야 한다.
② 누구나 어떤 주장에 대해서도 문제를 제기할 수 있어야 한다.
③ 상호 간 논증적인 토론 과정을 거쳐 보편적 합의에 도달해야 한다.
④ 전문가 집단의 논의 결과를 토대로 문제를 해결하는 것이 정당하다.
⑤ 모든 사람이 평등하게 논의에 참여하고 자유롭게 의견을 제시할 수 있어야 한다.

08

다음 강연자가 긍정의 대답을 할 질문으로 가장 적절한 것은?

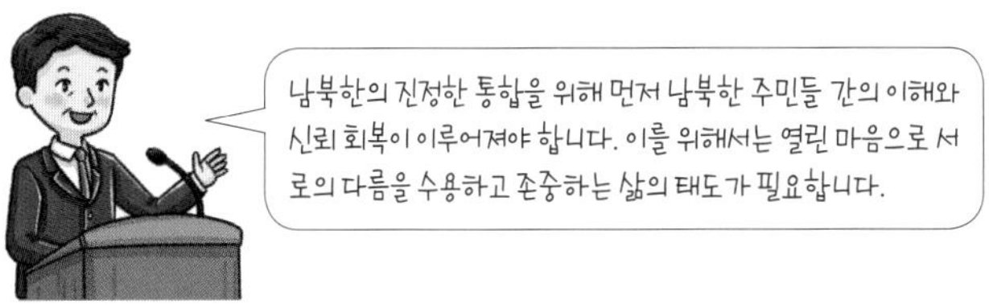
남북한의 진정한 통합을 위해 먼저 남북한 주민들 간의 이해와 신뢰 회복이 이루어져야 합니다. 이를 위해서는 열린 마음으로 서로의 다름을 수용하고 존중하는 삶의 태도가 필요합니다.

① 진정한 통일을 이루기 위해 정치의 통합을 우선해야 하는가?
② 진정한 통일을 위해 국제 사회의 동의를 얻는 것이 급선무인가?
③ 남북한의 경제적 수준이 비슷해지면 남북 주민 간 갈등이 발생하지 않는가?
④ 진정한 통일을 이루기 위해 다양한 분야에서 교류를 확대해 나가야 하는가?
⑤ 진정한 통일을 이루기 위해 북한 주민들을 남한 문화에 동화시켜야 하는가?

09

다음은 어느 책의 일부를 발췌한 것이다. 저자의 입장으로 가장 적절한 것은?

> 외적으로 일어나는 구조적 폭력의 두 가지 주요한 형태는 정치와 경제에서 잘 알려진 억압과 착취이다. 이 두 가지 형태의 폭력은 몸과 마음에 작용하지만, 반드시 의도된 것은 아니다. 그러나 희생자들에게는 의도된 것이 아니라는 사실이 큰 위안이 되지 못한다.
> 이러한 모든 것의 이면에는 문화적 폭력이 존재한다. 모두 상징적인 것으로 종교와 사상, 언어와 예술, 과학과 법, 대중 매체와 교육의 내부에 존재하는 것이다. 이러한 문화적 폭력의 기능은 매우 간단한데, 직접적 폭력과 구조적 폭력을 정당화하는 것이다. 폭력은 주로 문화적 폭력으로부터 구조적 폭력을 경유하여 직접적 폭력으로 번지는 것이다. ……(후략)

① 평화를 달성하기 위한 정의로운 전쟁은 허용되어야 한다.
② 종교와 이념, 예술 등이 폭력을 정당화하는 데 이용될 수 있다.
③ 사회 제도나 관습에서 생기는 폭력을 직접적 폭력으로 인식해야 한다.
④ 평화 개념을 인간 안보적 차원에서 국가 안보적 차원으로 확장해야 한다.
⑤ 다양한 폭력의 형태는 인과적으로 연결된 것이 아니라 서로 단절되어 있다.

10

다음은 서술형 평가 문제와 학생 답안이다. 이 학생이 획득한 점수로 알맞은 것은?

〈서술형 평가〉

◎ **문제:** 갑, 을 사상가의 차이점 두 가지와 공통점 한 가지를 서술하시오.

> **갑:** 국제 원조는 '고통을 겪고 있는 사회'라고 부르는 심각한 정치·사회 문화적 어려움에 처한 국가들이 그러한 어려움에서 벗어나서 스스로의 일을 적절하고 합리적으로 처리할 수 있도록 하는 것을 목표 대상으로 삼아야 한다.
> **을:** 국제 원조는 지역과 국경의 경계를 넘어 '고통을 겪고 있는 사회'의 모든 사람들의 삶을 개선함으로써 인류의 복지를 증진시키는 것을 목표 대상으로 삼아야 한다. 도움을 줌으로써 얻을 수 있는 이익이 비용보다 클 경우 인류에게는 이웃의 고통을 감소시켜야 할 윤리적 의무가 있다.

◎ **학생 답안**

1. 차이점

(1) 갑은 원조를 도덕적 의무의 문제로 본 반면, 을은 자율적 선택의 문제로 보았다.

(2) 갑은 원조의 목적을 고통받는 사회를 질서 정연한 사회로 만드는 것으로 본 반면, 을은 원조의 목적을 지구적 차원의 인류 복지 증진으로 보았다.

2. 공통점

빈곤의 문제는 정치·사회적 결함이 아닌 물질적 자원의 부족에서 기인한다.

〈채점 기준표〉

차이점	두 가지 모두 바르게 제시된 경우	4점
	한 가지만 바르게 제시된 경우	2점
	두 가지 모두 바르게 제시되지 않은 경우	0점
공통점	한 가지가 바르게 제시된 경우	1점
	한 가지도 바르게 제시되지 않은 경우	0점

① 1점 ② 2점 ③ 3점 ④ 4점 ⑤ 5점

서술형

11

㉠의 내용을 〈조건〉의 개념을 활용하여 두 가지 이상 서술하시오.

인간은 체험을 통해 자신이 살고 있는 집을 삶의 중심으로 형성할 수 있다. 체험된 거주 공간은 가치를 지향하는 삶의 관계를 통해 사람들과 관계된다. 인간과 집의 관계는 집을 짓고 그 안에 살면서 자기 집 같고, 마음 편하며, 믿을 만한 친숙함이 있다고 이해될 수 있다. 이러한 ㉠ 집의 참된 의미를 찾기 위한 현대인의 노력이 필요하다.

• 조건 •
내적 공간, 안정, 질서, 중심점

12

밑줄 친 '황금률'의 대표적인 예를 두 가지 이상 서술하시오.

세계의 많은 종교에서 '황금률(golden rule)'을 표현하는 경전 구절을 발견할 수 있다. 이러한 황금률은 서로 다른 종교와 세속 윤리에서 공유될 수 있는 윤리 규범이 존재함을 보여주는 중요한 근거라고 할 수 있다.

13

다음은 어떤 학생이 작성한 노트 필기이다. ㉠~㉤ 중 틀린 것을 고르고 바르게 고쳐 쓰시오.

※ 주제: 현실주의와 이상주의의 비교
1. 공통점
- 전쟁과 분쟁을 방지할 수 있는 방법이 있음을 인정함 ······ ㉠
- 국가의 이익보다 인간의 보편적인 가치를 우선해야 한다고 봄 ······ ㉡
2. 차이점
- 현실주의는 갈등 해결의 원천을 힘으로, 이상주의는 갈등 해결의 원천을 이성으로 ······ ㉢
- 분쟁 해결 방법으로 현실주의는 국가 간 세력 균형을, 이상주의는 국제기구 등을 통한 제도의 개선을 제시함 ······ ㉣
- 현실주의는 타국을 잠재적 적국으로 여겼지만 이상주의는 협력의 대상으로 봄 ······ ㉤

14

다음 그림에서 설명하는 현상의 긍정적인 측면을 서술하시오.

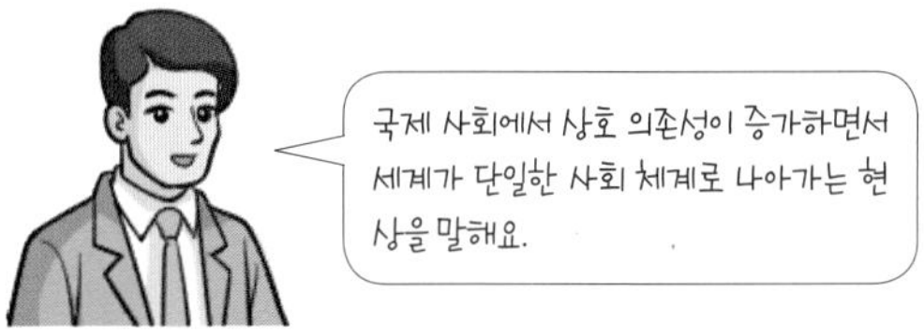

국제 사회에서 상호 의존성이 증가하면서 세계가 단일한 사회 체계로 나아가는 현상을 말해요.

Memo

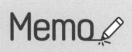

★ 고등 **5종** 생활과 윤리 교과서
필수 학습 내용 반영!

중간고사 기말고사
고득점을 예약하자!

시험적중

내신전략

고등 생활과 윤리

BOOK 3

정답과 해설

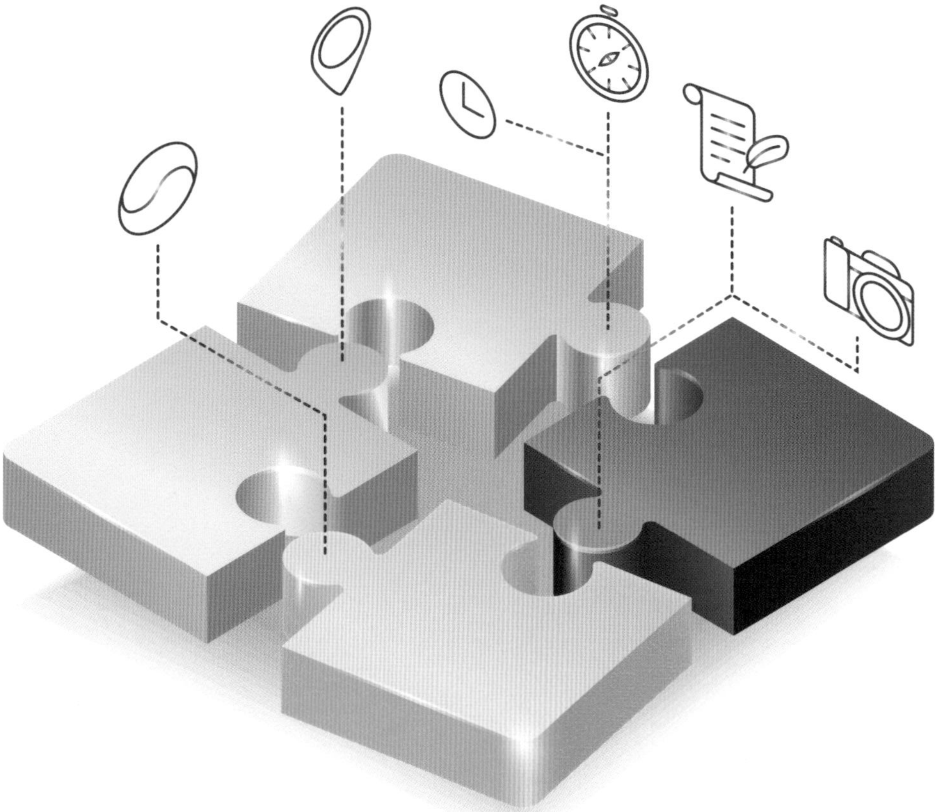

천재교육

정답과 해설
포인트 3가지

- 혼자서도 이해할 수 있는 친절한 문제 풀이
- 예시 답안과 구체적 평가 요소 제시로 실전 서술형 문항 완벽 대비
- 오답도 자세하게 분석하여 고등 생활과 윤리를 한층 더 쉽게!

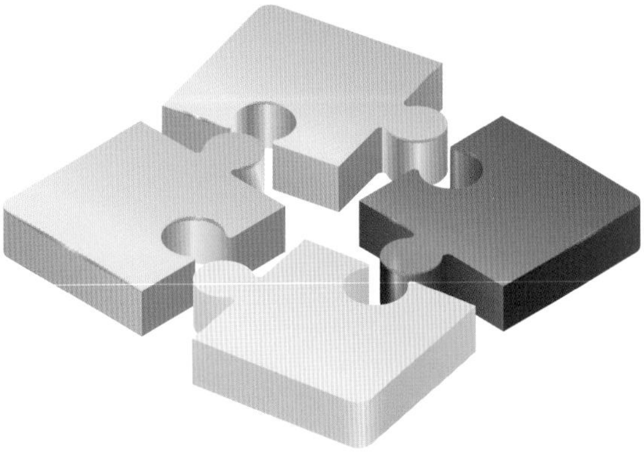

Book 1

정답과 해설

정답과 해설 | Book 1

1주 I. 현대의 삶과 실천 윤리 ~ II. 생명과 윤리

1주 1일 개념 돌파 전략 ① Book 1 8~11쪽

1강_현대의 삶과 실천 윤리

8쪽	개념 ❶ 객관적	개념 ❷ 인(仁)	개념 ❸ 중용
9쪽	01-1 실천 윤리학	02-1 공리주의적 접근	03-1 중용

2강_생명과 윤리

10쪽	개념 ❶ 생명	개념 ❷ 찬성	개념 ❸ 급진적
11쪽	01-1 심폐사	02-1 ㄴ, ㄷ	03-1 성차별

1주 1일 개념 돌파 전략 ② Book 1 12~13쪽

1 ①　2 ⑤　3 ③　4 ④　5 ⑤　6 ⑤

1 이론 윤리학과 실천 윤리학의 입장 비교

(가)는 도덕 원리 탐구를 중시하는 이론 윤리학, (나)는 도덕적 문제의 해결책 제시를 중시하는 실천 윤리학의 입장이다. 이론 윤리학은 도덕적 정당화의 이론적 근거를 제시하는 데 관심을 두는 반면, 실천 윤리학은 윤리 문제에 대한 구체적인 해결책을 모색하는 것이 특징이다.

ㄱ. 이론 윤리학은 도덕 원리를 탐구하고 도덕적 정당화의 이론적 근거를 제시하는 데 관심을 갖는다.

ㄴ. 실천 윤리학은 삶에서 발생하는 윤리 문제에 대하여 도덕 원리를 근거로 하여 실제적이고 구체적인 해결책을 모색하는 데 관심을 갖는다.

오답 피하기 ㄷ. 도덕적 언어의 의미 분석과 도덕적 추론의 정당성 검증을 위한 논리 분석을 강조하는 것은 메타 윤리학이다.

ㄹ. 이론 윤리학과 실천 윤리학은 규범 윤리학에 속하며 메타 윤리학에 비해 인간에게 삶의 방향을 안내하는 것에 관심을 갖는다.

더 알아보기⁺ 이론 윤리학과 실천 윤리학

이론 윤리학	• 도덕 원리나 도덕적 정당화의 이론적 근거 제시 • 도덕적 행위에 대한 이론적 분석과 정당화를 다룸
실천 윤리학	• 도덕 원리를 근거로, 현실에 적용할 수 있는 실천적 규범과 원칙 제시 • 삶에서 발생하는 윤리 문제에 대한 실제적이고 구체적인 해결책 모색에 관심

2 유교 윤리적 접근

제시문은 공자의 주장으로, 유교 사상의 입장이다. 유교에서는 인간이 지나친 욕구 때문에 잘못된 행동을 할 수 있으므로 지속적인 수양이 필요하다고 본다. 유교에서는 내면적 도덕성인 인과 외면적 사회 규범인 예를 주된 덕목으로 제시하고, 자신을 먼저 수양하고 타인을 편안하게 해야 한다는 수기안인(修己安人), 수기치인(修己治人)을 강조한다.

⑤ 유교에서는 인과 예를 바탕으로 도덕적 실천과 수양을 강조한다.

3 공리주의적 접근

제시된 내용을 주장한 사상가는 벤담으로, 공리주의자이다.

선택지 바로 보기

① 쾌락이 선이고 고통을 악이라고 보아서는 안 된다. (×)
→ 쾌락은 선이고 고통은 악이며, 행복이 삶의 목적이라는 점은 공리주의의 기본적인 윤리관이다.

② 인간 행위는 결과와 무관하게 선악을 판단할 수 있다. (×)
→ 공리주의는 결과주의적 입장이므로 행위의 결과에 따라 옳고 그름을 판단해야 한다고 본다.

③ 최대 다수의 최대 행복이 도덕의 원리가 되어야 한다. (○)
→ 공리주의에서는 '공리의 원리' 또는 '최대 다수의 최대 행복의 원리'를 도덕과 입법의 원리로 제시한다.

④ 쾌락과 고통은 인간 행위의 주요 동력이 될 수 없다. (×)
→ 공리주의에서는 인간이 무엇을 해야 할지를 결정하는 주요 동기가 쾌락과 고통이라고 본다.

⑤ 개인의 행복을 배제하고 사회 전체의 행복을 추구해야 한다. (×)
→ 공리주의에서는 개인의 행복과 사회 전체의 행복을 모두 추구하며 이 둘이 서로 조화를 이루어야 한다고 본다.

4 에피쿠로스의 죽음관 이해

제시된 내용을 주장한 사상가는 죽음에 대해 두려워할 필요가 없다고 본 에피쿠로스이다. 에피쿠로스는 인간이 사나 죽으나 죽음을 경험할 수 없으므로 죽음에 대해 두려워할 필요가 없다고 보았다. 또한 죽음은 모든 감각의 상실이므로 쾌락이나 고통을 느낄 수 없다고 보았으며 죽음은 인간을 구성하는 원자가 흩어져 개별 원자로 돌아가는 것이므로 죽은 후에는 육체와 영혼이 존재하지 않는다고 보았다.

④ 에피쿠로스는 죽음으로 인해 육체뿐만 아니라 영혼도 사라진다고 보았다.

더 알아보기⁺ 동서양의 죽음관

동양	• 공자: 죽음에 관심을 가지기보다는 현세의 도덕적인 삶에 충실하는 것이 더 중요함 • 장자: 삶과 죽음은 기(氣)가 모였다가 흩어지는 것이고 자연스럽고 필연적인 과정임 • 불교: 죽음은 고통이자 다음 세상으로 윤회하는 과정이며, 현세의 업보가 죽은 이후의 삶을 결정함
서양	• 플라톤: 죽음은 육체에 갇혀 있던 영혼이 해방되어 이데아의 세계로 돌아가는 것임 • 에피쿠로스: 살아서는 죽음을 경험할 수 없고, 죽어서는 감각할수 없으므로 죽음을 두려워할 필요가 없음 • 하이데거: 현존재인 인간은 죽음을 직시할 때 진정한 삶을 살 수 있음

5 배아의 도덕적 지위를 인정하는 논거 파악

제시된 그림의 강연자는 잠재성 논거, 동일성 논거 등을 통해 배아의 도덕적 지위를 인정한다. 배아의 도덕적 지위를 인정하는 입장에서는 인간의 발달 과정을 끊임없는 연속적인 과정으로 보고, 배아를 인간 종의 한 구성원으로 여긴다.

⑤ 배아를 실험 대상으로 보는 것은 배아의 도덕적 지위를 인정하지 않는 입장의 논거에 해당한다.

더 알아보기⁺ 인간 배아의 도덕적 지위를 주장하는 논거

- 잠재성 논거: 배아는 인간이 될 수 있는 잠재성을 가진다.
- 종의 구성원 논거: 배아는 인간 종(種)에 속하며 도덕적 주체가 될 수 있다.
- 연속성 논거: 배아는 선명한 경계선이 없는 연속적인 인간 발달의 과정에 있다.
- 동일성 논거: 배아는 도덕적 존중의 기초가 되는 속성을 인간과 동일하게 가진다.

6 사랑과 성에 대한 중도주의 입장 파악

제시문은 사랑과 성에 대한 중도주의 입장을 나타내고 있다. 중도주의 입장에서는 사랑이 있는 성은 바람직하고 사랑이 없는 성은 바람직하지 않다고 본다. 즉, 사랑을 성이 정당화되기 위한 필요충분조건으로 보는 입장이다.

더 알아보기⁺ 사랑과 성을 바라보는 관점

보수주의	결혼 제도 안에서 이루어지는 성 추구
자유주의	사랑 없이도 가능한 성 추구
중도주의	사랑이 있는 성 추구

선택지 바로 보기

① 사회의 공식 인정 절차를 거쳐야 성이 정당화된다. (×)
→ 중도주의 입장에서는 사회의 공식 인정 절차에 해당하는 결혼을 거치지 않아도 성이 정당화될 수 있다고 본다.

② 해악 금지의 원칙은 도덕적 성의 필요충분조건이다. (×)
→ 중도주의 입장에서는 해악 금지의 원칙이 아니라 사랑을 도덕적 성의 필요충분조건으로 제시한다.

③ 결혼과 출산은 성이 정당화되기 위한 최소한의 요건이다. (×)
→ 보수주의 입장에서 지지할 수 있는 내용이다. 중도주의 입장에서는 결혼이나 출산을 최소한의 요건으로 내세우지 않는다.

④ 사랑이나 결혼을 성의 정당화 조건으로 내세워서는 안 된다. (×)
→ 중도주의 입장에서는 사랑을 성의 정당화 조건으로 내세운다.

⑤ 자신과 상대방의 인격적인 교감이 이루어질 때 성이 정당화된다. (○)
→ 중도주의 입장에서는 자신과 타인의 인격을 존중하는 사랑을 성의 정당화 조건으로 제시한다.

1주 2일 필수 체크 전략 ①

Book 1 14~17쪽

1-1 (가) 실천 윤리학 (나) 기술 윤리학 1-2 ① 2-1 ①
2-2 ④ 3-1 ③ 3-2 ⑤ 4-1 ④ 4-2 ④

1-1 실천 윤리학과 기술 윤리학의 특징 이해

(가)는 실천 윤리학, (나)는 기술 윤리학이다. 실천 윤리학은 현대 사회의 다양한 윤리 문제에 대해 윤리 이론을 적용하여 해결하는 것을 주된 탐구 과제로 삼는다. 기술 윤리학은 도덕 현상이나 풍습, 관행에 대한 객관적 관찰, 경험과학적 분석을 핵심으로 삼는 윤리학이다.

더 알아보기⁺ 윤리학의 구분

이론 윤리학	• 도덕적 행위에 대한 이론적 분석과 정당화 • 도덕 판단의 근거가 되는 도덕 원리 체계화
실천 윤리학	• 도덕 원리를 적용하여 구체적인 삶의 문제 해결 • 여러 분야의 문제를 해결하기 위한 학제적 성격
메타 윤리학	• 도덕적 언어의 의미와 논리적 타당성 검토 • 윤리학의 학문적 성립 가능성 검토
기술 윤리학	특정 사회의 관습, 사회 규범 등에 대해 객관적(가치 중립적)으로 기술

1-2 메타 윤리학의 특징 파악

제시문은 메타 윤리학에 대한 설명이다. 메타 윤리학은 도덕 문제 해결에 앞서 도덕적 논의의 의미론적, 논리적, 인식론적인 구조를 분석하는 것에 주력한다.

선택지 바로 보기

① 도덕 언어의 의미 분석 (○)
→ 메타 윤리학은 도덕 언어의 의미 분석, 도덕적 추론의 정당화 분석을 주된 탐구 과제로 삼는다.

② 도덕적 관행의 객관적 기술 (×)
→ 도덕적 관행, 풍습, 현상 등의 객관적 기술을 주력으로 하는 것은 기술 윤리학이다.

③ 도덕 문제의 실질적 해결책 제시 (×)
→ 도덕 문제의 해결책 제시를 중시하는 것은 실천 윤리학이다.

④ 가치 판단을 포함한 도덕 현상의 분석 (×)
→ 객관적인 분석과 기술을 중시하는 것은 기술 윤리학이다.

⑤ 도덕 원리의 정립과 정당화의 이론적 근거 제시 (×)
→ 도덕 원리나 도덕적 정당화의 이론적 근거를 제시하는 데 관심을 갖는 것은 이론 윤리학이다.

2-1 유교 사상가 맹자의 입장 파악

제시된 내용을 주장한 사상가는 맹자로, 맹자는 인간이 본래 도덕적 본성을 지닌 채 태어났으나 지나친 욕구 때문에 잘못된 행동을 할 수 있다고 보았다. 따라서 타고난 네 가지 선한 마음 즉, 측은지심(惻隱之心), 수오지심(羞惡之心), 사양지심(辭讓之心), 시비지심(是非之心)을 잃지 않도록 노력해야 한다고 보았다.

더 알아보기⁺ 맹자의 사단과 사덕

맹자는 인간이 사단(四端)과 사덕(四德)을 지닌 채 태어난다고 보았다. 사단은 네 가지 선한 마음이다. 다른 사람을 불쌍히 여기는 마음인 측은지심, 자신의 잘못을 부끄러워하고 타인의 잘못을 미워하는 마음인 수오지심, 겸손하게 사양하는 마음인 사양지심, 옳고 그름을 분별하는 지혜로운 마음인 시비지심이 사단이다. 또한 인의예지가 사덕인데, 측은지심은 인의 단(端)이요, 수오지심은 의의 단이요, 사양지심은 예의 단이요, 시비지심은 지의 단이라고 하였다.

2-2 불교 사상과 도가 사상 비교

(가)는 불교 사상, (나)는 도가 사상이다.

④ 장자는 조용히 앉아서 일체의 구속을 잊어 버리는 좌망(坐忘), 마음을 비워 깨끗이 하는 심재(心齋) 등을 수양 방법으로 제시하였다.

오답 피하기 ① 불교에서는 모든 존재와 현상이 끊임없이 변화한다고 본다.

② 불교에서는 누구나 수행을 통해 깨달음을 얻을 수 있다고 본다.

③ 도교에서는 인간을 자연의 일부로 보고 다른 존재와 구별하지 않는다.

⑤ 도교에서는 도(道)에 따르는 삶을 살아야 한다고 본다. 인의의 실천은 유교에서 강조하는 내용이다.

3-1 칸트의 입장 파악

제시된 내용을 주장한 사상가는 칸트이다. 칸트는 상황과 조건에 관계없이 무조건 따라야 하는 도덕 법칙을 준수할 것을 강조하였다.

③ 칸트는 그 자체로 선한 것은 선의지라고 보았으며 결과나 유용성과 무관하게 선의지에 따른 행위는 도덕적 행위라고 보았다.

오답 피하기 ① 행복을 중시한 것은 공리주의 입장이다.

② 칸트는 감정이 아니라 이성을 중심으로 옳고 그름을 판단해야 한다고 보았다.

④ 유용성을 가져오는 규칙을 따라야 한다고 보는 것은 규칙 공리주의의 입장이다.

⑤ 칸트는 선의지에 따른 행위만이 도덕적 가치를 지닌다고 본다.

더 알아보기⁺ 칸트가 주장한 도덕적 행위

칸트는 행위의 결과가 아닌 의지, 동기를 중시하였다. 칸트는 그 자체로 무제한적으로 선한 선의지에 따른 행위, 의무 의식으로부터 비롯된 행위, 정언 명령과 도덕 법칙을 따른 행위 등이 도덕적 가치를 지닌다고 보았다.

3-2 벤담의 입장 파악

제시문은 공리주의를 주장한 벤담의 입장이다. 벤담은 쾌락을 산출하고 고통을 줄이는 행위가 바람직한 행위이며, 모든 쾌락에는 질적 차이가 없으므로 양적인 계산이 가능하다고 보았다.

⑤ 벤담은 쾌락을 산출하고 고통을 피하는 결과를 낳는 행위가 선이라고 보며, '최대 다수의 최대 행복'을 도덕과 입법의 원리로 제시하였다.

오답 피하기 ①, ③ 의무론적 접근 방식이다.

② 쾌락에 질적 차이가 있음을 주장한 인물은 밀이다.

④ 공리주의에서는 쾌락이 선이고, 고통은 악이며, 행복이 삶의 목적이다.

4-1 매킨타이어의 덕 윤리 이해

제시된 내용을 주장한 사상가는 덕 윤리를 주장한 매킨타이어이다. 매킨타이어는 덕이 선천적으로 내재한 것이 아니라 사회적·역사적 맥락 속에서 형성된 것이며 공동체의 맥락과 사회적 실천 속에서 덕을 성취해 나가야 한다고 보았다.

선택지 바로 보기

① 덕은 인간의 본성에 내재된 것이다. (×)
→ 매킨타이어는 덕이 인간 본성에 내재한 것이 아니라 사회적 실천 속에서 형성되는 것이라 보았다.

② 덕은 사회적 맥락을 벗어나 형성되어야 한다. (×)
→ 매킨타이어는 사회적, 역사적 맥락을 벗어나 덕이 형성된다고 보지 않았다.

③ 공동체의 전통보다 개인의 자유가 더 중요하다. (×)
→ 매킨타이어는 개인의 자유와 선택보다는 공동체의 전통과 역사를 더 중시하였다.

④ 덕 있는 사람은 선한 행위를 지속적으로 실천한다. (○)
→ 매킨타이어는 덕이 선한 행위를 실천하는 데 유용한 인간의 성품이라고 주장하였다.

⑤ 행위자의 성품보다 행위 자체의 도덕성이 우선이다. (×)
→ 현대 덕 윤리는 행위 중심의 근대 윤리를 비판하고 행위자 중심의 윤리를 강조하였다.

4-2 도덕 과학적 접근 이해

제시문은 도덕 과학적 접근에 대한 설명이다. 도덕 과학적 관점은 뇌 과학을 통해 인간 도덕성의 근원을 밝히고, 인간의 도덕성을 향상시킬 수 있다고 본다. 대표적으로 신경 윤리학과 진화 윤리학이 있다.

④ 도덕 과학적 접근은 인간의 이성과 정서의 역할도 과학적인 데이터와 수치로 표현하고 검증하려 한다.

오답 피하기 ①, ③ 도덕 과학적 접근은 인간의 이성이나 감정의 작용을 과학적 방법을 통해 분석하고 설명하려 한다.

② 도덕 과학적 접근은 인간의 이타적 행위나 도덕성이 경험, 관찰 등으로 입증될 수 있다고 본다.

⑤ 도덕 과학적 접근은 윤리 문제의 해결에 과학적 분석이 사용될 수 있다고 본다.

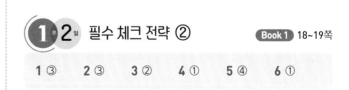

1주 2일 필수 체크 전략 ②

Book 1 18~19쪽

1 ③ 2 ③ 3 ② 4 ① 5 ④ 6 ①

1 실천 윤리학과 메타 윤리학의 입장 비교

제시문의 '나'는 실천 윤리학의 입장, '어떤 사람들'은 메타 윤리학의 입장을 지지하고 있다. 실천 윤리학은 다양한 영역의 윤리 문제를 해결하기 위해 학제적으로 접근하며, 이론 윤리학에서 제공한 도덕 원리를 근거로 현실의 구체적인 문제를 해결하고자 한다. 메타 윤리학은 도덕적 언어의 논리적 타당성과 의미 분석을 핵심으로 삼는다.

③ 실천 윤리학은 인간에게 삶의 방향을 안내하고자 한다. 이에 비해 메타 윤리학은 언어 분석과 추론의 타당성 분석에 더 중점을 둔다.

오답 피하기 ① 실천 윤리학은 현대 사회의 다양한 윤리 문제 해결을 위해 학제적 접근이 필요하다고 본다.
②, ④ 윤리 이론의 정립과 이론적 정당화를 강조하는 것은 이론 윤리학이다.
⑤ 도덕적 관행의 서술을 강조하는 것은 기술 윤리학이다.

2 실천 윤리학의 특징

제시문은 도덕 문제를 해결하기 위해 다양한 학문 분야의 지식과 기술을 적극 활용해야 함을 강조하고 있다. 현대 사회에서는 기존의 윤리 규범으로는 해결하기 어려운 새로운 문제들이 제기되었다. 이러한 문제를 해결하기 위해 요청된 새로운 윤리학은 도덕 이론을 바탕으로 현실의 구체적인 윤리 문제를 해결하고자 하고, 대체로 실천 윤리학의 특징을 지닌다.
③ 실천 윤리학은 이론 윤리학에서 정립한 도덕규범을 현실 문제에 적용함으로써 구체적인 해결책과 대안을 모색하며, 다른 인접 학문 분야와의 교류와 연계를 강조한다.

오답 피하기 ① 실천 윤리학은 인간이 구체적으로 어떻게 행동해야 하고 어떻게 살아야 하는지에 대해 안내한다.
② 실천 윤리학에서는 윤리학이 가치 중립적 학문이어야 한다고 주장하지 않는다.
④ 도덕적 언어의 의미 분석과 도덕적 추론의 논리적 타당성의 분석을 주요 과제로 삼는 것은 메타 윤리학이다.
⑤ 실천 윤리학은 구체적인 문제 해결을 위해 가치 판단을 해야 한다고 본다.

3 윤리적 성찰의 방법

제시된 그림의 사상가는 공자로, 경(敬)과 성(誠)을 통해 지나친 욕구를 극복하고 예(禮)를 회복할 것을 강조하였다.
② 공자는 사회 혼란의 원인은 인간의 도덕성 타락이라 인식하고 이를 해결하기 위해 사욕을 극복하고 예를 회복할 것을 주장하였다.

오답 피하기 ① 맹자는 인간이 본디 측은지심을 지니고 있다고 보았다.
③ 도교에서는 자연 그대로의 질서를 따르는 무위자연에 따라 살아갈 것을 강조한다.
④ 묵자는 나와 남을 차별하지 않는 참된 사랑인 겸애를 주장하였다.
⑤ 맹자는 사람은 누구나 선한 본성을 가지고 있으며, 수양을 통해 선한 본성을 보존할 수 있다고 보았다.

4 불교의 윤리 이해

제시문은 불교의 주장이다. 불교에서는 만물의 원인과 조건이 상호 의존성 속에서 생멸하므로 나에 대한 집착에서 벗어나 자비를 실천할 것을 주장한다.
① 불교에서는 수행을 통해 고통과 번뇌에서 벗어나 열반에 이르고자 한다.

오답 피하기 ② 불교에서는 만물이 서로 연결되어 상호 의존하고 있다고 본다.
③ 불교에서는 스스로 존재하는 고정된 실체가 없다고 본다.
④ 불교에서는 탐욕과 집착을 버리고 무명과 애욕에서 벗어나 깨달음을 얻으면 고통에서 벗어나 열반에 도달할 수 있다고 본다.
⑤ 불교에서는 연기성을 깨닫지 못한 인간은 삼독(三毒)에 빠져 비도덕적 행위를 하고 이에 따른 고통을 받게 된다고 본다.

더 알아보기⁺ 불교의 연기설

- 모든 존재와 현상은 다양한 원인과 조건에 의해 생겨나고 멸함
  → 모든 존재와 현상이 상호 의존적으로 연결됨
- 어떤 존재도 다른 존재와 독립적으로 존재하지 않음

5 칸트의 의무론적 윤리 파악

제시된 내용을 주장한 사상가는 칸트로, 도덕 법칙을 존중하려는 의무에서 비롯된 행위만 도덕적 가치를 지닌다고 보았다. 칸트는 행위의 결과가 아니라 행위의 동기에 주목하였다. 어떠한 행위가 아무리 뛰어나고 효율적이라고 하더라도 선의지에 따르지 않는다면 악하게 될 수 있고 다른 사람에게 엄청난 해를 끼칠 수 있다고 경고하였다.

선택지 바로 보기

① 지성과 용기는 그 자체로 선한 것이다. (×)
→ 제시문에서도 알 수 있듯이 칸트는 지성, 기지, 판단력, 재능 들이 선의지에서 나온 것이 아니라면 극히 악하게 될 수 있다고 보았다.
② 행복은 도덕적 행위의 목적이 될 수 있다. (×)
→ 칸트는 행복이 의무에 선행하는 동기 부여의 근거일 수 없다고 보았다.
③ 도덕적 행위는 행복을 산출할 때 비로소 성립 가능하다. (×)
→ 칸트는 도덕적 행위가 행위의 결과에 따라 좌우되지 않는다고 보았다.
④ 결과와 무관하게 선의지를 따르는 행위는 도덕적 행위이다. (○)
→ 칸트는 결과와 무관하게 그 자체로 선한 선의지에 따라 행위해야 한다고 보았다.
⑤ 선한 의도와 선한 결과 모두 도덕적 행위의 필요충분조건이다. (×)
→ 칸트는 행위의 결과가 아닌 행위의 바른 의지 즉, 동기에 주목하여 도덕적 행위를 판단해야 한다고 보았다.

더 알아보기⁺ 의무론과 공리주의

의무론	공리주의
• 도덕적 의무, 당위, 동기 중시 • 보편타당한 도덕적 의무의 존재 인정 • 도덕적 행동을 해야 하는 이유는 그것이 도덕적 의무이기 때문임	• 행복, 쾌락 등 행위의 결과 중시 • 유용성의 원리에 따라 윤리적 규칙 도출 • 최대 다수의 최대 행복을 도덕과 입법의 원리로 제시함

6 윤리적 성찰의 방법

제시문은 증자의 일일삼성(一日三省)이다.
① 일일삼성은 매일 하루의 삶을 성찰할 수 있는 세 가지 물음으로, 유교에서 제시한 성찰 방법이다.

더 알아보기⁺ 일일삼성(一日三省)의 세 가지 물음

- 스승에게 배운 것을 잘 익혔는가?
- 남을 돕는 데 정성스럽게 하였는가?
- 친구와 교제하는 데 신의를 다하였는가?

1주 3일 필수 체크 전략 ①

Book 1 20~23쪽

1-1 ⑤ 1-2 ③ 2-1 임신 중절 2-2 ② 3-1 ㄱ, ㄴ
3-2 칸트 4-1 자유주의(급진적 자유주의) 4-2 부부 관계

1-1 불교의 죽음관 이해

제시문은 석가모니의 주장으로, 불교의 입장이다. 불교에서는 연기설에 따라 모든 만물이 상호 의존적으로 존재하므로 모든 존재는 상호 연결되어 있다고 본다. 또한 불교에서는 연기성과 진리에 대한 깨달음을 얻으면 열반에 이를 수 있다고 본다.

⑤ 불교에서는 참된 깨달음을 얻으면 고통에서 벗어나 열반에 이르게 된다고 보았다.

오답 피하기 ① 장자의 죽음관으로, 장자는 삶이 기(氣)의 모임이고 죽음은 기의 흩어짐이라고 보았다.
② 불교에서는 죽음을 인간이 통제할 수 있는 인위적 과정이 아니라 자연스러운 과정이라고 보았다.
③ 불교에서는 전생에 받은 씨앗을 현세에 받는 것이고, 현세의 업이 내세의 삶을 결정한다고 보았다.
④ 불교에서는 연기성과 진리에 대한 깨달음을 얻어 윤회의 고통에서 벗어날 수 있다고 보았다.

1-2 플라톤의 죽음관 이해

제시문은 플라톤의 주장이다.

③ 플라톤은 육체를 순수한 인식을 방해하는 감옥처럼 생각하였고 죽음을 통해 영혼이 육체로부터 해방되어 순수한 인식을 할 수 있게 된다고 보았다.

오답 피하기 ① 공자는 죽음보다는 현실의 도덕적 삶이 더 중요하다고 보았다.
② 장자는 죽음은 자연스러운 현상이므로 슬퍼할 필요가 없다고 보았다.
④ 하이데거는 죽음을 직시할 때 진정한 삶을 살 수 있다고 보았다.
⑤ 에피쿠로스는 사람이 죽음을 경험할 수 없으므로 두려워할 필요가 없다고 보았다.

2-1 임신 중절 반대 입장의 논거 파악

제시된 그림의 인물들은 임신 중절을 반대하는 이유에 대해 말하고 있다. 임신 중절을 반대하는 입장에서는 태아의 생명 존엄성 논거, 성인으로 성장할 잠재성 논거 등을 근거로 제시한다.

더 알아보기⁺ 임신 중절 찬반 입장

임신 중절 반대 근거 (생명 옹호주의)	임신 중절 찬성 근거 (선택 옹호주의)
• 태아는 인간으로 성장할 잠재성이 있음 • 태아는 인간이므로 태아의 생명도 존엄함 • 태아는 무고한 인간이므로 해쳐서는 안 됨	• 태아는 여성 몸의 일부로 여성에게 소유권이 있음 • 여성은 자기 신체에 대해 자율적으로 선택할 권리가 있음 • 인간에게는 자기방어와 정당방위의 권리가 있음

2-2 뇌사를 인정하지 않는 입장의 논거 파악

뇌사를 인정하지 않는 입장에서는 인간 생명의 수단화 가능성, 뇌사 판단의 오진 가능성, 사회적 악용 가능성 등을 논거로 든다.

② 뇌사를 인정하는 입장에서 논거로 제기할 내용이다.

더 알아보기⁺ 뇌사 찬반 논거

뇌사 찬성 입장	뇌사 반대 입장
• 인간의 고유한 활동은 심장이 아닌 뇌에서 비롯됨 • 뇌사 환자의 장기 이식을 통해 다른 생명을 살릴 수 있음	• 뇌사는 인간의 생명을 수단으로 여기는 것임 • 오진·오판의 가능성이 있음

3-1 생식 세포 치료에 대한 반대 입장의 논거 파악

<보기>에는 생식 세포 치료에 대한 찬성 입장과 반대 입장의 논거들이 제시되어 있다.

ㄱ. 인간의 유전적 다양성이 상실될 수 있다는 것은 유전자 치료 반대 입장의 논거에 해당한다.

ㄴ. 인간의 유전자를 조작하는 우생학을 부추길 수 있다는 것은 유전자 치료 반대 입장의 논거에 해당한다.

더 알아보기⁺ 유전자 치료의 찬성 입장

유전자 치료를 찬성하는 입장의 논거로는 다음을 들 수 있다.
1. 유전자 치료는 병의 유전을 막아 다음 세대의 병을 예방할 수 있다.
2. 유전자 치료는 유전병을 퇴치하는 등 의학적으로 중요하며 유용하다.
3. 유전자 치료는 유전 질환을 물려주지 않으려는 부모의 자율적 선택을 존중하는 것이다.
4. 유전자 치료라는 새로운 치료법 개발을 통해 경제적 효용 가치를 산출할 수 있다.

3-2 동물에 대한 칸트의 입장 파악

제시문은 칸트의 주장이다. 칸트는 인간만이 이성과 자의식을 지닌 존재이며 동물을 인간을 위한 수단으로 취급할 수 있다고 보았다. 단, 동물을 함부로 학대하는 것은 동물에 대한 직접적 의무가 아니라 인간 자기 자신에 대한 의무에 어긋나는 것이라고 보았다.

더 알아보기⁺ 동물 권리에 대한 다양한 입장

데카르트	• 동물은 단순히 움직이는 기계이므로 인간의 필요에 의해 사용될 수 있음 • 동물은 쾌락과 고통을 경험할 수 없음
칸트	동물은 인간의 목적을 위한 수단이지만, 인간성을 훼손하지 않기 위해 동물을 간접적으로 고려할 도덕적 의무가 있음
싱어	동물은 쾌고 감수 능력을 지니므로 동물의 이익 또한 인간의 이익처럼 평등하게 고려해야 함
레건	삶의 주체인 동물은 인간과 동일하게 존중받을 권리가 있음

4-1 사랑에 대한 자유주의 입장 파악

제시문은 성과 사랑의 관계에 대한 자유주의(급진적 자유주의) 입장이다. 자유주의 입장에서는 타인에게 해를 끼치지 않는다면 인격적인 교감 없이도 성적 호감과 관심만으로 성이 가능하다고 본다. 또한 사랑과 성을 결부하여 성적 자유를 제한하는 것은 옳지 않다고 주장한다.

4-2 부부 관계의 특징 파악

제시문에서 설명하는 관계는 부부 관계이다. 유교에서는 부부간 분별이 있어야 한다고 보는 부부유별(夫婦有別), 서로 손님처럼 대하고 공경해야 한다는 상경여빈(相敬如賓), 부부가 서로를 공경해야 한다는 부부상경(夫婦相敬) 등의 도리를 강조한다. 길리건은 부부가 상호 의존성을 존중하는 가운데 서로 보살핌을 주고받는 관계가 되어야 한다고 보았다.

더 알아보기⁺ 부부간의 윤리

동양	음양론	음양은 서로 다르지만 서로 없어서는 안 될 존재이듯, 부부는 상호 보완적이며 대등한 관계임
	부부유별(夫婦有別)	부부간에는 해야 할 역할이 구분되어 있으므로 상호 존중해야 함
	부부상경(夫婦相敬)	부부는 서로 공경하기를 손님같이 대해야 함
서양	보부아르	남성뿐만 아니라 여성도 한 주체로서 존중해야 하며, 부부는 각 주체로서 평등한 관계를 유지해야 함
	길리건	부부는 서로 배려와 보살핌을 주고받는 관계를 유지해야 함

1주 3일 필수 체크 전략 ②

Book 1 24~25쪽

1 ③ 2 ④ 3 ② 4 ④ 5 ②

1 에피쿠로스의 죽음관 이해

제시문은 에피쿠로스의 주장이다. 에피쿠로스는 사나 죽으나 인간은 죽음을 경험할 수 없으며 죽음에 대해 두려워할 필요가 없다고 주장하였다. 또한 에피쿠로스는 죽음을 원자로 구성된 인간이 다시 개별 원자로 돌아가는 것으로 보았다.

③ 에피쿠로스에 따르면 현자는 죽음에 대해 두려워하지 않고, 단순히 긴 삶이 아니라 가장 즐거운 삶을 원한다고 보았다.

오답 피하기 ① 플라톤의 입장이다.

② 에피쿠로스는 죽음은 모든 감각의 상실이라고 보았다.

④ 에피쿠로스는 죽음이 모든 감각의 상실이고 해체라고 보았기 때문에 삶과 죽음이 차이가 없다고 본 것은 아니다.

⑤ 에피쿠로스는 죽음을 두려움의 대상으로 여길 필요가 없다고 주장하였다.

2 자살에 대한 아퀴나스의 입장

제시문은 아퀴나스의 입장이다. 아퀴나스는 인간이 자신의 생명을 유지하고자 하는 자연적 성향을 가지고 있기 때문에 자살을 자연적 성향을 거스르는 행동이라고 보았다.

④ 자살을 목적이 아닌 수단으로 이용한다고 본 것은 칸트이다.

더 알아보기⁺ 자살에 대한 사상가들의 입장

칸트	고통스러운 상황을 모면하기 위해 자신의 목숨을 끊는 것은 인간을 목적이 아닌 수단으로 이용하는 것
아퀴나스	자신의 생명을 보존하라는 자연법에 어긋남
쇼펜하우어	문제를 해결하지 않고 회피하는 것
유교	부모로부터 받은 자신의 신체를 훼손하는 불효
불교	생명을 해치지 말라는 불살생(不殺生)에 어긋남

3 사랑에 대한 프롬의 입장 파악

제시문은 프롬의 주장이다. 프롬에게 사랑이란 능동적인 활동이며 인간의 고립을 극복하게 하면서도 각자의 특성을 유지할 수 있게 하는 힘이다. 프롬은 사랑의 네 가지 요소로 보호, 책임, 존경, 이해를 제시한다. 보호는 사랑하는 사람을 보살피고 돌보는 것, 책임은 사랑하는 사람의 요구를 배려하면서 자신의 행동에 책임을 지는 것, 존경은 사랑하는 사람을 있는 그대로 받아들이며 존경하는 것, 이해는 사랑하는 사람의 입장에서 그 사람을 제대로 이해하는 것을 의미한다.

② 프롬은 사랑은 상대방에 대한 지속적인 관심과 배려를 의미하며 사랑에 책임, 존경, 이해, 보호 등과 같은 인격적 가치가 내포되어 있어야 한다고 주장하였다.

오답 피하기 ① 프롬은 사랑이 상대방을 소유하는 것이 아니라 상대방을 있는 그대로 이해하고 인정하는 것이라고 보았다.

③ 프롬은 사랑이 상대방을 위해 자기 목숨을 희생하는 것으로 보지는 않았다.

④ 프롬은 사랑이 자기 방식이 아니라 상대방의 입장에서 이해하는 것이라고 보았다.

⑤ 프롬은 사랑도 하나의 기술이며 연습이나 훈련을 필요로 하는 과정이라고 보았다.

자료 분석

> 사랑은 보호 · 책임 · 존경과 지식(이해)을 포함한다. 사랑하는 대상에 대한 보호와 관심은 그에 대한 책임을 함축하고, 책임은 존경이 없다면 쉽게 지배와 소유로 전락한다. 또한 보호와 책임은 지식에 의해 인도되지 않으면 맹목적인 것이 되기 쉽다.

프롬은 사랑의 대표적인 네 가지 속성으로 보호, 존경, 책임, 지식(이해)를 들었다. 또한 프롬은 사랑이 자기 목숨을 맹목적으로 희생하는 것이 아니라 상대방의 입장에서 이해하고 배려하고 상대방을 존중하는 것이라고 주장하였다.

4 태아의 도덕적 지위에 대한 다양한 입장 파악

갑은 태아가 아직 인간이 아니기 때문에 임신 중절이 가능하다고 보는 반면, 을은 태아가 인간으로 성장할 가능성을 지니고 있기 때문에 임신 중절이 불가하다고 본다. 갑과 같이 임신 중절을 허용하는 입장에서는 또한 태아를 인격체가 아닌 임신부의 신체 일부분으로 보아, 임신부가 임신 중절을 자유롭게 선택할 권리를 지닌다고 주장한다. 반면 을과 같이 임신 중절의 허용을 금지하는 입장에서는 태아를 수정된 순간부터 인간과 동일한 지위를 지닌 존재라고 보아, 임신부에게 임신 중절을 자유롭게 선택할 권리가 없다고 주장한다. 이들은 모든 인간의 생명이 존엄하기 때문에 태아의 생명도 존엄하다고 본다.

선택지 바로 보기

① 갑은 태아를 단순한 세포 덩어리가 아닌 생명체로 본다. (×)
→ 갑은 태아를 인간이 되지 못한 세포로 규정한다.

② 을은 태아의 생명권보다 여성의 선택권이 우선한다고 본다. (×)
→ 을은 태아의 생명권을 더 중시한다.

③ 갑은 을과 달리 인간과 태아의 지위가 동일하다고 본다. (×)
→ 갑은 인간의 지위와 태아의 지위가 동일하지 않다고 본다.

④ 을은 갑과 달리 태아가 인간으로 취급을 받아야 한다고 본다. (○)
→ 을은 태아가 인간으로 취급받아야 한다고 본다.

⑤ 갑, 을은 모두 태아의 도덕적 지위를 인정해야 한다고 본다. (×)
→ 갑은 태아를 실험 대상이나 임신 중절의 대상으로 보기 때문에 태아의 도덕적 지위를 인정한다고 볼 수 없다.

5 길리건의 배려 윤리 이해

제시문은 길리건의 주장이다. 길리건은 공감, 배려, 동정심, 관계, 맥락 등 여성의 도덕성에 주목할 필요가 있다고 주장하였다. 배려 윤리 사상가인 길리건은 배려를 실천할 때, 구체적인 상황과 맥락을 고려해야 한다고 주장한다.

ㄱ. 길리건은 부부가 각 주체로서 보살핌을 주고받는 평등한 관계를 유지해야 한다고 주장하였다.

ㄹ. 길리건은 배려의 관계가 상호 의존성을 존중하며 성립한다고 보았다.

오답 피하기 ㄴ. 길리건은 남성성과 여성성의 도덕적 성향이 다르다고 보았다.

ㄷ. 우리 조상들이 생각한 부부 관계에 대한 설명이다.

1주 4일 교과서 대표 전략 ①

Book 1 26~29쪽

대표 예제				
1 ④	2 ③	3 ③	4 ④	5 ⑤
6 ④	7 ③	8 ②	9 ①	10 ⑤
11 ④	12 ②	13 ③	14 ⑤	

1 밀의 질적 공리주의 입장 파악

제시문은 질적 공리주의자인 밀의 주장이다. 밀은 모든 쾌락이 질적으로 동일하지 않으므로 쾌락의 양뿐만 아니라 질적인 차이도 중요하다고 보았다. 또한 정상적인 인간은 누구나 질적으로 높고 고상한 쾌락을 추구한다고 보았다.

④ 밀은 적은 양의 쾌락이라도 질적으로 수준 높고 바람직한 쾌락이 될 수 있다고 보았다.

오답 피하기 ①, ② 밀은 쾌락의 질뿐만 아니라 양도 고려해야 한다고 보았다.

③ 밀을 비롯한 공리주의자들은 쾌락과 고통을 중요한 가치 판단 기준으로 삼았다.

⑤ 밀은 질적으로 수준 높고 고상한 쾌락을 추구할 필요가 있다고 주장하였다.

2 윤리적 성찰의 방법

제시된 그림의 인물은 소크라테스이다. 소크라테스는 사람들이 선한 삶과 정의, 진리를 추구하는 삶을 살아가고 있는지 검토하고 반성하는 삶을 살아가야 한다고 주장하였다. 소크라테스는 자기 자신과 다른 사람의 삶을 부단히 검토하고 성찰하는 것을 자신의 본분이라 생각했으며 명예보다 덕 있는 삶을 사는 것이 더 중요하다고 주장하였다.

선택지 바로 보기

① 부와 명예를 최고의 덕으로 삼아야 한다. (×)
→ 소크라테스는 부와 명예, 재물에 대해 관심을 쓰기보다 정신의 올바름에 대해 신경 써야 한다고 주장하였다.

② 타인의 평가를 삶의 기준으로 삼아야 한다. (×)
→ 소크라테스는 자기 자신의 무지를 돌아보고 자각할 것을 강조하였다.

③ 옳음을 추구하며 성찰하는 삶을 살아야 한다. (○)
→ 소크라테스는 자신의 삶을 돌아보고 성찰하며 옳음과 진리, 정의 등을 추구해야 한다고 보았다.

④ 타인의 잘못을 바로잡는 것에 집중해야 한다. (×)
→ 소크라테스는 자신에 대한 성찰을 강조하였다.

⑤ 정신적 가치보다 물질적 가치를 중시해야 한다. (×)
→ 소크라테스는 재물이나 물질적 가치보다 정신적 가치를 중시하였다.

3 도가 사상의 입장 파악

제시문은 도교의 입장으로, 도의 입장에서 만물의 평등함에 대해 설명하고 있다. 도가 사상에서는 제물(齊物)의 태도를 강조한다. 제물은 편견이나 선입견에서 벗어나 자신의 관점에서 사물을 판단하지 않고 만물이 상대적이라는 것을 자각하는 것이다. 또한 소요유(逍遙遊)의 이상적 경지에 도달하기 위해 좌망(坐忘), 심재(心齋)와 같은 수양 방법을 제시한다.

③ 도교에서는 자연 그대로의 질서를 따르는 삶을 살아갈 것을 주장한다.

오답 피하기 ① 불교의 입장이다.
② 도교에서는 도를 이루기 위해 자신을 희생해야 한다고 보지 않는다.
④, ⑤ 유교의 입장이다.

4 유교의 죽음관 파악

제시된 그림의 사상가는 공자이다. 공자는 유교 사상의 대표적인 사상가이다. 따라서 유교의 죽음관에 대해 설명하고 있는 선택지를 찾아야 한다. 유교에서는 죽음에 관심을 가지기보다 현세의 도덕적인 삶에 충실할 것을 강조한다. 또한 죽음에 대해 예를 갖추어 애도하는 것이 인간의 당연한 도리라고 본다.
ㄴ. 죽은 사람에게 예(禮)를 갖추어 애도를 표현해야 한다고 보았다.
ㄹ. 공자는 "삶도 모르는데 죽음을 어찌 알겠느냐"라고 말하며 죽음보다는 현실적 삶에 충실할 것을 강조하였다.

오답 피하기 ㄱ. 장자는 삶과 죽음을 기가 모였다가 흩어지는 것으로 보며 죽음은 사계절의 변화처럼 자연적이고 필연적인 현상이며 두려워해야 할 대상이 아니라고 주장하였다.
ㄷ. 공자는 죽음 이후에 대한 관심보다는 현실적 삶에 충실할 것을 강조하였다.

5 불교의 죽음관 파악

제시문은 생로병사(生老病死)를 대표적 고통으로 본 불교의 입장이다. 불교에서 수행의 궁극적인 목표는 생로병사의 과정이 반복되는 고통을 극복하고 해탈하는 것이다.
⑤ 불교에서는 깨달음을 얻어 윤회의 고통에서 벗어나 열반이나 해탈의 경지에 이를 것을 강조하였다.

오답 피하기 ① 에피쿠로스의 죽음관이다. 에피쿠로스는 인간이 죽은 이후에는 아무것도 감각할 수 없으므로 죽음을 두려워할 필요가 없다고 보았다.
② 불교에서는 죽음을 애도하지 말아야 한다고 주장하지 않았다.
③ 불교에서는 죽음을 인위적으로 조작해서는 안 된다고 보았다.
④ 불교에서는 죽음을 다음 세상으로 윤회하는 과정으로 보았다.

6 생식 세포 치료에 대한 입장 파악

제시된 칼럼은 생식 세포의 치료가 미래 세대의 자율성과 모를 권리를 침해하므로 금지되어야 한다고 본다.
④ 제시문에서는 생식 세포의 유전자 치료가 가져올 부작용에 대해 심사숙고하며 이를 금지시킬 필요가 있다고 본다.

오답 피하기 ① 제시문에서는 생식 세포의 유전자 치료를 반대하고 있다.
② 제시문은 생식 세포의 유전자 치료를 금지하자는 입장이므로, 인간의 유전자를 조작하여 인위적 탄생을 가져오는 우생학도 반대한다.
③ 제시문에서는 미래 세대가 자신의 유전자 정보를 알면 불안과 공포가 증가할 것이라고 본다.
⑤ 제시문에서는 미래 세대가 자신의 유전자 정보에 대해 모를 권리를 강조하고 있다.

7 에피쿠로스의 죽음관 파악

제시문은 에피쿠로스의 입장으로, 에피쿠로스는 죽은 다음에는 감각할 수 없으므로, 죽음을 두려워할 필요가 없다고 보았다.
③ 에피쿠로스는 죽음이 모든 감각의 상실이며 인간에게 영향을 미칠 수 없는 것이기에 죽음에 대해 두려워할 필요가 없다고 보았다.

오답 피하기 ① 장자의 입장이다. 장자는 삶과 죽음을 기가 모였다가 흩어지는 것으로 보았다. 또한 죽음은 자연스럽고 필연적인 과정이므로 죽음 앞에서 슬퍼할 필요가 없다고 주장하였다.
②, ⑤ 에피쿠로스는 죽음 이후에 쾌락, 고통, 평안, 행복 등을 느낄 수 없다고 보았다.
④ 에피쿠로스는 죽음에 대해 두려워할 필요가 없으며 이는 어리석은 것이라고 보았다.

8 자살에 대한 칸트의 입장 파악

제시된 그림의 사상가는 칸트로, 자살을 자기 보전의 의무를 위반하는 것이자 인격을 파괴하는 비도덕적인 행위라고 보았다.
② 칸트는 고통에서 벗어나기 위해 자살하는 것은 자신의 생명과 인격을 수단으로 삼는 행위라고 보았다.

오답 피하기 ①, ④, ⑤ 칸트는 자살이 자신의 인격을 파괴하는 행위이자 자기 보전의 의무를 위반하는 행위라고 보았다.
③ 칸트는 고통 경감을 위해 자살을 선택하는 것은 자기 자신을 수단으로 취급하는 것이라고 보았다.

9 안락사 찬성 입장의 논거 파악

제시된 그림의 강연자는 제한된 범위 내에서 신중하게 안락사가 허용되어야 한다고 주장한다.
① 제시된 그림의 강연자는 자기 자신과 주변인들의 동의를 전제로 하여 제한된 범위 내에서 안락사가 허용되어야 한다고 본다.

오답 피하기 ②, ④ 안락사가 자연의 질서에 부합하지 않으며, 인간이 결정할 영역이 아니라고 보는 것은 안락사를 반대하는 입장의 논거이다.
③ 그림의 강연자는 안락사가 반드시 본인의 자발적 의사 즉, 동의를 기반으로 해야 한다고 본다.
⑤ 안락사가 생명을 살리는 의료인의 기본 의무에 어긋난다는 주장은 안락사를 반대하는 입장의 논거이다.

더 알아보기+ 안락사의 구분

환자의 동의 여부	자발적 안락사	환자 본인이 직접 동의한 경우
	반자발적 안락사	환자가 반대하는 상황에서 이루어지는 경우
	비자발적 안락사	환자가 판단 능력을 상실했거나 의식이 없을 때 이루어지는 경우
시술 행위의 적극성	적극적 안락사	약물 투여와 같은 구체적 행위로 환자의 생명을 단축하는 것
	소극적 안락사	무의미한 연명 치료를 중단하고 죽음을 받아들이게 하는 것

10 동물과 자연에 대한 칸트의 입장 파악

제시문은 칸트의 입장으로, 칸트는 이성이 없는 동물도 함부로 대하지 말아야 할 의무가 있다고 보았다.

선택지 바로 보기

① 인간은 동물에 대한 직접적 의무를 지닌다. (×)
→ 칸트에 따르면, 동물에 대한 의무는 간접적 의무이다.

② 인간을 동물을 실험 대상으로 삼을 수 없다. (×)
→ 칸트는 동물을 실험 대상으로 삼는 것을 반대하지는 않았다.

③ 인간과 동물은 모두 수단으로 취급받을 수 없다. (×)
→ 칸트는 동물이 수단으로 취급받을 수 있다고 보았다.

④ 인간은 동물을 수단시해서는 안 될 의무가 있다. (×)
→ 칸트는 인간이 동물을 수단시할 수 있다고 보았다.

⑤ 인간은 동물을 학대하지 말아야 할 의무가 있다. (○)
→ 칸트는 간접적이기는 하지만 동물을 함부로 학대하지 말아야 하고, 자연을 함부로 훼손하지 말아야 할 의무가 있다고 보았다.

더 알아보기+ 자연에 대한 칸트의 입장

> 자연 중에서 생명이 없음에도 아름다운 것에 대해 파괴를 일삼는 것은 인간의 자기 자신에 대한 의무에 반한다. …(중략)… 왜냐하면 무엇인가를 유용성에 대한 고려 없이도 사랑하도록 준비시키는 감성의 정조인, 인간 안의 감정을 약화시키거나 절멸시키기 때문이다.

칸트는 생명이 없는 자연, 이성이 없는 동물도 함부로 학대하지 말아야 할 의무가 있다고 보았다. 이는 동물이나 자연에 대한 의무를 위반하는 것이 아닌, 인간 자기 자신에 대한 의무를 위반하는 것이라고 보았기 때문이다. 칸트는 동물이나 자연에 대한 의무는 간접적 의무라고 주장하였다.

11 동물의 도덕적 권리에 대한 싱어과 레건의 입장 비교

갑은 싱어, 을은 레건이다. 싱어는 동물이 쾌고를 느끼므로 동물의 이익을 고려해야 한다고 보았으며, 레건은 삶의 주체가 될 수 있는 일부 동물을 그 자체로 목적으로 대우해야 한다고 보았다.

④ 레건은 일부 포유동물이 삶의 주체로서 도덕적 권리를 지닌다고 보았다.

오답 피하기 ① 싱어는 동물의 이익과 인간의 이익을 평등하게 고려하지 않는 것은 종 차별주의라고 지적하였다.
② 싱어는 종 차별주의자들이 성차별주의자들이나 인종 차별주의자들과 마찬가지로 이익 평등 고려의 원칙을 위배한다고 주장하였다.
③ 레건은 동물이 도덕적으로 고려받을 권리를 지닌다고 보았다.
⑤ 레건은 삶의 주체가 될 수 있는 일부 동물만이 도덕적 권리를 갖는다고 보았다.

더 알아보기+ 싱어와 레건의 입장 비교

싱어	레건
쾌고 감수 능력에 근거하여, 쾌고를 지각할 수 있는 동물의 이익 관심은 인간과 동등하게 배려해야 함	지각, 기억, 자기의식 등의 능력을 가진 동물은 삶의 주체가 될 수 있으며, 이런 동물은 그 자체로 목적으로 대우해야 함

12 사랑에 대한 프롬의 입장 이해

제시문은 프롬의 입장이다.

ㄱ, ㄷ 프롬은 사랑이 상대방에 대한 지식을 필요로 하며, 프롬은 사랑에는 책임, 존경, 이해, 보호 같은 인격적 가치가 내포되어야 한다고 보았다.

오답 피하기 ㄴ. 프롬은 상대방을 지배, 소유하는 것이 아니라 상대방을 있는 그대로 인정하고 받아들이는 것이 사랑이라고 보았다.
ㄹ. 프롬은 사랑을 이해타산적 성격의 교환이 아니라 적극적으로 주는 활동이라고 보았다.

13 길리건의 배려 윤리 이해

제시된 그림의 사상가는 길리건이다. 길리건은 공감과 배려, 인간관계와 맥락, 상호 유대감과 책임 등을 중시하는 여성들의 목소리에 귀를 기울여야 한다고 주장하였다. 또한 부부도 서로 보살핌을 주고받는 관계가 되어야 한다고 보았다.

③ 부부의 의의가 세대 계승에 있다고 보는 것은 전통적인 유교 사상의 관점이다.

14 성과 사랑의 관계에 대한 입장 비교

갑은 보수주의, 을은 자유주의(급진적 자유주의), 병은 중도주의(온건한 자유주의) 입장이다. 갑은 결혼 제도 내에서 이루어지는 성을 추구하는 보수주의의 입장이다. 보수주의 관점에서는 결혼 제도 내에서 출산과 양육에 대한 책임을 질 수 있는 성만이 도덕적으로 정당하다고 본다. 을은 자유주의(급진적 자유주의)에 관한 설명이다. 자유주의 관점에서는 상호 동의하에 타인에게 해를 끼치지 않는다면 인격적인 교감 없이도 성적 호감과 관심만으로 성이 가능하다고 보았다. 병은 중도주의(온건한 자유주의)에 관한 설명으로, 사랑이 있는 성을 추구하였다.

⑤ 자유주의와 중도주의 입장은 결혼을 전제하지 않아도 성이 도덕적으로 정당화될 수 있다고 본다.

오답 피하기 ① 보수주의는 성의 생식적 가치를 중시한다.
② 자유주의는 상호 동의하에 타인에게 해를 끼치지 않는다면 성적 호감과 관심만으로 성이 가능하다고 본다.
③ 출산과 양육에 대한 책임을 질 수 있는 성만이 도덕적으로 정당하다고 보는 것은 보수주의 입장이다.
④ 보수주의는 결혼의 제도 안에서 이루어지는 성만을 도덕적으로 정당하다고 인정한다.

1주 4일 교과서 대표 전략 ②

Book 1 30~31쪽

01 ④ 02 ① 03 ⑤ 04 ② 05 ④ 06 ③
07 ④ 08 ⑤

01 실천 윤리학의 입장 파악

제시문은 다양한 윤리 이론을 적용하여 도덕적 해결책을 제시하는 것을 목적으로 하는 실천 윤리학의 입장이다.

④ 실천 윤리학은 현실적인 도덕 문제를 해결하기 위해 의학, 법학 등 다양한 학문 분야의 전문 지식과 기술을 활용하는 학제적 접근을 강조한다.

오답 피하기 ① 실천 윤리학의 입장에서는 윤리학이 가치를 다루는 학문이라는 점에서 사회 과학과는 다르다는 점을 강조한다.
② 기술 윤리학의 입장이다. 기술 윤리학은 도덕적 풍습 또는 관습에 대한 묘사나 객관적 기술(記述)을 주된 목표로 한다.
③, ⑤ 메타 윤리학의 입장이다. 메타 윤리학은 도덕적 개념의 의미와 도덕적 진술의 논리적 구조를 분석하며 도덕적 추론의 타당성을 입증하고자 한다.

02 유교 사상의 특징

제시문은 『맹자』에 담긴 내용으로, 유교와 관련 있다. 유교에서는 도덕적 본성을 되찾기 위한 수양 방법으로 경과 성을 제시했다.
① 유교에서는 홀로 있을 때도 자신을 삼가는 신독(愼獨), 하늘의 이치에 순응하여 인간의 도리를 다하고자 하는 마음의 자세인 경(敬)의 실천을 강조한다.

오답 피하기 ② 불교의 입장이다. 불교에서는 만물이 상호 의존적이라는 연기성을 깨달을 것을 강조한다.
③ 유교에서는 먼저 자신의 인격을 수양하고 타인을 편안하게 해야 한다고 본다.
④, ⑤ 도가의 입장이다. 도가에서는 인위적인 규범(인의, 예악)과 제도가 사회를 혼란스럽게 하며, 인간의 타고난 본성을 해친다고 보았다. 또한 사람들도 무지와 무욕의 덕을 갖추어야 할 것을 강조하였다.

03 자연법 윤리의 특징

제시문은 아퀴나스의 입장이다. 아퀴나스는 신이 부여한 직관을 통하여 영원하고 절대적인 자연법의 원리를 발견할 수 있다고 보았다.

선택지 바로 보기

① 자연법은 인간의 본성에 배치된다. (×)
→ 자연법은 인간 본성에 의거하는 절대적인 법이다.
② 자연법은 모든 인간에게 적용될 수 없다. (×)
→ 자연법은 모든 인간에게 적용되는 자연적으로 주어진 보편적인 법이다.
③ 자연법의 원리는 도덕 규칙이 될 수 없다. (×)
→ 아퀴나스는 자연법의 원리로부터 구체적인 도덕 규칙을 이끌어 낼 수 있다고 보았다.
④ 도덕 법칙은 정언 명령의 형식으로 제시된다. (×)
→ 도덕 법칙이 정언 명령의 형식으로 제시된다고 본 것은 칸트의 입장이다.
⑤ 자연법은 신이 부여한 직관을 통해 알 수 있다. (○)
→ 아퀴나스는 신이 부여한 직관을 통해 자연법 원리를 발견할 수 있다고 보았다.

04 유교와 도교의 죽음관 비교

갑은 공자, 을은 장자이다. 공자는 인(仁)의 가르침을 중시하였으며, 죽음보다 삶을 아는 것이 중요하다고 보았다. 반면 장자는 삶과 죽음이 자연스러운 현상이며, "삶은 기의 모임이고, 죽음은 기의 흩어짐이다."라고 정의하였다.
② 공자는 죽음에 관심을 가지기보다 도덕적인 삶을 살아갈 것을 강조하였다.

오답 피하기 ① 공자는 죽음에 대한 관심보다 현실에서 도덕적인 삶을 사는 것이 더 중요하다고 보았다.
③ 장자의 입장과는 관련이 없다. 불교에서는 자신의 본래 모습을 깨달음으로써 윤회의 고통에서 벗어날 수 있다고 보았다.
④ 장자는 삶과 죽음을 분별할 것을 강조하지 않는다.
⑤ 공자는 죽음에 대해 마땅히 예를 갖추어 애도를 표해야 한다고 본다.

05 플라톤의 죽음관 이해

제시된 그림의 사상가는 플라톤으로, 플라톤은 죽음으로써 영혼이 이데아의 세계로 돌아간다고 보았다.
⑤ 플라톤은 죽음으로써 영혼이 육체에서 해방될 때 참된 사유를 할 수 있고, 참된 지혜를 얻을 수 있다고 주장하였다.

오답 피하기 ①, ② 플라톤은 죽음을 통해 영혼이 육체의 속박으로부터 벗어난다고 보았다.
③, ⑤ 플라톤은 죽음을 통해 영혼이 본래 있던 이데아의 세계로 돌아간다고 보았다.

06 배려 윤리의 특징 파악

제시문은 나딩스의 주장으로, 배려 윤리의 입장을 담고 있다. 배려 윤리에서는 배려와 보살핌과 같은 덕목을 강조하며, 서로 배려하는 마음으로 따뜻한 인간관계를 맺는 것이 중요하다고 본다.
③ 나딩스는 배려받는 사람의 상황이나 맥락을 잘 파악하고 진정한 배려를 실천해야 한다고 보았다.

오답 피하기 ① 정의와 공정성은 배려 윤리보다 정의 윤리가 강조하는 내용이다.
② 배려 윤리에서는 남성과 여성의 도덕적 성향이 선천적으로 다르다고 본다.
④ 배려 윤리에서는 이성, 공정성, 보편적 원리보다는 책임, 배려, 공감, 유대감 등을 더 강조한다.
⑤ 배려 윤리에서는 진정한 배려를 실천하기 위해 맥락적 사고가 필요하다고 본다.

07 동물의 권리에 대한 데카르트와 레건의 입장 비교

갑은 데카르트, 을은 레건이다. 데카르트는 동물이 이성이 없는 기계와 같은 것이며, 쾌고 감수 능력이 없다고 보았다. 레건은 일부 포유류가 자기 삶을 영위할 수 있는 능력, 즉 믿음, 욕구, 감정 등을 가진 삶의 주체가 될 수 있으므로 인간과 마찬가지로 내재적 가치를 지닌다고 보았다.
④ 레건은 삶의 주체가 될 수 있는 일부 동물은 자신의 삶을 영위할 가치가 있다고 보았다.

오답 피하기 ① 데카르트는 인간이 동물을 실험 대상으로 삼을 수 있다고 보았다.
② 데카르트는 인간과 동물의 도덕적 지위에 차이가 있다고 보았다.
③ 싱어의 입장이다. 싱어는 쾌고 감수 능력을 지닌 동물이 도덕적 가치를 지닌다고 보았다.
⑤ 레건은 일부 동물만 도덕적으로 고려받을 권리를 가진다고 보았다. 데카르트는 동물을 도덕적으로 고려할 필요가 없다고 보았다.

08 보부아르의 입장 파악

제시문은 여성도 자율적 주체로서 존중받아야 한다고 주장한 보부아르의 입장이다. 보부아르는 남성 혹은 여성이라는 본질은 존재하지 않으므로 여성과 남성은 서로 동등한 존재라고 보았다.

⑤ 보부아르는 여성성이 생물학적으로 주어지는 것이 아니라 사회적으로 형성된 관습의 산물이라고 보았다.

오답 피하기 ①, ④ 보부아르는 여성이 타자와 객체가 아닌 주체로서의 삶을 살아가야 한다고 보았다.

② 보부아르는 남성과 여성의 생물학적 차이를 부정하지는 않았다.

③ 보부아르는 여성이 남성의 종속에서 벗어나 진정한 자유와 참된 실존을 회복해야 한다고 보았다.

1주 누구나 합격 전략

Book 1 32~33쪽

01 ② 02 ③ 03 ④ 04 ④ 05 ① 06 ⑤
07 ③ 08 ⑤

01 이론 윤리학과 기술 윤리학의 특징 비교

(가)는 이론 윤리학, (나)는 기술 윤리학이다. 이론 윤리학은 도덕적 정당화의 이론적 근거를 제시하는 것에, 기술 윤리학은 다양한 지역의 도덕적 풍습을 묘사하고, 이를 객관적으로 서술하는 것에 관심을 둔다.

ㄱ. 이론 윤리학은 행위에 대한 도덕적 평가의 기준, 즉 도덕 원리를 제시하고 정당화하는 데 주력한다.

ㄷ. 기술 윤리학은 도덕 현상을 객관적으로 분석하고 현상들 간의 인과 관계를 설명하는 데 주력한다.

오답 피하기 ㄴ. 메타 윤리학에 대한 설명이다.

ㄹ. 기술 윤리학에만 해당하는 설명이다.

02 유교의 대동 사회 이해

제시문은 유교의 이상 사회인 대동 사회에 대한 설명이다. 대동 사회는 각 개인이 자신의 능력을 충분히 발휘할 수 있으며, 누구에게나 기본적인 삶이 보장되고 서로가 신뢰하고 도와주기 때문에 범죄가 발생하지 않는 사회이다.

③ 대동 사회는 가족주의에 얽매이지 않고 인과 예로 다 같이 함께 어울려 살아가는 공동체이다.

오답 피하기 ①, ②, ④ 도가 사상의 입장이다.

⑤ 대동 사회에서는 재화의 고른 분배를 강조한 것이지 절대적 평등이나 절대적 균등 분배를 주장한 것은 아니다.

03 행위 공리주의와 규칙 공리주의 비교 이해

갑은 행위 공리주의, 을은 규칙 공리주의 입장이다. 행위 공리주의는 개별 행위에 유용성의 원리를 적용해야 한다고 본다. 반면 규칙 공리주의는 어떤 규칙이 최대의 유용성을 산출하는지 판단해 보고 그 규칙에 따를 것을 강조한다.

ㄴ. 규칙 공리주의는 행위의 규칙에 공리의 원리를 적용한다

ㄹ. 행위 공리주의, 규칙 공리주의는 행위의 결과를 중심으로 옳고 그름을 판단한다.

오답 피하기 ㄱ. 규칙 공리주의에 대한 설명이다.

ㄷ. 공리주의는 기본적으로 행위의 결과를 중심으로 옳고 그름을 판단한다. 행위 공리주의와 규칙 공리주의는 모두 공리주의이다.

더 알아보기+ 행위 공리주의와 규칙 공리주의

행위 공리주의	규칙 공리주의
• 개별 행위에 유용성의 원리 적용 • "어떤 행위가 최대의 유용성을 가져오는가?"를 중시함	• 행위의 규칙에 유용성의 원리 적용 • "어떤 규칙이 최대의 유용성을 가져오는가?"를 중시함

04 죽음에 대한 하이데거의 입장 파악

제시문은 현존재인 인간이 죽음을 외면하지 말고 죽음이 자신의 것이라는 것을 인식하며 살아야 한다고 본 하이데거의 주장이다. 하이데거는 인간만이 죽음을 인식할 수 있고 죽음에 대비할 수 있는 존재라고 보았다.

④ 하이데거는 죽음에 대한 직시는 현존재의 고유한 과제이며, 현존재는 죽음을 직시함으로써 의미 있는 삶을 살 수 있으며 참된 실존을 자각할 수 있다고 보았다.

05 소극적 안락사와 적극적 안락사에 대한 입장 파악

갑은 소극적 안락사와 적극적 안락사를 모두 허용해야 한다고 보는 반면, 을은 소극적 안락사만 허용해야 한다고 본다.

ㄱ. 갑은 자발적 동의를 바탕으로 한 안락사만 허용되어야 한다고 본다.

ㄴ. 을은 소극적 안락사는 허용하되 적극적 안락사는 허용하지 말아야 한다고 본다.

오답 피하기 ㄷ. 을은 무의미한 연명 치료를 중단하여 죽음에 이르게 두는 소극적 안락사가 허용된다고 본다.

ㄹ. 갑은 적극적 안락사도 허용되어야 한다고 본다.

06 동물 실험과 동물의 도덕적 지위에 관한 싱어의 입장 파악

제시된 내용을 주장한 사상가는 싱어로, 종이 다르다는 이유로 동물이 느끼는 고통을 외면하는 것은 종 차별주의라고 비판하였다. 또한 싱어는 동물이 쾌고 감수 능력을 지니므로 동물의 이익 또한 인간의 이익처럼 평등하게 고려해야 한다고 보았다.

선택지 바로 보기

① 모든 동물 실험은 그 자체로 부당하며 허용될 수 없는 비도덕적 행위이다. (×)
→ 싱어는 모든 동물 실험을 금지해야 한다고 주장하지는 않았다.
② 인간과 동물은 동일한 이익 관심을 가지므로 동물을 도덕적으로 존중해야 한다. (×)
→ 싱어는 인간의 이익 관심과 동물의 이익 관심이 동일하다고 본 것은 아니다.
③ 동물은 인간과 동일한 권리를 지니기 때문에 동물을 실험 대상으로 삼는 것은 옳지 않다. (×)
→ 싱어는 인간과 동물이 동일한 권리를 지니고 있다고 보지는 않았다.
④ 쾌고 감수 능력은 어떤 존재가 이익 관심을 갖기 위한 필요조건이지 충분한 조건은 아니다. (×)
→ 싱어는 쾌고 감수 능력이 어떤 존재가 이익 관심을 갖기 위한 필요충분조건이라고 보았다.
⑤ 동물이 우리와 다른 종(種)에 속한다는 이유로 그들의 고통을 고려하지 않는 것은 종 차별주의에 해당한다. (○)
→ 싱어는 종이 다르다는 이유로 동물의 고통을 고려하지 않으려는 태도는 종 차별주의로 비판받아야 한다고 주장하였다.

07 성과 사랑의 관계에 대한 입장 비교

갑은 보수주의, 을은 자유주의(급진적 자유주의), 병은 중도주의(온건한 자유주의) 입장이다.

ㄷ. 자유주의에서는 사랑이 없는 성도 정당화될 수 있다고 본다. 반면 보수주의에서는 사랑하는 남녀가 결혼을 전제로 할 때, 중도주의에서는 결혼 여부와는 무관하게 사랑을 전제로 할 때 성이 정당화될 수 있다고 본다.

ㄹ. 보수주의, 자유주의, 중도주의 모두 성이 정당화되기 위해 일정한 제약이나 조건이 필요하다고 본다.

오답 피하기 ㄱ. 보수주의에서는 사회적 승인 절차인 결혼이 성이 정당화되기 위한 전제 조건이라고 본다.
ㄴ. 자유주의는 성의 쾌락적 가치를 중시한다.

08 유교 사상에서 본 부부 관계의 특징 파악

제시문은 유교 사상의 입장이며, ㉠에 들어갈 내용은 '부부'이다.

⑤ 유교에서 부부 관계는 상호 협력하는 관계이다.

오답 피하기 ① 부부 관계는 부자 관계나 형제자매 관계와 같은 천륜 관계가 아니다.
②, ③ 유교에서는 부부 관계를 서로의 차이를 인정하되 상호 보완적이고 대등한 관계로 보았다. 즉, 부부는 수직적 관계가 아니라 수평적 관계로 보아야 한다.
④ 서로에게 자애와 효도를 각각 실천해야 하는 관계는 부자 관계이다.

1주 창의·융합·코딩 전략

Book 1 34~37쪽

1 ③	2 ⑤	3 ⑤	4 ②	5 ⑤	6 ②
7 ②	8 ⑤	9 ③	10 ②	11 ⑤	12 ④

1 실천 윤리학과 메타 윤리학의 특징

(가)는 실천 윤리학, (나)는 메타 윤리학의 입장이다. 실천 윤리학은 윤리 문제에 대한 구체적인 해결책을 모색한다. 반면 메타 윤리학은 도덕적 개념의 의미를 규명하고 도덕적 추론의 타당성을 입증하고자 한다.

③ 실천 윤리학의 입장에서 볼 때 메타 윤리학은 도덕적 문제 해결과 실천 방안 모색에 주력해야 함을 간과하고 있다고 비판할 수 있다.

오답 피하기 ① 실천 윤리학은 윤리학이 당위의 학문이라고 본다.
② 실천 윤리학에서는 윤리학이 사회 과학과 차이가 있다고 본다.
④ 도덕적 풍습 또는 관습에 대한 묘사나 객관적 기술을 주된 목표로 하는 것은 기술 윤리학이다.
⑤ 메타 윤리학은 윤리학이 성립 가능한지를 우선 탐구해야 한다고 본다. 따라서 실천 윤리학의 입장에서 메타 윤리학에 대해 제기할 비판으로 적절하지 않다.

2 이론 윤리학과 기술 윤리학의 특징

갑은 이론 윤리학, 을은 기술 윤리학의 입장이다. 이론 윤리학은 도덕 원리나 도덕적 정당화의 이론적 근거를 제시하고자 한다. 반면 기술 윤리학은 가치 중립적 입장에서 도덕 문제, 도덕 현상, 도덕 풍습에 대해 객관적으로 서술해야 한다고 본다.

⑤ 기술 윤리학에 관한 설명이므로 갑의 입장과는 다르다.

3 의무론적 접근과 공리주의적 접근

갑은 칸트, 을은 벤담, 병은 밀이다.

ㄴ. 벤담은 쾌락은 질적으로 동일하다고 보았으며 최대 다수의 최대 행복을 도덕과 입법의 원리로 제시하였다.

ㄷ. 밀은 벤담과 달리 쾌락의 양뿐만 아니라 질도 고려해야 한다고 보았으며 쾌락의 양이 적더라도 질적으로 수준 높고 고상한 쾌락이 존재한다고 보았다.

ㄹ. 벤담과 밀은 모두 공리주의를 주장하였고, 결과를 중심으로 옳고 그름을 판단하였다.

오답 피하기 ㄱ. 칸트는 선의지로부터 비롯된 행위이어야만 도덕적 가치를 지닌다고 보았다.

4 서양의 죽음관

갑은 에피쿠로스, 을은 플라톤이다. 에피쿠로스는 죽음 이후에 인간의 감각은 소멸하므로 인간은 죽음을 경험할 수 없다고 보았다. 반면 플라톤은 죽음 이후에 사후 세계에서 지혜를 얻을 수 있다고 보았다.

② 에피쿠로스는 죽음은 모든 감각의 상실이기 때문에 인간에게 아무것도 아니라고 주장하였다.

오답 피하기 ① 에피쿠로스는 삶과 죽음에 엄연한 차이가 있다고 보았으며, 삶과 죽음을 구별하지 말아야 한다고 주장하지는 않았다.
③ 죽음을 개별 원자로 돌아가는 것이라고 주장한 사상가는 에피쿠로스이다.
④ 플라톤은 죽음을 통해 영혼이 육체의 속박에서 벗어나 인간이 지혜를 깨달을 수 있다고 보았다.

⑤ 에피쿠로스는 죽음은 인간에게 아무것도 아니며 두려움의 대상이 아니라고 주장하였다.

5 뇌사 찬반 입장 비교

갑은 뇌사를 인정해야 한다는 입장, 을은 뇌사를 인정해서는 안 된다는 입장이다.

⑤ 갑, 을은 모두 뇌사 판정이 사회에 끼치는 영향력을 고려하여 뇌사 찬반을 결정해야 한다고 본다.

오답 피하기 ① 갑은 뇌사를 장기 기증, 이식과 관련지어 생각하기 때문에 사회적 차원에서 고려하고 있다고 볼 수 있다.
② 갑은 장기 이식이 타인의 생명을 살리는 데 기여한다는 점을 말하고 있으므로 사회적 효용성을 고려한다고 볼 수 있다.
③, ④ 을은 생명 경시 풍조를 불러올 수 있다는 이유로 뇌사 인정을 반대한다.

6 동양의 죽음관

(가)는 유교, (나)는 불교, (다)는 도교의 죽음관이다. 유교에서는 인의를 이루기 위해 목숨을 버릴 수 있어야 한다고 본다. 불교에서는 현세에서의 업이 내세의 삶을 결정한다고 본다. 도교에서는 자연의 뜻에 따라 죽음에 대해 초연한 태도로 살아야 한다고 본다.

선택지 바로 보기

① (가): 인을 이루기 위해 목숨을 버려서는 안 된다. (×)
→ 유교에서는 목숨을 부지하기 위해 인을 해쳐서는 안 된다고 본다.
② (나): 현세의 업보가 죽음 이후의 삶을 결정한다. (○)
→ 불교에서는 전생의 업을 이번 생에 받은 것이고, 금생의 업은 다음 생에 받는다고 본다.
③ (다): 죽음에 대한 애도는 인간의 마땅한 도리이다. (×)
→ 도교의 입장이 아니라 유교의 입장이다.
④ (가), (나): 삶과 죽음을 분별하는 태도를 버려야 한다. (×)
→ 유교에서는 삶과 죽음을 분별하는 태도를 버려야 한다고 주장하지 않는다.
⑤ (나), (다): 내세의 행복을 위해 도덕적 실천에 힘써야 한다. (×)
→ 도교에서는 죽음을 자연스러운 기의 흩어짐으로 보며, 내세의 행복을 위해 현세의 도덕적 실천에 힘써야 한다고 주장하지 않는다.

7 동물 복제 찬반 입장 이해

갑은 유용성의 차원에서 동물 복제가 적극 허용되어야 한다고 보는 반면, 을은 동물 복제가 비윤리적이기 때문에 허용되어서는 안 된다고 본다.

② 갑은 동물 복제가 인간의 복지 증진에 기여할 수 있고 멸종 위기에 처한 동물 보호에 도움이 되기 때문에 허용되어야 한다고 본다.

오답 피하기 ① 갑은 동물 복제가 유용하기 때문에 허용되어야 한다고 본다.
③ 을은 동물 복제가 동물을 수단시하는 것이라고 본다.
④ 을은 동물 복제를 비윤리적 행위라고 본다.
⑤ 을은 동물의 권리를 인간의 유용성보다 더 중시한다.

더 알아보기⁺ 동물 복제에 관한 쟁점

동물 복제를 찬성하는 입장	• 동물 복제를 통해 우수한 품종을 개발·유지할 수 있음 • 동물 복제를 통해 희귀 동물을 보존하고 멸종 동물을 복원할 수 있음
동물 복제를 반대하는 입장	• 동물 복제는 자연의 질서에 어긋나며, 종의 다양성을 해침 • 동물의 생명이 인간의 유용성을 위한 도구가 될 수 있음

8 동물의 권리에 대한 입장 비교

갑, 을은 각각 인간 중심주의 입장인 칸트와 코헨, 병은 동물 중심주의 입장인 싱어이다.

ㄴ. 싱어의 입장이다. 싱어는 동물의 이익 관심을 인간과 동등하게 고려해야 된다고 보았다.
ㄷ. 칸트와 코헨은 인간 중심주의 입장의 대표적 사상가로 동물의 도덕적 지위를 인정하지 않는다.
ㄹ. 칸트, 코헨, 싱어 모두 동물 실험이 허용될 수 있다고 보았다.

오답 피하기 ㄱ. 칸트는 인간은 인간에 대해서만 직접적 의무를 지닌다고 보았다.

9 인간 개체 복제의 윤리적 쟁점

제시문은 인간 개체 복제에 반대하는 입장이다. 인간 개체 복제에 반대하는 입장에서는 인간 개체 복제가 인간의 고유성을 파괴하고, 가족 관계의 혼란을 초래하며, 자연스러운 출산 과정에 위배된다는 이유 등으로 인간 개체 복제를 반대한다.

③ 인간 개체 복제가 불임 부부의 고통을 덜어준다는 것은 인간 개체 복제를 찬성하는 입장의 논거이다.

10 사랑에 대한 프롬의 입장

제시된 내용을 주장한 사상가는 프롬이다. 프롬에 따르면 진정한 사랑은 인간의 온전한 인격적 관계 속에서 성립할 수 있으며, 사랑의 공통된 기본적인 요소로 보호, 책임, 존경, 이해를 제시하였다.

② 프롬은 상대방을 있는 그대로 보고 그의 특성을 인정하는 것을 사랑이라고 보았다.

오답 피하기 ① 프롬은 자신을 희생하여 상대방이 원하는 것을 들어주는 것은 진정한 사랑이 아니라고 주장하였다.
③ 프롬은 사랑에는 상대방에 대한 관심, 지식과 이해가 전제되어야 한다고 보았다.
④ 프롬은 사랑을 훈련이나 연습을 필요로 하는 일종의 기술이라고 보았다.
⑤ 프롬은 사랑이 상대방을 소유하는 것이 아니라 상대방을 있는 그대로 이해하고 존중하는 것이라고 보았다.

11 성과 사랑의 관계에 대한 다양한 입장

갑은 사랑 없이도 가능한 성을 추구하는 자유주의(급진적 자유주의), 을은 사랑이 있는 성을 추구하는 중도주의 입장을 취하고 있다.

⑤ 갑, 을은 결혼과 상관없이 성이 정당화될 수 있다고 본다.

오답 피하기 ①, ② 갑은 상호 간의 자발적 합의가 성이 정당화되기 위한 조건 중 하나로 본다.
③ 을은 성의 쾌락적 가치보다 인격적 가치를 중요하게 생각한다.
④ 사회 재생산의 기능과 성의 정당화를 결부시키는 것은 보수주의 입장에 대한 설명이다.

12 부부 간의 윤리

제시문은 길리건의 입장이다. 길리건은 공감과 배려, 책임을 특징으로 하는 여성의 목소리에 주목해야 한다고 보았다. 또한 배려의 관계는 상호 의존성을 존중하는 가운데 성립하며 부부도 서로 보살핌을 주고받는 관계가 되어야 한다고 보았다.

선택지 바로 보기

① 남성의 도덕성과 여성의 도덕성은 양립 불가하다. (×)
→ 길리건은 남성의 도덕성과 여성의 도덕성이 조화를 이루어야 한다고 보았다.
② 도덕성의 핵심은 합리적 추론과 정의의 원칙 준수에 있다. (×)
→ 합리적 추론과 정의의 원칙 준수를 강조하는 것은 정의 윤리에 대한 설명이다.
③ 정의 윤리와 배려 윤리의 조화 시도는 도덕적 실천을 저해한다. (×)
→ 길리건은 정의 윤리와 배려 윤리의 조화가 필요하다고 보았다.
④ 배려의 관계는 나와 다른 사람의 상호 의존성을 존중하는 가운데 형성된다. (○)
→ 길리건은 배려의 관계가 나와 다른 사람의 상호 의존성을 존중하는 가운데 성립한다고 보았다.
⑤ 상대를 위해 자신의 것을 포기하고 헌신할 때 화목한 가정을 이룰 수 있다. (×)
→ 길리건은 나와 다른 사람의 상호 의존성을 존중하는 가운데 성립한다고 보았으며, 부부도 서로 보살핌을 주고받는 관계가 되어야 한다고 주장하였다.

2주 Ⅲ. 사회와 윤리

2주 1일 개념 돌파 전략 ①

Book 1 40~43쪽

3강_직업과 청렴의 윤리 ~ 사회 정의와 윤리 ①

| 40쪽 | 개념 ❶ 상보성 개념 ❷ 필요
| 41쪽 | 01-1 (가) 마르크스 (나) 플라톤 02-1 ㄱ, ㄴ

4강_사회 정의와 윤리 ② ~ 국가와 시민의 윤리

| 42쪽 | 개념 ❶ 사회 계약설 개념 ❷ 헌법
| 43쪽 | 01-1 ㄴ, ㄷ 02-1 시민 불복종

2주 1일 개념 돌파 전략 ②

Book 1 44~45쪽

1 ④ 2 ③ 3 ③ 4 ②

1 직업에 대한 맹자의 입장 이해

제시된 그림의 사상가는 맹자이다. 맹자는 정신노동을 하는 대인과 육체노동을 하는 소인의 일을 구별하고, 통치자는 통치자에 직분에 맞게 나라를 통치하는 일에 전념해야 하며, 사회 구성원이 각자의 직분에 충실해야 한다고 보았다.

오답 피하기 ㄱ. 각자의 직분에 따른 역할이 구분되어 있으므로 모든 구성원이 육체노동을 해야 하는 것은 아니다.
ㄷ. 맹자는 모든 사람들이 생활에 필요한 물품을 직접 생산해야 한다고 보지 않았다.

2 공직 윤리에 대한 정약용의 입장

정약용은 공직자가 자신의 직무에 최선을 다해야 한다고 주장하며, 공직자의 덕목으로 자기 자신을 다스리는 율기(律己)와 함께 청렴(淸廉), 애민(愛民), 봉공(奉公)을 강조한다.

선택지 바로 보기

① 공직자를 위해 백성이 있음을 알아야 한다. (×)
→ 정약용은 공직자를 위해 백성이 있는 것이 아니라 백성을 위해 공직자가 있다고 보았다.
② 공직자는 백성에게 금전적 지원을 요구해야 한다. (×)
→ 정약용은 공직자는 청렴해야 한다고 주장하였다.
③ 공직자는 백성을 위해 직무에 최선을 다해야 한다. (○)
→ 정약용은 공직자가 자신의 본분을 다하기 위해 공사를 구별하여 공적인 일을 받들어야 한다고 보았다.
④ 공직자는 사익 증진을 최우선 목표로 삼아야 한다. (×)
→ 정약용은 공과 사를 엄격하게 구분하고 공익을 사익보다 우선해야 한다고 보았다.
⑤ 공직자는 욕구 충족을 위해 국가 예산을 마음껏 사용해야 한다. (×)
→ 정약용은 공직자가 탐욕을 부리지 말고 절용(節用)의 자세를 가져야 한다고 보았다.

3 국가에 대한 아리스토텔레스의 입장

제시문을 주장한 사상가는 아리스토텔레스이다. 아리스토텔레스는 국가가 인간의 본성에서 유래한다고 보았다.

③ 아리스토텔레스는 인간의 좋은 삶은 국가 공동체 속에서 실현될 수 있다고 보았다.

오답 피하기 ① 아리스토텔레스는 모든 공동체는 좋음을 추구하며 최고의 공동체인 국가는 최고의 좋음을 추구한다고 보았다.

② 아리스토텔레스는 국가가 사회 계약이 아닌 본성에 의해 성립된다고 보았다.

④ 아리스토텔레스는 국가가 최고의 공동체라고 보았다.

⑤ 아리스토텔레스는 인간은 국가 속에서 최고의 좋음을 얻을 수 있다고 보았다.

4 롤스의 시민 불복종에 관한 정당화 조건

롤스는 시민 불복종이 다수의 정의관에 기초한 공공적 성격, 즉 공개적인 정치 운동임을 강조한다.

② 시민 불복종은 의도적인 위법 행위이면서 처벌을 감수한다.

자료 분석

통합 검색 ▼ | A | 검색

1. 의미: 부정의한 법을 개정하거나 정책을 변화시키기 위해 의도적으로 법을 어기는 행위
2. A의 기원: 자연법에 근거하여 국민의 생명·자유·재산을 침해하는 통치자에 대한 저항권을 인정한 로크의 저항권 사상
3. A의 정당화 조건: 최후의 수단, 비폭력, 목적의 정당성, 공개성, 처벌 감수 등

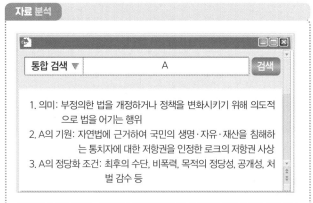

검색 결과 A의 의미는 부정의한 법을 개정하거나 정책을 변화시키기 위해 의도적으로 법을 어기는 행위이므로 A는 '시민 불복종'임을 알 수 있다. 롤스의 시민 불복종이 정당화되기 위한 일반적인 정당화 조건은 최후의 수단, 비폭력, 목적의 정당성, 공개성, 처벌 감수이다.

2주 2일 필수 체크 전략 ①

Book 1 46~49쪽

1-1 정명(正名) 사상	1-2 ④	2-1 ②
2-2 ㉠ 전문직 ㉡ 직업윤리	3-1 집단(사회)	3-2 ③
4-1 ㉠ 능력 ㉡ 필요	4-2 ㄱ, ㄷ	

1-1 직업에 대한 공자의 입장

공자는 임금, 신하, 부모, 자식 등의 사회 구성원이 자신의 직분에 충실해야 한다는 정명(正名) 사상을 주장하였다.

1-2 직업에 대한 플라톤의 입장

제시문은 플라톤의 주장이다. 플라톤은 국가를 구성하고 있는 세 계층이 각자의 고유한 덕(德)을 발휘하여 직분에 충실하면 정의로운 국가가 된다고 보았다.

오답 피하기 ① 칼뱅은 직업을 신의 소명(召命)이라고 보았다.

② 베버는 프로테스탄티즘 윤리가 자본주의 정신의 기반이 되었다고 보았다.

③ 순자는 각자의 능력에 따라 직업을 맡아야 한다고 보았다.

⑤ 마르크스는 자본주의 체제에서의 분업화된 노동이 인간 소외를 가져온다고 보았다.

2-1 기업의 사회적 책임에 대한 프리드먼의 입장

제시문은 프리드먼의 주장이다. 프리드먼은 기업에 이윤 극대화 외의 사회적 책임을 요구하는 것은 자유 시장 경제의 틀을 깨뜨리는 것이라고 보았다.

② 프리드먼은 기업의 유일한 사회적 책임은 이윤 창출이라고 보았다.

오답 피하기 ① 프리드먼은 기업의 목적이 이윤 창출이라고 보았다.

③ 프리드먼은 사회 복지는 기업이 할 일이 아니라고 보았다.

④ 프리드먼은 기업이 법규를 준수하고, 소비자를 기만하거나 속이지 말아야 한다고 보았다.

⑤ 프리드먼은 기업이 자선적 책임을 져야 한다고 보지 않았다.

2-2 전문직 윤리의 이해

전문직은 고도의 전문적 교육과 훈련을 거쳐서 일정한 자격 또는 면허를 취득해야만 종사할 수 있는 직업을 말한다. 이들의 직무는 사회 공익적 성격을 띠며 일반인이 모르는 전문적 지식, 정보를 이용하여 쉽게 부당한 이익을 취할 수 있으므로 매우 높은 수준의 직업윤리가 요구된다.

3-1 사회 윤리에 대한 니부어의 입장 이해

제시된 내용은 니부어의 입장에 대한 설명이다. 니부어는 인간이 개인적으로는 양심적이고 도덕적일지라도 그들이 모인 집단(사회)은 이기적이며 비도덕적일 수 있다고 보았다. 또한 집단을 구성하는 개인이 도덕적이더라도 집단 자체는 비도덕적일 수 있으므로 집단과 개인의 도덕성을 구분하였다.

더 알아보기⁺ 니부어의 사회 윤리

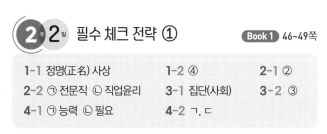

니부어는 집단에 속한 개인은 이기적으로 행동하기 쉽다고 보았다. 사회 집단이 개인보다 비도덕적인 이유는 자연적 충동을 억제할 합리적인 능력을 갖추고 있지 않기 때문이다. 따라서 집단 간의 갈등은 윤리적이기보다 정치적이므로 쉽게 해결되지 않는다. 이러한 사회 윤리 문제를 해결하기 위해서는 개인의 도덕성 함양과 함께 정치적인 강제력에 의한 방법이 병행되어야 한다고 니부어는 주장하였다.

3-2 사회 윤리에 대한 니부어의 입장 이해

제시문을 주장한 사상가는 니부어이다. 니부어는 개인과 집단의 도덕성을 구분하였으며 사회 집단의 도덕성은 개인의 도덕성보다 현

저히 떨어진다고 보았다.
③ 니부어는 집단 간의 힘의 차이로 인해 집단 간의 갈등은 정치적이라고 보았다.

4-1 마르크스의 분배적 정의
제시문을 주장한 사상가는 마르크스이다. 마르크스는 능력에 따라 일하고 필요에 따라 분배할 것을 주장하였다. 그는 능력에 따라 일하고 필요에 따라 분배받는 사회에서 인간 각자는 진정으로 노동의 긍정적 모습에 따라 자아가 실현되는 상황에 이르게 된다고 보았다.

4-2 노직의 분배적 정의
소유 권리로서의 정의를 주장한 노직은 개인의 권리를 보호하고 존중하는 것을 정의라고 보았다. 그는 개인의 정당한 소유물에 대한 당사자의 절대적 권리를 강조하였으며 개인이 가진 권리와 재산을 보호하는 최소 국가를 최선의 국가로 보았다.
ㄱ. 노직은 '소유 권리'로서의 정의를 주장하였다.
ㄷ. 노직은 개인의 권리를 강도, 절도, 사기 등에서 보호하는 최소 국가가 정당하다고 보았다.
오답 피하기 ㄴ. 노직은 개인의 천부적 재능을 공유 자산으로 여겨서는 안 된다고 보았다.
ㄹ. 노직은 약탈, 절도처럼 부당한 취득에 대해서는 정당한 소유권을 인정하지 않는다.

2주 2일 필수 체크 전략 ②

Book 1 50~51쪽

1 ⑤ 2 ④ 3 ② 4 ⑤

1 직업에 대한 칼뱅의 입장
제시된 내용을 주장한 사상가는 칼뱅이다. 칼뱅은 직업을 신이 부여한 소명(召命)으로 보고, 성실하고 절제하는 삶을 통한 직업적 성공을 긍정하였다.
⑤ 칼뱅은 근면, 성실, 검소한 태도로 직업 생활에 임해야 한다고 주장하였다.
오답 피하기 ① 칼뱅은 직업 생활의 궁극적 목적은 신의 부르심[召命]에 응답하여 신의 영광을 드러내는 것이라고 보았다.
② 칼뱅은 부의 축적을 구원의 징표로 정당화하여 자본주의 발달에 영향을 주었다.
③ 칼뱅은 직업 노동이 신의 명령에 따르는 것이라고 보았다.
④ 칼뱅은 직업 노동이 금욕과 절제를 바탕으로 하고, 신의 영광을 표현하는 행위라고 보았다.

2 직업에 대한 순자와 플라톤의 입장
갑은 순자이고, 을은 플라톤이다. 순자는 이기적 존재인 인간의 욕구를 예(禮)를 통해 조절해야 하며, 각자의 능력에 따라 직분을 나누어야 한다고 보았다. 플라톤은 각자가 타고난 기질에 따라 통치자, 방위자, 생산자 등의 적합한 일에 배치되어야 한다고 보았다.
ㄱ, ㄴ. 순자는 각자의 능력과 덕을 기준으로 사회적 직위를 부여해야 한다고 보았으며, 사회적 분업 차원에서의 역할 분담을 인정하였다.
ㄷ. 플라톤은 육체노동을 정신노동보다 열등한 것으로 간주하였다.
오답 피하기 ㄹ. 순자와 플라톤은 모두 다스리는 역할을 할 능력과 덕을 갖춘 사람이 통치하는 일을 해야 한다고 보았다.

더 알아보기⁺ 직업에 대한 플라톤의 입장

> 통치자는 사유 재산을 가져서는 안 되며 군인처럼 공동으로 생활해야만 한다. 또한 세상의 금은을 탐해서도 호화로운 집에 기거해서도 안 된다. 왜냐하면 통치자는 오직 자신과 나를 정의롭게 하는 데 힘써야 하기 때문이다. – 플라톤

플라톤은 공직자가 공과 사를 구분하고 엄격하게 자신을 절제할 것을 강조하였으며, 통치자 계층이 사유 재산을 지녀서는 안 된다고 주장하였다.

3 사회 윤리에 대한 니부어의 입장
제시된 내용을 주장한 사상가는 니부어이다. 니부어는 개인이 집단에 속하게 되면 이기적 충동을 억제하기 어렵다고 보았다.
② 니부어는 사회 윤리적 문제는 선의지의 통제를 받는 비합리적 수단이 필요하다고 보았다.
오답 피하기 ① 니부어는 사회 갈등이 집단 간 힘의 불균형 때문에 발생한다고 보았다.
③ 니부어는 도덕적인 개인도 집단 속에서는 비도덕적인 행동을 할 수 있다고 보았다.
④ 니부어는 사회 집단의 도덕성이 개인의 도덕성보다 우월하다고 보지 않았다.
⑤ 니부어는 사회 윤리 문제를 해결하기 위해서는 개인들에 대한 도덕적 설득과 사회 제도의 개선을 병행해야 한다고 보았다.

4 분배적 정의에 대한 롤스와 노직의 입장
갑은 롤스이고, 을은 노직이다. 롤스는 정의로운 분배를 위한 원칙을 가상적 상황인 원초적 입장에서 도출할 수 있다고 보았다. 노직은 정의로운 분배를 위해서는 소유로서의 정의가 실현되어야 한다고 보았다.
⑤ 롤스와 노직은 모두 공정한 절차를 통해 이루어진 결과는 불평등이 있더라도 공정하다고 보았다. 즉 공정한 절차에 의한 결과로서 경제적 불평등은 정의에 부합한다고 보았다.
오답 피하기 ① 롤스는 평등한 자유의 원칙이 차등의 원칙보다 우선한다고 보았다.
② 롤스와 노직은 모두 공정한 분배가 이루어진 사회에서도 불평등이 존재할 수 있다고 보았다.
③ 노직만의 입장이다. 노직은 최소 국가를 최선의 국가로 보았다.
④ 노직은 개인의 천부적 재능은 공동의 자산이라고 보지 않았다.

2주 3일 필수 체크 전략 ①

Book 1 52~55쪽

1-1 교정적 정의 1-2 죄형 법정주의 2-1 ④ 2-2 루소
3-1 홉스 3-2 민본주의 4-1 (가) 드워킨 (나) 롤스
4-2 간디

1-1 교정적 정의에 대한 개념 이해

교정적 정의는 사람 사이의 동등하지 않은 관계를 바로잡거나 위반 혹은 침해를 일으킨 사람에 대해 형벌을 가함으로써 공정함을 확보하는 것이다.

1-2 공정한 처벌의 조건 이해

제시된 그림의 강연자는 죄형 법정주의에 대해 설명하고 있다. 죄형 법정주의는 어떤 행위를 범죄로 처벌하려면 범죄와 형벌이 반드시 법률로 정해져 있어야 한다는 것이다.

2-1 사형 제도에 대한 반대 입장 이해

사형 제도를 반대하는 입장에서는 사형이 범죄 억제의 효과가 없으며, 처벌의 본질인 교화를 포기하는 것이라고 본다. 또한 그들은 사형 제도가 생명권을 부정하는 반인도성을 지니고 있으며 오판 가능성, 정치적 악용 가능성의 측면이 있다는 것을 경고한다.
④ 사형 제도를 반대하는 입장에서는 사형의 범죄 예방 효과가 없거나 작다고 본다.

2-2 교정적 정의에 대한 루소의 입장 이해

제시된 인물은 루소이다. 루소는 사회 계약에 동의한 시민은 법을 위반하면 처벌을 받아야 한다고 보았다. 그는 타인의 희생으로 자기의 생명을 보존하려고 하는 사람은 타인을 위해 마땅히 자신의 생명을 희생할 수 있어야 한다고 주장하였다.

3-1 국가에 대한 홉스의 입장 이해

제시된 내용을 주장한 사상가는 사회 계약론자인 홉스이다. 홉스는 자연 상태를 전쟁 상태로 보고, 자신의 생명과 안전을 보장받기 위해 계약을 통해 국가를 수립한다고 보았다.

더 알아보기⁺ 국가에 대한 사회 계약론의 입장

사회 계약론자인 홉스, 로크, 루소는 인간이 자연 상태에서 제대로 보장받지 못하는 생명과 자유, 재산을 보장받기 위해서 계약을 통해 국가를 수립하기로 합의하였다고 주장하였다. 사회 계약론자에 따르면, 시민이 생명과 자유, 재산을 보호하기 위한 국가의 권위는 정당하다.

3-2 민본주의에 대한 기본적인 개념 이해

제시문은 민본주의(民本主義)에 대한 설명이다. 민본주의는 유교에서 강조하는 사상으로, 민본주의 입장에서는 군주의 정당성을 백성의 뜻에서 찾을 수 있으며 군주가 도덕성을 바탕으로 정치를 펼쳐야 한다고 보았다.

4-1 드워킨과 롤스의 시민 불복종

(가)는 드워킨, (나)는 롤스이다. 드워킨은 헌법 정신에 위배된 법률에 대해서 시민은 저항할 수 있다고 보았다. 반면 롤스는 시민 불복종이 거의 정의로운 민주 체제에서만 가능하며, 법에 대한 충실성의 한계 내에서 이루어져야 한다고 보았다.

4-2 시민 불복종의 사례

제시문의 그는 간디이다. 영국이 식민지 인도에 소금의 생산과 판매를 금지하고 영국에서 생산된 소금을 비싼 값에 수입하도록 하자, 간디는 이에 불복종한다는 의미로 행진하였다. 간디는 이와 같은 비폭력 저항 운동을 전개하며 영국의 강압적 통치의 부정의함을 세상에 알렸다.

2주 3일 필수 체크 전략 ②

Book 1 56~57쪽

1 ④ 2 ③ 3 ⑤ 4 ①

1 교정적 정의에 대한 칸트, 베카리아, 루소의 입장 비교

갑은 칸트, 을은 베카리아, 병은 루소이다. 칸트는 사형이 살인자의 인격성을 존중하는 것이라고 보았다. 베카리아는 사형보다 종신 노역형이 더 유용한 형벌이라고 보았다. 루소는 사회 계약을 위반한 살인자는 사형에 처해야 한다고 보았다.
ㄱ. 칸트는 처벌이 사회의 다른 선을 위한 수단이 되어서는 안된다고 보았지만, 베카리아는 처벌이 사회 전체의 이익을 증진해야 한다고 보았다. 따라서 베카리아가 칸트에게 할 비판으로 적절하다.
ㄴ. 루소는 사회 계약을 바탕으로 사형을 찬성하였지만, 베카리아는 생명권은 사회 계약의 양도 대상이 아니라고 보았다. 따라서 베카리아가 루소에게 할 비판으로 적절하다.
ㄹ. 베카리아는 사형보다 종신 노역형이 더 효율적이라고 보았지만, 칸트와 루소는 살인자에 대한 정당한 처벌은 사형이라고 보았다. 따라서 칸트와 루소가 베카리아에게 제기할 비판으로 적절하다.
오답 피하기 ㄷ. 칸트는 사형이 범죄자의 고통받는 인격을 해방하여 인간 존엄성을 실현하는 것이라고 보았다. 이는 칸트가 베카리아에게 제기할 비판이다.

2 시민 불복종에 대한 드워킨의 입장

제시문은 드워킨의 주장이다. 드워킨은 헌법 정신에 어긋나는 법률에 대한 시민 불복종은 정당하다고 보았다.
③ 드워킨은 헌법 정신에 어긋나는 법률에 대해서는 시민이 정당하게 저항할 수 있다고 보았다.

3 국가의 역할에 대한 맹자의 입장

대화에서 을은 맹자이다. 맹자는 왕도 정치를 강조하여 국가의 통치자가 힘이 아닌 덕으로써 통치하고 백성들을 감화해야 한다고 주장하였다. 또한 맹자는 백성들이 일정한 직업을 통해 생계를 안정적으로 유지할 수 있어야 도덕적인 생각과 행동을 할 수 있다고 주장하였다.

선택지 바로 보기

① 국가의 근본은 백성이 아닌 군주이다. (×)
→ 맹자는 국가의 근본이 군주가 아닌 백성이라고 보았다.
② 겸애(兼愛)를 모든 백성에게 베풀어야 한다. (×)
→ 묵자의 입장이다.
③ 상벌(賞罰)을 활용하여 이기적인 백성을 통제해야 한다. (×)
→ 한비자의 입장이다.
④ 백성들을 힘으로 복종시켜서 불의한 행동을 막아야 한다. (×)
→ 맹자는 백성을 힘으로 복종시키기 보다는 통치자가 먼저 유덕한 모습을 보여 백성이 본받게 해야 한다고 보았다.
⑤ 올바른 통치를 하기 위해서는 군주의 높은 도덕성이 중요하다. (○)
→ 맹자는 통치자가 덕을 쌓아야 백성들이 자연스럽게 감화되어 사회 질서가 유지될 수 있다고 보았다.

더 알아보기⁺ 유교의 민본주의

민본주의는 백성을 정치의 근본으로 생각하는 정치이다. 하늘[天]은 국가 권위의 토대이므로 통치자는 하늘의 뜻을 따라야 한다. 그런데 하늘은 백성을 통해 자신의 뜻을 드러내기도 하는데, 하늘은 덕을 통한 정치를 요구한다. 맹자는 덕에 의한 왕도정치(王道政治)는 백성들이 원하는 정치이며, 이것은 바로 하늘이 원하는 정치라고 주장한다.

4 시민의 권리에 대한 로크와 맹자의 입장 비교

갑은 로크이고, 을은 맹자이다. 로크는 입법부가 시민의 생명, 자유, 재산을 보호하지 않고 침해하면 시민이 저항권을 행사할 수 있다고 보았다. 맹자는 군주가 무도한 정치를 하면 군주를 교체하는 역성혁명(易姓革命)을 할 수 있다고 보았다.

① 로크는 국가의 권위가 시민들의 합의에 의해 형성된다고 보았지만, 유교 사상가인 맹자는 국가의 권위가 하늘로부터 주어진 것이라고 보았다.

오답 피하기 ② 로크는 국가가 개인들의 재산을 보호해야 한다고 보았다.
③ 로크는 계약론에 근거해 시민의 정치적 의무를 주장하였다.
④ 로크와 맹자는 모두 올바른 정치를 하지 않는 통치 권력을 교체할 수 있다고 보았다.
⑤ 로크는 국가가 구성원들 간의 분쟁을 중재해야 한다고 보았다.

2주 4일 교과서 대표 전략 ①

Book 1 58~61쪽

| 대표 예제 | 1 ⑤ | 2 ② | 3 ④ | 4 ③ | 5 ② |
6 ④ | 7 ⑤ | 8 ① | 9 ⑤ | 10 ⑤ | 11 ④ |
12 ②

1 직업에 대한 플라톤과 마르크스의 입장 이해

갑은 플라톤이고, 을은 마르크스이다. 플라톤은 국가의 세 계층이 자신의 직분에 충실하고 다른 계층의 일에 간섭하지 말아야 한다고 보았다. 마르크스는 자본주의 경제 체제의 분업화된 노동이 인간을 노동으로부터 소외시킨다고 보았다.

선택지 바로 보기

① 분업화된 노동은 생산자의 자아실현을 방해하는가? (×)
→ 마르크스는 분업화된 노동이 인간을 노동으로부터 소외시켜 노동자의 자아실현을 방해한다고 보았다.
② 타고난 기질과 상관없이 직분이 결정되어야 하는가? (×)
→ 플라톤은 타고난 기질에 따라 직분이 결정되어야 한다고 보았다.
③ 인간 소외를 막기 위해 사적 소유를 철폐해야 하는가? (×)
→ 마르크스는 인간 소외를 막기 위해 사적 소유를 철폐하고 공산 사회를 실현해야 한다고 보았다.
④ 사회적 역할은 개인의 희망에 따라 교환되어야 하는가? (×)
→ 플라톤은 사회적 역할은 각자의 자질과 성향에 따라 결정되어야 한다고 보았다.
⑤ 이상 사회에서 사유 재산을 가진 구성원이 존재하는가? (○)
→ 플라톤은 정의로운 국가에서 수호자 이외의 계급은 사유 재산을 가질 수 있다고 보았지만, 마르크스는 공산 사회에서 사유 재산이 폐지된다고 보았다.

2 기업의 사회적 책임에 대한 입장 비교

갑은 이윤 추구 외에도 기업의 사회적 책임을 강조하는 입장이다. 반면 을은 기업의 역할을 이윤 추구에 있다고 보는 입장이다. 갑과 을의 입장을 대표하는 사상가는 각각 애로우, 프리드먼이 있다. 애로우는 기업이 이윤 극대화 이외의 사회적 책임을 적극 수행해야 한다고 보았지만 프리드먼은 기업에게 이윤 극대화 이외의 사회적 책임을 요구해서는 안 된다고 주장하였다.

② 애로우와 프리드먼은 모두 기업의 본질은 이윤 추구에 있다고 보았다.

오답 피하기 ①, ③, ⑤ 애로우는 기업이 공익을 위한 자선 활동에 힘써야 한다고 보았으나 프리드먼은 기업에게 이윤 추구 이외의 사회적 책임을 요구해서는 안 된다고 보았다.
④ 애로우와 프리드먼 모두 사회의 규칙을 지키는 범위 내에서 기업이 이윤을 추구해야 한다고 보았다.

3 직업에 대한 맹자의 입장 이해

제시문은 맹자의 주장이다. 맹자는 몸을 수고롭게 하는 사람(勞力者)과 마음을 수고롭게 하는 사람(勞心者)이 각자의 직분에 충실하여 사회적 분업을 이루어야 한다고 보았다. 또한 생업이 보장되어야 백성들이 올바른 생각과 행동을 바탕으로 도덕적인 삶을 영위할 수 있다고 보았다.

④ 맹자는 정신노동을 하는 노심자(勞心者)가 육체노동을 병행할 필요는 없다고 보았다.

4 분배적 정의에 대한 아리스토텔레스, 노직, 롤스의 입장 비교

갑은 아리스토텔레스, 을은 노직, 병은 롤스이다. 아리스토텔레스는 분배적 정의가 기하학적 비례를 따른다고 보았다. 노직은 개인은 정당하게 취득한 소유물에 대해 배타적인 권리를 지닌다고 보았다. 롤스는 사회적·경제적 불평등은 최소 수혜자에게 최대의 이익이 될 때 정당화될 수 있다고 보았다.

ㄷ. 노직은 정당하게 취득하거나 이전받은 소유물에 대해 인간이 소유권을 가진다고 보았다.

ㄹ. 롤스는 모든 사람에게 평등한 기본적 자유를 보장해야 한다고 보았다.

오답 피하기 ㄱ. 아리스토텔레스는 분배적 정의가 권력, 지위, 명예, 재화 등을 각자의 가치에 비례하여 분배받는 것이라고 보았다.

ㄴ. 롤스는 천부적 재능의 분포를 사회의 공유 자산으로 간주할 수 있다고 보았다.

더 알아보기⁺ 아리스토텔레스의 정의관

1. 일반적 정의
   법을 준수함으로써 정치 공동체의 행복을 창출하고 지키는 것
2. 특수적 정의
- 분배적 정의: 권력, 지위, 명예, 재화 등을 각자의 가치에 맞게 분배하는 것으로 기하학적 비례를 따른다.
- 교정적 정의: 타인에게 해를 끼치면 그만큼 보상을 하며, 이익을 주었으면 그만큼 되돌려 받는 것으로 산술적 비례를 따른다.

5 분배적 정의에 대한 왈처의 입장

제시된 내용을 주장한 사상가는 왈처이다. 왈처는 복합 평등을 주장하며 사회적 가치를 분배할 때 하나의 가치를 가지면 다른 가치도 쉽게 얻을 수 있는 사회는 정의롭지 않다고 보았다.

② 왈처는 정의의 기준이 공동체마다 다를 수 있다고 보고 영역에 따라 다른 정의의 기준을 적용하는 다원적 정의를 제시하였다.

오답 피하기 ① 왈처는 분배 원칙을 모든 사회에 일률적으로 적용할 수 없다고 보았다.

③ 왈처는 사회적 가치가 자신의 고유 영역 안에 머물러야 한다고 보았다.

④ 왈처는 공직에 있는 사람이 자녀 취학의 우선권을 갖는 상황은 불공정하다고 보았다.

⑤ 왈처는 다양한 삶의 영역의 가치는 상이한 기준에 따라 분배되어야 한다고 보았다.

6 직업에 대한 칼뱅의 입장

제시문은 칼뱅의 주장이다. 칼뱅은 자신의 직업에 충실히 종사하는 것이 바로 신의 명령에 따르는 것이라고 보았다.

④ 칼뱅은 근면·성실하게 일해 직업적 성공을 거두고 부를 축적하는 것을 구원의 징표라고 여겼다.

오답 피하기 ① 칼뱅은 각자 맡은 바 소명을 실천하기 위해 검소하고 금욕적인 태도를 지녀야 한다고 보았다.

②, ⑤ 칼뱅은 자신의 직업에 충실히 종사하는 것이 신의 명령에 따르는 것이라고 보았다.

③ 칼뱅은 노동을 통한 부의 축적을 정당화하였다.

7 교정적 정의에 대한 벤담의 입장

제시문은 벤담의 주장이다. 벤담은 처벌의 정도는 위법 행위로 얻는 이익을 넘어서야 한다고 보았다.

⑤ 벤담은 형벌이 고통을 야기하므로 악이지만 공리의 원리에 의해 인정될 수 있다고 보았다.

오답 피하기 ① 벤담은 형벌을 사회 안정을 위한 수단으로 사용할 수 있다고 보았다.

② 형벌의 목적을 범죄 행위와 동등한 처벌에 두는 것은 칸트의 입장이다.

③ 벤담은 형벌이 범죄 예방을 위한 수단이라고 보았다.

④ 벤담은 형벌의 수준이 범죄를 예방하고 위법 행위로 인한 이득을 넘어서는 정도로 결정되어야 한다고 보았다.

8 사회적 약자 우대 정책에 대한 찬성 입장 이해

제시문에서는 사회적 약자를 우대해야 한다고 주장하고 있다. 그 근거로 분배 과정에서 소외당한 소수자에 대한 보상과 재분배의 필요성 등을 제시하고 있다. 따라서 제시문은 우대 정책을 찬성하는 입장의 주장이다.

선택지 바로 보기

① 소수자에 대한 특혜가 역차별이 되는가? (×)
→ 우대 정책을 반대하는 입장에서는 소수자에 대한 특혜가 역차별이 되어 갈등을 유발한다고 본다.

② 우대 정책이 사회 전체의 행복에 기여하는가? (○)
→ 우대 정책을 찬성하는 입장에서는 우대 정책이 사회 전체의 행복을 증진할 수 있다고 본다.

③ 과거의 부당한 차별에 대한 보상이 있어야 하는가? (○)
→ 우대 정책을 찬성하는 입장에서는 과거의 부당한 차별에 대해 보상해야 한다고 본다.

④ 우대 정책을 통해 사회적 갈등을 완화할 수 있는가? (○)
→ 우대 정책을 찬성하는 입장에서는 우대 정책으로 사회적 갈등을 완화할 수 있다고 본다.

⑤ 자연적 운으로 발생한 불평등을 시정해야 하는가? (○)
→ 우대 정책을 찬성하는 입장에서는 소수자로 태어나서 겪을 불평등을 시정할 필요가 있다고 본다.

9 교정적 정의에 대한 베카리와 칸트의 입장 비교

갑은 베카리아이고, 을은 칸트이다. 베카리아는 사형보다 종신 노역형이 범죄 예방에 효과적이므로 사형 제도를 폐지해야 한다고 주장하였다. 칸트는 살인자는 동등성의 원리에 따라 사형에 처해야 한다고 보았다. 또한 칸트는 사형이 스스로 저지른 살인에 대해 응분의 책임을 지우기 때문에 살인자의 인격을 존중하는 것으로 보았다.

⑤ 베카리아는 처벌이 범죄 예방과 사회 전체의 이익 증진을 위한 것이어야 한다고 보았다.

10 사회 윤리에 대한 니부어의 입장 이해

제시문은 니부어의 주장이다. 니부어는 사회적 부정의의 원인 중 한 가지를 집단들 사이의 힘의 불균형 때문이라고 보았다.

⑤ 니부어는 정의를 실현하기 위해서는 강제력과 같이 양심적인 사람들이 승인하지 않는 방법도 사용해야 한다고 보았다.

11 시민 불복종에 대한 싱어의 입장

제시된 내용을 주장한 사상가는 싱어이다.

선택지 바로 보기

① 시민 불복종 행위의 성공 가능성은 고려하지 않는다. (×)
→ 싱어는 불복종 행위의 성공 가능성을 고려하여야 한다고 주장하였다.

② 정당한 시민 불복종에 대해서는 처벌을 거부해야 한다. (×)
→ 싱어는 시민 불복종에 따른 처벌을 감수해야 한다고 보았다.

③ 시민 불복종은 다수의 정의관에 따라 행해져야 한다. (×)
→ 시민 불복종 행위의 근거가 다수가 공유하는 정의관이라고 본 것은 롤스이다.

④ 시민 불복종은 성공과 실패에 따른 비용과 이익을 고려해야 한다. (○)
→ 싱어는 시민 불복종이 산출할 이익과 손해를 고려해야 한다고 주장하였다.

⑤ 불의를 해결할 합법적인 수단이 있어도 시민 불복종을 먼저 감행해야 한다. (×)
→ 싱어는 불의를 해결할 방법을 먼저 시도한 후 시민 불복종을 최후에 감행해야 한다고 보았다.

자료 분석

> 시민 불복종을 실행하고자 할 때, 우리는 중단시키고자 하는 악의 크기와 우리의 행위가 가져올 법과 민주주의에 대한 존중심의 감소를 저울질해 보아야 한다.

싱어는 합법적인 수단이 실패하면 시민 불복종을 감행할 수 있다고 보았다. 이때 공리주의의 관점에서 시민 불복종 행위에 따른 이익과 손해를 계산해 보아야 한다고 보았다. 또한 불복종 행위가 실패하여 다른 수단으로 성공할 가능성을 감소시킬 가능성까지 고려해야 한다고 보았다.

12 시민 불복종에 대한 소로와 롤스의 입장 비교 이해

갑은 소로이고, 을은 롤스이다. 소로는 개인의 양심에 어긋나는 불의한 법과 정부 정책에 대해 즉각 불복종할 수 있다고 보았다. 롤스는 정의의 원칙을 위반하는 법과 정부 정책에 대해 다수가 공유하는 정의관에 따라 불복종할 수 있다고 보았다.

ㄱ. 소로는 개인의 양심에 근거하여, 롤스는 다수가 공유하는 정의관에 근거하여 시민 불복종을 감행할 수 있다고 보았다.

ㄷ. 롤스는 시민 불복종의 정당화 조건으로 최후 수단성을 요구한다.

오답 피하기 ㄴ. 소로는 법보다 정의에 대한 존경심이 더 중요하다고 보았다.

ㄹ. 롤스는 시민 불복종을 할 때, 법이나 제도 전체에 대한 항거는 불가하다고 보았다.

2주 4일 교과서 대표 전략 ②

Book 1 62~63쪽

01 ③ 02 ② 03 ② 04 ③ 05 ① 06 ②

01 공직자에 대한 공자와 정약용의 입장 비교

갑은 공자이고, 을은 정약용이다. 공자는 공직자가 자신의 역할에 맞는 역할을 책임 있게 수행해야 한다고 보았다. 정약용은 공직자가 청렴과 절용에 힘써야 한다고 보았다.

③ 정약용은 공직자가 개인의 사적인 이익보다는 공적인 올바름을 추구해야 한다고 보았다.

오답 피하기 ① 공자는 공직자가 정명(正名) 정신에 맞게 자신의 책무를 수행해야 한다고 보았다.

② 공자는 공직자가 경제적 이익을 우선적으로 추구해야 한다고 보지 않았다.

④ 공자와 정약용 둘 다 공직자가 자기 직분에 충실해야 한다고 보았다.

⑤ 정약용은 공직자가 민의(民意)를 존중하고 봉공(奉公)을 실천해야 한다고 보았다.

02 분배적 정의에 대한 롤스, 노직, 왈처의 입장 비교

갑은 롤스, 을은 노직, 병은 왈처이다. 롤스는 사회적·경제적 불평등이 차등의 원칙에 따라 정당화될 수 있다고 보았다. 노직은 소유권으로서의 정의가 실현되면 정의로운 분배가 이루어진 것이라고 보았다. 왈처는 특정 영역에서 지배적인 역할을 하는 사회적 재화와 가치가 다른 영역의 그것을 획득하는 데 기여할 때 '지배'의 문제가 발생한다고 지적하였다. 또한 한 영역의 재화나 가치를 소유한 것이 다른 영역의 그것들을 소유하게 되는 이유가 되어서는 안 된다고 보았다.

선택지 바로 보기

① A: 무지의 베일 속의 사람은 자신의 이익에 대해 무지한 것을 간과한다. (×)
→ 롤스는 무지의 베일 속의 사람은 자신의 이익을 합리적으로 추구한다고 보았다.

② B: 차등의 원칙은 소유 권리를 침해하는 정형화된 분배 원칙임을 간과한다. (○)
→ 노직은 롤스의 정의의 원칙이 고정된 정형(定型)적인 원칙으로 이것은 개인의 선택의 자유를 침해한다고 보았다.

③ C: 서로 다른 사회적 가치들은 동일한 기준에 따라 분배되어야 함을 간과한다. (×)
→ 왈처는 서로 다른 사회적 가치들은 상이한 기준에 따라 분배되어야 한다고 보았다.

④ D: 정의로운 사회 실현을 위해 최소 수혜자의 이익 극대화가 보장되어야 함을 간과한다. (×)
→ 노직이 왈처에게 제기할 수 있는 비판이 아니다. 이는 롤스의 주장으로, 롤스는 정의로운 사회 실현을 위해 최소 수혜자의 이익 극대화라는 정의의 원칙에 근거하여 보장되어야 한다고 보았다.

⑤ E: 정의의 원칙은 가상 상황에서 도출되어야 함을 간과한다. (×)
→ 왈처가 롤스에게 제기할 비판의 내용은 아니다. 이는 롤스의 주장으로, 롤스는 정의의 원칙을 가상 상황인 원초적 입장에서 도출한다.

더 알아보기⁺ 노직의 소유권으로서의 정의

노직은 어떤 개인이 정당하게 노동하여 최초로 재화를 취득하였거나, 타인으로부터 합법적으로 재화를 양도받았다면 그 소유권은 정당하다고 보았다. 그리고 노직은 재화를 획득하고 양도받는 과정에서 부정의한 부분이 있을 때는 이를 교정해야 한다고 주장하였다. 노직은 복지를 위한 과세는 정의로운 방식으로 획득한 소유권을 침해한다고 보았다.

03 베버와 마르크스의 입장 비교

제시문의 갑은 베버, 을은 마르크스이다. 베버는 프로테스탄트가 근면한 직업 노동을 통해 축적한 부는 정당하다고 보았다. 마르크스는 자본주의에서는 노동의 본질이 왜곡되어 소외가 일어난다고 보았다.

선택지 바로 보기

① 갑: 프로테스탄트는 모든 부의 추구를 정당화하였다. (×)
→ 베버는 프로테스탄트가 근면한 직업 노동을 통해 축적한 부만 정당하다고 보았다.

② 갑: 프로테스탄트 윤리에서 노동은 신의 뜻에 부합하기 위한 신성한 행위이다. (○)
→ 베버는 프로테스탄트들이 직업 노동을 신의 명령[召命]으로 받아들였다고 보았다.

③ 을: 자본주의 사회에서 노동 소외를 극복할 수 있다. (×)
→ 마르크스는 자본주의적 분업 방식이 생산 과정에서 노동력 착취와 노동의 소외 문제를 낳았다고 보았다.

④ 을: 노동 분업을 통해 업적에 따른 분배를 실현해야 한다. (×)
→ 마르크스는 능력에 따라 일하고 필요에 따라 분배해야 한다고 보았다.

⑤ 갑, 을: 프로테스탄트 윤리는 자본주의의 발달을 저해하였다. (×)
→ 베버는 프로테스탄트의 윤리가 자본주의 정신의 기초가 되었다고 보았다.

04 교정적 정의에 대한 베카리아, 칸트, 벤담의 입장 비교

갑은 베카리아, 을은 칸트, 병은 벤담이다. 베카리아는 형벌은 범죄 예방을 목적으로 행해져야 하며, 사형보다 종신 노역형이 범죄 예방 효과가 크다고 보고 사형 폐지를 주장하였다. 칸트는 사형은 자신의 자율적인 행위, 즉 스스로 저지른 살인에 대해 응분의 책임을 지우기 때문에 사형이 살인한 범죄자의 인격을 존중하는 것이라고 보았다. 벤담은 형벌의 정도는 공리의 원리에 따라 결정되어야 한다고 보았다.

ㄴ. 칸트는 형벌이 범죄자의 인간 존엄성을 보장하기 위한 것이라고 보았다. 반면에 베카리아와 벤담은 형벌이 사회적 이익 증진을 위한 수단이라고 보았다.

ㄹ. 베카리아와 벤담은 형벌의 목적이 범죄 예방이라고 보았다. 반면에 칸트는 형벌이 사회 안정을 위한 수단으로 사용되어서는 안 된다고 보았다.

오답 피하기 ㄱ. 형벌이 동등성의 원리에 따라 행위에 상응하는 보복을 해야 한다고 본 것은 칸트이다.

ㄷ. 칸트는 형벌의 유용성과 상관없이 형벌은 범죄를 저질렀다는 이유로 주어지는 것이라고 보았다.

05 플라톤의 직업관 이해

A 사상가는 플라톤이다. 플라톤은 각자가 타고난 기질에 따라 통치자, 방위자, 생산자 등의 적합한 일에 배치되어야 한다고 보았으며, 능력에 따라 사회적 역할을 분담해야 함을 강조하였다. 또한 육체노동을 정신노동보다 열등한 것으로 간주하기도 하였다.

① 직업적 성공과 부의 축적을 구원의 증표로 여긴 것은 근대 프로테스탄티즘 윤리이다.

06 롤스의 시민 불복종의 입장 이해

롤스는 시민 불복종이 법에 대한 충실성의 한계 내에서 이루어져야 하며, 시민 불복종 행위의 근거는 다수가 공유하는 정의관이라고 보았다. 또한 롤스는 시민 불복종이 공개적이고 비폭력적인 방법으로 행해져야 한다고 보았다.

ㄱ. 롤스는 정의의 원칙을 현저하게 위반하는 법에 대하여 불복종할 수 있다고 보았다.

ㄷ. 롤스는 시민 불복종의 근거를 다수의 정의관이라고 보았다.

오답 피하기 ㄴ. 롤스는 불복종이 비폭력적인 방식으로 행해야 한다고 보았다.

ㄹ. 롤스는 평등한 자유의 원칙과 공정한 기회균등의 원칙을 현저하게 위반할 경우 시민 불복종의 대상이 될 수 있다고 보았다.

2주 누구나 합격 전략

Book 1 64~65쪽

01 ⑤　02 ①　03 ③　04 ④　05 ②　06 ①
07 ④　08 ①

01 직업에 대한 공자와 칼뱅의 입장 비교

갑은 공자이고, 을은 칼뱅이다. 공자는 모든 사람이 자신의 직분을 충실히 수행해야 한다고 보았다. 칼뱅은 직업 노동이 신의 명령으로 주어진 것이라고 보았다.

⑤ 공자와 칼뱅은 모두 사회 구성원이 자신이 맡은 사회적 역할을 충실히 수행해야 한다고 보았다.

오답 피하기 ① 공자의 설명과는 무관한 내용이며, 중세 그리스도교의 직업관에 대한 내용이다.

② 공자는 임금과 신하의 직분이 동일하다고 보지 않았다.

③ 칼뱅은 검소하고 절제하는 태도를 바탕으로 소명 의식을 가지고 직업에 임해야 한다고 보았다.

④ 칼뱅은 인간의 구원 여부는 신에 의해 예정되어 있으므로, 성취 대상이 아니라고 보았다.

02 직업의 의미와 기능 이해

직업은 일반적으로 한 인간이 독립적인 삶을 꾸려가기 위해 경제적 보상을 받으면서 행하는 자발적이고 지속적인 일 또는 활동을 의미한다. 직업은 경제적으로 안정된 삶을 영위할 수 있는 중요한 생계 수단이 된다. 또한 직업이 개인의 잠재력과 재능을 발휘함으로써 자아실현을 할 수 있는 중요한 매개가 된다. 그리고 직업을 통해 사회생활에 참여하여 사회 발전에도 이바지할 수 있다.

① 현대 사회에서는 신분이 아니라 자신의 능력과 적성에 따라 직업을 선택할 수 있다.

03 우대 정책에 대한 찬반 입장 이해

제시된 자료는 우대 정책에 대한 반대 입장의 근거를 서술하는 학습지이다.

ㄴ 우대 정책에 반대하는 사람들은 우대 정책이 특정한 집단에게 부당한 특혜를 준다고 주장한다.

ㄷ 사회 갈등을 완화하여 사회 전체의 이익을 증대할 수 있다는 주장은 우대 정책에 찬성하는 사람들의 주장이다.

오답 피하기 ㄱ 과거의 차별에 대해 보상해야 한다고 보는 것은 우대 정책을 찬성하는 입장의 근거이다.

ㄹ 우대 정책에 반대하는 사람들은 과거 차별의 희생자와 현재 보상의 수혜자가 일치하지 않는다고 주장한다.

04 분배적 정의에 대한 노직의 입장 이해

제시문은 노직의 주장이다. 노직은 개인의 권리를 보호하는 기능을 수행하는 최소 국가만이 정당화될 수 있다고 보았다.

④ 노직은 정의로운 사회를 구현하기 위해서는 국가가 질서를 유지하고 불의를 교정해야 한다고 보았다.

오답 피하기 ① 노직은 복지를 위한 과세는 강제 노동을 강요하는 것과 같다고 보았다.

② 노직은 타고난 재능은 개인의 소유라고 보았다.

③ 노직은 사적 소유권은 인간의 기본적인 권리라고 보았다.

⑤ 노직이 아닌 롤스의 주장이다.

05 교정적 정의에 대한 루소와 베카리아의 입장 비교

갑은 루소이고, 을은 베카리아이다. 루소는 사회 계약을 위반한 살인범은 사형에 처해져야 한다고 보았다. 베카리아는 효율성이나 사회 계약의 내용을 고려할 때 사형을 폐지하고 종신 노역형으로 대체하는 것이 바람직하다고 주장하였다.

ㄱ. 루소는 사회 계약에 동의한 사람은 자신의 생명 보전을 위해 사형제를 동의한 것으로 간주하였다. 반면에 베카리아는 사회 계약 시에 생명권을 양도할 사람은 없다고 보았다.

ㄹ. 베카리아는 범죄 억제력이 높은 종신 노역형으로 사형을 대체해야 한다고 보았다. 반면에 루소는 살인범을 사형시켜야 한다고 보았다.

오답 피하기 ㄴ. 루소는 타인의 희생으로 자기의 생명을 보존하려고 하는 사람은 필요하다면 타인을 위해 마땅히 자신의 생명을 희생하겠다는 것에 동의한 것으로 보고 사형시켜야 한다고 보았다.

ㄷ. 칸트의 입장으로, 루소나 베카리아의 입장과는 관련이 없다.

06 교정적 정의에 대한 칸트의 입장 이해

칸트는 응보주의적 관점에서 누군가를 때리거나 살해하는 것은 자기 자신을 때리거나 살해하는 것과 동등하므로 살인을 저지른 자는 마땅히 사형을 받아야 한다고 주장하였다. 또한 그는 사형이 자신의 자율적인 행위에 대해 응분의 책임을 지는 것이므로, 범죄자의 인격을 존중하는 것이라고 보았다.

① 칸트는 살인자에 대한 정당한 처벌은 사형이라고 보았다.

자료 분석

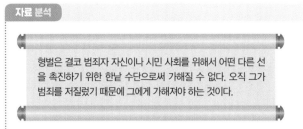

> 형벌은 결코 범죄자 자신이나 시민 사회를 위해서 어떤 다른 선을 촉진하기 위한 한낱 수단으로써 가해질 수 없다. 오직 그가 범죄를 저질렀기 때문에 그에게 가해져야 하는 것이다.

칸트는 형벌은 자유롭게 자신의 행위를 결정한 존재가 자신의 범죄 행위에 책임을 지게 하는 것이라고 보았다. 따라서 그는 범죄에 상응하는 형벌을 부과하는 것은 범죄자를 존중하는 것이라고 보았다.

07 국가에 대한 아리스토텔레스의 입장 이해

제시문은 아리스토텔레스의 주장이다. 아리스토텔레스는 국가가 인간 본성의 산물이라고 보았다.

ㄱ. 아리스토텔레스는 최고의 공동체인 국가에서 인간은 선을 실현할 수 있다고 보았다.

ㄴ. 아리스토텔레스는 국가는 자연적으로 존재하는 공동체들의 완성으로 최고의 공동체라고 보았다.

ㄷ. 아리스토텔레스는 국가가 최고의 공동체로서 다른 공동체 모두를 포괄한다고 보았다.

오답 피하기 ㄹ. 아리스토텔레스는 국가가 사회 계약의 산물이라고 보지 않았다.

08 국가의 역할에 대한 민본주의의 입장 이해

㉠에 들어갈 내용은 민본주의이고, ㉡에 들어갈 내용은 '백성을 위한'이다. 민본주의는 백성을 나라의 근본으로 보고 백성이 튼튼해야 나라가 평안하다고 보는 입장이다. 민본주의는 백성을 위한 정치를 지향하지만 민본주의에서는 대체로 백성을 자율적으로 정치에 참여할 수 있는 주체가 아니라 군주에게 통치를 받는 대상으로 여기고 있어서 민주 시민과는 차이가 있다. 따라서 ㉡에는 '백성에 의한'이라는 내용이 들어갈 수 없다. 또한 민본주의에서는 군주가 백성에게 모범이 되고, 군주의 덕에 감화된 백성은 군주가 부여한 의무를 자발적으로 따를 것을 강조하였다.

2주 창의·융합·코딩 전략

Book 1 66~69쪽

1 ①	2 ④	3 ③	4 ⑤	5 ③	6 ③
7 ③	8 ②	9 ③	10 ③	11 ①	12 ③

1 서양의 직업관

제시된 사상가는 칼뱅이다. 칼뱅은 신이 우리 각자에게 내린 신성한 뜻을 소명(召命)이라 보며, 이를 직업에서의 노동과 연관 지어 설명한다. 즉 직업적 노동에 의한 부의 축적을 신의 영광을 표현하는 수단으로 본다. 또한 그는 직업을 통한 이웃 사랑의 실천을 강조한다.

ㄱ. 칼뱅은 신이 내린 직업에서 성공하는 것이 바로 구원의 징표라는 '직업 소명설'을 제시하였다.

ㄴ. 칼뱅은 각자 맡은 바 소명을 실천하기 위해 검소하고 금욕적인 태도를 지녀야 한다고 보았다.

오답 피하기 ㄷ. 칼뱅은 모든 직업이 소명이라고 보았다.

ㄹ. 칼뱅은 구원을 살 수 있다고 보지 않았다.

2 국가의 역할과 의무에 대한 로크의 입장

로크는 국가가 없는 자연 상태에서는 평등한 인간 간의 분쟁을 중재할 공정한 재판관이 없기 때문에 사람들이 국가 수립에 동의하게 된다고 보았다. 따라서 국가는 사람들의 분쟁을 해결하고 개인의 생명과 자유, 재산을 사회의 침략자로부터 보호하여 평화롭고 안전하며 행복한 삶을 살게 해야 하는 의무를 지닌다고 보았다.

④ 로크는 사람들이 자신의 생명, 자유, 재산을 보장받기 위해 국가를 수립하는 데 동의한다고 보았다.

오답 피하기 ① 유교의 국가관에 대한 설명이다.

② 국가가 인간 본성에 따라 만들어졌다고 본 것은 아리스토텔레스의 입장이다.

③ 이데아를 통찰한 통치자를 따라야 한다고 본 것은 플라톤의 입장이다.

⑤ 로크는 통치자에게 무조건 충성해야 한다고 보지 않았다.

3 전문직 윤리

제시문은 전문직의 사회적 영향력이 크므로 사회 공익적 성격을 지니며, 정보의 비대칭성으로 인해 일반인에게 부당한 이익을 갈취할 수 있으므로 다른 직업보다 더 높은 직업윤리가 필요하다고 강조하고 있다.

선택지 바로 보기

① 전문직은 어떠한 이윤도 취해서는 안 된다. (×)
→ 제시문에서는 전문직이 전문적 지식으로 어떤 이윤도 얻어서는 안 된다고 주장하지 않았다.

② 전문직은 일정한 자격 없이도 종사할 수 있는 직업이다. (×)
→ 전문직은 고도의 전문적 교육과 훈련을 거쳐서 일정한 자격 또는 면허를 취득해야만 종사할 수 있는 직업을 말한다.

③ 전문직은 사회적으로 유익한 영향을 줄 수 있는 직업이다. (○)
→ 제시문에서는 전문직의 직무가 사회 공익적 성격을 지닌 것을 강조하고 있다.

④ 전문직이 일반인이 모르는 지식을 활용하는 것은 불가능하다. (×)
→ 제시문에 따르면, 전문직은 일반인이 모르는 전문 지식을 활용할 수 있다.

⑤ 전문직은 높은 수준의 윤리 의식이 요구되지 않는 직업이다. (×)
→ 제시문에서는 전문직에 높은 수준의 직업윤리가 요구된다고 말하고 있다.

4 공직자 윤리

제시된 내용을 주장한 사상가는 정약용이다. 정약용은 목민관이 백성을 위해 존재하며, 백성을 위해 봉사하는 자세를 지녀야 한다고 보았다.

선택지 바로 보기

① 백성이 공직자를 위해 있음을 알아야 한다. (×)
→ 정약용은 공직자가 백성을 위해 있음을 알아야 한다고 보았다.

② 공직자는 공사(公私) 구분 없이 일해야 한다. (×)
→ 정약용은 공직자가 공사를 구분해야 한다고 보았다.

③ 공직자는 자신의 사사로운 이익을 추구해야 한다. (×)
→ 정약용은 자기 편익보다 올바름을 중시해야 한다고 보았다.

④ 공직자는 업무 시에 효율성을 가장 중시해야 한다. (×)
→ 정약용은 공직자가 업무 시에 청렴을 추구해야 한다고 보았다.

⑤ 공직자는 백성을 위해 봉사하는 자세를 가져야 한다. (○)
→ 정약용은 공직자가 봉공의 자세를 갖추어야 한다고 보았다.

더 알아보기+ 정약용의 공직 윤리관

청렴함은 천하에서 '큰 장사'이다. 그러므로 크게 장사하려는 자는 반드시 청렴해야 한다. 사람들이 청렴하지 못한 것은 그 지혜가 짧기 때문이다. 내가 생각하기에 청렴한 자는 청렴함을 편안히 여기고 지혜로운 자는 청렴함을 이롭게 여긴다. 무엇 때문인가? 재물이란 우리 사람들이 크게 욕심내는 바이다. 그러나 재물보다 더 크게 이루고자 하는 것이 있으므로 재물을 버리거나 취하지 않기도 한다.

5 사회 윤리적 관점

(가)를 주장한 사상가는 니부어이다. 니부어는 개인이 집단에 속하게 되면 이기적 충동을 억제하기 어렵다고 지적하며 이에 대처하기 위한 정치적 강제력이 필요하다고 주장하였다.

③ 니부어는 사회 윤리 문제를 해결하기 위해서는 개인의 도덕성 함양과 더불어 사회 구조와 제도의 개선이 함께 이루어져야 한다고 보았다.

6 분배적 정의

갑은 롤스이고, 을은 벤담이다. 롤스는 최소 수혜자에게 최대의 이익을 가져다주는 차등의 원칙을 분배 시에 적용해야 한다고 보았다. 벤담은 이해 당사자들의 행복의 양을 최대화하는 분배를 해야 한다고 보았다.

ㄴ. 롤스는 최소 수혜자에게 최대의 이익을 보장하는 분배하는 방식인 B를 지지할 것이다.

ㄷ. 벤담은 사회 전체의 행복을 최대화하는 분배 방식인 C를 지지할 것이다.

오답 피하기 ㄱ. 롤스는 최소 수혜자에게 최대의 이익을 보장해야 한다고 보았다. 그러므로 분배 방식 C보다는 A를 지지할 것이다.

ㄹ. 롤스는 무지의 베일을 쓴 평등한 개인을 가정하였을 때 당사자들은 기본적 자유를 평등하게 갖고, 가장 불우한 처지에 놓인 사람에게 최대한의 이익을 주는 분배 방식에 합의하게 된다고 보았다. 그러므로 분배 방식 B를 지지할 것이다.

7 분배적 정의

자료 분석

갑의 분배적 정의에 대한 입장

▶ 학습 목표: 갑의 입장을 이해하고 설명할 수 있다.
▶ 갑의 입장
상이한 사회적 가치들은 상이한 근거들에 따라 상이한 절차에 맞게 상이한 주체에 의해 분배되어야 한다.

상이한 가치가 상이한 절차에 따라 상이한 주체에 의해 분배되어야 한다고 주장한 사상가는 왈처이다. 왈처는 복합 평등으로서의 정의를 주장하면서 사회적 가치들이 자신의 고유한 영역에 머무름으로써 복합 평등이 실현될 때 정의로운 사회가 될 수 있다고 주장하였다.

선택지 바로 보기

① 복합 평등으로서의 정의를 추구하는가? (×)
→ 왈처는 복합 평등으로서의 정의를 주장하면서 사회적 가치들이 자신의 고유한 영역 안에 머무름으로써 복합 평등이 실현될 때 정의로운 사회가 될 수 있다고 주장하였다.
② 삶의 영역마다 가치의 분배 기준이 달라야 하는가? (×)
→ 왈처는 상이한 영역의 가치는 상이한 기준에 따라 분배해야 한다고 보았다.
③ 가상적 상황에서 도출된 정의의 원칙을 따라야 하는가? (○)
→ 왈처는 원초적 입장에서 정의의 원칙을 도출하는 롤스의 입장이 현실에서 실현되기 어렵다고 보았다.
④ 사회적 가치는 자신의 고유한 영역 안에 머물러야 하는가? (×)
→ 왈처는 각 사회적 가치는 자신의 고유한 영역 안에 머물러야 한다고 보았다.
⑤ 공동체의 역사적·문화적 맥락에 따라 다양한 정의의 기준이 있는가? (×)
→ 왈처는 공동체의 역사적·문화적 맥락에 따라 다양한 정의의 기준이 있다고 보았다.

8 교정적 정의

갑은 베카리아이고, 을은 칸트이다. 베카리아는 생명권은 사회 계약의 양도 대상이 아니라고 보았다. 칸트는 사형을 통해 살인에 대한 응보주의적 정의가 실현된다고 보았다.
ㄴ. 베카리아는 처벌의 목적이 범죄 예방이라고 보지만, 칸트는 처벌이 응보의 차원에서 이루어져야 한다고 보았다.
ㄹ. 칸트는 사형이 살인자의 인간 존엄성을 존중해주는 것이라고 보았다.

오답 피하기 ㄱ. 칸트는 처벌이 응보의 차원에서 이루어져야 한다고 보았다.
ㄷ. 베카리아는 처벌의 목적이 범죄의 예방에 있다고 보았다.

9 사형 제도에 대한 입장

루소는 형벌은 자기 방위적 기능을 수행해야 하며, 사회 계약에 따라 사형은 정당화될 수 있다고 보았다. 즉 사형은 시민의 동의에 근거하며, 살인을 저질러 계약을 위반한 자는 공공의 적으로 간주되어야 한다고 보았다.
③ 루소는 사형이 시민의 동의에 근거한 형벌이라고 보았다.

더 알아보기⁺ 사형제를 찬성하는 입장

칸트: 살인자를 사형에 처하는 것은 동등성의 원리에 근거한 것으로 살인자에 대한 사형을 규정한 형벌의 법칙은 일종의 정언 명령이다.
루소: 사형에 처할 만큼의 중죄를 범한 사람은 스스로 사회의 구성원이기를 포기한 것이며, 이 범죄자는 사회의 적으로 간주될 수 있다.

10 국가의 역할과 의무에 대한 입장

A 사상가는 홉스이다. 홉스에 따르면 자유를 사랑하고 타인을 지배하기를 좋아하는 이기적 존재인 인간이 국가를 수립하기로 동의하는 이유는 자기 보존을 위한 것이다.
③ 홉스는 인간이 전쟁 상태에서 벗어나기 위해 계약을 통해 국가를 수립하였다고 보았다. 따라서 국가는 시민의 생명과 안전을 지키고 질서를 유지해야 한다고 보았다.

오답 피하기 ① 홉스는 국가가 자연적인 본성의 산물이 아니라 인간의 합의에 따라 만들어졌다고 보았다.
② 홉스는 국가가 사회 계약의 산물이라고 보았다.
④ 홉스는 국가의 통치자가 인간을 인위적으로 통제할 수 있다고 보았다.
⑤ 홉스는 모든 사람을 차별 없이 사랑하라고 주장하지 않았다.

11 시민 불복종에 대한 입장

(가)를 주장한 사상가는 소로이고, A에 들어갈 내용은 시민 불복종이다. 소로는 개인의 양심에 따라 올바른 행동을 하기 위해 국가의 법에 불복종할 수 있다고 보았다.
ㄱ. 소로는 개인의 양심에 어긋나는 불의한 법과 정책에 대해 불복종을 감행할 수 있다고 보았다.
ㄴ. 소로는 시민 불복종이 시민의 정당한 권리라고 주장하였다.

오답 피하기 ㄷ. 소로는 옳고 그름은 개인의 양심에 따라 판단해야 한다고 보았다.
ㄹ. 시민 불복종이 공유된 정의관에 의해서만 정당화될 수 있다고 본 것은 롤스이다.

12 국가의 역할과 의무에 대한 입장

제시된 내용을 주장한 사상가는 맹자이다. 맹자는 "항산(恒産)이 있어야 항심(恒心)이 있다."고 하면서 생업이 보장되어야 백성들이 올바른 생각과 행동을 바탕으로 도덕적인 삶을 영위할 수 있다고 보았다. 또한 나라의 근본을 군주로 삼은 것이 아니라 민본(民本), 즉 나라의 근본을 백성으로 삼았다.
③ 맹자는 생업이 보장되어야 백성들이 올바른 생각과 행동을 바탕으로 도덕적인 삶을 영위할 수 있다고 보았다.

오답 피하기 ① 맹자는 군주가 백성을 위한 정치를 하지 않을 경우 군주를 교체할 수 있다고 보았다.
② 철인 정치를 강조한 플라톤이 주장할 내용이다.
④ 사회 계약론자인 로크와 루소 등이 주장할 내용이다.
⑤ 맹자가 아닌 한비자가 주장할 내용이다.

신유형·신경향·서술형 전략

Book 1 72~75쪽

01 ④ 02 ② 03 ② 04 ③ 05 ② 06 ②
07 ⑤ 08 ② 09 ⑤

서술형 전략

10 (가)는 행위 공리주의, (나)는 규칙 공리주의이다. (가)와 (나)는 효용을 산출하는 결과에 초점을 두며, 쾌락과 행복을 가져다 주는 행위를 옳은 행위로 간주하는 면에서 공통점을 지닌다. 반면 (가)는 개별 행위에 유용성의 원리를 적용하지만, (나)는 행위의 규칙에 유용성의 원리를 적용하는 면에서 차이점이 있다.

11 하이데거는 자신이 죽는다는 사실을 자각하는 것은 단순한 삶의 종말이 아니라 삶이 시작되는 사건으로 보고, 죽음을 직시할 때 진정한 삶을 살 수 있다고 보았다.

12 시민 불복종 행위는 최후의 수단이어야 하며 비폭력적인 방법으로 수행되어야 합니다. 또한 공익을 목적으로 해야하며 위법 행위에 대한 처벌을 감수해야 합니다.

01 윤리학의 구분

(가)는 이론 윤리학, (나)는 실천 윤리학, (다)는 메타 윤리학, (라)는 기술 윤리학의 입장이다.

ㄱ. 이론 윤리학과 실천 윤리학은 모두 현실의 윤리 문제에 대한 해결책을 제시하고 올바른 삶의 방향을 제시하는 것에 관심을 둔다.

ㄷ. 메타 윤리학은 도덕적 언어나 개념에 대한 의미 분석, 도덕적 추론의 타당성 분석을 주요 과제로 삼는다.

ㄹ. 기술 윤리학은 윤리학이 다양한 현상에 대한 관찰, 분석, 기술 등을 함으로써 사회 과학적 성격을 지닌다는 점을 강조한다.

오답 피하기 ㄴ. 학제적 접근을 강조하는 것은 실천 윤리학이다. 실천 윤리학은 다양한 분야의 윤리적 쟁점을 다루기 때문에 윤리학의 내용과 함께 윤리적 쟁점이 되는 다른 학문의 내용을 같이 다룬다.

02 동양 윤리의 접근

제시문은 도가 사상가 장자의 주장이다.

② 장자는 인위적인 삶에서 벗어나 도와 자연에 일치되는 삶을 통해 진정한 자유를 누릴 것을 강조하였다.

오답 피하기 ① 인간이 하늘로부터 도덕적 본성을 부여받은 존재라고 본 것은 유교의 입장이다.

③ 장자는 인의, 예악과 같은 인위적 규범을 버려야 한다고 주장하였다.

④ 모든 존재와 현상이 인연에 의해 생겨난다는 연기론을 주장한 것은 불교이다.

⑤ 제물은 편견이나 선입견에서 벗어나 자신의 관점에서 사물을 판단하지 않고 만물이 상대적이라는 것을 자각하는 것이다.

03 프롬의 사랑에 대한 입장

프롬은 올바른 사랑은 상대방을 이해하려고 노력하며, 서로의 모습을 존중하고 인정함으로써 서로가 온전히 성장할 수 있도록 돕는 것이라고 주장하였다. 또한 프롬은 사랑의 네 가지 요소로 보호, 책임, 존경, 이해를 제시하였다. '보호'는 사랑하는 사람을 보살피고 돌보는 것, '책임'은 사랑하는 사람의 요구를 배려하면서 자신의 행동에 책임을 지는 것, '존경'은 사랑하는 사람을 있는 그대로 존중하고 받아들이는 것, '이해'는 사랑하는 사람의 입장에서 그 사람을 제대로 이해하는 것을 의미한다. 따라서 ㉠에는 '보호', ㉡에는 '존경'이 들어가야 한다.

04 기업의 사회적 책임

갑은 기업이 이윤 창출에 전념해야 하며, 적극적인 사회 공헌을 할 필요는 없다고 주장하고 있다. 반면 을은 기업이 이익 창출뿐만 아니라 공익을 위한 적극적인 책임을 수행해야 한다고 주장하고 있다.

③ 을은 기업이 자선적 책임을 수행해야 한다고 본다.

오답 피하기 ① 갑은 이윤 창출 외의 다른 역할을 기업에게 요구해서는 안 된다고 주장하고 있다.

② 갑은 기업의 불법 행위를 정당화하고 있지 않다.

④ 을은 기업이 사회적 책임을 적극적으로 수행해야 한다고 주장하고 있다.

⑤ 기업의 사회적 책임을 강조하는 것은 을에게만 해당된다.

05 교정적 정의에 대한 입장

(가)를 주장한 사상가는 루소이고 ㉠에 들어갈 내용은 사형 제도이다. 루소는 살인자는 사회 계약을 위반하였으므로 국가 공공의 적이라고 생각하였다. 그래서 그는 사회 계약을 위반한 살인자를 사형으로 처벌해야 한다고 보았다.

ㄱ. 루소는 사회 계약을 근거로 사형 제도를 지지하였다.

ㄷ. 루소는 살인자가 법을 어겼으므로 더 이상 국가의 구성원이 아니라고 보았다.

오답 피하기 ㄴ. 루소는 응보주의적 관점이 아닌 사회 계약에 따라 살인자를 사형시켜야 한다고 보았다.

ㄹ. 루소는 사회 계약을 위반한 살인자는 사형시켜야 한다고 보았다. 살인자에게 사형보다 효과적인 형벌을 주어야 한다고 본 인물은 베카리아이다. 베카리아는 사형이 공익에 이바지하는 바가 극히 적고, 비효율적이므로 살인자에게 종신 노역형을 부과해야 한다고 주장하였다.

06 시민 불복종에 대한 입장

갑은 롤스이고, 을은 소로이다. 롤스는 다수가 공유한 정의관에 따라 정의의 원칙에 어긋나는 법이나 정책에 대해서 저항할 수 있다고 보았다. 소로는 개인의 양심에 따라 불의한 법과 정책에 대해 불복종할 수 있다고 보았다.

② 롤스는 평등한 자유의 원칙이나 공정한 기회균등의 원칙과 같이 정의의 원칙에 어긋나는 법이나 정책에 대해서 저항할 수 있다고 보았다.

오답 피하기 ① 롤스는 개인의 양심보다 사회적 다수의 정의관에 주목하였다.

③ 소로는 시민 불복종이 개인의 양심에 근거해야 한다고 보았다.

④ 시민 불복종은 부정의한 법과 정책에 저항하는 것이다.

⑤ 롤스와 소로는 시민 불복종은 비합법적인 저항 행위이므로 시민 불복종에 따른 처벌을 감수해야 한다고 보았다.

07 동물의 권리에 관한 입장

갑은 싱어, 을은 레건이다. 싱어는 공리주의적 관점에서 이익 평등 고려의 원칙에 따라 쾌고 감수 능력을 지닌 모든 동물의 이익 관심을 존중해야 한다고 본다. 레건은 의무론적 관점에서 일부 포유류의 도덕적 권리를 존중해야 한다고 본다.

ㄷ. 싱어와 레건 모두 동물을 도덕적으로 고려할 것을 강조한다.

ㄹ. 레건은 한 살 정도의 포유류는 삶의 주체가 될 수 있으며 인간처럼 내재적 가치를 지닌다고 보았다. 또한 삶의 주체가 될 수 있는 동물은 그 자체로 목적으로 대우해야 함을 강조하였다.

오답 피하기 ㄱ. 의무론적 관점에서 동물의 권리를 주장한 사상가는 레건이다.

ㄴ. 싱어는 동물이 인간과 마찬가지로 쾌고 감수 능력을 가지고 있으므로 동물을 고통에서 해방할 것을 주장하였으나, 동물이 자기의 삶을 영위하는 삶의 주체라고 본 것은 아니다.

08 국가의 역할과 의무

갑은 홉스이고, 을은 한비자이다. 홉스는 이기적 존재인 인간은 자연 상태에서 '만인의 만인에 대한 투쟁' 상태에 있다고 보았다. 한비자는 이기적 존재인 인간은 통치자가 포상과 처벌로 통치해야 사회 질서가 유지될 수 있다고 보았다.

ㄱ. 홉스와 순자는 모두 사회 질서를 유지하기 위해 통치자가 구성원을 처벌할 수 있다고 보았다.

ㄹ. 한비자는 상과 벌로 사회의 질서를 유지해야 한다고 보았다.

오답 피하기 ㄴ. 홉스와 한비자는 모두 인간이 이기적인 본성을 가진 존재라고 보았다.

ㄷ. 홉스는 통치자의 권위가 사람들의 합의를 통해 만들어진다고 보았다.

더 알아보기+ 국가의 역할에 대한 한비자의 입장

한비자는 군주가 법(法), 술(術), 세(勢)를 이용해야 나라를 제대로 통치할 수 있다고 주장하였다. 그는 이기적인 백성들을 효과적으로 통치하기 위해서는 엄격한 법에 따라서 통치해야 하며, 군주가 포상과 처벌을 적절하게 제공하면서 백성을 통치할 때 사회의 질서가 유지될 수 있다고 보았다.

09 교정적 정의에 대한 입장

갑은 칸트이고, 을은 벤담이다. 칸트는 응보주의의 관점에서 범죄에 상응하는 처벌을 해야 한다고 보았다. 또한 사형은 자신의 자율적인 행위, 즉 스스로 저지른 살인에 대해 응분의 책임을 지우기 때문에 살인한 범죄자의 인격을 존중하는 것으로 보았다. 벤담은 공리주의의 관점에서 범죄 예방을 목적으로 처벌의 수위를 조정해야 한다고 보았다. 그렇기 때문에 처벌로 생긴 손실은 위법 행위를 통해 얻는 이익보다 커야 한다고 보았다.

⑤ 벤담에게만 해당하는 내용이다. 칸트는 범죄자가 자신의 행위에 대해 책임을 지게 하는 것이 처벌이라고 보았다. 따라서 그에게 처벌은 범죄자가 정당한 응보를 받는 것이다.

10 행위 공리주의와 규칙 공리주의

예시 답안 (가)는 행위 공리주의, (나)는 규칙 공리주의이다. (가)와 (나)는 효용을 산출하는 결과에 초점을 두며, 쾌락과 행복을 가져다 주는 행위를 옳은 행위로 간주하는 면에서 공통점을 지닌다. 반면 (가)는 개별 행위에 유용성의 원리를 적용하지만 (나)는 행위의 규칙에 유용성의 원리를 적용하는 면에서 차이점이 있다.

채점 기준	배점
(가)와 (나)의 공통점과 차이점을 모두 명확하게 서술한 경우	상
(가)와 (나)의 공통점과 차이점 중 하나만 명확하게 서술한 경우	중
(가)와 (나)의 공통점과 차이점을 모두 파악하지 못한 경우	하

11 죽음에 대한 견해

예시 답안 하이데거는 자신이 죽는다는 사실을 자각하는 것은 단순한 삶의 종말이 아니라 삶이 시작되는 사건으로 보고, 죽음을 직시할 때 진정한 삶을 살 수 있다고 보았다.

채점 기준	배점
제시된 조건을 모두 활용하여 죽음을 보는 입장을 바르게 서술한 경우	상
제시된 조건 중 일부만을 사용하여 죽음을 보는 입장을 서술한 경우	중
제시된 조건을 사용하지 않고 죽음을 보는 입장을 서술한 경우	하

12 롤스의 시민 불복종의 정당화 조건

예시 답안 시민 불복종 행위는 최후의 수단이어야 하며 비폭력적인 방법으로 수행되어야 합니다. 또한 공익을 목적으로 해야 하며 위법 행위에 대한 처벌을 감수해야 합니다.

채점 기준	배점
시민 불복종의 일반적 정당화 조건 중 세 가지 이상을 바르게 서술한 경우	상
시민 불복종의 일반적 정당화 조건 중 두 가지를 바르게 서술한 경우	중
시민 불복종의 일반적 정당화 조건 중 한 가지만 바르게 서술한 경우	하

더 알아보기+ 롤스의 시민 불복종 정당화 조건

비폭력성	비폭력적인 방법으로 행해져야 함
최후의 수단	합법적인 방식으로 법을 고치고자 노력한 후 선택하는 최후의 수단이어야 함
법 전체에 대한 항거 불가	법이나 제도 전체에 대한 항거는 불가함
처벌의 감수	위법 행위에 대한 처벌을 감수해야 함
공개성	다수의 공개적인 활동으로 수행해야 함
목적의 정당성	공동선, 정의와 같은 정당한 목적을 추구해야 함

적중 예상 전략 1회

Book 1 76~79쪽

01 ② 02 ① 03 ⑤ 04 ② 05 ④ 06 ② 07 ② 08 ③ 09 ③ 10 ⑤ 11 ④

서술형 12 해설 참조 13 해설 참조 14 해설 참조 15 해설 참조

01 메타 윤리학과 실천 윤리학의 입장

다음은 신문 칼럼의 일부이다. ㉠에 들어갈 내용으로 가장 적절한 것은?

칼럼

윤리학은 우선 윤리학이 학문적으로 성립 가능한지 살펴보고 도덕적 논의의 의미론적, 논리적, 인식론적 구조를 분명하게 이해해야 한다. 그런데 어떤 사람들은 도덕적 문제에 대한 해결책 제시를 핵심 과제로 삼아야 한다고 본다. 나는 이러한 사람들이 (㉠)고 생각한다.

① 도덕 언어의 의미 분석을 지나치게 중시한다.
② 도덕 추론의 타당성 분석의 중요성을 간과한다.
③ 도덕 이론의 이론적 정당화에만 치중하고 있다.
④ 도덕 풍습의 객관적 서술이 핵심임을 간과한다.
⑤ 도덕적 딜레마에 대한 해결 방안 제시의 중요성을 간과한다.

☑ 출제 의도 파악하기

메타 윤리학의 입장에서 실천 윤리학을 강조하는 사람들에게 제시할 견해를 파악한다.

문제 해결 Point 쏙쏙

- 도덕적 논의의 의미론적, 논리적, 인식론적 구조의 이해 → 메타 윤리학
- 도덕적 문제에 대한 해결책 제시 → 실천 윤리학

☑ 선택지 바로 알기

① 도덕 언어의 의미 분석을 지나치게 중시한다.
→ 도덕 언어의 의미 분석을 중시하는 것은 메타 윤리학이다.
② 도덕 추론의 타당성 분석의 중요성을 간과한다.
→ 메타 윤리학의 입장에서는 도덕 언어의 의미 분석, 도덕 추론의 타당성 분석을 중요하게 생각한다.
③ 도덕 이론의 이론적 정당화에만 치중하고 있다.
→ 이론 윤리학에 대해 제기할 내용이다.
④ 도덕 풍습의 객관적 서술이 핵심임을 간과한다.
→ 기술 윤리학의 입장에서 다른 윤리학에 대해 제기할 내용이다.
⑤ 도덕적 딜레마에 대한 해결 방안 제시의 중요성을 간과한다.
→ 실천 윤리학은 실질적인 해결책을 강조하므로 도덕적 딜레마에 대한 해결책의 방안 제시를 간과하지 않는다.

02 동양의 죽음관

(가), (나) 사상의 입장으로 가장 적절한 것은?

(가) 오온(五蘊)이 모두 공(空)임을 보고 모든 고통에서 벗어난다. 색(色)이 공과 다르지 않고 공은 색과 다르지 않다. 색은 공이요 공은 색이다. → 불교의 입장이다.
(나) 도(道)는 자연을 본받아 어긋나지 않는다. 성인(聖人)은 무위(無爲)에 몸을 두고 무언(無言)의 가르침을 행한다. 만물은 스스로 자라나는 법이며 간섭할 필요가 없다. → 도교의 입장이다.

① (가): 탐욕과 집착을 버리고 열반에 이르러야 한다.
② (가): 삶과 죽음은 기가 모이고 흩어지는 과정이다.
③ (나): 천지만물에 인의예지(仁義禮智)라는 도덕적 가치가 내재되어 있다.
④ (나): 죽음은 자연스러운 과정이지만 예를 갖추어 애도를 표현해야 한다.
⑤ (가), (나): 이상적인 인간상으로 부처, 보살을 제시하였다.

☑ 출제 의도 파악하기

불교와 도교에서 죽음을 바라보는 견해를 파악한다.

문제 해결 Point 쏙쏙

- 오온(五蘊), 공(空) → 불교
- 도(道), 자연, 무위(無爲), 무언(無言)의 가르침 → 도교

☑ 선택지 바로 알기

① (가): 탐욕과 집착을 버리고 열반에 이르러야 한다.
→ 불교에서는 탐욕, 집착을 버리고 무명, 애욕에서 벗어나 열반에 이르러야 한다고 보았다.
② (가): 삶과 죽음은 기가 모이고 흩어지는 과정이다.
→ 삶과 죽음을 기가 모이고 흩어지는 과정으로 본 것은 도교의 입장이다.
③ (나): 천지만물에 인의예지(仁義禮智)라는 도덕적 가치가 내재되어 있다.
→ 유교의 입장으로 도교와는 관련이 없다.
④ (나): 죽음은 자연스러운 과정이지만 예를 갖추어 애도를 표현해야 한다.
→ 유교의 입장이다. 도교에서는 죽음에 대해 슬퍼할 필요가 없다고 보았다.
⑤ (가), (나): 이상적인 인간상으로 부처, 보살을 제시하였다.
→ 불교 사상에 관한 내용에 해당한다. 도교에서는 지인(至人), 진인(眞人) 등을 이상적 인간상으로 제시하였다.

03 덕 윤리적 접근

다음을 주장한 사상가의 입장으로 적절한 것은?

> 우리는 정의, 용기, 정직의 덕들을 내재적 선들과 탁월성에 대한 척도를 갖고 있는 모든 실천의 필연적 구성 요소로서 수용해야만 한다. 왜냐하면 이를 수용하지 않는다는 것은 우리로 하여금 실천에 내재하는 선들을 성취하지 못하도록 만드는 것이기 때문이다. → 매킨타이어의 입장이다.

① 유용성 창출을 최고의 가치로 삼아야 한다.
② 상황과 무관하게 보편적인 도덕 법칙을 따라야 한다.
③ 도덕 판단에서 인간의 자연적 감정을 고려해서는 안 된다.
④ 언제 어디서나 적용 가능한 정언 명령에 따라 행위해야 한다.
⑤ 행위 자체보다는 행위자의 성품을 기준으로 선악을 판단해야 한다.

☑ **출제 의도 파악하기**

덕 윤리를 주장한 매킨타이어의 입장을 파악한다.

문제 해결 Point 쏙쏙

- 실천에 내재하는 선들 → 덕 윤리

☑ **선택지 바로 알기**

① 유용성 창출을 최고의 가치로 삼아야 한다.
→ 공리주의자들의 입장이다.
② 상황과 무관하게 보편적인 도덕 법칙을 따라야 한다.
→ 매킨타이어는 상황과 맥락, 행위자의 품성을 중시하였다.
③ 도덕 판단에서 인간의 자연적 감정을 고려해서는 안 된다.
→ 매킨타이어는 자연적 감정, 상황, 맥락을 중시하였다.
④ 언제 어디서나 적용 가능한 정언 명령에 따라 행위해야 한다.
→ 매킨타이어가 아닌 칸트의 입장이다.
⑤ 행위 자체보다는 행위자의 성품을 기준으로 선악을 판단해야 한다.
→ 매킨타이어는 행위 중심의 근대 윤리를 비판하고 행위자 중심의 윤리를 강조하였다.

☑ **개념**

정언 명령: 칸트 철학에서 행위의 결과에 구애됨이 없이 행위 그것 자체가 선(善)이기 때문에 무조건 그 수행이 요구되는 도덕적 명령을 가리킨다.

04 뇌사에 대한 찬반 입장 파악

갑의 입장에 대한 반론을 〈보기〉에서 있는 대로 고른 것은?

뇌 기능이 정지하면 곧 심장과 폐의 기능도 정지하기 때문에 죽음의 단계에 들어선 것으로 보아야 한다. 또한 뇌사를 죽음으로 인정하면 의료 자원을 효율적으로 이용할 수 있으며, 뇌사자의 장기를 장기 이식에 활용할 수 있다.

갑

보기

ㄱ. 심폐 기능의 정지를 죽음의 판단 기준으로 보아야 한다.
ㄴ. 뇌사자가 존엄하게 죽을 수 있는 권리를 존중해야 한다.
ㄷ. '인간은 무엇인가'라는 것을 결정하는 열쇠는 심폐가 아니라 뇌에 있다.
ㄹ. 오진·오판의 가능성이 있으며, 뇌사 판정을 받은 환자가 다시 회복된 사례가 있다.

① ㄱ, ㄴ ② ㄱ, ㄹ ③ ㄴ, ㄷ
④ ㄱ, ㄴ, ㄹ ⑤ ㄴ, ㄷ, ㄹ

☑ **출제 의도 파악하기**

뇌사의 윤리적 쟁점을 파악한다.

문제 해결 Point 쏙쏙

- 뇌 기능의 정지를 죽음으로 보는 관점 → 뇌사를 죽음으로 보는 입장
- 심폐 기능의 정지를 죽음으로 보는 관점 → 심폐사를 죽음으로 보는 입장

☑ **선택지 바로 알기**

ㄱ. 심폐 기능의 정지를 죽음의 판단 기준으로 보아야 한다
→ 뇌사를 죽음으로 인정하지 않는 입장에서는 심폐 기능의 정지를 죽음의 판단 기준으로 본다. 따라서 갑의 입장의 반론에 해당한다.
ㄴ. 뇌사자가 존엄하게 죽을 수 있는 권리를 존중해야 한다.
→ 뇌사를 죽음으로 인정하는 입장에서는 뇌사자가 존엄하게 죽을 수 있는 권리를 강조한다. 갑은 뇌사를 죽음으로 인정하는 입장이므로, 반론으로 적절하지 않다.
ㄷ. '인간은 무엇인가'라는 것을 결정하는 열쇠는 심폐가 아니라 뇌에 있다.
→ 뇌사를 죽음으로 인정하는 입장에서는 뇌의 기능이 정지하면 인간으로서의 고유한 활동을 할 수 없다는 점을 강조한다. 갑은 뇌사를 죽음으로 인정하는 입장이므로, 반론으로 적절하지 않다.
ㄹ. 오진·오판의 가능성이 있으며, 뇌사 판정을 받은 환자가 다시 회복된 사례가 있다.
→ 뇌사를 죽음으로 인정하지 않는 입장에서는 뇌사 판정의 오진·오판 가능성을 제기한다. 따라서 갑의 입장의 반론에 해당한다.

05 기업의 사회적 책임에 대한 입장 비교

(가)의 입장에 비해 (나)의 입장이 갖는 상대적 특징을 그림의 ㉠~㉤ 중에서 고른 것은?

(가) 기업은 사회의 다른 구성 요소와 상호 작용하는 개체이다. 따라서 기업은 환경적으로 지속 가능성을 증진시키고, 인권을 존중하며, 사회적 기부 행위를 강화하는 방향으로 사업을 추진해야 한다.

(나) 기업은 이윤을 극대화하는 역할에 집중해야 한다. 기업에 자선 목적의 기부를 요구하고 주주 이익 증대 외의 사회적 책임을 부과하는 것은 소유와 통제를 분리시키고 시장 경제의 본질을 무너뜨리는 것이다.

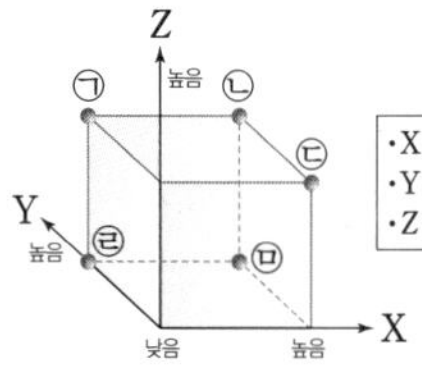

- X: 사회적 공익을 위한 기업의 자선 활동을 강조하는 정도
- Y: 기업 소유자의 이익에 대한 우선적 보장을 강조하는 정도
- Z: 기업 활동에서 이윤 추구 이외의 사회적 책임을 강조하는 정도

① ㉠ ② ㉡ ③ ㉢ ④ ㉣ ⑤ ㉤

☑ 출제 의도 파악하기

기업의 사회적 책임을 합법적인 이윤 추구에 한정해야 한다는 입장과 기업의 사회적 책임을 강조하는 입장 사이의 차이점을 이해한다.

문제 해결 Point 쏙쏙

- 기업은 환경적으로 지속 가능성을 증진시키고, 인권을 존중하며, 사회적 기부 행위를 강화해야 함 → 애로우, 보겔
- 기업은 이윤을 극대화하는 역할에 집중해야 하며 자선 목적의 기부를 요구하는 것은 시장 경제의 본질을 무너뜨리는 것 → 프리드먼

☑ 선택지 바로 알기

④ (나)는 기업의 자선 활동을 강조하는 정도(X)는 낮고, 기업 소유자의 이익에 대한 우선적 보장을 강조하는 정도(Y)는 높으며, 이윤 추구 이외의 사회적 책임을 강조하는 정도(Z)는 낮다.

☑ 용어

극대화: 아주 커짐. 또는 아주 크게 함

주주: 주식을 가지고 직접 또는 간접으로 회사 경영에 참여하고 있는 개인이나 법인

06 우대 정책에 관한 입장 비교

(가)의 입장에 비해 (나)의 입장이 갖는 상대적인 특징을 그림의 ㉠~㉤ 중에서 고른 것은?

(가) 사회적 약자에 대한 우대 정책을 실시해서는 안 된다. 사회적 약자라는 이유만으로 기회의 평등에 예외를 두어 또 다른 차별을 낳거나, 과거의 불평등을 잘못이 없는 후세대에게 책임지게 하는 것은 부당하다.

(나) 사회적 약자에 대한 우대 정책을 실시해야 한다. 오랫동안 부당한 차별로 고통받았던 사람들에게 응분의 보상을 하고, 소수자와 여성 등의 사회적 진출을 도와 사회 전체의 다양성과 행복을 증진해야 한다.

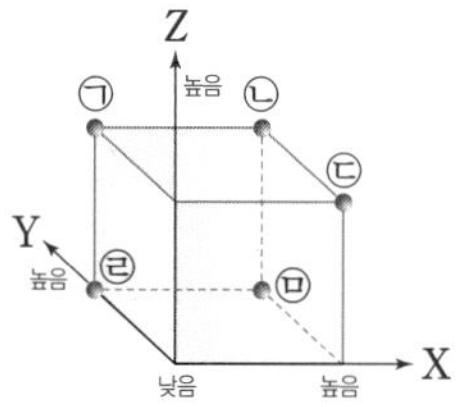

- X: 사회적 약자에 대한 배려를 강조하는 정도
- Y: 차별을 줄이기 위해 인종, 성별 등의 다양성을 강조하는 정도
- Z: 과거의 차별에 대한 사회적·경제적 보상 필요성을 강조하는 정도

① ㉠ ② ㉡ ③ ㉢ ④ ㉣ ⑤ ㉤

☑ 출제 의도 파악하기

사회적 약자에 대한 우대 정책을 찬성하는 입장과 반대하는 입장의 주장을 파악한다.

문제 해결 Point 쏙쏙

- 과거 부당한 차별을 보상, 사회 갈등 완화, 사회 전체의 이익 극대화 → 우대 정책 찬성
- 특정 집단에 부당한 특혜, 과거의 피해와 현재의 보상 간 불일치 → 우대 정책 반대

☑ 선택지 바로 알기

② (나)는 사회적 약자에 대한 배려를 강조하는 정도(X)가 높고, 차별을 줄이기 위해 인종, 성별 등의 다양성을 강조하는 정도(Y)가 높으며, 과거의 차별에 대한 사회적·경제적 보상을 강조하는 정도(Z)가 높다.

☑ 개념

역차별: 부당한 차별을 받는 쪽을 보호하기 위하여 마련한 제도나 장치가 너무 강하여 오히려 반대편이 차별을 받는 현상

형식적 평등: 개인이 지닌 선천적·후천적 속성의 차이를 고려하지 않는 평등

실질적 평등: 개인의 차이와 능력의 차이에 따른 사회적 격차를 인정하고, 이에 따라 평등이 실질적으로 이루어질 수 있도록 하는 평등

07 분배적 정의에 대한 입장 비교

(가)의 갑, 을, 병의 입장을 (나) 그림으로 표현할 때, A ~ D에 해당하는 적절한 진술만을 〈보기〉에서 있는 대로 고른 것은?

(가)

갑

정의는 합법적이며 공정한 것을 의미한다. 특수한 정의의 한 종류는 명예, 금전 등의 분배에 관련되는 것이고, 다른 종류는 사람들 간의 거래에 관련되는 것이다. 사회적 재화의 분배는 기하학적 비례에, 시민들 간의 분쟁 해결은 산술적 비례에 합치해야 한다. → 아리스토텔레스의 주장이다.

을

정의의 원칙은 평등한 최초의 입장에서 합의될 수 있다. 각자는 모든 사람의 유사한 자유 체계와 양립할 수 있는 평등한 기본적 자유의 가장 광범위한 전체 체계에 대한 평등한 권리를 가져야 한다.

→ 롤스의 주장이다.

병

정의는 모든 사람들이 각자 소유하고 있는 것에 대해 소유 권리를 갖는 것이다. 정의의 원리에 따르면 과거의 상황이나 행위는 사물에 대한 응분의 자격을 창출한다. → 노직의 주장이다.

(나)

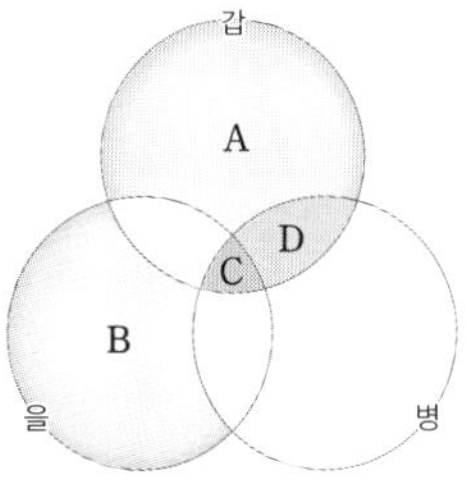

〈범 례〉
A : 갑만의 입장
B : 을만의 입장
C : 갑, 을, 병의 공통 입장
D : 갑, 병의 공통 입장

보기

ㄱ. A: 분배적 정의는 기하학적 비례의 동등함을 추구하는 것이다.
ㄴ. B: 다수의 이익을 위한 기본적 자유의 제한은 정당하다.
ㄷ. C: 공정한 분배가 이루어질 수 있는 기준을 마련해야 한다.
ㄹ. D: 원초적 입장에서 사람들은 타인의 이해관계에 무관심하다.

① ㄱ, ㄴ ② ㄱ, ㄷ ③ ㄴ, ㄹ
④ ㄱ, ㄴ, ㄷ ⑤ ㄴ, ㄷ, ㄹ

☑ 출제 의도 파악하기

아리스토텔레스, 롤스, 노직의 입장을 파악한다.

☑ 선택지 바로 알기

ㄱ. A: 분배적 정의는 기하학적 비례의 동등함을 추구하는 것이다.
→ 아리스토텔레스는 분배적 정의가 기하학적 비례의 동등함을 추구한다고 보았다.

ㄴ. B: 다수의 이익을 위한 기본적 자유의 제한은 정당하다.
→ 롤스는 개인의 기본적 자유를 보장해야 한다고 주장하였다.

ㄷ. C: 공정한 분배가 이루어질 수 있는 기준을 마련해야 한다.
→ 세 사상가 모두 정의로운 분배를 위한 기준을 제시하였다.

ㄹ. D: 원초적 입장에서 사람들은 타인의 이해관계에 무관심하다.
→ 롤스의 입장에만 해당한다.

08 동물 실험에 대한 찬반 입장 이해

갑, 을의 입장에 대한 옳은 설명만을 〈보기〉에서 있는 대로 고른 것은?

갑

인간과 동물은 생물학적으로 유사하기 때문에 동물 실험을 통해 인류의 건강과 행복을 증진할 수 있습니다.

을

인간과 동물이 공유하는 질병이 적고, 동물 실험의 결과를 인간에게 적용하면서 인간이 해를 입거나 의학적 발전이 지체될 수 있습니다. 따라서 동물 실험은 필요하지 않습니다.

보기

ㄱ. 갑은 인간뿐만 아니라 동물의 도덕적 권리도 존중해야 한다고 본다.
ㄴ. 갑은 을과 달리 동물 실험이 인간에게 기여할 수 있는 부분이 크다고 본다.
ㄷ. 을은 목적이 불분명하고 필수적이지 않은 동물 실험을 하지 말아야 한다고 본다.
ㄹ. 갑, 을은 긍정적 이해 관심을 가진 동물을 실험의 도구로 활용하고 있는 것에 대해 비판한다.

① ㄱ, ㄴ ② ㄱ, ㄷ ③ ㄴ, ㄷ
④ ㄱ, ㄴ, ㄹ ⑤ ㄴ, ㄷ, ㄹ

☑ 출제 의도 파악하기

동물 실험의 찬반 입장을 이해한다.

☑ 선택지 바로 알기

ㄱ. 갑은 인간뿐만 아니라 동물의 도덕적 권리도 존중해야 한다고 본다.
→ 갑은 동물의 도덕적 권리보다 동물 실험의 유용성을 강조한다.

ㄴ. 갑은 을과 달리 동물 실험이 인간에게 기여할 수 있는 부분이 크다고 본다.
→ 갑은 동물 실험의 유용성에 대해 긍정하는 입장이다.

ㄷ. 을은 목적이 불분명하고 필수적이지 않은 동물 실험을 하지 말아야 한다고 본다.
→ 을은 동물 실험의 유용성을 부정하는 입장이다.

ㄹ. 갑, 을은 긍정적 이해 관심을 가진 동물을 실험의 도구로 활용하고 있는 것에 대해 비판한다.
→ 갑은 동물 실험을 찬성하는 입장이다. 또한 을은 인간과 동물이 공유하는 질병이 적은 것을 이유로 동물 실험을 반대한다.

09 성에 대한 보수주의 관점

다음 글의 입장에서 지지할 내용으로 가장 적절한 것은?

> 성(性)은 그 자체로 고유한 가치를 가지는 것이 아니라 단지 출산 또는 생식을 위한 도구적 가치만을 가진다. 성의 자연적 목적은 결혼을 통한 출산이며, 출산에 기여하는 성만이 진정한 가치를 지닌다.

① 성적 호감과 관심만으로도 성이 가능하다.
② 사랑만이 성이 정당화되기 위한 유일한 조건이다.
③ 부부만이 서로 성을 향유하고 성적 관계를 가질 수 있다.
④ 성적 욕구는 인격성을 저하시키므로 가급적 절제해야 한다.
⑤ 부부가 아니더라도 자발적 동의를 바탕으로 한 성적 관계가 가능하다.

☑ **출제 의도 파악하기**
사랑과 성에 대한 보수주의 입장을 파악한다.

문제 해결 Point 쏙쏙
- 결혼의 제도 안에서 이루어지는 사랑과 성을 추구 → 보수주의
- 사랑 없이도 가능한 성을 추구 → 자유주의(급진적 자유주의)
- 사랑이 있는 성을 추구 → 중도주의(온건한 자유주의)

☑ **선택지 바로 알기**
① 성적 호감과 관심만으로도 성이 가능하다.
→ 자유주의(급진적 자유주의) 입장이다.
② 사랑만이 성이 정당화되기 위한 유일한 조건이다.
→ 중도주의(온건한 자유주의) 입장이다. 보수주의 입장에서 성이 정당화되기 위한 조건은 결혼이다.
③ 부부만이 서로 성을 향유하고 성적 관계를 가질 수 있다.
→ 보수주의 입장에서는 부부 관계에서만 성적 활동이 정당화된다.
④ 성적 욕구는 인격성을 저하시키므로 가급적 절제해야 한다.
→ 보수주의 입장에서 성적 욕구 자체를 절제해야 한다고 본 것은 아니다.
⑤ 부부가 아니더라도 자발적 동의를 바탕으로 한 성적 관계가 가능하다.
→ 보수주의 입장에서는 부부간의 성적 활동만을 인정하였다.

10 교정적 정의에 대한 칸트와 벤담의 입장 비교

갑은 부정, 을은 긍정의 대답을 할 질문으로 가장 적절한 것은?

> 갑: 형벌의 질과 양은 응보법만이 정할 수 있다. 다른 것들은 모두 유동적이며 다른 고려가 혼합되기 때문에 순수하고 엄격한 정의를 선고하는 데 적합하지 않다. → 칸트의 입장이다.
> 을: 형벌의 정도는 위법 행위에서 얻는 이득의 가치를 능가하기에 충분한 것이어야 한다. 이러한 비례의 규칙은 공리의 원리에 근거해야 한다. → 벤담의 입장이다.

① 범죄자에게 가하는 형벌을 정당화할 수 있는가?
② 형벌은 동등성의 원리에 근거해 부과되어야 하는가?
③ 형벌은 범죄를 저질렀기 때문에 가해지는 응분의 처벌인가?
④ 사회 전체의 이익보다 살인자의 생명권을 중시해야 하는가?
⑤ 형벌의 목적은 처벌을 본보기로 삼아 사회적 효용을 증진하는 것인가?

☑ **출제 의도 파악하기**
제시문을 통해 칸트와 벤담의 입장을 이해한다.

문제 해결 Point 쏙쏙
- 응보법만이 정할 수 있음 → 칸트
- 공리의 원리 강조 → 벤담

☑ **선택지 바로 알기**
① 범죄자에게 가하는 형벌을 정당화할 수 있는가?
→ 칸트와 벤담이 모두 긍정의 대답을 할 질문이다.
② 형벌은 동등성의 원리에 근거해 부과되어야 하는가?
→ 칸트가 긍정의 대답을 할 질문이다.
③ 형벌은 범죄를 저질렀기 때문에 가해지는 응분의 처벌인가?
→ 칸트가 긍정의 대답을 할 질문이다.
④ 사회 전체의 이익보다 살인자의 생명권을 중시해야 하는가?
→ 벤담이 부정의 대답을 할 질문이다.
⑤ 형벌의 목적은 처벌을 본보기로 삼아 사회적 효용을 증진하는 것인가?
→ 칸트는 부정, 벤담은 긍정의 대답을 할 질문이다. 칸트는 형벌이 사회의 선을 촉진하기 위한 수단으로 사용되어서는 안 된다고 보았지만, 벤담은 형벌을 사회적 효용을 촉진하기 위한 수단으로 보았다.

☑ **개념**
공리주의에서의 처벌: 공리주의에서는 쾌락은 선, 고통은 악이다. 처벌 자체는 고통을 야기하므로 악이라고 할 수 있다. 따라서 처벌은 사회 전체의 행복을 증진할 때만 정당화될 수 있는 수단이다.

11 시민 불복종에 대한 롤스와 싱어의 입장

갑, 을 사상가들의 입장으로 옳지 않은 것은?

시민은 평등한 자유의 원칙을 위배하거나, 합법적 수단이 소용없을 때는 정당하게 시민 불복종에 참여할 수 있습니다. → 롤스의 입장이다.
시민 불복종을 하고자 할 때, 우리는 우리가 중단시키려고 하는 악의 크기와 우리의 행위가 가져올 법과 민주주의에 대한 존중심의 감소 정도를 계산해 보아야 합니다.
→ 싱어의 입장이다.

갑 을

① 갑: 합법적 수단이 실패했을 때 시민 불복종을 할 수 있다.
② 갑: 합법적으로 제정된 법도 시민 불복종의 대상이 될 수 있다.
③ 을: 시민 불복종이 산출할 이익과 손해를 계산해 보아야 한다.
④ 을: 공정한 기회균등의 원칙을 심하게 위반하는 경우에 시민 불복종을 할 수 있다.
⑤ 갑, 을: 시민 불복종의 참여자는 처벌을 감수해야 한다.

☑ **출제 의도 파악하기**

가상 대화를 통해 롤스와 싱어의 공통된 입장과 차이점을 이해한다.

문제 해결 Point 쏙쏙

- 평등한 자유의 원칙에 위배 → 롤스
- 시민 불복종의 결과 계산 필요 → 싱어

☑ **선택지 바로 알기**

④ 을: 공정한 기회균등의 원칙을 심하게 위반하는 경우에 시민 불복종을 할 수 있다.
→ 공정한 기회균등의 원칙을 위반할 때 시민 불복종을 할 수 있다고 본 것은 롤스이다.

☑ **개념**

롤스	- 사회적 다수에 의해 공유된 정의관이 불복종의 기준이 되어야 함 - 거의 정의로운 사회에서 부정의한 법과 정책의 변화를 위해 전개되어야 함
싱어	- 시민 불복종이 산출할 이익과 손해를 계산해 보아야 함 - 시민 불복종 행위의 성공 가능성을 고려해야 함

12 이론 윤리학과 실천 윤리학의 이해

주요 내용 | 규범 윤리학, 도덕적 행위, 실천 능력

(가), (나)에 해당하는 윤리학의 명칭을 쓰고, (가)와 (나)의 공통점을 서술하시오.

(가) 윤리학의 핵심 과제는 도덕적 행위에 대한 이론적 분석과 정당화를 통해 현실의 윤리 문제를 해결할 수 있는 이론적 토대를 제공하는 것이다.
(나) 윤리학의 핵심 과제는 사회의 여러 분야의 다양한 이론을 바탕으로 삶의 구체적인 상황에서 발생하는 문제에 대한 도덕적 해결책을 제공하는 것이다.

예시 답안 (가)는 이론 윤리학, (나)는 실천 윤리학이다. 이론 윤리학과 실천 윤리학은 인간 행위 중 도덕적 행위에 대해, 즉 행위의 옳고 그름이나 좋고 나쁨에 대해 묻는다는 점에서 규범 윤리학의 성격을 가진다. 또한 이론 윤리학과 실천 윤리학은 궁극적으로 도덕적 행위와 실천 능력의 향상을 지향한다.

☑ **출제 의도 파악하기**

이론 윤리학과 실천 윤리학의 특징과 공통점을 파악한다.

문제 해결 Point 쏙쏙

- 도덕 원리나 도덕적 정당화의 이론적 근거 제시 → 이론 윤리학
- 삶에서 구체적으로 발생하는 윤리 문제에 대한 실제적이고 구체적인 해결책 모색 → 실천 윤리학

채점 기준	배점
(가), (나)의 명칭과 공통점을 모두 바르게 서술한 경우	상
(가), (나)의 명칭이나 (가), (나)의 공통점 중 한 가지만 바르게 서술한 경우	중
(가), (나)의 명칭 중 한 가지만 바르게 서술한 경우	하

13 공리주의의 특징

주요 내용 결과, 유용성, 윤리적 규칙

갑, 을 사상가가 공통으로 주장하는 내용을 아래 〈조건〉을 포함하여 서술하시오.

> 갑: 쾌락 계산법에 의해 모든 종류의 쾌락은 계산할 수 있다. 쾌락을 계산하는 기준은 강도, 지속성, 확실성, 생산성 등이다.
> 을: 쾌락의 양만을 따지는 것은 설득력이 없다. 양이 많고 적음을 초월할 정도로 질적으로 우월한 쾌락이 존재한다.

조건

결과, 유용성, 윤리적 규칙

예시 답안 갑은 벤담, 을은 밀이다. 벤담과 밀은 행위의 의도보다는 결과에 초점을 두며, 유용성의 원리에 따라 윤리적 규칙을 도출한다.

☑ 출제 의도 파악하기

양적 공리주의와 질적 공리주의의 공통점을 파악한다.

문제 해결 Point 쏙쏙

- 공리주의는 쾌락과 행복을 가져다주는 행위를 옳은 행위로 강조함
- 공리주의는 유용성(공리)의 원리에 따라 윤리적 규칙을 도출함

채점 기준	배점
주요 내용 세 가지를 넣어 바르게 서술한 경우	상
주요 내용 중 두 가지만 넣어 바르게 서술한 경우	중
주요 내용 중 한 가지만 넣어 바르게 서술한 경우	하

14 롤스와 소로의 시민 불복종 비교

주요 내용 사회적 다수의 정의관, 양심

(가), (나) 입장의 차이점을 아래 〈조건〉을 포함하여 서술하시오.

> (가) 시민은 한순간이라도 자신의 양심을 입법자에게 맡겨야 하는가? 우리는 먼저 인간이어야 하고 그 다음에 국민이어야 한다. 단 한 명의 사람이라도 부당하게 가두는 정부 밑에서 의로운 사람이 진정 있을 곳은 감옥이다.
> (나) 시민들의 부정의한 법에 대한 불복종은 거의 정의로운 국가에서 체제의 합법성을 인정하는 시민들에 의해서만 생긴다. 특히 평등한 기본적 자유 원칙의 침해는 굴종이 아니면 반항을 부른다.

조건

사회적 다수의 정의관, 양심

예시 답안 (가)는 소로, (나)는 롤스이다. 소로는 개인의 양심에 근거하여 시민 불복종을 해야 한다고 보는 반면, 롤스는 사회적 다수의 정의관에 의거해 시민 불복종을 해야 한다고 본다.

☑ 출제 의도 파악하기

소로와 롤스의 시민 불복종의 조건을 파악한다.

문제 해결 Point 쏙쏙

- 소로: 법에 대한 존경심보다 인간으로서 양심을 우선해야 함
- 롤스: 사회적 다수의 정의관에 근거하여 정의의 원칙에 어긋나는 법이나 정책에 대해서 저항할 수 있다고 봄

채점 기준	배점
주요 내용 두 가지를 넣어 바르게 서술한 경우	상
주요 내용 중 한 가지만 넣어 서술한 경우	중
주요 내용을 넣지 않고 차이점을 서술한 경우	하

15 국가의 역할에 대한 유교의 입장 이해

주요 내용 역차별, 과거의 차별

다음 제시문을 읽고 ㉠에 대한 반대의 근거를 두 가지 이상 서술하시오.

> ㉠ 소수자 우대 정책은 차별을 받아온 사회적 약자에게 대학 입학이나 취업 등에서 가산점을 주거나 혜택을 주는 사회 정책이다.

예시 답안 소수자 우대 정책은 역차별을 발생시킬 수 있다, 혜택을 받은 사회적 약자의 자존감을 손상시킬 수 있다, 보상받는 자가 과거에 차별을 받았던 당사자가 아닐 수 있다, 역차별로 인한 다수 집단의 분노를 일으킬 수 있다. 등

☑ 출제 의도 파악하기

소수자 우대 정책을 반대하는 입장의 근거를 파악한다.

문제 해결 Point 쏙쏙

• 소수자 우대 정책을 반대하는 입장에서는 보상 대상과 주체가 차별받고 차별한 사람이 아닐 수 있고, 부당한 차별을 시정하기 위한 조치가 상대편을 차별하는 역차별이 될 수도 있다고 주장함

채점 기준	배점
소수자 우대 정책을 반대하는 이유를 두 가지 이상 바르게 서술한 경우	상
소수자 우대 정책을 반대하는 이유를 한 가지만 바르게 서술한 경우	중
단순히 소수자 우대 정책이 불합리하다고만 서술한 경우	하

적중 예상 전략 2회

Book 1 80~83쪽

01 ③ 02 ② 03 ⑤ 04 ③ 05 ④ 06 ⑤ 07 ① 08 ⑤ 09 ⑤ 10 ④ 11 ②

서술형 12 해설 참조 13 해설 참조 14 해설 참조 15 해설 참조

01 규범 윤리학과 기술 윤리학의 특징

갑, 을의 입장에서 서로에게 제기할 비판 내용으로 가장 적절한 것은?

갑: 윤리학은 사실의 학문이 아니라 당위의 학문이다. 따라서 윤리학은 인간의 행위, 성품, 사회 제도 등에 대한 옳고 그름을 판단한 후 사회가 나아가야 할 당위적 방향성을 제시해야 한다. → 규범 윤리학의 입장이다.

을: 윤리학은 도덕적 풍습과 관습, 관행 등을 조사하고 구체적으로 기술하며 이들 속에 나타난 인과 관계까지 설명하는 일에 주목해야 한다. → 기술 윤리학의 입장이다.

① 갑이 을에게: 윤리학을 가치 중립적으로 탐구해야 할 필요가 있음을 간과한다.
② 갑이 을에게: 도덕적 연구에도 객관적인 관찰과 분석이 동원되어야 함을 간과한다.
③ 갑이 을에게: 인간이 어떻게 행위를 해야 하는가에 대한 보편적 원리의 탐구를 간과한다.
④ 을이 갑에게: 도덕적 추론의 타당성 분석만을 지나치게 강조한다.
⑤ 을이 갑에게: 도덕적 이론의 확립과 정당화를 지나치게 강조한다.

☑ **출제 의도 파악하기**
규범 윤리학과 기술 윤리학이 서로에 대해 제기할 수 있는 비판 내용을 파악한다.

☑ **선택지 바로 알기**
① 갑이 을에게: 윤리학을 가치 중립적으로 탐구해야 할 필요가 있음을 간과한다.
→ 기술 윤리학은 가치 중립적 탐구를 중시한다.
② 갑이 을에게: 도덕적 연구에도 객관적인 관찰과 분석이 동원되어야 함을 간과한다.
→ 기술 윤리학은 객관적인 관찰, 분석, 기술이 필요함을 인정한다.
③ 갑이 을에게: 인간이 어떻게 행위를 해야 하는가에 대한 보편적 원리의 탐구를 간과한다.
→ 규범 윤리학의 입장에서 기술 윤리학에 대해 제기할 비판 내용으로 적절하다. 규범 윤리학은 보편적 원리에 대한 탐구를 중시한다.
④ 을이 갑에게: 도덕적 추론의 타당성 분석만을 지나치게 강조한다.
→ 메타 윤리학의 입장에 대해 제기할 비판 내용이다.
⑤ 을이 갑에게: 도덕적 이론의 확립과 정당화를 지나치게 강조한다.
→ 이론 윤리학의 입장에 대해 제기할 비판 내용이다.

02 유교의 윤리

다음을 주장한 사상가의 입장으로 가장 적절한 것은?

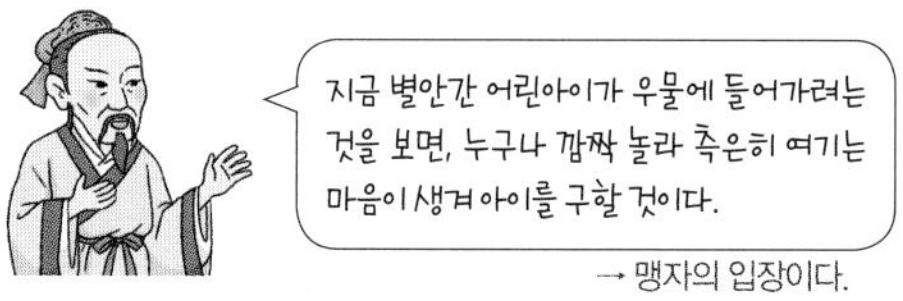

지금 별안간 어린아이가 우물에 들어가려는 것을 보면, 누구나 깜짝 놀라 측은히 여기는 마음이 생겨 아이를 구할 것이다.

→ 맹자의 입장이다.

① 연기성과 진리에 대한 깨달음을 얻어야 한다.
② 타고난 선한 본성을 확충하기 위해 노력해야 한다.
③ 인간의 본성이 이기적임을 알고 수양을 통해 다스려야 한다.
④ 성인이 되고자 하는 마음을 끊어야 참된 덕이 생겨나게 된다.
⑤ 만물과 나 사이의 구별 없이 하나가 되는 경지에 이르러야 한다.

☑ **출제 의도 파악하기**
유교 사상가인 맹자의 주장을 파악한다.

문제 해결 Point 쏙쏙
- 맹자: 사단(측은지심, 수오지심, 사양지심, 시비지심)을 근거로 본성의 선함을 주장함
- 순자: 인간은 본래 이기적이며 욕망의 존재라고 보았으며, 예(禮)를 통해 이를 적절하게 절제할 필요가 있다고 주장함

☑ **선택지 바로 알기**
① 연기성과 진리에 대한 깨달음을 얻어야 한다.
→ 불교 사상에 대한 설명이다.
② 타고난 선한 본성을 확충하기 위해 노력해야 한다.
→ 맹자는 타고난 선한 본성을 확충해 나갈 필요가 있다고 보았다.
③ 인간의 본성이 이기적임을 알고 수양을 통해 다스려야 한다.
→ 맹자는 인간의 본성이 선하다고 보았다.
④ 성인이 되고자 하는 마음을 끊어야 참된 덕이 생겨나게 된다.
→ 맹자는 성인이 되고자 노력해야 한다고 보았다.
⑤ 만물과 나 사이의 구별 없이 하나가 되는 경지에 이르러야 한다.
→ 도가 사상에 관한 설명이다.

03 칸트와 밀의 입장 비교

갑, 을 사상가들의 입장으로 가장 적절한 것은?

> 갑: 단지 의무에 일치하기만 하는 행위가 아니라 의무로부터 비롯된 행위만이 참된 도덕적 가치를 지닌다. → 갑: 칸트
> 을: 어떤 종류의 쾌락이 다른 것보다 더 바람직하고 가치 있다는 사실을 인정한다고 해서 공리의 원리에 어긋나는 것은 결코 아니다. → 을: 밀

① 갑: 선의지는 항상 좋은 결과를 가져온다.
② 갑: 감정이나 욕구에 따른 행위는 도덕적 가치를 지닌다.
③ 을: 옳은 행위의 판단 기준으로 결과보다 동기를 중시해야 한다.
④ 을: 쾌락의 질적 차이를 인정하는 것은 공리의 원리와 양립할 수 없다.
⑤ 갑, 을: 쾌락의 양이 증대된다고 해서 그 행위가 항상 도덕적 가치를 지니는 것은 아니다.

☑ 출제 의도 파악하기

칸트와 밀의 주장을 파악한다.

문제 해결 Point 쏙쏙

- 칸트: 의무 의식과 선의지에서 나온 행위만이 도덕적 가치를 지님
- 벤담: 모든 쾌락은 질적으로 동일하므로 쾌락의 양을 계산해 유용성을 측정할 수 있음
- 밀: 쾌락은 질적으로 차이가 있으므로 질적으로 높은 쾌락을 추구해야 함

☑ 선택지 바로 알기

① 갑: 선의지는 항상 좋은 결과를 가져온다.
→ 칸트는 선의지가 결과와 무관하게 그 자체로 가치를 지닌다고 보았다.
② 갑: 감정이나 욕구에 따른 행위는 도덕적 가치를 지닌다.
→ 칸트는 의무 의식이나 선의지에서 나온 행위만이 도덕적 가치를 지닌다고 보았다.
③ 을: 옳은 행위의 판단 기준으로 결과보다 동기를 중시해야 한다.
→ 밀은 옳은 행위의 판단 기준으로 동기보다 결과를 중시하였다.
④ 을: 쾌락의 질적 차이를 인정하는 것은 공리의 원리와 양립할 수 없다.
→ 밀은 쾌락의 질적 차이를 인정하는 것이 공리의 원리와 양립 가능하다고 보았다.
⑤ 갑, 을: 쾌락의 양이 증대된다고 해서 그 행위가 항상 도덕적 가치를 지니는 것은 아니다.
→ 칸트는 선의지에서 나온 행위만이 도덕적 가치를 지닌다고 보았고, 밀은 쾌락의 양뿐만 아니라 질의 차이도 고려해야 한다고 보았다.

04 인공 임신 중절의 찬반 입장 비교

갑, 을의 입장에 대한 옳은 설명만을 〈보기〉에서 있는 대로 고른 것은?

태아는 생명의 연속선상에 있고, 인간으로 성장할 잠재적 가능성이 있기 때문에 낙태를 허용해서는 안 돼.
태아는 인간으로 성장할 가능성만 있을 뿐 온전한 인간이 아니기 때문에 임신부의 결정에 따라 낙태는 허용될 수 있다고 봐.
낙태를 허용해야 하는가?
갑
을

• 보기 •
ㄱ. 갑은 여성의 선택권이 태아의 생명권에 우선한다고 본다.
ㄴ. 을은 태아와 성인의 지위가 동등하다고 본다.
ㄷ. 을은 여성의 선택권 보장을 위해 낙태를 허용할 수 있다고 본다.
ㄹ. 갑, 을은 태아가 인간으로 성장할 가능성이 있다고 본다.

① ㄱ, ㄴ ② ㄱ, ㄷ ③ ㄷ, ㄹ
④ ㄱ, ㄴ, ㄹ ⑤ ㄴ, ㄷ, ㄹ

☑ 출제 의도 파악하기

인공 임신 중절에 찬성하는 입장과 반대하는 입장의 근거를 파악한다.

문제 해결 Point 쏙쏙

- 인공 임신 중절을 반대하는 입장: 태아는 인간과 동일한 도덕적 지위를 지닌다고 봄
- 인공 임신 중절을 찬성하는 입장: 태아를 완전한 인간으로 인정하지 않음

☑ 선택지 바로 알기

ㄱ. 갑은 여성의 선택권이 태아의 생명권에 우선한다고 본다.
→ 갑은 여성의 선택권보다 태아의 생명권을 더 중시한다.
ㄴ. 을은 태아와 성인의 지위가 동등하다고 본다.
→ 을은 태아의 지위가 성인과 동등하다고 보지 않는다.
ㄷ. 을은 여성의 선택권 보장을 위해 낙태를 허용할 수 있다고 본다.
→ 을은 임신부의 결정에 따라 낙태가 허용될 수 있다고 본다.
ㄹ. 갑, 을은 태아가 인간으로 성장할 가능성이 있다고 본다.
→ 갑, 을은 모두 태아가 인간으로 성장할 가능성이 있다고 본다.

05 동물의 도덕적 지위에 대한 입장 비교

(가)의 갑, 을, 병 사상가들의 입장을 (나) 그림으로 탐구하고자 할 때, A~D에 들어갈 적절한 질문만을 〈보기〉에서 있는 대로 고른 것은?

→ 갑: 싱어

(가)
갑: 동물도 쾌고 감수 능력을 지닌다. 이익 평등 고려의 원칙에 따라 동물의 고통도 인간의 고통과 동등하게 고려해야 한다.
을: 동물도 삶의 주체일 수 있다. 일부 포유류는 지각, 의식, 쾌고 감수 능력, 미래와 복지에 대한 생각 등을 지니고 있다. → 을: 레건
병: 동물에 대한 인간의 의무는 직접적 의무가 아니라 간접적 의무이다. 동물은 자의식이 없는 수단적 존재이다. → 병: 칸트

(나)

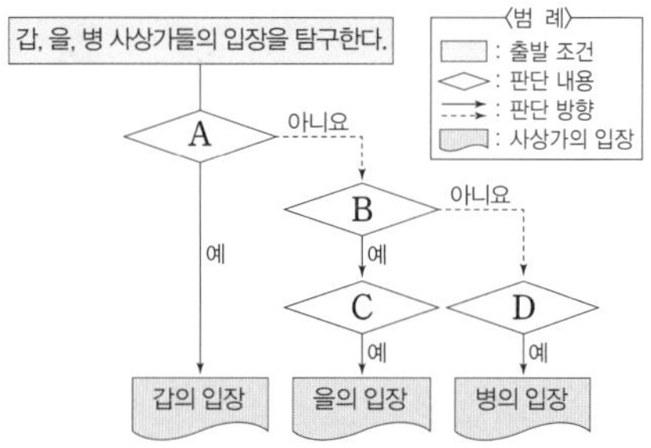

• 보기 •

ㄱ. A: 쾌고 감수 능력은 어떤 존재가 이익 관심을 갖기 위한 필요충분조건인가?
ㄴ. B: 동물도 내재적 가치를 지닐 수 있는가?
ㄷ. C: 도덕적 무능력자도 삶의 주체일 수 있는가?
ㄹ. D: 인간에 대한 의무와 동물에 대한 의무는 언제나 동등해야 하는가?

① ㄱ, ㄴ　② ㄱ, ㄷ　③ ㄷ, ㄹ
④ ㄱ, ㄴ, ㄷ　⑤ ㄴ, ㄷ, ㄹ

☑ 출제 의도 파악하기

싱어, 레건, 칸트의 동물에 대한 입장을 비교하여 이해한다.

☑ 선택지 바로 알기

ㄱ. A: 쾌고 감수 능력은 어떤 존재가 이익 관심을 갖기 위한 필요충분조건인가?
→ 레건과 칸트와는 달리 싱어는 쾌고 감수 능력이야말로 어떤 존재의 이익을 고려하기 위한 유일한 경계선이라고 보았다.

ㄴ. B: 동물도 내재적 가치를 지닐 수 있는가?
→ 레건은 일부 포유류는 내재적 가치를 지닐 수 있다고 보았다.

ㄷ. C: 도덕적 무능력자도 삶의 주체일 수 있는가?
→ 레건은 일부 동물이 도덕적 무능력자이지만 삶의 주체로 내재적 가치를 지닌다고 보았다.

ㄹ. D: 인간에 대한 의무와 동물에 대한 의무는 언제나 동등해야 하는가?
→ 칸트는 인간에 대한 의무는 직접적 의무, 동물에 대한 의무는 간접적 의무라고 보았다.

06 부부간의 윤리

다음 사상의 입장으로 적절하지 않은 것은?

> 부부는 백성을 낳는 시작이며 모든 행복의 근원이다. 남편은 바깥채에 거처하며 안채의 일을 말하지 않고, 아내는 안채에 거처하며 바깥채의 일을 말하지 않는다. 부부가 공경하여 집안이 화목하고 순조로워야 부모께서 편안하고 즐거우실 것이다. → 유교의 입장이다.

① 부부는 서로를 손님 대하듯 공경해야 한다.
② 부부는 서로 각자의 일을 분별(分別)해야 한다.
③ 부부는 자녀를 함께 양육하는 역할을 해야 한다.
④ 부부는 상호 조화와 협력의 자세를 유지해야 한다.
⑤ 부부는 서로에게 천륜(天倫)의 도리를 다해야 한다.

☑ 출제 의도 파악하기

부부 관계에 대한 유교 사상의 입장을 이해한다.

문제 해결 Point 쏙쏙

• 유교 사상에서는 부부유별, 부부상경 등을 강조한다.

☑ 선택지 바로 알기

⑤ 부부는 서로에게 천륜(天倫)의 도리를 다해야 한다.
→ 부부는 서로 다른 성씨가 만난 인간관계로 천륜 관계가 아니다. 천륜의 도리는 부모와 자식, 형제와 자매 사이의 도리를 뜻한다.

☑ 용어

부부유별(夫婦有別): 부부간에는 해야 할 역할이 구분되어 있으므로 상호 존중해야 함
부부상경(夫婦相敬): 부부는 서로 공경하기를 손님같이 대해야 함

07 직업에 대한 입장 비교

갑, 을, 병 사상가들의 입장에 대한 설명으로 옳지 않은 것은?

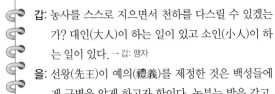

> **갑**: 농사를 스스로 지으면서 천하를 다스릴 수 있겠는가? 대인(大人)이 하는 일이 있고 소인(小人)이 하는 일이 있다. → 갑: 맹자
>
> **을**: 선왕(先王)이 예의(禮義)를 제정한 것은 백성들에게 구별을 알게 하고자 함이다. 농부는 밭을 갈고, 상인은 물건을 팔며, 사대부는 정무(政務)를 담당한다. → 을: 순자
>
> **병**: 각자는 타고난 성향에 따라 한 가지 일에 배치되어야 한다. 각자가 국가에서 통치자, 방위자, 생산자 일에 종사함으로써 하나가 되도록 하기 위한 것이다. → 병: 플라톤

① 갑은 통치자가 백성의 생계유지에 무관심해야 한다고 본다.
② 을은 직업 분담에서 능력을, 병은 각자의 탁월성을 중시한다.
③ 을은 재화에 대한 욕망을 인정하는 동시에 절제할 것을 강조한다.
④ 병은 각자의 덕을 발휘하여 국가 공동체에 헌신할 것을 강조한다.
⑤ 갑, 을, 병은 공동체의 질서 유지를 위해 사회적 분업이 필요하다고 본다.

☑ **출제 의도 파악하기**

맹자, 순자, 플라톤의 직업관을 파악한다.

☑ **선택지 바로 알기**

① 갑은 통치자가 백성의 생계유지에 무관심해야 한다고 본다.
→ 맹자는 백성이 바른 마음[恒心]을 유지하려면 안정적 생계유지[恒産]가 필요하다고 보았다.
② 을은 직업 분담에서 능력을, 병은 각자의 탁월성을 중시한다.
→ 순자는 능력을, 플라톤은 탁월성을 기준으로 직분을 나누어야 한다고 보았다.
③ 을은 재화에 대한 욕망을 인정하는 동시에 절제할 것을 강조한다.
→ 순자는 인간이 재화에 대한 욕망이 있다는 것을 인정하며, 이를 절제해야 한다고 보았다.
④ 병은 각자의 덕을 발휘하여 국가 공동체에 헌신할 것을 강조한다.
→ 플라톤은 국가의 구성원이 각자의 고유한 덕을 발휘하여 국가 공동체에 헌신해야 한다고 보았다.
⑤ 갑, 을, 병은 공동체의 질서 유지를 위해 사회적 분업이 필요하다고 본다.
→ 맹자, 순자, 플라톤은 모두 사회적 분업이 필요하다고 보았다.

08 직업 윤리에 대한 플라톤과 정약용의 입장

갑, 을의 입장에 대한 설명으로 가장 적절한 것은?

> **갑**: 정의로운 국가가 되려면 통치자가 지혜의 덕, 방위자가 용기의 덕을, 생산자가 절제의 덕을 갖추어야 한다. → 갑: 플라톤
>
> **을**: 목민관은 대탐(大貪)을 지녀야 한다. 올바른 자세를 지닌 목민관이라면 부임지를 떠날 때 백성이 슬퍼하며 다시 그를 보내달라고 왕에게 요청할 것이다. → 을: 정약용

① 갑은 공직자가 생필품을 스스로 생산해야 한다고 본다.
② 갑은 공직자가 정책 결정을 시민에게 맡겨야 한다고 본다.
③ 을은 공직자가 사유 재산을 가져서는 안 된다고 본다.
④ 을은 공직자가 근무지에서 급여 외의 금품을 받아야 한다고 본다.
⑤ 갑, 을은 공직자가 공동체를 우선시하며 절제하는 삶을 살아야 한다고 본다.

☑ **출제 의도 파악하기**

제시문을 보고 플라톤과 정약용임을 파악하고, 각 사상가의 입장을 비교하여 이해한다.

문제 해결 Point 쏙쏙

- 정의로운 국가: 통치자가 지혜의 덕, 방위자가 용기의 덕, 생산자가 절제의 덕 갖추어야 함 → 플라톤
- 공직자의 절제 → 플라톤과 정약용 모두 인정
- 공직자의 사유 재산 → 플라톤 금지, 정약용 허용

☑ **선택지 바로 알기**

① 갑은 공직자가 생필품을 스스로 생산해야 한다고 본다.
→ 플라톤은 통치자와 생산자의 역할이 구별되어 있다고 보았다.
② 갑은 공직자가 정책 결정을 시민에게 맡겨야 한다고 본다.
→ 플라톤은 정책 결정을 공직자인 통치자가 해야 한다고 보았다.
③ 을은 공직자가 사유 재산을 가져서는 안 된다고 본다.
→ 정약용은 공직자가 청렴할 것을 강조하였으나, 사유 재산을 가져서는 안 된다고 보지는 않았다.
④ 을은 공직자가 근무지에서 급여 외의 금품을 받아야 한다고 본다.
→ 정약용은 공직자가 정해진 급여 외의 금품을 받아서는 안 된다고 보았다.
⑤ 갑, 을은 공직자가 공동체를 우선시하며 절제하는 삶을 살아야 한다고 본다.
→ 플라톤과 정약용은 모두 공직자가 공동체를 우선시하며 절제하는 삶을 살아야 한다고 보았다.

09 분배적 정의에 대한 롤스, 노직, 마르크스의 입장 비교

(가)의 갑, 을, 병의 입장을 (나)의 그림으로 탐구하고자 할 때, A~D에 들어갈 적절한 질문만을 〈보기〉에서 있는 대로 고른 것은?

(가)

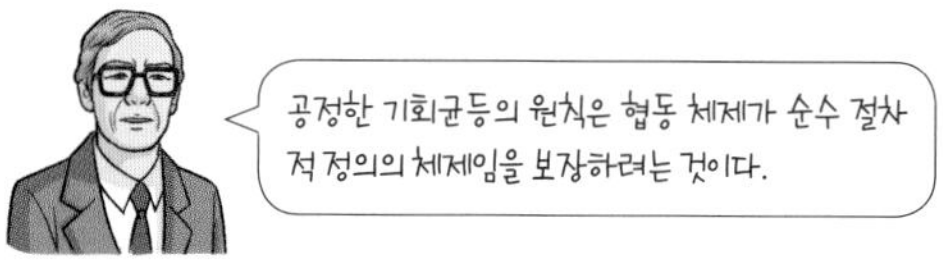

공정한 기회균등의 원칙은 협동 체제가 순수 절차적 정의의 체제임을 보장하려는 것이다.

갑 → 갑: 롤스

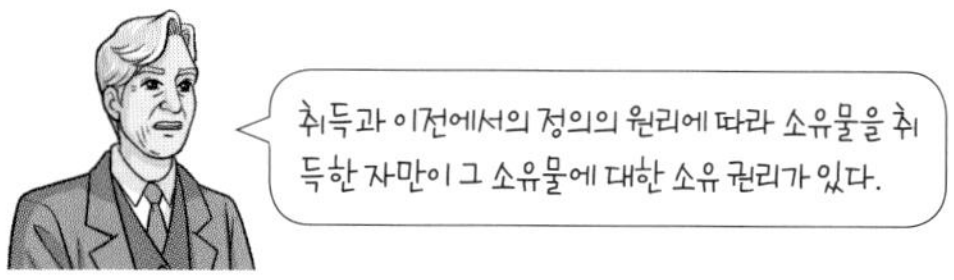

취득과 이전에서의 정의의 원리에 따라 소유물을 취득한 자만이 그 소유물에 대한 소유 권리가 있다.

을 → 을: 노직

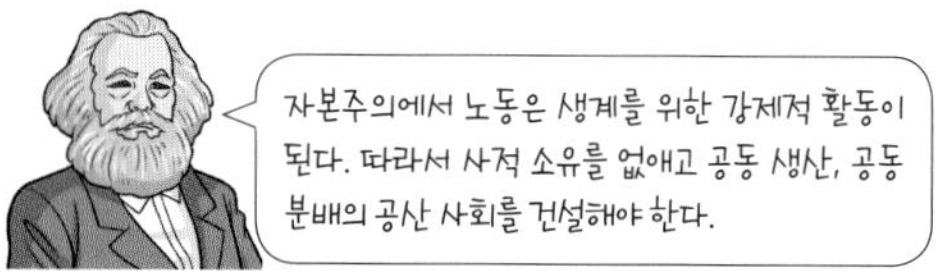

자본주의에서 노동은 생계를 위한 강제적 활동이 된다. 따라서 사적 소유를 없애고 공동 생산, 공동 분배의 공산 사회를 건설해야 한다.

병 → 병: 마르크스

(나)

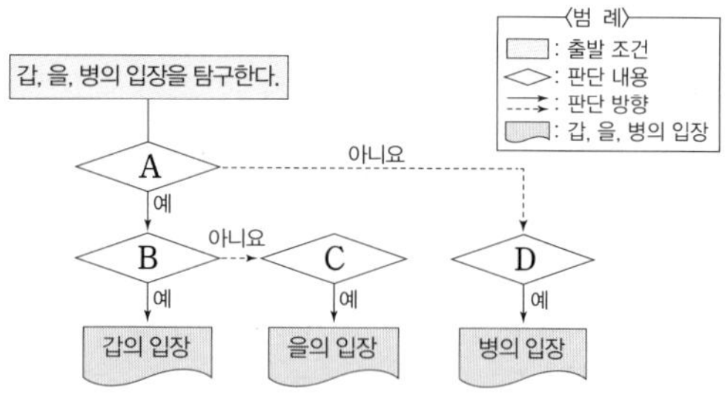

• 보기 •

ㄱ. A: 사회적·경제적 불평등을 허용하면 분배적 정의의 실현이 불가능한가?

ㄴ. B: 원초적 입장에서 정의의 원칙을 도출해야 하는가?

ㄷ. C: 최소 국가 이상의 포괄적 국가는 개인의 권리를 침해하는가?

ㄹ. D: 능력에 따라 일하고 필요에 따라 분배해야 하는가?

① ㄱ, ㄷ ② ㄱ, ㄹ ③ ㄷ, ㄹ
④ ㄱ, ㄷ, ㄹ ⑤ ㄴ, ㄷ, ㄹ

☑ 출제 의도 파악하기

분배적 정의에 관한 롤스, 노직, 마르크스의 입장을 파악한다.

☑ 선택지 바로 알기

ㄱ. A: 사회적·경제적 불평등을 허용하면 분배적 정의의 실현이 불가능한가?
→ 롤스와 노직이 부정의 대답을 할 질문이다.

ㄴ. B: 원초적 입장에서 정의의 원칙을 도출해야 하는가?
→ 롤스가 긍정의 대답을 할 질문이다.

ㄷ. C: 최소 국가 이상의 포괄적 국가는 개인의 권리를 침해하는가?
→ 노직이 긍정의 대답을 할 질문이다.

ㄹ. D: 능력에 따라 일하고 필요에 따라 분배해야 하는가?
→ 마르크스가 긍정의 대답을 할 질문이다.

10 사회 윤리에 대한 니부어의 입장 이해

다음은 어느 서양 사상가에 대한 한 학생의 질문 응답지이다. 응답이 모두 옳다고 할 때, ㉠에 들어갈 질문으로 옳은 것은?

번호	질문	응답	
		예	아니오
(1)	개인의 선의지는 사회 정의 실현에 기여하는가? → 니부어의 입장이다.	✓	
(2)	개인의 도덕성은 집단의 도덕성을 결정하는가?		✓
(3)	집단 간의 관계는 각 집단이 가진 힘의 비율에 따라 형성되는가?	✓	
(4)	㉠	✓	

① 개인의 도덕성은 집단의 도덕성보다 열등한가?
② 집단 간의 관계는 정치적이기보다는 윤리적인가?
③ 개인이 집단에 비해 이기심을 조절하기 어려운가?
④ 정의 실현을 위해 비합리적인 수단을 동원할 수 있는가?
⑤ 개인의 최고의 도덕적 이상은 정의, 집단의 최고의 도덕적 이상은 이타심인가?

☑ 출제 의도 파악하기

질문에 대한 응답을 바탕으로 니부어의 주장을 파악한다.

문제 해결 Point 쏙쏙

• 개인의 도덕적 이상은 이타성, 사회의 도덕적 이상은 정의
• 사회 부정의를 바로잡기 위해 선의지의 통제를 받는 비합리적 수단이 필요함

☑ 선택지 바로 알기

① 개인의 도덕성은 집단의 도덕성보다 열등한가?
→ 니부어는 집단의 도덕성이 개인의 도덕성보다 열등하다고 보았다.

② 집단 간의 관계는 정치적이기보다는 윤리적인가?
→ 니부어는 집단 간의 관계가 정치적이라고 보았다.

③ 개인이 집단에 비해 이기심을 조절하기 어려운가?
→ 니부어는 집단이 개인에 비해 이기심을 조절하고 억제하는 힘이 현저히 떨어진다고 보았다.

④ 정의 실현을 위해 비합리적인 수단을 동원할 수 있는가?
→ 니부어는 정의 실현을 위해 비합리적 수단인 강제력을 동원할 수 있다고 보았다.

⑤ 개인의 최고의 도덕적 이상은 정의, 집단의 최고의 도덕적 이상은 이타심인가?
→ 니부어는 개인의 최고의 도덕적 이상은 이타심, 집단의 최고의 도덕적 이상은 정의라고 보았다.

11 국가의 역할과 의무에 대한 공자와 묵자의 입장 비교

갑, 을 사상가들의 입장으로 가장 적절한 것은?

갑: 백성들을 형벌로 다스리면 백성들은 형벌을 면하고 부끄러워함이 없다. 그러나 덕(德)으로 인도하고 예(禮)로써 다스리면, 백성들은 부끄러워할 줄도 알고 또한 잘못을 바로잡게 된다. → 덕치의 강조(공자)

을: 하늘의 뜻을 따르는 자는 서로 사랑하고 이로움을 누리므로 사랑을 받지만, 하늘의 뜻에 반하는 자는 서로 차별하고 반목하며 적대시하므로 벌을 받는다. 다스리는 자는 차별 없이 사랑하고 다스림을 받는 자는 윗사람의 뜻을 따라야 한다. → 겸애교리(兼愛交利)의 강조(묵자)

① 갑: 백성의 선행과 악행은 상과 벌로만 다루어야 한다.
② 갑: 통치자는 인격을 수양하여 백성에게 덕을 베풀어야 한다.
③ 을: 통치자는 자국의 이익 증진을 위해 타국을 공격할 수 있어야 한다.
④ 을: 큰 도가 행해지고 모두가 하나 되는 사회인 대동 사회를 이상 사회로 보았다.
⑤ 갑, 을: 존비친소(尊卑親疏)의 구별 없이 모든 사람을 동등하게 사랑해야 한다.

☑ 출제 의도 파악하기

제시문을 바탕으로 공자와 묵자임을 파악하고 각 사상가의 입장을 비교하여 이해한다.

☑ 선택지 바로 알기

① 갑: 백성의 선행과 악행은 상과 벌로만 다루어야 한다.
→ 공자는 상벌보다 덕으로써 인도하고 예로써 다스려야 한다고 보았다.

② 갑: 통치자는 인격을 수양하여 백성에게 덕을 베풀어야 한다.
→ 공자는 통치자가 자신의 인격을 바르게 수양하여 백성에게 덕을 베풀어야 한다고 보았다.

③ 을: 통치자는 자국의 이익 증진을 위해 타국을 공격할 수 있어야 한다.
→ 묵자는 군주가 남의 나라를 내 나라 돌보는 것과 같이 해야 한다고 보았다. 그러므로 자국의 이익 증진을 위해 타국을 공격할 수 있다고 보지 않았다.

④ 을: 큰 도가 행해지고 모두가 하나 되는 사회인 대동 사회를 이상 사회로 보았다.
→ 대동 사회는 공자가 이상적으로 본 사회이다.

⑤ 갑, 을: 존비친소(尊卑親疏)의 구별 없이 모든 사람을 동등하게 사랑해야 한다.
→ 묵자에게만 해당하는 설명이다.

12 동물에 대한 싱어와 레건의 입장 비교

주요 내용 쾌고 감수 능력, 삶의 주체, 도덕적 고려의 대상

갑, 을 사상가의 입장 차이를 〈조건〉의 개념을 활용하여 서술하시오.

갑: 고통과 즐거움을 느낄 수 있는 능력은 어떤 존재가 이익 관심을 갖는다고 말할 수 있기 위한 필요조건일 뿐만 아니라 충분조건이기도 하다.

을: '삶의 주체'라는 것은 믿음, 욕구, 지각, 기억, 자신의 미래를 포함한 미래에 관한 의식, 쾌락과 고통 등의 감정을 느낄 수 있다는 것을 의미한다.

조건: 쾌고 감수 능력, 삶의 주체, 도덕적 고려의 대상

예시 답안 싱어는 쾌고 감수 능력을 지닌 동물이라면 도덕적 고려의 대상이 되어야 한다고 보았으나, 레건은 한 살 정도의 포유류는 삶의 주체가 될 수 있으므로 도덕적 고려의 대상이라고 보았다.

☑ 출제 의도 파악하기

동물의 권리에 관한 싱어와 레건의 입장의 차이점을 파악한다.

문제 해결 Point 쏙쏙

- 싱어: 동물도 쾌고 감수 능력을 지니므로 동물의 이익도 동등하게 고려해야 함
- 레건: 일부 포유류는 삶의 주체가 될 수 있으므로 내재적 가치를 지님

채점 기준	배점
주요 내용 세 가지를 넣어 바르게 서술한 경우	상
주요 내용 중 두 가지만 넣어 바르게 서술한 경우	중
주요 내용 중 한 가지만 넣어 바르게 서술한 경우	하

13 유교와 도교의 죽음관 비교

주요 내용 인의, 애도, 초연, 예(禮)

(가), (나) 사상이 어떤 사상인지 쓰고, 각 사상의 죽음관의 차이점을 서술하시오.

> (가) 삶도 아직 모르는데 어찌 죽음을 알겠는가? 지사(志士)는 삶을 영위하되 인(仁)을 해침이 없고, 자신을 희생함으로써 인을 이룬다.
> (나) 삶과 죽음은 인간의 운명이니, 진인(眞人)은 삶을 기뻐하지도 죽음을 슬퍼하지도 않는다.

예시 답안 (가)는 유교 사상으로, 인의를 이루기 위해 목숨을 버릴 수도 있으며, 죽은 사람에 대해 예를 갖추어 애도를 표현하는 것이 마땅한 도리라고 보았다. (나)는 도가 사상으로, 삶과 죽음을 기의 자연스러운 변화 과정으로 받아들여야 하며, 죽음을 초연하게 받아들이고 죽음 앞에서 슬퍼할 필요가 없다고 보았다.

☑ 출제 의도 파악하기
유교와 도교의 죽음관의 차이점을 파악한다.

문제 해결 Point 쏙쏙
- 공자: 죽음에 관심을 가지기보다는 현세의 도덕적인 삶에 충실할 것을 강조함
- 장자: 삶과 죽음은 기(氣)가 모였다가 흩어지는 것이므로 삶에 집착하거나 죽음을 걱정하고 두려워할 필요가 없음

채점 기준	배점
(가), (나) 사상의 이름과 차이점을 바르게 서술한 경우	상
(가), (나) 사상의 이름을 바르게 서술하였으나, 차이점을 애매하게 서술한 경우	중
(가), (나) 사상 중 하나만 바르게 서술한 경우	하

14 분배적 정의에 대한 왈처의 입장

주요 내용 가치, 정의, 분배 원칙

(가)를 주장한 사상가의 이름과 사상가가 (나)의 상황에 대해 제시할 견해를 서술하시오.

(가)

재산이나 권력 혹은 명예와 같이 사회적으로 중요
한 특정 가치를 소유한 일부 사람들이 그 가치 이외
의 다른 가치까지 모두 장악할 수 있는 상황은 정의
로운 상태가 아니다. 우리는 복합 평등으로서의 정
의를 실현해야 한다.

(나) 공직에 있는 시민 X가 시민 Y보다 우선적인 의료 혜택, 자녀의 취학 우선권, 다양한 취업 기회의 제공 등과 같은 혜택을 받고 있다.

예시 답안 (가)를 주장한 사상가는 왈처이다. 왈처는 정치 영역에서 권력을 가진 사람이 다른 삶의 영역인 의료나, 교육에서 사람들이 선호하는 가치를 손쉽게 얻는 상황은 정의롭지 않다고 볼 것이다. 따라서 복합 평등으로서의 정의를 실현하기 위해 여러 다른 가치들은 서로 다른 삶의 영역 안에 머물러야 하며, 각기 다른 분배 원칙에 따라 분배되어야 한다고 주장할 것이다.

☑ 출제 의도 파악하기
분배적 정의에 관한 왈처의 입장을 파악한다.

문제 해결 Point 쏙쏙
- 왈처는 한 영역의 가치 소유가 다른 영역의 가치 소유 이유가 되어서는 안 된다고 주장함
- 왈처는 다양한 삶의 영역에서 각기 다른 정의의 기준에 따라 사회적 가치가 분배되어야 한다고 주장함

채점 기준	배점
(가)를 주장한 사상가와 (나) 상황에 대해 제시할 견해를 바르게 서술한 경우	상
(가)를 주장한 사상가를 바르게 서술하였으나, (나)의 상황에 대하여 단순히 정의롭지 않다고만 서술한 경우	중
(가)를 주장한 사상가만 제시한 경우	하

15 사형 제도에 관한 찬반 입장

주요 내용 범죄 억제, 생명권, 응징, 법 감정

다음 글을 읽고, 사형 제도에 대한 자신의 입장과 그 근거를 서술하시오.

사형 제도를 폐지하라!

사형에 대한 두려움 때문에 의도했던 범죄를 포기한 경우는 드물다. 사형 제도가 무고한 사람의 생명을 구할 수 있다는 명확한 근거가 없다면 국가가 이를 시행해서는 안 될 것이다.

사형 제도를 유지하라!

반인륜적인 범죄에 대해 합당한 처벌이 필요하다. 피해자의 생명을 앗아간 범죄자의 생명을 박탈하는 것은 사회적 정의이다. 이는 국민의 법 감정과도 일치한다.

예시 답안 사형 제도는 폐지되어야 한다. 사형은 범죄 억제의 효과가 없으며, 사형은 생명권을 부정하는 것이기 때문에 인도적인 이유에서 존속시킬 수 없다. / 사형 제도는 유지되어야 한다. 처벌의 목적은 근본적으로 인과응보적 응징에 있으며 사회의 일반적인 법 감정은 사형 제도를 지지한다.

☑ 출제 의도 파악하기

사형 제도에 관한 찬반 입장의 근거를 파악한다.

문제 해결 Point 쏙쏙

- 사형 제도에 찬성하는 입장: 사형의 범죄 억제 효과가 크며, 처벌의 목적은 인과응보적 응징에 있다고 봄
- 사형 제도에 반대하는 입장: 사형은 범죄 억제의 효과가 없으며, 생명권을 부정하는 것이라고 봄

채점 기준	배점
사형 제도에 대한 자신의 입장과 뒷받침하는 근거를 바르게 서술한 경우	상
사형 제도에 대한 자신의 입장을 서술하였으나, 이에 대한 근거가 불충분한 경우	중
근거 없이 사형 제도에 대한 자신의 입장만 서술한 경우	하

Memo

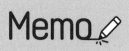

Book 2

정답과 해설

정답과 해설 | Book 2

1주 Ⅳ. 과학과 윤리 ~ Ⅴ. 문화와 윤리

1주 1일 개념 돌파 전략 ① Book 2 8~11쪽

1강_과학과 윤리

| 8쪽 | **개념 ❶** 긍정 **개념 ❷** 수평 **개념 ❸** 동물

| 9쪽 | **01**-1 내적 책임 **02**-1 (가) 해악 금지의 원리 (나) 선행의 원리 (다) 정의의 원리 (라) 자율성의 원리 **03**-1 생태 중심주의

2강_문화와 윤리

| 10쪽 | **개념 ❶** 플라톤 **개념 ❷** 의복 **개념 ❸** 자문화 중심주의

| 11쪽 | **01**-1 예술의 상업화 **02**-1 패스트 패션 **03**-1 관용의 역설

1주 1일 개념 돌파 전략 ② Book 2 12~13쪽

1 ④ 2 ② 3 ② 4 ① 5 ⑤ 6 ②

1 과학 기술의 가치 중립성에 대한 부정적 입장

제시된 강연자는 과학 기술의 가치 중립성을 부정하는 하이데거이다. 하이데거는 현대의 과학 기술이 인간을 도구화하는 속성이 있으므로 과학 기술에 대한 윤리적 성찰이 필요하다고 주장하였다.

ㄴ. 하이데거는 과학 기술이 인간의 삶과 밀접하게 관련되어 있다고 보았다.

ㄹ. 하이데거는 과학 기술에 대한 윤리적 성찰과 가치 판단이 필요하다고 주장하였다.

오답 피하기 ㄱ. 과학 기술을 가치 중립적으로 보는 입장으로, 과학 기술 연구 과정에서 특정 가치가 개입되어서는 안 된다고 본다.

ㄷ. 과학 기술의 발전을 낙관적으로 바라보는 과학 지상주의의 입장이다.

2 정보 사유론과 정보 공유론의 특징

갑은 정보 사유론을 지지하는 입장이며, 을은 정보 공유론을 지지하는 입장이다.

② 정보 사유론을 지지하는 입장에서는 정보와 지식에 대한 창작자의 경제적 이익을 보장함으로써 정보의 질적 수준을 높일 수 있다고 본다.

오답 피하기 ① 정보 공유론의 입장이다.

③ 정보에 대한 지적 재산권 보호를 강조하는 것은 정보 사유론의 입장이다.

④ 정보 생산에 필요한 노력에 대한 보상을 강조하는 것은 정보 사유론의 입장이다.

⑤ 정보 공유를 강조하는 것은 정보 공유론의 입장에만 해당된다.

3 인간 중심주의의 특징

제시문을 주장한 사상가는 인간 중심주의 자연관을 주장한 베이컨이다.

ㄱ. 베이컨은 자연 과학적 지식을 활용하여 인간의 물질적 복지와 혜택을 증진해야 한다고 보았다.

ㄷ. 인간 중심주의 자연관에서는 인간만이 도덕적 고려의 대상이다.

오답 피하기 ㄴ. 동물 중심주의 자연관의 입장이다.

ㄹ. 동물을 자기의 삶을 영위하는 삶의 주체로 본 레건의 입장이다.

4 예술 지상주의의 특징

갑과 을은 예술 지상주의의 입장을 취하고 있다.

ㄱ. 예술 지상주의는 예술의 목적이 미적 가치 구현에 있다고 보고 예술에 대한 윤리적 평가는 예술의 목적 실현에 방해가 된다고 본다.

ㄴ. 예술 지상주의는 예술의 자율성과 독창성을 중시하여 예술과 윤리를 별개의 영역으로 생각한다.

오답 피하기 ㄷ. 미적 가치와 윤리적 가치의 관련성을 주장하는 것은 도덕주의의 입장이다.

ㄹ. 예술 지상주의는 예술이 가치가 있는 것은 미적 가치 때문이라고 주장한다.

더 알아보기⁺ 예술과 윤리의 관계

도덕주의	• 예술이 가치가 있는 것은 예술이 지닌 윤리적 가치 때문임 • 예술 작품의 도덕적 가치를 중시함 • 예술적 표현의 자유나 상상력을 제한하여 예술의 자율성을 침해할 수 있음
예술 지상주의(심미주의)	• 예술의 목적은 미적 가치를 구현하는 데 있고, 미적 경험은 그 자체로 가치가 있음 • 예술 작품의 가치는 도덕적 가치와 무관하다고 봄

5 합리적 소비의 특징

영호는 재화나 서비스를 구매할 때 가격 대비 만족도를 중시하는 합리적 소비 태도를 보여주고 있다. 합리적 소비는 최소한의 비용으로 최대의 효과와 만족을 주는 상품이나 서비스를 구매하고자 하는 것이다.

선택지 바로 보기

① 지구촌 생태계와 환경 문제를 중시한다. (×)
→ 합리적 소비를 강조하다 보면 지구 온난화, 생태계 파괴와 같은 환경 문제를 일으키기 쉽다.

② 노동자의 인권과 복지를 중요하게 여긴다. (×)
→ 합리적 소비는 가격과 효용 가치를 중시함으로써 노동자 인권 억압과 아동 착취 문제를 일으킬 수 있다.

③ 동물의 생명을 중시하는 소비를 선호한다. (×)
→ 동물의 생명과 복지를 중시하는 소비는 윤리적 소비 태도에 해당한다.

④ 정의롭고 공정하게 생산된 상품을 구매한다. (×)
→ 아동 노동 착취를 없애고 노동자에게 정당한 임금을 지불한 상품을 구매하는 것은 윤리적 소비 태도에 해당한다.

⑤ 최소한의 비용으로 최대의 효과를 얻고자 한다. (○)
→ 가격과 효용 가치를 고려한 합리적 소비 태도이다.

6 동화주의의 특징

제시된 인물은 이민자를 주류 문화에 동화시킬 것을 주장하고 있다. 이는 동화주의 입장에 해당한다. 동화주의는 주류 문화와 이주민 문화를 통합하여 이주민들에게 새로운 문화 정체성을 부여할 것을 강조하며, 다양한 문화 간 충돌과 갈등을 방지하여 사회 통합을 이루고자 한다.

오답 피하기 ㄴ. 다양한 문화의 우열을 가리지 않고 동등하게 대우해야 한다고 보는 것은 다문화주의이다.
ㄹ. 동화주의는 이주민이 지닌 고유한 문화를 인정하지 않는다.

더 알아보기⁺ 용광로 모델 이론

용광로 모델(모형) 이론은 여러 광석을 용광로에 녹여 하나의 새로운 금속을 만들어내듯이 다양한 이주민 문화를 주류 문화에 융합하여 하나의 통합된 문화를 만들어야 한다고 보는 이론이다. 용광로 모델 이론은 이민자를 주류 사회의 언어나 문화에 동화시켜 이들에게 하나의 국민이라는 정체성을 부여할 수 있다고 본다.

1주 2일 필수 체크 전략 ①

Book 2 14~17쪽

1-1 ② 1-2 ④ 2-1 ③ 2-2 저작권 3-1 ②
3-2 ㉠ 레건 ㉡ 테일러 4-1 ①
4-2 A 기후 정의 B 생태적 지속 가능성

1-1 과학 기술의 가치 중립성을 강조하는 입장

제시된 그림의 사상가는 과학 기술 그 자체는 선도 아니고 악도 아니라고 주장한 야스퍼스이다.

② 야스퍼스는 과학 기술의 가치 중립성을 강조하며, 과학 기술이 선한지 악한지는 인간이 기술로부터 무엇을 만들어내고 어디에 사용하는지에 달려 있다고 보았다.

오답 피하기 ① 과학 기술의 발전을 비관적으로 바라보는 과학 기술 혐오주의의 입장이다.
③, ⑤ 과학 기술의 가치 중립성을 부정하는 입장이다.
④ 과학 기술이 인간의 삶에 부정적 영향을 끼친다고 보는 입장이다.

1-2 과학 기술자의 외적 책임

설문지에 응답한 사람은 과학 기술자의 외적 책임을 강조하고 있다.

④ 과학 기술자의 외적 책임을 강조하는 입장에서는 과학 기술 연구 과정에서 과학 기술자의 의도나 가치관이 개입될 수 있으므로 연구 결과가 사회에 미칠 영향에 대해 책임 의식을 가져야 한다고 본다.

오답 피하기 ① 연구 윤리의 책임만을 강조하는 것은 내적 책임을 중시하는 입장이다.
② 설문에 응답한 사람은 과학 기술자가 외적 책임까지 져야 한다고 생각한다.
③ 과학 기술자의 외적 책임을 강조하는 입장에서는 과학 기술의 결과가 부정적 영향을 끼칠 것에 대해 우려한다.
⑤ 과학 기술자의 외적 책임을 부정하는 입장이다.

2-1 정보 기술 발달에 따른 사이버 폭력의 문제

제시된 그림은 사이버 폭력에 해당한다. 사이버 폭력은 인터넷에서 허위 사실을 유포하거나 악성 게시물과 댓글 등으로 다른 사람의 명예를 훼손하고 정신적, 물질적으로 피해를 주는 행위이다. 사이버 폭력에는 사이버 따돌림, 사이버 명예 훼손, 사이버 스토킹, 사이버 성폭력 등이 있다.

2-2 정보 기술의 발달에 따른 윤리적 문제

저작권은 지적 재산권 중에서 문학, 학술 또는 예술의 범위에 속하는 저작물에 대하여 창작자가 가지는 권리를 말한다. 저작권법에서는 공공 목적이나 문화유산의 공유라는 측면에서 저작권을 일부 제한하고 있다. 정보가 지닌 가치가 증대되면서 저작권을 둘러싼 윤리적 문제가 발생하고 있다.

더 알아보기⁺ 인격권

인격권은 일반적 인격권과 개별적 인격권으로 구분된다.
- 일반적 인격권: 인간이 지니는 인격적 이익의 전체를 내용으로 하는 권리
- 개별적 인격권: 생명, 신체, 건강, 자유 등에 관한 권리, 자신의 인격적 품위와 사회적 평가를 훼손당하지 않을 권리(명예권), 타인에 의해 자신의 성명이 부당하게 사용되지 않도록 보호받을 권리(성명권), 자신의 얼굴이나 모습이 타인에 의해 사용되지 않을 권리(초상권), 개인의 사적 정보가 노출되지 않도록 보호받을 권리(사생활권) 등

3-1 인간 중심주의 자연관

제시된 그림의 사상가는 데카르트로, 인간과 자연을 철저히 구별하는 이분법적 세계관을 주장하였다. 데카르트는 자연은 오직 인간을 위한 수단으로서의 가치만을 지닌다고 보았다. 이는 인간 중심주의와 관련 있다. 인간 중심주의는 이성을 지닌 인간이 자연을 정복하고 지배할 수 있다고 보며, 자연을 인간의 욕구 충족을 위한 대상으로 생각한다.

② 인간을 자연의 한 구성원이라고 보는 것은 생태 중심주의 자연관의 입장이다.

3-2 동물 중심주의와 생명 중심주의의 특징

㉠은 동물 중심주의를 주장한 레건, ㉡은 생명 중심주의를 주장한 테일러이다. 레건은 의무론에 기초하여 삶의 주체인 동물은 본래적 가치를 지니며 도덕적으로 존중받을 권리가 있다고 주장하였다. 테일러는 모든 생명체가 고유한 가치를 지니는 목적론적 삶의 중심이며, 인간에게는 생명체를 도덕적으로 고려해야 할 의무가 있다고 주장하였다.

4-1 환경 문제의 해결 방안

제시된 내용은 기후 변화 문제와 관련 있다. 기후 변화는 오늘날 대표적인 환경 문제로, 지구 온난화, 해수면 상승, 사막화와 같은 형태로 나타나고 있다. 만약 기후 변화를 가속화하는 생활 방식을 바꾸지 않는다면 미래 세대가 누려야 할 정당한 권리를 침해하게 된다.

① 산업 개발을 정당화하는 입장으로 오늘날 환경 문제를 초래한 원인으로 볼 수 있다.

4-2 환경 문제에 대한 윤리적 쟁점

기후 변화 문제와 관련하여 '기후 정의'에 관한 논의가 활발하다. 온실가스를 대량으로 배출하면서 경제 성장을 이룬 선진국이 개발 도상국과 후진국에 지구 온난화 문제를 해결하기 위해 경제 성장 속도를 늦추라고 요구하는 것은 부당하다는 지적이 있다. 이러한 문제를 해결하기 위해 기후 정의 실현을 위한 국제적 협력이 모색되고 있다. 오늘날 환경 윤리는 경제적 효율성을 강조하는 입장에서 벗어나 기후 정의를 실현하고, 생태적 지속 가능성을 중시하는 방향으로 전개되고 있다.

1주 2일 필수 체크 전략 ②

Book 2 18~19쪽

1 ② 2 ③ 3 ⑤ 4 ③

1 새로운 책임 윤리의 이해

제시문은 새로운 책임 윤리를 주장한 요나스의 입장이다. 요나스는 책임의 범위를 현세대로 한정하는 기존의 윤리관으로는 과학 기술 시대에 발생하는 문제를 해결하는 데 한계가 있다고 보았다. 요나스는 과학 기술로 인한 상황을 적극적으로 반성하는 책임 윤리로서 두려움, 겸손, 검소, 절제, 성스러운 것에 대한 외경심 등의 덕목을 제시하였다.

오답 피하기 ㄴ. 요나스는 미래에 예견되는 위험까지 고려하여 과학 기술을 개발해야 한다고 보았다.
ㄷ. 요나스는 새로운 책임 윤리를 정립하여 과학 기술 시대의 문제를 해결하고자 한다.

더 알아보기⁺ 요나스의 공포의 발견술

우리는 원하는 것보다 원하지 않는 것에 대해 더 잘 알 수 있다. 따라서 우리가 실제로 무엇을 보호해야 할 것인가를 알기 위해서는 우리의 희망보다는 공포로부터 논의를 시작할 필요가 있다. 미래에 있을 수 있는 심상치 않은 상황 변화, 위험이 미칠 수 있는 전 지구적 범위, 인간의 몰락 과정에 대한 징후를 통해 비로소 윤리적 원리들이 발견될 수 있다. 이러한 원리들로부터 과학 기술이라는 새로운 힘에 대한 의무가 도출될 수 있다.

2 과학 기술자의 내적 책임과 외적 책임

갑은 과학 기술자의 책임으로 연구 과정의 윤리를 지키는 내적 책임을 강조하고 있다. 을은 내적 책임뿐만 아니라 연구 결과의 활용에 대한 외적 책임까지 강조하고 있다.

오답 피하기 ㄱ. 갑의 입장이 아니라 을의 입장에 가깝다. 갑처럼 내적 책임만을 강조하는 입장은 과학 기술자의 연구 목적을 사실적 진리의 탐구에 둔다.
ㄷ. 을은 연구 결과가 사회에 미칠 영향을 고려해야 한다는 입장이다.

더 알아보기⁺ 과학 기술자의 윤리적 책임

내적 책임	• 연구 과정에서 조작, 변조, 표절 등 비윤리적 행위를 해서는 안 됨 • 연구 자체에 대한 책임 강조
외적 책임 (사회적 책임)	• 자신의 연구가 사회에 미칠 영향을 인식하고 연구 결과에 대한 사회적 책임을 다해야 함 • 사회적으로 해로운 결과가 예상되는 연구는 위험을 알리고 연구를 중단해야 함

3 정보 사회에서의 매체 윤리

제시된 신문 칼럼에서는 알 권리가 소중하지만 개인의 사생활 정보를 무차별적으로 공개하는 것은 옳지 못하다고 강조하고 있다.

선택지 바로 보기

① 시민의 알 권리를 무제한적으로 충족시켜야 한다. (×)
→ 알 권리를 무제한적으로 강조할 경우 개인의 사생활을 침해할 수 있다.
② 사생활 보호를 위해 표현의 자유를 통제해야 한다. (×)
→ 제시된 신문 칼럼에서는 사생활 보호를 위해 표현의 자유를 통제해야 한다고 주장하지 않았다.
③ 사적 정보에 대한 자유로운 교환이 허용되어야 한다. (×)
→ 개인 정보의 무차별적인 공개가 이루어져 개인의 명예나 사생활, 인격권을 침해할 위험이 있다.
④ 민주주의 발전을 위해 모든 사생활을 공개해야 한다. (×)
→ 제시된 신문 칼럼에서는 대중 매체에 의한 무차별적 사생활 공개를 반대하고 있다.
⑤ 알 권리 보장 못지않게 인격권을 소중히 여겨야 한다. (○)
→ 제시된 신문 칼럼은 알 권리 보장을 명분으로 사생활을 침해하는 것을 문제 삼고 있다.

4 생명 중심주의와 생태 중심주의 비교

갑은 생명 중심주의를 주장한 테일러, 을은 생태 중심주의를 주장한 레오폴드이다. 테일러는 모든 생명체가 의식의 유무나 유용성에 관계없이 고유한 가치를 지니며, 인간은 자신의 고유한 선을 지니는 생명체를 도덕적으로 고려해야 할 의무가 있다고 보았다. 레오폴드는 대지란 인간을 비롯한 자연의 모든 존재들이 한데 어울려 살아가는 생명 공동체이며, 인간은 대지의 지배자가 아니라 한 구성원이라고 보았다.

③ 레오폴드는 인간을 비롯한 생태계의 모든 존재들이 한데 어울려 살아가는 대지를 도덕적으로 고려해야 할 대상이라고 보았다.

오답 피하기 ① 이성적 존재인 인간만을 도덕적 존중 대상으로 삼는 것은 인간 중심주의의 입장이다.
② 쾌고 감수 능력을 도덕적 고려의 기준으로 삼는 것은 싱어의 입장으로, 동물 중심주의의 입장이다.
④ 레오폴드는 인간은 대지의 한 구성원이며, 생태계 전체를 하나의 생명 공동체이자 도덕 공동체로 본다.
⑤ 자연을 오직 수단적 가치로만 여기는 것은 인간 중심주의의 입장이다.

1주 3일 필수 체크 전략 ①

Book 2 20~23쪽

1-1 ④ 1-2 예술 지상주의(심미주의) 2-1 ②
2-2 ④ 3-1 ② 3-2 다문화주의 4-1 ⑤ 4-2 ②

1-1 도덕주의의 특징

제시된 그림의 학생은 예술이 선한 품성 함양에 도움을 줄 수 있다는 도덕주의 입장을 취하고 있다. 도덕주의에 의하면, 예술은 선한 품성 함양을 위해 교훈적이고 모범적인 내용을 담아야 한다.

ㄴ. 도덕주의에 의하면, 예술의 목적은 올바른 품성을 기르고 도덕적 교훈이나 모범을 제공하는 것이다.

ㄹ. 도덕주의는 예술이 사회의 도덕적 성숙에 도움이 되어야 한다고 본다.

오답 피하기 ㄱ. 예술의 자율성을 강조하는 것은 예술 지상주의 입장이다.
ㄷ. 예술의 목적이 미적 가치 구현에 있다고 보는 것은 예술 지상주의 입장이다.

1-2 예술 지상주의의 특징

제시된 내용은 와일드의 예술에 대한 입장으로, 예술 지상주의와 관련 있다. 예술 지상주의는 예술의 영역과 현실 도덕의 영역이 분리되어 있다고 보고, 예술의 목적이 미적 가치 구현에 있다고 강조한다.

더 알아보기⁺ 와일드의 예술 지상주의

예술가는 모든 시대와 모든 유파에서 미를 찾으려고 하지만 절대로 정해진 관습에 따라 사고하거나 틀에 박힌 방식으로 사물을 바라보지 않는다. 예술 비평가는 예술의 영역과 도덕의 영역이 절대적으로 다르고 분리된 것임을 깨달아야 한다. 예술과 도덕을 혼동할 때 혼란이 찾아온다. 예술은 도덕이 미칠 수 있는 영역 밖에 있다.

2-1 음식 문화와 윤리 문제

제시된 그림은 육류 섭취를 위해 대량으로 동물을 사육하는 공장식 축산업의 문제를 보여주고 있다.

② 지나친 육식은 동물에 대한 비윤리적 대우로 이어질 수 있고, 공장식 가축 사육으로 인해 생태계 유지에 악영향을 끼칠 수 있다. 따라서 육류 소비 절제하기 등의 식생활 개선 노력이 필요하다.

더 알아보기⁺ 음식 문화와 윤리 문제

윤리적 쟁점	• 식품 안전성 문제: 식품의 유해성 논란, 오염된 식재료 사용 등 • 환경 문제: 대량 생산, 대량 소비에 따른 지구 온난화, 환경 오염 등 • 동물 복지 문제: 공장식 사육 방식이 지닌 동물 학대 문제 • 식량 불평등 문제: 식량 과다 지역과 절대 부족 지역의 병존
해결 노력	• 개인적 차원: 음식물 쓰레기 · 육류 소비 감축 등 • 사회적 차원: 안전한 먹거리 인증, 성분 표시 의무화 등

2-2 윤리적 소비 문화

제시문은 윤리적 소비에 대해 설명하고 있다. 윤리적 소비에는 인권과 정의를 생각하는 공정 무역 제품 소비, 공동체적 가치를 중시하는 소비, 동물 복지를 중시하는 소비, 환경 보전을 생각하는 소비 등이 있다.

④ 경제적 효율성은 합리적 소비에서 중시하는 가치이다. 합리적 소비는 소득 범위 내에서 최소한의 비용으로 자신의 욕구를 최대한 충족하려는 소비를 말한다.

3-1 다문화주의의 특징

제시된 그림에서는 소수 문화도 주류 문화와 동등하게 대할 것을 주장하고 있다. 이는 다문화주의와 관련 있다.

② 다문화주의를 주장하는 입장에서는 기존의 주류 문화와 이민자들의 문화를 동등하게 대우할 것을 강조한다.

오답 피하기 ① 동화주의는 이민자를 주류 문화에 동화시켜 하나의 국민이라는 정체성을 부여해야 한다는 입장이다.
③ 문화 다원주의는 문화의 다양성을 인정하지만 주류 문화를 바탕으로 하여 문화의 다원성을 수용한다.
④ 문화 사대주의는 다른 나라의 문화를 맹목적으로 추종하는 입장이다.
⑤ 자문화 중심주의는 자신의 문화를 최고라고 여기며 다른 나라의 문화를 무시하는 입장이다.

더 알아보기⁺ 문화 상대주의

문화 상대주의는 다른 나라의 문화를 상대의 관점에서 인정하고 존중하는 입장이다. 하지만 문화의 다양성을 인정하자는 주장이 윤리적 상대주의로 흐르는 것은 경계해야 한다. 윤리적 상대주의는 보편 윤리에 어긋나는 비윤리적인 관습이나 생활 방식을 인정할 수밖에 없다는 점에서 문제가 있다.

3-2 다문화주의의 기본 입장

'화이부동'은 조화롭게 지내지만 무조건 따르지는 않는다는 유교의 가르침이다. 다양한 문화를 동등하게 존중하고 문화간 차별이 아닌 차이를 존중하는 입장은 다문화주의의 입장과 일치한다.

4-1 종교와 윤리의 차이점

제시된 인물은 종교에서 말하는 신의 명령을 강조하고 있다. 종교는 초월적인 문제를 다루고, 교리 체계를 갖추고 있으며, 신에 대한 믿음을 강조한다.

⑤ 도덕규범이나 그 규범의 근거에 관하여 탐구하는 것은 윤리와 관련이 있다. 윤리는 이성, 양심, 도덕 감정에 근거하여 현실 세계에서 지켜야 할 규범을 제시하고, 도덕규범을 탐구한다는 점에서 종교와 차이가 있다.

4-2 엘리아데의 종교관

제시된 내용을 주장한 사상가는 엘리아데이다. 엘리아데는 성스러움이 인간 세상에 나타나는 것이 종교라고 설명하며, 일상의 삶 자체에 성스러움이 깃들어 있다고 본다.

ㄱ. 엘리아데는 세속은 신의 손으로 완성된 것으로 성스러움으로 가득 차 있다고 보았다.
ㄷ. 엘리아데는 세속과 성스러움의 조화를 추구해야 한다고 보았다.

오답 피하기 ㄴ. 엘리아데는 세속을 초월한 절대적 존재가 종교에서 강조하는 신이라고 보았다.
ㄹ. 엘리아데는 인간을 종교적 존재로 규정짓고, 인간 세계에 신의 성스러움이 깃들어 있다고 보았다.

1주 3일 필수 체크 전략 ②

Book 2 24~25쪽

1 ③ 2 ① 3 ① 4 ② 5 ① 6 ④

1 예술 지상주의의 특징

제시된 그림의 강연자는 예술을 도덕적이거나 비도덕적이라고 평가할 수 없다고 본다. 예술 지상주의 입장은 예술이 가치가 있는 것은 미적 가치를 추구하기 때문이며 윤리적 가치를 기준으로 예술을 판단하는 것은 잘못이라고 본다.

선택지 바로 보기

① 도덕적 가치가 미적 가치보다 우위에 있다. (×)
→ 예술에 대한 도덕주의의 입장이다. 도덕주의는 예술이 도덕의 인도를 받아야 한다고 본다.
② 예술의 존재 이유는 덕성을 장려하는 데 있다. (×)
→ 예술 지상주의는 예술의 존재 이유를 미적 가치의 구현에서 찾는다.
③ 예술이 가치가 있는 것은 미적 가치 때문이다. (○)
→ 예술 지상주의에서는 예술이 가치가 있는 것은 미적 가치 때문이라고 본다.
④ 도덕적 교훈을 제공하는 것이 예술의 목적이다. (×)
→ 도덕주의의 입장이다. 예술 지상주의는 미적 가치의 구현을 예술의 목적으로 본다.
⑤ 예술은 사회의 도덕적 성숙에 도움을 주어야 한다. (×)
→ 도덕주의의 입장이다. 예술 지상주의는 사회와 무관한 예술의 자율성을 강조한다.

2 플라톤의 도덕주의

제시된 편지글에는 플라톤의 예술에 대한 입장이 담겨 있다. 플라톤은 예술의 목적이 올바른 품성을 기르고 도덕적 교훈이나 모범을 제공하는 것이라고 보았다. 이는 도덕주의 입장이다.
① 도덕주의는 미적 가치보다 도덕적 가치가 우위에 있기 때문에 예술이 윤리의 인도를 받아야 한다고 본다.

오답 피하기 ② 예술의 영역과 윤리의 영역을 분리된 것으로 보는 예술 지상주의의 입장이다.
③ 예술 지상주의를 주장한 와일드의 입장이다.
④ 플라톤은 예술 작품의 가치를 덕성 함양에서 찾았다.
⑤ 예술에 대한 도덕적 평가를 반대하는 것은 예술 지상주의의 입장이다.

3 의복 문화와 윤리 문제

제시된 그림의 인물은 장례식에 걸맞은 의복을 입어야 예절에 어긋나지 않음을 강조하고 있다. 의복은 추위나 더위 등으로부터 신체를 보호하고, 자신을 표현하는 수단이 되기도 하며, 더 나아가 사람의 신분이나 지위, 성별 또는 직업 등을 나타내기도 한다.
① 의식에 맞는 의복을 입어야 예절에 맞듯이 의복이 가진 의미와 기능은 윤리와 깊은 관계가 있다.

4 윤리적 소비 태도의 특징

을은 윤리적 소비를 강조하고 있다. 윤리적 소비는 도덕적 가치에 따라 재화나 서비스를 구매하고 사용하는 소비이다. 윤리적 소비는 추구하는 가치에 따라 인권과 정의, 공동체적 가치, 동물 복지, 환경 보전을 생각하는 소비로 나눌 수 있다.

오답 피하기 ㄴ. 경제적 효용을 극대화하는 소비는 합리적 소비이다.
ㄷ. 가격을 소비의 유일한 판단 기준으로 삼는 것은 윤리적 소비의 특징이라 할 수 없다. 윤리적 소비는 가격이 좀 비싸더라도 사회에 긍정적 영향을 끼치고자 하는 소비 유형이다.

더 알아보기⁺ 합리적 소비와 윤리적 소비

합리적 소비	• 소득 범위 내에서 최소한의 비용으로 자신의 욕구를 최대한 충족하려는 소비 • 인권 침해, 사회 부정의, 동물 학대, 환경 문제 등을 조장할 수 있음
윤리적 소비	• 도덕적인 가치 판단에 따라 재화나 서비스를 구매하고 사용하는 소비 • 동물의 복지와 권리, 환경 보호, 인권 향상을 선택 기준으로 고려함

5 동화주의의 특징

제시된 그림의 강연자는 이주민 문화의 자율성이나 정체성을 인정하지 않고, 주류 사회의 문화에 융합시키는 것이 바람직하다고 보고 있다.
① 이민자를 주류 사회의 언어나 문화에 동화시켜 이들에게 국민이라는 정체성을 부여해야 한다고 보는 입장은 동화주의이다.

더 알아보기⁺ 다문화 정책

동화주의	이민자와 그들의 문화를 주류 문화에 편입시켜야 한다고 봄
다문화주의	이민자들이 그들의 고유한 문화를 유지하도록 인정하면서 동화가 아닌 공존을 지향해야 한다고 봄
문화 다원주의	문화의 다양성은 인정하지만, 주류 사회의 문화를 바탕으로 비주류 문화가 공존해야 한다고 봄

6 종교 간 갈등의 극복

제시문은 종교 간의 갈등을 극복하기 위해 종교의 자유를 인정하고 다른 종교에 대해 관용의 태도를 가져야 한다고 주장하고 있다.

④ 관용이란 나와 다른 견해를 너그럽게 받아들이는 것을 의미한다. 종교적 진리에 대한 인간의 인식은 상대적이고 오류가 있을 수 있기 때문에 관용의 자세가 필요하다.

1주 4일 교과서 대표 전략 ①

Book 2 26~29쪽

대표 예제	1 ②	2 ①	3 ③	4 ⑤	5 ④
6 ②	7 ①	8 ④	9 ①	10 ⑤	11 ④
12 ②	13 ④	14 ④			

1 과학 기술의 가치 중립성에 대한 입장 비교

갑은 과학 기술의 가치 중립성을 부정하는 입장이고, 을은 과학 기술의 가치 중립성을 강조하는 입장이다.

선택지 바로 보기

① 갑: 과학 기술은 그 자체로서 발전한다. (×)
→ 과학 기술의 가치 중립성을 강조하는 입장에 해당한다.

② 갑: 과학 기술과 도덕적 가치는 분리될 수 없다. (○)
→ 과학 기술의 가치 중립성을 부정하는 입장에 해당한다.

③ 을: 과학 기술의 위험성을 경계해야 한다. (×)
→ 과학 기술이 위험성을 내포하기 때문에 윤리적 성찰과 검토가 필요하다는 것으로, 과학 기술의 가치 중립성을 부정하는 입장에 해당한다.

④ 을: 과학 기술 연구의 자유를 제한해야 한다. (×)
→ 과학 기술 연구의 자유를 제한해야 한다는 것은 과학 기술의 가치 중립성을 부정하는 입장에 해당한다.

⑤ 갑, 을: 과학 기술 자체는 선악으로 판단할 수 없다. (×)
→ 과학 기술에 대한 선악 판단을 유보해야 한다는 것으로, 과학 기술의 가치 중립성을 인정하는 을의 입장에만 해당한다.

2 가상 공간의 특징

제시문의 밑줄 친 'C 공간'은 가상 공간이다. 가상 공간에서는 조직, 국가, 인종을 초월하여 원하는 사람과 직접 교류할 수 있고, 원하는 정보를 검색하거나 배포할 수 있다. 또한 은행 업무, 전자 상거래 등 일상적 업무를 쉽고 빠르게 처리할 수 있다. 하지만 정보 통신 기술을 이용하여 구성원을 감시하고 통제할 가능성이 높아지는 등 다양한 윤리 문제가 발생하고 있다.

① 인터넷, 누리 소통망 등을 통해 등장한 가상 공간에서는 정보 통신 기술에 대한 의존성이 커져 비판적 성찰 없이 기술을 수용하는 경우가 증가하고 있다.

3 과학 기술에 대한 책임

제시문 (가)의 갑은 과학 기술자가 과학 기술 연구에 대한 내적·외적 책임을 모두 중시해야 한다는 입장이며, 을은 과학 기술자가 내적 책임만 중시하면 된다는 입장이다.

선택지 바로 보기

① A: 과학자는 내적 책임을 중요하게 여겨야 하는가? (×)
→ 갑은 '예', 을도 '예'라고 대답할 질문으로 A에 들어갈 질문으로 적절하지 않다.

② A: 과학자는 연구 과정에 대한 책임을 이행해야 하는가? (×)
→ 갑, 을 모두 연구 과정에 대한 책임을 언급하고 있으므로 A에 들어갈 질문으로 적절하지 않다.

③ B: 과학자에게는 연구에 대한 외적 책임이 필요한가? (○)
→ 과학 기술이 어떻게 활용되는지 고려해야 한다는 부분에서 외적 책임도 강조한다는 것을 알 수 있다.

④ B: 과학자는 연구 결과에 대한 책임에서 벗어나야 하는가? (×)
→ 과학자의 외적 책임이 필요하다는 갑의 입장에서 '아니요'라고 대답할 질문이다.

⑤ C: 과학자는 연구에 대한 책임에서 자유로워야 하는가? (×)
→ 과학자가 연구자로서 할 수 있는 것을 해야 한다는 을의 입장에서 '아니요'라고 대답할 질문이다.

자료 분석

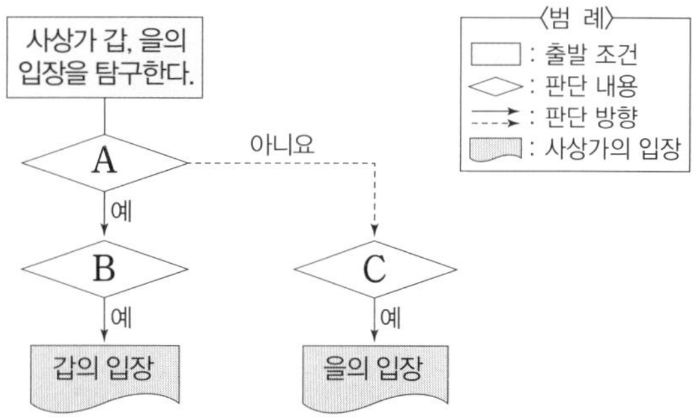

A에는 갑의 입장에서는 '예', 을의 입장에서는 '아니요'라고 대답할 질문이 들어가야 하며, B에는 갑의 입장에서 '예'라고 대답할 질문이 들어가야 하며, C에는 을의 입장에서 '예'라고 대답할 질문이 들어가야 한다.

4 싱어의 동물 중심주의 자연관

제시문은 동물 중심주의를 주장한 싱어의 입장을 담고 있다.

⑤ 싱어는 인간의 이익과 동물의 이익을 평등하게 고려하지 않는다면 종 차별주의라는 잘못을 저지르는 것이라고 주장하였다.

오답 피하기 ① 자연 안의 모든 존재를 동등하게 대우해야 한다는 것은 생태 중심주의 자연관이다.

② 생태 중심주의를 주장한 레오폴드의 입장이다.

③ 인간만을 도덕적 고려 대상으로 보는 인간 중심주의 자연관이다.

④ 싱어는 동물을 고통에서 해방시키는 인간의 사회적·문화적 활동의 변화를 강조하였으나 모든 활동 자체를 거부한 것은 아니다.

더 알아보기+ 싱어의 이익 평등 고려의 원칙

만약 한 존재가 고통을 느낀다면 그와 같은 고통을 고려의 대상으로 삼길 거부하는 것을 옹호할 수 있는 도덕적 논증은 있을 수 없다. 한 존재의 본성이 어떠하든, 평등의 원리는 그 존재의 고통을 다른 존재의 동일한 고통과 동일하게 취급할 것을 요구한다. 한 존재가 고통을 느낄 수 없다면, 또는 즐거움이나 행복을 느낄 수 없다면 거기에서 고려해야 할 것은 아무것도 없다.

5 인간 중심주의 자연관

제시된 가상 편지의 글은 데카르트의 인간 중심주의 자연관을 담고 있다. 데카르트는 인식하는 주체와 인식되는 대상을 구분하여 인식 주체인 인간이 인식 대상인 자연을 이용하고 정복하는 것을 정당화하였다.

④ 데카르트는 정신을 지닌 인간은 존엄하지만, 자연은 물질에 불과하다는 이분법적 자연관을 주장하였다. 따라서 "인간과 자연은 유기적 관계를 맺고 있는가?"라는 질문에 부정의 대답을 할 것이다. 여기서 '유기적 관계'란 서로 연결되어 함께 생명을 유지하는 떼려야 뗄 수 없는 관계를 말한다.

오답 피하기 ① 데카르트는 인간은 정신을 지닌 성숙한 존재, 자연은 정신을 지니지 못한 미성숙한 존재라고 보았다.

② 데카르트는 자연에 비해 인간이 우월한 존재라고 보았다.

③ 데카르트는 인간의 영혼이 담긴 정신과 단순한 물질에 불과한 육체로 분리하여 이해하였다.

⑤ 데카르트의 인간 중심주의적 자연관은 정복 지향적 자연관을 정당화하는 데 영향을 주었다.

6 정보 사회에서의 매체 윤리

갑은 사생활 침해를 방지하기 위해 정보에 대한 자기 결정권을 보호해야 한다는 입장이며, 을은 인격권을 침해할 수 있는 무차별적인 정보 공개에 반대하는 입장이다.

② 갑, 을은 사적인 정보에 대한 타인의 부당한 감시나 침해를 방지하고 정보 유통 과정에서 사적 정보에 대한 자기 결정권을 존중해야 한다는 공통된 입장을 취하고 있다.

오답 피하기 ① 갑, 을이 모두 부정할 내용이다. 모든 정보에 대한 자유로운 접근은 개인의 사생활 침해 문제를 발생시킬 수 있다.

③, ⑤ 갑, 을은 모두 시민의 알 권리를 충족시킨다는 명분으로 사적인 정보가 공개되어 사생활이 침해되는 문제를 우려하고 있다.

④ 갑, 을은 모두 사생활 침해에 반대하는 입장이다.

더 알아보기+ 잊힐 권리

온라인상에서 자신과 관련된 모든 정보에 대한 삭제 및 확산 방지를 요구할 수 있는 정보 주체의 자기 결정권 및 통제 권리를 뜻한다. 개인 정보를 비롯하여 자신이 원하지 않는 민감한 정보들이 포털 사이트 등을 통하여 많은 사람에게 공개되지 않아야 한다는 생각이 확산하면서 등장한 권리이다.

7 슈바이처의 생명 외경 사상

제시된 그림의 사상가는 슈바이처로, 생명 중심주의를 주장하였다. 슈바이처는 생명을 유지하고 고양하는 것은 선이며 생명을 파괴하고 억압하는 것을 악이라고 보았다. 그는 원칙적으로 모든 생명체가 동등한 가치를 지닌다고 여겼으나 불가피하게 생명을 해쳐야 하는 선택의 상황에는 도덕적 책임을 느껴야 한다고 주장하였다.

① 슈바이처는 모든 생명은 살고자 하는 의지를 지니고 있으며, 생명은 그 자체로 신성하다는 생명 외경 사상을 강조하였다.

8 인간 중심주의와 생태 중심주의 비교

갑은 인간만을 도덕적 고려의 대상으로 보는 인간 중심주의, 을은 생태계 전체를 도덕적 고려의 대상으로 보는 생태 중심주의의 입장이다.

④ 생태 중심주의는 인간을 자연의 지배자가 아니라 자연 생태계를 구성하는 평범한 한 구성원으로 이해한다.

오답 피하기 ① 인간만을 도덕적 고려의 대상으로 보는 것은 인간 중심주의 자연관이다.

② 자연환경을 인간의 편리함을 위한 도구나 수단으로 보는 것은 인간 중심주의 자연관이다.

③, ⑤ 생태 중심주의는 생태계 구성원들을 평등하게 고려하고 구성원들 간의 상호 작용을 중시한다.

9 예술 지상주의의 특징

제시된 내용을 주장한 사상가는 와일드이다. 제시문은 예술가에게 윤리적 공감이 불필요하다는 점, 아름다운 것에서 아름다움의 의미를 찾는 것이 교양 있는 사람이라는 점 등을 통해 예술 지상주의 관점을 보여주고 있다.

ㄱ. 와일드가 긍정의 대답을 할 질문이다. 예술 지상주의에서는 예술의 목표가 미적 가치를 구현하는 것으로 본다.

ㄴ. 와일드가 긍정의 대답을 할 질문이다. 예술 지상주의를 주장한 와일드는 미적 가치와 도덕적 가치 사이에 아무런 연관성이 없는 것으로 파악한다.

오답 피하기 ㄷ. 미적 가치와 도덕적 가치의 연관성을 부정하는 와일드가 부정의 대답을 할 질문이다.

ㄹ. 와일드가 부정의 대답을 할 질문이다. 예술의 존재 이유를 덕성의 장려에서 찾는 것은 도덕주의 입장의 특징이다.

10 도가 사상의 자연관

제시문에는 도가 사상가인 노자의 입장이 담겨 있다. 노자는 우주 만물의 생성과 존재의 근본 원리를 도(道)라고 보고 자연의 순리에 따르는 무위자연의 삶을 강조하였다.

선택지 바로 보기

① 자연의 이치 파악을 위한 학문 공부가 중요하다. (×)
→ 학문 공부를 통해 자연의 이치를 파악하고자 한 것은 유교이다.

② 우주의 모든 것은 상호 의존 관계로 맺어져 있다. (×)
→ 모든 존재가 원인과 조건으로 연결되어 서로 영향을 주고받는다고 본 것은 불교이다.

③ 자연을 본받아 인의예지의 덕성을 갖추어야 한다. (×)
→ 자연을 도덕적 의미로 파악하고, 인의예지의 덕성을 강조하는 것은 유교이다.

④ 사람을 귀하게 여기고 가축을 천하게 여겨야 한다. (×)
→ 인간과 자연을 하나로 바라보는 도교의 자연관에 반대되는 입장이다.

⑤ 자연은 무위의 체계로서 무목적의 질서를 담고 있다. (○)
→ 인간의 인위적 목적이나 욕구와 무관하게 자연은 스스로 존재한다는 도가 사상의 입장이다.

11 대중문화의 윤리적 문제

제시된 칼럼에서는 대중문화가 자본에 종속됨으로써 생겨나는 문제점을 지적하고 있다.

ㄴ. 대규모의 자본을 소유한 사람 혹은 집단이 대중문화를 생산하고 유통시킴으로써 문화의 창조성과 다양성을 저해하는 문제를 일으킬 수 있다.

ㄹ. 소수의 집단이 대중문화 전반을 독점함으로써 대중문화를 생산하고 소비하는 각 개인을 문화 산업의 도구로 전락시킬 수 있다.

오답 피하기 ㄱ. 자본이 대중문화에 개입함으로써 나타난 긍정적인 측면으로, ㉠에 들어갈 내용으로 적절하지 않다.

ㄷ. 대중문화가 보편화되면서 나타날 수 있는 긍정적인 측면으로 문맥상 ㉠에 들어갈 내용으로 보기 어렵다.

12 주거 문화와 윤리 문제

주거 공간은 인간다운 삶과 관련하여 다양한 의미를 지니고 있다. 집은 외적 공간에서 돌아와 휴식과 평화를 누릴 수 있는 내적 공간이며, 외부 세계의 혼란이 제거되는 안정되고 질서 잡힌 공간이다. 또한 가족 및 이웃과 함께 생활하는 과정에서 유대감과 소속감을 형성할 수 있도록 해 준다.

ㄱ. 주거 공간은 외부의 위험으로부터 인간을 보호하고 개인의 사생활을 영위하게 해주며 정서적 안정을 취하게 해 준다.

ㄷ. 주거 공간인 집은 가족 구성원들이 가족애를 키우고 이웃과의 공동체적 유대감을 형성하게 해 준다.

오답 피하기 ㄴ. 주거 공간은 폐쇄적 공간이 아니라 이웃과 유대감과 관계성을 회복할 수 있는 열린 공간이다.

ㄹ. 주거를 경제적 측면으로 바라보는 경향으로 인해 본래 의미의 거주 공간을 상실하고 있다.

더 알아보기⁺ 주거 공간의 윤리적 의미

- 주거 공간은 휴식과 행복, 심리적 안정감, 평화를 누릴 수 있는 내적 공간이다.
- 주거 공간은 가족, 이웃, 지역 사회에 대한 소속감을 형성하여 원만하고 조화로운 삶에 영향을 준다.

13 윤리적 소비의 특징

제시문은 경제적 가치보다 윤리적 가치를 중시하는 윤리적 소비를 강조하고 있다. 윤리적 소비는 윤리적 가치 판단과 신념에 따라 환경, 인권, 노동, 빈곤 등과 관련된 각종 사회 문제를 해결하는 방향으로 재화나 서비스를 선택하는 소비 행위이다.

ㄱ. 불필요한 생활용품을 폐기하지 않고 자선 단체에 기부하면, 자원 절약뿐만 아니라 환경 보전에도 긍정적 영향을 끼칠 수 있다는 점에서 윤리적 소비 행위라 할 수 있다.

ㄴ. 지역에서 생산된 농산물을 소비하는 것은 지역 공동체를 발전시키고 신선하고 안전한 먹을거리를 마련할 수 있다는 점에서 윤리적 소비 행위라 할 수 있다.

ㄷ. 생태적 지속 가능성을 고려하여 친환경적 상품을 구매하는 것은 윤리적 소비 행위에 해당한다.

오답 피하기 ㄹ. 가격 대비 만족도를 고려한 소비 행태로 윤리적 소비보다는 합리적 소비 태도라고 할 수 있다.

더 알아보기⁺ 윤리적 소비의 유형

인권과 정의를 생각하는 소비	노동자의 인권과 복지를 보장하는 기업의 상품 구매, 아동 노동 착취 없이 제3 세계 노동자에게 정당한 임금을 지불한 공정 무역 상품 구매
공동체적 가치를 생각하는 소비	지역 공동체의 지속 가능한 발전을 도모하는 소비
동물 복지를 생각하는 소비	동물의 생명을 존중하고 고통을 최소화하는 방식으로 생산된 상품 소비
환경 보전을 생각하는 소비	생태계의 보존과 지속 가능한 소비가 가능하도록 하는 친환경 소비

14 다문화 사회에서의 윤리 문제

갑은 샐러드 그릇 모델 이론을 토대로 한 다문화주의 입장을, 을은 용광로 모델 이론을 토대로 한 동화주의 입장을 보여주고 있다.

ㄱ. 이주민 문화의 고유한 정체성을 인정하고 동등하게 대우하는 것은 소수 문화를 차별하지 않는다는 의견과 일치하므로 적절하다.

ㄴ. 동등한 입장에서 조화를 이루어야 한다는 것은 평등하게 대우해야 한다는 의미이다. 따라서 갑의 입장과 일치한다.

ㄷ. 이주민을 주류 문화에 동화시켜 동일한 문화 정체성을 형성하려는 것은 동화주의로, 을의 입장과 일치한다.

오답 피하기 ㄹ. 갑은 모든 문화를 동등한 입장에서 대우할 것을 주장하는 입장이고, 을은 소수 문화를 주류 문화에 통합시키자는 입장이다.

1주 4일 교과서 대표 전략 ②

Book 2 30~31쪽

01 ⑤ 02 ③ 03 ④ 04 ④ 05 ② 06 ③ 07 ②

01 과학 기술의 가치 중립성에 대한 부정적 입장

제시된 내용은 주장한 사상가는 하이데거이다. 하이데거는 과학 기술의 가치 중립성을 부정한다. 하이데거는 인간의 편리한 삶을 위한 도구에 불과했던 과학 기술이 현대에 들어와 엄청난 힘을 발휘하여 인간이 오히려 기술에 지배당하는 부정적 결과가 나타나게 되었다고 보았다.

⑤ 하이데거는 과학 기술에 대해 윤리적 비판과 성찰이 필요하다고 보았다.

오답 피하기 ① 과학 기술에 대한 선악 판단을 유보해야 한다는 것은 과학 기술의 가치 중립성을 강조하는 입장이다.

②, ③ 과학 기술 발달이 인간의 편리한 삶에 기여할 수 있다고 보는 과학 지상주의의 입장이다.

④ 과학 기술의 가치 중립성을 강조하는 입장에 가깝다. 하이데거는 과학 기술에 대한 반성적 성찰이 이루어져야 한다고 보았다.

더 알아보기+ 과학 기술에 대한 하이데거의 입장

> 우리가 기술을 열정적으로 긍정하든 부정하든 관계 없이 우리는 어디서나 부자유스럽게 기술에 붙들려 있는 셈이다. 그러나 최악의 경우는 기술을 중립적인 것으로 고찰할 때이며, 이 경우 우리는 무방비 상태로 기술에 내맡겨진다. 왜냐하면 현대에 와서 특히 사람들이 옳다고 신봉한 이러한 사고방식은 우리를 전적으로 기술의 본질에 대해 맹목적이게 하기 때문이다.

하이데거는 과학 기술이 인간의 삶과 깊이 관련을 맺고 있다는 점을 강조하며 과학 기술을 중립적인 것으로 보아서는 안 된다고 주장하였다. 또한 하이데거는 과학 기술이 자연의 고유한 존재 방식을 바꾸어 놓는다고 보았다.

02 과학 기술자의 사회적 책임

제시된 칼럼은 과학 기술자의 외적 책임을 강조하면서, 과학 기술자가 내적 책임만 지키면 된다고 주장하는 입장에 대해 비판하고 있다. 문맥상 ㉠에는 과학 기술자에게 사회적 책임이 있다는 내용이 들어가야 한다.

③ 연구 자료나 정보의 표절 금지는 연구 과정에서 지켜야 할 내적 책임으로 ㉠에 들어갈 내용으로 적절하지 않다.

03 생명 중심주의와 생태 중심주의 자연관 비교

제시문 (가)의 갑은 생명 중심주의를 주장한 테일러, 을은 생태 중심주의를 주장한 레오폴드이다. 테일러는 모든 생명체는 목적을 지향하는 존재이므로 도덕적으로 고려하고 존중해야 한다고 주장하였다. 레오폴드는 도덕적 고려의 대상을 무생물을 포함한 생태계 전체로 확대해야 한다는 대지 윤리를 주장하였다.

④ 테일러와 레오폴드는 모두 인간 중심주의 자연관에 반대한다.

오답 피하기 ① 생태 중심주의 입장으로, C에만 해당한다.

② 테일러는 의식의 유무와 무관하게 모든 생명체는 스스로 고유한 목적을 지향한다고 보았다.

③ 레오폴드의 입장으로, C에만 해당한다.

⑤ 모든 생명체가 가치를 지닌다고 보는 입장으로, B에 해당한다.

더 알아보기+ 테일러가 주장하는 의무

- 성실의 의무: 덫을 놓거나 낚시를 하는 등 동물을 속이는 기만행위를 해서는 안 되는 의무이다.
- 해악 금지의 의무: 생명체에 해를 끼쳐서는 안 된다는 가장 기본적인 의무이다.
- 불간섭의 의무: 개별 생명체의 자유를 간섭하거나 생태계를 조작, 통제, 개조하려는 시도를 하지 않아야 하는 의무이다.
- 보상적 정의의 의무: 인간이 다른 생명체에게 해를 끼쳤을 경우 마땅히 피해를 보상해야 하는 의무이다.

04 인간 중심주의와 생명 중심주의 자연관 비교

갑은 인간 중심주의를 주장한 칸트, 을은 생명 중심주의를 주장한 테일러이다. 칸트는 자연을 함부로 대하는 성향은 다른 사람을 대하는 태도에도 영향을 미치므로 인간에 대한 의무에 어긋난다고 주장하였다. 테일러는 모든 생명체가 의식의 유무나 유용성에 관계없이 내재적 가치를 지닌다고 주장하였다.

ㄱ. 생명 중심주의를 주장하는 테일러가 긍정의 대답을 할 질문이다.

ㄷ. 인간 중심주의를 주장하는 칸트가 긍정의 대답을 할 질문이다.

ㄹ. 칸트와 테일러 모두 이성적 존재인 인간이 도덕적 행위 주체라는 점을 인정한다.

오답 피하기 ㄴ. 칸트와 테일러 모두 부정의 대답을 할 질문이다. 대지 윤리를 주장한 사상가는 생태 중심주의 자연관을 지닌 레오폴드이다.

더 알아보기+ 칸트의 인간 중심주의 자연관

- 자연은 인간의 도덕적 감수성을 증진하는 데 이바지하기 때문에 인간이 자연을 폭력적으로 대해서는 안 된다고 주장한다.
- 자연을 폭력적으로 대하지 않는 것은 인간의 도덕적 완성을 위해 요청되는 간접적 의무라고 주장한다.
- 이성은 없지만 생명이 있는 동물을 잔학하게 다루는 것은 인간의 자기 자신에 대한 의무에 배치되는 것이라고 주장한다.

05 윤리적 소비 태도의 특징

제시문의 '착한 소비'는 평화, 인권, 사회 정의, 환경 보호, 나눔과 이웃 사랑 등을 추구하는 윤리적 소비 태도와 관련 있다.

② 공정 무역을 거친 친환경적 제품을 구매하는 것은 인권과 사회 정의, 환경 보호의 가치를 중시하는 착한 소비 사례라 할 수 있다.

오답 피하기 ① 대량 소비는 환경 보호의 가치에 위배되는 비윤리적 소비 태도이다.

③ 경제적 효용성을 중시하는 합리적 소비 태도에 해당한다.

④ 윤리적 소비가 아니라 과시적 소비 행태에 해당한다.

⑤ 윤리적 소비는 상품의 생산, 유통, 구매 등의 과정에서 윤리적 가치를 실현하고자 하지만 소비 생활 자체를 부정적으로 보지는 않는다.

더 알아보기⁺ 공정 무역의 기본 원칙

첫째, 구매자는 생산자에게 최저 구매 가격을 보장하고, 대화와 참여를 통해 합의된 공정한 가격을 지불하며, 생산 자금 조달을 돕기 위해 수확 또는 생산 전에 비용을 지불한다. 또한 생산자 단체와 직거래하여 유통 과정을 줄임으로써 이윤을 더 취할 수 있게 하고, 단기 계약보다는 장기 계약을 통해 생산 환경을 보호한다. 그리고 공동체 발전 기금을 조성하여 생산자와 노동자의 공동체가 사회적 이익을 실현하도록 돕는다.
둘째, 생산자는 인종·국적·종교·나이·성별 등과 관련된 각종 차별을 철폐하고, 동일 노동·동일 임금 원칙을 준수한다. 또 아동의 권리를 존중하고, 안전하고 건강한 노동 환경을 제공하며, 환경 보호를 위해 노력해야 한다.

06 예술에 대한 도덕주의의 특징

제시된 편지에서는 예술과 윤리의 관계를 도덕주의 관점에서 바라보고 있다.
ㄴ. 예술의 가치를 도덕적 측면에서 찾는 것은 도덕주의의 입장이다.
ㄹ. 예술이 윤리의 인도를 받아 도덕적 가치 실현에 기여해야 한다고 보는 도덕주의의 입장이다.

오답 피하기 ㄱ. 도덕주의가 예술이 덕성 함양에 기여해야 한다고 보는 데 비해 예술 지상주의는 예술가의 자율성을 강조한다.
ㄷ. 도덕주의가 예술의 목적을 도덕적 가치의 실현이라고 보는 데 비해 예술 지상주의는 예술의 목적을 미적 가치의 실현이라고 본다.

07 다문화 사회의 윤리적 문제

제시된 그림의 인물은 이주민 문화를 주류 문화와 동등하게 대우해야 한다는 다문화주의를 강조하고 있다.

선택지 바로 보기

① 각 문화 간의 우열을 구분해야 한다. (×)
→ 자기 문화가 우월하다고 보는 자문화 중심주의나 다른 나라의 문화를 무조건 숭상하는 문화 사대주의에서 찾아볼 수 있는 태도이다.
② 다양한 문화의 고유성을 인정해야 한다. (○)
→ 다양한 문화의 고유성을 인정해야만 이주민 문화를 비롯한 다른 문화를 동등하게 대우할 수 있다.
③ 이주민 문화와 기존 문화를 통합해야 한다. (×)
→ 이주민 문화를 주류 문화에 통합해야 한다는 입장은 동화주의 입장이다.
④ 주류 문화와 비주류 문화로 나누어야 한다. (×)
→ 주류 문화와 비주류 문화를 구분하면서, 이 두 문화의 공존을 주장하는 것은 이주민 문화를 주류 문화와 대등하게 대우하는 것으로 볼 수 없다.
⑤ 문화의 단일성을 지속적으로 유지해야 한다. (×)
→ 문화의 단일성을 유지하기 위해 이주민 문화의 고유성을 인정하지 않는 것은 동화주의 입장이다.

1주 누구나 합격 전략

Book 2 32~33쪽

01 ① 02 ④ 03 ③ 04 ① 05 ① 06 ⑤
07 ⑤ 08 ②

01 과학 기술의 가치 중립성에 대한 입장 비교

갑은 과학 기술의 가치 중립성을 강조하는 입장으로, 과학 기술 연구가 객관적 진리 탐구를 목적으로 한다고 보고 과학 기술에 대한 윤리적 평가에 반대한다. 을은 과학 기술의 가치 중립성을 부정하는 입장으로, 과학 기술이 사회적 요인과 밀접한 관련을 가지고 발전한다고 본다. 갑의 입장에 비해 을의 입장은 상대적으로 과학 기술의 가치 중립성을 강조하는 정도는 낮고, 과학 기술 연구의 가치 개입을 강조하는 정도는 높고, 과학 기술에 대한 윤리적 성찰을 강조하는 정도는 높다고 볼 수 있다.

02 정보 사회의 윤리 문제

제시문에서는 정보 사회에서 개인이 정보 소통의 주체가 되지 못하고 제약을 받고 있다는 문제점을 지적하고 있다. 정보 통신 기술의 발달은 삶의 편리성을 증대한 측면도 있지만, 타인의 부당한 감시나 사생활 침해 등의 문제를 가져올 수 있다.
④ 개인 정보를 부당하게 감시하거나 침해하는 문제를 해결하기 위해서는 사생활을 침해하는 특정 집단을 규제하는 제도가 필요하다.

오답 피하기 ① 일방향적인 정보 통신 기술은 전통 매체의 특징으로, 개인이 정보 소통의 주체가 아니라 대상에 머물게 한다.
② 정보 격차란 정보를 접할 수 있는 사람과 그렇지 못한 사람 사이의 경제적·사회적 격차를 일컫는 말로, 제시된 사생활 침해 문제와 관련성이 적다.
③ 정보 통신 기술이 감시와 통제에 악용되지 않으려면 정보 통신 기술자의 책임을 강화해야 한다.
⑤ 사생활 침해 문제를 심화시킬 수 있는 방안이다.

더 알아보기⁺ 판옵티콘(panopticon)

판옵티콘은 '모두'를 뜻하는 'pan'과 '본다'는 뜻의 'opticon'이 합쳐진 용어로, 공리주의를 주장한 벤담이 효과적으로 많은 죄수를 교화할 목적으로 설계한 커다란 원형 감옥이다. 판옵티콘의 바깥쪽은 밝게 비춰진 죄수의 감방이고, 어두운 안쪽 중앙은 간수가 죄수를 감시하는 공간이다. 죄수는 밝은 감방에 있기 때문에 항상 간수에게 자신의 일상을 보여줄 수밖에 없다. 간수는 어두운 중앙에서 죄수를 감시하기 때문에 항상 감시를 할 수 있고, 죄수는 항상 감시당하고 있다는 생각 때문에 행동에 제약을 받을 수 있다. 벤담의 원형 감옥 설계는 의회의 반대에 부딪혀 실현되지 않았으나, 권력이나 기술에 의한 감시 효과와 관련하여 많이 인용되고 있다.

03 싱어의 동물 중심주의 이해

제시된 칼럼은 동물 중심주의를 주장한 싱어의 입장이다. 싱어는 동물도 인간처럼 쾌고 감수 능력을 지니므로 고통에서 해방되어야 한다고 보고, 쾌고 감수 능력을 지닌 동물을 도덕적 고려의 대상으로 보아야 한다고 주장하였다. 또한 공리주의적 입장에서 이익 평등 고려의 원칙을 통해 동물과 인간의 이익을 평등하게 고려할 것을 강조하였다.

선택지 바로 보기

① 인간의 문화적 활동 자체를 제한해야 한다. (×)
→ 싱어는 문화적 활동을 거부하는 것이 아니라, 동물의 고통을 줄이기 위한 사고 방식의 변화를 요청한다.

② 공기, 물, 흙의 내재적 가치를 존중해야 한다. (×)
→ 싱어는 쾌고 감수 능력을 지닌 동물을 존중해야 한다고 보았다.

③ 인간과 동물의 이익을 평등하게 고려해야 한다. (○)
→ 싱어는 인간의 이익을 위해 동물의 이익을 희생시켜서는 안 된다고 보았다.

④ 인간만이 도덕적 고려의 대상임을 인정해야 한다. (×)
→ 인간만이 유일한 도덕적 고려의 대상이라고 보는 것은 인간 중심주의 자연관이다.

⑤ 생태계 전체를 도덕적 고려의 대상으로 삼아야 한다. (×)
→ 생태 중심주의 자연관에 대한 설명이다.

04 칸트의 예술관

제시된 그림의 사상가는 칸트이다.

① 칸트는 미의 판단과 도덕적 판단의 차이에도 불구하고 양자 간 형식상의 유사성에 근거하여 미와 선의 밀접한 관계를 주장하였다.

오답 피하기 ② 칸트는 예술과 도덕의 형식이 이해타산적 관심에서 벗어나야 한다고 보았다.

③ 칸트는 예술이 도덕성을 고취하는 데 도움을 줄 수 있다고 보았다.

④ 예술을 도덕적 평가와 무관한 것으로 보는 것은 예술 지상주의의 입장이다.

⑤ 도덕적 판단이 보편적 타당성을 지녀야 한다는 칸트의 입장과 상반된다.

더 알아보기+ 칸트의 미적 판단에 관한 입장

아름다움은 도덕성의 상징이다. 바로 이 점에서 아름다움은 만족을 주며, 다른 모든 사람에게 동의를 요구하는 것이다. 이때 우리의 마음은 감각적 쾌락을 넘어서 순화되고 고양된 고귀함을 느끼며, 사람들의 비슷한 준칙에 따라서 다른 모든 것의 가치를 판단한다. 미적 즐거움은 동물과 신적 존재 사이의 중간자인 인간에게 고유한 것이며, 감성적인 것으로부터 순수 이성적인 것으로 나아가는 계기를 마련한다.

05 레건의 동물 중심주의 이해

제시된 그림의 사상가는 동물 중심주의를 주장한 레건이다. 레건은 삶의 주체가 될 수 있는 일부 동물은 내재적 가치를 지니며 도덕적으로 존중받을 권리가 있다고 주장하였다. 〈사례〉에서 A는 육류 섭취나 모피 의류 선호를 통해 동물의 가치와 권리를 무시하고 있다. 따라서 동물을 수단으로 취급하는 행위를 비판하는 내용이 들어가야 한다.

ㄱ, ㄴ 레건은 동물이 자기 삶을 영위하는 삶의 주체이므로 그 자체로 본래적 가치를 지닌 목적적 존재라고 보았다.

오답 피하기 ㄷ. 칸트의 입장으로, 칸트는 인격 존중의 의무와 관련지어 동물 보호를 주장하였다.

ㄹ. 레건은 동물이 도덕적 행위 능력이 없어도 삶의 주체가 될 수 있다고 보았다.

06 윤리적 소비 태도의 특징

제시된 내용에서는 도덕적 가치에 따라 재화나 서비스를 구매하고 사용하는 윤리적 소비 자세를 강조하고 있다. 〈사례〉에서 A 씨는 커피를 구매할 때 경제적 가치를 중시해야 할지 아니면 윤리적 가치를 중시해야 할지를 고민하고 있다.

⑤ 윤리적 소비를 강조하는 입장에서는 노동자의 인권과 복지를 고려한 공정 무역 제품을 구매하는 것을 바람직한 소비로 본다.

오답 피하기 ① 윤리적 소비를 중시하는 입장에서는 타인과 사회까지 고려한 소비를 할 것을 강조한다.

② 가격 대비 최대 만족을 추구하는 소비는 합리적 소비 유형에 해당한다.

③ 대중 매체에서 광고하는 제품을 구매하는 것이 윤리적 소비라고 보기는 어렵다.

④ 사회적 지위와 부를 과시하는 소비는 개인의 과시 욕구를 반영한 것으로 윤리적 소비라고 할 수 없다.

07 다문화 정책 이해

㉠에 들어갈 내용은 동화주의이다. 동화주의는 이민자를 주류 사회의 언어나 문화에 동화시켜 이들에게 하나의 같은 국민이라는 정체성을 부여하려는 입장이다.

⑤ 동화주의는 이주민이 주류 사회의 문화에 따를 것을 요구하며, 이주민의 고유한 문화를 인정하지 않는다.

08 종교 갈등을 극복하기 위한 자세

제시된 그림의 학생들은 종교 갈등 문제를 해결하기 위해 자신과 다른 종교에 대한 이해와 종교적 관용이 필요하다고 보고 있다. 따라서 종교 간 대화를 통해 상호 협력하는 데 동의할 것이다.

오답 피하기 ① 학생들은 기본적으로 인간의 종교적 신앙생활을 부정하고 있지 않다.

③, ④ 학생들 모두 부정의 대답을 할 질문이다. 자신이 믿는 종교 교리의 절대성을 강조하면 종교 갈등이 심화될 수 있다.

⑤ 학생들 모두 부정의 대답을 할 질문이다. 종교적 관용은 타 종교의 의식을 있는 그대로 이해하고 받아들이는 것이다. 종교 의식을 과학적으로 설명하려는 것은 종교 의식을 있는 그대로 이해하고 받아들이는 것으로 볼 수 없다.

1주 창의·융합·코딩 전략

Book 2 34~37쪽

1 ③	2 ②	3 ①	4 ③	5 ④	6 ③
7 ③	8 ⑤	9 ③	10 ①	11 ④	12 ⑤

1 과학 기술의 가치 중립성

갑은 과학 기술의 가치 중립성을 강조하는 입장으로, 과학 기술 연구에 주관적 가치가 개입될 수 없다고 본다. 을은 과학 기술의 가치 중립성을 부정하는 입장으로, 과학 기술 연구와 과학 기술의 활용에 과학 기술자의 가치가 개입될 수 있다고 본다.

ㄴ. 과학 기술의 가치 중립성을 강조하는 입장에서는 과학 기술의 영역과 윤리의 영역을 엄격하게 구분하여 과학 기술에 대한 윤리적 평가를 유보해야 한다고 본다.

ㄷ. 과학 기술의 가치 중립성을 부정하는 입장에서는 과학 기술자가 자신의 연구 결과 활용에 대한 책임을 져야 한다고 본다.

오답 피하기 ㄱ. 과학 기술의 가치 중립성을 강조하는 입장에서는 과학 기술 연구를 객관적인 진리를 탐구하는 것으로 보고, 가치 판단이 아니라 사실 판단이 중요한 역할을 한다고 본다.

ㄹ. 을은 과학 기술의 활용에 과학 기술자의 가치가 개입될 수 있다고 본다.

2 정보 사회에서의 매체 윤리

제시된 칼럼에서는 매체를 활용하는 과정에서 나타날 수 있는 윤리 문제를 해결할 수 있는 방향을 제시하고 있다.

② 매체가 개인적이고 주관적인 정보를 생산한다면 공정한 보도를 목적으로 하는 매체의 기능을 상실하고, 사회에 악영향을 끼칠 가능성이 높다.

오답 피하기 ① '진실한 태도'는 허위 정보나 각종 유해 정보로 인한 문제를 해결하기 위해 사실적인 정보만을 시민에게 전달하는 태도이다.

③ 공익 실현을 위한 알 권리는 존중되어야 한다.

④ 인격권은 개인의 인격을 존중할 권리로, 인간의 존엄성에 바탕을 둔 사적 권리이다.

⑤ 뉴 미디어는 인터넷, 누리 소통망, 소셜 미디어 등과 같이 쌍방향 소통을 특징으로 한다.

3 과학 기술의 사회적 책임

제시문을 주장한 사상가는 요나스이다. 요나스는 책임의 범위를 현 세대에서 자연과 미래 세대까지 확대해야 한다고 주장하였다.

㉠ 요나스가 새로운 책임 윤리를 주장한 근거이다. 요나스는 과학 기술의 영향력이 점차 확대되면서 새로운 책임 윤리가 정립되지 않는다면 인류의 존속이 어렵게 될 것이라고 주장하였다.

㉡ 요나스는 과학 기술의 영향력이 커지면서 과학 기술이 초래할 위험도 커진다고 보았다. 이에 따라 과학 기술의 위험을 미리 예방할 수 있는 새로운 책임 윤리를 제안하였다.

오답 피하기 ㉢ 요나스는 과학 기술이 인류의 종말이라는 공포를 가져올 수 있다는 점에 주목하였다.

㉣ 요나스는 책임의 범위를 자연과 미래 세대까지 확대해야 한다고 보았다.

4 정보 사회의 윤리

제시된 수업 내용 평가지에서는 저작권과 관련하여 정보 사유론과 정보 공유론의 입장을 비교하고 있다. 정보 사유론을 주장하는 입장은 정보 창작자의 창작 의욕을 높이고 정보의 질적 수준을 높이기 위해 정보에 대한 창작자의 배타적 권리를 보장해야 한다고 본다. 정보 공유론을 주장하는 입장은 정보와 지식을 공유할 때 정보의 질적 수준이 높아진다고 본다. 또한 정보 격차에 따른 불평등을 해소하기 위해 모든 지식과 정보를 공공재로 여겨야 한다고 본다.

㉡ 저작자의 배타적 소유권을 존중하는 것은 정보 사유론의 입장이다.

㉢ 정보 격차 문제 해결을 중시하는 것은 정보 공유론의 입장이다.

오답 피하기 ㉠ 정보 사유론은 정보를 사유재로 간주하므로, '예'에 체크해야 한다.

㉣ 정보 공유론은 저작권을 과도하게 행사하는 것에 반대하므로, '예'에 체크해야 한다.

더 알아보기⁺ 정보 사유론과 정보 공유론

정보 사유론	• 정보와 그 산물을 개인의 사유 재산으로 간주하여 지적 재산권을 보호해야 한다는 입장 • 정보 창작자의 노력에 경제적 보상을 제공하여 창작 의욕을 높이고, 질적 수준이 높은 지적 산물을 만들 수 있음 • 창작자에게 배타적 독점권을 부여함으로써 부작용을 초래한다는 비판을 받음
정보 공유론	• 정보와 그 산물을 인류가 함께 누려야 할 자산으로 보아 모두가 공유해야 한다는 입장 • 지적 재산권을 개인이나 기업이 소유하면 정보가 계속 발전하기 어렵고, 정보 창작자가 과도하게 지적 재산권을 행사하면 또다른 창작을 가로막을 수 있음 • 지적 재산에 대한 침해, 창작 의욕 저하 등의 문제를 발생시킨다는 비판을 받음

5 동물 중심주의와 생명 중심주의

갑은 동물 중심주의를 주장한 싱어, 을은 생명 중심주의를 주장한 슈바이처이다. 싱어는 도덕적 고려의 기준을 쾌고 감수 능력의 소유 여부로 보며 쾌락과 고통을 느끼는 동물도 도덕적 고려 대상이라고 주장하였다. 슈바이처는 모든 생명은 살고자 하는 의지를 지니고 있으며, 생명은 그 자체로 신성하다는 생명 외경 사상을 주장하였다.

④ 싱어는 동물의 고통을 줄여야 한다는 입장에서, 슈바이처는 동물의 생명 의지를 존중해야 한다는 입장에서 동의할 내용이다.

오답 피하기 ② 슈바이처는 긍정의 입장을 취하지만 싱어는 부정의 입장을 취할 내용이다.

③ 생태 중심주의의 입장으로, 싱어와 슈바이처 모두 부정의 입장을 취할 내용이다.

①, ⑤ 인간 중심주의의 입장으로, 싱어와 슈바이처 모두 부정의 입장을 취할 내용이다.

6 싱어, 레건, 테일러의 자연관

제시문 (가)의 갑은 싱어, 을은 레건, 병은 테일러이다. 싱어는 동물도 인간처럼 쾌고 감수 능력을 지니므로 고통에서 해방해야 한다고 보았다. 레건은 동물은 자기 삶을 영위하는 삶의 주체이므로 그 자체로 본래적 가치를 지닌 목적적 존재라고 보았다. 테일러는 모든 생명체가 의식의 유무나 유용성에 관계없이 고유한 가치를 지닌다고 보았다.

선택지 바로 보기

ㄱ. A: 쾌고 감수 능력만이 도덕적 고려 대상을 결정하는 기준이다. (×)
→ 쾌고 감수 능력을 도덕적 고려의 기준으로 본 것은 싱어뿐이다.

ㄴ. B: 모든 유기체의 목적을 존중하는 것은 인간의 간접적 의무이다. (×)
→ 자연에 대한 간접적 의무가 있다고 본 것은 칸트이다.

ㄷ. C: 삶의 주체에 해당하는 일부 동물들은 도덕적 지위를 지닌다. (○)
→ 레건은 일부 동물의, 테일러는 고유한 선을 지향하는 생명체의 도덕적 지위를 인정하였다.

ㄹ. D: 도덕적 행위 능력을 갖추지 못한 존재도 도덕적으로 고려해야 한다. (○)
→ 싱어, 레건, 테일러는 도덕적 행위 능력을 지니지 않더라도 동물이나 생명체를 존중하는 것이 도덕적 선이라고 주장하였다.

7 유교의 자연관

제시문은 '성학십도'에 나오는 내용으로, 자연의 이치를 도덕적 이치와 결부시켜 해석하는 유교의 자연관을 보여준다. 유교에서는 인간과 자연이 상호 의존적 관계를 맺고 있다고 보며, 자연의 이치를 본받아 인격을 도야할 것을 강조한다.

③ 유교에서는 만물이 본래의 가치를 지닌다고 본다.

오답 피하기 ①, ②, ④ 도교의 자연관에 해당한다.
⑤ 불교의 자연관에 해당한다.

더 알아보기⁺ 원형이정(元亨利貞)

유교의 경전인 '주역(周易)'에서 말하는 하늘[乾]의 네 가지 원리이다. 즉 이것은 사물의 근본 원리라는 말인데, 원(元)은 만물의 시작으로 봄에 속하고 인(仁)을 의미하며, 형(亨)은 만물의 성장으로 여름에 속하고 예(禮)를 의미하며, 이(利)는 만물의 수확으로 가을에 속하고 의(義)를 의미하며, 정(貞)은 만물의 완성으로 겨울에 속하며 지(智)를 의미한다고 할 수 있다.

8 예술과 윤리의 관계

갑은 묵자, 을은 순자이다. 묵자는 음악이 즐거움을 주지만 생산 활동에 방해가 되고 나라를 위태롭게 한다고 보고 천하의 해악을 없애기 위해 음악을 금지해야 한다고 주장하였다. 순자는 음악이 예법과 함께 풍습을 순화하고 개량하는 데 기여한다고 보고, 나라를 질서 있게 다스리고 백성을 편안하게 하는 데 음악이 중요한 역할을 한다고 주장하였다.

선택지 바로 보기

① A: 음악과 도덕은 모두 인간다운 삶에 기여한다. (×)
→ 묵자는 음악이 인간 세상에 해악을 일으킨다고 보았다.

② A: 아름다움을 추구하는 음악은 이로움을 가져온다. (×)
→ 묵자는 음악이 즐거움을 주기는 하지만 생산 활동을 저해하여 이로움보다는 해로움을 가져온다고 보았다.

③ B: 참된 음악은 공동체 구성원의 화합에 기여한다. (×)
→ 순자만 해당한다. 순자는 음악이 예법과 함께 나라의 질서와 화합을 유지하는 데 기여할 수 있다고 보았다.

④ B: 음악과 예를 통해 백성을 교화하기는 불가능하다. (×)
→ 순자는 음악과 예를 통해 악한 본성을 가지고 태어난 백성을 가르치고 덕성을 함양하게 할 수 있다고 보았다.

⑤ C: 음악은 바른 정치 구현을 위한 유용한 수단이다. (○)
→ 순자만의 입장으로, 묵자는 음악을 해악의 근원으로 보았다.

9 생태 중심주의

(가)를 주장한 사상가는 레오폴드이다. 레오폴드는 도덕 공동체의 범위를 토양, 물, 식물, 동물 등을 포함한 대지까지 확대하는 대지 윤리를 주장하였다. 레오폴드의 대지 윤리에 의하면 인간은 대지의 한 구성원일 뿐이며, 자연은 인간의 이해와 상관없이 가치를 지니므로 자연 전체가 도덕적 고려의 대상이 되어야 한다.

ㄷ. 레오폴드는 무생물을 포함한 생명 공동체를 도덕적 고려의 대상으로 보았다.

ㄹ. 레오폴드는 인간이 대지의 지배자가 아니라 한 구성원이라고 보았다.

오답 피하기 ㄱ. 인간 중심주의 자연관의 입장이다.
ㄴ. 인간 중심주의 자연관의 입장이다. 레오폴드는 대지를 도덕적 존중의 대상으로 삼아야 한다고 주장하였다.

10 대중문화의 윤리적 문제

제시된 그림의 강연자는 대중문화의 상업화로 인해 나타난 문제점을 지적하고 있다. 강연자는 기업적 문화 산업이 대중의 취향을 만들어 내고, 이로 인해 대중이 문화 산업의 지배를 받게 된다는 점을 지적하고 있다.

① 강연자가 긍정의 대답을 할 질문이다.

오답 피하기 ② 강연자가 부정의 대답을 할 질문이다. 강연자는 대중이 문화 산업의 지배를 받게 된다는 점을 지적하고 있다.
③ 강연자가 부정의 대답을 할 질문이다. 강연자는 문화 산업이 끊임없이 새로운 유행과 상품을 기획하여 대중의 취향을 만들어낸다고 보았다.
④ 강연자가 부정의 대답을 할 질문이다. 문화 산업은 대중의 다양한 개성을 창출하는 데 기여하기보다는 유행에 따라 획일화된 상품을 소비하게 만들기 쉽다.
⑤ 제시된 내용만으로 유추하기 어렵다.

더 알아보기⁺ 문화 산업

사람들이 살아가는 생활 양식이나 사고방식 등을 총칭해서 문화라고 한다. 문화를 소재로 기업이 생산, 저장, 배포 등의 활동을 하면서 이윤을 창출하는 것, 즉 문화 콘텐츠를 대량 생산, 대량 유통하는 것을 문화 산업이라고 한다. 따라서 문화 산업은 대중문화를 생산하고, 유통하며 수익을 창출하는 경제 활동이다.

11 종교에 대한 관점

제시된 내용을 주장한 사상가는 엘리아데이다. 엘리아데는 인간을 종교적 존재라고 보며 성스러움의 드러남인 성현(聖顯)에 대한 관심을 그칠 수 없다고 주장하였다.

ㄴ. 엘리아데는 종교를 세속에서 성스러움이 드러나는 현상으로 설명하였다.

ㄹ. 엘리아데는 자연을 비롯한 세속의 모든 것은 성스러움을 담고 있다고 보았다.

오답 피하기 ㄱ. 엘리아데는 종교적 인간은 거룩한 절대자의 존재를 믿을 뿐만 아니라 속세에서도 성스러움을 체험한다고 보았다.

ㄷ. 엘리아데는 성스러운 세계와 속세의 세계는 구분되면서도 속세에도 신적인 거룩함, 즉 성스러움이 도처에 깃들어 있다고 주장한다.

더 알아보기⁺ 엘리아데가 말하는 성현

성스러움은 무엇인가? 그것은 세속적인 것과는 전혀 다른 것이다. 세속적인 것은 무엇인가? 그것은 성스럽지 않은 것이다. 이렇게 성스러움, 종교적인 것은 세속적인 것과는 전혀 상반된 것이다. 하지만 성스러움은 그 자체로 나타나지 않고, 항상 세속의 세계와 더불어 나타난다. 성스러움이 드러나기 위해서는 세속의 세계를 요청하지 않을 수 없으며, 성스러움은 세속 안에서만 나타나는 것이다. 우리가 접하는 것은 이런 성스러움의 드러남, 즉 성현(聖顯)이다.

12 윤리적 소비

제시문의 A는 타인과 사회, 동물의 복지와 권리, 지속 가능한 생태 환경 등을 고려하여 윤리적 소비를 실천하려 함을 알 수 있다. 서술형 평가 학생 답안에서 ㉠과 ㉡은 윤리적 소비에 대한 옳은 진술이다. ㉢처럼 공정 무역 제품을 소비하거나 ㉣처럼 지역 공동체의 지속 가능한 발전을 고려하는 것은 윤리적 소비의 대표적 사례이다.

㉤의 부와 권력을 과시하는 소비는 윤리적 소비라기보다는 과시 소비로, 윤리적 성찰이 요구된다.

2주 Ⅵ. 평화와 공존의 윤리

2주 1일 개념 돌파 전략 ① Book 2 40~43쪽

3강_갈등 해결과 소통의 윤리~민족 통합의 윤리 ①

|40쪽| 개념 ❶ 지역 갈등 개념 ❷ 통일 편익

|41쪽| 01-1 아펠 02-1 (가) 분단 비용 (나) 통일 비용

4강_민족 통합의 윤리 ②~지구촌 평화의 윤리

|42쪽| 개념 ❶ 친밀감 개념 ❷ 균형 개념 ❸ 적극적

|43쪽| 01-1 ㄱ, ㄴ 02-1 (가) 이상주의적 입장 (나) 현실주의적 입장

03-1 원조의 딜레마

2주 1일 개념 돌파 전략 ② Book 2 44~45쪽

1 ② 2 ③ 3 ② 4 ⑤ 5 ⑤

1 이념 갈등의 이해

㉠은 이념 갈등이다. 이념 갈등은 한 사회나 집단이 지닌 특정한 가치관, 믿음, 견해 등이 다를 경우 발생한다.

ㄱ. 이념 갈등은 서로의 가치관을 이분법적으로 구분하여 적대시함으로써 심화된다.

ㄹ. 이념 갈등은 한 사회나 집단이 지닌 믿음이나 견해 등의 차이로 인해 발생한다.

오답 피하기 ㄴ. 세대 갈등에 대한 설명이다.

ㄷ. 지역 갈등에 대한 설명이다.

2 사회 통합을 위한 방안 이해

학생의 답변에는 사회 통합을 이루기 위한 방안이 들어가야 한다. 사회 통합을 위해 사회 구성원들 간 연대 의식이 요구된다. 사회 구성원들은 사익뿐만 아니라 공익을 존중해야 하며, 다른 사람의 가치관과 신념이 자신과 다를 수 있음을 인정하는 자세를 갖추어야 한다.

③ 사회 통합을 이루기 위해서는 소수의 의견도 경청하는 열린 자세가 필요하다.

3 통일 비용과 분단 비용의 의미 이해

(가)는 통일 비용, (나)는 분단 비용이다. 통일 비용은 통일 이후 남북한 체제를 통합하는 데 필요한 투자적 성격의 비용이고, 분단 비용은 분단으로 인한 갈등과 대립에서 지출되는 소모적 성격의 비용이다.

더 알아보기⁺ 통일 편익

통일 편익은 통일 이후 지속적으로 발생하는 혜택을 의미한다. 예를 들어 시장 규모의 확대로 인한 교역의 증가, 북한 주민의 인권 문제 해결, 전쟁의 위험 감소 등이 이에 해당한다.

4 합리적인 의사소통의 조건

제시된 그림의 강연자는 하버마스이다. 하버마스는 합리적인 의사소통이 이루어지기 위해서는 돈이나 권력에 의한 왜곡과 억압이 없어야 하고, 모든 사람에게 담론에 참여할 기회가 개방되어야 하며, 담론에 참여하는 사람들은 누구나 평등하게 발언할 수 있어야 한다고 보았다.

⑤ 하버마스는 대화 당사자들이 논쟁의 절차를 준수하여 정당성을 확보해야 한다고 보았다.

5 하버마스의 담론 윤리 이해

(가)를 주장한 사상가는 하버마스이다. 하버마스는 대화의 당사자들이 합의한 결과를 수용하고 그것을 의무로 받아들이기 위해서는 합리적인 의사소통의 과정을 거쳐야 한다고 보았다.

⑤ 하버마스는 합리적인 의사소통이 이루어지기 위해서는 모든 사람에게 담론에 참여할 기회가 개방되어야 한다고 보았다.

오답 피하기 ①, ③ 하버마스는 누구나 어떤 주장에 대해서도 문제를 제기할 수 있고, 어떤 주장이라도 담론에 부칠 수 있으며, 자기의 생각과 원하는 바를 표현할 수 있어야 한다고 보았다.

②, ④ 하버마스는 모든 행위 능력 주체가 담론에 참여할 수 있다고 보았다.

2주 2일 필수 체크 전략 ①

Book 2 46~49쪽

1-1 (가) 노사 갈등 (나) 이념 갈등　1-2 ①
2-1 하버마스　2-2 담론
3-1 ㉠ 분단 비용 ㉡ 통일 비용　3-2 ③
4-1 ⑤　4-2 생존권

1-1 사회 갈등의 유형

(가)는 기업가와 노동자 사이에 발생하는 노사 갈등이다. (나)는 한 사회나 집단이 지닌 특정한 가치관, 믿음, 견해 등의 차이로 인해 발생하는 이념 갈등이다.

1-2 세대 갈등의 이해

제시된 그림의 학생은 세대 갈등을 설명하고 있다. 세대 갈등은 빠른 성장과 급속한 사회 변화로 인해 세대 간 의식과 가치관 차이가 커지면서 발생한다. 또한 전통 사회에서 기성세대가 가졌던 권위가 상대적으로 약화하면서 신세대에게 존경심을 잃고 있는 것도 세대 갈등의 원인이 되고 있다.

2-1 하버마스의 담론 윤리 이해

제시문은 하버마스의 주장이다. 하버마스는 대화의 당사자들이 합의한 결과를 수용하고 그것을 의무로 받아들이기 위해서는 대화가 합리적인 의사소통의 과정을 거쳐야만 한다고 보았다.

2-2 아펠의 담론 윤리적 책임 이해

제시된 그림의 사상가는 아펠이다. 아펠은 의사소통 공동체의 구성원들이 담론에 참여해야 할 책임과 의사소통 공동체를 유지해야 할 책임을 동시에 지닌다고 보았다.

3-1 통일과 관련된 다양한 비용

분단 비용은 남북한 분단 과정에서 발생하는 유·무형의 비용을 의미하며, 소모적 성격을 지닌다. 이와 달리 통일 비용은 통일 이후 남북한 체제 통합에 필요한 유·무형의 비용으로, 투자적 성격의 생산적 비용이다.

3-2 통일에 대한 입장 이해

제시된 그림의 을은 통일을 반대하는 이유를 제시해야 한다. 통일을 반대하는 입장에서는 서로 다른 체제와 생활 방식 차이 등으로 인한 이질화 심화, 천문학적 통일 비용 부담 우려 등을 근거로 통일을 반대한다.

③ 민족 정체성을 회복하는 것은 통일을 찬성하는 사람들이 강조하는 내용이다.

4-1 통일 편익의 사례

통일 편익은 남북통일로 얻을 수 있는 편익을 말한다. 통일 편익에는 군사비 등 분단으로 인해 지출되던 비용 소멸, 교역의 증가 및 생산성 향상, 국토의 효율적 이용, 북한 주민의 인권 신장, 국제 사회에서 통일 한국의 위상 제고, 문화·관광·여가의 기회 증가 등이 있다.

⑤ 남북한 간 제도 통합을 위해 들어가는 비용은 통일 비용에 해당한다.

더 알아보기⁺ 통일 편익

통일 편익은 경제적 편익과 비경제적 편익으로 나눌 수 있다. 국방비 감축, 외교적 경쟁 비용 해소, 내수 시장 확대, 남북 경제의 보완성 증대 등은 경제적 편익에 해당한다. 비경제적 편익으로는 이산가족 문제 해결, 전쟁 가능성 소실과 국제적 지위 향상, 자유롭고 관용적인 문화 확산 등을 들 수 있다.

4-2 북한 인권 문제

생존권은 각 개인이 완전한 사람으로서 생존하는 데에 필요한 모든 것을 국가에 요구할 수 있는 권리이다. 북한 주민들은 기본적인 의식주를 제공받지 못하여 생존권을 위협받고 있다.

더 알아보기⁺ 북한의 인권 침해 사례

식량	출신 성분, 계층에 따른 차별 배급
종교의 자유	주민의 종교 생활 탄압
신체의 자유	수사 기관의 자의적 체포·구금, 가족에게도 미통보
표현의 자유	상시적 통제 장치로 표현의 자유 억압
정치범 수용소	극도의 영양실조, 수용자 학대

2주 2일 필수 체크 전략 ②

Book 2 50~51쪽

1 ④ 2 ⑤ 3 ③ 4 ①

1 이념 갈등의 이해

제시된 그림의 갑은 진보적 입장, 을은 보수적 입장에서 사회 문제를 해결할 것을 주장하고 있다.

ㄴ. 변화보다 사회의 안정과 질서를 중시하는 것은 보수적 입장이다.

ㄹ. 갑과 을은 이념의 차이로 갈등을 겪고 있다.

오답 피하기 ㄱ. 갑은 사회의 안정과 질서보다 변화를 중시하고 있다.

ㄷ. 을은 변화보다 정체에 가치를 두고 있다.

2 하버마스의 담론 윤리 이해

제시문을 주장한 사상가는 하버마스이다. 하버마스는 이상적인 담화 상황을 만들기 위해서는 이해 가능성, 진리성, 정당성, 진실성이 충족되어야 한다고 주장하였다.

⑤ 하버마스는 개인이 주관적으로 성립한 원칙은 보편타당한 규범으로 성립하는데 불충분하다고 보고, 모든 당사자들이 참여하는 담론의 상황에서 모두의 동의를 얻을 수 있는 규범만이 보편타당한 규범으로 성립할 수 있다고 보았다.

3 대북 지원에 대한 다양한 입장

갑은 대북 지원이 정치·군사 상황과 무관하게 북한 주민의 생존권을 보장하는 인도주의적 측면에서 이루어져야 한다고 본다. 이와 달리 을은 남북 교류의 활성화를 위해 대북 지원을 해야 한다는 입장이다.

ㄴ, ㄷ 갑은 인도주의적 측면에서, 을은 상호주의 원칙에 따라 대북 지원이 이루어져야 한다고 본다.

오답 피하기 ㄱ. 갑은 대북 지원이 정치·군사적 상황과 관계없이 이루어져야 한다고 주장한다.

ㄹ. 을의 입장에만 해당한다. 갑은 인도주의에 따라 남북의 정치·군사 상황과는 무관하게 대북 지원을 해야 한다고 주장한다.

4 통일에 대한 다양한 입장 비교

갑은 통일 비용이 분단 비용보다 크므로 통일을 하지 말아야 한다는 입장이고, 을은 분단 비용보다 통일 비용이 적게 들기 때문에 통일을 해야 한다는 입장이다. 또한 을은 분단으로 인해 남북한이 부담하는 무형의 비용(한반도의 긴장 고조, 민족의 역량 낭비)까지 고려하고 있다. '통일 비용이 분단 비용보다 크다고 보는 정도(X축)'는 갑에 비해 을이 낮고, '통일 비용을 생산적인 투자 비용으로 보는 정도(Y축)'는 갑에 비해 을이 높고, '분단으로 인해 발생하는 무형의 비용을 고려하는 정도(Z축)'는 갑에 비해 을이 높다. 따라서 을의 입장을 표시한 것은 ㉠이다.

2주 3일 필수 체크 전략 ①

Book 2 52~55쪽

1-1 ㉠ 1-2 ④ 2-1 ㉠ 균형 ㉡ 칸트 2-2 ⑤
3-1 ㄱ, ㄹ 3-2 세계화
4-1 노직 4-2 ③

1-1 통일 기반 조성을 위한 노력

국제 사회와 협력을 강화하고, 한반도 통일이 동북아와 세계 평화 및 번영에 이바지한다는 것을 홍보하는 것은 대외적 노력에 해당한다. 대내적 노력에는 자유 민주주의와 시장 경제에 바탕을 둔 복지 사회 구현, 남남 갈등 해소 및 통일에 대한 국민적 이해와 합의 도출 등이 있다.

1-2 바람직한 통일 방법

평화적 통일을 위해 통일의 필요성과 방법, 통일 한국의 미래상, 통일 시기 등에 관한 국민적 이해와 합의가 요청된다. 또한 남북한 주민 간 동질성을 회복하기 위해 서로 이해하기 쉽고 친밀감을 가질 수 있는 교류부터 시작해 교류·협력의 범위를 단계적으로 넓혀 가야 한다.

④ 통일은 우리 민족의 문제임과 동시에 국제적인 성격도 띠고 있으므로 통일을 실현하기 위한 민족 내부적 노력과 함께 대외적 기반도 조성해나가야 한다.

2-1 국제 분쟁 해결에 관한 입장 비교

㉠에 들어갈 내용은 균형, ㉡에 들어갈 내용은 칸트이다. 국제 분쟁을 현실주의적 입장에서 바라본 모겐소는 국가의 힘을 키워서 세력 균형을 유지해야 분쟁을 해결할 수 있다고 보았다. 국제 분쟁을 이상주의적 입장에서 바라본 칸트는 제도의 개선으로 집단 안보가 형성되면 국제 분쟁을 해결할 수 있다고 보았다. 현실주의적 입장은 도덕성보다 국가의 이익을 우선시해야 한다고 보았지만, 이상주의적 입장은 국가의 이익보다 보편적인 가치를 우선해야 한다고 보았다.

더 알아보기⁺ 연방 체제와 보편적 우호의 조건

- 연방 체제: 국가 간 전쟁 억지를 위해 법적 구속력을 지닌 국제법이 적용되는 체제를 의미한다.
- 보편적 우호의 조건(환대권): 이방인이 다른 나라에 갔을 때, 그곳에서 이방인이 평화적으로 행동하는 한 적대적으로 대우받지 않을 권리를 의미한다.

2-2 갈퉁의 적극적 평화의 의미

갈퉁은 소극적 평화만으로는 진정한 평화를 달성하기 어렵다고 보고, 적극적 평화를 이루어야 한다고 주장하였다.

선택지 바로 보기

① 평화를 달성하기 위한 폭력은 정당화될 수 있다. (×)
→ 갈퉁은 평화는 평화적 수단에 의해 달성되어야 한다고 보았다.

② 소극적 평화만으로 진정한 평화를 이룰 수 있다. (×)
→ 갈퉁은 진정한 평화를 소극적 평화가 아닌 적극적 평화로 규정하였다.

③ 적극적 평화는 직접적인 폭력만 제거된 상태이다.(×)
→ 갈퉁은 직접적인 폭력뿐만 아니라 사회의 구조적·문화적 폭력이 제거되어 인간답게 살아갈 수 있는 삶의 조건이 갖추어진 상태를 적극적 평화라고 보았다.
④ 전쟁, 폭행과 같은 물리적 폭력은 구조적 폭력에 해당한다. (×)
→ 갈퉁은 물리적·신체적 폭력은 직접적 폭력에 해당한다고 보았다.
⑤ 문화적 폭력은 직접적 폭력과 구조적 폭력을 정당화하는 데 이용된다. (O)
→ 갈퉁은 문화적 측면인 종교, 이념, 언어, 예술 등이 직접적·구조적 폭력을 정당화하고 합법화하는 데 이용될 수 있다고 보았다.

3-1 세계화의 긍정적 측면

세계화로 인해 각국이 긴밀한 관계를 맺게 되면서 창의성과 효율성이 확대되어 공동의 번영을 이루고, 다양한 문화의 교류를 통해 전 지구적 차원에서 문화 간 공존을 기대할 수 있는 여건이 조성되었다. 이는 세계화의 긍정적 영향에 해당한다.

오답 피하기 ㄴ, ㄷ 세계화의 부정적 영향에 해당한다.

3-2 세계화의 특징 이해

제시된 내용은 세계화로 인해 나타날 수 있는 현상을 정리한 것이다. 세계화는 국가 간 상호 의존성이 증가하면서 세계가 단일한 사회 체제로 나아가는 현상이다. 세계화로 자유로운 경쟁과 교류가 확대되면서 문화의 획일화나 남북문제와 같은 문제가 심화된다.

4-1 해외 원조에 대한 노직의 관점

노직은 한 개인이 정당한 과정을 거쳐서 취득한 재산은 누구도 침해할 수 없는 배타적 소유권을 지닌다고 보았다. 따라서 노직은 해외 원조에 대한 어떠한 책임이나 의무도 존재하지 않으며 해외 원조를 의무가 아닌 선의를 베푸는 자선의 개념으로 보았다.

4-2 해외 원조에 대한 롤스의 관점

롤스는 불리한 여건으로 인해 고통받는 사회를 질서 정연한 사회가 되도록 돕는 것을 인류의 도덕적 의무라고 보았다. 따라서 빈곤국이 질서 정연한 사회로 이행된 후에는 원조를 중단해야 한다고 보았다. 질서 정연한 사회란 독재나 착취와 같은 불합리한 사회 구조나 제도가 개선되어 정치적 전통, 법, 규범 등의 문화가 적정한 수준에 이른 사회이다.

③ 롤스는 해외 원조를 경제적 분배의 과정으로 보아서는 안 된다고 주장하였다.

2주 3일 필수 체크 전략 ②

Book 2 56~57쪽

1 ① 2 ④ 3 ② 4 ①

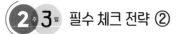

1 세계화에 대한 다양한 입장

갑은 세계화가 경제적으로, 문화적으로 모든 국가의 발전을 가져올 것이라고 보고 있다. 을은 세계화가 경제적으로는 빈부 격차 확대를, 문화적으로는 획일화 현상을 가져다 줄 것이라고 보고 있다.

ㄱ. 갑은 세계화로 각국의 경제가 밀접한 관련을 맺게 되면서 효율성이 증가할 것으로 보고 있다.

ㄷ. 을은 세계화로 인해 국가 간 부의 격차가 더 커질 것이라고 보고 있다.

오답 피하기 ㄴ. 갑은 세계화를 통해 다양한 문화가 생길 것이라고 본다.
ㄹ. 갑의 입장에만 해당한다.

2 현실주의적 입장과 이상주의적 입장 비교

갑은 현실주의적 입장, 을은 이상주의적 입장이다. 이상주의적 입장은 국제법 등 제도의 개선으로 국제 분쟁을 해결하려 하며, 국가 간 관계에서 윤리적 규범의 적용을 강조한다. '힘의 균형에 의해 국제 평화가 가능하다고 보는 정도(X축)'는 갑에 비해 을이 낮고, '국가 간 관계에서 윤리적 규범의 적용을 강조하는 정도(Y축)'는 갑에 비해 을이 높고, '국제법보다 힘의 논리를 강조하는 정도(Z축)'는 갑에 비해 을이 낮다.

3 칸트와 갈퉁의 평화론 비교

갑은 칸트, 을은 갈퉁이다.

ㄱ. 칸트는 국가 간 영원한 평화를 이루기 위해 모든 국가는 공화 정체이어야 하고, 자유로운 국가들의 연방 체제에 기초한 국제법이 필요하다고 보았다.

ㄷ. 갈퉁은 직접적인 폭력뿐만 아니라 사회의 구조적·문화적 폭력까지 제거된 적극적 평화를 이루어야 한다고 주장하였다. 갈퉁은 심각한 빈곤이나 구조적 불평등도 폭력으로 보았다.

오답 피하기 ㄴ. 칸트는 국제기구, 국제법, 국제 규범 등 제도의 개선으로 집단 안보를 형성하여 국제 분쟁을 해결해야 한다고 보았다.
ㄹ. 모겐소의 주장으로, 현실주의적 입장에 해당한다.

4 싱어의 원조론 이해

(가)의 사상가는 싱어이다. 싱어는 해외 원조의 목적이 인류 전체의 고통을 감소시키는 것이라고 보았다.

① 공리주의자인 싱어는 원조를 통해 인류의 고통을 감소시키고, 전 지구적 차원의 행복을 증진시켜야 한다고 보았다.

오답 피하기 ② 싱어는 자국의 국제적 명성과 위상을 높이기 위해 원조해야 한다고 보지 않았다. 싱어는 절대적 빈곤으로 고통받는 사람들을 돕는 것이 윤리적 의무이기 때문에 원조해야 한다고 보았다.
③ 싱어는 원조의 목적이 국가 간 경제적 불평등을 해소하는 데 있다고 보지 않았다.
④ 롤스의 주장이다. 롤스는 해외 원조의 목적이 고통받는 사회가 질서 정연한 사회로 이행하도록 돕는 것이라고 보았다.
⑤ 싱어는 원조가 윤리적 의무이지 자선적 행위가 아니라고 보았다. 해외 원조를 의무가 아닌 선의를 베푸는 자선의 개념으로 본 것은 노직이다.

더 알아보기+ 해외 원조에 대한 싱어의 입장

> 나는 절대 빈곤과 그에 따른 기아, 열악한 영양 상태, 주거의 부족, 문맹, 질병, 높은 유아 사망률, 낮은 평균 수명 등을 나쁜 것이라 가정한다. 그리고 또 도덕적으로 중요한 일을 희생시키지 않고 절대 빈곤을 감소시키는 일을 할 수 있는 힘이 풍요한 사람들에게 있다고 가정한다. 만일 이 두 가정과 우리가 논의하고 있는 원칙이 올바르다면, 우리는 절대 빈곤에 빠져 있는 사람들을 도울 의무를 갖게 된다. 도움을 주는 행위는 칭찬할만한 가치가 있는 것이지만 그렇게 하지 않는다고 해서 나쁜 것은 아닌 그러한 자선적인 행위가 아니다. 그것은 모든 사람이 마땅히 해야만 하는 그러한 것이다.

싱어는 전 인류의 행복을 증진해야 한다는 공리주의에 입각해 절대 빈곤으로 고통받는 사람을 돕는 것을 의무라 보았다.

2주 4일 교과서 대표 전략 ①

Book 2 58~61쪽

| 대표 예제 | 1 ② 2 ④ 3 ② 4 ③ 5 ④ 6 ④ 7 ④ 8 ⑤ 9 ⑤ 10 ① 11 ④ 12 ⑤ 13 ③

1 갈등의 원인 파악

㉠에는 사회 갈등이 발생하는 원인이 들어가야 한다. 사회 갈등에는 가치관·믿음·견해 등의 차이로 인해 발생하는 이념 갈등, 지역에 대한 특권 의식이나 차별 의식으로 인해 발생하는 지역 갈등, 연령과 시대별 경험 차이에 의해 발생하는 세대 갈등 등이 있다.

② 연대 의식을 강화하는 것은 사회를 통합하기 위한 방법에 해당한다.

2 사회 갈등의 바람직한 해소 방안

제시문에서는 갈등을 해결하기 위해 다양성을 인정하는 개인적 차원의 노력뿐만 아니라 불평등과 격차를 완화하기 위한 제도적 차원의 노력도 필요하다고 주장하고 있다.

④ 공공의 이익보다 개인의 이익을 우선하는 것은 불평등과 격차를 완화하기 위한 노력과 반대된다.

3 하버마스의 담론 윤리 이해

제시된 그림의 사상가는 하버마스이다. 하버마스는 토론의 결과보다 과정을 중시하였고, 공론의 장에서 합리적 담론이 이루어지기 위한 이상적 담화 상황의 조건으로, 이해 가능성, 정당성, 진리성, 진실성 등을 제시하였다.

② 하버마스는 담론에 참여하는 대화 당사자들은 기만하거나 속이려는 의도 없이 말하는 바를 진실하게 표현해야 한다고 보았다.

오답 피하기 ① 하버마스는 누구나 어떤 주장에 대해서도 문제를 제기할 수 있고, 어떤 주장이라도 담론에 부칠 수 있으며, 자기의 생각과 원하는 바를 표현할 수 있어야 한다고 보았다.

③ 하버마스는 모든 사람에게 담론에 참여할 기회가 개방되어야 한다고 주장하였다.

④ 하버마스는 담론에 참여하는 사람들은 누구나 평등하게 발언할 수 있어야 한다고 주장하였다.

⑤ 하버마스는 당사자들의 경제적 이해관계와 무관하게 의사 결정은 합의를 통해 이루어져야 한다고 주장하였다.

4 통일 편익의 의미 이해

㉠에 들어갈 내용은 통일 편익이다. 통일 편익은 통일로 얻게 되는 경제적·경제 외적 보상과 혜택을 의미한다. 통일 편익에는 남북한 주민의 고통과 불편 해소, 내수 시장 확대, 통일 한국의 국제적 위상 제고, 동북아시아와 세계 평화의 실현 등이 있다.

5 원효의 일심 사상 이해

제시문을 주장한 사상가는 원효이다. 원효는 불교의 여러 교설이 모두 부처의 가르침에서 비롯된 것이기 때문에 각자의 입장에서 벗어나 대승적으로 융합할 것을 강조하였다.

ㄱ. 원효는 불교의 여러 교리와 사상은 모두 중생(衆生)을 대상으로 하는 부처의 가르침이라고 보았다. 또한 그것이 목적으로 하는 바는 모두 깨달음이라는 점에서 한마음이라고 보았다.

ㄴ, ㄷ 원효는 특수하고 상대적인 각자의 입장에서 벗어나 대승적으로 융합해야 하며, 갈등 해소를 위해 종파 간 화합이 필요하다고 보았다.

오답 피하기 ㄹ. 원효는 갈등 상황에 있는 개인이나 집단이 자신에 대한 집착과 상대방에 대한 편견을 버려야 서로 화해하고 포용할 수 있다고 보았다.

6 바람직한 통일의 방법 이해

통일은 민족 내부의 문제인 동시에 주변국의 이해관계가 대립하는 국제적 문제이므로 주변국과의 협력을 도모하면서 실행되어야 한다. 또한 통일은 세계 평화와 인류 공영에 기여하는 평화적인 방식으로 이루어져야 하며, 국민적 이해와 합의를 토대로 진행되어야 한다. 급진적인 통합보다 점진적이고 단계적인 통합을 통해 사회적·문화적 통합까지 이루는 것이 진정한 통일이다.

오답 피하기 ④ 국가적 차원뿐만 아니라 민간 차원에서도 통일에 대한 논의가 활발하게 이루어져야 한다.

7 통일을 둘러싼 쟁점

통일을 반대하는 입장에서는 남북한 간 경제적 격차와 막대한 통일 비용 등을 이유로 제시하고, 통일을 찬성하는 입장에서는 평화와 인권의 보장 및 인도주의적 차원에서 통일이 필요하다고 주장한다. 분단 비용은 통일 비용과 달리 분단 상태에서 지속되는 소모적 지출의 성격을 지닌다. 북한은 최소한의 인권을 보장하기 위한 의무를 제대로 이행하지 않는다는 비판을 받고 있다.

㉣ 제시된 내용은 통일 편익에 대한 설명이다. 통일 편익이란 통일로 얻을 수 있는 유·무형적 혜택을 의미한다. 통일 비용은 통일 이후 남북 격차 해소 및 통합에 드는 투자 성격의 생산적 비용이다.

8 **세계화의 부정적 영향**

세계화란 세계가 밀접하게 연결되는 현상이다. 이러한 세계화로 인해 획일화된 선진국 중심의 문화가 전 세계적으로 확대될 수도 있고, 강대국이 시장과 자본을 독점하여 국가 간 빈부 격차가 커질 수도 있다.

⑤ 국가 간 긴밀한 관계를 맺게 되어 창의성과 효율성이 확대된다는 점은 세계화의 장점이지 문제점이 아니다.

9 **국제 분쟁 해결에 대한 칸트의 입장**

제시문은 칸트의 주장이다. 칸트는 전쟁의 폭력성과 적대성이라는 악순환에서 벗어나 영구적인 평화를 유지할 수 있는 대책을 마련해야 한다고 주장하였다. 칸트는 영구 평화를 이룰 수 있는 조항으로 모든 국가의 시민적 정치 체제가 공화 정체일 것, 국제법은 자유로운 국가들의 연방 체제에 기초할 것, 세계 시민법은 보편적 우호의 조건들에 국한될 것을 제시하였다. 또한 칸트는 분쟁 관계에서 국가는 도덕성을 고려해야 하며, 국가의 이익보다 인간의 존엄성, 자유, 평등 등 보편적인 가치를 우선하여 달성해야 한다고 주장하였다.

10 **국제 관계에서 현실주의적 입장의 특징**

현실주의적 입장에서는 국가 간 힘의 균형을 통해 전쟁을 억제하여 평화를 이룰 수 있다고 보며, 국가의 이익과 도덕성이 충돌한다면 국가의 이익을 우선시해야 한다고 본다.

① 현실주의적 입장에서는 국가는 이기적인 인간들로 구성되어 있고, 세계도 자국의 이익을 추구하는 국가들로 이루어져 있다고 본다. 그래서 국민의 안녕과 국익을 지키는 것이 국가의 의무라고 생각한다.

오답 피하기 ②, ③, ⑤ 이상주의적 입장에 대한 설명이다.
④ 구성주의적 입장에 대한 설명이다.

11 **적극적 평화의 의미**

제시된 그림의 사상가는 갈퉁이다. 갈퉁은 직접적인 폭력뿐만 아니라 빈곤, 정치적 억압, 종교적 차별과 같은 사회의 구조적·문화적 폭력이 제거되어 인간답게 살아갈 수 있는 삶의 조건이 갖추어진 상태를 적극적 평화로 보았다.

④ 갈퉁은 적극적 평화를 직접적 폭력뿐만 아니라 간접적 폭력까지 모두 사라진 상태로 보았다.

12 **남북문제에 대한 이해**

남북문제는 세계화의 부정적인 측면 중 하나로, 자본과 기술력을 보유한 선진국은 주로 북반구에, 그렇지 못한 개발 도상국은 주로 남반구에 위치해 있기 때문에 '남북문제'로 일컬어진다.

⑤ 강대국 중심으로 이루어지는 시장과 자본의 독점은 국가 간의 빈부 격차를 가져왔다.

오답 피하기 ①, ②, ③, ④ 세계화의 긍정적인 측면을 서술한 것으로 남북문제가 발생하는 원인과는 관계가 없다.

13 **원조에 대한 롤스와 싱어의 입장 비교**

(가)의 갑은 롤스, 을은 싱어이다. 롤스는 원조 여부를 결정할 때 원조를 받는 국가의 정치적·문화적 성숙도를 고려해야 한다고 보았다.

선택지 바로 보기

① A: 해외 원조의 목적은 인류의 행복 증진에 있는가? (×)
→ 롤스는 부정, 싱어는 긍정의 대답을 할 질문이다.
② B: 해외 원조는 국제적 차원의 부의 재분배를 위해 행해져야 하는가? (×)
→ 롤스가 부정의 대답을 할 질문이다. 롤스는 해외 원조가 부의 재분배를 위해 행해져서는 안 된다고 본다.
③ B: 해외 원조는 사회의 정치·문화의 성숙도를 고려하여 이루어져야 하는가? (O)
→ 롤스가 긍정의 대답을 할 질문이다. 롤스는 원조를 통해 고통받는 사회가 정치·사회적 문화를 개선할 수 있도록 도와야 한다고 보았다.
④ C: 해외 원조는 의무가 아닌 개인의 선택 문제인가? (×)
→ 싱어가 부정의 대답을 할 질문이다. 싱어는 원조를 윤리적 의무로 규정한다.
⑤ C: 해외 원조는 개인이 아닌 국가 차원에서만 이루어져야 하는가? (×)
→ 싱어가 부정의 대답을 할 질문이다. 싱어는 개인도 원조의 주체가 될 수 있다고 주장하였다.

2주 4일 교과서 대표 전략 ②

Book 2 62~63쪽

01 ② 02 ④ 03 ② 04 ① 05 ① 06 ③
07 ①

01 **하버마스의 담론 윤리 이해**

제시문은 하버마스의 주장이다. 하버마스는 모든 사람에게 담론에 참여할 기회가 개방되어야 하고, 담론에 참여하는 사람들은 누구나 평등하게 발언할 수 있어야 한다고 보았다. 또한 대화 당사자들은 올바른 내용만을 말해야 하고, 논쟁의 절차를 준수하여 정당성을 확보해야 하며, 남을 속이려는 의도 없이 진실만을 말해야 한다고 주장하였다.

② 하버마스는 공직자나 전문가에게만 발언 기회를 제공하는 것이 아니라 담론 참여자 모두에게 평등하게 발언 기회를 제공해야 한다고 주장하였다.

02 **통일 찬성 논거 이해**

㉠에는 통일을 찬성하는 입장의 논거가 들어가야 한다. 통일을 찬성하는 입장에서는 민족의 동질성 회복, 이산가족의 고통 해소, 북한의 인권 문제 개선, 전쟁의 공포 해소 등을 근거로 통일을 이룰 것을 주장한다.

④ 통합 과정에서 사회적, 문화적 갈등이 발생하는 것은 통일을 반대하는 입장의 논거에 해당한다.

03 현실주의와 이상주의 비교

갑은 국제 관계를 현실주의적 입장에서 바라본 모겐소, 을은 이상주의적 입장에서 바라본 칸트이다.

ㄱ. 모겐소는 국가의 이익이 도덕성과 충돌할 때 도덕성보다 국가의 이익을 우선시해야 한다고 주장하였다.

ㄷ. 칸트는 국가 간 이성적 대화와 협력을 통해 평화를 위한 도덕, 여론, 법률, 제도를 만들어 나갈 수 있다고 보았다.

오답 피하기 ㄴ. 칸트는 분쟁 관계에서 국가는 국가의 이익보다 인간의 존엄성, 자유, 평등 등 보편적인 가치를 우선하여 달성해야 한다고 보았다. 또한 평화에 이르기 위해서는 전쟁을 없애야 한다고 주장하였다.

ㄹ. 타국을 자국의 생존을 위협하는 잠재적 위험 요소로 보는 것은 현실주의적 입장이다. 현실주의적 입장은 국가 간 갈등을 해결하는 방법은 '힘'에 있고 현실적으로 평화는 힘의 균형을 통해 전쟁을 예방 또는 억지하는 것이라고 보았다.

04 칸트의 영구 평화론 이해

제시문은 칸트의 주장이다. 칸트는 직접적인 폭력과 전쟁에서 벗어날 수 있도록 각국이 국제법의 적용을 받는 평화 연맹을 구성할 것을 요구하였다.

① 칸트는 국제기구, 국제법, 국제 규범 등 제도의 개선으로 집단 안보가 형성되면 국제 분쟁을 해결할 수 있다고 보았다.

오답 피하기 ② 칸트는 평화 실현에 방해가 되는 군비 확장을 비판하였다.

③ 갈퉁의 주장이다.

④ 칸트는 영구 평화를 인간이 추구해야 할 달성 가능한 의무라고 보았다.

⑤ 칸트는 침략 전쟁이 도덕적으로 정당화될 수 없다고 보았다.

05 칸트의 영구 평화 조항

칸트는 영구 평화를 위한 여섯 가지 예비 조항과 세 가지 확정 조항을 제시하였다. 제시된 내용은 확정 조항에 관련한 내용이다.

ㄱ. 칸트는 전쟁의 폭력성이라는 악순환에서 벗어나야 한다고 주장하면서 그 대책으로 영구 평화론을 제시하였다.

ㄴ. 칸트는 모든 국가가 평화를 유지하기 위해 자유로운 국가들 간의 연맹에 참여할 것을 주장하였다.

오답 피하기 ㄷ. 칸트는 힘의 균형이 아닌 국제법, 국제 규범 등 제도의 개선을 통한 평화 실현을 주장하였다.

ㄹ. 자국과 상대국의 긍정적인 상호 작용을 통해 분쟁을 해결할 수 있다고 본 것은 웬트이다.

06 원조에 대한 롤스와 노직의 입장

갑은 해외 원조를 윤리적 의무로 본 롤스이고, 을은 해외 원조를 자선의 개념으로 본 노직이다.

③ 노직은 해외 원조는 윤리적 의무가 아니라 개인의 자율적 선택의 문제로 보았다.

오답 피하기 ① 롤스는 해외 원조를 경제적 분배의 과정으로 보아서는 안 된다고 주장하였다.

② 롤스는 '질서 정연한 사회'로 이행된 국가에는 원조가 필요하지 않다고 보았다.

④ 노직은 원조를 선택할 주체가 국가가 아닌 개인이라고 보았다.

⑤ 롤스의 입장만 해당된다.

07 싱어의 해외 원조에 관한 윤리적 근거

싱어는 해외 원조가 공리주의적 입장에서 인류 전체의 고통을 감소하는 것이기 때문에 윤리적 의무라고 보았다.

오답 피하기 ⓒ 원조를 통해 모든 사회의 경제적 수준을 동등하게 조정해야 한다는 것은 싱어의 입장이 아니다. '예'라고 체크했으므로 정답이 될 수 없다.

ⓔ 싱어는 빈곤에 따른 개인의 고통을 덜어 주어야 할 의무가 있으며, 이를 위해 해외 원조가 필요하다고 보았다. '아니요'라고 체크했으므로 정답이 될 수 없다.

더 알아보기⁺ 싱어의 이익 평등 고려의 원칙

> 이익 평등 고려의 원칙에서 보면, 고통을 덜어 주어야 할 궁극적이고 도덕적인 이유는 고통이 그 자체로 바람직하지 않기 때문이다. 어떤 고통에 관하여 그것이 특정한 인종이 겪는 고통이라는 이유로 고려를 덜 한다면 이는 자의적인 차별이 될 것이다.

싱어는 이익 평등 고려의 원칙에 따라 차별 없는 해외 원조를 해야 한다고 주장하였다. 싱어는 고통을 겪고 있는 사람이 어떤 공동체의 구성원인지에 관계없이 원조해야 한다고 보았다.

2주 누구나 합격 전략

Book 2 64~65쪽

01 ②	02 ⑤	03 ①	04 ⑤	05 ③	06 ⑤
07 ①	08 ②				

01 지역 갈등의 사례

㉠에 들어갈 내용은 지역 갈등이다.

② 자신이 속한 지역의 이익만을 생각하는 것은 지역 이기주의로, 지역 갈등의 사례에 속한다.

오답 피하기 ① 세대 갈등이란 세대 간 의식과 가치관의 차이로 인해 발생하는 사회 갈등이다.

③ 이념 갈등이란 한 사회의 구성원들이 서로 추구하는 이념이 달라서 발생하는 사회 갈등이다.

④ 노사 갈등이란 노동자와 사용자 사이에 임금이나 노동 조건 등에 대한 이해관계의 차이로 인해 발생하는 사회 갈등이다.

⑤ 남녀 갈등이란 성별의 차이로 인해 발생하는 사회 갈등이다.

02 하버마스의 담론 윤리 이해

제시문의 규칙을 제시한 사상가는 하버마스이다.

⑤ 하버마스가 부정의 대답을 할 질문이다. 하버마스는 합리적인 의사소통 과정을 거쳐 보편적 합의를 이끌어낼 수 있다고 보았다.

오답 피하기 ① 하버마스가 긍정의 대답을 할 질문이다. 하버마스는 합리적인 의사소통을 통해 갈등을 해소할 수 있다고 보았다.
② 하버마스가 긍정의 대답을 할 질문이다. 하버마스는 개인의 주관적인 도덕 판단만으로는 규범이 성립될 수 없으므로 대화가 필요하다고 주장하였다.
③ 하버마스가 긍정의 대답을 할 질문이다. 하버마스는 나와 입장이 다른 사람과도 의사소통 공동체에서 합리적으로 의사소통이 가능하다고 보았다.
④ 하버마스가 긍정의 대답을 할 질문이다. 하버마스는 담론을 통해 합의된 규범이 정당성을 지닌 원리가 되기 위해서는 대화 당사자들이 서로의 표현을 제대로 이해할 수 있어야 한다고 보았다.

03 통일 한국의 미래상

통일 한국은 수준 높은 문화 국가, 정의로운 복지 국가, 자유로운 민주 국가, 자주적인 민족 국가를 지향해야 한다.
㉠ 통일 한국은 우수한 전통문화를 계승하고 다양한 문화와 조화를 이루며 창조적으로 문화를 발전시켜야 한다. '예'라고 체크했으므로 정답이 될 수 있다.
㉡ 통일 한국은 모든 사회 구성원들의 삶의 질이 향상된 풍요로운 복지 국가를 이루어야 한다. '예'라고 체크했으므로 정답이 될 수 있다.

오답 피하기 ㉢ 통일 한국은 자유, 평등, 인권 등 기본적 권리가 보장되며 정치적으로 국민들의 의사에 따라 국가의 정책을 결정하는 자유로운 민주 국가가 되어야 한다. '아니요'라고 체크했으므로 정답이 될 수 없다.
㉣ 통일 한국은 남한의 기술과 자본, 북한의 노동력을 이용하여 경제적으로 풍요로운 사회를 이루어야 한다. '예'라고 체크했으므로 정답이 될 수 없다.

04 통일 편익과 통일 비용

제시문은 통일이 주는 편익이 통일 비용보다 크기 때문에 통일이 필요하다고 보는 입장이다.
⑤ 제시문의 입장에서 긍정의 대답을 할 질문이다. 제시문은 실용적 측면에서 통일 편익이 통일 비용보다 크기 때문에 통일을 해야 한다고 주장한다.

오답 피하기 ① 제시문에서는 통일을 해야 한다고 주장하고 있다.
② 제시문에서는 통일 편익이 통일로 인한 지출보다 더 크다고 주장하고 있다.
③ 통일보다는 평화와 공존을 우선해야 한다는 주장은 통일에 대한 소극적 입장으로, 통일이 필요하다고 보는 제시문의 관점과 일치하지 않는다.
④ 제시문에서는 통일에 대해 당위적 차원의 접근이 아니라 조건적 차원에서 접근하고 있다.

05 현실주의적 입장 이해

제시된 신문 칼럼을 쓴 사람은 국제 분쟁을 현실주의적 입장에서 바라보고 있다. 현실주의적 입장은 자국의 이익을 위해 전쟁도 가능하다고 본다.

선택지 바로 보기

① 국제 분쟁은 국가 간 오해에서 비롯되는가? (×)
→ 현실주의적 입장에서는 국가마다 자국의 이익을 추구하기 때문에 국제 분쟁이 발생한다고 본다.
② 국가 간 관계에서 윤리적 규범의 적용이 필요한가? (×)
→ 현실주의적 입장에서는 국가의 이익이 도덕성과 충돌할 때 도덕성보다 국가의 이익을 우선시해야 한다고 본다.
③ 자국의 이익 극대화를 위한 목적의 전쟁은 수행될 수 있는가? (O)
→ 현실주의적 입장에서는 국민의 안녕과 국익을 지키는 것이 국가의 의무라고 생각하기 때문에 자국의 이익을 위한 전쟁이 수행될 수 있다고 본다.
④ 국가 간의 갈등은 국제법과 국제 규범 마련으로 해결 가능한가? (×)
→ 현실주의적 입장에서는 국가 간 갈등을 힘의 균형을 통해 해결할 수 있다고 본다.
⑤ 국제 정치는 국가 간 상호 작용을 통한 조화를 통해 이루어지는가? (×)
→ 현실주의적 입장에서는 세계가 자국의 이익을 추구하는 국가들로 이루어져 있다고 본다.

06 갈퉁의 적극적 평화론

제시된 내용을 주장한 사상가는 갈퉁이다. 갈퉁은 적극적 평화를 강조함으로써 평화 개념을 국가 안보의 차원에서 인간 안보의 차원으로 확장하였다.
⑤ 갈퉁은 문화적 폭력이 종교, 이념, 언어, 예술 등의 이면에 내재해 있는 직접적 혹은 구조적 폭력을 정당화하고 합법화하는 것이라고 보았다.

오답 피하기 ① 갈퉁은 종교적 차별을 문화적 폭력이라고 보았다.
② 사회 제도로부터 비롯되는 폭력은 구조적 폭력이다.
③ 갈퉁은 진정한 평화는 직접적 폭력뿐만 아니라 구조적·문화적 폭력까지 제거되어야 달성할 수 있다고 보았다.
④ 소극적 평화는 직접적 폭력만 사라진 상태이다.

07 칸트의 영구 평화론

제시된 내용을 주장한 사상가는 칸트이다. 칸트는 전쟁을 없애 평화를 이루어야 한다고 주장하였다. 이를 위해 국가들이 서로를 인격적으로 대하고, 무력과 기만을 근절해야 한다고 보았다.
① 칸트는 분쟁 관계에서 국가가 도덕성을 고려해야 한다고 보았다.

오답 피하기 ② 칸트는 국제법이 자유로운 국가들의 연방 체제에 기초해야 한다고 보았다.
③ 현실주의적 입장에 근거한 평화 유지 방법으로 칸트의 주장과 다르다.
④, ⑤ 칸트는 개별 국가의 주권은 지키면서 평화 연맹을 구성할 것을 요구하였다.

자료 분석

평화는 도덕적 입법의 최고 자리에 위치한 이성이 명령하는 보편적 의무이다. 국가들은 서로를 하나의 인격체로 대하고, 무력과 기만을 근절해 평화를 예비해야 한다. 공화국으로 전환한 계몽된 자유 국가들이 연방을 결성하고, 호혜적인 질서를 수립함으로써 평화를 확정해야 한다.

칸트는 평화가 보편적 의무이며, 평화에 이르기 위해 전쟁을 없애야 한다고 주장하였다. 칸트는 이를 위해 모든 국가가 자유로운 국가들 간의 연맹에 참여해야 한다고 주장하였다.

08 원조에 대한 롤스와 싱어의 입장 비교

갑은 롤스, 을은 싱어이다. 싱어는 공리주의적 관점에서 빈곤으로 고통받는 사람들을 도와야 한다고 주장하였다.

선택지 바로 보기

① 원조에 대한 책임이나 의무는 존재하지 않는가? (×)
→ 롤스와 싱어 모두 부정의 대답을 할 질문이다. 롤스와 싱어는 원조가 윤리적 의무라고 보았다.

② 원조는 공리주의적 관점에서 이루어져야 하는가? (O)
→ 싱어의 입장으로, 롤스는 부정의 대답을 할 질문이다.

③ 원조 대상은 지리적 근접성을 기준으로 결정되어야 하는가? (×)
→ 롤스와 싱어 모두 부정의 대답을 할 질문이다.

④ 원조의 궁극적 목표는 부와 복지의 수준을 조정하는 것인가? (×)
→ 롤스와 싱어 모두 부정의 대답을 할 질문이다.

⑤ 원조 대상에 부유한 국가의 시민들은 포함되지 않아야 하는가? (×)
→ 싱어가 부정의 대답을 할 질문이다. 싱어는 부유한 국가의 시민일지라도 절대 빈곤으로 고통받고 있다면 원조의 대상이 될 수 있다고 보았다.

2주 창의·융합·코딩 전략

Book 2 66~69쪽

1 ③	2 ②	3 ①	4 ④	5 ④	6 ⑤
7 ①	8 ③	9 ②			

1 통일에 대한 관점 비교

(가)는 통일을 인도주의적 차원과 민족 공동체를 건설하기 위한 당위적 차원에서 다루고 있고, (나)는 통일을 비용과 편익의 관점에서 다루고 있다.

㉡ 통일을 민족 정통성 계승 차원에서 바라보아야 한다는 입장은 (가)만 해당한다. 따라서 '아니요'에 체크되어 있어야 한다.

㉣ 통일이 가져올 경제적인 효과를 고려하여 통일 논의가 이루어져야 한다는 입장은 (나)에만 해당한다. 따라서 '아니요'에 체크되어 있어야 한다.

오답 피하기 ㉠ 통일의 필요성을 당위의 관점에서 바라보아야 한다는 입장은 (가)에만 해당한다. 따라서 '아니요'에 체크되어 있어야 한다.

㉢ 통일에 대한 논의는 효용성을 바탕으로 이루어져야 한다는 입장은 (나)에만 해당한다. 따라서 '아니요'에 체크되어 있어야 한다.

2 사회 갈등의 유형

(가)는 세대 갈등, (나)는 지역 갈등이다. 세대 갈등은 어느 사회에서나 세대 간 경험 차이로 인해 나타나는 보편적인 현상이다. 지역 갈등은 지역 개발과 관련된 갈등에서 비롯되기도 하는데 이를 해결하기 위해서는 지역 간 갈등을 조장해왔던 정치 구조를 타파해야 한다.

② 세대 갈등을 해결하기 위해서는 세대 간 차이를 자연스럽게 수용하는 자세가 요구된다.

3 세계화의 특징 이해

㉠에 들어갈 개념은 세계화이다. 세계화란 국제 사회에서 상호 의존성이 증가함에 따라 세계가 단일한 사회 체계로 나아가는 현상을 의미한다.

ㄱ. 강대국 중심으로 시장과 자본의 독점이 이루어지는 것은 세계화의 부정적 영향에 해당한다.

ㄴ. 획일화된 선진국 중심의 문화가 전 세계적으로 확대되는 것은 세계화의 부정적 영향에 해당한다.

오답 피하기 ㄷ. 국가 간 상호 협력과 교류가 광범위하게 동시적으로 가능해지는 것은 세계화의 긍정적 영향에 해당한다.

ㄹ. 세계화를 긍정적으로 바라보는 입장은 세계화로 인해 문화 교류가 촉진되고 문화의 질적 향상이 이루어진다고 주장한다.

ㅁ. 세계화를 긍정적으로 바라보는 입장은 세계화로 각국이 긴밀한 관계를 맺게 되면서 창의성과 효율성이 제고된다는 점을 강조한다.

4 국제 분쟁 해결에 관한 입장

(가)는 현실주의적 입장, (나)는 이상주의적 입장이다. 현실주의적 입장은 국가 간 갈등을 해결하는 방법은 '힘'에 있고, 국가의 힘을 키워서 세력 균형을 유지해야 분쟁을 해결할 수 있다고 본다. 이상주의적 입장은 국제기구, 국제법, 국제 규범 등 제도의 개선으로 집단 안보를 형성하여 국제 분쟁을 해결할 것을 주장한다.

㉣ 이상주의적 입장은 국가가 자국의 이익을 추구할 수 있다고 보며, 자국의 국익 실현을 위한 협력을 인정한다.

5 통일 기반 조성을 위한 노력

제시된 칼럼에서는 동독과 서독 간 지역 갈등에 대해 다루고 있다. 제시된 독일 통일 사례는 남북한이 외형적 통일을 넘어 심리적, 문화적 통일을 이루기 위한 노력이 필요함을 보여준다. 이러한 문제를 방지하기 위해서는 통일 이후의 부작용과 내부적 저항을 최소화할 수 있도록 단계적으로 접근해야 하고, 남북한의 이질성을 줄이기 위해 사회·문화적 교류를 확대해야 한다.

④ 남북한 주민 간 갈등과 격차를 줄여나가기 위해서는 한쪽이 일방적으로 자신의 문화와 체제를 따르게 해서는 안 되며, 통일 이전에 충분한 사회·문화적 교류와 공감대 형성이 이루어져야 한다.

6 국제 분쟁의 해결 방법

제시된 게임에서 설명하는 사상가는 칸트로, 영구 평화를 지향하였다. 칸트는 평화를 실현하는 방법으로 세 가지 영구 평화 조항을 제시하였다.

⑤ 칸트는 국가의 이익보다 인간의 존엄성, 자유, 평등 등 보편적인 가치를 우선하여 달성해야 한다고 주장하였다.

오답 피하기 ①, ② 칸트는 평화에 이르기 위해 전쟁을 없애야 한다고 주장하였다.

③ 현실주의적 입장에 대한 설명이다.

④ 칸트는 영구 평화를 위해 단일한 세계 정부가 아닌 국제법의 적용을 받는 평화 연맹을 구성할 것을 요구하였다.

더 알아보기⁺ 영구 평화를 위한 예비 조항

> 국가 간의 영구 평화를 위한 예비 조항은 다음과 같다.
> 첫째, 전쟁에 대비하여 물자를 비밀리에 간직해 두고서 맺어진 평화 조약을 인정해서는 안 된다.
> 둘째, 어떠한 독립 국가도 다른 국가의 소유가 될 수 없다.
> 셋째, 상비군은 철폐되어야 한다. … (중략) …
> 여섯째, 어떠한 국가도 전쟁 중에 장래의 평화 시기에 상호 신뢰를 불가능하게 할 것이 틀림없는 행위를 해서는 안 된다.

제시문은 칸트가 제시한 영구 평화를 위한 예비 조항이다. 칸트는 이를 통해 국가 간의 전쟁을 유발할 수 있는 전쟁 물자, 상비군, 예산, 국가 간의 물리적 개입, 적대 행위 등을 금지해야 한다고 주장하였다.

7 해외 원조의 윤리적 근거

(가)는 싱어의 주장이다. 싱어는 공리주의적 입장에서 인류 전체의 고통을 감소하기 위해 원조를 해야 한다고 주장하였다.

오답 피하기 ② 롤스의 주장이다.
③ 싱어는 지리적 거리와 상관없이 굶주림으로 죽어 가는 이웃에게 원조를 행할 것을 주장하였다.
④ 노직의 주장이다.
⑤ 싱어는 자국의 국제적 위상을 높이기 위해 원조를 해야 한다고 주장하지 않았다.

더 알아보기⁺ 해외 원조에 대한 입장

롤스	• 해외 원조는 빈곤국이 질서 정연한 사회로 이행하도록 돕는 것 • 해외 원조를 경제적 분배의 과정으로 보아서는 안 됨 • 해외 원조는 윤리적 의무임
싱어	• 해외 원조는 공리주의적 입장에서 인류 전체의 고통을 감소하는 것 • 해외 원조는 윤리적 의무임
노직	• 정당한 과정을 거쳐서 취득한 재산은 배타적 소유권을 지님 • 해외 원조는 의무가 아닌 선의를 베푸는 자선 행위임

8 칸트의 영구 평화론

제시된 내용을 주장한 사상가는 칸트이다. 칸트는 직접적인 폭력과 전쟁에서 벗어날 수 있도록 각국이 국제법의 적용을 받는 평화 연맹을 구성할 것을 요구하였다. 이때 모든 국가의 시민적 정치 체제는 국가 구성원이 자유롭고 평등하며 공동의 법을 따를 수 있는 공화 정체이어야 한다고 보았다. 또한 칸트는 분쟁 관계에서 국가는 국가의 이익보다 인간의 존엄성, 자유, 평등 등 보편적인 가치를 우선하여 달성해야 한다고 주장하였다.

9 해외 원조에 대한 입장 비교

(가)의 갑은 롤스, 을은 싱어, 병은 노직이다.
ㄱ. 롤스는 제도적·정치적 결함을 지닌 고통받는 사회에 대해서만 원조를 해야 한다고 주장하였다.
ㄹ. 노직은 해외 원조를 의무가 아닌 선의를 베푸는 자선의 개념으로 보았다.

오답 피하기 ㄴ. 싱어는 지리적 거리와 상관없이 빈곤으로 고통받는 사람들을 도와주어야 한다고 보았다.
ㄷ. 싱어가 주장하는 원조의 목적은 인류 행복의 증진이나 이를 전 인류의 삶을 균등하게 만드는 일로 해석해서는 안 된다.

신유형·신경향·서술형 전략

Book 2 72~75쪽

01 ③ 02 ② 03 ② 04 ⑤ 05 ③ 06 ①
07 ② 08 ②

서술형 전략

09 (1) ㉠은 저작권 보호보다 정보 공유를 중시하고, ㉡은 정보 공유보다 저작권 보호를 중시한다. (2) ㉠, ㉡ 모두 양질의 정보를 생산하려는 목적을 가지고 있다.

10 대중문화의 생산자는 대중문화를 단순한 상품으로 여겨서는 안 되며 대중문화가 미칠 정신적 영향과 사회적 효과를 더욱 신중하게 고려해야 한다. 대중문화의 소비자는 자본에 종속되어 상업화된 대중문화에 대한 비판적 시각을 길러야 한다.

11 직접적 폭력뿐만 아니라 구조적 폭력과 문화적 폭력 등의 간접적 폭력까지 제거된 것으로, 모든 사람들이 인간다운 삶을 누릴 수 있는 상태이다.

12 분단으로 인해 지출되던 분단 비용이 사라진다. 경제 통합으로 교역이 증가하고 생산성이 향상된다. 북한 주민의 인권이 신장된다. 국제 사회에서 통일 한국의 위상이 제고된다. 전쟁에 대한 위험이 감소하여 문화·관광·여가의 기회가 증가한다. 등

01 과학 기술자의 사회적 책임

제시된 내용을 주장한 사상가는 요나스이다. 요나스는 과학 기술자가 과학 기술의 발전이 사회에 미치게 될 결과를 예측하여 이에 대한 도덕적 책임을 져야 한다고 강조하였다.
ㄴ. 요나스는 과학 기술자가 사회적 책임을 이행해야 할 것을 강조하였다.
ㄷ. 요나스는 과학 기술 연구가 부정적 결과나 위험을 가져올 것으로 예측될 경우, 그러한 연구를 더 이상 진행해서는 안 된다고 보았다.

오답 피하기 ㄱ. 요나스는 과학 기술에 대한 규제가 필요하다고 보았다.
ㄹ. 요나스는 과학 기술의 책임 범위에 자연과 미래 세대를 포함시켜야 한다고 보았다.

02 소통과 담론의 윤리

제시된 그림에서 선생님은 합리적인 의사소통을 위해 지녀야 할 자세에 대해 묻고 있다. 올바른 의사소통을 위해 모든 사람에게 담론에 참여할 기회가 개방되어야 하며, 담론에 참여하는 사람들은 누구나 평등하게 발언할 수 있어야 한다. 대화 참가자들은 올바른 의사소통을 위해 대화 상대방을 존중하는 태도를 지녀야 하며, 상대를 속이려는 생각을 버리고 말하는 바를 진실하게 표현해야 한다.

② 의사소통을 원활히 하기 위해 자신의 오류 가능성을 인정하는 태도를 지녀야 한다.

03 칸트의 영구 평화론

제시된 내용을 주장한 사상가는 칸트이다. 칸트는 평화에 이르기 위해서는 전쟁을 없애야 한다고 주장하면서 세 가지 영구 평화 조항을 제시하였다.

ㄱ. 칸트는 평화에 이르기 위해 전쟁을 없애야 한다고 주장하였다.

ㄷ. 칸트는 세계 시민법이 국가 간 평등한 관계에 기반을 두어야 한다고 보았다.

오답 피하기 ㄴ. 칸트는 각국이 주권을 유지한 채 국제법의 적용을 받는 평화 연맹을 구성할 것을 요구하였다.

ㄹ. 칸트는 국가의 이익보다 도덕성을 더 중요시해야 한다고 주장하였다.

04 세계화의 부정적인 측면 이해

제시된 칼럼에서는 세계화 과정에서 제시되는 세계적인 기준들이 선진국에게만 유리하며 개발 도상국들에게 불리하게 작용한다고 본다.

⑤ 글쓴이는 이런 선진국 중심의 세계화가 계속 진행될 경우 국가 간 빈부 격차가 더 커질 것이라고 본다.

오답 피하기 ① 글쓴이는 세계화에 대해 부정적 입장을 취하고 있다.

② 글쓴이는 세계화로 인해 선진국의 시장과 자본 독점이 더 심화된다고 보았다.

③ 글쓴이는 세계화 과정에서 자유 무역의 확대는 개발 도상국의 상황을 악화시킨다고 보았다.

④ 글쓴이는 세계화 과정에서 제시되는 세계적 기준들은 선진국에게 유리하고 후진국에게 불리한 조건이라고 보았다.

05 기후 변화와 기후 정의 문제

제시된 글에서는 지구 온난화의 원인은 선진국에 있음에도 불구하고, 그 피해는 개발 도상국이나 후진국이 입고 있다는 점을 지적하고 있다.

㉡ 기후 정의를 실현하기 위해서는 기후 변화로 고통받는 나라들을 지원하려는 노력이 필요하다.

㉢ 기후 정의를 실현하기 위해서는 형평성을 중심으로 국제적 협력을 모색해야 한다.

오답 피하기 ㉠ 개발 도상국과 후진국의 온실가스 배출을 규제할 경우, 지구 온난화에 큰 책임이 있는 선진국과 불평등 문제가 제기될 수 있다.

㉣ 지구 온난화에 대한 대비 없이 경제 성장을 지속적으로 추진하는 것은 올바른 해결 방법이 아니다.

06 롤스의 원조론

제시된 내용을 주장한 사상가는 롤스이다. 롤스는 원조의 궁극적 목적은 고통을 겪는 사회가 질서 정연한 사회가 되도록 돕는 데 있다고 주장하였다. 따라서 롤스는 원조의 대상이 질서 정연한 사회로 진입한다면 그 사회가 여전히 상대적으로 빈곤하다고 해도 원조를 더 할 필요가 없다고 보았다. 또한 롤스는 원조를 자선의 영역이 아닌 윤리적 의무라고 보았다. 따라서 옳게 표시한 학생은 갑이다.

07 다문화 사회의 윤리

수업 장면 판서 내용 중 (가)는 문화 다원주의, (나)는 다문화주의, (다)는 동화주의에 해당한다. 국수 대접 모델을 토대로 하는 문화 다원주의는 주류 문화와 비주류 문화를 구분하면서 두 문화의 공존을 인정하는 입장이다. 샐러드 그릇 모델을 토대로 하는 다문화주의는 한 사회의 다양한 문화를 동등하게 대우하고 조화로운 공존을 중시하는 입장이다. 용광로 모델을 토대로 하는 동화주의는 다양한 소수 문화를 주류 문화에 통합시키려는 입장이다.

② (나)에 해당하는 다문화주의는 다양한 문화를 차별하지 않고 동등하게 대우할 것을 강조한다.

오답 피하기 ① 다양한 문화를 평등하게 대우해야 한다고 주장하는 것은 문화 다원주의가 아니라 다문화주의의 입장이다.

③ 동화주의는 이민자 문화를 주류 문화에 통합시키려는 입장이다.

④ 다문화주의에만 해당하는 내용이다. 문화 다원주의는 주류 문화를 바탕으로 문화적 다원성을 수용한다.

⑤ 동화주의에만 해당하는 내용이다. 문화 다원주의는 주류 문화를 중심으로 다양한 문화의 공존을 인정하는 입장이다.

08 국제 분쟁 해결에 관한 입장

제시된 내용은 현실주의적 입장으로, 국가 간 세력 균형을 유지해야 분쟁을 해결할 수 있다고 본다.

ㄱ, ㄷ 현실주의적 입장에서는 힘의 균형이 무너지면 전쟁이 일어날 가능성이 높으므로 세력 균형을 통해 전쟁을 예방해야 한다고 본다.

오답 피하기 ㄴ. 자국과 상대국이 적, 친구 혹은 경쟁자 중 어떤 관계인지, 어떻게 상호 작용할 것인지에 따라서 국익이 좌우된다고 본 것은 구성주의적 입장이다.

ㄹ. 국제기구, 국제법, 국제 규범 등 제도의 개선으로 집단 안보를 형성하여 국제 분쟁을 해결할 수 있다고 본 것은 이상주의적 입장이다.

더 알아보기⁺ 국제 관계를 바라보는 관점

현실주의	• 국가의 이익과 도덕성 충돌 시 국가의 이익 우선 • 국가의 힘을 키워 세력 균형을 유지해야 분쟁 해결 가능
이상주의	• 국가의 이익보다 인간의 존엄성, 자유, 평등 등 보편적인 가치 우선 • 국제기구, 국제법 등 도덕성에 근거한 집단 안보 형성을 통해 분쟁 해결 가능
구성주의	• 상대국과의 관계 정립, 상호 작용이 국익 좌우 • 국가 간 긍정적인 상호 작용을 통해 분쟁 해결 가능

09 정보 사회의 윤리

카피레프트의 입장은 정보 공유론, 카피라이트의 입장은 정보 사유론에 해당한다. 정보 공유론은 지적 창작물은 공공재로서 공익을 위해 사용되어야 한다고 보고, 정보의 질적 수준을 높이고 정보 사회의 발전을 위해 특정 개인이나 집단이 정보를 독점해서는 안 된다고 주장한다. 정보 사유론은 지적 창작물은 창작자가 배타적으로 소유하는 사유재라 보고, 정보의 질적 수준을 높이고 정보 사회의 발전을 위해 창작자의 저작권과 경제적 이익을 보장해야 한다고 주장한다.

예시 답안 (1) ㉠은 저작권 보호보다 정보 공유를 중시하고, ㉡은 정보 공유보다 저작권 보호를 중시한다.

(2) ㉠, ㉡ 모두 양질의 정보를 생산하려는 목적을 가지고 있다.

채점 기준	배점
카피레프트와 카피라이트의 차이점과 공통점을 모두 바르게 서술한 경우	상
카피레프트와 카피라이트의 차이점과 공통점 중 한 가지만 바르게 서술한 경우	중
카피레프트와 카피라이트의 차이점과 공통점을 부정확하게 서술한 경우	하

10 대중문화와 관련된 윤리적 문제

제시된 칼럼에서는 기업적 문화 산업의 문제점을 지적하고 있다. 이러한 문제점을 해결하기 위해서는 자본에 종속되어 상업화된 대중문화에 대한 문제의식을 지녀야 한다. 또한 자본에 종속된 대중문화는 문화의 창조성과 다양성을 저해함을 인식하고, 주체적인 대중문화를 창조하기 위한 노력이 필요하다.

예시 답안 대중문화의 생산자는 대중문화를 단순한 상품으로 여겨서는 안 되며 대중문화가 미칠 정신적 영향과 사회적 효과를 더욱 신중하게 고려해야 한다, 대중문화의 소비자는 자본에 종속되어 상업화된 대중문화에 대한 비판적 시각을 길러야 한다.

채점 기준	배점
상업화된 대중문화의 문제점을 해결할 수 있는 방법을 생산자 또는 소비자 입장에서 바르게 서술한 경우	상
상업화된 대중문화의 문제점을 해결할 수 있는 방법을 서술하였으나 생산자 또는 소비자 입장에서 서술하지 않은 경우	중
상업화된 대중문화가 문제임을 인식하였으나 문제점을 해결할 수 있는 방법을 바르게 서술하지 못한 경우	하

11 갈퉁의 적극적 평화

제시된 내용을 주장한 사상가는 갈퉁이다. 갈퉁은 직접적 폭력뿐만 아니라 구조적·문화적 폭력까지 제거된 적극적 평화를 달성해야 한다고 주장하였다.

예시 답안 직접적 폭력뿐만 아니라 구조적 폭력과 문화적 폭력 등의 간접적 폭력까지 제거된 것으로, 모든 사람들이 인간다운 삶을 누릴 수 있는 상태이다.

채점 기준	배점
직접적 폭력·구조적 폭력·문화적 폭력까지 제거된 적극적 평화를 달성해야 한다고 서술한 경우	상
직접적 폭력·구조적 폭력·문화적 폭력 중 두 가지만 언급하여 서술한 경우	중
직접적 폭력만 사라진 상태라고 서술한 경우	하

12 통일과 관련한 비용

㉠은 통일 편익이다. 통일 편익은 남북통일로 얻을 수 있는 경제적·비경제적 편익을 말한다.

예시 답안 분단으로 인해 지출되던 분단 비용이 사라진다, 경제 통합으로 교역이 증가하고 생산성이 향상된다, 북한 주민의 인권이 신장된다, 국제 사회에서 통일 한국의 위상이 제고된다, 전쟁에 대한 위험이 감소하여 문화·관광·여가의 기회가 증가한다. 등

채점 기준	배점
통일 편익의 예시를 두 가지 이상 바르게 서술한 경우	상
통일 편익의 예시를 한 가지만 바르게 서술한 경우	중
㉠이 통일 편익임을 파악하였으나, 예시를 바르게 서술하지 못한 경우	하

적중 예상 전략 1회

Book 2 76~79쪽

01 ④ 02 ③ 03 ⑤ 04 ① 05 ① 06 ② 07 ③ 08 ⑤ 09 ② 10 ③ 11 ③

서술형 12 해설 참조 13 해설 참조 14 해설 참조 15 해설 참조

01 과학 기술의 가치 중립성에 대한 입장

다음 그림은 서술형 평가 문제와 학생 답안이다. 학생 답안 ㉠~㉤ 중 옳지 않은 것은?

〈서술형 평가〉

◎ 문제: 과학 기술에 대한 두 입장을 비교·서술하시오.

→ 과학 기술의 가치 중립성을 강조하는 입장

(가) 과학 기술 그 자체는 선하지도 않고 악하지도 않다. 과학 기술의 의미와 가치는 사람들에 의해 결정된다.

(나) 과학 기술은 자연을 닦달한다. 현대의 기술은 인간 존재뿐만 아니라, 인간과 자연의 관계까지도 지배한다. → 과학 기술의 가치 중립성을 부정하는 입장

◎ 학생 답안

㉠ (가)는 과학 기술에 대한 가치 판단이 필요하지 않다고 보고, ㉡ (나)는 과학 기술에 대해 윤리적 성찰이 필요하다고 본다. ㉢ (가)는 과학 기술에 주관적 가치가 개입될 수 없다고 보며, ㉣ (나)는 과학 기술과 윤리의 영역을 엄격히 구분해야 한다고 본다. ㉤ (가)와 (나)의 입장을 종합해 보면 과학 기술이 좋지 않은 방향으로 활용될 수도 있음을 알 수 있다.

① ㉠ ② ㉡ ③ ㉢ ④ ㉣ ⑤ ㉤

☑ 출제 의도 파악하기

과학 기술의 가치 중립성을 강조하는 입장과 가치 중립성을 부정하는 입장의 주장을 이해한다.

문제 해결 Point 쏙쏙

- 가치 중립성을 강조하는 입장: 과학 기술은 가치 판단에서 자유로운 사실의 영역 → 과학 기술에 대한 윤리적 평가 반대, 연구의 자유 보장 강조
- 가치 중립성을 부정하는 입장: 과학 기술은 가치 판단에서 자유로울 수 없음 → 과학 기술에 대한 윤리적 성찰 및 통제가 필요함을 강조

☑ 선택지 바로 알기

㉣ (나)는 과학 기술과 윤리가 구분되어 있지 않다고 본다.

02 인간 중심주의와 생명 중심주의 자연관

갑, 을 사상가의 입장에 대한 설명으로 옳은 것은?

갑: 과학의 목적은 자연을 정복해 인간의 물질적 생활을 향상시키는 데 있다. 이를 위해 인간은 자연이 어떻게 작동하는지 알고, 자연을 이용할 수 있어야 한다.
→ 인간 중심주의 자연관을 주장한 베이컨이다.

을: 모든 생명체는 목적론적 활동의 중심이며 도덕적으로 대우받아야 할 존재이다. 인간은 생명체의 목적 달성을 방해하는 행동을 해서는 안 된다.
→ 생명 중심주의 자연관을 주장한 테일러이다.

① 갑은 자연 생태계를 도덕적 고려 대상으로 본다.
② 갑은 쾌고를 느끼는 존재의 고통을 줄여 주어야 한다고 본다.
③ 을은 모든 생명체를 도덕적 존중의 대상으로 본다.
④ 을은 동물만이 자기의 삶을 영위하는 삶의 주체라고 본다.
⑤ 갑, 을은 모든 생명체가 내재적 가치를 지닌다고 본다.

☑ 출제 의도 파악하기

인간 중심주의와 생명 중심주의의 자연관을 이해한다.

문제 해결 Point 쏙쏙

- 인간 중심주의: 인간만이 도덕적 권리를 지닌다고 봄
- 생명 중심주의: 모든 생명체를 도덕적으로 고려함

☑ 선택지 바로 알기

① 갑은 자연 생태계를 도덕적 고려 대상으로 본다.
→ 갑은 인간만을 도덕적 고려 대상으로 본다.

② ② 갑은 쾌고를 느끼는 존재의 고통을 줄여 주어야 한다고 본다.
→ 쾌고 감수 능력을 지닌 존재를 고통에서 해방해야 한다고 본 것은 싱어이다.

③ 을은 모든 생명체를 도덕적 존중의 대상으로 본다.
→ 테일러는 모든 생명체가 고유한 가치를 지니고 있다고 보았다.

④ 을은 동물만이 자기의 삶을 영위하는 삶의 주체라고 본다.
→ 테일러는 모든 생명체가 '목적론적 삶의 중심'이라고 규정하였다.

⑤ 갑, 을은 모든 생명체가 내재적 가치를 지닌다고 본다.
→ 을의 입장에만 해당한다.

☑ 용어

유용성: 소용이 있고 이용할 수 있는 속성

고유한 선: 생명체가 추구하는 고유한 목적

03 동양의 불교와 유교의 자연관

(가)의 갑, 을의 입장을 (나)의 그림으로 나타내고자 할 때 A, B에 들어갈 질문으로 적절한 것은?

(가)
갑: 모든 존재는 인연에 의해 생성하고 소멸하는 것이다. 그러므로 나와 다른 존재는 분리된 것이 아니다. → 불교의 자연관이다.
을: 자기 본성을 이해하면 하늘을 이해하게 된다. 자신의 마음을 간직하고 본성을 기르는 것이 하늘을 섬기는 방법이다.
→ 유교의 자연관이다.

(나)
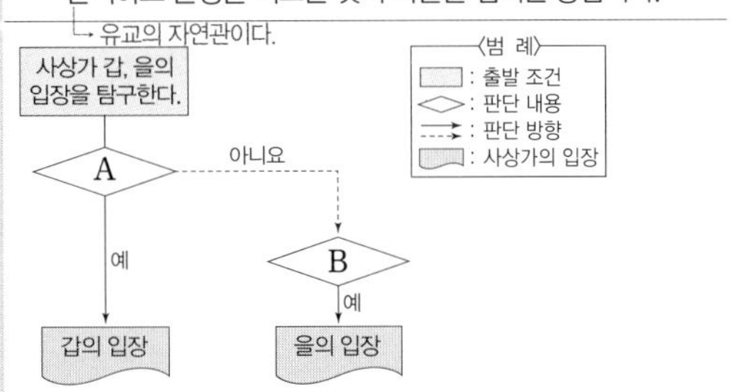

① A: 인간과 자연의 조화를 추구해야 하는가?
② A: 인간과 자연은 이분법적 관계에 있는가?
③ B: 인간의 악한 본성을 변화시켜야 하는가?
④ B: 자연과 달리 인간은 살아있는 유기체인가?
⑤ B: 만물은 저마다 본래의 가치를 지니고 있는가?

☑ 출제 의도 파악하기
불교의 자연관과 유교의 자연관을 비교한다.

문제 해결 Point 쏙쏙
- 불교의 자연관: 만물의 상호 의존성을 강조하는 연기론을 주장함
- 유교의 자연관: 만물이 본래의 가치를 지닌다고 보며 인간과 자연이 조화를 이루는 천인합일(天人合一)의 경지를 지향함

☑ 선택지 바로 알기
① (A): 인간과 자연의 조화를 추구해야 하는가?
→ 유불도에서는 인간과 자연의 조화를 강조한다.
② (A): 인간과 자연은 이분법적 관계에 있는가?
→ 불교에서는 인간과 자연이 긴밀하게 연결되어 있다고 본다.
③ (B): 인간의 악한 본성을 변화시켜야 하는가?
→ 유교에서는 수양으로 선한 본성을 보존하고 확충해야 한다고 본다.
④ (B): 자연과 달리 인간은 살아있는 유기체인가?
→ 유교에서는 자연을 살아 있는 유기체라고 본다.
⑤ (B): 만물은 저마다 본래의 가치를 지니고 있는가?
→ 유교에서는 만물이 본래의 가치를 지닌다고 본다.

☑ 용어
유기체: 여러 기관들이 서로 연결되어 생명을 유지하는 개체

04 도덕주의와 예술 지상주의 입장

갑이 을에게 제기할 비판으로 옳은 것은?

> **갑**: 좋은 리듬, 좋은 말씨, 조화로움, 우아함이 담겨 있는 예술 작품은 청소년들에게 좋은 성격을 갖게 하지만, 나쁜 리듬, 나쁜 말씨, 부조화, 꼴사나움은 나쁜 성격을 갖게 합니다. → 도덕주의를 주장한 플라톤이다.
> **을**: 예술가가 다른 사람의 욕구를 만족시키려는 순간, 그는 예술가이기를 포기한 것이며, 예술가에게 윤리적 공감은 독창성을 잃게 하는 것이므로 결코 필요한 것이라고 할 수 없습니다. → 예술 지상주의를 주장한 와일드이다.

① 모든 예술은 도덕적 평가의 대상임을 알아야 한다.
② 예술의 목적이 미적 가치 추구임을 명심해야 한다.
③ 예술 자체가 지니고 있는 자율성을 인정해야 한다.
④ 예술 활동은 사회 활동과 구별됨을 자각해야 한다.
⑤ 예술의 참된 의의를 예술 그 자체에서 찾아야 한다.

☑ 출제 의도 파악하기
예술에 대한 도덕주의와 예술 지상주의 입장의 특징을 비교한다.

문제 해결 Point 쏙쏙
- 도덕주의: 도덕적 가치가 미적 가치보다 우위에 있으므로 예술은 윤리의 인도를 받아야 한다는 견해
- 예술 지상주의: 예술의 목적이 미적 가치의 구현에 있다고 보는 견해

☑ 선택지 바로 알기
① 모든 예술은 도덕적 평가의 대상임을 알아야 한다.
→ 도덕주의 입장에서 예술 지상주의 입장에 제기할 수 있는 비판이다.
② 예술의 목적이 미적 가치 추구임을 명심해야 한다.
→ 예술 지상주의 입장에서 도덕주의 입장에 제기할 수 있는 비판이다.
③ 예술 자체가 지니고 있는 자율성을 인정해야 한다.
→ 예술 지상주의 입장에서 도덕주의 입장에 제기할 수 있는 비판이다.
④ 예술 활동은 사회 활동과 구별됨을 자각해야 한다.
→ 예술 지상주의 입장에서 주장하는 순수 예술론의 특징이다.
⑤ 예술의 참된 의의를 예술 그 자체에서 찾아야 한다.
→ 예술 지상주의 입장에서 도덕주의 입장에 제기할 수 있는 비판이다.

☑ 용어
공감: 다른 사람의 감정과 똑같이 느끼는 감정

05 합리적 소비와 윤리적 소비

㉠과 ㉡ 소비의 특징을 바르게 연결한 것은?

> 자신의 소득 범위 내에서 최소한의 비용으로 자신의 욕구를 최대한 충족시키려는 소비를 [㉠]라고 한다. 그에 비해 소비자의 영향력 확대와 다양한 사회 문제에 대한 관심 속에서 도덕적 가치에 따라 재화나 서비스를 구매하는 소비를 [㉡]라고 한다. → ㉠은 합리적 소비, ㉡은 윤리적 소비이다.

	㉠	㉡
①	경제성 중시	공정성 중시
②	동물 복지 중시	인권 보호 중시
③	비용 절감 중시	과시 욕구 중시
④	환경 보전 중시	욕구 충족 중시
⑤	공정 무역 중시	공동체의 가치 중시

☑ 출제 의도 파악하기

합리적 소비와 윤리적 소비의 특징을 비교 이해한다.

문제 해결 Point 쏙쏙

- 합리적 소비: 소득 범위 내에서 최소한의 비용으로 자신의 욕구를 최대한 충족하려는 소비
- 윤리적 소비: 도덕적 가치 판단에 따라 재화나 서비스를 구매하고 사용하는 소비

☑ 선택지 바로 알기

	㉠	㉡
①	경제성 중시 → 합리적 소비의 특징	공정성 중시 → 윤리적 소비의 특징
②	동물 복지 중시 → 윤리적 소비의 특징	인권 보호 중시 → 윤리적 소비의 특징
③	비용 절감 중시 → 합리적 소비의 특징	과시 욕구 중시 → 과시적 소비의 특징
④	환경 보전 중시 → 윤리적 소비의 특징	욕구 충족 중시 → 합리적 소비의 특징
⑤	공정 무역 중시 → 윤리적 소비의 특징	공동체의 가치 중시 → 윤리적 소비의 특징

☑ 용어

재화: 인간의 욕구를 충족시키는 화폐 가치가 있는 물건

서비스: 생산된 재화를 운반·배급하거나 생산·소비에 필요한 노무를 제공함

06 유기적 연대

다음 글을 쓴 사상가가 주장할 내용으로 알맞은 것을 〈보기〉에서 고른 것은?

> 사회 응집을 유지하기 위해 모두가 똑같은 사람이 되기를 요구한다. 우리의 개성은 사라지고, 우리는 집합적인 생명체가 된다. 그렇게 뭉친 사회적 분자들은 마치 무기체의 분자들처럼 자체의 행동이 없을 때만 함께 행동할 수 있다. 이러한 형태의 연대를 기계적 연대라고 부른다. …… 이와 반대로 유기적 연대는 분업의 진전과 함께 나타난다. 기계적 연대는 개인들이 서로 유사할 것을 전제로 하지만, 분업에 의한 유기적 연대는 개인들이 서로 다를 것을 전제로 한다. → 뒤르켐의 입장이다.

• 보기 •

ㄱ. 유기적 연대를 바탕으로 사회를 통합해야 한다.
ㄴ. 기계적 연대를 위해 구성원 상호 간의 분업이 필요하다.
ㄷ. 개성을 보존하기 위해 개인주의적 사고방식을 가져야 한다.
ㄹ. 사회 구성원들이 개별성을 유지하면서도 상호 의존적으로 결속한 상태가 되어야 한다.

① ㄱ, ㄴ ② ㄱ, ㄹ ③ ㄴ, ㄷ
④ ㄴ, ㄹ ⑤ ㄷ, ㄹ

☑ 출제 의도 파악하기

뒤르켐이 주장하는 사회 통합 방법을 파악한다.

문제 해결 Point 쏙쏙

- 기계적 연대: 구성원들이 동일한 가치와 규범을 공유하여 결속한 상태
- 유기적 연대: 전문화된 개인들이 개별성을 유지하면서도 상호 의존적으로 결속한 상태

☑ 선택지 바로 알기

ㄱ. 유기적 연대를 바탕으로 사회를 통합해야 한다.
→ 뒤르켐은 유기적 연대를 바탕으로 한 사회 통합을 강조하였다.

ㄴ. 기계적 연대를 위해 구성원 상호 간의 분업이 필요하다.
→ 구성원 상호 간의 분업이 필요하다고 본 것은 유기적 연대이다.

ㄷ. 개성을 보존하기 위해 개인주의적 사고방식을 가져야 한다.
→ 유기적 연대는 개인들이 개별성을 유지하면서도 상호 의존적으로 결속한 상태이다.

ㄹ. 사회 구성원들이 개별성을 유지하면서도 상호 의존적으로 결속한 상태가 되어야 한다.
→ 뒤르켐은 개인들이 개별성을 유지하면서도 상호 의존적으로 결속한 상태인 유기적 연대를 바탕으로 사회를 통합해야 한다고 주장하였다.

07 싱어와 롤스의 원조론 비교

(가)의 갑, 을의 입장을 (나) 그림으로 표현할 때, A~C에 들어갈 옳은 내용만을 <보기>에서 있는 대로 고른 것은?

(가)

갑: 누군가 고통을 받는다는 것 자체가 우리가 그들을 도와야 할 의무이므로, 도움을 줄 대상을 자신이 속한 국가로 한정하지 말고 지구촌 전체로 확대해야 한다. 기본적 욕구를 충족하고 남는 소득이 있으면 소득 1%를 기부하여 세계의 빈민을 도와야 한다. → 해외 원조에 대한 싱어의 관점이다.

을: 원조는 독재나 착취와 같이 사회 구조나 제도가 빈곤을 발생시키는 불리한 여건의 사회가 질서 정연한 사회가 되도록 돕는 것이다. 우리에게는 원조를 통해 그들 스스로 문제를 해결하고 질서 정연한 사회를 만들도록 도와야 할 의무가 있다.

→ 해외 원조에 대한 롤스의 관점이다.

(나)

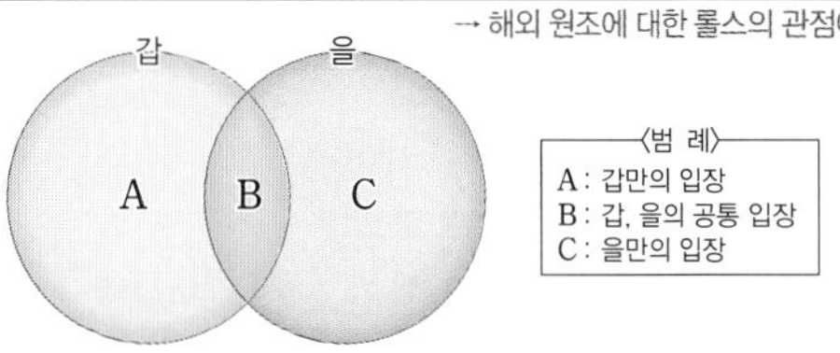

• 보기 •

ㄱ. A: 해외 원조의 목적은 고통받는 사회를 질서 정연한 사회로 만드는 것이다.

ㄴ. B: 어려운 처지의 국가를 돕는 행위는 마땅히 해야 하는 윤리적 의무이다.

ㄷ. C: 해외 원조는 빈곤하지만 질서 정연한 사회에 대해서는 행해져서는 안 된다.

ㄹ. C: 해외 원조는 공리주의적 입장에서 인류 전체의 고통을 감소시키는 행위이다.

① ㄱ, ㄷ ② ㄱ, ㄹ ③ ㄴ, ㄷ
④ ㄱ, ㄴ, ㄷ ⑤ ㄴ, ㄷ, ㄹ

☑ 출제 의도 파악하기

싱어와 롤스의 원조에 대한 입장을 이해한다.

☑ 선택지 바로 알기

ㄱ. A: 해외 원조의 목적은 고통받는 사회를 질서 정연한 사회로 만드는 것이다.
→ 롤스의 입장이다.

ㄴ. B: 어려운 처지의 국가를 돕는 행위는 마땅히 해야 하는 윤리적 의무이다.
→ 싱어와 롤스 모두 어려운 처지의 국가를 돕는 것이 의무라고 보았다.

ㄷ. C: 해외 원조는 빈곤하지만 질서 정연한 사회에 대해서는 행해져서는 안 된다.
→ 롤스는 질서 정연한 사회에 대한 원조는 필요 없다고 보았다.

ㄹ. C: 해외 원조는 공리주의적 입장에서 인류 전체의 고통을 감소시키는 행위이다.
→ 싱어의 입장이다.

08 하버마스의 담론 윤리

㉠에 대한 설명으로 적절하지 않은 것은?
→ ㉠은 담론 윤리이다.

하버마스의 ㉠ 에 대해 설명해 주시겠어요?
하버마스는 대화 당사자들이 합의 결과를 수용하고, 의무로 받아들이기 위해 대화가 합리적인 의사소통을 거쳐야 한다고 보았어요.

① 합의를 이루어 나가는 과정과 절차를 중시한다.
② 모두의 동의를 얻을 수 있는 타당한 규범을 중시한다.
③ 공적 담론으로 확보되는 도덕 판단의 정당성을 중시한다.
④ 언어에 대한 바른 이해가 있어야 윤리적 담론이 가능함을 강조한다.
⑤ 개인들 간의 견해 차이를 인정함으로써, 사회 내 보편적 합의는 불가능함을 강조한다.

☑ 출제 의도 파악하기

하버마스의 담론 윤리를 이해한다.

문제 해결 Point 쏙쏙

- 하버마스는 대화의 당사자들이 합의한 결과를 수용하고 그것을 의무로 받아들이기 위해 대화가 합리적인 의사소통의 과정을 거쳐야 한다고 봄
- 하버마스는 대화 당사자들이 서로의 표현을 제대로 이해할 수 있다는 것을 전제로 진리성, 정당성, 진실성, 이해 가능성을 갖추어야 한다고 봄

☑ 선택지 바로 알기

⑤ 개인들 간의 견해 차이를 인정함으로써, 사회 내 보편적 합의는 불가능함을 강조한다.
→ 하버마스는 합리적인 의사소통의 과정을 거쳤을 때 대화 당사자들이 합의한 결과를 수용하고 그것을 의무로 받아들일 수 있다고 보았다.

☑ 개념

담론: 갈등이나 문제를 해결하기 위한 이성적 의사소통 행위로, 주로 토론의 형태로 이루어진다.

09 싱어의 원조론 이해

다음을 주장한 사상가의 입장으로 가장 적절한 것은?

> 우리가 만약 어떤 사람에게 매우 나쁜 일이 일어나는 것을 방지할 힘을 가지고 있고, 그 나쁜 일을 방지함으로써 우리의 중요한 일이 희생되지 않는다면 우리는 그렇게 해야만 한다. 우리가 이 원칙에 따라 행위를 한다면 우리의 삶과 세계는 근본적으로 바뀔 것이다. 우리는 절대 빈곤에 빠진 사람들을 도울 의무가 있다. → 제시된 내용을 주장한 사상가는 싱어이다.

① 원조의 목적은 인류 간 부의 차이를 좁히는 것이다.
② 원조를 통해 인류 전체의 고통을 감소시킬 수 있다.
③ 원조 대상을 자신이 속한 국가 내부로 한정해야 한다.
④ 원조 대상은 빈곤한 사회의 개인이 아닌 사회 그 자체이다.
⑤ 원조는 윤리적 의무가 아니라 자율적 선택으로 행해져야 한다.

☑ **출제 의도 파악하기**

싱어의 원조에 대한 입장을 파악한다.

문제 해결 Point 쏙쏙

- 공리주의: 고통을 감소시키고 쾌락을 증진하는 것은 인류의 의무임
- 세계 시민주의적 관점: 지구적 차원의 원조를 강조함

☑ **선택지 바로 알기**

① 원조의 목적은 인류 간 부의 차이를 좁히는 것이다.
→ 싱어는 인류 전체의 고통을 감소하기 위해 원조를 해야 한다고 보았다.
② 원조를 통해 인류 전체의 고통을 감소시킬 수 있다.
→ 싱어는 원조가 공리주의적 입장에서 인류 전체의 고통을 감소시키는 것이라고 보았다.
③ 원조 대상을 자신이 속한 국가 내부로 한정해야 한다.
→ 싱어는 원조의 대상을 자신이 속한 공동체로 한정하지 않는다.
④ 원조 대상은 빈곤한 사회의 개인이 아닌 사회 그 자체이다.
→ 싱어는 절대 빈곤으로 고통받는 개인을 원조 대상으로 삼는다.
⑤ 원조는 윤리적 의무가 아니라 자율적 선택으로 행해져야 한다.
→ 싱어는 원조가 윤리적 의무라고 보았다.

10 칸트와 갈퉁의 평화론 비교

다음은 서술형 평가 문제와 학생 답안이다. 학생 답안 ㉠~㉤ 중 옳지 않은 것은?

〈서술형 평가〉

◎ 문제: (가), (나) 사상가들의 입장을 비교하여 서술하시오.

→ 제시된 내용을 주장한 사상가는 칸트이다.

(가) 모든 국가의 시민적 정치 체제가 공화 정체여야 하며, 국제법이 자유로운 국가들의 연방 체제에 기초할 때 영구 평화가 달성될 수 있다.

(나) 언어적 폭력과 신체적 폭력 등의 직접적 폭력은 물론 구조적 폭력과 문화적 폭력도 제거되어야만 진정한 평화를 이룰 수 있다.

→ 제시된 내용을 주장한 사상가는 갈퉁이다.

◎ 학생 답안

(가), (나)의 입장을 비교하면 (가)는 ㉠ 영구 평화의 실현은 개별 국가의 주권을 인정하면서 이루어져야 한다고 보며, ㉡ 국가 간 전쟁 억제를 위해 법적 구속력을 지닌 국제법을 적용해야 한다고 보았다. (나)는 ㉢ 모든 전쟁이 종식되면 적극적 평화가 도래한다고 보며, ㉣ 진정한 평화 실현을 위해 억압과 착취의 구조를 개선해야 한다고 보았다. (가), (나)는 모두 ㉤ 평화 실현을 위해 전쟁을 없애야 한다고 보았다.

① ㉠ ② ㉡ ③ ㉢ ④ ㉣ ⑤ ㉤

☑ **출제 의도 파악하기**

칸트와 갈퉁의 평화에 대한 입장을 비교하여 이해한다.

문제 해결 Point 쏙쏙

- 칸트: 전쟁을 없애 평화를 이룰 것을 주장하며, 세 가지 영구 평화 조항을 제시함
- 갈퉁: 직접적인 폭력뿐만 아니라 구조적·문화적 폭력까지 제거된 적극적 평화를 이룰 것을 주장함

☑ **선택지 바로 알기**

㉢ 모든 전쟁이 종식되면 적극적 평화가 도래한다고 보며,
→ 모든 전쟁이 종식되는 것은 소극적 평화에 해당한다. 갈퉁은 직접적 폭력뿐만 아니라 구조적 · 문화적 폭력도 제거된 상태를 적극적 평화로 규정한다.

☑ **용어**

구조적 폭력: 부정의한 사회 제도나 구조를 통하여 이루어지는 폭력
문화적 폭력: 종교·언어·예술 등을 통하여 직접적 폭력 행위에 구조적 폭력을 용인하고 정당화하는 기능을 수행하는 상징적인 폭력

11 남북한 사회 통합을 위한 노력

통일 과정에서 다음과 같은 문제가 발생하지 않게 할 수 있는 방안으로 가장 적절한 것은?

> 통일 이후 동독 지역 주민들은 자본주의 사회에 적응하는 데 어려움을 겪었고, 2등 국민이라는 심리적 불만도 있었다. 이로 인해 동·서독 주민 간 갈등이 심화되어 서독인은 동독인을 가난하고 게으르다는 의미인 '오씨(Ossi)'로, 동독인은 서독인을 거만하고 잘났다는 의미인 '베씨(Wessi)'로 부르는 상황에까지 이르렀다.

① 사회 통합보다 정치적 통일을 먼저 이루어야 한다.
② 통일 이전에 비민주적인 사회 구조를 개선해야 한다.
③ 남북 간 사회·문화적 동질성의 회복을 모색해야 한다.
④ 국제 사회에 통일 한국의 미래를 명확히 제시해야 한다.
⑤ 문화적 측면에서 자주성을 실현하기 위해 노력해야 한다.

☑ 출제 의도 파악하기
남북한 간 사회 통합을 이룰 수 있는 방법을 파악한다.

문제 해결 Point 쏙쏙
- 남북한의 사회·문화적 교류는 서로를 이해하며, 친밀감을 가질 수 있는 교류부터 시작해야 함
- 교류·협력의 범위를 단계적으로 넓혀 감으로써 동질성 회복을 모색해야 함

☑ 선택지 바로 알기
① 사회 통합보다 정치적 통일을 먼저 이루어야 한다.
→ 제시된 갈등은 통일 과정에서 사회 통합이 제대로 이루어지지 않았기 때문에 발생하였다.
② 통일 이전에 비민주적인 사회 구조를 개선해야 한다.
→ 제시된 문제를 해결하는 방법으로 적절하지 않다.
③ 남북 간 사회·문화적 동질성의 회복을 모색해야 한다.
→ 남북 간 사회·문화적 교류를 통해 민족적 동질성을 회복해야 한다.
④ 국제 사회에 통일 한국의 미래를 명확히 제시해야 한다.
→ 통일을 위한 국제적 노력으로, 제시된 문제를 해결하기 위한 방법으로 적절하지 않다.
⑤ 문화적 측면에서 자주성을 실현하기 위해 노력해야 한다.
→ 통일 한국이 추구해야 할 미래상이나 제시된 문제와는 관련이 적다.

12 뉴미디어 시대의 매체 윤리

주요 내용 매체, 비판적, 조합

㉠의 의미를 〈조건〉의 개념을 활용하여 서술하시오.

> 뉴 미디어 시대에 정보를 생산하고 동시에 유통, 소비하는 현대인은 ㉠ 매체 이해력(media literacy)을 갖추어야 한다. 뉴 미디어가 만들어 내는 정보 중에는 거짓 정보도 포함되어 있기 때문에 이를 무비판적으로 받아들이고, 유포할 시에는 큰 피해가 발생할 수 있다.

• 조건 •
매체, 비판적, 조합

예시 답안 매체가 전달하는 정보를 비판적으로 해석하고, 자신의 목적에 맞게 기존의 정보를 새로운 정보로 조합하는 능력이다.

☑ 출제 의도 파악하기
매체 이해력(미디어 리터러시)의 의미를 파악한다.

문제 해결 Point 쏙쏙
- 미디어 리터러시: 정보의 가치를 제대로 평가하는 비판적 사고 능력, 기존의 정보를 새로운 정보로 조합하는 능력

채점 기준	배점
주요 내용 세 가지를 넣어 바르게 서술한 경우	상
주요 내용 중 두 가지만 넣어 바르게 서술한 경우	중
주요 내용 중 한 가지만 넣어 바르게 서술한 경우	하

13 종교 갈등을 극복하기 위한 자세

주요 내용 관용, 대화, 협력

다음 신문 칼럼에서 추론할 수 있는 바람직한 종교인의 자세를 한 문장으로 서술하시오.

> ○○신문 ○○○○년 ○○월 ○○일
>
> **칼 럼**
>
> 건전한 종교는 각자 추구하는 특수한 교리와 진리를 통해 구원과 세계 평화, 인류 공동의 행복을 추구한다. 그러나 자신의 진리 추구에 몰입하거나 교세의 확산을 위해 열정을 쏟는 과정에서 갈등과 충돌이 발생한다. 종국에는 십자군 전쟁과 같은 종교 전쟁을 초래하기도 한다. 우리는 종교 간 대화와 협력을 통해 이러한 일을 방지하고 세계 평화를 실천해야 할 것이다.

예시 답안 자신과 다른 종교에 대해 관용의 태도를 가지고, 종교 간 대화와 협력에 힘써야 한다.

☑ 출제 의도 파악하기

바람직한 종교인의 자세를 파악한다.

문제 해결 Point 쏙쏙

- 관용의 태도를 바탕으로 종교의 자율성을 인정해야 함
- 서로 다른 종교를 이해하고 존중하는 풍토를 조성해야 함

채점 기준	배점
주요 내용 세 가지를 넣어 바르게 서술한 경우	상
주요 내용 중 두 가지만 넣어 바르게 서술한 경우	중
주요 내용 중 한 가지만 넣어 바르게 서술한 경우	하

14 세계화의 찬반 논쟁

다음은 세계화에 대한 대화이다. ㉠에 들어갈 내용을 서술하시오.

세계화로 국가 간 상호 협력과 교류가 활발해지고, 공동 번영의 기회가 증대되며, 세계적인 문제에 공동으로 대처할 수 있게 되었습니다.
세계화를 긍정적으로만 바라보아서는 안 됩니다. 왜냐하면 ㉠ .

예시 답안 세계화는 강대국 중심의 시장과 자본의 독점을 초래하여 국가 간 빈부 격차를 심화시키기 때문입니다, 세계화로 상업화·획일화된 선진국 중심의 문화가 전 세계적으로 확대되기 때문입니다

☑ 출제 의도 파악하기

세계화를 부정적으로 보는 입장에서 주장하는 근거를 파악한다.

문제 해결 Point 쏙쏙

- 강대국 중심으로 이루어지는 시장과 자본의 독점으로 국가 간의 빈부 격차가 커짐
- 상업화·획일화된 선진국 중심의 문화가 전 세계적으로 확대됨

채점 기준	배점
세계화에 대한 반대 논거를 바르게 서술한 경우	상
세계화에 대한 반대 논거를 서술하였으나 근거가 빈약한 경우	중
세계화에 대한 반대 논거가 아닌 긍정하는 논거를 서술한 경우	하

15 이념 갈등의 해결 방안

㉠의 명칭과 이를 해결하기 위한 방안을 쓰시오.

> 한국 사회의 대표적인 [㉠]은/는 진보적 입장과 보수적 입장의 갈등으로 경제, 사회, 문화, 교육 등과 관련된 우리 사회의 모든 쟁점을 이분법적으로 바라보면서 사회 갈등이 심화된다. 또한 정책 대결이 아닌 소모적 논쟁으로 흘러 많은 사회 비용도 발생하고 있다.

예시 답안 ㉠: 이념 갈등, 해결 방안: 자신의 정체성을 유지하면서 타인과 다름을 인정하는 열린 자세를 지녀야 한다, 시민 사회를 구성하는 집단 간에 원활하게 소통하면서 상호 존중하고 신뢰를 형성해 나가야 한다. 등

☑ 출제 의도 파악하기
이념 갈등을 해소할 수 있는 방안을 파악한다.

문제 해결 Point 쏙쏙
- 한 사회나 집단이 지닌 특정한 가치관, 믿음, 견해 등이 다를 경우에 이념 갈등이 발생함
- 이분법적 사고로 이념 갈등이 심화됨

채점 기준	배점
이념 갈등과 이를 해결할 수 있는 방안을 바르게 서술한 경우	상
이념 갈등이 문제임을 파악하였으나 문제의 해결 방안을 애매하게 서술한 경우	중
이념 갈등임을 파악하지 못하고 일반적인 갈등의 해결 방안을 서술한 경우	하

적중 예상 전략 2회

Book 2 80~83쪽

01 ③ 02 ② 03 ③ 04 ① 05 ⑤ 06 ③ 07 ④ 08 ④ 09 ② 10 ②

서술형 11 해설 참조 12 해설 참조 13 해설 참조 14 해설 참조

01 정보 사회의 윤리 문제

다음 토론의 핵심 쟁점으로 가장 적절한 것은?

윤리 카페
전체 글 보기 | 공지 사항 | 게시판

ㄴ갑: 정보 기술을 이용하여 사생활을 침해해서는 안 됩니다. 누구나 개인 정보의 삭제를 요구할 수 있어야 합니다. → 잊힐 권리를 강조한다.

ㄴ을: 동의합니다. 다만 공익과 관련된 개인 정보를 삭제하면 시민의 알 권리를 침해하게 됩니다.

ㄴ갑: 그렇지 않습니다. 공익과 관련된 개인 정보에 대해서도 잊힐 권리를 보장해야 합니다.

ㄴ을: 아닙니다. 공공의 이익이나 사회 안전과 관련된 개인 정보는 사회 구성원들에게 알려져야 합니다. → 공익을 위한 알 권리를 강조한다.

① 개인 정보의 이용 가치를 중시해야 하는가?
② 호기심을 위해 알 권리가 허용되어야 하는가?
③ 알 권리를 위해 잊힐 권리를 제한해야 하는가?
④ 인터넷상에서 표현의 자유를 통제해야 하는가?
⑤ 개인의 모든 정보를 사회 구성원에게 공개해야 하는가?

☑ 출제 의도 파악하기

잊힐 권리를 주장하는 입장과 알 권리를 주장하는 입장의 주장을 파악한다.

문제 해결 Point 쏙쏙

- 잊힐 권리를 주장하는 입장: 자신이 원하지 않는 정보를 삭제할 수 있어야 함
- 알 권리를 주장하는 입장: 공익과 안전을 위한 개인 정보를 공개해야 함

☑ 선택지 바로 알기

① 개인 정보의 이용 가치를 중시해야 하는가?
→ 갑, 을은 개인 정보의 이용 가치를 언급하고 있지 않다.
② 호기심을 위해 알 권리가 허용되어야 하는가?
→ 을은 공익이나 사회 안전과 관련된 개인 정보만 공개해야 한다고 본다.
③ 알 권리를 위해 잊힐 권리를 제한해야 하는가?
→ 갑은 반대, 을은 찬성의 견해를 제시할 토론 주제이다.
④ 인터넷상에서 표현의 자유를 통제해야 하는가?
→ 갑, 을 모두 표현의 자유를 제한하고자 한 건 아니다.
⑤ 개인의 모든 정보를 사회 구성원에게 공개해야 하는가?
→ 갑, 을 모두 개인 정보를 보호해야 한다는 데 동의한다.

02 과학 기술에 대한 사회적 책임

다음을 주장한 사상가의 입장으로 옳은 것은?

우리가 실제로 무엇을 보호해야 하는가를 알아내기 위해서 우리의 희망보다는 공포로부터 논의를 시작할 필요가 있다. 미래에 있을 수 있는 심상치 않은 상황 변화, 위험이 미칠 수 있는 전 지구적 범위, 그리고 인간의 몰락 과정에 대한 징조를 통해서 비로소 윤리적 원리들이 발견될 수 있다.
→ 요나스의 주장이다.

① 현대 기술을 선악 판단 대상으로 삼아서는 안 된다.
② 미래 세대와 자연에 대한 책임을 심사숙고해야 한다.
③ 자유로운 삶을 위해 기술의 활용도를 증대해야 한다.
④ 과학 기술을 활용하여 인간의 모든 문제를 해결할 수 있다.
⑤ 과학 기술은 인류를 위험에 빠뜨릴 수 있으므로 연구를 멈춰야 한다.

☑ 출제 의도 파악하기

요나스의 책임 윤리를 이해한다.

문제 해결 Point 쏙쏙

- 기존의 전통적 윤리관: 책임의 범위를 현세대로 한정
- 새로운 책임 윤리: 책임의 범위를 자연과 미래 세대까지 확대

☑ 선택지 바로 알기

① 현대 기술을 선악 판단 대상으로 삼아서는 안 된다.
→ 과학 기술의 가치 중립성을 강조하는 입장으로, 요나스의 입장과 다르다.
② 미래 세대와 자연에 대한 책임을 심사숙고해야 한다.
→ 요나스는 책임의 범위를 자연과 미래 세대까지 확대할 것을 주장하였다.
③ 자유로운 삶을 위해 기술의 활용도를 증대해야 한다.
→ 요나스는 과학 기술이 가져올 부정적 영향을 고려해야 한다고 보았다.
④ 과학 기술을 활용하여 인간의 모든 문제를 해결할 수 있다.
→ 요나스는 과학 기술이 위기를 초래할 수 있다고 본다.
⑤ 과학 기술은 인류를 위험에 빠뜨릴 수 있으므로 연구를 멈춰야 한다.
→ 과학 기술 혐오주의의 입장으로, 요나스는 부정적 측면을 고려하며 과학 기술 연구를 진행해야 한다고 보았다.

03 인간과 자연의 관계에 대한 관점

(가)의 갑, 을, 병 사상가들의 입장에서 서로에게 제기할 수 있는 비판을 (나) 그림으로 표현할 때, A ~ F에 해당하는 내용으로 가장 적절한 것은?

(가)	갑: 비이성적 존재는 단지 수단으로서의 가치만을 지닌다. 자연을 파괴하고자 하는 성향은 인간의 자기 자신에 대한 의무에 어긋난다. → 칸트의 입장이다. 을: 고유의 선을 갖는 생명체는 목적론적 삶의 중심이다. 인간은 개별 생명체에 대해 성실, 해악 금지, 불간섭, 보상적 정의의 의무를 갖는다. → 테일러의 입장이다. 병: 인류는 대지 공동체의 평범한 구성원이다. 우리는 대지의 가치를 경제적 관점뿐만 아니라 윤리적·심미적 관점에서 검토해야 한다. → 레오폴드의 입장이다.
(나)	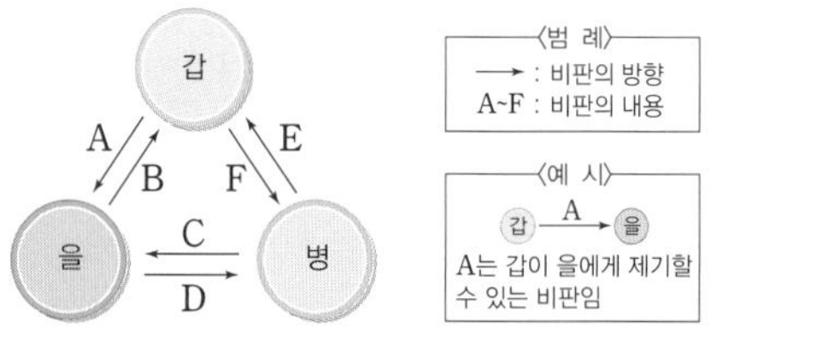

① A, E: 인간만이 도덕적 행위의 주체임을 간과한다.
② B: 이성적 존재의 인격을 존중해야 함을 간과한다.
③ C, E: 생태계 전체가 도덕적 고려 대상임을 간과한다.
④ D: 인간이 자연보다 우월하지 않은 존재임을 간과한다.
⑤ F: 동물을 함부로 대해서는 안 된다는 점을 간과한다.

☑ 출제 의도 파악하기
인간과 자연의 관계에 대한 사상가들의 주장을 이해한다.

문제 해결 Point 쏙쏙
- 인간 중심주의: 인간만이 도덕적 권리를 지닌다고 봄
- 동물 중심주의: 동물까지 도덕적으로 고려함
- 생명 중심주의: 모든 생명체를 도덕적으로 고려함
- 생태 중심주의: 생태계 전체를 도덕적으로 고려함

☑ 선택지 바로 알기
① A, E: 인간만이 도덕적 행위의 주체임을 간과한다.
→ A는 적절하나, E가 적절하지 않다.
② B: 이성적 존재의 인격을 존중해야 함을 간과한다.
→ 칸트도 이성적 존재의 인격을 존중해야 한다고 보았다.
③ C, E: 생태계 전체가 도덕적 고려 대상임을 간과한다.
→ 생태 중심주의 입장에서 인간 중심주의, 생명 중심주의 입장에 대한 비판으로 적절하다.
④ D: 인간이 자연보다 우월하지 않은 존재임을 간과한다.
→ 레오폴드는 인간이 자연보다 우월하지 않다고 보았다.
⑤ F: 동물을 함부로 대해서는 안 된다는 점을 간과한다.
→ 레오폴드는 생태계 전체를 도덕적으로 고려해야 한다고 보았다.

04 과학 기술에 대한 사회적 책임

갑, 을이 주장할 내용으로 알맞지 않은 것은?

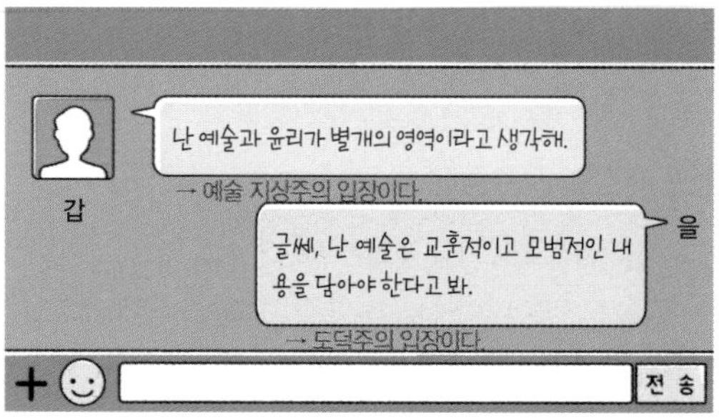

① 갑: 예술은 사회의 도덕적 성숙에 기여해야 한다.
② 갑: 도덕주의는 예술의 자율성을 침해할 수 있다.
③ 갑: 미적 가치와 윤리적 가치의 관련성은 높지 않다.
④ 을: 예술 작품에 대해서는 적절한 윤리적 규제가 필요하다.
⑤ 을: 예술은 올바른 품성을 기르고 도덕적 교훈을 주는 것이다.

☑ 출제 의도 파악하기
예술 지상주의와 도덕주의 입장의 주장을 이해한다.

문제 해결 Point 쏙쏙
- 도덕주의 입장에서 보는 예술의 목적: 올바른 품성을 기르고 도덕적 교훈이나 모범을 제공하는 것
- 예술 지상주의 입장에서 보는 예술의 목적: 미적 가치의 구현

☑ 선택지 바로 알기
① 갑: 예술은 사회의 도덕적 성숙에 기여해야 한다.
→ 예술 지상주의는 예술이 도덕적 선을 추구하거나 도덕적 성숙에 기여해야 한다고 보지 않는다.

☑ 용어
품성: 품격과 성질을 아울러 이르는 말

05 생태 중심주의 자연관

다음을 주장한 사상가의 자연관으로 옳은 것을 〈보기〉에서 고른 것은?

더 넓은 관점인 자연과 나의 동일시를 통하면 환경 보호 덕분에 자기 이익에도 도움이 된다는 것을 알 수 있다. …… 자기실현을 협소한 자아의 만족으로 보는 것은 자신을 심각하게 과소평가하는 것임을 알 때 우리는 더 큰 자아 관념에 대해 이야기할 수 있다. → 심층 생태주의를 주장한 네스의 입장이다.

• 보기 •

ㄱ. 생명을 고양하고 유지하는 것이 선(善)이다.
ㄴ. 생명체 상호 간 위계적 질서를 강조해야 한다.
ㄷ. 인간 중심주의적 세계관 자체를 바꾸어야 한다.
ㄹ. 자연과의 상호 관련성을 통해 자아를 이해해야 한다.

① ㄱ, ㄴ ② ㄱ, ㄷ ③ ㄴ, ㄷ
④ ㄴ, ㄹ ⑤ ㄷ, ㄹ

☑ 출제 의도 파악하기

생태 중심주의의 자연관의 입장을 파악한다.

문제 해결 Point 쏙쏙

- 네스는 심층 생태주의를 주장하며 큰 자아실현, 생명 중심적 평등 제시함
- 큰 자아실현: 자기를 자연과 상호 연결된 존재로 인식하는 것
- 생명 중심적 평등: 모든 생명체는 상호 연결된 공동체의 구성원으로 동등한 가치를 지님

☑ 선택지 바로 알기

ㄱ. 생명을 고양하고 유지하는 것이 선(善)이다.
→ 생명 중심주의를 주장한 슈바이처의 입장이다.
ㄴ. 생명체 상호 간 위계적 질서를 강조해야 한다.
→ 네스는 모든 생명체를 상호 연결된 평등한 구성원으로 본다.
ㄷ. 인간 중심주의적 세계관 자체를 바꾸어야 한다.
→ 생태 중심주의의 기본적 입장에 해당한다.
ㄹ. 자연과의 상호 관련성을 통해 자아를 이해해야 한다.
→ 네스는 자기를 자연과 상호 연결된 존재로 인식해야 한다고 보았다.

☑ 용어

자아: 자기 자신에 대한 의식이나 관념

06 다문화 사회의 윤리

다음 신문 칼럼의 입장으로 가장 적절한 것은?

칼럼

오늘날 다문화 사회에서 조화롭게 살아가기 위해서는 각 문화가 지닌 고유성과 상대적 가치를 올바르게 이해하고 존중해야 한다. "같은 것을 추구하되 다른 것도 인정하고, 조화롭게 지내되 무조건 따르지는 않는다."라는 유교 사상의 가르침을 되새겨 문화의 다양성을 인정하는 관용과 포용의 자세가 필요하다. → 각 문화의 고유성과 가치를 존중할 것을 강조하고 있다.

① 이주민 문화에 대해 배타적 태도를 유지해야 한다.
② 언제 어디서나 타 문화에 대한 비판을 삼가야 한다.
③ 보편 윤리를 기준으로 다양한 문화를 인정해야 한다.
④ 자문화 중심주의를 토대로 타 문화를 평가해야 한다.
⑤ 다양한 문화를 주류 문화에 편입시켜 통합해야 한다.

☑ 출제 의도 파악하기

다문화 사회에서 갖춰야 할 바람직한 자세를 이해한다.

문제 해결 Point 쏙쏙

- 각 문화가 지닌 고유성과 가치를 인정해야 함
- 문화의 다양성을 인정하는 관용과 포용의 자세가 필요함

☑ 선택지 바로 알기

① 이주민 문화에 대해 배타적 태도를 유지해야 한다.
→ 각 문화의 상대적 가치를 존중하는 것과 반대되는 진술이다.
② 언제 어디서나 타 문화에 대한 비판을 삼가야 한다.
→ 칼럼의 '무조건 따르지는 않는다.'의 의미와 반대되는 진술이다.
③ 보편 윤리를 기준으로 다양한 문화를 인정해야 한다.
→ 칼럼은 누구나 인정하는 보편 윤리의 범위 내에서 다양한 문화의 공존을 강조한다.
④ 자문화 중심주의를 토대로 타 문화를 평가해야 한다.
→ 칼럼에서는 문화의 다양성을 인정하는 관용의 자세를 강조한다.
⑤ 다양한 문화를 주류 문화에 편입시켜 통합해야 한다.
→ 각 문화의 고유성을 인정하고 존중하자는 칼럼의 입장에 반대된다.

☑ 용어

관용: 남과 나의 차이를 너그럽게 받아들이거나 남의 잘못을 너그럽게 용서함
고유성: 어떤 사물이 가지고 있는 고유한 성질이나 그 사물 특유의 속성

07 하버마스의 담론 윤리

다음 사상가의 입장으로 옳지 않은 것은?

> 실천적 담론의 참여자들은 원칙적으로 모든 당사자들이 자유롭고 평등한 사람으로서 협동적 진리 탐구에 참여한다는 사실을 전제해야만 한다. 실천적 담론은 오직 의사소통의 일반적 전제 조건들의 토대 위에서만 인정된다.→ 하버마스의 입장이다.

① 논의에 참여하는 사람들은 진실성을 가지고 발언해야 한다.
② 누구나 어떤 주장에 대해서도 문제를 제기할 수 있어야 한다.
③ 상호 간 논증적인 토론 과정을 거쳐 보편적 합의에 도달해야 한다.
④ 전문가 집단의 논의 결과를 토대로 문제를 해결하는 것이 정당하다.
⑤ 모든 사람이 평등하게 논의에 참여하고 자유롭게 의견을 제시할 수 있어야 한다.

☑ 출제 의도 파악하기

하버마스가 말하는 합리적인 의사소통이 이루어지기 위한 조건을 파악한다.

문제 해결 Point 쏙쏙

- 하버마스는 담론을 통해 도덕적 권위를 갖춘 합의를 도출 가능하다고 봄
- 하버마스는 누구나 자유롭게 소통에 참여할 자격이 있음을 강조함

☑ 선택지 바로 알기

④ 전문가 집단의 논의 결과를 토대로 문제를 해결하는 것이 정당하다.
→ 하버마스는 전문가 집단만이 아니라 모든 사람이 담론에 참여 가능하다고 보았다.

☑ 용어

전제: 어떠한 사물이나 현상을 이루기 위하여 먼저 내세우는 것

08 남북한 사회 통합을 위한 노력

다음 강연자가 긍정의 대답을 할 질문으로 가장 적절한 것은?

남북한의 진정한 통합을 위해 먼저 남북한 주민들 간의 이해와 신뢰 회복이 이루어져야 합니다. 이를 위해서는 열린 마음으로 서로의 다름을 수용하고 존중하는 삶의 태도가 필요합니다.

① 진정한 통일을 이루기 위해 정치의 통합을 우선해야 하는가?
② 진정한 통일을 위해 국제 사회의 동의를 얻는 것이 급선무인가?
③ 남북한의 경제적 수준이 비슷해지면 남북 주민 간 갈등이 발생하지 않는가?
④ 진정한 통일을 이루기 위해 다양한 분야에서 교류를 확대해 나가야 하는가?
⑤ 진정한 통일을 이루기 위해 북한 주민들을 남한 문화에 동화시켜야 하는가?

☑ 출제 의도 파악하기

남북한 사회 통합을 위해 필요한 태도를 파악한다.

문제 해결 Point 쏙쏙

- 남북한의 문화가 공존한다는 사실을 근거로 사회·문화적 동질성의 회복을 모색해야 함
- 남북한의 상호 동질성의 정도에 따라 교류·협력을 단계적으로 추진해야 함

☑ 선택지 바로 알기

① 진정한 통일을 이루기 위해 정치의 통합을 우선해야 하는가?
→ 강연자는 정치의 통합보다 사회·문화적 통합을 강조하고 있다.
② 진정한 통일을 위해 국제 사회의 동의를 얻는 것이 급선무인가?
→ 강연자는 국제 사회의 동의에 대해 언급하고 있지 않다.
③ 남북한의 경제적 수준이 비슷해지면 남북 주민 간 갈등이 발생하지 않는가?
→ 강연자는 진정한 통합을 위해 남북한 주민 간 이해와 신뢰 회복이 이루어져야 함을 강조한다.
④ 진정한 통일을 이루기 위해 다양한 분야에서 교류를 확대해 나가야 하는가?
→ 교류 확대는 주민 간 이해와 신뢰 회복으로 이어질 수 있다.
⑤ 진정한 통일을 이루기 위해 북한 주민들을 남한 문화에 동화시켜야 하는가?
→ 강연자는 서로의 다름을 수용하고 존중해야 한다고 말하고 있다.

09 갈퉁의 적극적 평화론

다음은 어느 책의 일부를 발췌한 것이다. 저자의 입장으로 가장 적절한 것은?

> 외적으로 일어나는 구조적 폭력의 두 가지 주요한 형태는 정치와 경제에서 잘 알려진 억압과 착취이다. 이 두 가지 형태의 폭력은 몸과 마음에 작용하지만, 반드시 의도된 것은 아니다. 그러나 희생자들에게는 의도된 것이 아니라는 사실이 큰 위안이 되지 못한다.
> 이러한 모든 것의 이면에는 문화적 폭력이 존재한다. 모두 상징적인 것으로 종교와 사상, 언어와 예술, 과학과 법, 대중 매체와 교육의 내부에 존재하는 것이다. 이러한 문화적 폭력의 기능은 매우 간단한데, 직접적 폭력과 구조적 폭력을 정당화하는 것이다. 폭력은 주로 문화적 폭력으로부터 구조적 폭력을 경유하여 직접적 폭력으로 번지는 것이다. ……(후략) → 갈퉁의 입장이다.

① 평화를 달성하기 위한 정의로운 전쟁은 허용되어야 한다.
② 종교와 이념, 예술 등이 폭력을 정당화하는 데 이용될 수 있다.
③ 사회 제도나 관습에서 생기는 폭력을 직접적 폭력으로 인식해야 한다.
④ 평화 개념을 인간 안보적 차원에서 국가 안보적 차원으로 확장해야 한다.
⑤ 다양한 폭력의 형태는 인과적으로 연결된 것이 아니라 서로 단절되어 있다.

☑ **출제 의도 파악하기**
갈퉁이 말하는 적극적 평화를 이해한다.

☑ **선택지 바로 알기**
① 평화를 달성하기 위한 정의로운 전쟁은 허용되어야 한다.
→ 갈퉁은 전쟁과 같은 직접적 폭력을 반대하였다.
② 종교와 이념, 예술 등이 폭력을 정당화하는 데 이용될 수 있다.
→ 문화적 폭력에 대한 설명이다.
③ 사회 제도나 관습에서 생기는 폭력을 직접적 폭력으로 인식해야 한다.
→ 갈퉁은 빈곤이나 구조적 불평등을 구조적 폭력이라고 보았다.
④ 평화 개념을 인간 안보적 차원에서 국가 안보적 차원으로 확장해야 한다.
→ 갈퉁은 평화 개념을 인간 안보적 차원까지 확장해야 한다고 보았다.
⑤ 다양한 폭력의 형태는 인과적으로 연결된 것이 아니라 서로 단절되어 있다.
→ 갈퉁은 문화적 폭력으로부터 구조적 폭력을 거쳐 직접적 폭력으로 번진다고 보았다.

10 롤스와 싱어의 원조론

다음은 서술형 평가 문제와 학생 답안이다. 이 학생이 획득한 점수로 알맞은 것은?

〈서술형 평가〉

◎ **문제:** 갑, 을 사상가의 차이점 두 가지와 공통점 한 가지를 서술하시오.

> **갑:** 국제 원조는 '고통을 겪고 있는 사회'라고 부르는 심각한 정치·사회 문화적 어려움에 처한 국가들이 그러한 어려움에서 벗어나서 스스로의 일을 적절하고 합리적으로 처리할 수 있도록 하는 것을 목표 대상으로 삼아야 한다.
> **을:** 국제 원조는 지역과 국경의 경계를 넘어 '고통을 겪고 있는 사회'의 모든 사람들의 삶을 개선함으로써 인류의 복지를 증진시키는 것을 목표 대상으로 삼아야 한다. 도움을 줌으로써 얻을 수 있는 이익이 비용보다 클 경우 인류에게는 이웃의 고통을 감소시켜야 할 윤리적 의무가 있다.

◎ **학생 답안**

1. 차이점
(1) 갑은 원조를 도덕적 의무의 문제로 본 반면, 을은 자율적 선택의 문제로 보았다.
(2) 갑은 원조의 목적을 고통받는 사회를 질서 정연한 사회로 만드는 것으로 본 반면, 을은 원조의 목적을 지구적 차원의 인류 복지 증진으로 보았다.
2. 공통점
빈곤의 문제는 정치·사회적 결함이 아닌 물질적 자원의 부족에서 기인한다.

〈채점 기준표〉

차이점	두 가지 모두 바르게 제시된 경우	4점
	한 가지만 바르게 제시된 경우	2점
	두 가지 모두 바르게 제시되지 않은 경우	0점
공통점	한 가지가 바르게 제시된 경우	1점
	한 가지도 바르게 제시되지 않은 경우	0점

① 1점 ② 2점 ③ 3점 ④ 4점 ⑤ 5점

☑ **출제 의도 파악하기**
롤스와 싱어의 원조론의 공통점과 차이점을 파악한다.

문제 해결 Point 쏙쏙
- 롤스와 싱어 모두 원조를 도덕적 의무로 봄
- 롤스는 빈곤의 문제가 정치·사회적 결함에서 발생한다고 봄

11 주거 문화의 윤리

주요 내용 | 내적 공간, 안정, 질서, 중심점

㉠의 내용을 〈조건〉의 개념을 활용하여 두 가지 이상 서술하시오.

> 인간은 체험을 통해 자신이 살고 있는 집을 삶의 중심으로 형성할 수 있다. 체험된 거주 공간은 가치를 지향하는 삶의 관계를 통해 사람들과 관계된다. 인간과 집의 관계는 집을 짓고 그 안에 살면서 자기 집 같고, 마음 편하며, 믿을 만한 친숙함이 있다고 이해될 수 있다. 이러한 ㉠ 집의 참된 의미를 찾기 위한 현대인의 노력이 필요하다.

• 조건 •

내적 공간, 안정, 질서, 중심점

예시 답안 외적 공간에서 돌아와 휴식과 평화를 누릴 수 있는 내적 공간이다, 외부 세계의 혼란이 제거되는 안정되고 질서 잡힌 공간이다, 자기 세계의 중심점이 되면서 자기 존재의 뿌리가 되는 곳이다.

☑ 출제 의도 파악하기

집의 본래적 의미를 파악한다.

문제 해결 Point 쏙쏙

- 개인적 측면: 신체적 안전과 정서적 안정, 휴식을 누릴 수 있는 내적 공간
- 사회적 측면: 공동체의 유대감을 형성하고 관계성을 회복하는 공간

채점 기준	배점
주요 내용을 사용하여 두 가지 이상 바르게 서술한 경우	상
주요 내용을 사용하여 한 가지를 바르게 서술한 경우	중
주요 내용을 사용하지 않고 서술한 경우	하

12 종교와 윤리의 관계

밑줄 친 '황금률'의 대표적인 예를 두 가지 이상 서술하시오.

> 세계의 많은 종교에서 '황금률(golden rule)'을 표현하는 경전 구절을 발견할 수 있다. 이러한 황금률은 서로 다른 종교와 세속 윤리에서 공유될 수 있는 윤리 규범이 존재함을 보여 주는 중요한 근거라고 할 수 있다.

예시 답안 남에게서 바라는 대로 남에게 해 주어라, 네가 싫어하는 것을 남에게 시키지 마라, 남에게 대접받고자 하는 대로 남을 대접하라.

☑ 출제 의도 파악하기

대부분의 종교가 공통으로 강조하는 것이 무엇인지 파악한다.

문제 해결 Point 쏙쏙

- 대부분의 종교는 황금률(남에게 대접받고자 하는 대로 남을 대접하라는 것), 다른 사람에 대한 사랑, 자비, 친절과 같은 보편적 윤리를 담고 있음

채점 기준	배점
황금률의 예를 두 가지 이상 바르게 서술한 경우	상
황금률의 예를 한 가지만 바르게 서술한 경우	중
타인을 존중해야 한다고만 서술한 경우	하

13 현실주의와 이상주의 비교

다음은 어떤 학생이 작성한 노트 필기이다. ㉠~㉤ 중 틀린 것을 고르고 바르게 고쳐 쓰시오.

※ 주제: 현실주의와 이상주의의 비교
1. 공통점
- 전쟁과 분쟁을 방지할 수 있는 방법이 있음을 인정함 ········· ㉠
- 국가의 이익보다 인간의 보편적인 가치를 우선해야 한다고 봄 ········· ㉡
2. 차이점
- 현실주의는 갈등 해결의 원천을 힘으로, 이상주의는 갈등 해결의 원천을 이성으로 ········· ㉢
- 분쟁 해결 방법으로 현실주의는 국가 간 세력 균형을, 이상주의는 국제기구 등을 통한 제도의 개선을 제시함 ········· ㉣
- 현실주의는 타국을 잠재적 적국으로 여겼지만 이상주의는 협력의 대상으로 봄 ········· ㉤

예시 답안 ㉡: 현실주의는 도덕성보다 국가의 이익을 우선시해야 한다고 주장하였지만, 이상주의는 국가의 이익보다 인간의 보편적인 가치를 우선하여 달성해야 한다고 주장하였다.

☑ 출제 의도 파악하기

현실주의와 이상주의의 공통점과 차이점을 파악한다.

문제 해결 Point 쏙쏙

- 현실주의: 국가의 이익과 도덕성 충돌시 국가의 이익 우선
- 이상주의: 국가의 이익보다 인간의 존엄성, 자유, 평등 등 보편적 가치 우선

채점 기준	배점
틀린 것을 정확히 지적하고 바르게 수정한 경우	상
틀린 것은 찾았지만, 수정이 불충분한 경우	중
틀린 것을 제대로 찾지 못한 경우	하

14 세계화의 긍정적 측면

다음 그림에서 설명하는 현상의 긍정적인 측면을 서술하시오.

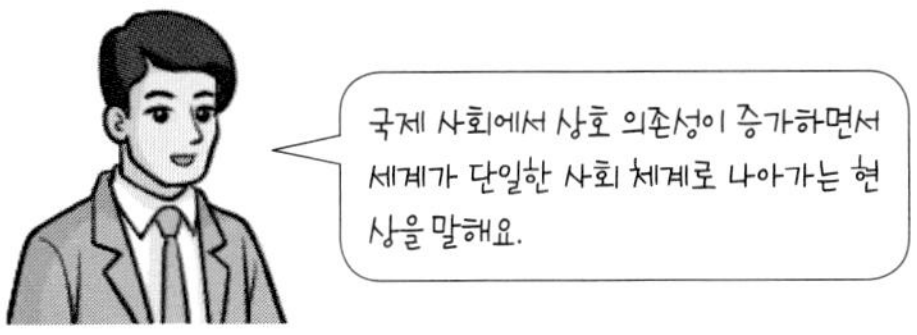

국제 사회에서 상호 의존성이 증가하면서 세계가 단일한 사회 체계로 나아가는 현상을 말해요.

예시 답안 세계화 현상이 확산되면서 다양한 문화의 공존과 질적 향상이 이루어질 수 있고, 전 세계 각국의 경제가 밀접한 관련을 맺고 발전하여 창의성과 효율성이 높아질 수 있다.

☑ 출제 의도 파악하기

세계화의 긍정적 측면을 파악한다.

문제 해결 Point 쏙쏙

- 경제적 측면: 창의성과 효율성이 확대되어 공동의 번영을 이룰 수 있게 됨
- 문화적 측면: 문화 교류를 통해 문화 간 공존을 기대할 수 있는 여건이 조성됨

채점 기준	배점
세계화 현상임을 파악하고, 긍정적 측면을 바르게 서술한 경우	상
세계화 현상임을 파악하였으나, 세계화 현상의 긍정적인 측면을 모호하게 서술한 경우	중
세계화 현상임을 파악하지 못한 경우	하

Memo

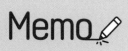

Memo

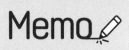

Memo

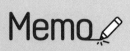